BONHOEFFER

ERIC METAXAS

BONHOEFFER

PASTOR, MÁRTIR, PROFETA, ESPIÃO

Traduzido por DANIEL FARIA

MC
mundocristão
São Paulo

Dados Internacionais de Catalogação na Publicação (CIP)
(Câmara Brasileira do Livro, SP, Brasil)

Metaxas, Eric

Bonhoeffer: pastor, mártir, profeta, espião/ Eric Metaxas; traduzido por Daniel Faria. – São Paulo: Mundo Cristão, 2011.

Título original: Bonhoefer: Pastor, Martyr, Prophet, Spy.
Bibliografia.

1. Alemanha — História — 1933-1945 — Biografia 2. Bonhoeffer, Dietrich, 1906-1945 3. Bonhoeffer, Dietrich, 1906-1945 — Pontos de vista políticos e sociais 4. Clero — Alemanha — Biografia 5. Espiões — Alemanha — Biografia 6. Hitler, Adolf, 1889-1945 — Tentativa de assassinato, 20 de Julho de 1944 7. Integridade no Holocausto — Alemanha — Biografia 8. Mártires cristãos — Alemanha — Biografia 9. Movimento antinazista — Alemanha — Biografia 10. Teólogos — Alemanha — Biografia I. Título

11-04600 CDD-284.1092

Índice para catálogo sistemático:
1. Bonhoeffer: Pastores luteranos: Biografia 284.1092

Categoria: Biografia

Publicado no Brasil com todos os direitos reservados por:
Editora Mundo Cristão
Rua Antônio Carlos Tacconi, 79, São Paulo, SP, Brasil, CEP 04810-020
Telefone: (11) 2127-4147
Home page: www.mundocristao.com.br

1ª edição: outubro de 2011
Printed in China/ Impresso na China

Em memória de meu avô

Erich Kraegen (1912-1944)

"Porque a vontade de meu Pai é que todo o que olhar para o Filho e nele crer tenha a vida eterna, e eu o ressuscitarei no último dia."

Zum Andenken an meinen Großvater

Erich Kraegen (1912-1944)

"Denn das ist der Wille des, der mich gesandt hat, daß, wer den Sohn sieht und glaubt an ihn, habe das ewige Leben, und ich werde ihn auferwecken am Jüngsten Tage."

SUMÁRIO

PRÓLOGO

Londres, 27 de julho de 1945

De todos os lados somos pressionados, mas não desanimados; ficamos perplexos, mas não desesperados; somos perseguidos, mas não abandonados; abatidos, mas não destruídos. Trazemos sempre em nosso corpo o morrer de Jesus, para que a vida de Jesus também seja revelada em nosso corpo. Pois nós, que estamos vivos, somos sempre entregues à morte por amor a Jesus, para que a sua vida também se manifeste em nosso corpo mortal. De modo que em nós atua a morte; mas em vocês, a vida.

2Coríntios 4:8-12

A paz enfim retornara à Europa. Aquela face familiar — outrora contorcida e assustada — agora descansava mais uma vez, nobre e serena. Anos se passariam até que se compreendesse tudo o que acontecera. Era como se, submetida a um terrível e prolongado exorcismo, lhe tivessem tirado até as últimas moedas. Mas no derradeiro instante, expulsas sob gritos de protesto, as legiões de demônios finalmente se retiraram.

A guerra acabara havia dois meses. O tirano dera cabo da própria vida em seu triste esconderijo sob uma destruída Berlim, e os Aliados proclamaram a vitória.

Lentamente, os britânicos iniciavam os esforços para reconstruir sua vida. E, sinal de esperança, o verão chegou. Era o primeiro verão de paz em seis anos. Mas, como que para comprovar que aquilo tudo não tinha sido somente um sonho ou um pesadelo, existiam lembretes constantes do que havia acontecido. E eram lembretes tão terríveis quanto qualquer outra coisa já ocorrida. Por vezes, ainda piores. Já no início do verão, veio à tona a medonha notícia: a real existência dos campos de extermínio, onde os nazistas impuseram atrocidades insondáveis a suas vítimas, verdadeiros pedaços do inferno de um império de vida curta.

Tais rumores circularam durante toda a guerra, mas agora a realidade era confirmada por fotografias e filmagens, além do relato de soldados que libertaram os presos dos campos nos últimos dias do confronto, em abril. A dimensão dos horrores não era sequer imaginada, e para os britânicos, tão fatigados pela guerra, era quase impossível absorvê-la. O ódio aos alemães se confirmava e se reconfirmava a cada novo e nauseante detalhe. As pessoas cambaleavam diante de tanta maldade.

No começo da guerra, era possível separar os nazistas dos alemães, e se reconhecia que nem todos os alemães eram nazistas. À medida que o confronto entre as duas nações avançava, e milhares de pais, filhos e irmãos ingleses eram mortos, tornou-se mais difícil distinguir a diferença. E, afinal, a diferença desapareceu por completo. Percebendo a necessidade de incentivar os esforços de guerra do exército britânico, o primeiro-ministro Winston Churchill "fundiu" os alemães e os nazistas num único e odiado inimigo, o melhor a se fazer para derrotá-los de maneira rápida e acabar logo com o pesadelo incessante.

Quando alguns alemães que planejavam derrubar Hitler entraram em contato com Churchill e com o governo britânico, solicitando ajuda no combate ao inimigo em comum — esperando dizer a todos que eles, aprisionados dentro do Reich, lamentavam tanto quanto o resto do mundo —, foram repelidos. Ninguém se interessou por suas propostas. Era tarde demais. Eles não poderiam ter participado de tantos males e, quando se tornou conveniente, decidir lutar isoladamente pela paz. Em nome dos propósitos da guerra, Churchill manteve a ficção de que não existiam alemães bons. Seria dito ainda que um alemão bom era um alemão morto. A falta de sutileza também fazia parte do que havia de demoníaco na guerra.

Mas agora a guerra havia terminado. E ainda que as indizíveis e absurdas maldades do Terceiro Reich viessem à tona, era preciso analisar também o outro lado. Parte da restauração do pensamento de tempos de paz veio da habilidade em ver novamente além do preto e branco da guerra, e voltar a discernir as nuances e os tons, as sombras e as cores.

E então hoje, na Igreja da Santíssima Trindade, em Brompton Road, Londres, a realização daquele funeral parecia incompreensível para alguns. Para muitos outros, especialmente aqueles que perderam seus entes queridos durante a guerra, era algo desagradável e até perturbador. A cerimônia fúnebre em solo britânico e transmitida pela BBC era uma homenagem a um alemão que morrera três meses antes. A informação de seu falecimento reverberou tão lentamente para fora dos entulhos e da névoa da guerra que apenas há pouco tempo alguns de seus amigos e familiares tomaram conhecimento do fato. A maioria deles ainda nada sabia a respeito. Mas ali, em Londres, reuniram-se os poucos que o conheciam.

Nos bancos da igreja estavam a irmã gêmea do falecido, de 39 anos, acompanhada do marido meio judeu, e as duas filhas do casal. Eles tinham abandonado a Alemanha antes da guerra, atravessando durante a noite a fronteira com a Suíça em um avião. O falecido colaborou na organização do voo ilegal — uma de suas mais insignificantes renúncias à ortodoxia nacional-socialista — e ajudou-os a se estabelecer em Londres, onde permaneceram.

Entre seus amigos havia um número de pessoas proeminentes, incluindo George Bell, o bispo de Chichester. Bell organizara o funeral, pois tinha conhecido e amado aquele homem. O bispo o conhecera antes da guerra, quando os dois se engajavam em esforços ecumênicos. Tentavam alertar a Europa contra os desígnios nazistas, resgatar judeus algum tempo depois e, finalmente, conseguir a atenção do governo britânico para as informações da resistência alemã.

Do outro lado do canal da Mancha, além da França, atravessando a Alemanha, no distrito berlinense de Charlottenburg, numa casa de três andares na Marienburgerallee nº 43, um casal idoso sentou-se próximo ao rádio. A esposa dera à luz oito filhos, quatro meninos e quatro meninas. O segundo filho morrera na Primeira Guerra, e por um ano todo a jovem mãe permaneceria praticamente imóvel. Vinte sete anos depois, uma segunda guerra lhe tomaria outros dois filhos. O marido era o mais célebre psiquiatra da Alemanha. Ambos se opuseram a Hitler desde o início e se orgulhavam dos filhos e genros que se envolveram na conspiração contra o líder nazista. Quando a guerra enfim terminou, porém, informações a respeito de seus dois filhos demoravam a chegar a Berlim. Um mês atrás, eles finalmente souberam da morte do terceiro filho, Klaus. Mas sobre o mais novo, Dietrich, nada se sabia. Alguém afirmava tê-lo visto vivo. Um vizinho disse a eles que a BBC transmitiria no dia seguinte um funeral em memória de um alemão em Londres. Era dedicado a Dietrich.

Na hora marcada, o velho casal ligou o rádio. Logo, anunciaram o funeral para seu filho. Foi assim que ficaram sabendo de sua morte.

Do mesmo modo que os dois velhinhos souberam pelo noticiário que o bom homem que tiveram como filho estava agora morto, assim também muitos ingleses souberam pelo noticiário que aquele homem morto era um alemão — e um alemão bom. Desse modo, o mundo começava novamente a se reconciliar consigo.

O homem que morreu estava comprometido e iria se casar. Ele era um pastor e um teólogo. E foi executado por seu papel na conspiração para assassinar Hitler.

Esta é a sua história.

CAPÍTULO 1

FAMÍLIA E INFÂNCIA

O mundo valioso de seus antepassados definiu os padrões de vida de Dietrich Bonhoeffer. Legaram-lhe os costumes e o bom senso que não podem ser adquiridos em uma única geração. Ele cresceu com indivíduos que acreditavam na essência do saber, não por meio de uma educação formal, mas fundamentada no compromisso familiar de manter, como guardiões, a tradição intelectual e um grandioso patrimônio histórico.

EBERHARD BETHGE

NO INVERNO DE 1896, antes do mencionado casal de idosos se conhecer, ambos foram convidados para uma reunião social na casa do físico Oscar Meyer. "Ali", escreveu Karl Bonhoeffer anos depois, "encontrei uma jovem loira, olhos azuis, de postura tão espontânea e natural, de uma expressão tão aberta e confiante, que, logo ao entrar na sala, deixou-me encantado. O momento em que meus olhos viram minha futura esposa pela primeira vez permanece em minha memória com uma força quase mística".[1]

Karl Bonhoeffer chegara a Breslávia — hoje Wroclaw, na Polônia — três anos antes para trabalhar como assistente de Karl Wernicke, professor de psiquiatria de renome internacional. A vida consistia em trabalhar na clínica e socializar com alguns poucos amigos de Tübingen, a charmosa cidade universitária onde ele crescera. Mas, após aquela memorável noite de inverno,

[1] Eberhard BETHGE, *Dietrich Bonhoeffer: A Biography*, p. 8.

as coisas mudariam dramaticamente: para começar, ele passou a frequentar canais congelados, de manhã, para praticar patinação no gelo, com a esperança de encontrar — o que acontecia quase sempre — a encantadora moça de olhos azuis. Ela era professora, e seu nome, Paula von Hase. Eles se casaram em 5 de março de 1898, três semanas antes do trigésimo aniversário do noivo. A noiva tinha 22 anos.

Ambos — o doutor e a professora — vinham de cenários ilustres. Os pais e a família de Paula Bonhoeffer possuíam ligações estreitas com a corte do imperador em Potsdam. Sua tia Pauline era dama de companhia da princesa Vitória, esposa de Frederico III. O pai, Karl Alfred von Hase, fora um capelão militar, e em 1889 se tornou capelão de Guilherme II, mas renunciou após criticar a declaração do imperador sobre a classe operária, descrita como "um bando de cachorros".[2]

O avô de Paula, Karl August von Hase, teve grande importância na família e foi um famoso teólogo em Jena, onde lecionou por sessenta anos — na cidade, há uma estátua em sua homenagem. Ele fora chamado para o cargo pelo próprio Goethe — então ministro do duque de Weimar — e teve encontros particulares com o mestre alemão de oitenta anos, na época compondo a segunda parte de *Fausto*. O livro de Karl August a respeito da história do dogma ainda era utilizado pelos estudantes de teologia no século 20. Perto do fim da vida, o grão-duque de Weimar e o rei de Württemberg premiaram-no com diversos títulos de nobreza.

O lado materno da família de Paula incluía artistas e músicos. A mãe, Clara von Hase, *née* condessa Kalkreuth (1851-1930), recebeu lições de piano de Franz Liszt e Clara Schumann. Legou à filha o amor pela música e pelo canto, amor que exerceria papel vital na história dos Bonhoeffer. O pai de Clara, conde Stanislaus Kalkreuth (1820-1894), foi um pintor conhecido por desenhar amplas paisagens alpinas. Embora tivesse vindo de uma família de nobres e aristocratas militares, o conde casou-se com uma Cauer, conhecida família de escultores, e tornou-se diretor da escola de artes do grão-ducado de Weimar. Seu filho, conde Leopold Kalkreuth, aperfeiçoou o sucesso do pai como pintor, e seus quadros de realismo poético estão hoje expostos em

[2] Idem, p. 7.

museus de toda a Alemanha. Os Von Hase também mantinham relações sociais e intelectuais com os notáveis Yorck von Wartenburg. O conde Hans Ludwig Yorck von Wartenburg[3] era um filósofo cuja famosa correspondência com Wilhelm Dilthey desenvolveria uma filosofia hermenêutica da História, influenciando, entre outros, Martin Heidegger.

A linhagem de Karl Bonhoeffer não era menos impressionante. A família se inscrevera em 1403 nos registros de Nymwegen, no rio Waal, na Holanda, próximo à fronteira com a Alemanha. Em 1513, Caspar van den Boenhoff deixou a Holanda para se estabelecer na cidade alemã de Schwäbisch Hall. Mais tarde, a família passou a se chamar Bonhöffer, mantendo o trema até meados de 1800. *Bonhöffer* significa "agricultor de feijão", e no brasão da família, bem evidente em alguns prédios ao redor de Schwäbisch Hall,[4] há um leão, à frente de um cenário azul, segurando um pé de feijão. Eberhard Bethge nos diz que Dietrich Bonhoeffer costumava usar um anel de sinete com o brasão da família.

Por três séculos, os Bonhoeffer estiveram entre as principais famílias de Schwäbisch Hall. No início, trabalhavam como ourives; nas gerações posteriores, havia doutores, pastores, juízes, professores e advogados. Ao longo dos séculos, 78 membros do conselho municipal e três prefeitos de Schwäbisch Hall eram Bonhöeffer. Sua importância e influência podem ser visualizadas no memorial de mármore da família em *Michaelskirche* (Igreja de São Miguel), onde foram imortalizados nos epitáfios e esculturas barrocas e rococós.

Em 1797, veio ao mundo o avô de Karl, Sophonias Bonhoeffer, o último da família a nascer ali. A invasão de Napoleão em 1806 acabou com a condição de cidade independente de Schwäbisch Hall e dispersou a família, ainda que ali se tornasse uma espécie de santuário que as gerações posteriores, já sem o trema, tentaram restaurar. O pai de Karl Bonhoeffer levou o filho para visitar aquela cidade medieval diversas vezes e apresentava-lhe detalhes de sua história aristocrática, desde a "famosa escadaria de orvalho negro da casa dos Bonhoeffer na

[3] Seu neto, Yorck Peter von Wartenburg (1904-1944), foi primo do coronel Claus von Stauffenberg e desempenhou papel fundamental na conspiração para assassinar Hitler no dia 20 de julho de 1944.

[4] É possível visualizar um desses brasões na Klosterstrasse nº 7.

Herrengasse" até o retrato da "bela mulher de Bonhoeffer"[5] pendurada na igreja, com uma cópia na casa que pertencera à família de Dietrich durante sua infância. Karl Bonhoeffer, aliás, fazia a mesma coisa com os filhos.

O pai de Karl Bonhoeffer, Friedrich Ernst Philipp Tobias Bonhoeffer (1828-1907), foi autoridade jurídica de alto escalão em Württemberg e terminou a carreira como presidente da corte provincial de Ulm. Quando se retirou para Tübingen, o rei o premiou com um título de nobreza. Seu pai tinha sido "um pároco de bom coração, que dirigia por todo o distrito em sua própria carruagem". [6]

A mãe de Karl Bonhoeffer, avó Bonhoeffer, nascida Tafel (1842-1936), veio de uma família da Suábia devotadamente liberal que desempenhou papel fundamental no movimento democrático do século 19. A respeito do pai de sua mãe, Karl Bonhoeffer escreveu: "Nitidamente, meu avô e os três irmãos dele não eram homens medíocres. Cada um tinha uma característica especial, mas, em comum, todos possuíam uma verve idealista, dispostos a lutar sem medo por suas convicções".[7] Por culpa de suas tendências democráticas, dois deles foram banidos temporariamente de Württemberg. E, coincidência notável, um deles, Gottlob Tafel, tio-avô de Karl, ficou preso na fortaleza de Hohenasperg na mesma época que o bisavô de Dietrich, Karl August von Hase. O último, antes de embarcar na carreira teológica, passara por um período de ativismo político na juventude. No período em que estiveram presos, os dois antepassados de Dietrich Bonhoeffer chegaram a se conhecer. A mãe de Karl Bonhoeffer viveu até os 93 anos e tinha uma relação próxima com o bisneto Dietrich, que declamou uma oração no funeral dela em 1936, e a conservava na memória feito um elo vivo com a grandiosidade daquela geração.

As árvores genealógicas de Karl e Paula Bonhoeffer são tão carregadas de realizações valorosas que alguém talvez suspeitasse que as gerações futuras pudessem se sentir de algum modo pressionadas com aquilo tudo. Mas a profusão de maravilhas legada por tal herança parece ter sido uma bênção tão grande que, a cada criança nascida, buscava-se não apenas rivalizar com os gigantes do passado, mas também superá-los, ir além deles.

E assim, em 1898, essas duas linhagens extraordinárias se entrelaçaram no casamento de Karl e Paula Bonhoeffer e trouxeram ao mundo oito filhos no

[5] Mary BOSANQUET, *The Life and Death of Dietrich Bonhoeffer*, p. 18.

[6] Idem.

[7] Idem, p. 19.

espaço de uma década. No mesmo ano, nasceram os dois primeiros: Karl-Friedrich, no dia 13 de janeiro de 1899, e Walter — prematuro de dois meses —, em 10 de dezembro. O terceiro filho, Klaus, nasceu em 1901, seguido de duas meninas, Ursula, em 1902, e Christine, em 1903. No dia 4 de fevereiro de 1906, o quarto filho, Dietrich, nasceu quatro minutos antes de sua irmã gêmea Sabine, e a vida toda ele fez graça com essa vantagem sobre ela. O ex-capelão do imperador, o avô Karl Alfred von Hase, que vivia a uma distância de sete minutos de caminhada, batizou os gêmeos. Susanne, a última criança, nasceu em 1909.

Todas as crianças da família nasceram em Breslávia, onde Karl Bonhoeffer era titular da cadeira de psiquiatria e neurologia da universidade e diretor do hospital para doenças nervosas. No *réveillon* do ano em que nasceu Susanne, ele escreveu em seu diário: "Apesar de termos oito crianças — o que parece um número enorme em tempos como este —, temos a impressão de que não há tantos assim! A casa é espaçosa, as crianças se desenvolvem normalmente, e nos esforçamos para não mimá-las demais, mas tornar a infância delas agradável".[8]

A casa da família, na Birkenwäldchen nº 7, ficava próxima da clínica. Era uma mansão gigantesca de três andares, com telhado inclinado, diversas chaminés, um alpendre e uma ampla varanda com vista para o espaçoso jardim onde as crianças se divertiam. Elas gostavam de brincar na terra, subir em árvores e montar barracas. As crianças sempre visitavam o avô Hase, que morava do outro lado de um braço do rio Óder. Sua esposa morreu em 1903, e sua outra filha, Elisabeth, cuidava dele. Ela também se tornaria parte importante na vida das crianças.

Apesar das ocupações profissionais, Karl Bonhoeffer conseguia arrumar tempo para se alegrar com os filhos. "No inverno", escreveu, "nós jogávamos baldes d'água numa velha quadra de tênis de superfície asfáltica, de modo que os dois meninos mais velhos pudessem tentar patinar pela primeira vez. Não tínhamos uma carruagem com cavalos, mas usávamos o estábulo para manter todo tipo de animais".[9] Também havia animais dentro de casa. Um quarto, por exemplo, se tornou um pequeno zoológico para os animaizinhos de estimação das crianças, e incluía coelhos, porquinhos-da-índia, pombas, esquilos,

[8] Bethge, *Dietrich Bonhoeffer: A Biography*, p. 16.

[9] Renate Bethge e Christian Gremmels, ed., *Dietrich Bonhoeffer: A Life in Pictures*, p. 22.

lagartixas e cobras, além de um museu de história natural para as coleções de ovos de pássaros e molduras de insetos e borboletas. As duas meninas de mais idade utilizavam outro quarto para montar sua casinha de bonecas, e no primeiro andar os três meninos mais velhos tinham uma oficina completa de carpintaria.

A mãe presidia a casa, que contava com um bom quadro de funcionários: uma governanta, uma babá, uma empregada para a casa e outra para o salão, e uma cozinheira. No andar de cima, existia uma sala onde Paula dava aulas aos filhos. Na época, foi algo chocante o fato de Paula Bonhoeffer, quando solteira, ter se formado professora,[10] mas, depois de casada, fez uso do que tinha aprendido com grande êxito. Ela desconfiava abertamente das escolas públicas alemãs e dos métodos de educação prussianos. Paula acreditava no ditado que dizia que os alemães são esmagados duas vezes na vida, a primeira na escola e a segunda no exército. Não estava disposta a entregar os filhos, em seus primeiros anos, aos cuidados de outros com sensibilidade menor que a sua. Quando ficaram um pouco mais velhas, as crianças se matricularam em escolas públicas locais, onde, invariavelmente, se destacavam. Mas, até que cada uma completasse sete ou oito anos de idade, ela seria a única educadora.

Paula Bonhoeffer memorizara um repertório impressionante de poemas, hinos e canções populares, e repassou-o aos filhos, que jamais esqueceriam. As crianças gostavam de se fantasiar e encenar peças para os adultos. Havia um teatro de fantoches na família, e todo dia 30 de dezembro, data de seu aniversário, Paula apresentava uma *performance* de "O chapeuzinho vermelho". Continuou a apresentá-la para os netinhos até a velhice. Uma das netas, Renate Bethge, disse que "ela era a alma e o espírito da casa".

Em 1910, os Bonhoeffer decidiram procurar um local para passar as férias e escolheram um idílio remoto nas florestas das montanhas Glatz, próximo à fronteira com a Boêmia. Era uma viagem de duas horas de trem ao sul de Breslávia. Karl Bonhoeffer descreveu o lugar como "um pequeno vale aos pés do monte Urnitz, à beira da floresta, com um pasto, um pequeno riacho, um celeiro velho e uma árvore onde as crianças amarraram um banquinho em seus galhos mais altos e criaram um balanço".[11] O nome desse paraíso rústico

[10] Ela recebeu o diploma do Colégio da Província Real de Breslávia, em abril de 1896.

[11] BETHGE e GREMMELS, *A Life in Pictures*, p. 24.

era Wolfesgründ. Ficava tão distante da estrada que a família nunca via pessoa alguma, com exceção de um personagem singular, o "fanático oficial da floresta" que perambulava por ali vez ou outra. Anos depois, Bonhoeffer o recriaria como o personagem fictício *Gelbstiefel* (Botas Amarelas).

Temos nossas primeiras impressões a respeito de Dietrich nessa época, quando ele tinha quatro anos de idade. Vieram a nós através de sua irmã gêmea, Sabine:

> Minhas primeiras memórias remontam a 1910. Vejo Dietrich com seu roupão, acariciando a seda azul com sua mãozinha pequena. Depois, eu o vejo ao lado de nosso avô, que está sentado perto da janela com nossa irmã Susanne em seu colo, enquanto o sol da tarde emite sua luz dourada. A partir daqui, a memória se obscurece, e apenas mais uma cena se formará em minha mente: as primeiras brincadeiras no jardim, em 1911, Dietrich com o cabelo loiro-cinzento em volta de seu rosto bronzeado, queimado pelo sol quente, correndo para dentro de casa para fugir dos mosquitos, à procura de um lugar com sombra, e obedecendo assim, muito sem querer, já que a brincadeira ainda não havia terminado, ao pedido da babá para que entrássemos. A intensidade da diversão era tanta que esquecíamos o calor e a sede.[12]

Dietrich foi o único dos filhos a herdar a pele e os cabelos claros da mãe.[13] Os três irmãos mais velhos eram morenos como o pai. Klaus, o mais jovem dos irmãos de Dietrich, era cinco anos mais velho do que ele. Assim, os três irmãos e as duas irmãs mais velhas formavam, naturalmente, um quinteto, enquanto Dietrich uniu-se com Sabine e a pequena Susi no grupo dos "três pequeninos". Nesse trio, Dietrich desempenhava o papel do protetor forte e cortês. "Jamais esquecerei a delicadeza do caráter de Dietrich", escreveu Sabine, "quando, certa vez, colhíamos framboesas durante o verão. Ele encheria meu cântaro com as framboesas que havia colhido, caso eu tivesse menos que ele, ou então dividiria sua bebida comigo". Quando os dois liam juntos, "ele colocava o livro à minha frente [...] ainda que isso atrapalhasse a sua leitura e, caso solicitado para qualquer coisa, era sempre gentil e prestativo".[14]

[12] Bosanquet, *Life and Death of Bonhoeffer*, p. 24.

[13] Wolf-Dieter Zimmermann e Ronald G. Smith, *I Knew Dietrich Bonhoeffer*, p. 25.

[14] Idem, p. 27.

Tanto cavalheirismo não se restringia às irmãs. Ele adorava a srta. Käthe van Horn, sua governanta desde a infância, e "por livre e espontânea vontade, ele assumia o papel dela com bom humor e passava a ajudá-la e servi-la, e quando o prato favorito dela era posto sobre a mesa, ele chorava, dizia que já tinha comido o suficiente e a forçava a comer a parte dele. Ele falava para ela: 'Quando eu crescer, nós iremos nos casar, assim você irá sempre ficar conosco'".[15]

Sabine lembra-se também de quando ele, aos seis anos, ficou maravilhado com a visão de uma libélula que pairava acima de um riacho. De olhos arregalados, sussurrou para a mãe: "Veja! Há uma criatura sobre a água! Mas não tenha medo; eu vou proteger você!".[16]

Quando Dietrich e Sabine tinham idade suficiente para ir à escola, Paula transferiu suas responsabilidades para a srta. Käthe, embora ela ainda presidisse a instrução religiosa das crianças. As primeiras indagações teológicas de Dietrich surgiram em torno dos quatro anos de idade. Ele perguntou à mãe: "O bom Deus ama o limpador de chaminés também?" e "Deus também se senta para almoçar?".[17]

As irmãs Käthe e Maria van Horn vieram para a casa dos Bonhoeffer seis meses após o nascimento dos gêmeos, e por duas décadas exerceram papel essencial na vida da família. A srta. Käthe era normalmente a responsável pelos três pequeninos. As duas irmãs eram cristãs devotas escoladas na comunidade de Herrnhut, que significa "torre de vigília do Senhor", e tiveram uma influência decisiva na formação espiritual das crianças. Fundada pelo conde Zinzendorf no século 18, Herrnhut dava prosseguimento à tradição pietista da Irmandade Morávia. Quando menina, Paula Bonhoeffer frequentou Herrnhut por um tempo.

O conde Zinzendorf defendia a ideia de um relacionamento pessoal com Deus em vez da ida formal à igreja do luteranismo. Zinzendorf usava o termo "fé viva", o qual contrastava desfavoravelmente com o nominalismo em vigor da maçante ortodoxia protestante. Para ele, a fé era menos a respeito de um assentimento intelectual a doutrinas e mais um encontro pessoal e transformador

[15] Idem, p. 24.

[16] BOSANQUET, *Life and Death of Bonhoeffer*, p. 24.

[17] Sabine LEIBHOLZ-BONHOEFFER, *The Bonhoeffers: Portrait of a Family*, p. 37.

com Deus. Os Herrnhütter, portanto, enfatizavam a leitura bíblica e a devoção no lar. Suas ideias influenciaram John Wesley, que visitou Herrnhut em 1738, ano de sua famosa conversão.

O papel da religião na casa dos Bonhoeffer estava distante do pietismo, mas seguia alguma das tradições de Herrnhut. Eles raramente iam à igreja; para batismos e funerais, voltavam-se ao pai ou ao irmão de Paula. A família não era anticlerical — as crianças, na verdade, adoravam "brincar" de batizar umas às outras —, mas o cristianismo deles se desenvolveu principalmente dentro de casa. Todos os dias, liam a Bíblia e cantavam hinos, conduzidos pela senhora Bonhoeffer. Sua reverência para com as Escrituras era tanta que ela lia histórias bíblicas para os filhos usando o texto tradicional, e não versões simplificadas para crianças. Ainda assim, às vezes utilizava uma Bíblia ilustrada, mostrando as imagens ao decorrer da história.[18]

A fé de Paula Bonhoeffer se evidencia nos valores que ela e o marido ensinaram aos filhos. A exposição do altruísmo, a expressão da generosidade e a ajuda ao próximo eram fundamentais para a cultura familiar. A srta. Käthe lembra-se que as três crianças gostavam de surpreendê-la ao fazer coisas que a agradassem: "Por exemplo, elas poriam a mesa para a ceia antes que eu pudesse fazê-lo. Se Dietrich encorajava as irmãs a isso, eu não sei dizer, mas é de se suspeitar".[19] As irmãs van Horn descrevem as crianças como "bem-humoradas", mas nunca, absolutamente, "rudes ou mal-educadas". O bom comportamento, porém, nem sempre aparecia de forma natural. A srta. Käthe recorda:

> Dietrich era muitas vezes arteiro e fazia brincadeiras em momentos inapropriados. Lembro-me que Dietrich gostava de fazer isso especialmente quando as crianças deveriam tomar banho e se vestir com pressa porque nós havíamos sido convidados para ir a algum lugar. Então, um

[18] Bonhoeffer conhecia bem os perigos do pietismo, mas se baseou na tradição teológica conservadora de Herrnhut durante toda a vida, sempre usando os *Lemas diários* dos morávios para suas devoções particulares. A cada dia, um versículo do Antigo Testamento e um versículo do Novo Testamento. Publicado anualmente desde o tempo de Zinzendorf, eles eram conhecidos por Bonhoeffer como *Losungen* ("palavras de vigília"), ainda que às vezes os chamasse simplesmente de "os textos". Essas *Losungen* tiveram papel fundamental em sua decisão de retornar à Alemanha em 1939. Ele prosseguiu com essas devoções até o fim da vida e introduziu à prática sua noiva e muitos outros.

[19] Bosanquet, *Life and Death of Bonhoeffer*, p. 29.

> dia lá estava ele, dançando na sala, cantando, enfim, um verdadeiro incômodo. De repente a porta se abriu, sua mãe foi para cima dele, deu-lhe tapas na orelha e foi embora. Assim terminou aquela tolice. Sem derramar uma única lágrima, ele obedeceu e fez o que devia fazer.[20]

A mudança para Berlim

Em 1912,[21] o pai de Dietrich aceitou a nomeação para a cadeira de psiquiatria e neurologia de Berlim. Tornava-se a maior autoridade de sua área em toda a Alemanha, posição que ocuparia até a morte, em 1948. É difícil mensurar o prestígio de Karl Bonhoeffer. Bethge diz que a mera presença dele em Berlim "transformou a cidade num bastião contra a invasão da psicanálise de Freud e Jung. Não que ele tivesse a mente fechada para teorias heterodoxas, ou negasse, por princípios, a validade de esforços para estudar áreas inexploradas da mente". Karl Bonhoeffer nunca rejeitou em público as teorias de Freud, Jung ou Adler, mas as mantinha a distância por meio de um elevado grau de ceticismo e de sua devoção a ciência empírica. Como médico e cientista, tinha uma visão negativa quanto ao excesso de especulação dentro do reino desconhecido da chamada psique. Bethge transcreve a citação de um amigo de Karl, Robert Gaupp, psiquiatra de Heidelberg:

> Não havia ninguém superior a Bonhoeffer na psicologia intuitiva e na observação escrupulosa. Mas ele veio da escola de Wernickle, preocupada apenas com o cérebro, e não aceitava nenhuma orientação de pensamento em termos de patologia cerebral. [...] Ele não tinha vontade alguma de avançar no reino da sombria, indemonstrável, atrevida e imaginativa interpretação, onde há muito a se supor e pouco a se provar. [...] Manteve-se dentro das fronteiras que lhe eram acessíveis no mundo empírico.[22]

Karl Bonhoeffer desconfiava de qualquer coisa além do que era observável com os sentidos ou dedutível de tais observações. No que diz respeito à psicanálise e à religião, poderia ser definido como agnóstico.

[20] Idem.

[21] BETHGE, *Dietrich Bonhoeffer: A Biography*, p. 21.

[22] Idem, p. 22.

Havia, em sua casa, uma forte atmosfera contra pensamentos distorcidos, incluindo certo preconceito contra determinados tipos de expressões religiosas. Mas não houve conflito entre as ideologias do pai e as crenças da mãe. No fim das contas, os dois se complementavam com perfeição. Era evidente quanto essas duas pessoas se amavam e se respeitavam. Eberhard Bethge as descreve como partes de "um relacionamento feliz, onde um parceiro supria habilmente a energia do outro. Nas bodas de ouro do casal, foi dito que eles não tinham passado sequer um mês distante do outro durante cinquenta anos de casamento, mesmo se contassem o tempo de solteiro".[23]

Karl Bonhoeffer não se consideraria um cristão, mas respeitava e aprovava a maneira com que a esposa tutelava os filhos, mesmo que participasse disso apenas como observador. Ele não era o tipo de cientista que descartava a existência de um universo além do físico, e parecia ter um respeito genuíno pelos limites da razão. Quanto aos valores ensinados pela esposa às crianças, estava em total acordo. Entre tais valores, existia o respeito pelos sentimentos e opiniões de outras pessoas, o que incluía, obviamente, a própria esposa. Ela era, afinal, neta, filha e irmã de homens que dedicaram a vida à teologia, e ele sabia quão séria era a fé de Paula. Ele estava presente nas atividades religiosas da família e nas celebrações de feriado orquestradas pela esposa, que incluíam hinos, leituras da Bíblia e orações. "No que diz respeito a nossa educação", relembra Sabine, "nossos pais permaneceram unidos feito uma parede. Não havia discussões em que alguém dizia uma coisa e o outro retrucasse algo diferente".[24] Sem dúvida, um ambiente excelente para o futuro teólogo que ali brotava.

A fé de Paula Bonhoeffer falava por si só; tornava-se visível em suas ações e no modo com que colocava os outros acima de si própria, e ensinou os filhos a fazer o mesmo. "Não existia espaço para falsa piedade ou qualquer tipo de religiosidade falsificada em nossa casa", diz Sabine. "Mamãe esperava que mostrássemos determinação verdadeira".[25] A mera visita à igreja não lhe dizia muita coisa. É provável que o conceito de graça barata popularizado por Dietrich anos depois tenha se originado na observação do comportamento da mãe; talvez não o termo em si, mas a ideia por trás, de que a fé sem obras

[23] Idem, p. 17.

[24] Leibholz-Bonhoeffer, *The Bonhoeffers*, p. 12.

[25] Idem, p. 7.

não é fé coisa nenhuma, mas simples falta de obediência a Deus. Durante a ascensão do nazismo, ela, de forma respeitosa mas com firmeza, incitava o filho a fazer a igreja viver de fato aquilo que afirmava acreditar, pronunciando-se publicamente contra Hitler e os nazistas e tomando medidas contra eles.

A família parecia[26] possuir o melhor do que hoje chamamos de valores conservadores e liberais, o melhor dos tradicionalistas e dos progressistas. Emmi Bonhoeffer, que conhecera a família antes de se casar com Klaus, irmão de Dietrich, recorda: "A mãe, sem dúvida, controlava a casa, a vida espiritual e os afazeres, mas ela nunca teria planejado ou organizado coisa alguma se o pai não desejasse ou não se agradasse. Segundo Kierkegaard, o homem era ou um ser moral ou um ser artístico. Bem, ele não conheceu essa casa, onde existia harmonia nos dois sentidos".

Sabine notou que o pai possuía...

> ... tamanha tolerância que não restava espaço para qualquer estreiteza de pensamento e ampliou os horizontes de nosso lar. Ele tinha certeza que tentaríamos fazer o que era correto e esperava muito de nós, mas sempre poderíamos contar com a bondade e justiça de seu julgamento. Ele possuía um notório senso de humor e muitas vezes nos ajudava a superar nossas inibições com alguma piada oportuna. Tinha ainda um controle firme sobre suas próprias emoções para jamais se permitir falar conosco qualquer palavra que não fosse totalmente adequada. Sua antipatia pelos clichês fazia às vezes que alguns de nós ficássemos inarticulados e sem respostas. Mas, como consequência, quando adultos não tínhamos mais gosto algum por frases feitas, futilidades, lugares comuns ou loquacidade. Ele próprio jamais usaria alguma frase feita ou algum modismo da época.[27]

Karl Bonhoeffer ensinou as crianças a falar somente quando tivessem algo a dizer. Ele não tolerava o descuido com as palavras tanto quanto não tolerava autopiedade, egoísmo ou soberba. Os filhos amavam-no e o respeitavam a ponto de ficarem ansiosos por sua aprovação; dificilmente ele precisava falar alguma coisa para comunicar sua opinião a respeito de um assunto. Muitas vezes, bastava um simples erguer de sobrancelhas e tudo se resolvia.

[26] ZIMMERMANN e SMITH, *I Knew Dietrich Bonhoeffer*, p. 37.

[27] LEIBHOLZ-BONHOEFFER, *The Bonhoeffers*, p. 12.

O professor Scheller, um colega, disse certa vez: "Assim como ele detestava tudo que fosse imoderado, exagerado ou indisciplinado, ele também, em sua própria personalidade, era completamente controlado".[28] As crianças da família Bonhoeffer foram ensinadas a ter controle rigoroso sobre suas emoções. O sentimentalismo, assim como o desleixo no uso das palavras, era encarado como autoindulgência. Quando seu pai morreu, Karl Bonhoeffer anotou no diário: "De suas qualidades, gostaria que meus filhos herdassem a simplicidade e a honestidade. Nunca ouvi um clichê sequer sair de sua boca. Falava pouco e era inimigo rigoroso de tudo que fosse fugaz e anormal".[29]

Mudar de Breslávia para Berlim aparentava ser um salto na vida da família. Para muitos, Berlim era o centro do universo. A universidade era uma das melhores do mundo, a cidade era um centro intelectual e cultural, e ali era a sede de um império.

A casa nova — na Brückenallee, próximo à parte noroeste de Tiergarten — não era tão espaçosa quanto a mansão de Breslávia e se situava num terreno ainda menor. Mas possuía o mérito de dividir o muro com o Parque de Bellevue, onde as crianças da família real costumavam brincar. Uma das governantas dos Bonhoeffer — provavelmente a srta. Lenchen — era uma espécie de monarquista que ficou empolgadíssima com a possibilidade de avistar o imperador ou algum príncipe que passasse por perto. Os Bonhoeffer valorizavam a humildade e a simplicidade, e não iriam permitir qualquer deslumbre tolo com a realeza. Quando Sabine se vangloriou porque um dos príncipes se aproximara dela e tentou cutucá-la com um pedaço de madeira, teve como resposta um silêncio desaprovador.

Em Berlim, as crianças mais velhas não eram mais ensinadas em casa e começaram a frequentar a escola mais próxima. Tomavam café da manhã na varanda: pão de centeio, manteiga e geleia, leite quente e, vez ou outra, chocolate. A aula começava às oito. Na metade do dia, comiam pequenos sanduíches — de manteiga e queijo ou salsicha — embrulhados em papel impermeável que levavam para a escola na mochila. Na época, não havia algo parecido com o almoço na Alemanha, e chamavam essa refeição de segundo café da manhã.

[28] Idem, p. 11.

[29] Bethge, *Dietrich Bonhoeffer: A Biography*, p. 10.

Em 1913, com sete anos de idade, Dietrich também começou a ir para a escola. Pelos próximos seis anos, assistiria às aulas no ginásio Friedrich-Werder. Segundo Sabine, a expectativa era que ele fosse à escola por conta própria:

> Ele temia ir até lá sozinho, e era preciso atravessar no caminho uma longa ponte. Então ele tinha que ser levado primeiro, e quem o acompanhava tinha de andar do outro lado da rua para que ele não se sentisse envergonhado na frente de outras crianças. Tinha também muito medo do Papai Noel, e demonstrou certo medo de água quando nós aprendemos a nadar. Nas primeiras vezes, chorava o tempo todo. Tempo depois, se tornou um excelente nadador.[30]

Dietrich era um bom aluno, mas não precisava de nada além de disciplina, algo que seus pais não hesitavam em providenciar. Quando tinha oito anos, seu pai escreveu: "Dietrich realiza suas tarefas de modo natural e organizado. Ele gosta de brigar, e faz isso muito bem".[31] Certa vez, atacou um colega de sala, filho de uma mulher suspeita de ser antissemita. Paula Bonhoeffer ficou horrorizada com tal pensamento e fez que a mãe do menino atacado soubesse que nada do tipo era tolerado em sua casa.

Friedrichsbrunn

Com a mudança para Berlim, a casa em Wolfesgründ ficou muito distante. Venderam-na então e encontraram uma casa de campo em Friedrichsbrunn, nas montanhas Harz. A propriedade pertencera a um guarda florestal aposentado, e eles mantiveram sua aparência simples, tanto que deixaram a casa sem energia elétrica por mais de trinta anos. Sabine descreveu a viagem até lá:

> A viagem, em dois vagões de trem especialmente reservados para nós, sob a supervisão da srta. Horn, foi bem alegre. Na cidade de Thale, duas carruagens e dois pares de cavalos nos aguardavam, uma para os adultos e os pequenos membros do destacamento e outra para a bagagem. A maior parte da bagagem pesada fora enviada antes, e duas empregadas viajaram uns dias na nossa frente para limpar e aquecer a casa.[32]

[30] BOSANQUET, *Life and Death of Bonhoeffer*, p. 31.
[31] BETHGE, *Dietrich Bonhoeffer: A Biography*, p. 24.
[32] LEIBHOLZ-BONHOEFFER, *The Bonhoeffers*, p. 7.

Às vezes os meninos desciam da carruagem e caminhavam a pé pela floresta os pouco mais de seis quilômetros restantes. Os zeladores, senhor e senhora Sanderhoff, moravam num chalé da propriedade. O senhor Sanderhoff ceifava o campo, e a esposa se certificava de que não faltariam lenha e verduras na horta.

As irmãs van Horn geralmente viajavam a Friedrichsbrunn com as crianças antes de Karl e Paula. Havia sempre grande excitação sobre a chegada dos pais. Sabine e Dietrich costumavam ir de carruagem até a estação de trem em Thale para recebê-los. "Nesse meio-tempo [...] nós iluminávamos a casa com velas pequenas que colocávamos em todas as janelas", relembra Sabine. "Assim, mesmo de longe a casa estaria brilhando para saudar os recém-chegados."[33]

Nos trinta e poucos anos que viajaram para Friedrichsbrunn, Dietrich tinha uma única lembrança atemorizante. Aconteceu em 1913, no verão. Era um dia abafado de julho, e a srta. Maria decidiu levar os três pequeninos e Ursula a uma lagoa que havia ali perto. A srta. Maria pediu que aguardassem um pouco antes de entrar na água, mas a srta. Lenchen ignorou os avisos e nadou rapidamente até o meio da lagoa, onde se afogou de imediato. Sabine relembra o que aconteceu:

> Dietrich foi o primeiro a perceber e soltou um lamento agudo. Num relance, a srta. Horn descobriu o que tinha acontecido. Ainda posso vê-la, jogando a corrente de seu relógio para o lado e, com sua longa saia de lã, nadando com fortes braçadas e gritando para nós por cima do ombro: "Mantenham-se todos na praia!".
>
> Nós tínhamos sete anos de idade e ainda não sabíamos nadar. Chorávamos e tremíamos e abraçávamos com força a pequena Susi. Podíamos ouvir nossa querida srta. Horn gritando para a mulher afogada: "Continue nadando! Continue nadando!". Víamos quão difícil era para a srta. Horn trazer Lenchen de volta. No começo, Lenchen segurou-se em seu pescoço, mas logo ficou inconsciente, e ouvíamos a srta. Horn exclamar: "Ajude-me, meu Deus, ajude-me!". Depois de alcançar a praia, a srta. Lenchen, ainda inconsciente, foi deitada no chão. A srta. Horn colocou o dedo dentro da garganta dela para fazer a água sair. Gentilmente, Dietrich lhe fazia afagos, e todos nós nos agachamos ao redor

[33] Idem, p. 8.

> da srta. Lenchen. Logo ela recobrou a consciência, e a srta. Horn fez uma longa oração de agradecimento.[34]

As crianças Bonhoeffer traziam amigos para Friedrichsbrunn, embora o círculo de amizade de Dietrich durante toda a infância se resumisse à própria família. Seu primo Hans-Christoph von Hase os visitava por longos períodos. Juntos, brincavam de cavar trincheiras e faziam caminhadas pelos vastos bosques de pinheiros para procurar cebolas, cogumelos e morangos silvestres.

Dietrich também passava muito tempo lendo.

> Sob os pés de sorva de nossa campina, Dietrich adorava se sentar e ler seus livros favoritos, como *Rulamann*,[35] a história de um homem da idade da pedra, e *Pinóquio*, que o fazia gargalhar, e cujas passagens mais engraçadas ele gostava de ler e reler para nós. Ele tinha mais ou menos dez anos nessa época, mas manteve toda a vida esse senso de humor. O livro *Heróis de todos os dias*[36] mexeu muito com ele. Eram histórias de jovens que, por sua coragem, presença de espírito e abnegação, salvavam a vida de outras pessoas, e essas histórias geralmente terminavam de maneira triste. *A cabana do pai Tomás* ocupou Dietrich por um bom tempo. Em Friedrichsbrunn, também leu os grandes poetas clássicos pela primeira vez. À noite, encenávamos peças variadas.[37]

Vez ou outra, à noite, os meninos jogavam bola com as crianças do vilarejo. Dentro de casa, brincavam de jogos de adivinhação e cantavam músicas folclóricas. Assistiam à "bruma das campinas soprar e se elevar sobre os pinheiros",[38] conta Sabine, e também observavam o crepúsculo. Quando havia lua no céu, cantavam "Der Mond ist Aufgegangen":

> *Der Mond ist aufgegangen,*
> *die goldnen Sterlein prangen*

[34] Idem, p. 8-9.

[35] Popular livro para meninos que pretendia relatar as aventuras pré-históricas de um homem das cavernas nos Alpes da Suábia.

[36] Um dos últimos livros que leu foi *As vidas de Plutarco*. Ele o terminou horas antes de sua execução.

[37] ZIMMERMANN e SMITH, *I Knew Dietrich Bonhoeffer*, p. 26.

[38] Idem.

am Himmel hell und klar!
Der Wald steht schwarz und schweigt
und aus den Wiesen steiget
der weiße Nebee wunderbar.[39]

Os universos folclóricos e religiosos estavam tão ligados à cultura alemã do início do século 20 que mesmo as famílias que não iam à igreja eram quase sempre extremamente cristãs. A canção folclórica acima é bem típica: começa como uma ode à beleza natural do mundo, mas logo se transforma numa meditação sobre a necessidade humana por Deus, e finalmente se torna uma oração, um pedido para que Deus ajude a nós, "pobres e orgulhosos pecadores", a sermos salvos após a morte — e, enquanto isso, aqui no mundo, ajude-nos a sermos "como crianças pequenas, alegres e fiéis".

A cultura alemã era inescapavelmente cristã. Era a consequência do legado de Martinho Lutero, o monge católico que inventou o protestantismo. Atuando ao mesmo tempo como pai e mãe da cultura e da nação do país, Lutero foi para a Alemanha o que Moisés foi para Israel; na sua vigorosa e excêntrica pessoa, estavam combinadas, maravilhosa e terrivelmente, a nação alemã e a fé do luteranismo. Não se pode, jamais, subestimar a importância de Lutero. Sua tradução da Bíblia para o alemão foi cataclísmica. Como um Paul Bunyan[40] medieval, Lutero conseguiu, com uma única machadada, destruir as bases do catolicismo europeu e de quebra ajudou a criar a língua alemã moderna, o que, efetivamente, significou a criação do povo alemão. A cristandade se partiu em duas, e de seu lado da terra, surgia o *Deutsche Volk*.

A Bíblia de Lutero representou para a língua alemã o que as obras de Shakespeare e a Bíblia do rei James representaram para a língua inglesa moderna. Antes dessa Bíblia, não havia uma língua alemã unificada. Existia apenas uma miscelânea de dialetos. E a Alemanha, enquanto nação, era uma ideia distante, um vislumbre nos olhos de Lutero. Mas, quando traduziu a Bíblia para o alemão, ele criou uma língua singular num livro singular que todos poderiam ler — e realmente o fizeram. Na verdade, não havia outra coisa

[39] Tradução livre: A lua ao céu subiu/ Lá onde, claras e reluzentes/ Estrelas douradas estão a brilhar!/ E da escuridão e do silêncio surgiu/ Como uma miragem em nossa mente/ A névoa branca que flutua no ar. (N. do T.)

[40] Lenhador gigante que aparece em alguns relatos tradicionais do folclore norte-americano. (N. do T.)

para ler. Sem demora, todos estavam falando o alemão usado na tradução de Lutero. Da mesma forma que a televisão teve um efeito homogeneizante nos sotaques e dialetos dos americanos, diminuindo as diferenças de pronúncia, também a Bíblia de Lutero criou uma língua única para os alemães. De repente, os moleiros de Munique podiam se comunicar com os padeiros de Bremen. Além disso, crescia a sensação de uma herança cultural em comum.

Mas Lutero também legou aos alemães um engajamento mais amplo na fé por meio da música. Escreveu vários hinos — "Ein' feste Burg ist unser Gott" ("Castelo forte é nosso Deus") é o mais conhecido deles — e introduziu a ideia do canto congregacional durante os cultos. Antes de Lutero, ninguém além do coral cantava na igreja.

"Viva! Vai ter guerra!"

Os Bonhoeffer passaram o verão de 1914 em Friedrichsbrunn. Mas, no primeiro dia de agosto, enquanto as três crianças menores e a governanta estavam no vilarejo se divertindo, a vida mudou. Esvoaçando aqui e ali entre a multidão, até alcançá-los, surgiu a atordoante notícia: a Alemanha havia declarado guerra à Rússia. Dietrich e Sabine tinham pouco mais que oito anos, e ela relembra a cena:

> A aldeia celebrava o festival local de tiro ao alvo. Nossa governanta subitamente nos arrastou para longe do carrossel e das bonitas barraquinhas da feira e nos trouxe, o mais rápido possível, de volta para a casa de nossos pais, em Berlim. Foi uma tristeza ter visto o local das festividades sendo desocupado, com os feirantes desmontando rapidamente os bazares. No início da noite, podíamos ouvir pela janela as canções e os brados da cerimônia de despedida dos soldados. E, no dia seguinte, após os adultos terem feito às pressas as malas para a viagem, estávamos dentro do trem rumo a Berlim.[41]

Quando chegaram, uma das meninas correu para dentro da casa e exclamou: "Viva! Vai ter guerra!". Prontamente levou um tapa. Os Bonhoeffer não se opunham à guerra, mas também não deveriam comemorá-la.

[41] LEIBHOLZ-BONHOEFFER, *The Bonhoeffers*, p. 4.

Eram, porém, a minoria nesse ponto, e prevalecia no país um tom geral de frivolidade nos primeiros dias. Mas, no dia 4 de agosto, soou a primeira nota preocupante: a Grã-Bretanha declarava guerra à Alemanha. De repente, o que se lançava à frente já não era tão maravilhoso quanto se podia imaginar. Nesse dia, Karl Bonhoeffer andava pela Avenida Unter den Linden com os três filhos mais velhos:

> A euforia das multidões do lado de fora do palácio e dos prédios do governo, que não parava de crescer nos últimos dias, dava agora lugar a um silêncio aterrador, que causava um efeito extremamente opressivo. A gravidade do conflito que se projetava era agora evidente até mesmo para as camadas mais populares, e a esperança de um fim rápido para a guerra se extinguiu com o ingresso dos ingleses nas fileiras de nossos inimigos.[42]

A maior parte dos meninos, no entanto, estava entusiasmada, e assim eles permaneceram durante algum tempo, apesar de não expressar isso abertamente. A guerra, como conceito, ainda não tinha caído em desgraça na Europa. Na fase inicial do conflito, o lema estudantil "Dulce Et Decorum Est Pro Patria Mori"[43] não era declamado com amargura ou ironia. Pertencer ao mundo dos soldados — vestir um uniforme e marchar para a guerra como os heróis do passado haviam feito — era uma sensação quase romântica.

Os irmãos de Dietrich não tinham idade para se alistar antes de 1917, e ninguém imaginava que a guerra pudesse durar tanto. Mas eles poderiam ao menos discutir o assunto, como os mais velhos faziam. Dietrich costumava brincar de soldado com seu primo Hans-Christoph e, no verão seguinte, em Friedrichsbrunn, escreveu aos pais pedindo reportagens de jornais com novidades do campo de batalha. Assim como tantos outros garotos, ele fez um mapa onde colocava alfinetes coloridos para demarcar o avanço das tropas alemãs.

Os Bonhoeffer eram patriotas autênticos, mas nunca exibiram a paixão nacionalista da maioria dos alemães. Eles mantinham um senso de frieza e perspectiva que ensinaram as crianças a cultivar. Um dia, a srta. Lenchen comprou

[42] Bosanquet, *Life and Death of Bonhoeffer*, p. 34.

[43] "Doce e honroso é morrer pela pátria".

para Sabine um pequeno broche com os dizeres "Nós vamos acabar com eles!". "Fiquei muito orgulhosa de tê-lo ali, brilhando na gola do colarinho", recorda Sabine, "mas ao meio-dia, quando encontrei meu pai, ele disse, 'Olá, o que é que você tem aí? Deixe-me ver', e colocou o broche em seu bolso".[44] A mãe lhe perguntou depois onde ela o tinha conseguido e lhe prometeu substituí-lo por um broche mais bonito.

Com o tempo, a realidade da guerra chegou ao lar dos Bonhoeffer. Um primo havia sido morto. Depois, mais um. Outro perdera uma perna. O primo Lothat fora atingido no olho e teve uma perna esmagada. Outro primo também morreu. Até completarem dez anos, os gêmeos ainda dormiam no mesmo quarto. Após os hinos e as orações, eles se deitavam na escuridão e conversavam a respeito da morte e da eternidade. Perguntavam-se como era estar morto e viver para sempre; imaginavam que, de algum modo, alcançariam a eternidade ao se concentrar exclusivamente na palavra em si, *ewigjeit*. O segredo era banir da mente todos os outros pensamentos. "Depois de muito tempo de concentração intensa", disse Sabine, "começávamos a ficar com tontura. Dedicávamos longo tempo nesse exercício autoimposto".

Começou a faltar comida. Mesmo para os relativamente abastados Bonhoeffer, a fome se tornou um problema. Dietrich era particularmente engenhoso na aquisição de alimentos. Envolveu-se tanto na provisão de suprimentos da casa que o pai elogiou sua habilidade como "mensageiro e sentinela da comida". Chegou a economizar dinheiro para comprar um frango. Tinha ânsia por fazer a parte que lhe cabia. Existia também um pouco de senso de competição com os irmãos maiores. Eles eram cinco, seis e sete anos mais velhos do que ele, e eram todos brilhantes, assim como as irmãs. Mas a única área na qual superaria a todos era a habilidade musical.

Quando Dietrich completou oito anos, começou a ter aulas de piano. Todas as crianças tinham aula de música, mas nenhuma se mostrava muito promissora. Era notável a sua capacidade de ler partituras à primeira vista. Sentiu-se tão realizado que pensou seriamente em seguir carreira. Aos dez, tocava as sonatas de Mozart. As exibições da boa música em Berlim eram infindáveis. Aos onze, ouviu a Nona Sinfonia de Beethoven executada pela Filarmônica de Berlim, sob a direção do maestro Arthur Nikisch. Eventualmente, ele também compôs e criou arranjos. Adorava a canção de Schubert, "Gute Ruh",[45] e,

[44] LEIBHOLZ-BONHOEFFER, *The Bonhoeffers*, p. 5.

[45] "Canção de ninar do riacho", trecho da obra *Die Schöne Müllerin*.

aos catorze, arranjou-a para um trio de cordas. No mesmo ano, compôs uma cantata para o salmo 42:6, "Minha alma está abatida dentro de mim". Apesar de ter preferido a teologia à música, esta continuou a ser uma paixão profunda durante toda a vida. Ela se tornaria parte vital da expressão de sua fé, e, anos mais tarde, ensinaria seus alunos a apreciá-la e a concebê-la como aspecto central da manifestação de suas crenças.

Os Bonhoeffer eram uma família extremamente musical. Muitas das primeiras experiências de Dietrich com a música datam das reuniões musicais nas noites de sábado. Sua irmã Susanne relembra:

> Jantávamos às sete e meia e depois íamos para a sala de estar. Na maioria das vezes, os meninos formavam um trio: Karl-Friedrich tocava piano, Walter, o violino, e Klaus, o violoncelo. Hörnchen[46] cantava junto com mamãe. Cada um tinha de apresentar naquela noite algo que tivesse aprendido durante a semana. Sabine tinha aulas de violino, e as duas irmãs mais velhas cantavam tanto duetos quanto canções de Schubert, Brahms e Beethoven. Dietrich tocava piano bem melhor que Karl-Friedrich.[47]

De acordo com Sabine, Dietrich era especialmente sensível e generoso como acompanhante, "desejoso por cobrir os erros dos outros músicos e poupá-los de qualquer constrangimento". Sua futura cunhada, Emmi Delbrück, tocou com ele algumas vezes:

> Se Dietrich estivesse ao piano enquanto tocávamos, tudo se mantinha em ordem. Eu não me lembro de um único momento em que ele não soubesse exatamente onde se achava cada um de nós. Ele nunca tocava apenas a parte dele: desde o início, já ouvia o conjunto completo. Se o violoncelo, por exemplo, estivesse fora de sintonia, ou alguém errasse o tempo, ele abaixava a cabeça e não demonstrava o menor sinal de impaciência. Dietrich era cortês por natureza.[48]

Dietrich gostava particularmente de fazer acompanhamento à mãe quando ela cantava os salmos de Beethoven e Gellert, e em toda véspera de Natal ele

[46] Termo carinhoso que as crianças da família usavam para chamar a governanta da casa, Maria van Horn.

[47] Bethge e Gremmels, *A Life in Pictures*, p. 28.

[48] Zimmermann e Smith, *I Knew Dietrich Bonhoeffer*, p. 24.

a acompanhava nas canções de Cornelius. As reuniões musicais nas noites de sábado duraram muitos anos e sempre contavam com a presença de novos amigos. O círculo de amizade parecia se expandir cada vez mais. Faziam também alguns concertos especiais de aniversário ou para alguma outra ocasião especial. Na última dessas reuniões, em março de 1943, por ocasião do aniversário de 75 anos de Karl Bonhoeffer, quando a família tinha aumentado em muito, Dietrich dirigiu e tocou piano numa *performance* da cantata de Walcha, "Lobe den Herrn" ("Louvado seja o Senhor").

Grunewald

Enquanto o furor da guerra aumentava, em março de 1916 a família se mudou da Brückenalle para uma casa no distrito berlinense de Grunewald. Era uma vizinhança de prestígio, onde viviam muitos ilustres professores de Berlim. Os Bonhoeffer tornaram-se íntimos de muitos deles, e seus filhos passavam tanto tempo juntos que, no futuro, começariam a surgir casamentos entre eles.

Assim como a maioria das casas em Grunewald, a casa dos Bonhoeffer na Wangenheimstrasse nº 14 era imensa. É bem provável que a mudança tivesse a ver com o tamanho enorme do quintal da nova casa. Em pleno período de guerra, com uma prole de oito crianças, incluindo três rapazes, a comida nunca era suficiente. Por isso, usaram o quintal para criar galinhas e cabras e também para plantar um número considerável de hortas.

A casa estava cheia de tesouros artísticos e relíquias familiares. Na sala de espera, retratos a óleo de antepassados dos Bonhoeffer ficavam ao lado de gravuras do século 18 criadas pelo artista italiano Piranesi. Paisagens gigantescas desenhadas pelo bisavô de Dietrich, conde Stanislaus von Kalkreuth, também estavam expostas. O conde projetara o imponente guarda-louça que dominava a sala de jantar. Tinha quase dois metros e meio de altura e evocava um templo grego, com frisos e gravuras, além de dois pilares que sustentavam um frontão angular ameiado. Dietrich conseguiu escalar essa relíquia e, lá de cima, isolado no parapeito, espiou todas as idas e vindas da extensa sala de jantar, em cuja mesa podiam se sentar até vinte pessoas, e cujo assoalho de parquê era polido diariamente. Num dos cantos — sustentado por um pedestal esculpido em detalhes e que, aberto, revelava um galheteiro — encontrava-se o busto de seu ilustre antepassado, o teólogo Karl August von Hase. E, já que ele era o avô de sua mãe, o gabinete do pedestal era chamado de *Grosvater*.

A infância de Bonhoeffer parece ter saído de algum quadro da virada do século pintado pelo artista sueco Carl Larsson, ou então do filme *Fanny e Alexander*, do cineasta Ingmar Bergman, sem as conotações de angústia e agouro. Os Bonhoeffer eram uma raridade espantosa: uma família genuinamente feliz, e a vida ordenada deles prosseguira, ao longo das semanas, dos meses e dos anos, como sempre fora, com reuniões musicais todo sábado e com muitos aniversários e festividades. Em 1917, Dietrich sofreu uma crise de apendicite e, em consequência, fez uma apendicectomia, mas a cirurgia foi rápida e pouco incômoda. Como sempre, os preparativos anuais para as celebrações de Natal estavam especialmente bonitos, unindo a leitura da Bíblia e o cântico de hinos de tal forma que, mesmo aqueles que não eram particularmente religiosos, sentiam-se incluídos. Sabine relembra:

> Nos domingos do Advento, nós nos reuníamos com mamãe em volta da enorme mesa de jantar para cantar canções natalinas. Papai se juntava conosco e lia contos de fadas de Andersen [...]. A véspera começava com um conto de Natal. A família toda se sentava em círculo, inclusive as empregadas com seus aventais brancos, todos sérios e repletos de expectativa, até que mamãe começava a ler [...]. Ela lia o conto de Natal com uma voz firme, cheia, e depois sempre entoava o hino "Este é o dia que Deus tem feito" [...]. As luzes agora se apagavam e cantávamos canções de Natal no escuro, até que nosso pai, que tinha saído despercebido, acendia as velas do presépio e da árvore. Depois, o sino soava, e nós, os três menores, poderíamos ir primeiro para a sala de Natal, perto das luzes da árvore, e ali parávamos e cantávamos alegremente: "A mais bela árvore é a árvore de Natal". E só então abríamos nossos presentes.[49]

A guerra chega ao lar

A guerra prosseguia, e os Bonhoeffer ouviam falar de mais mortos e feridos dentro de seu vasto círculo de conhecidos. Em 1917, os dois filhos mais velhos, Karl-Friedrich e Walter, foram convocados. Embora tivessem condições

[49] Idem, p. 27-28.

para tal, seus pais nada fizeram para impedi-los de servir nas linhas de frente. Os rapazes se alistaram na infantaria, onde os alemães se achavam mais carentes. De certa forma, a coragem deles prenunciava o que aconteceria vinte anos depois. Os Bonhoeffer ensinaram seus filhos a fazer a coisa certa. Assim, quando eles se portavam com coragem e abnegação, não havia o que discutir. As palavras extraordinárias escritas por Karl Bonhoeffer a um colega em 1945, após saber da morte de seus filhos Dietrich e Klaus — bem como da morte de seus dois genros —, denotam a postura da família durante as duas guerras: "Nós estamos tristes, mas também orgulhosos".[50]

Após o treinamento básico, os dois jovens Bonhoeffer seriam enviados para o *front*. Karl-Friedrich levou consigo seu livro de física. Walter tinha se preparado para esse momento desde que a guerra começara, fortalecendo-se por meio de longas caminhadas em que carregava pesos extras em sua mochila. A situação ainda parecia boa para a Alemanha naquele ano. Na verdade, os alemães estavam tão confiantes que, em 21 de março de 1918, o imperador declarou feriado nacional.

Em abril do mesmo ano, foi a vez de Walter partir. Como sempre fizeram — e como fariam para a geração de netos vinte anos adiante —, ofereceram a Walter uma festa de despedida. A família se reuniu em volta da grande mesa, deram-lhe presentes artesanais, recitaram poemas e cantaram músicas compostas para a ocasião. Dietrich, então com doze anos, compôs o arranjo para a canção "Agora, no fim, pedimos a Deus que abençoe sua viagem" e, ao piano, cantou-a para o irmão. Na manhã seguinte, levaram Walter até a estação, e, quando o trem começou a se afastar, Paula Bonhoeffer correu atrás do filho, de aparência tão jovem, e disse-lhe: "O que nos separa é apenas o espaço". Duas semanas depois, na França, ele morreria, ferido por um estilhaço. A morte de Walter modificou tudo.

"Ainda me lembro daquela manhã clara de maio", escreveu Sabine,...

> ... e da terrível sombra que de repente obscureceu tudo ao nosso redor. Meu pai estava prestes a sair de casa para ir à clínica, e eu estava pronta para abrir a porta e tomar meu caminho para a escola. Mas, quando o mensageiro nos entregou dois telegramas, decidi ficar parada no corredor. Vi meu pai abrir os envelopes com pressa, ficar terrivelmente pálido,

[50] Karl BONHOEFFER a Paul Jossmann, 1945.

> entrar em sua sala de estudos, se deixar cair na cadeira da mesa, onde se curvou, apoiando a cabeça com os braços, o rosto escondido entre as mãos [...]. Pouco depois, vi meu pai, através da porta semiaberta, segurando-se nos balaústres ao subir com dificuldade as escadas para ir até o quarto onde minha mãe estava. Ele permaneceu lá por muitas horas.[51]

Walter foi ferido por estilhaços de uma granada no dia 23 de abril. Os médicos não consideraram os ferimentos graves e escreveram a sua família para apaziguar as preocupações. Mas surgiu uma inflamação, e a condição dele piorou. Três horas antes de morrer, Walter ditou uma carta aos pais:

> Meus queridos,
> Realizei hoje a segunda operação, e tenho de admitir que foi menos agradável que a primeira, pois os estilhaços removidos eram mais profundos. Depois tive de tomar duas injeções de cânfora, com um intervalo entre elas, mas espero que a questão já esteja resolvida. Estou usando minha técnica de pensar em outras coisas para não considerar o sofrimento. Há muito mais coisas interessantes no mundo do que meus ferimentos. O monte Kemmel e suas consequências possíveis, e as notícias de hoje sobre a tomada de Ypres, nos dão grande motivo de esperança. Não me atrevo a pensar em meu pobre regimento, que tão severamente sofreu nos últimos dias. Como vão as coisas com os outros cadetes oficiais? Penso em vocês com saudade, meus queridos, a cada minuto dos longos dias e noites.
> De muito longe,
>
> Walter[52]

Após algum tempo, a família recebeu outras cartas que Walter escrevera nos dias anteriores a sua morte, mencionando quanto ele aguardava uma visita deles. "Ainda hoje", escreveu seu pai, muitos anos depois, "não consigo pensar nisso sem me censurar por não ir ter com ele imediatamente, apesar dos reconfortantes telegramas prévios que afirmavam de forma explícita que não havia necessidade". Mais tarde, descobriram que o comandante oficial de

[51] Leibholz-Bonhoeffer, *The Bonhoeffers*, p. 21-22.
[52] Idem, p. 22-23.

Walter era bastante inexperiente, e tinha, de maneira estúpida, levado todos os soldados juntos para a linha de frente.[53]

No início de maio, um primo na equipe militar escoltou o corpo de Walter para casa. Sabine recorda-se do funeral e "da carruagem fúnebre com os cavalos cobertos de preto e todas as coroas de flores, de minha mãe pálida e envolta num grande véu negro de luto [...] de meu pai, meus parentes, e de todas as muitas pessoas silenciosas vestidas de preto no caminho para a capela". O primo de Dietrich, Hans-Christoph von Hase, lembra-se dos "rapazes e das moças chorando, chorando. A mãe dele, eu nunca a vi chorar tanto".

A morte de Walter foi um momento crucial na vida de Dietrich. O primeiro hino do funeral foi "Jerusalem, du Hochgebaude Stadt".[54] Dietrich cantou em voz alta e clara, como sua mãe sempre desejava que a família cantasse. E assim também ela o fez, retirando energia das palavras cantadas, falando da saudade que o coração sente pela cidade celestial, onde Deus nos espera para nos confortar e "enxugar cada lágrima". Para Dietrich, o hino revelava heroísmo e era repleto de significados:

> Sobem patriarcas e profetas,
> Seguidores da verdade que Cristo amou,
> Castigado pelos ímpios tiranos,
> O desprezo e a cruz suportou.
> Eu os vejo, gloriosos como o sol
> Para todo o sempre brilhar,
> Luz primordial que jamais desvanece,
> Para a libertação perfeita ganhar.

O tio de Dietrich, Hans von Hase, pregou o sermão. Recordando um hino de Paul Gerhardt, falou sobre como este mundo de dor e sofrimento constitui apenas um instante quando comparado à eternidade jubilosa ao lado de Deus. No fim do funeral, os companheiros de Walter carregaram o caixão pelo corredor, enquanto os trompetistas tocavam o hino escolhido por Paula Bonhoeffer, "Was Gott tut, das ist Wohlgetan". Sabine lembra-se dos trompetes

[53] Christoph von Hase, entrevista por Martin Doblmeier, *Bonhoeffer: Pastor, Pacifist, Nazi Resister. A documentary film by Martin Doblmeier*, Universidade de Princeton. Cenas não utilizadas citadas aqui com a permissão do diretor.

[54] "Jerusalém, Vossa Alta e Justa Cidade".

tocando a cantata familiar e mais tarde ficou maravilhada com a letra do hino escolhido pela mãe:

> O que Deus tem feito, bem feito está.
> Injusta a sua vontade nunca é.
> Tudo aquilo que fizer para mim,
> Nele coloco sempre a minha fé.

Paula Bonhoeffer encarava tais sentimentos com seriedade. Entretanto, a morte de seu querido Walter havia sido devastadora. Durante esse período amargo, Karl-Friedrich permaneceu na infantaria, e a possibilidade inexprimível, porém real, de que pudessem também perdê-lo agravou sua agonia. Klaus, então com dezessete anos, foi convocado. Era demais. Ela entrou em colapso. Por algumas semanas, incapaz de sair da cama, Paula ficou um tempo com os vizinhos mais próximos, os Schönes. Mesmo quando retornou para casa, essa mulher forte e competente não conseguiu retomar suas ocupações normais durante um ano todo. Passaram-se vários anos até que voltasse a se parecer consigo novamente. Por todo esse período, Karl Bonhoeffer foi a fortaleza da família, mas só voltou a atualizar seu diário dez anos depois.

Temos as primeiras palavras registradas de Dietrich Bonhoeffer numa carta escrita por ele poucos meses antes da morte de Walter, e poucos dias antes de seu aniversário — e de Sabine — de doze anos. Walter ainda não havia ido para o campo de batalha, mas já se encontrava distante, no treinamento militar.

> Querida vovó,
> Por favor, venha no dia 1º de fevereiro, assim você estará aqui no nosso aniversário. Seria realmente muito bom se você estivesse aqui. Por favor, decida-se de uma vez e venha no dia 1º [...]. Karl-Friedrich nos escreve com mais frequência. Recentemente, ele escreveu contando que tinha ganhado o primeiro lugar numa corrida em que todos os oficiais subalternos da corporação competiram. O prêmio é de cinco marcos. Walter vai retornar no domingo. Hoje nós pescamos dezessete linguados em Boltenhagen e vamos comê-los à noite.[55]

[55] *The Young Bonhoeffer: 1918-1927, Dietrich Bonhoeffer Works*, p. 19.

Boltenhagen é uma estância balneária no mar Báltico. Dietrich, Sabine e Susanne iam para lá algumas vezes com as irmãs van Horn, onde seus vizinhos, os Schöne, possuíam uma casa de férias.

Dietrich foi enviado para Boltenhagen com as irmãs van Horn em junho de 1918, poucas semanas depois da morte de Walter. Lá ele pôde escapar da opressão da Wangenheimstrasse por algum tempo. Teria direito de se divertir e levar a vida de um menino comum. Nossa segunda carta escrita por ele pertence a essa época e foi endereçada a Ursula, sua irmã mais velha:

> No domingo, acordamos às sete e meia. Primeiro, tomamos o café da manhã [...]. Após o café, descemos à praia e construímos um maravilhoso castelo de areia. Depois, fizemos uma muralha em volta das cadeiras de vime. Em seguida, trabalhamos no castelo. Mas, quando o deixamos sozinho, por quatro ou cinco horas, enquanto tomávamos chá e jantávamos, veio a água do mar e levou o castelo embora. Mas nós tínhamos carregado as bandeiras conosco. Após o chá, descemos para a praia de novo e cavamos túneis [...]. Então começou a chover, e vimos as vacas do sr. Qualmann sendo ordenhadas.[56]

Numa outra carta à avó, postada no dia 3 de julho, falou animadamente sobre o mesmo tipo de assunto, mas até dentro de seu universo infantil de castelos de areia e batalhas imaginárias o mundo mortal do lado de fora se intrometia. Ele descreve as manobras de dois hidroaviões, até que um deles, subitamente, cai:

> Vimos uma coluna grossa de fumaça negra subindo pelo chão, e nós sabíamos que isso significava que o avião tinha se espatifado! [...] Alguém disse que o piloto tinha se queimado por completo, mas que o outro saltara antes e havia sofrido apenas um ferimento na mão. Mais tarde ele apareceu, e vimos que suas sobrancelhas estavam chamuscadas [...]. Numa tarde, poucos dias atrás (domingo), dormimos no castelo de areia e ficamos todos queimados pelo sol [...]. Temos de tirar uma soneca toda tarde. Há outros dois meninos aqui. Um tem dez anos, e o outro, catorze. Tem um menino judeu aqui também [...]. Estava tudo iluminado por holofotes ontem à noite, certamente por causa dos pilotos

[56] Idem, p. 21.

> [...]. Amanhã, último dia, nós também planejamos montar uma coroa de flores de carvalho para o túmulo de Walter.[57]

Em setembro, Dietrich se uniu aos primos Von Hase em Waldau, a mais de sessenta quilômetros a leste de Breslávia. Tio Hans, irmão de Paula Bonhoeffer, era o superintendente da igreja do distrito de Liegnitz e vivia numa casa paroquial. As visitas de Dietrich faziam parte de sua ligação com o lado materno da família, para quem ser um pastor ou um teólogo era tão normal quanto ser um homem da ciência para o lado dos Bonhoeffer. Passou muitas férias com seu primo Hans-Christoph, que Dietrich chamava de Hänschen, e que era um ano mais novo que ele. Eles permaneceram amigos até a idade adulta, e Hans-Christoph seguiria os passos do primo no Union Theological Seminary, em 1933, três anos depois de Dietrich. Naquele setembro em Waldau, os rapazes tiveram aulas de latim. Mas, na carta que escreveu aos irmãos, Dietrich estava mais animado com outras coisas:

> Não sei se já escrevi sobre os ovos de perdiz que nós encontramos. Quatro já chocaram, e tivemos de ajudar dois deles, porque não conseguiam sair. Nós os colocamos com uma galinha, mas ela não os ensina a comer, e nós não sabemos como ensiná-los. Agora eu ajudo Hänschen mais vezes quando ele conduz os animais. Sempre vou primeiro. Isso significa que eu guio os animais até os fardos de feno que precisam ser carregados, e eu até dei umas boas voltas dirigindo uma carroça num dia desses. Ontem, Klärchen e eu andamos de cavalo. Foi muito bom. Recolhemos alguns grãos aqui e ali e conseguimos juntar uma boa quantidade [...]. Lamento apenas que a colheita dos frutos não esteja muito boa [...]. Esta tarde nós queremos andar de barco no lago.[58]

Seu ardor juvenil pela diversão nunca esteve muito distante — nem mesmo como adulto, quando a ameaça de perigo era grande —, mas havia sempre uma parte sua que era visivelmente séria. A morte de Walter e a crescente possibilidade de a Alemanha perder a guerra tornavam esse seu lado mais evidente. Foi nessa época que ele começou a considerar a ideia de estudar teologia. E no fim da guerra, com o país atordoado sob o peso de uma economia

[57] Idem, p. 21-22.
[58] Idem, p. 23-24.

devastada, continuou a exercer o papel de "sentinela da comida" para a família. Escreveu aos pais no final do mês:

> Ontem levamos os grãos que eu tinha recolhido para moer. Teremos de dez a quinze libras a mais do que tinha imaginado, dependendo de como serão moídos [...]. O clima aqui é magnífico, com sol quase o tempo todo. Daqui a poucos dias, teremos a colheita de batatas [...]. Trabalho todo dia aqui com Hänschen, e tio Hans traduzindo latim. Você vai vir a Breslávia desta vez, mamãe, já que Karl-Friedrich não está ativo no serviço militar?[59]

A Alemanha perde a guerra

Se 1918 pode ser visto como o ano em que Dietrich Bonhoeffer saiu da infância, o mesmo deve ser dito para seu país. Sabine considerou o período antes da guerra como "um tempo no qual prevalecia uma ordem diferente, uma ordem tão firmemente edificada que, aos nossos olhos, duraria para sempre, uma ordem imbuída de sentido cristão, na qual poderíamos passar uma infância protegida e segura". Naquele ano, tudo isso se alteraria. O imperador, representante da autoridade da Igreja e do Estado, e que, como figura central, representava a Alemanha e o modo de vida do país, abdicou. Foi assustador.

A situação começou a ser definida em agosto, quando a ofensiva final alemã falhou. Depois disso, as coisas desmoronaram por caminhos inimagináveis. Muitos soldados alemães descontentes se voltaram contra seus líderes. Cansados, famintos e cada vez mais furiosos com os poderosos que os tinham levado para aquela situação miserável, passaram a se interessar por algumas ideias que murmuravam entre eles. O comunismo ainda era uma novidade — os horrores de Stalin e o Arquipélago Gulag estavam a décadas de distância — e oferecia esperança para o futuro, além de culpados para o presente. Cópias do jornal *Cartas de Spartacus*, editado ilegalmente pela filósofa Rosa Luxemburgo, eram distribuídas, aumentando o descontentamento entre os soldados, crentes de que, se algo pudesse ser preservado no meio do caos, talvez eles devessem assumir o papel de salvadores. Afinal, não foram as tropas russas que se revoltaram contra os próprios comandantes? Pouco tempo depois,

[59] Idem, p. 24.

os soldados alemães elegeram suas assembleias e falavam abertamente de sua desconfiança quanto ao imperador e o antigo regime.

Finalmente, em novembro, o pesadelo se tornou realidade: a Alemanha perdeu a guerra. Seguiu-se um tumulto sem precedentes. Havia poucos meses, estavam à beira de uma vitória gloriosa. O que acontecera? Muitos culparam os comunistas por semear o descontentamento entre as tropas num momento crucial. Surgia a famosa lenda da *Dolchstoss* ("punhaladas nas costas"). A lenda defendia a ideia de que o verdadeiro inimigo na guerra não eram as forças aliadas, mas os pró-comunistas, os alemães pró-bolcheviques que tinham destruído internamente as chances de vitória, que tinham "apunhalado o país pelas costas". Tal traição foi muito pior que qualquer inimigo enfrentado pelos alemães nos campos de batalha, e eram eles os únicos merecedores de punição. A ideia da *Dolchstoss* cresceu após a guerra e foi particularmente adotada pelos ascendentes nacionais-socialistas e por seu líder, Adolf Hitler, que vivia a protestar contra os traidores comunistas. Com grande êxito, ele inflamou as tropas com essa e outras ideias, como afirmar que o bolchevismo era, na verdade, parte do judaísmo internacional, e que judeus e comunistas tinham destruído a Alemanha.

Existia a possibilidade de um golpe comunista no fim de 1918. Os acontecimentos na Rússia no ano anterior estavam frescos na mente de todo alemão. Os líderes do governo deveriam impedir que o mesmo horror dominasse a Alemanha, a qualquer custo, e acreditavam fortemente que, ao entregar o antigo imperador aos lobos, o país sobreviveria, ainda que num outro formato, como um governo democrático. Um alto preço a se pagar, mas não havia alternativa: o imperador tinha de abdicar. O povo clamava por isso, e as potências aliadas o exigiam.

Assim, em novembro, coube ao amado marechal Von Hinderburg o mais sujo dos trabalhos. Ele deveria ir ao supremo quartel-general e convencer o imperador Guilherme de que a monarquia tinha chegado ao fim.

Foi uma tarefa grotesca e sofrível, pois o próprio Hinderburg era um monarquista. Mas, pelo bem da nação, ele foi até a cidade belga de Spa e entregou ao imperador o épico ultimato. Quando Hinderburg deixou a sala de conferência após a reunião, havia um rapaz de dezessete anos de Grunewald parado no corredor. Klaus Bonhoeffer jamais esqueceria o momento no qual o corpulento Hinderburg passou ao seu lado. Após a morte de Walter, com Karl-Friedrich ainda na infantaria, não é de se espantar que seus pais desejassem encaminhar o jovem soldado para uma posição menos arriscada. Como resultado, foi estacionado em Spa e, naquele dia, testemunhou um fato histórico. Tempo depois, descreveu Hinderburg como "rígido feito uma estátua, tanto na fisionomia quanto no comportamento".[60]

Em 9 de novembro, o imperador não viu alternativa e abdicou o trono. Num instante, a Alemanha dos últimos cinquenta anos desaparecera. Mas o populacho berlinense não ficou satisfeito. A revolução estava no ar. Os ultraesquerdistas espartaquistas, liderados por Rosa Luxemburgo e Karl Liebknecht, tomaram o palácio do imperador e estavam prestes a declarar uma república soviética. Os social-democratas tinham a maioria no Reichstag, mas o parlamento alemão poderia desaparecer a qualquer momento. Do lado de fora da janela, na Koenigsplatz, o povo furioso clamava por mudança, exigindo algo, qualquer coisa — e foi precisamente o que conseguiram. Lançando às favas a precaução, o político alemão Philipp Scheidemann abriu a gigantesca janela e, sem nenhuma autoridade para isso, proclamou, para a multidão abaixo, uma república alemã! E assim foi feito.

Mas, claro, não era assim tão simples. A declaração impetuosa da República de Weimar foi tão imperfeita como começo de um regime democrático quanto se pode imaginar. Foi uma decisão que ninguém realmente debatera a respeito. Em vez de consertar as fissuras profundas do corpo político alemão, cobriram-nas e atraíram complicações futuras. Os militares e os monarquistas de direita se comprometeram a apoiar o novo governo, mas nunca o fizeram. Pelo contrário: distanciaram-se e jogaram a culpa da derrota da guerra nos membros da nova república e em todos os outros elementos de esquerda, especialmente comunistas e judeus.

Enquanto isso, nas ruas a pouco menos de um quilômetro dali, os comunistas, tentando tomar *Stadtscholss*, o palácio do imperador, não estavam dispostos a se render. Eles ainda queriam implantar uma república soviética, e duas horas antes de Scheidemann ter proclamado a "república alemã" das janelas do Reichstag, Liebknecht imitou-o e, abrindo uma janela do *Stadtschloss*, declarou uma "república livre socialista"! Foi dessa forma infantil, com o escancarar de duas janelas definindo dois momentos históricos, que os grandes problemas começaram. A guerra civil de quatro meses de duração, a chamada Revolução Alemã, havia começado.

[60] BETHGE, *Dietrich Bonhoeffer: A Biography*, p. 28.

O exército acabaria por restaurar a ordem ao derrotar comunistas e assassinar Luxemburgo e Liebknecht. Em janeiro de 1919, realizou-se uma eleição, mas ninguém obteve a maioria dos votos e não houve consenso. Essas forças continuariam a se enfrentar por anos, e a Alemanha permaneceria confusa e dividida até 1933, quando um vagabundo de olhar arregalado vindo da Áustria acabaria com o tumulto ao proibir a existência de dissidentes, para dar início, então, aos problemas de verdade.

Mas na primavera de 1919, quando todos imaginavam que as coisas começavam a ser restauradas, veio o golpe mais humilhante e aniquilador. Naquele mês de maio, os Aliados publicaram os termos de paz definidos e assinados por eles no Salão dos Espelhos, em Versalhes. Os alemães ficaram atônitos. Pensavam que o pior havia passado. Não tinham feito tudo o que os Aliados pediram? Não tinham expulsado o imperador de seu trono? Não tinham acabado com os comunistas? E, após negociarem com a esquerda e a direita, não haviam definido um Estado centrista e democrático, com elementos dos governos dos Estados Unidos, da Inglaterra, da França e da Suíça? O que mais de aceitável poderia se esperar deles? Como se descobriria, muito mais.

O tratado obrigava a Alemanha a ceder territórios na França, Bélgica e Dinamarca, bem como todas as suas colônias na África e na Ásia. Também exigia o pagamento de exorbitantes indenizações em ouro, navios, madeira, carvão e gado. Mas havia ainda três exigências particularmente insuportáveis: primeiro, a Alemanha deveria devolver a maior parte da Polônia, separando assim o leste da Prússia do resto da nação; segundo, deveria aceitar oficialmente a responsabilidade exclusiva pela guerra; e terceiro, deveria dar fim a suas forças armadas. Tais obrigações eram individualmente hediondas, mas, juntas, incompreensíveis.

A lamentação em todos os quartéis foi enorme. Era algo intolerável. Equivalia a sentenciar uma nação à morte. Mas, no momento, não existia outro recurso a não ser aceitar a imensa humilhação. Scheidemann, o homem que escancarou as janelas do Reichstag e estupidamente proclamou a república alemã, agora pronunciava uma maldição: "Que a mão daquele que assinar este tratado resseque e murche!". Contudo, foi assinado.

Um ano antes, quando os alemães ainda esperavam a vitória total na guerra e tinham derrotado a Rússia, não forçaram os russos a assinar um tratado certamente pior do que este que agora eram forçados a assinar? Não demonstraram misericórdia menor do que a revelada a eles agora? A sorte mudara, e todas as confusões causadas pela política do olho por olho iriam crescer, como se semeadas pelo vento, cada vez mais.

A família Bonhoeffer, assim como todas as famílias alemãs, seguia os acontecimentos de perto. Morando a poucos quilômetros de Berlim, não tinha como evitá-los. Certo dia, uma batalha entre comunistas e tropas do governo eclodiu a meio quilômetro de sua casa, na estação de trem de Halensee. Dietrich, naquele tom típico de um rapaz de treze anos entusiasmado pela proximidade da "ação", escreveu para a avó:

> Não era tão perigoso, mas podíamos ouvi-los claramente, pois aconteceu à noite. A coisa toda durou cerca de uma hora. Então esses camaradas foram afastados. Quando tentaram mais uma vez, por volta das seis da manhã, tudo o que conseguiram foram cabeças ensanguentadas. Nesta manhã, ouvimos os disparos de artilharia. Ainda não sabemos de onde vieram. No momento, pode-se ouvir um som abafado de golpes, mas parece estar distante daqui.[61]

Mas Dietrich tinha preocupações mais próximas. Sua mãe ainda sofria com a morte de Walter. Ele escreveu para a avó em dezembro de 1918: "Mamãe está melhorando agora. De manhã ela fica muito fraca, mas à tarde sente-se mais estável de novo. Infelizmente, ela ainda não come quase nada".[62] Um mês depois: "Até agora, mamãe está se sentindo muito bem [...]. Por um tempo, ela ficou na casa dos Schöne, do outro lado da rua. Desde então, teve melhoras significativas".[63]

Naquele ano, Dietrich concluiu os estudos na escola Friedrich-Werder e se matriculou no ginásio Grunewald. Já tinha escolhido tornar-se teólogo, mas não se sentia pronto para anunciar sua decisão. Completar treze anos significava uma importante transição da infância para a idade adulta, e seus pais reconheceram o fato inscrevendo Dietrich e Sabine num curso de dança. Também permitiram que os dois ficassem com os adultos na noite da véspera de Natal:

[61] Idem, p. 27.
[62] Idem, p. 25.
[63] Idem, p. 27.

> Perto das onze horas, apagaram as luzes, bebemos ponche, e as velas da árvore de Natal se acenderam. Tudo era parte da tradição familiar. Quando todos estávamos juntos, sentados, nossa mãe leu o salmo 90: "Senhor, tu és o nosso refúgio, de geração em geração". As velas ficavam cada vez menores, e a sombra da árvore aumentava, e, enquanto o ano velho desaparecia, nós cantávamos o hino de ano-novo de Paul Gerhardt: "Vamos agora cantar e orar e permanecer diante de nosso Senhor, que até agora deu ânimo a nossa vida". Quando terminamos a última estrofe, os sinos da igreja já davam as boas-vindas ao ano-novo.[64]

A vida social de Grunewald era particularmente rica para as crianças, um grupo que compreendia desde Susanne, agora com onze anos, até Karl-Friedrich, com 21. Ninguém ainda se casara, mas existia um círculo de amigos que não se desgrudava. Emmi Delbrück, futura esposa de Klaus, relembra:

> Tínhamos as festas e os bailes, onde a astúcia e a imaginação triunfavam, e também patinávamos nos lagos até escurecer; os irmãos dançavam valsa e criavam números especiais no gelo, com uma elegância simplesmente fascinante. Nas noites de verão, passeávamos em Grunewald, quatro ou cinco casais dos Dohnanyi, dos Delbrück e dos Bonhoeffer. Claro que ocorriam alguns aborrecimentos e futilidades casuais, mas essas coisas eram rapidamente varridas para fora: havia tanto estilo, tamanho bom gosto, tamanho interesse em diferentes áreas do conhecimento, que esse período de nossa juventude parece-me uma espécie de dádiva e, ao mesmo tempo, exigia um senso de dever tão grande, e é provável que nós todos tivéssemos mais ou menos consciência disso.[65]

Bonhoeffer escolhe a teologia

Dietrich, até o ano de 1920, quando completou catorze anos, não se sentia pronto para contar a alguém sobre sua decisão de se tornar teólogo. Era preciso coragem e ousadia para anunciar uma coisa dessa na família Bonhoeffer. Seu pai talvez tratasse o assunto com respeito e cordialidade, mesmo se

[64] Zimmermann e Smith, *I Knew Dietrich Bonhoeffer*, p. 29.
[65] Idem, p. 35.

discordasse do filho, mas o mesmo não aconteceria com seus irmãos e amigos. Eles formavam um grupo formidável, todos bem inteligentes, e a maioria deles menosprezava abertamente as ideias pretensiosas do irmão mais novo. Sempre o perturbavam e faziam gracejos com muitas coisas bem menos importantes que a escolha de sua profissão. Aos onze anos, após confundir a pronúncia do nome de uma peça de Frederic Schiller, caíram na gargalhada. O fato de ele estar lendo Schiller com tão pouca idade passou despercebido.

Emmi Bonhoeffer relembra o ambiente da época:

> Manter distância do humor e dos costumes sem parecer frio, ter interesse sem ser curioso — essa era a linha de Dietrich [...]. Ele não suportava conversas vazias. Era infalível em perceber se a outra pessoa tinha entendido o que ele dizia. Todos os Bonhoeffer reagiam com extrema sensibilidade contra qualquer maneirismo ou pensamento afetado; era da natureza deles, penso eu, o que era aguçado pela boa educação que receberam. Eram alérgicos a qualquer vestígio dessas coisas, o que os tornava intolerantes, por vezes injustos. Enquanto nós, os Delbrück, evitávamos falar alguma coisa banal, os Bonhoeffer evitavam falar algo interessante por medo de não ser realmente interessante [...]. Na família Bonhoeffer, se aprendia a pensar antes de se fazer alguma observação ou antes de se perguntar algo. Era embaraçoso ver o pai erguer a sobrancelha esquerda de um modo inquisidor. Quando essa expressão era acompanhada por um sorriso amável, era um alívio, mas devastador quando seu olhar permanecia grave. Mas ele nunca quis assustar ninguém, e todos sabiam disso.[66]

Emmi também se recorda do momento em que Dietrich anunciou sua opção por estudar teologia e foi crivado de perguntas:

> Gostávamos de lhe fazer perguntas que nos assombravam, como, por exemplo, saber se o mal era realmente subjugado pelo bem, ou se Jesus deseja que nós também ofereçamos a outra face a sujeitos insolentes, e centenas de outros problemas que deixavam os jovens num impasse quando encaravam a vida real. Muitas vezes ele nos respondia com outra pergunta, e nos levava ainda mais longe do que uma resposta concisa teria feito, como por exemplo: "Você acredita que Jesus desejava a

[66] Idem, p. 36

> anarquia? Ele não entrou no templo com um chicote para expulsar os cambistas?". Ele mesmo era um dos que mais perguntavam.[67]

Klaus, o irmão de Dietrich, escolhera seguir advocacia e se tornaria o principal advogado da companhia aérea alemã Lufthansa. Num debate sobre a escolha de Dietrich pela teologia, Klaus deteve-se no problema da igreja em si, chamando-a de "pobre, débil, chata, instituição pequeno-burguesa". "Neste caso", disse Dietrich, "eu terei de reformá-la!". A declaração foi destinada a uma provocação do irmão, talvez uma piada, já que aquela não era uma família acostumada a fazer afirmações arrogantes. Por outro lado, seu trabalho futuro iria tender nessa direção mais do que se imaginava.

Seu irmão Karl-Friedrich foi quem menos se agradou com a decisão de Dietrich. Karl já se havia destacado como um brilhante cientista. Para ele, Dietrich virava as costas para a realidade cientificamente concreta e fugia para a névoa da metafísica. Em um de seus argumentos sobre o assunto, Dietrich disse: "Dass ess einen Gott gibt, dafür lass ich mir den Kofp abschlagen", que significa algo como "É certo que existe um Deus, e por essa certeza deixaria até mesmo cortar minha cabeça".

Gerhard von Rad, um amigo que conhecia Dietrich da época de suas visitas à casa da avó, em Tübingen, recorda que "era muito raro um jovem dessa elite acadêmica optar pelo estudo da teologia. O estudo teológico e os professores de teologia não eram muito respeitados nesses círculos. Numa sociedade cujas classes eram ainda claramente discerníveis, os teólogos universitários ficavam, acadêmica e socialmente falando, um pouco apartados".[68]

Embora os Bonhoeffer não frequentassem a igreja, todas as crianças foram crismadas. Aos catorze, Dietrich e Sabine foram matriculados na sala de crisma do pastor Hermann Priebe, na igreja de Grunewald. Quando Dietrich foi crismado, em março de 1921, Paula Bonhoeffer deu ao filho a Bíblia de seu irmão Walter. Pelo resto da vida, ele usou-a para suas devoções diárias.

A decisão de Dietrich de se tornar um teólogo era sólida, mas seus pais não estavam muito convencidos de que esse era o melhor caminho para seu futuro. Ele tinha muito talento como músico, e eles acreditavam numa possível

[67] Idem.

[68] Idem, p. 177.

mudança de ideia. O famoso pianista Leonid Kreutzer[69] dava aulas na Berliner Hochschule für Musik, e os Bonhoeffer providenciaram um encontro dos dois para que o pianista opinasse a respeito do talento de Dietrich. O veredicto de Kreutzer não foi muito convincente. De qualquer modo, naquele ano Dietrich escolheria o curso de hebraico no colégio. Pode ter sido esse o momento em que sua opção pela teologia se tornou irrevogável.

Em novembro de 1921, com quinze anos de idade, Bonhoeffer foi ao primeiro encontro evangélico de sua vida. O general Bramwell Booth, do Exército de Salvação, conduzira o ministério na Alemanha antes da guerra, e em 1919, comovido pelas notícias de sofrimento, especialmente a fome entre as crianças, encontrou uma maneira de contornar os canais oficiais e conseguiu condições para distribuir leite. Ele ofertou ainda cinco mil libras para os esforços de socorro.

Dois anos depois, Booth veio a Berlim para conduzir uma série de encontros evangélicos. Milhares compareceram, incluindo muitos soldados arruinados pela guerra. Sabine recorda que "Dietrich estava ansioso em participar daquilo. Ele era a pessoa mais jovem presente, mas estava muito interessado. Ficou impressionado pela alegria no rosto de Booth, e nos falava das pessoas arrebatadas por ele, e também de suas conversões".[70] Uma parte sua sentia-se poderosamente atraída por esse tipo de coisa, mas não presenciaria nada parecido com aquilo por mais de dez anos, quando participou da Igreja Batista Abyssinian, na cidade de Nova York.

A desordem da República de Weimar nunca se distanciava o suficiente, especialmente em Berlim. Quando Dietrich tinha dezessete anos, ela se aproximou de modo perigoso. No dia 25 de junho de 1922, escreveu a Sabine: "Fui à escola e cheguei depois do terceiro período. Acabara de entrar quando alguém ouviu um estalo peculiar no pátio. Rathenau tinha sido assassinado — a apenas trezentos metros de distância de nós! Que bando de canalhas bolcheviques de direita! [...] As pessoas responderam com raiva e entusiasmo doentio aqui em Berlim. Estão saindo no braço no Reichstag".[71]

[69] Kreutzer foi um judeu alemão visado pelos nazistas (Alfred Rosenberg em particular) como "inimigo cultural", o que o forçou a emigrar para a América em 1933.

[70] ZIMMERMANN E SMITH, *Iknem Dietrich Bonhoeffer*, p. 31.

[71] *The Young Bonhoeffer*, p. 49.

Walther Rathenau, um político judeu moderado, fora ministro alemão de Relações Exteriores e acreditava que a Alemanha deveria pagar suas dívidas de guerra, como estipulado pelo Tratado de Versalhes — ao mesmo tempo que tentava renegociá-las. Por seus pontos de vista e pela condição de judeu, era desprezado pelos direitistas, que naquele dia despacharam um carro cheio de malfeitores portando metralhadoras com o intuito de matá-lo no seu caminho para o escritório, na Wilhelmstrasse, perto da escola de Dietrich. Onze anos mais tarde, quando Hitler já tinha chegado ao poder, esses assassinos foram declarados heróis nacionais. O 24 de junho era o dia nacional de celebração dessa absurda façanha.

Peter Olden, seu colega de classe, recorda que eles ouviram os tiros durante a aula: "Ainda me lembro da indignação passional do meu amigo Bonhoeffer, sua raiva profunda e espontânea [...]. Lembro-me de ele ter perguntado o que seria da Alemanha caso os melhores líderes fossem mortos. Lembro-me disso porque na época surpreendi-me com a possibilidade de que alguém soubesse exatamente onde Rathenau pudesse estar".[72]

Bonhoeffer crescera numa comunidade de elite onde muitos dos amigos de sua família eram judeus. Em sua sala naquela manhã, havia vários filhos de famílias judias importantes. Um deles era a sobrinha de Rathenau.

Poucas semanas depois, ele escreveu aos pais sobre uma viagem de trem para Tübingen: "Um homem começou a falar de política logo ao entrar no vagão. Ele era um direitista de cabeça muito estreita [...]. A única coisa que ele se esquecera foi a sua suástica".[73]

[72] BETHGE, *Dietrich Bonhoeffer: A Biography*, p. 33.

[73] *The Young Bonhoeffer*, p. 50.

CAPÍTULO 2

TÜBINGEN

1923

Desde os treze anos de idade, estava claro para mim que eu estudaria teologia.

DIETRICH BONHOEFFER

ACONTECERAM MUDANÇAS SIGNIFICATIVAS EM 1923, incluindo o primeiro casamento da família. Ursula, a irmã mais velha, casou-se com Rüdiger Schleicher, um talentoso advogado. O pai dele fora amigo e colega de classe de Karl Bonhoeffer em Tübingen. Rüdiger também estudou lá e se unira à fraternidade Igel, da qual Karl tinha sido um ilustre membro no passado. Ao visitar esse famoso ex-aluno em Berlim, ele encontrou sua futura esposa.

Em 1923, Maria van Horn também se casou: Richard Czeppan era um querido professor de humanidades do Ginásio Grunewald e integrara a vida na Wangenheimstrasse nº 14 por anos. Ele fora tutor de Klaus, tocara piano várias vezes nos encontros musicais da família e, em 1922, acampara com Dietrich na Pomerânia.

Também no mesmo ano, Karl-Friedrich alcançou uma prestigiada posição de pesquisador no Instituto Kaiser Wilhelm, elevando em muito o já exigente nível de realização familiar de seus inteligentes e ambiciosos irmãos. Graças a seu sucesso como físico, surgiram-lhe diversos convites das principais universidades do mundo, inclusive dos Estados Unidos, país que ele visitaria, pavimentando o caminho seguido no futuro por Dietrich.

Em 1923, Dietrich deixaria o lar, embora ninguém nessa família tão unida partisse de verdade. Dentro de alguns anos, Christel e seu esposo fariam a mudança para a rua da frente, e, na década de trinta, Ursula e Rüdiger se mudariam para uma casa ao lado da casa de seus pais, os dois prédios quase como uma extensão do outro. Os membros da família se visitavam e eram visitados com tanta frequência, e se falavam pelo telefone tantas vezes, que os amigos de Dietrich faziam brincadeiras a respeito. No ano seguinte, Dietrich retornaria de Tübingen para estudar na Universidade de Berlim e voltaria a viver em casa. Ele moraria sob o mesmo teto dos pais durante muito dos próximos vinte anos, até o dia em que seria preso, em 1943. Ainda assim, o momento de sua partida para Tübingen foi marcante para a família.

Ele partiu no fim de abril para o curso de verão. Viajou com Christel, que também estudava lá. Sua avó, Julie Bonhoeffer, vivia na Neckarharlde nº 38, no rio Neckar, e eles ficaram na casa dela a maior parte do tempo. Os pais o visitavam muitas vezes. Bethge escreveu que Bonhoeffer "permaneceu mais enraizado na sua casa do que era o habitual com a maioria de seus colegas estudantes" e "fazia poucas coisas sem antes consultar os pais".[1] De fato, era uma tradição de família iniciar os estudos universitários com um ano em Tübingen. Karl-Friedrich o fizera em 1919, do mesmo modo que Klaus e Sabine. Christel já se encontrava na cidade, e, como era de se esperar, o pai deles inaugurara o costume.

Dietrich também seguiu os passos do pai ao fazer parte da fraternidade Igel. Os Igels surgiram em 1871, mesmo ano da proclamação do Império Alemão. Na época, a Prússia, após derrotar a França na Guerra Franco-Prussiana, liderou a união dos 25 estados da Alemanha. Formara-se uma federação, nomeada de Império Alemão, que, em quase cinquenta anos de existência, foi comandada pela Prússia e pela dinastia Hohenzollern. O primeiro imperador alemão foi Guilherme I, rei da Prússia. Ele se apresentou como *primus inter pares* (primeiro entre iguais) dentre os chefes dos outros 24 estados. Guilherme I nomeou o príncipe prussiano Otto von Bismarck como seu primeiro-ministro. Bismarck assumiu o título e veio a ser conhecido como o Chanceler de Ferro. Embora os Igels fossem patrioticamente devotos ao império e ao *kaiser*, não eram tão nacionalistas ou militaristas quanto outras fraternidades da época. Seus valores mantinham-se mais próximos dos politicamente moderados

[1] Eberhard BETHGE, *Dietrich Bonhoeffer: A Biography*, p. 45.

Bonhoeffer. Não existiram, portanto, dificuldades para Dietrich se sentir confortável em aderir ao grupo. Apesar disso, ele foi o único dos irmãos a fazê-lo.

A palavra alemã *Igel* significa "porco-espinho". Os membros usavam chapéus feitos de pele de porco-espinho. Para suas cores oficiais, escolheram, com certo atrevimento, as cores cinza-claro, cinza-médio e cinza-escuro. Desdenhavam assim das outras fraternidades, que costumavam usar cores brilhantes e exageradas em seus chapéus e gostavam de exibir horrendas cicatrizes de duelos. Na sociedade alemã do século 19 e do início do século 20, ter o rosto desfigurado num corajoso duelo entre fraternidades[2] era uma distinção notória.

Os Bonhoeffer possuíam confiança suficiente para não se sujeitar a tamanha bobagem pretensiosa. Eles não eram ultranacionalistas nem monarquistas. Mas eram geralmente patriotas. Portanto, o orgulho nacional que caracterizava os Igels não era tão desprovido assim de encantos. Karl Bonhoeffer sempre tinha boas recordações dos tempos na fraternidade, mas desaprovava a pressão dos colegas pela bebedeira. A maioria dos membros da Igel em sua época, defensores do imperador e das atitudes de Bismarck, tinha convicções políticas banais. A sede do grupo era uma espécie de castelo à beira de uma colina acima da cidade.

Anos depois, um colega descreveu Dietrich como extremamente seguro e autoconfiante, não convencido, mas "capaz de tolerar críticas". Era ainda "um rapaz sociável, fisicamente ágil e resistente", dono de um "faro aguçado pelos fundamentos e determinação para alcançar uma compreensão profunda das coisas", e que também era "capaz de provocar sutilmente as pessoas", e, por fim, "dono de um grande senso de humor".[3]

[2] Uma cicatriz adquirida dessa forma era chamada de *schmiss*, ou *Renommierschmiss* (cicatriz fanfarrona, literalmente). Tais duelos eram menos duelos e mais competições de cutucadas barrocamente orquestradas em que o participante ficava ao alcance da espada do outro o tempo todo. Os corpos e os braços ficavam bem protegidos, mas, como o objetivo dessa asneira toda era conseguir uma cicatriz para provar a valentia do sujeito, não se usavam proteções no rosto. Um risco feio na bochecha ou um corte no nariz equivalia a um latido de bravura de seu desfigurado portador, um relincho de sua aptidão para integrar o círculo nobre das elites alemãs. Tão cobiçados eram esses pavorosos emblemas que os estudantes incapazes de adquiri-los em duelos recorriam, algumas vezes, a outros métodos, digamos, menos aprováveis.

[3] BETHGE, *Dietrich Bonhoeffer: A Biography*, p. 50.

Para a Alemanha, 1923 foi um ano desastroso. O valor da moeda alemã, que começara a cair dois anos antes, entrou em queda livre. Em 1921, o dólar valia 75 marcos; no ano seguinte, o valor aumentou para quatrocentos; e, no começo de 1923, a moeda alemã estava a sete mil para a moeda americana. O país entrou em colapso diante da pressão dos pagamentos estipulados pelo Tratado de Versalhes.

Em 1922, incapaz de suportar a situação por muito tempo, o governo alemão solicitou moratória. Os esclarecidos franceses não se deixariam atingir por esse ardil e recusaram com convicção. Mas não havia ardil algum, e a Alemanha logo se viu inadimplente. Os franceses prontamente despacharam tropas para ocupar a região de Ruhr, o centro industrial alemão. A turbulência econômica resultante deixaria saudades das condições desoladoras dos meses anteriores: em agosto, um dólar valia um milhão de marcos, e em setembro, sentia-se saudades de agosto. Em novembro de 1923, um dólar valia cerca de quatro bilhões de marcos alemães.

Em 8 de novembro, Hitler, pressentindo o momento, liderou a famosa *Bierball Putsch*, o "Golpe da cervejaria", em Munique. Mas pressentiu de forma imatura, e foi capturado e preso por alta traição. Na cadeia, na tranquilidade e quietude da cidade de Lansberg am Lech, como um imperador exilado, reuniu-se com comparsas, ditou seu amalucado manifesto *Mein Kampf* e planejou seus próximos passos.

No findar de 1923, uma apólice do seguro de vida de Karl Bonhoeffer tinha vencido, pagando-lhe cem mil marcos. Ele realizara os pagamentos por décadas, e agora, por causa da inflação, a remuneração seria suficiente para comprar, no máximo, uma garrafa de vinho e alguns morangos. Quando o dinheiro chegou a seu bolso, valia ainda menos e cobria apenas o preço dos morangos. O fato de Karl Bonhoeffer atender pacientes de outros lugares da Europa era uma bênção, pois lhe pagavam na moeda corrente de seus respectivos países. Ainda assim, no fim de 1923, a situação se tornara insustentável. Em outubro, Dietrich escreveu para a família informando que cada refeição lhe custava um bilhão de marcos. Queria comprar com antecedência duas ou três semanas de comida, mas precisava dos recursos financeiros enviado pelos pais. "Não tenho esse dinheiro todo no bolso", explicou. "Tenho de gastar seis bilhões para o pão".

Um novo membro dos Igels era considerado uma *Fuchs* ("raposa"), alusão ao ancestral poeta grego Arquíloco, responsável pela famosa declaração: "A raposa conhece muitas coisas pequenas, mas o porco-espinho conhece algo muito importante".[4] Cada Fuchs tinha de escrever um breve currículo sobre si mesmo na fraternidade *Fuchsbuch*, e Bonhoeffer o fez:

> Em Breslávia, no dia 4 de fevereiro de 1906, eu, junto a minha irmã gêmea, vi a luz do dia como filho do professor universitário *der Alter Herr* Karl Bonhoeffer, e de minha mãe, *née* Von Hase. Deixei a região da Silésia aos seis anos, e mudamos para Berlim, onde entrei no ginásio Friedrich-Werder. Devido à mudança para Grunewald, fui para a escola de lá, onde fui aprovado no meu Abitur,[5] na Páscoa de 1923. Desde os treze anos de idade, estava claro para mim que eu estudaria teologia. Apenas a música me fez vacilar um pouco durante os dois últimos anos. Estou agora no primeiro semestre de estudos em Tübingen, onde dei o passo costumeiro de todo filho obediente e me tornei um Porco-espinho. Escolhi Fritz Schmid para ser meu guarda-costas pessoal. Não tenho mais o que compartilhar a meu respeito.
>
> Dietrich Bonhoeffer.[6]

"Agora eu sou um soldado"

Entre as mais severas condições do Tratado de Versalhes, estava a proibição do alistamento militar: era permitido à Alemanha um exército de somente cem mil homens. Um flerte com o suicídio nacional, uma vez que os russos, muito próximos da fronteira com a Polônia, poderiam invadir a qualquer momento e subjugá-los. Mesmo um grupo de dentro do país — candidatos não faltavam — poderia tomá-lo militarmente sem muita dificuldade. O que quase aconteceu no dia 8 de novembro, na tentativa de golpe de Hitler. Tamanho tumulto político clamava por um nível de prontidão militar que os Aliados não estavam dispostos a conceder. Logo, os alemães inventavam maneiras de contornar a situação e evitar a interferência da Comissão Aliada de Controle.

[4] Arquíloco, citado na obra de Isaiah Berlin, *The Hedgehog and the Fox An Essay on Tolstoy's View of History* (London: *Weidenfeld & Nicolson*, 1953; New York: *Simon and Schuster*, 1953; New York: New American Library, 1957; New York: Simon and Schuster, 1986).

[5] Exame que conclui o ensino médio e permite o ingresso nas universidades alemãs. (N. do T.)

[6] *The Young Bonhoeffer: 1918-1927*, vol. 9, *Dietrich Bonhoeffer Works*, p. 60.

Uma delas consistia em treinamentos secretos para estudantes universitários durante os semestres. Essas tropas eram chamadas de *Schwarze Reichswehr*, o "Exército Negro". Em novembro de 1923, chegou a vez de Dietrich.

O treinamento duraria duas semanas e seria supervisionado pela Tropa de Rifles da cidade de Ulm, não muito longe de Tübingen. Muitos de seus irmãos da Igel iriam se unir a ele, e todas as outras fraternidades participariam. Bonhoeffer não chegou a hesitar, vendo aquilo como parte básica de seus deveres patrióticos. Mas sabia que precisava da aprovação dos pais e escreveu a eles na véspera de sua partida:

> O único objetivo é treinar o maior número possível de pessoas antes da Comissão de Controle ser colocada em prática [...]. Existe aviso prévio de um dia, e todo membro da fraternidade que estudou na universidade por sete semestres ou menos tem ido [...]. Eu disse que iria partir até quarta-feira, após ouvir o que vocês teriam a dizer sobre a situação. Caso tivessem alguma objeção específica, eu retornaria a Tübingen. No começo, achei que seria possível fazer o treinamento em outro momento, e que seria melhor não interromper o semestre. Penso agora, no entanto, que quanto antes me livrar disso, melhor; assim se pode ter o sentimento de segurança para ajudar em caso de crise. Vovó está triste por ter de ficar sozinha durante catorze dias, mas disse que eu deveria ir em frente e partir.[7]

Dois dias depois, escreveu: "Agora eu sou um soldado. Ontem, assim que chegamos, vestimos um uniforme, e nos deram nosso equipamento. Hoje distribuíram granadas e armas. Até agora, para ser sincero, nada fizemos além de arrumar e desarrumar nossas camas".[8]

Ele escreveu de novo após alguns dias:

> Os exercícios não têm sido muito exigentes. Há cerca de cinco horas diárias de marcha, tiro e ginástica, e três períodos de instrução, bem como outras coisas. O resto do tempo é livre. Somos catorze no quarto [...]. A única coisa defeituosa que o examinador encontrou em mim foram meus olhos. É bem provável que eu tenha de usar óculos quando

[7] Idem, p. 70.
[8] Idem.

> disparar uma arma. O cabo que nos treina é muito bem-humorado e gentil.[9]

Ele até mesmo apreciou a comida militar. Na segunda semana, escreveu a Sabine:

> Praticamos manobras terrestres, com assaltos e tal. É particularmente horrível se jogar no chão congelado com o rifle e a mochila. Amanhã temos um enorme exercício de marcha com todo o equipamento, e na quarta temos uma manobra de batalhão. Depois disso, a quinzena logo terá acabado. As manchas de óleo no papel não vêm das panquecas — acontece às vezes —, mas sim da limpeza do rifle.[10]

O treinamento acabou no dia 1º de dezembro. Informou a seus pais numa outra carta: "Queridos pais, agora eu sou um civil".

Por acaso, Roma

Naquele inverno, quando Dietrich vivia com a avó,[11] os dois discutiram a possibilidade de ele visitar Gandhi na Índia. Sua avó encorajou a viagem. Não temos certeza do que exatamente lhe interessava em Gandhi. Durante o século anterior, ela se mostrou ativa no crescente campo dos direitos das mulheres: construiu um lar para senhoras idosas e fundou uma escola doméstica para garotas em Stuttgart. Por seus esforços, foi premiada com uma medalha da Ordem de Olga, presenteada pela rainha de Württemberg. É possível que o forte apoio do líder indiano aos direitos das mulheres tenha atraído sua atenção. De qualquer modo, achou que seria uma experiência conveniente para Dietrich e se ofereceu a pagá-la. Mas outra situação o levaria para o exterior, numa direção completamente diferente.

O jovem Dietrich, de dezessete anos, costumava patinar no rio congelado de Neckar, mas, no fim de janeiro de 1924, ele escorregou e caiu no gelo, batendo a cabeça com tanta força que ficou inconsciente por algum tempo. Seu pai, o especialista em cérebros, ao conhecer os detalhes do acidente e a

[9] Idem, p. 71.
[10] Idem, p. 72.
[11] Mary BOSANQUET, *The Life and Death of Dietrich Bonhoeffer*, p. 21.

quantidade de tempo em que o filho permaneceu inconsciente, viajou com a esposa a Tübingen no mesmo instante. Dietrich sofrera apenas uma concussão, e o que começara como uma viagem desagradável logo se transformou numa visita prazerosa. Para Dietrich, foi extremamente agradável, porque durante o tempo de convalescença, no qual comemorou seu décimo oitavo aniversário, a ótima ideia de um semestre em Roma se apresentou. Dietrich parecia ter quase enlouquecido de alegria com a perspectiva da viagem.

No dia seguinte ao aniversário dos dois, ele escreveu a Sabine. Suas tolas brincadeiras competitivas não conheciam limites:

> Eu recebi toda espécie de coisas magníficas e fabulosas por meu aniversário. Certamente você sabe dos livros. Recebi outra coisa que você não será capaz de adivinhar: um esplêndido violão. Tenho certeza que você vai ficar com ciúmes, porque ele tem um som maravilhoso. Papai tinha me dado cinquenta marcos para eu comprar qualquer coisa que desejasse; então, eu escolhi um violão e fiquei muito feliz. E se apenas isso não a deixou perplexa, prepare-se para o próximo acontecimento inacreditável que eu irei contar. Imagine só, é possível que no semestre que vem eu estude em Roma! Claro, não há nada certo ainda, mas seria absolutamente a coisa mais fabulosa possível a acontecer comigo. Não consigo nem imaginar quão maravilhoso seria! [...] Você pode, é óbvio, me encher de conselhos e avisos, mas não seja muito invejosa ao fazê-lo. Já estou aqui fazendo perguntas em todo canto. Todo mundo me diz que seria bem barato. Papai ainda acha que eu deveria adiar essa ideia. Mesmo assim, após pensar a respeito, eu quero tanto isso que não consigo me imaginar desejando-o ainda mais do que já o faço agora [...]. Fale muito sobre isso em casa; pode ajudar as coisas. Mantenha seu ouvido bem aberto [...]. Muitas felicidades, e não seja tão invejosa.
>
> Atenciosamente,
>
> Dietrich[12]

Carta após carta, Dietrich tentou adular a aprovação dos pais para a viagem, apresentando motivos sensatos e procurando esconder seu entusiasmo vertiginoso. Para sua satisfação tremenda, e provavelmente porque seu irmão Klaus iria acompanhá-lo, deram-lhe a aprovação. A data para a viagem foi

[12] *The Young Bonhoeffer*, p. 78.

marcada. Na noite de 3 de abril, com uma expectativa quase selvagem, Klaus e ele embarcariam no trem noturno para Roma. O que Dietrich iria conhecer na gloriosa e fabulosa cidade seria ainda mais importante para seu futuro do que ele mesmo esperava.

As últimas semanas antes da partida seriam os últimos momentos em Tübingen. Após o verão em Roma, ele não retornaria para a casa da avó, mas iria concluir os estudos em Berlim. Em poucos anos, o espírito da época empurraria a fraternidade Igel para a direita, e em 1935, quando adotaram oficialmente o temível Parágrafo Ariano, Bonhoeffer e seu cunhado Walter Dress iriam, com desgosto, se desligar publicamente do conjunto de membros.

CAPÍTULO 3

FÉRIAS ROMANAS

1924

A universalidade da igreja estava ilustrada de uma maneira maravilhosamente eficaz. Membros brancos, negros e amarelos das ordens religiosas — todos de vestes sacerdotais, unidos sob a igreja. Pareceu-me o ideal verdadeiro.

DIETRICH BONHOEFFER

POR CAUSA DA AVERSÃO À FRANÇA e à Inglaterra causada pela guerra e por Versalhes, viajar para a Itália tornou-se bastante popular entre os alemães. Mas, para Klaus e Dietrich Bonhoeffer, a viagem significava a peregrinação cultural e ancestral de toda uma vida.

Como muitos em sua geração,[1] os dois tiveram educadores que versavam sobre as glórias de Roma, e ambos conheciam bem a língua, a arte, a literatura e a história romanas. Aos dezesseis, Dietrich decidiu escrever uma longa dissertação sobre a poesia de Horácio e Catulo para a sua tese de graduação. No Ginásio Grunewald, quadros do fórum romano decoravam as paredes das salas de aula. Richard Czeppan, o marido de Maria van Horn, era um autêntico

[1] Eberhard BETHGE, *Dietrich Bonhoeffer: A Biography*, p. 57.

"dicionário ambulante da Roma antiga" que visitara a cidade inúmeras vezes e emocionou os dois jovens com suas memórias. Havia também uma conexão familiar. O avó deles, Karl August von Hase, o famoso teólogo, visitara Roma vinte vezes, onde mantinha fortes laços. No decorrer dos anos, a influência desse antepassado aumentava à medida que Dietrich se interessava mais e mais em seguir seus passos teológicos.

O peregrino de dezoitos anos manteve um detalhado diário. No trem, pouco além do túnel de Brennero, escreveu: "Sente-se alguma estranheza ao se atravessar a fronteira italiana. O sonho começa a se tornar realidade. Será realmente bom ter todos os desejos realizados? Ou é possível que eu retorne para casa completamente desiludido, afinal?".[2]

A resposta não tardou: Dietrich ficou transtornado na Bolonha, descrita por ele como "extrema e surpreendentemente bela". E, enfim, Roma! "No entanto", escreveu, introduzindo uma nota discordante, "a malandragem já deu as caras na estação de trem". Um menino italiano, que dividiu um táxi com eles e guiou a dupla ao seu destino, exigiu o pagamento da viagem e mais um par de botas de gorjeta. (Eles pagaram a viagem, mas não as botas.) Assim que chegaram ao alojamento em que ficariam hospedados, descobriram que os quartos tinham sido aprontados para eles nos últimos dois dias, e esses dias deveriam ser pagos![3]

Bonhoeffer atravessou Roma feito um ciclone, absorvendo o máximo possível de cultura. Não é de surpreender o fato de ele ter se revelado um conhecedor impressionante de história da arte. Sobre o Coliseu: "O prédio possui tamanho poder e beleza que, ao vê-lo, descobre-se que alguém que nunca o tenha visto jamais será capaz de imaginar algo parecido. A antiguidade não morreu por completo [...]. Fica bem evidente após poucos minutos quão falsa é a declaração *Pan o megas tethniken*.[4] O Coliseu é envolto pelas mais luxuosas vegetações: palmeiras, ciprestes, pinheiros, ervas e todo tipo de gramíneos. Fiquei ali por quase uma hora".[5] Sobre o Laocoonte: "Quando vi o grupo de Laocoonte pela primeira vez, tremi de verdade; é incrível".[6] Sobre a Capela Sistina: "Muito lotada. Repleta de estrangeiros. Ainda assim, a impressão é in-

[2] *The Young Bonhoeffer: 1918-1927*, vol. 9, *Dietrich Bonhoeffer Works*, p. 83.

[3] Idem.

[4] "O grande deus Pã está morto!"

[5] *The Young Bonhoeffer: 1918-1927*, vol. 9, *Dietrich Bonhoeffer Works*, p. 84.

[6] Idem, p. 89.

descritível". Sobre o Fórum de Trajano: "As colunas são magníficas, mas o resto tem a aparência de uma horta já colhida".[7] Sobre o coral da Basílica de São Pedro: "As apresentações de '*Christus Factus*', '*Benedictus*' (Lc 1:2) e '*Miserere*' (Sl 50) pelo coral são simplesmente indescritíveis". Sobre o eunuco que cantou os solos de contralto naquele dia: "Há algo de inumano, desapegado e inglês em como eles cantam, e que se combina num êxtase muito peculiar".[8] Sobre Reni e Michelangelo: "Algo belíssimo e encantador é o 'Concerto de Anjos', de Reni. Não se deveria permitir que alguém deixe Roma sem ver a obra. É absolutamente perfeita em sua concepção e, sem dúvida, ocupa lugar entre as principais obras de arte da cidade. Mas os bustos iniciados por Michelangelo são decepcionantes, em especial o do papa, desprovidos, na minha opinião, de qualquer complexidade em estilo ou expressão artística".[9]

No Vaticano, ficou extasiado com a Capela Sistina:

> Eu não era capaz de ir além de Adão. Havia uma riqueza interminável de ideias no quadro. A figura de Deus reverbera com poder colossal e amor terno, ou melhor, com os atributos divinos que superam estes dois atributos humanos, muitas vezes distanciados um do outro. O homem se encontra prestes a despertar para a vida pela primeira vez. O prado envia sementes na frente de cordilheiras sem fim, antecipando o destino posterior do homem. A pintura é extremamente mundana e, ainda assim, muito pura. Em suma, não é possível expressá-la.[10]

Sua ilustração favorita da obra-prima de Michelangelo era "Jonas". Como se polisse seus referenciais estéticos, Dietrich elogiou em seu diário a "perspectiva reduzida" da obra.

A precocidade — ele tinha dezoito anos, afinal — das observações é superada apenas pelos pensamentos autoconfiantes sobre o assunto da interpretação e da análise em si:

[7] Idem, p. 86.
[8] Idem, p. 91.
[9] Idem, p. 101.
[10] Idem, p. 102.

> No momento, tenho o maior prazer em tentar adivinhar as escolas e os nomes dos artistas. Acredito que, de forma gradual, terei capacidade de entender melhor algumas coisas a esse respeito. Porém, talvez seja melhor para um leigo permanecer em silêncio total e deixar tudo na mão dos artistas, porque os atuais historiadores de arte são na verdade os piores guias. Mesmo os melhores são horríveis. Inclui-se aí Scheffler e Worringer, que, arbitrariamente, interpretam, interpretam e interpretam mais uma vez as obras de arte. Não há critérios em suas interpretações e juízos artísticos. A interpretação é, no geral, uma das questões mais complicadas. Ainda assim, todo nosso processo de análise é regulado por ela. Temos de interpretar e dar sentido às coisas para que possamos viver e pensar. Tudo isso é muito difícil. Se não tem o que interpretar, esqueça o assunto. Não acredito que a interpretação seja necessária na arte. Ninguém precisa saber o que é "gótico", "primitivo" etc., pessoas que expressam a si mesmas em sua arte. Uma obra de arte, vista com clareza, inteligência e compreensão, atinge o inconsciente. Interpretação em demasia não significa melhor compreensão artística. Ou se vê a coisa certa intuitivamente, ou não se vê. Para mim, isto é a compreensão artística. Deve-se esforçar em entender a obra enquanto se olha para ela. É depois disso que se obtém o sentimento de certeza absoluta, a "captação da essência da obra". A intuição certamente surge em razão de algum procedimento desconhecido. Tentar definir em palavras essa conclusão e, assim, interpretar a obra, não faz sentido. Não ajuda individualmente, é desnecessário no geral, e o assunto em si não ganha nada com isso.[11]

As cartas de Bonhoeffer para casa tocavam em assuntos menos nobres. Numa delas, postada no dia 21 de abril, ele descreve sua chegada a Nápoles: "Após longa procura por uma *trattoria*, fui levado a uma "buona trattoria" que, estou certo disso, estava imunda tanto quanto o casebre mais sujo da Alemanha. Galinhas, gatos, crianças sujas e aromas desagradáveis nos rodeavam. Roupas secavam num varal ao lado. Mas a fome, o cansaço e a ignorância da vida rural nos induziram a sentar".[12]

Pouco após essa refeição desagradável, os dois irmãos embarcaram num navio para a Sicília. O estômago de Klaus e as viagens marítimas não se davam

[11] Idem, p. 103.
[12] Idem, p. 94.

muito bem, mesmo sob as melhores circunstâncias; agora, se tornariam inimigos severos. "O mar exige demais dele", escreveu Bonhoeffer. "Ele foi capaz de resistir por um curto período de tempo. Senti-me 'convidado' a lançar fora somente após a primeira visão dos magníficos e ensolarados penhascos montanhosos". Apesar de usar um eufemismo emético, Dietrich manteve o decoro. Como sempre, viagens geravam outras viagens. Os irmãos decidiram visitar o norte da África e se puseram a bordo de um navio para Trípoli: "A viagem foi tranquila. Klaus lançou fora, como sempre". Eles visitaram Pompeia: "O Vesúvio encontrava-se em boas condições e, vez ou outra, expelia um pouco de lava. Lá, na cimeira, a pessoa acredita ter sido transportada de volta para a época da criação do mundo". Comentando sua visita às basílicas de Santo Stefano Rotondo e de Santa Maria Navicella, anotou: "Um desentendimento com a esposa ladra do sacristão não conseguiu atrapalhar a apreciação de toda aquela atmosfera idílica".[13]

Assim se passaram meses. No entanto, o verdadeiro significado da viagem para Dietrich Bonhoeffer não dizia respeito a seu aspecto de ampliação cultural após uma sublime excursão, ou a seu aspecto acadêmico, da experiência, como estudante, de passar um semestre no exterior, mas sim à indução de seus pensamentos na direção do questionamento que ele iria perguntar e responder pelo resto de sua vida: *O que é a igreja?*

O que é a igreja?

Em seu diário, Bonhoeffer anotou sobre o Domingo de Ramos: "O primeiro dia que a realidade do catolicismo despertou algo em mim, nada romântico ou coisa do tipo, mas sim a sensação de estar começando, acredito, a entender o conceito de 'igreja'".[14] A nova concepção a se formar na mente do jovem de dezoito anos naquele dia em Roma iria gerar frutos significativos.

A ocasião para sua epifania foi a missa realizada por um cardeal na Basílica de São Pedro, com a apresentação de um coral de meninos cujo canto lhe deixou sem fôlego. Uma série de outros clérigos, incluindo seminaristas e monges, encontrava-se no altar: "A universalidade da igreja estava ilustrada de uma maneira maravilhosamente eficaz. Membros brancos, negros e amarelos

[13] Idem.

[14] Idem, p. 89.

das ordens religiosas — todos de vestes sacerdotais, unidos sob a igreja. Pareceu-me o ideal verdadeiro".[15] É bem provável que ele tenha assistido a algum culto católico na Alemanha, mas agora, em Roma, a Cidade Eterna, a cidade de Pedro e Paulo, ele via uma ilustração vívida da transcendência da igreja quanto a raças e identidades nacionais. Obviamente, isso o afetou. Durante a missa, em pé ao lado de uma mulher com um missal, ele foi capaz de acompanhar e aproveitar ainda mais a celebração. Elogiou muito o canto do *Credo* apresentado pelo coral.

Pensar a igreja como algo universal era uma mudança tremenda e redefiniria todo o caminho restante da vida de Bonhoeffer. Se a igreja realmente existe, existe então não apenas na Alemanha ou em Roma, mas em todo lugar. O vislumbre da igreja como algo além da Igreja Protestante Luterana da Alemanha, algo como uma comunidade cristã universal, foi uma revelação e um convite para pensamentos maiores: *O que é a igreja?* Foi essa a questão desenvolvida em sua tese de doutorado, *Sanctorum Communio*, e em seu trabalho de pós-doutorado, *Ser e agir*.

Mas Bonhoeffer não era um mero acadêmico. Para ele, ideias e crenças não tinham valor se não se relacionassem com a realidade palpável. Os pensamentos sobre a natureza da igreja o guiariam ao movimento ecumênico na Europa, associando-o a cristãos não alemães, percebendo assim a mentira no âmago da chamada teologia da ordem de criação, que vinculava o conceito de igreja com o *Volk* ("povo") alemão. A ideia de uma igreja definida pela identidade racial e pela linhagem — que os nazistas iriam impulsionar de modo violento e, tragicamente, seria aceita por muitos alemães — era anátema à ideia da igreja universal. Foi no Domingo de Ramos, em Roma, que Bonhoeffer deu os primeiros passos de seu longo percurso. Ideias tinham consequências, e essa ideia, ainda germinando, floresceria em sua oposição aos nacionais-socialistas e frutificaria em seu envolvimento no plano de assassinar um ser humano.

A amplidão trazida por Bonhoeffer à ideia de igreja — e à Igreja Católica Romana — não era comum entre os luteranos alemães. Muitas coisas contribuíram para isso, e a primeira delas era a sua educação. Ele fora criado para se proteger do provincianismo e para não se permitir confiar assiduamente em sentimentos ou em algo que não sustentasse um raciocínio lógico. Para a mente

[15] Idem, p. 88.

científica de seu pai, qualquer ação ou atitude baseada em afiliações tribais ou coisa do tipo eram um engano, e ele havia treinado os filhos para pensar da mesma maneira. Para Dietrich, toda teologia preconceituosa em favor do luteranismo, do protestantismo, e mesmo do cristianismo, estaria equivocada. É necessário considerar todas as possibilidades e evitar predispor-se quanto a onde elas irão conduzir. Durante a vida, Bonhoeffer carregou consigo a postura crítica e "científica" para todas as suas questões teológicas e de fé.

Mas outro motivo de seu interesse pela Igreja Católica relacionava-se com a própria cidade de Roma, onde o melhor do mundo pagão clássico que ele tanto amava se encontrava e coexistia em harmonia com o mundo da cristandade. Em Roma, tudo integrava uma linha contínua. Para ele, era difícil se fechar a uma igreja que de alguma forma participou do esplendor da antiguidade clássica e parecia presenciar e até mesmo resgatar o que existiu de melhor na história da humanidade. As tradições luterana e protestante eram menos ligadas ao grande passado clássico e poderiam, por isso, curvar-se às heresias do dualismo gnóstico, da negação do corpo e da bondade deste mundo. Mas ali em Roma esses dois mundos se misturavam por todo lugar. Foi no Vaticano, por exemplo, que ele viu o Laocoonte, provavelmente a sua escultura predileta; e numa carta a Eberhard Bethge, escrita anos depois, observou que o rosto desse sacerdote pagão numa escultura helenística, com um clássico tema grego, talvez tivesse sido um modelo para representações artísticas posteriores de Cristo. De algum modo aceitável, Roma combinava tudo isso. Ele escreveu no diário: "Trata-se de Roma como um todo, que vem a ser mais claramente simbolizada pela Basílica de São Pedro. É a Roma da Antiguidade, a Roma da Idade Média e, da mesma forma, a Roma do presente. Em resumo, ela é o sustentáculo da cultura e da vida europeia. Meu coração bateu perceptivelmente quando vi pela segunda vez os velhos aquedutos nos acompanhando pelos muros da cidade".[16]

A terceira razão de sua abertura ao catolicismo foi estimulada por seu orientador em Tübingen, o professor Adolf Schlatter, que exerceu grande influência sobre ele. Schlatter costumava ensinar textos teológicos utilizados tradicionalmente apenas por teólogos católicos. Bonhoeffer sentia um desejo inato de, ecumenicamente, aplicar os "textos católicos" dentro de uma maior conversação teológica cristã.

[16] Idem, p. 99-100.

Naquele Domingo de Ramos, Bonhoeffer também participou das Vésperas. Às seis horas, esteve na igreja Trinità dei Monti e a considerou "quase indescritível". Comentou que "quarenta jovens garotas que queriam se tornar freiras entraram numa procissão solene, usando hábitos com cintas verdes e azuis [...]. Com inacreditável simplicidade, graça e seriedade, cantaram as Vésperas, enquanto um padre oficiava diante do altar [...]. Não era mais um mero ritual. Em vez disso, era adoração no sentido real. O conjunto todo dava a impressão inigualável de piedade profunda e sincera".[17]

Durante a Semana Santa, ele se questionou sobre a Reforma e se havia sido um engano o momento em que ela se tornou uma igreja oficial em vez de simplesmente ter se mantido como "seita". Poucos anos adiante, essa seria uma questão crucial na sua vida. Quando os nazistas assumiram o controle da Igreja Luterana Alemã, Bonhoeffer carregaria o peso de romper e iniciar a Igreja Confessante. No começo, ela também seria considerada um movimento — o Movimento Confessional —, mas depois se tornou uma igreja oficial. Havia muito a se fazer sobre esse aspecto. Ele já preparava o alicerce intelectual para o que teria de enfrentar na Alemanha do Terceiro Reich, dez anos adiante.

Nessa fase, porém, Bonhoeffer parecia ser a favor da ideia de um movimento que não se tornasse uma igreja organizada. Em seu diário, escreveu:

> Se o protestantismo nunca tivesse se transformado numa igreja estabelecida, a situação seria completamente diferente [...] representaria um fenômeno incomum da vida religiosa e uma séria devoção reflexiva. Seria, portanto, a forma ideal de religião [...]. A Igreja deve se separar por completo do Estado [...]. Não demoraria muito para as pessoas retornarem, pois elas precisam ter alguma coisa. Elas teriam redescoberto sua necessidade pela devoção religiosa. Seria essa uma solução? Ou não?[18]

Bonhoeffer normalmente aproveitava todas as vantagens de estar num lugar diferente. Na Semana Santa, em Roma, assistiu às missas da manhã e da tarde, de quarta a sábado, na Basílica de São Pedro ou na Basílica de São João de Latrão. Ele usou o missal em cada culto, estudando-o cuidadosamente. Escreveu aos pais: "A recitação geralmente ruim dos padres e do coral para esses textos

[17] Idem, p. 88-89.
[18] Idem, p. 106-107.

leva a crer que a qualidades, dos textos em si é igualmente medíocre. É um erro completo. A maioria dos textos é maravilhosamente lúcida e poética".[19]

Ele assistiu a um culto armênio-católico que parecia "mais rígido e desprovido de vida nova". Sentia que o catolicismo romano se movia em tal direção, mas observou também a existência de "muitos fundamentos religiosos onde a vida religiosa primordial ainda desempenha algum papel. O confessionário é um exemplo".[20] Ele se exultou com muito do que viu. Mas não se sentiu persuadido a converter-se ao catolicismo. Um conhecido que ele encontrou em Roma tentou convencê-lo, mas Bonhoeffer não se comoveu: "Ele gostaria muito de me converter, e seu método é bem convincente e honesto [...]. Após as discussões, acredito que estou novamente menos simpático ao catolicismo. O dogma católico mascara de forma inconsciente tudo o que há de ideal no catolicismo. Há uma diferença enorme entre a confissão e os ensinamentos dogmáticos sobre a confissão — e, infelizmente, entre a 'igreja' e a 'igreja dogmática'".[21] A união das duas igrejas passou pela sua mente: "A unificação do catolicismo e do protestantismo é provavelmente impossível, embora pudesse fazer bem as duas". Dentro de poucos anos, ele incorporaria o melhor de ambas nas comunidades cristãs em Zingst e Finkenwalde — o que lhe renderia críticas de muitos luteranos alemães.

Seja como for, antes do semestre acabar, Bonhoeffer se encontrou com o papa: "Sábado, audiência com o papa. Grandes expectativas frustradas. Uma celebração bastante impessoal e apática. O papa causou uma impressão de certa indiferença em mim. Faltava-lhe tudo o que se espera de um papa. Nada de extraordinário, grandeza nenhuma. Triste que tenha causado esse efeito!".[22]

Antes que se desse conta, seu glorioso período em Roma estava no fim: "Quando olhei para a Basílica de São Pedro pela última vez, senti uma dor no coração, e rapidamente entrei no bonde e parti".[23]

Três anos depois, Bonhoeffer liderou um grupo de discussão chamado Círculo da Quinta-Feira, composto de jovens de dezesseis e dezessete anos de idade. Eles debatiam tópicos variados, e em determinada semana discutiram

[19] Idem, p. 111.

[20] Idem.

[21] Idem, p. 93.

[22] Idem, p. 107.

[23] Idem, p. 108.

a Igreja Católica. Bonhoeffer resumiu suas ideias sobre o assunto no artigo a seguir:

> É difícil não superestimar a importância do valor da Igreja Católica para a cultura europeia e de todo o mundo. Ela cristianizou e civilizou povos bárbaros e por um longo tempo foi a única guardiã da ciência e da arte. Aqui, os claustros da igreja foram preeminentes. A Igreja Católica desenvolveu um poder espiritual inigualável, e ainda hoje admiramos o modo em que combinaram os princípios do catolicismo com o princípio de santificação da igreja, bem como a tolerância com a intolerância. É um mundo à parte. Diversidade infinita flui em unidade, e tal colorido lhe concede charme irresistível (*Complexio oppositorum*). Um país dificilmente reúne tanto tipo diferente de pessoas quanto a Igreja Católica. Com poder admirável, ela tem entendido como manter a unidade dentro da diversidade, como ganhar o respeito das massas e como promover um forte senso de comunidade [...]. Mas é exatamente por causa dessa grandeza que temos algumas sérias restrições. Tem esse mundo da Igreja Católica realmente se mantido como a igreja de Cristo? Não tem talvez se transformado num obstáculo no caminho para Deus em vez de uma placa de auxílio na estrada divina? Não tem ela interceptado a única via para a salvação? No entanto, ninguém pode obstruir o caminho de Deus. A igreja ainda tem a Bíblia, e, enquanto a tiver, poderemos crer na santa igreja cristã. A Palavra de Deus jamais será negada (Is 55:11), seja pregada por nós, seja pela nossa igreja irmã. Aderimos à mesma confissão de fé, fazemos a mesma Oração do Senhor e compartilhamos alguns dos mesmos antigos rituais. Isso nos une, e, no que nos diz respeito, gostaríamos de viver em paz com nossa irmã diferente. Não desejamos, no entanto, negar tudo aquilo que temos reconhecido como a Palavra de Deus. Pouco importa a designação "católico" ou "protestante". O importante é a Palavra de Deus. Por outro lado, nós nunca violaremos a fé de alguém. Deus não anseia o trabalho relutante, e Deus deu consciência a todos. Nós podemos e devemos desejar que nossa igreja irmã busque seu espírito e se concentre apenas na Palavra (1Co 2:12-13). Até que esse momento chegue, devemos ter paciência. Teremos de suportá-la quando, em trevas enganadoras, a "igreja una e santa" pronuncia o "anátema" (condenação) sobre a nossa igreja. Ela não conhece nada melhor, e ela não odeia o herege, apenas a heresia. Enquanto permitirmos que a Palavra seja nossa única armadura, poderemos olhar com confiança para o futuro.[24]

[24] Idem, p. 528-529.

CAPÍTULO 4

ESTUDANTE EM BERLIM

1924-1927

Era difícil para qualquer grupo de pessoas viver sob os padrões exigidos e mantidos na Wangenheimstrasse. O próprio Bonhoeffer admitia que os recém-chegados a sua casa eram analisados microscopicamente. Com um cenário desse, foi fácil criar a impressão de alguém reservado e superior.

EBERHARD BETHGE

BONHOEFFER RETORNOU DE ROMA em meados de junho e inscreveu-se no semestre de verão da Universidade de Berlim. Trocar de faculdade após um ou dois anos era comum na Alemanha. Ele nunca planejara permanecer mais de um ano em Tübingen. Estudaria em Berlim sete semestres, recebendo seu título de doutorado em 1927, aos vinte e um anos.

Ele voltou a morar em sua casa, mas, desde que partira, algo importante havia mudado: Sabine agora estudava em Breslávia e estava comprometida com um jovem advogado chamado Gerhard Leibholz, um judeu. Através de Sabine e de sua futura família, os Bonhoeffer experimentariam as dificuldades dos anos que se aproximavam de uma maneira especialmente peculiar.

Foi relativamente fácil para Bonhoeffer decidir-se estudar na Universidade de Berlim. Para começar, era a capital do país, ideal para alguém tão apegado aos estímulos culturais. Dificilmente uma semana se passava sem que ele fosse a um museu, a um concerto ou a uma apresentação de ópera. E, em Berlim, estava em casa. É inimaginável um ambiente mais excitante. Karl-Friedrich, por exemplo, trabalhava com Albert Einstein e Max Planck. Segundo Bethge: "Era difícil para qualquer grupo de pessoas viver sob os padrões exigidos e mantidos na Wangenheimstrasse. O próprio Bonhoeffer admitia que os recém-chegados a sua casa eram analisados microscopicamente. Com um cenário desse, foi fácil criar a impressão de alguém reservado e superior".[1] Mas o principal motivo de sua escolha pela Universidade de Berlim foi a faculdade de teologia, de renome internacional, e que incluía em seu corpo docente o famoso Friedrich Schleiermacher, cuja presença intelectual ainda se mostrava bastante palpável.

Em 1924, a faculdade de teologia era dirigida pela lenda viva Adolf von Harnack, com 73 anos. Harnack foi um discípulo de Schleiermacher — logo, um teólogo liberal convicto — e um dos líderes do método histórico-crítico no século 19 e início do século 20. Sua abordagem bíblica se limitava à análise textual e histórico-crítica, o que o levou a concluir que os milagres nunca aconteceram e que o evangelho de João não era canônico. Harnack viveu na vizinhança de Grunewald, assim como tantos outros distintos acadêmicos, e o jovem Bonhoeffer o acompanhou várias vezes até a estação de Halensee e viajava de trem com ele por Berlim. Dietrich assistiu a seu prestigiado seminário durante três semestres e tinha grande estima pelo venerado acadêmico, ainda que raramente concordasse com suas conclusões teológicas. Um colega do seminário de Harnack, Helmuth Goes, recorda o sentimento de "entusiasmo secreto" pelo modo de pensar "livre, crítico e independente" de Bonhoeffer:

> O que realmente me impressionava não era apenas o fato de ele superar quase todos nós em conhecimento e capacidade teológica; mas o que me atraía em Bonhoeffer, de modo quase passional, era a percepção de ali existir um homem que não apenas aprendia a *verba* e *scripta* de algum mestre, mas que pensava de forma independente e já sabia o que queria e queria o que sabia. Tive a experiência (para mim, algo surpreendente e magnificamente inédito!) de ouvir um jovem de cabelos loiros contradizer o reverenciado historiador, Vossa Excelência Von Harnack, de forma sutil mas esclarecida, em fundamentos teológicos positivos. Harnack respondia, mas o aluno o contradizia, vez após vez.[2]

[1] Eberhard BETHGE, *Dietrich Bonhoeffer: Man of Vision, Man of Courage*, p. 44. Citações da edição Augsburg.

[2] Idem, p. 45.

Bonhoeffer era um singular pensador independente, ainda mais para alguém tão jovem. Alguns professores o consideravam arrogante, pois ele se recusava a permanecer sob influência direta de qualquer um deles, sempre preferindo manter alguma distância. Mas alguém que cresceu jantando com Karl Bonhoeffer, e que tinha permissão para falar somente quando pudesse justificar cada sílaba, provavelmente desenvolveria certa confiança intelectual, e talvez possa ser desculpado por não se intimidar na presença de outras mentes tão distintas.

Além de Harnack, três outros professores berlinenses exerceram influência decisiva sobre Bonhoeffer. Eram eles: Karl Holl, talvez o maior acadêmico luterano daquela geração; Reinhold Seeberg, especialista em teologia sistemática; e Adolf Deissman, introdutor de Bonhoeffer no movimento ecumênico, de grande importância em sua vida, e que proporcionaria os meios pelos quais ele se envolveria na conspiração contra Hitler. Mas havia outro teólogo de maior influência sobre Bonhoeffer do que todos os citados, alguém que ele iria reverenciar e respeitar mais do que a qualquer outra pessoa em sua vida, um verdadeiro mentor e amigo. Seu nome era Karl Barth, de Göttingen.

Barth era suíço de nascimento e foi talvez o mais importante teólogo do século 20; para muitos, o maior dos últimos quinhentos anos. O primo de Bonhoeffer, Hans-Christoph, estudava física em Göttingen em 1924, mas, logo depois de ouvir Barth, transferiu-se para o curso de teologia e ali permaneceu. Semelhantemente à maioria dos estudantes teológicos do fim do século 19, Barth absorveu a teologia liberal reinante na época, mas cresceu para rejeitá-la, transformando-se rapidamente em seu adversário mais formidável. Seu tratado inovador de 1922, *A epístola aos Romanos*, caiu como uma bomba inteligente na torre de marfim de estudiosos como Adolf von Harnack, que se apoiavam severamente na fortaleza expugnável do método histórico-crítico e que se escandalizaram com a abordagem bíblica de Barth, denominada neo-ortodoxia, que afirmava a ideia, particularmente controversa nos círculos teológicos alemães, da real existência de Deus, e que toda teologia e estudo bíblico devem ser sustentados por esse pressuposto básico. Barth foi a principal figura a desafiar e anular a influência da abordagem histórico-crítica alemã difundida na Universidade de Berlim por Schleiermacher — e promovida pela atual eminência parda, Harnack. Barth ressaltou a transcendência de Deus, descrevendo-o como "totalmente outro" e, portanto, desconhecido por completo pelo homem, exceto por meio da revelação. Felizmente, ele acreditava na revelação, o que era ainda mais escandaloso para teólogos liberais como Harnack. Por se recusar a jurar fidelidade a Hitler, Barth seria expulso da Alemanha em 1934 e se tornaria o autor principal da Declaração de Barmen, na qual a Igreja Confessante alardeava sua rejeição à tentativa nazista de trazer a filosofia do Partido para dentro da igreja alemã.

A teologia de Harnack era algo parecida com a raposa do provérbio de Arquíloco, conhecedora de muitas coisas pequenas, enquanto a teologia de Barth, no papel do porco-espinho, conhecia algo importante. Bonhoeffer se colocaria ao lado do porco-espinho, mas participava do seminário da raposa e, por causa de sua família e da comunidade de Grunewald, tinha muitos laços com a raposa. Como resultado dessa amplidão intelectual, aprendeu a pensar como raposa e respeitar seu modo de pensar, apesar de fazer parte do campo dos porcos-espinhos. Bonhoeffer poderia apreciar o valor de algo, mesmo que, em última instância, ele a rejeitasse — e poderia ver os erros e falhas de outra coisa, ainda que, numa análise final, a aceitasse. Tal atitude seria ilustrada na criação dos seminários ilegais de Zingst e Finkenwalde, que incorporavam o melhor das tradições católica e protestante. Por causa dessa integridade intelectual autocrítica, Bonhoeffer possuía tamanha confiança em suas conclusões que talvez aparentasse certa arrogância.

O debate entre os barthianos neo-ortodoxos e os liberais histórico-críticos na época de Bonhoeffer era semelhante à discussão contemporânea entre os rigorosos evolucionistas darwinianos e os defensores do chamado *design* inteligente. Os últimos permitem o possível envolvimento de algo "externo ao sistema" — algum criador inteligente, divino ou não —, enquanto os primeiros rejeitam, por definição, esse tipo de ideia. Teólogos liberais como Harnack acreditavam ser "não científico" especular sobre quem é Deus; os teólogos deveriam estudar o que se encontra aqui, ou seja, os textos e as histórias dos textos. Mas os barthianos diziam que não: Deus, do outro lado da existência, revelara a si mesmo por meio deles, e o único motivo para a existência desses textos foi conhecê-lo.

Bonhoeffer concordava com Barth, analisando os textos não como "fontes históricas, mas como agentes da revelação", não meros "espécimes da escrita, mas cânones sagrados".[3] Bonhoeffer não era contra a prática da análise

[3] Eberhard BETHGE, entrevista por Martin Doblmeier, *Bonhoeffer: Pastor, Pacifist, Nazi Resister. A documentary film by Martin Doblmeier*, Universidade de Princeton. Cenas não utilizadas citadas aqui com a permissão do diretor.

histórica e crítica de textos bíblicos; na verdade, aprendera com Harnack como fazê-la, e a realizava brilhantemente. Harnack bajulou com autoridade o jovem de dezoito anos quando, após ler o ensaio de 57 páginas escrito por Bonhoeffer para seu seminário, sugeriu-lhe a possibilidade de fazer a tese de doutorado na sua área. Harnack tinha esperança de convencê-lo a seguir seus próprios passos no campo da história eclesiástica.

Como sempre, Bonhoeffer resguardava-se a certa distância. Desejava aprender com o velho mestre, mas preservaria sua independência intelectual. No fim, não escolheria história eclesiástica. Respeitava a área e demonstrou isso ao dominá-la, para deleite de Harnack, mas discordava do mestre de que se deveria parar por ali. Ele acreditava que a mera análise dos textos, como eles faziam, não indo além, deixaria para trás "lascas e fragmentos". O Deus que ia além dos textos dos quais fora autor, o Deus que falou com a humanidade por meio deles, era quem, de fato, acendia seu interesse.

Para a dissertação de doutorado, Bonhoeffer atraiu-se pela dogmática, o estudo das crenças da igreja. A dogmática se aproxima da filosofia, e Bonhoeffer tinha o coração mais voltado para ela do que para a crítica textual. Não queria desapontar seu velho vizinho Harnack, sempre a cortejá-lo, mas agora tinha de lidar com outro célebre professor. O campo de Reinhold Seeberg era a dogmática. Existia, assim, a possibilidade de ele ser seu orientador. No entanto, apresentava-se não uma, mas duas dificuldades. Primeiro, Seeberg era um rival implacável de Harnack, e os dois estavam disputando a afeição teológica do mesmo jovem gênio. E, segundo, Seeberg era o oposto total da teologia barthiana.

Em seu ensaio para o seminário de Seeberg, Bonhoeffer expressou a ideia barthiana de que, para se conhecer algo sobre Deus, deve-se confiar na revelação vinda dele. Em outras palavras, Deus pode falar a este mundo, mas o homem não pode sair do mundo para examinar a Deus. É uma via única e, é claro, relaciona-se diretamente com a doutrina luterana da graça. O homem não consegue alcançar seu lugar no céu, mas Deus pode descer ao mundo e, pela graça, elevá-lo para junto dele.

Seeberg discordava e, após ler o ensaio de Bonhoeffer, agitou-se: era como se um galo barthiano pretensioso tivesse se infiltrado em seu galinheiro. Acreditou que, caso apelasse a uma autoridade superior, poderia injetar algum senso na cabeça do jovem impetuoso, e naquele verão, num encontro de destacados acadêmicos de Berlim, teve uma conversa com Karl Bonhoeffer.

Talvez o eminente cientista pudesse aconselhar o filho. Karl Bonhoeffer era, intelectualmente, mais próximo dos pontos de vista de Seeberg, mas seu respeito pela mente e integridade intelectual de Dietrich era tanto que não tentou influenciá-lo.

Naquele mês de agosto, Dietrich acampou ao longo da costa do mar Báltico. Da casa de um companheiro da Igel, próximo a Bremen, escreveu ao pai, perguntando-lhe o que Seeberg havia dito e como ele deveria proceder. A resposta foi inconclusiva. A mãe, então, se intrometeu na discussão e sugeriu que ele devesse, talvez, ser orientado por Holl, o especialista luterano, e escrever sua tese a respeito da dogmática depois que Seeberg estivesse fora de vista. Filha e neta de respeitados teólogos — o avô era conhecido no mundo todo —, ela provavelmente tivesse mais a dizer sobre o assunto do que qualquer outra mãe na Alemanha. A inteligência dos pais de Bonhoeffer e o interesse demonstrado no progresso acadêmico do filho eram notáveis, e é admirável a proximidade existente entre eles. Os dois foram, até o fim de sua vida, inesgotáveis e incansáveis fontes de amor e de sabedoria.

Em setembro, ele tomou sua decisão: escreveria, afinal, sua tese de doutorado sob a orientação de Seeberg, mas optara por um tema dogmático *e* histórico. O tema, aliás, seria aquele quebra-cabeça intrigante iniciado em Roma, ou seja, *O que é a igreja?*. Intitulou o texto de *Sanctorum Communio: Um Inquérito Dogmático dentro da Sociologia da Igreja*. Bonhoeffer definiria a igreja não como uma entidade histórica ou uma instituição, mas "Cristo existindo como comunidade eclesial". Um debute deslumbrante.

Durante esses três anos em Berlim, Bonhoeffer teve uma carga de trabalho de impressionar, ainda que tivesse levado dezoito meses para concluir sua tese de doutorado. Mas, de algum modo, tinha também uma vida bastante ocupada longe do mundo acadêmico. Assistia a infinitas apresentações de ópera, concertos musicais, exposições artísticas e peças teatrais; manteve extensa correspondência com amigos, colegas e familiares; e viajava o tempo todo, desde curtos passeios a Friedrichsbrunn até longas estadas à beira-mar no Báltico. Em agosto de 1925, acampou na península de Schleswig-Holstein e navegou para o mar do Norte. No ano seguinte, também em agosto, ele e Karl-Friedrich visitaram Veneza e as Dolomitas. Em abril de 1927, Dietrich e sua irmã Susi realizaram uma excursão pelo interior da Alemanha com outro casal de irmãos, Walter e Ilse Dress. Do mesmo modo que tantas outras crianças crescidas juntas na vizinhança de Grunewald, Susi e Walter em breve uniriam os laços e se casariam.

Bonhoeffer também passava um tempo considerável em casa: o prédio nº 14 da Wangenheimstrasse parecia, por vezes, um formigueiro, sempre movimentado, com amigos, parentes e colegas entrando e saindo o tempo todo. As crianças de Karl e Paula Bonhoeffer casaram-se e tiveram filhos, e as famílias recém-formadas visitavam a casa matriz. Cada qual procurava permanecer em contato com os outros, mesmo quando o número de parentes se expandia. Quando a avó Bonhoeffer deixou Tübingen e foi morar com eles, quatro gerações passaram a se encontrar no mesmo lugar. As tradicionais reuniões musicais das noites de sábado também se mantiveram, e quase toda semana alguém comemorava aniversário.

Candidato a teólogo, Bonhoeffer tinha de, obrigatoriamente, cumprir deveres no trabalho paroquial. Havia a possibilidade de conseguir permissão para realizar uma quantia mínima, já que seus professores conheciam sua alta carga de trabalhos acadêmicos, mas, como característico nele, fez o oposto e assumiu, com ambição, perspicácia e vitalidade, uma sala de aula da escola dominical na paróquia de Grunewald. Trabalhou supervisionado por um jovem pastor, o reverendo Karl Meumann, e toda sexta-feira na casa de Meumann ele e os outros professores preparavam as aulas de domingo. O envolvimento de Bonhoeffer com essas aulas era intenso e lhe tomava muitas horas da semana. Além das aulas, costumava pregar sermões, nos quais utilizava histórias dramáticas — ou inventava contos de fadas e parábolas — para transmitir o evangelho. Depois que Sabine se casara, Bonhoeffer se tornou mais próximo de sua irmã caçula, Susanne. Ele a convenceu a ajudá-lo com as aulas, e logo os dois se viram convidando crianças nas casas para levá-las a passeios divertidos por Berlim.

Bonhoeffer tinha talento óbvio para se comunicar com crianças. Sentia-se ligado a elas e, em três oportunidades no futuro próximo, trabalharia com os pequenos: em Barcelona, em Nova York e na volta a Berlim, quando daria aulas de crisma a alunos de um violento bairro da classe trabalhadora. Em cada um desses lugares, aconteceria o mesmo que em Grunewald: ele se envolveria de tal maneira com as crianças que dedicaria a elas energia e tempo significante além da sala de aula. Era tão popular que elas deixavam suas salas originais para assistir às aulas dele, causando certo constrangimento. Bonhoeffer passou a se perguntar se deveria dedicar mais tempo à vida de pastor do que à vida acadêmica. O pai e os irmãos acreditavam que seria o desperdício de um grande intelecto, mas ele dizia muitas vezes que, caso não fosse possível transmitir às crianças as mais profundas ideias a respeito de Deus e a Bíblia, algo estava errado. Havia vida além da academia.

Além das aulas na escola dominical, crescia também outro projeto seu: o Círculo da Quinta-Feira, um grupo de leitura e discussão semanal composto de jovens reunidos e ensinados por ele em sua casa. Dietrich convidava os alunos pessoalmente, e o círculo teve início em abril de 1927. Nos convites, determinava-se o horário das reuniões: "Toda tarde de quinta-feira, das 5h25 às sete horas". Bonhoeffer criou o círculo por vontade própria; não tinha ligação alguma com suas obrigações paroquiais. Mas achava de total importância instruir a próxima geração de jovens. Os participantes costumavam ser bem maduros e inteligentes para a idade, e alguns deles vinham de importantes famílias judias de Grunewald.

O Círculo da Quinta-Feira abrangia uma infinidade de temas, como religião, ética, política e cultura. Dentre os requisitos do grupo estava a apreciação de eventos culturais. Certa semana, por exemplo, Bonhoeffer palestrou sobre *Parsifal*, de Wagner, e levou os alunos para assistir à ópera. Havia questionamentos da apologética cristã: "Deus criou o mundo? Qual o propósito da oração? Quem é Jesus Cristo?", e também questões éticas: "Existe a mentira necessária?". Discutiam a perspectiva cristã sobre os judeus, os ricos e os pobres, e sobre partidos políticos. Numa semana, o tema podia ser sobre "os deuses dos antigos alemães", e noutra, sobre "os deuses das tribos negras". Podia se discutir sobre "o Deus dos poetas famosos (Goethe, Schiller)" e também sobre "o Deus dos pintores famosos (Grünewald, Dürer, Rembrandt)". Debatiam cultos misteriosos, a fé islâmica, música, Lutero, e a Igreja Católica.[4]

Mesmo após partir para Barcelona, Bonhoeffer manteve contato com alguns dos jovens. Um deles, Goetz Grosch, assumiu a liderança do círculo após a partida de Bonhoeffer e sete anos depois se tornaria seminarista em Finkenwalde. Tragicamente, Grosch e muitos dos rapazes do Círculo da Quinta-Feira morreram durante a guerra, tanto no campo de batalha quanto em campos de concentração.

[4] V. p. 71-72.

O primeiro amor

Muitos que conheceram Bonhoeffer o descrevem como alguém que mantinha certa distância entre si e os outros, numa espécie de autoproteção defensiva, ou como se, por pura timidez, não desejasse se intrometer na dignidade alheia.[5] Outros o descrevem como reservado. Ele foi, sem dúvida, intenso e sempre uniforme em suas relações com as outras pessoas. Nunca tratou ninguém com superficialidade, mesmo quando tratavam a si próprios de maneira despreocupada. Além da família — responsável por proporcionar a ele tantos estímulos sociais e culturais —, e antes de momentos posteriores na sua vida, há a impressão de ele não ter tido muitos amigos íntimos. Durante os três anos em Berlim, era um tipo solitário. Mas no fim desse período e na maior parte dos próximos anos, houve uma mulher na vida de Dietrich Bonhoeffer.

Ela tem sido raramente mencionada em biografias e, quando mencionada, não citam seu nome. Eles passaram muito tempo juntos e, segundo os relatos, estavam apaixonados e talvez pretendessem se casar. O relacionamento teve início em 1927. Ele tinha vinte e um anos, e ela, vinte. Ela também era estudante de teologia da Universidade de Berlim. Ele a levou para museus, óperas e concertos, e, certamente, mantinham sérias conversas teológicas. Por mais ou menos oito anos, estiveram unidos. Ela era prima distante de Dietrich e, dizem, bastante parecida com Sabine. Chamava-se Elizabeth Zinn.

Elizabeth escreveu sua tese de doutorado sobre o teósofo Friedrich Christoph Oetinger, autor de uma das citações prediletas de Bonhoeffer: "A corporeidade é o fim dos caminhos de Deus". Quando sua tese de doutorado foi publicada em 1930, Bonhoeffer entregou uma cópia a ela. E quando a dissertação dela foi publicada, dois anos depois, foi a vez de Elizabeth entregar-lhe uma cópia. Durante seu pastorado em Londres, no final de 1933 até o início de 1935, Bonhoeffer enviou a ela todos os seus sermões, preservando-os para a posteridade.

Em 1944, aprisionado em Tegel, Bonhoeffer estava noivo de Maria von Wedemeyer. O livro *Love Letters from Cell 92* [Cartas de amor da cela 92] contém a correspondência entre o casal. Eles acreditavam na libertação dele e faziam planos para o casamento. Numa das cartas, Bonhoeffer conta a Maria sobre seu caso de amor com Elizabeth Zinn:

[5] Ruth-Alice von Bismarck, entrevista com o autor, Hamburgo, Alemanha, março de 2008.

> Estive apaixonado por uma garota certa vez; ela se tornou teóloga, e trilhamos caminhos paralelos por muitos anos; ela era quase da minha idade. Eu tinha vinte e um quando a história começou. Não percebíamos que amávamos um ao outro. Passaram-se mais de oito anos. Descobrimos a verdade por intermédio de terceiros, que pensavam estar nos ajudando. Discutimos o assunto de maneira franca, mas já era tarde. Tínhamos nos esquivado e interpretado mal um ao outro durante muito tempo. Seria impossível voltar a manter o mesmo tipo de consideração, e eu disse isso a ela. Dois anos depois, ela se casou, e o peso em minha consciência diminuiu gradualmente. Nunca mais nos vimos nem voltamos a escrever um para o outro. Eu acreditava que, caso devesse me casar, seria com uma garota bem mais jovem, o que, por outro lado, eu considerava quase impossível, tanto na época quanto depois. Por estar totalmente comprometido com meu trabalho na igreja nos anos subsequentes, pensei que — o que seria não apenas inevitável, mas também o certo a se fazer — deveria desistir da ideia do casamento.[6]

Com base nessa carta e em outros indícios, podemos verificar a importância do relacionamento de Bonhoeffer com Elizabeth Zinn entre os anos 1927 e 1936, mesmo tendo ele passado um ano em Barcelona, nove meses em Nova York e dezoito meses em Londres. E até quando vivia em Berlim, ele viajava constantemente em prol do movimento ecumênico. Depois do ano em Barcelona, o relacionamento parecia ter esfriado, mas sobreviveu à separação. Após seu regresso de Londres em 1935, um grupo de amigos bem-intencionados revelou a ambos o sentimento recíproco do casal. Mas, como havia explicado na carta, era tarde demais. Bonhoeffer mudara muito ao longo dos anos e agora se dedicava integralmente para salvar a igreja da mão dos nazistas. Conduzia, na época, o seminário da Igreja Confessante em Finkenwalde. No início de 1936, esclareceu a situação para Elizabeth, e a história entre os dois encerrou-se. Ele escreveu uma carta para ela e contou-lhe sobre a transformação em sua vida, explicando que Deus o havia chamado para uma entrega completa ao trabalho da igreja. "Meu chamado me parece ser bastante claro. O que Deus fará dele, eu não sei dizer [...]. Devo seguir o caminho. Talvez ele não seja tão longo [...]. Às vezes, gostaríamos que assim o fosse (Fp 1:23).

[6] Ruth-Alice VON BISMARCK e Ulrich KABITZ, eds. *Love Letters from Cell 92: The Correspondence Between Dietrich Bonhoeffer and Maria von Wedemeyer, 1943-45*, p. 246.

Mas é algo bom ter descoberto a minha vocação [...]. Creio que a nobreza de tal chamado se tornará evidente apenas no tempo dos acontecimentos que virão. Se ao menos pudermos suportá-los".[7]

É extraordinário como, em 1936, Bonhoeffer cita o versículo de Filipenses em que Paulo expressa o desejo de "partir e estar com Cristo". Se Elizabeth Zinn duvidou de sua sinceridade, certamente ela ignorou o assunto. Mas ela o conhecia melhor do que ninguém; logo, é de se duvidar da possibilidade de ela não ter acreditado na sinceridade de Dietrich. Em 1938, ela se casou com o teólogo neotestamentário Günther Bornkamm.

No fim de 1927, Bonhoeffer obteve aprovação no exame de doutorado e defendeu publicamente sua tese contra três de seus colegas estudantes. Um deles era o seu futuro cunhado, Walter Dress; outro, seu amigo Helmut Rössler. Tudo ocorreu muito bem, e, dos doze doutores graduados em teologia na Universidade de Berlim daquele ano, apenas Bonhoeffer recebeu a distinção acadêmica de *summa cum laude*. Com o doutorado, ele se tornava elegível para a formação do ministério de sua igreja regional, mas ainda não decidira se entraria no ministério ou se iria permanecer na academia. Sua família aguardava a opção pela segunda alternativa. Inclinou-se, no entanto, para a primeira. Naquele novembro, ofereceram a ele uma posição como vigário de uma congregação alemã em Barcelona, na Espanha. Duraria um ano, e ele decidiu aceitá-la.

"A oferta", escreveu, "parece concretizar a realização de um desejo que crescera com mais e mais força nos últimos meses e anos, ou seja, manter-me, por meus próprios esforços, o maior tempo possível longe de meu círculo predefinido de conhecidos".[8]

[7] Dietrich BONHOEFFER, *A Testament to Freedom: The Essential Writings of Dietrich Bonhoeffer*, p. 424.

[8] *Barcelona, Berlin, New York: 1928-1931*, vol. 10, *Dietrich Bonhoeffer Works*, p. 57.

CAPÍTULO 5

BARCELONA

1928

Onde um povo ora, há a igreja, e onde há a igreja, nunca há solidão.

É bem mais fácil, para mim, imaginar a oração de um assassino, a oração de uma prostituta, do que a oração de uma pessoa vaidosa. Nada está tão em desacordo com a oração quanto a vaidade.

A religião de Cristo não é a sobremesa após algum pão; pelo contrário, é ou o pão, ou nada. As pessoas deveriam ao menos entender e admitir isso antes de se considerarem cristãs.

O cristianismo oculta em si um germe hostil à igreja.

DIETRICH BONHOEFFER

NO INÍCIO DE 1928, em seu diário, Bonhoeffer escreve sobre como decidiu ir para Barcelona. É uma pequena amostra da sua autoconsciência e de seu processo de resolução de decisões:

> Sou eu quem define a maneira que uma decisão venha a se tornar problemática. Parece-me claro, no entanto, que uma personalidade — ou

> seja, com consciência — tem muito pouco controle sobre um sim ou um não definitivos, quando, na verdade, é o tempo quem decide todas as coisas. Talvez não seja uma regra geral, mas, de qualquer modo, é assim comigo. Recentemente, notei diversas vezes que todas as decisões que tive de tomar não eram, realmente, minhas próprias decisões. Sempre que há um dilema, deixo-o pendente e — sem lidar com ele de forma intensiva — permito seu crescimento em direção ao esclarecimento da decisão. Esse esclarecimento é menos intelectual e mais instintivo. A decisão é tomada; se é possível justificá-la, em retrospecto, de modo adequado, já é outra questão. "Assim" aconteceu, e então eu parti.[1]

Bonhoeffer sempre meditava a respeito do pensamento. Ele desejava ver o âmago das coisas e assim torná-las tão claras quanto possível. A influência do pai, o cientista, é inconfundível. Mas a diferença entre seu modo de pensar na época da carta e o modo de pensar futuro consiste no fato de que agora, apesar de teólogo e pastor, ele não menciona, em momento algum, o papel ou a vontade de Deus sobre suas decisões. Ainda assim, o que ele diz em seu diário pode ser visto como um presságio curioso da difícil e famosa decisão tomada em 1939: permanecer em segurança na América ou navegar de volta para a terrível *Terra Incognita* de seu país natal. Nos dois casos, ele sentia a existência de uma opção correta, mas cuja decisão, em última análise, não cabia a ele. Mais tarde, diria de maneira explícita: ele tinha sido "agarrado" por Deus; Deus o guiava e, muitas vezes, a lugares onde ele teria preferido não ir.

Houve muitas despedidas antes de ele deixar Berlim. Em 18 de janeiro, se encontrou com o Círculo da Quinta-Feira pela última vez. Voltaram a discutir um dos temas mais sugeridos por Bonhoeffer: a diferença entre a "religião" enquanto criação humana e aquilo que ele chamava de "a verdadeira essência do cristianismo". Em 22 de janeiro, presidiu sua última aula dominical na igreja de Grunewald:

> Falei sobre o homem paralítico e em especial sobre a afirmação "seus pecados estão perdoados", e tentei, mais uma vez, divulgar para as crianças o cerne do nosso evangelho; elas foram atenciosas e talvez se emocionaram um pouco, por eu ter falado, creio, com alguma emoção.

[1] *Barcelona, Berlin, New York: 1928-1931*, vol. 10, *Dietrich Bonhoeffer Works*, p. 58.

> Veio então a despedida [...]. A oração da congregação causou-me arrepios indescritíveis, e foram arrepios ainda maiores quando o grupo de crianças, com o qual passei dois anos de minha vida, orou por mim. Onde um povo ora, há a igreja, e onde há a igreja, nunca há solidão.[2]

Outras despedidas foram realizadas, e no dia 4 de fevereiro todos celebraram seu 22º aniversário. A viagem foi marcada para o dia 8. Ele reservou uma passagem no trem noturno para Paris, onde planejava se encontrar com um colega de classe de Grunewald, Peter Olden. Iriam passar uma semana juntos antes de ele partir para Barcelona.

Na noite programada para a viagem, houve um grande jantar de despedida com a presença de toda a família. Reuniram para celebrar a ocasião: seus pais, sua avó, todos os seus irmãos e, por acaso, seu tio Otto. Ao fim das festividades, dois táxis foram chamados. Despediu-se da avó com alguma dificuldade, e, às dez da noite, os restantes entraram nos carros e o acompanharam até a estação. Às onze horas, o apito do trem soou, e ele partiu. Enfim, Dietrich Bonhoeffer estava por conta própria. Por todo o ano seguinte, ele estaria longe da família e, pela primeira vez desde que conseguia se lembrar, não era mais um estudante. Dietrich partira para o resto do mundo.

Como usualmente acontecia com muitos jovens, o resto do mundo começou com Paris. E, de certo modo, com prostitutas, embora não no sentido convencional. O trem parou durante uma hora em Liège, na Bélgica. Sem desperdiçar a oportunidade de conhecer novos lugares, Bonhoeffer chamou um táxi para guiá-lo pela cidade chuvosa. Peter Olden já havia reservado um quarto para ele no Hotel Beausejour, próximo ao Jardin du Ranelagh. Assim que chegou a Paris, dirigiu-se para lá. Os dois amigos iriam gastar as duas semanas seguintes em turismo, apesar das más condições climáticas da cidade. Visitaram o Louvre diversas vezes e, em duas ocasiões, foram à ópera ver *Rigoletto* e *Carmen*. Numa igreja, Bonhoeffer observou as prostitutas, e Deus usou-as para lhe dar uma demonstração da graça:

> No domingo à tarde, assisti a uma missa extremamente festiva e elevada na Basílica de Sacré Coeur. As pessoas na igreja eram quase todas de Montmartre; prostitutas e seus clientes foram à missa e se submeteram a todas as cerimônias; foi uma imagem muito impressionante, e, mais

[2] Idem.

> uma vez, pode-se perceber quão próximas, por meio do destino e da culpa, essas pessoas, tão pesadamente oprimidas, estão do coração do evangelho. Por muito tempo, acreditei que Tauentzienstrasse [bairro de prostituição em Berlim] seria um lugar bastante frutífero para o trabalho da igreja. É muito mais fácil, para mim, imaginar a oração de um assassino, a oração de uma prostituta, do que a oração de uma pessoa vaidosa. Nada está em tão desacordo com a oração quanto a vaidade.[3]

Na terça-feira, deu *adieu* a Paris e, na estação em Quai d'Orsay, tomou o trem no fim da tarde. Na madrugada da manhã seguinte, ao abrir os olhos, descobriu estar em algum lugar ao longo da costa. Encontrava-se além de Narbonne, a uma hora da fronteira espanhola. "O sol não visto nos últimos catorze dias", escreveu, "tinha acabado de nascer e iluminava uma paisagem de fim de inverno, pouco antes da primavera, que parecia ter saído direto de um conto de fadas".[4] Enquanto dormia, Dietrich fora transportado para outro reino: o frio e a chuva da acinzentada Paris dera lugar a um mundo de cores brilhantes: "Nos campos verdejantes, floresciam amendoeiras e mimosas [...]. Logo depois, vi os picos enevoados das montanhas na cordilheira dos Pirineus: o sol reluzia sobre elas, e, do lado esquerdo, brilhava o belo mar azul".[5] Após alcançar a fronteira, em Portbou, ele viajou a bordo de um ônibus de luxo pelo restante de sua trajetória até o sul e, às 12h55, chegou a Barcelona.

Bonhoeffer foi recebido na estação pelo pastor Friedrich Olbricht, um "homem grande, de cabelo escuro e aparência muito cordial, que falava de forma rápida e indistinta", e que "se parecia bem pouco com um pastor, mas não é do tipo elegante".[6] Olbricht apresentou a seu novo assistente a decrépita pensão que seria, agora, seu novo lar. Ficava perto da casa paroquial e era bastante primitiva para os exigentes padrões de Bonhoeffer. O único lugar para se lavar era o banheiro, que seu irmão Karl-Friedrich, ao visitá-lo tempo depois, descreveria como "muito parecido a um lavatório de terceira classe de um trem, exceto pelo fato de não balançar".[7] As três mulheres responsáveis pelo serviço

[3] Idem, p. 59.
[4] Idem.
[5] Idem, p. 59-60.
[6] Idem, p. 60.
[7] Idem, p. 62.

da pensão falavam apenas espanhol e naquele dia fizeram um esforço impressionante para pronunciar "Dietrich". Elas falharam. Havia dois alemães residentes: senhor Haack, empresário, e senhora Thumm, professora do ensino fundamental. Ambos viviam ali havia algum tempo. Os dois tomaram gosto imediato por Bonhoeffer e o convidaram para se juntar a eles no almoço.

Após a refeição, Bonhoeffer reuniu-se novamente com o pastor. Discutiram as suas responsabilidades, que incluíam a condução de um trabalho para crianças e a divisão dos deveres pastorais com Olbricht. Ele também iria pregar toda vez que o pastor viajasse — algo frequente. Há muito tempo que Olbricht precisava de férias e esperava deixar a congregação em mãos competentes. Ele iria visitar os pais na Alemanha, onde ficaria por três meses.

Em Barcelona, Bonhoeffer descobriu um mundo nitidamente diferente de Berlim. A comunidade de expatriados alemães era antiquada e conservadora. Pareciam não se afetar com os acontecimentos dramáticos da última década na Alemanha e não tinham nada em comum com o mundo intelectual, sofisticado e liberal de Berlim. Para Bonhoeffer, deve ter sido como sair da efervescência social e intelectual do Greenwich Village, em Nova York, e se mudar para uma comunidade de suburbanos prósperos, acomodados e intelectualmente indiferentes em Connecticut. A transição não foi fácil; no fim do primeiro mês, ele escreveu: "Não tive uma única conversa no estilo de Berlim-Grunewald". Poucas semanas depois, escreveu para Sabine: "Noto cada vez mais como os emigrantes, aventureiros e empresários que deixaram a Alemanha são materialistas malditos, que não adquirem qualquer tipo de elevação intelectual de sua temporada no estrangeiro; o mesmo se aplica aos professores".[8]

O materialismo era evidente, também, entre as gerações mais jovens que não viveram a guerra e suas privações. O influente Movimento da Juventude Alemã das décadas anteriores era desconhecido em Barcelona; suas noções românticas nunca alcançaram o sul do continente. A maioria dos jovens mal pensava a respeito das tantas possibilidades que se abriam; para eles, bastava aguardar o momento no qual seguiriam seus pais nos negócios da família.

A aridez intelectual e o ambiente langoroso de Barcelona pressionaram a personalidade e a mente hiperativa de Bonhoeffer. Ele se espantou ao observar pessoas de todas as idades desperdiçando as horas sentadas em cafés no meio do dia, divagando bobagens sem substância. Observou também como,

[8] Idem, p. 78.

além do café, vermute e sodas eram particularmente populares, servidos quase sempre com meia dúzia de ostras. E, embora tenha ficado surpreso com tudo o que experimentou, há de se lhe dar os créditos por não ter simplesmente "resistido aos aguilhões": ele se adaptou ao estilo de vida local. Talvez, em particular, Bonhoeffer pudesse ter se queixado aos amigos e familiares, mas não se permitiria entristecer ou se frustrar com nada disso. Desejava ser eficiente em seu papel de pastor e sabia que deveria entrar na vida e, em certa medida, no estilo de vida das pessoas às quais se encarregara de servir.

Como acontecera em Roma, ele teve real interesse nas expressões de fé católica de Barcelona. Em carta para a avó, descreve uma cena surpreendente:

> Dia desses, vi algo esplêndido. Havia um amplo grupo de carros enfileirados na rua principal, todos se pressionando para atravessar dois portões erigidos especialmente para a ocasião, sob os quais os padres aguardavam a chegada dos carros para aspergi-los com água benta; havia também uma banda tocando danças e marchas, enquanto palhaços ao redor gritavam alegremente que — o que estava acontecendo? — aquele era o dia do santo dos carros e pneus![9]

Bonhoeffer manteve-se zeloso quanto a compreender e experimentar o que lhe era possível segundo as novas circunstâncias de sua vida. Demonstrou coragem em se filiar ao Clube Alemão de Barcelona, que realizava bailes e outros eventos de gala — aconteceria um baile de máscaras em breve — e onde todo mundo jogava *Skat*.[10] Era também membro do Tênis Clube Alemão e da Sociedade Coral Alemã, onde se tornou prontamente o pianista acompanhador. Em todos esses lugares, ele desenvolveu relações sociais que lhe abriram portas pastorais, e não perdeu tempo em adentrá-las sempre que possível.

Talvez a prática mais difícil, mas parte vital na vida de sua nova comunidade, era relaxar. Mas ele fez seu melhor. Doze dias após a chegada, passou uma tarde toda no cinema. Em 28 de fevereiro, ele e seu novo amigo, o professor Hermann Thumm, assistiram a uma versão muda de *Dom Quixote*, de 1926, estrelada pela então popular dupla sueca de comédia, Pat e Patachon. Essa era

[9] Idem, p. 118.

[10] Popular jogo de cartas alemão, popularizado no início do século 19 na cidade de Altenburg.

a mais famosa dupla de comediantes de "o gordo e o magro" *antes* de Laurel e Hardy. O filme durava três horas e dezenove minutos, mas não empolgou a imaginação de Bonhoeffer, talvez devido a sua falta de familiaridade com a história. Decidiu, então, ler o romance de Cervantes na língua original; uma oportunidade de aprimorar ainda mais o seu já bom espanhol.

No geral, Bonhoeffer apreciou Barcelona. Numa carta a seu superintendente, Max Diestel, ele a descreveu como "uma metrópole animada e incomum, de grande estilo, em plena explosão econômica, na qual se pode viver de modo muito agradável, em todos os aspectos".[11] Definiu a paisagem da região e da cidade como "incomumente encantadora". O porto era belíssimo, havia "bons concertos" e "um bom — apesar de muito antiquado — teatro". Porém, faltava algo: "A discussão intelectual não se acha em parte alguma, mesmo nos círculos acadêmicos espanhóis". Quando encontrou um professor espanhol com quem talvez pudesse manter conversas mais elevadas, o homem se revelou um amargo "anticlerical". Bonhoeffer leu também alguns escritores contemporâneos da Espanha, mas os considerou igualmente descartáveis.

Existia uma atividade que Bonhoeffer apreciaria em Barcelona, mas que jamais pôde desfrutar em Berlim: a *arte taurina*, as famosas touradas. Apesar de esteta e intelectual, Bonhoeffer não era ascético nem efeminado. Seu irmão Klaus visitou a cidade no Sábado de Aleluia, e na tarde da Páscoa — Bonhoeffer pregou durante a manhã — eles foram "arrastados" por um professor alemão, presume-se que Thumm, para a "grande corrida da Páscoa". Escreveu aos pais a respeito:

> Eu já tinha visto uma antes e não posso afirmar que me tenha chocado tanto assim, isto é, não da maneira que muitas pessoas pensam que a civilização europeia central deveria se chocar. É, afinal, um grande espetáculo para se assistir ao poder selvagem, desenfreado, a fúria cega, lutando e sucumbindo ante à coragem disciplinada, a técnica e a presença de espírito. Os elementos grotescos desempenham um papel pequeno, especialmente porque nesta última tourada os cavalos usaram, pela primeira vez, protetores no estômago. Assim, as horríveis imagens da minha primeira corrida estiveram ausentes. É interessante, porque houve uma longa contenda antes de permitirem os protetores de estômago para os cavalos. Ao que parece, a maioria dos espectadores queria

[11] Dietrich BONHOEFFER a Max Diestel, Barcelona, 18 de junho de 1928.

> realmente ver sangue e crueldade. Em geral, as pessoas extravasam as mais poderosas emoções, e você mesmo consegue extraí-las de si.[12]

Numa carta para Sabine, que empalidecia ao imaginar tais espetáculos, Bonhoeffer admitiu estar espantado com "quão frio estava meu sangue na segunda vez em que estive numa tourada, e devo dizer que posso, a distância, sentir tamanho fascínio na coisa toda que me permite compreender o porquê de se tornar uma paixão para alguns".

Teólogo o tempo todo, expressou a ela algo que se passava em sua mente:

> A oscilação do povo judeu, do "Hosana!" ao "Crucifica-o!", nunca foi tão vivamente evocada quanto numa tourada, no modo insano com que a multidão vibra quando o toureiro faz uma finta de pura habilidade e, do mesmo modo, como assobiam e gritam insanamente quando ocorre algum acidente. O temperamento instável dessa massa vai tão longe que, caso o toureiro se mostre covarde e — o que é bastante compreensível — sua coragem falhe por um único momento, ela é capaz de vaiá-lo em uníssono e, ainda por cima, aplaudir o touro.[13]

Mas nem sempre ele era tão solene. Em outubro, Bonhoeffer enviou um cartão-postal criativo para Rüdiger Schleicher. Na foto, sua cabeça aparece atrás da figura do corpo de um toureiro, feita de papelão, em tamanho real, com um touro, também de papelão, morto a seu lado: "As horas de silêncio nas quais cultivei a *arte taurina*, levaram-me, como pode ver, ao tremendo sucesso na arena [...]. Saudações do matador. Dietrich".[14]

Bonhoeffer adorava perambular pelas lojas de antiguidades e de artigos de segunda mão. Um dia comprou um enorme braseiro do século 18, feito de madeira de castanho esculpida, com uma bacia de bronze gigantesca. Tornou-se, mais tarde, um móvel em Finkenwalde. Durante a visita do irmão, viajaram a Madri, onde Klaus comprou uma pintura a óleo, supostamente um Picasso. Klaus escreveu uma carta aos pais e descreveu o quadro como a "representação de uma mulher depravada bebendo algo (absinto?)".[15] Ao voltar para

[12] *Barcelona, Berlin, New York*, p. 83.

[13] Idem, p. 89.

[14] Idem, p. 147.

[15] Klaus Bonhoeffer a seus pais, Tétouan, 5 de maio de 1928.

Berlim, um negociante americano lhe ofereceu vinte mil marcos pelo quadro, e muitos outros manifestaram interesse. Um deles entrou em contato com Picasso. O pintor respondeu que um amigo em Madri tinha falsificado sua obra diversas vezes. De um jeito ou de outro, ninguém apresentou uma resposta definitiva, e Klaus ficou com o quadro. Foi destruído junto com o braseiro pelas bombas aliadas, em 1945.

Em Madri, Bonhoeffer desenvolveu um apreço pela obra de El Greco. Klaus e ele foram juntos a Toledo, Córdoba e Granada, e depois até o sul de Algeciras, perto de Gibraltar. Cada lugar visitado por ele parecia ser uma rampa de lançamento para novas viagens. Sua avó lhe enviou recursos para uma viagem às Ilhas Canárias, mas ele deveria retornar a Berlim quanto antes. Disse a ela que usaria o dinheiro para conhecer Gandhi na Índia, viagem que ainda planejava fazer.

Pastor assistente

Bonhoeffer tinha ido a Barcelona para, sobretudo, servir à igreja. Ali, pregou dezenove sermões e conduziu um trabalho para crianças, embora o serviço não tivesse começado com o estrondo que ele imaginara.

Antes de sua chegada, Olbricht solicitara um jovem pastor de Berlim para dirigir o novo serviço de crianças de sua paróquia. Mas, logo no primeiro domingo, Bonhoeffer descobriu que a congregação de crianças consistia numa única garota. Em seu diário, escreveu: "Isso terá de melhorar". E melhorou. Sua personalidade insinuante causou boa impressão, e na semana seguinte quinze estudantes compareceram. Ele visitou a casa de todos eles, e no outro domingo o número duplicou. Desde então, sempre havia trinta ou mais alunos em cada culto. Bonhoeffer amava o serviço com crianças. Ficou surpreso e ao mesmo tempo maravilhado com a ignorância teológica delas: "O respeito excessivo pela igreja ainda não as contaminou".[16]

Cerca de seis mil alemães viviam em Barcelona, mas apenas uma fração fazia parte da igreja; dentre eles, apenas quarenta, aproximadamente, compareciam a cada domingo. No verão, o número caía ainda mais. Nessa época, com Olbricht na Alemanha, Bonhoeffer se viu sozinho na igreja.

Os sermões de Bonhoeffer desafiavam a congregação, tanto espiritual quanto intelectualmente. No primeiro deles, lançou seu tema predileto: a di-

[16] Dietrich BONHOEFFER a Paula Bonhoeffer, Barcelona, 20 de fevereiro de 1928.

ferença entre a fé baseada em nossos próprios esforços morais e a fé baseada na graça de Deus. Ao longo do sermão, mencionou Platão, Hegel e Kant, e fez uma citação de Agostinho. Pode-se apenas imaginar quanto aqueles negociantes de Barcelona se intrigaram sobre esse rapaz sério, de 22 anos, recém-saído do mundo acadêmico. E, ainda assim, havia inegável vitalidade no que ele dizia; raramente a atenção dos ouvintes se dispersava.

Na Páscoa, com Olbricht longe, Bonhoeffer pregou novamente nas semanas seguintes. Ele desafiava seus ouvintes a cada vez e, de algum modo, os conquistava. Aconteceu logo que, toda vez que estava escalado para pregar, a congregação aumentava notavelmente. Olbricht percebeu isso e interrompeu o anúncio público da escala de pregação.

Embora Olbricht, no geral, se agradasse de Bonhoeffer, não há muitas dúvidas quanto aos problemas existentes entre eles. Em cartas para a família, Bonhoeffer menciona que Olbricht "não possui exatamente uma presença dinâmica no púlpito", além de notar outras falhas.[17] Noutra carta, escreveu que Olbricht "nada tem feito até agora, ao que parece, no sentido de abordar a geração mais jovem de sua paróquia".[18] Um exemplo: Bonhoeffer descobriu que o ensino religioso na escola alemã onde Thumm dava aulas terminava no quarto ano. Assim, propôs iniciar aulas para as crianças mais velhas. Olbricht se virava de lado e lá iria Bonhoeffer iniciar algo que lhe daria mais trabalho quando o jovem pastor partisse. Rejeitou a ideia, portanto.

Bonhoeffer foi sensível à situação e permaneceu devidamente deferente; nada fez para exacerbar tensões. Olbricht apreciava seus esforços. A habilidade de Bonhoeffer em manter-se atento à tentação do orgulho é um testemunho de sua criação, em que o egoísmo e a soberba não eram tolerados. Mas também possuía consciência da tentação do orgulho de uma perspectiva cristã. Numa carta ao amigo Helmut Rössler, também pastor, escreveu a respeito da natureza ambígua de sua satisfação com o trabalho desenvolvido:

> Neste verão, em que estou há três meses por contra própria, tenho de pregar a cada quinzena [...]. E sou grato por ter sucesso nisso. É uma mistura de prazer subjetivo, ou podemos chamar de satisfação pessoal, com a gratidão objetiva — mas é este o juízo sobre todas as

[17] Dietrich BONHOEFFER a Walter Dress, Barcelona, 13 de março de 1928.

[18] Dietrich BONHOEFFER a Paula Bonhoeffer, Barcelona, 20 de fevereiro de 1928.

> religiões, essa mistura de subjetividade e objetividade, que talvez possa ser enobrecida, mas jamais extirpada, e do qual os teólogos sofrem duplamente —, mas, outra vez, não se deve regozijar-se com uma igreja cheia, com o fato de as pessoas estarem, após anos, voltando aos cultos, e, por outro lado, quem se atreve a analisar este prazer e afirmar que este sentimento está livre das sementes das trevas?[19]

A despedida do serviço com a Deutsche Hilfsverein, uma organização de caridade alemã com sede na casa paroquial, foi das mais dramáticas enfrentadas por Bonhoeffer até então. Ele cumpria essa função no horário da manhã, num mundo muito distante de sua privilegiada Grunewald da juventude. Bonhoeffer conheceu o modo de vida da "outra metade", em encontros com pessoas falidas, vítimas da pobreza e do crime, indivíduos desesperados, e também com criminosos genuínos. Ao escrever para Karl-Friedrich, desenhou-lhe um quadro vívido:

> É preciso lidar com as mais estranhas pessoas, com aqueles que, em outra ocasião, dificilmente trocaríamos uma única palavra: malandros, vagabundos, fugitivos, legiões de estrangeiros, domadores de leões e de outros animais, desertores do Circo Krone em sua excursão pela Espanha, dançarinas alemãs dos salões de música daqui, assassinos alemães em fuga — dos quais se pode, de todos eles, contar uma história de vida em detalhes [...]. Ontem, pela primeira vez, um homem aqui se comportou com tanta falta de pudor — afirmava que o ministério tinha forjado sua assinatura — que eu praticamente expulsei-o aos gritos [...]. Enquanto se apressava para ir embora, apontou para mim e jurou algo que já ouvi tantas vezes por aqui: "Nós nos veremos de novo; desça só ao porto para você ver!" [...]. Descobri depois, no consulado, que ele é um vigarista bem conhecido que fica vagabundeando por aí há um bom tempo.[20]

Através de tais experiências, o coração de Bonhoeffer despertou-se para a condição dos pobres e marginalizados, um importante tema de sua vida e teologia no futuro. Numa carta a Rössler, mencionou o assunto:

[19] *Barcelona, Berlin, New York*, p. 127.
[20] Idem, p. 110.

> A cada dia conheço novas pessoas, seja qual for sua situação, e, algumas vezes, é possível vê-las por meio de suas histórias — e, ao mesmo tempo, algo continua a me impressionar: aqui eu encontro as pessoas do jeito que elas são, longe da máscara do "mundo cristão"; pessoas com paixões, tipos criminosos, pessoas pequenas com desejos pequenos, salários pequenos e pecados pequenos — e, no geral, são pessoas que se sentem sem um lar em ambos os sentidos e que começam a se derreter quando são tratadas com gentileza — pessoas reais; posso afirmar ter adquirido a impressão de que são justamente essas pessoas as que se encontram mais sob a graça do que sob a ira, enquanto o mundo cristão se encontra mais sob a ira do que sob a graça.[21]

No fim de junho, a população alemã em Barcelona diminuiu. Muitos viajariam pelos próximos três meses, para retornar em outubro. O pastor Olbricht foi um deles. A maioria dos professores conhecidos de Bonhoeffer também partiria. Mas ele parecia se divertir e, como é de se esperar, era muito produtivo. Realizava toda manhã o serviço da Hilfsverein e depois trabalhava nos sermões ou em sua dissertação, *Sanctorum Communio*, preparando-a para a publicação. Lia e refletia também sobre sua tese de pós-doutorado, *Ser e agir*. À uma da tarde, ele voltava à pensão para almoçar, e então escrevia cartas, praticava piano, visitava paroquianos em seus lares ou no hospital, trabalhava em seus vários escritos, ou ia à cidade para beber café e encontrar conhecidos. Muitas vezes, mais do que gostaria, sucumbia ao calor minguante e passava a tarde da mesma maneira que muitos em Barcelona: dormindo. Nesse verão, ele conduziu seu trabalho com crianças todo domingo, mas pregava apenas a cada duas semanas. "É suficiente para mim", escreveu a Karl-Friedrich, "uma vez que pregar neste calor não é necessariamente agradável, ainda mais que o sol reluz sobre o púlpito durante esta época do ano".[22]

Bonhoeffer possuía a rara habilidade de transmitir aos membros comuns da igreja as mais difíceis teorias teológicas, mas algumas passagens de seus sermões em Barcelona devem ter sido um pouco excessivas naquele calor fulminante. Às vezes ele elevava o cérebro dos ouvintes a tamanha altitude teológica que, ao tentarem segui-lo, fechavam e apertavam os olhos, frustrados, desvanecendo-se no céu azul. "Onde está o velho corvo domesticado que

[21] Idem, p. 127.
[22] Idem, p. 112.

costumava pregar aqui, aquele que nossas crianças poderiam alimentar com biscoitos e pedaços de maçã? Será que o bom Olbricht não irá voltar para nós?".

No entanto, o voo solo de Bonhoeffer como pastor foi um sucesso inegável: a frequência na igreja diminuía em todo verão, mas não nesse: o número de membros aumentou. Em agosto, Bonhoeffer contou a um amigo: "É uma experiência marcante para alguém ver a vida e o trabalho caminhando lado a lado — uma síntese daquilo que procurávamos nos nossos dias de estudante, mas dificilmente conseguíamos encontrar [...]. Concede valor ao trabalho e objetividade ao trabalhador, um reconhecimento tal das próprias limitações que só é adquirido na vida real".[23]

Os pais de Bonhoeffer visitaram-no em setembro. Os três aproveitaram a ocasião para prosseguir viagem em passeios para o norte, ao longo da costa francesa, visitando Arles, Avignon e Nimes, e ao sul da costa, em Montserrat. No dia 23 de setembro, seus pais o ouviram pregar sobre um tema central em sua vida: a defesa do aspecto terreno da encarnação da fé cristã contra a ideia dualista da inferioridade do corpo em relação à alma ou ao espírito. "Deus quer ver seres humanos", disse, "não espíritos que se esquivam do mundo". Para ele, "em toda a história da humanidade, há um único momento realmente importante — o presente [...]. Se quiser a eternidade, você deve servir ao seu tempo".[24] Suas palavras eram um presságio daquilo que escreveria para a sua noiva nos anos de prisão: "Nosso casamento deve ser um 'sim' ao mundo de Deus. Tem de fortalecer nossa resolução de realizar e concluir algo na terra. Temo que aquele que se aventura a manter-se no mundo sob uma única perna permanecerá numa única perna também no paraíso". Noutra carta, escreveu que "os seres humanos foram tirados da terra e não são feitos apenas de ar puro e pensamentos".

Outro tema trabalhado em muitos sermões foi a ideia barthiana de Deus no papel de iniciador, aquele que se revela a nós, uma vez que nada podemos fazer para alcançá-lo. Diversas vezes Bonhoeffer usou a imagem de Barth para a torre de Babel como um retrato da "religião", do esforço humano, sempre fracassado, em tentar alcançar o céu. Numa carta a Rössler, estende ainda mais o conceito:

[23] Idem, p. 126.
[24] Idem, p. 527-531.

> Por muito tempo, pensei que os sermões tinham um alvo, que, caso atingido, mudaria a vida de alguém ou o faria confrontar uma decisão. Não creio mais nisso. Primeiro de tudo, um sermão não pode jamais alcançar o alvo, mas pode somente *ser agarrado* por ele, que é Cristo. E então Cristo torna-se carne, tanto na palavra dos pietistas quanto na dos clérigos ou dos religiosos socialistas, e estas conexões empíricas apresentam dificuldades absolutas, e não relativas, para a pregação.[25]

Algo radical a se dizer, mas uma conclusão lógica perfeita para a ideia de que, distante da graça de Deus, nada de aproveitável pode ser feito. Tudo que é bom deve vir de Deus, e mesmo num sermão mal redigido e transmitido de maneira pobre Deus pode se manifestar e tocar a congregação. Por outro lado, num sermão escrito e pregado magistralmente, Deus talvez se recuse a manifestar. O "sucesso" do sermão depende por completo de Deus, que irrompe e "agarra-nos", ou, do contrário, não podemos ser "agarrados".

Havia ali um prenúncio do famoso sermão de Bonhoeffer, "Jeremias", e, portanto, da atitude em relação a seu destino sob o domínio dos nazistas. O que significava ser "agarrado" por Deus? E por que Bonhoeffer já começava a ter um sentimento profundo de que Deus o "agarrara", o escolhera para algo?

Três primeiras palestras

No outono de 1928, Bonhoeffer decidiu que, além de seus outros deveres, apresentaria três palestras, uma em cada noite de terça-feira: a primeira em novembro, a segunda em dezembro e a última em fevereiro, pouco antes do programado para sua despedida. Ninguém esperava essa iniciativa, e é de se perguntar o que Olbricht pensou a respeito. As palestras eram ambiciosas. A motivação óbvia de Bonhoeffer era sua preocupação com os rapazes de dezesseis a dezoito anos, recém-saídos da escola alemã, quase a mesma idade de seus alunos do Círculo da Quinta-Feira. A igreja não os alcançava, e ele queria fazer o possível para modificar isso.

As três palestras impressionavam, especialmente vindas de alguém que acabara de sair da faculdade, e discutiam assuntos pelos quais ele se tornaria famoso no futuro. A primeira delas intitulava-se "A Tragédia do Profético e

[25] Idem, p. 127.

Seu Significado Duradouro", a segunda, "Jesus Cristo e a Essência do Cristianismo", e a terceira, "Questões Básicas da Ética Cristã".

A segunda palestra, transmitida no dia 11 de dezembro, é talvez a melhor delas. Como na maioria de seus sermões, Bonhoeffer iniciava com uma provocação, dando a entender que Cristo fora exilado da vida de muitos cristãos. "É claro", ele disse, "nós construímos um templo para ele, mas vivemos em nossa própria casa". A religião havia sido exilada para a manhã de domingo, para um lugar "em que a pessoa alegremente se retira por um par de horas, mas, assim que termina, retorna para seu local de trabalho". Disse ainda que não se pode dar a Cristo apenas uma "pequena parcela de nossa vida espiritual", mas sim entregar a ele tudo ou nada. "A religião de Cristo não é a sobremesa após algum pão; pelo contrário, é ou o pão, ou nada. As pessoas deveriam ao menos entender e admitir isso antes de se considerarem cristãs".

Numa graciosa passagem, que faz lembrar o *Cristianismo puro e simples* de C. S. Lewis, Bonhoeffer falou sobre a exclusividade de Cristo:

> Há quem admire Cristo segundo categorias estéticas, como um gênio estético, chamam-lhe de o maior eticista; outros admiram sua morte como um herói que se sacrifica pelos próprios ideais. A única coisa que não fazem é levá-lo a sério. Isto é, não entregam o centro de sua própria vida ao pedido de Cristo para que se fale da revelação de Deus e também para que se seja a revelação. As pessoas mantêm distância entre si e a Palavra de Deus e não permitem que aconteça algum encontro mais sério. Eu posso, sem qualquer dúvida, viver com ou sem o Jesus eticista, gênio religioso ou cavalheiro — do mesmo modo que, afinal, também posso viver sem Platão e Kant [...]. Deve existir, no entanto, algo em Cristo que reivindica a minha vida por inteiro, com toda a seriedade que o próprio Deus fala em sua Palavra, e, se a Palavra de Deus revelou-se em Cristo, então a importância de Cristo não é apenas relativa, mas absoluta e urgente [...]. Compreender Cristo significa levá-lo a sério. Compreender seu clamor significa levar a sério seu desejo absoluto pelo nosso comprometimento. É, agora, de grande importância para nós esclarecer a seriedade de tal assunto e libertar Cristo do processo de secularização no qual tem sido submetido desde o Iluminismo.[26]

[26] Idem, p. 343.

Podemos supor que Olbricht não tivesse mencionado recentemente o Iluminismo para a sua congregação. Em sua palestra, Bonhoeffer derrubava uma vaca sagrada atrás da outra. Depois de descartar a ideia de Cristo como mero eticista, ele começou a explicar a semelhança entre a religião cristã e as outras religiões. Atingiu, então, seu argumento principal: a essência do cristianismo não é a respeito de religião alguma, mas sobre a pessoa de Cristo. Ele expandiu o tema aprendido com Karl Barth, a ideia que ocuparia sua mente por anos, de que a religião era algo morto, criado pelo homem, e que o âmago do cristianismo era seu oposto total — ou seja, o próprio Deus vivo. "Historicamente falando", disse, "Cristo não deu qualquer prescrição ética que já não pudesse ser encontrada na literatura pagã ou com os rabinos judeus de seu tempo". O cristianismo não foi um conjunto aperfeiçoado de regras morais e comportamentais. Bonhoeffer deve ter chocado alguns de seus ouvintes, mas é inegável quão convincente era a sua lógica. Depois, atacou com agressividade o conceito de "religião" e o moralismo como os verdadeiros inimigos do cristianismo e de Cristo, pois apresentavam a ideia falsa de que poderíamos alcançar Deus por meio de nossos esforços morais. Cria-se, assim, a arrogância e o orgulho espiritual, adversários do cristianismo. "Desse modo", disse, "a mensagem cristã se torna basicamente imoral e irreligiosa, por mais paradoxal que isso possa parecer".[27]

É surpreendente o modo com que Bonhoeffer se expressa em 1928, dezesseis anos antes de escrever para Eberhard Bethge sobre o "cristianismo sem religião" nas famosas cartas que Bethge esconderia no fundo do quintal dos Schleicher, dentro do recipiente de uma máscara de gás. Surpreende ainda mais saber que essas rústicas anotações são vistas hoje como uma mudança de direção em sua teologia. Quase tudo aquilo que Bonhoeffer iria dizer e escrever mais tarde consistiria numa ampliação e aprofundamento de tudo o que ele dissera e acreditara anteriormente, mas não houve qualquer tipo de alteração em seus fundamentos teológicos. Ele construía sobre uma base estabelecida, como um cientista ou um matemático. Contudo, por mais alto e distante que a construção esteja do alicerce, jamais poderá separar-se ou flutuar sobre ele. Na verdade, quanto mais alto se constrói, mais se confirma a solidez e integridade do alicerce. Bonhoeffer alcançou considerável distância, e é de se desculpar aqueles que, por se focarem em demasia na altura percorrida

[27] Idem.

por ele, esquecem-se da existência, em algum lugar abaixo das nuvens, de uma base teológica ortodoxa à qual ele estava solidamente ligado.

Na mesma palestra, Bonhoeffer fez outra observação ousada e provocativa:

> Com isso, temos articulado uma crítica básica da mais grandiosa dentre todas as tentativas humanas de avançar em direção ao divino: a igreja. O cristianismo oculta em si um germe hostil à igreja. É muito fácil fundamentar nossas reivindicações a Deus em nossa própria religiosidade cristã e sobre nosso compromisso com a igreja, e, ao fazê-lo, confundimos e distorcemos totalmente o ideal cristão.[28]

Ali, na palestra do jovem de 22 anos para uma porção de colegiais, percebe-se o início do amadurecimento de seu futuro modo de pensar. Ele assinalava a diferença entre a ideia do cristianismo como uma religião parecida com tantas outras — e que falhava ao tentar criar um modo ético para o homem alcançar o céu por conta própria — e o seguir a Cristo, que exigia tudo, inclusive a nossa própria vida.

Nas palestras, Bonhoeffer usava às vezes uma linguagem difícil para os presentes, como afirmar que a essência do cristianismo "é a mensagem do outro eterno, o único que se encontra acima do mundo, o único que, da imensidão de seu ser, tem misericórdia daquele que, sozinho, lhe oferta glória".[29] É improvável que seus ouvintes conhecessem Karl Barth ou já tivessem ouvido a palavra *outro* ser usada como um conceito filosófico abstrato.

Suas frases causavam forte impressão: "A mensagem da graça", disse, "anuncia sua eternidade sobre a morte das pessoas e das nações: Eu os tenho amado desde a eternidade; permaneçam comigo e viverão". Havia, também, aforismos dignos de Chesterton: "O cristianismo prega o valor infinito do que aparenta não ter valor e a inutilidade infinita do que aparenta ser valioso".[30]

Antes de terminar, fez uma terceira provocação. Ele definiu o "espírito grego" ou o "humanismo" como "o mais severo inimigo" que o cristianismo já teve. De forma magistral, uniu a ideia de "religião" e do falso moralismo com o dualismo, a ideia de que o corpo está em conflito com a alma.[31] O dualismo

[28] Idem, p. 354.

[29] Idem.

[30] Idem.

[31] Idem, p. 355.

é um conceito grego, não hebraico ou bíblico. A afirmação bíblica sobre o corpo e o mundo material foi outro tema perseguido por ele a vida toda:

> O humanismo e o misticismo, as duas mais belas flores plantadas pela religião cristã, são hoje exaltados como os mais altos ideais do espírito humano e, muitas vezes, como a coroa do ideal cristão — e é precisamente o ideal cristão em si que deveria rejeitá-los, seja como uma apoteose da criatura, seja, principalmente, como uma provocação à honra de pertencerem somente a Deus. A divindade do humanismo, do conceito de Deus apresentado pelo cristianismo, orienta essas vontades humanas para si, e não o contrário.[32]

"Herr Wolf Ist Tod!"

Um dos motivos para sua temporada em Barcelona, durante um ano, como pastor, foi acreditar que transmitir aquilo que ele sabia teologicamente — para negociantes desinteressados, crianças ou adolescentes — era tão importante quanto a teologia em si. O sucesso no ministério infantil era uma prova disso, e a carta escrita para seu futuro cunhado Walter Dress nos oferece um vislumbre desse aspecto de seu ano na cidade catalã:

> Hoje encontrei um caso bem original em meu aconselhamento pastoral, o qual eu gostaria de recontar a você brevemente e que, apesar de sua simplicidade, realmente me fez pensar. Às onze da manhã, ouvi uma batida na porta e um menino de dez anos entrou na minha sala com algo que eu tinha pedido de seus pais. Notei que havia algo errado com ele, que, em estado normal, era a alegria personificada. E logo descobri o motivo: o garoto começou a chorar, fora de si, e eu só pude ouvir as palavras: *"Herr Wolf ist tod"* [Senhor Lobo morreu], e chorava sem parar. "Mas quem é o senhor Lobo?". Como se vê, era um cachorro, um jovem pastor alemão, doente havia oito dias, e que morrera menos de meia hora atrás. O menino, inconsolado, sentou-se no meu joelho e mal conseguia se recompor. Disse-me como o cão morrera e que tudo estava acabado agora. Ele só se divertia com o cachorro; toda manhã, o cachorro subia em sua cama e o acordava — e agora o cão tinha

[32] Idem, p. 356.

> morrido. O que eu poderia dizer? Ele falou sobre o cão durante um bom tempo. De repente, interrompeu o choro e disse: "Mas eu sei que ele não está morto de verdade". "O que você quer dizer?" "O espírito dele está no céu agora, onde há felicidade. Uma vez, na aula, um garoto perguntou à professora de religião se ela sabia como era o céu, e a professora respondeu que ela ainda não tinha estado lá para saber; mas, me diga, eu vou ver o Senhor Lobo mais uma vez? Tenho certeza de que ele foi para o céu". Portanto, lá estava eu, pensando se deveria responder sim ou não. Se dissesse "não sabemos", seria o mesmo que dizer "não" [...]. Então, decidi-me o mais rápido possível e disse para ele: "Veja, Deus criou seres humanos e animais, e tenho certeza que ele ama os animais. E eu acredito que, para Deus, todos os que amarem uns aos outros na terra — amarem de verdade — estarão junto dele, pois o amor é parte de Deus. Agora, como isso acontece, temos de admitir que não sabemos". Você deveria ver a expressão de felicidade no rosto do menino; ele parou de chorar na hora. "Então eu verei o Senhor Lobo de novo quando eu morrer; e aí vamos poder brincar juntos novamente" — numa palavra, ele ficou extasiado. Repeti para ele diversas vezes que não sabemos realmente como isso acontece. Ele, todavia, *sabia*, e sabia de forma definitiva em sua mente. Depois de poucos minutos, ele disse: "Hoje eu realmente fiquei com raiva de Adão e Eva; se eles não tivessem comido a maçã, o Senhor Lobo não teria morrido". A história toda era tão importante para o garoto quanto para nós quando algo muito ruim acontece. Mas estou quase surpreso e, digamos, emocionado pela ingenuidade da devoção despertada em tal momento num menino que, instantes atrás, não conseguia pensar em nada. E lá permaneci — eu, que supostamente deveria "saber a resposta" —, sentindo-me muito pequeno em relação a ele; e não consigo esquecer a expressão de confiança em seu rosto quando ele foi embora.[33]

Em novembro, Bonhoeffer foi convidado a permanecer em Barcelona, mas ele queria concluir seu pós-doutoramento e receber o título de livre-docente. No dia 15 de fevereiro, um ano após sua partida, ele retornou para Berlim.

[33] Dietrich BONHOEFFER a Walter Dress, Barcelona, 1º de setembro de 1928.

CAPÍTULO 6

BERLIM

1929

É uma questão da liberdade de Deus, cuja maior evidência encontra-se, precisamente, no fato de Deus ter escolhido por livre vontade ligar-se à história dos seres humanos e estar à disposição deles. Deus é livre não dos seres humanos, mas por eles. Cristo é a palavra da liberdade de Deus.

DIETRICH BONHOEFFER

Se eu tivesse sido um judeu e visto tantos tolos e estúpidos governarem e ensinarem a fé cristã, eu logo preferiria ser um porco a ser um cristão.

MARTINHO LUTERO

QUANDO RETORNOU DE BARCELONA, Bonhoeffer encontrou uma Alemanha cada vez mais impaciente com a República de Weimar. Muitos a consideravam um erro político grave, imposto pelos inimigos, desconhecedores da história e cultura alemãs, que queriam enfraquecer o país de qualquer maneira. O governo parlamentarista — no qual partido nenhum tinha poder de liderança — foi uma mudança drástica em relação à época do imperador, cuja liderança era respeitada e inquestionável. Para a maioria, as querelas sem fim do atual sistema eram antialemãs. Muitos alemães ansiavam o retorno de algum tipo de liderança e estavam cada vez menos exigentes quanto ao tipo de líderes desejados. Queriam liderança por si só e um líder que liderasse! Ele já existia, mas os resultados de seu partido nas eleições de 1928 mostraram-se decepcionantes. Iniciaram-se, então, os trabalhos para as próximas eleições, focando os votos das zonas rurais. Num momento mais oportuno, ele retornaria.

Bonhoeffer não estava bem certo do que desejava fazer. Ele apreciara o ano em Barcelona e considerou abandonar o mundo acadêmico pelo ministério. Mas, aos 23, faltavam-lhe dois anos para a aptidão da ordenação. Já que ele não queria fechar as portas para um possível futuro acadêmico, decidiu finalizar sua segunda tese de pós-doutorado — a *Habilitação*, como chamado na Alemanha — a fim de qualificar-se como professor na Universidade de Berlim.

Em resposta à pergunta *O que é a igreja?*, sua tese intitulada *Ser e agir* (*Akt und Sein*) é uma espécie de continuação de *Sanctorum Communio*. Em *Ser e agir*, Bonhoeffer usou linguagem filosófica para demonstrar que a teologia não é somente um campo da filosofia, mas algo bem diferente. Para ele, a filosofia era a busca do homem pela verdade à parte de Deus. Seria um tipo de "religião", no sentido de Barth, na qual o próprio homem tenta alcançar o céu ou a verdade ou a Deus. A teologia, porém, inicia-se e termina com a fé em Cristo, revelador de si mesmo ao homem; separada de tal revelação, não pode existir algo como a verdade. Portanto, o filósofo — e o teólogo que atua sobre pressupostos filosóficos — gira em torno do próprio umbigo. Ele não se consegue livrar desse círculo, mas Deus, por meio da revelação, pode rompê-lo.

Bonhoeffer concluiu *Ser e agir* naquele ano e apresentou a obra em fevereiro de 1930. Eberhard Bethge considera o trecho seguinte sua "passagem clássica":

> Na revelação, não é tanto uma questão da liberdade de Deus — eterno em sua própria divindade e asseidade — no outro sentido da revelação, de Deus saindo do próprio Deus em autorrevelação. É uma questão da palavra *dada* por Deus, a aliança na qual Deus está vinculado pela ação do próprio Deus. É uma questão da liberdade de Deus, cuja maior evidência encontra-se, precisamente, no fato de Deus ter escolhido por livre vontade ligar-se à história dos seres humanos e estar à disposição deles. Deus é livre não dos seres humanos, mas por eles. Cristo é a palavra da liberdade de Deus. Deus *é* presente, ou seja, não em não objetividade eterna, mas — para definir provisoriamente por enquanto — "disponível", alcançável na palavra dentro da igreja. Aqui, substitui-se o entendimento formal da liberdade de Deus por um entendimento substancial.[1]

[1] Eberhard BETHGE, *Dietrich Bonhoeffer: A Biography*, p. 134.

No ano após a chegada de Barcelona, Bonhoeffer retornou ao vasto rede-moinho social e intelectual de amigos e familiares no amplo círculo de Grunewald. Havia muita movimentação ali. Susanne, por exemplo, casou-se com seu amigo Walter Dress. Karl-Friedrich, o irmão mais velho, casou-se com Grete von Dohnanyi. E dois dias antes de partir para os Estados Unidos, seu irmão Klaus casou-se com Emmi Delbrück, que, junto a seus irmãos Max e Justus, fizera parte da vida da família desde a infância. Bonhoeffer não tinha tantas pretensões de se casar, mas ele e Elizabeth Zinn, na época estudando para o doutorado na Universidade de Berlim, passavam bom tempo juntos.

Hans Dohnanyi conseguira um emprego como assistente pessoal do ministro da Justiça em Berlim. Assim, ele e Christel se mudaram de Hamburgo para um prédio ao lado da casa nº 14 da Wangenheimstrasse. Eles viviam com os Schöne, que sempre são relacionados de alguma forma aos Bonhoeffer.[2]

Quando *Ser e agir* estivesse concluída, apresentada e oficialmente aceita, Bonhoeffer estaria apto a se tornar um professor universitário. Mas, até lá, teria de se contentar com algo de prestígio muito menor. Em abril de 1929, no início do semestre de verão, ele assumiu o cargo de "assistente voluntário de professor universitário" no seminário de teologia sistemática da universidade. O cargo envolvia a realização de todas as funções abaixo da dignidade de um professor titular. Para Bonhoeffer, isso incluía "entregar e devolver as chaves, supervisionar a biblioteca do seminário e recomendar a compra de novos livros".[3]

No verão de 1929, ele foi convidado a participar do último seminário lecionado por Adolf von Harnack, então com 87 anos. Bonhoeffer optara por uma direção teológica diferente da de Harnack, mas reconhecia que muito do que sabia devia-se ao velho acadêmico. Solicitado a falar na cerimônia de despedida de Harnack, ele disse, gentilmente: "Que o senhor tenha sido nosso professor por tantos semestres é algo do passado; mas creio que permanece o fato de ainda podermos considerar-nos seus alunos".[4]

Um aspecto significativo nesse ano após Barcelona foi a sua amizade com um irreverente estudante de teologia chamado Franz Hildebrandt. Eles se

[2] Foi essa a família com a qual Paula Bonhoeffer esteve durante o pior momento após a morte de Walter, em 1918, e que possuía uma casa de férias em Boltenhagen.

[3] BETHGE, *Dietrich Bonhoeffer: A Biography*, p. 129.

[4] *Barcelona, Berlin, New York: 1928-1931*, vol. 10, *Dietrich Bonhoeffer Works*, p. 423-433.

encontraram pela primeira vez em 16 de dezembro de 1927, depois de um seminário de Reinhold Seeberg, um dia antes de Bonhoeffer fazer a defesa de sua tese. Segundo Hildebrandt, "depois de cinco minutos, já estávamos discutindo um com o outro — e só paramos de discutir quando o exílio e a guerra nos separaram". Disse ainda que eles discutiam o dia todo quando estavam juntos: "Não era possível ser amigo de Dietrich caso não se discutisse com ele".

E agora, com Bonhoeffer de volta a Berlim, eles retomaram a discussão. Hildebrandt tornou-se o melhor amigo de Bonhoeffer, seu primeiro amigo próximo longe da família. Em poucos anos, Hildebrandt também seria o aliado mais próximo de Bonhoeffer na luta da igreja. Era três anos mais novo que Bonhoeffer e também crescera no bairro berlinense de Grunewald. Seu pai era um historiador renomado, e sua mãe era judia. Pelos padrões vigentes da época, Franz Hildebrandt era considerado judeu, o que nos leva ao espinhoso assunto do judaísmo na Alemanha.

Lutero e os judeus

Numerosos judeus na Alemanha, incluindo Gerhard, o marido de Sabine, não apenas tinham assimilado a cultura alemã, mas eram também cristãos batizados. E muitos dentre eles, como Franz Hildebrandt, eram tão devotos que escolhiam o ministério cristão para o trabalho de sua vida. Mas em poucos anos, como parte dos esforços para expulsar os judeus da vida pública alemã, os nazistas tentaram empurrá-los também para fora da igreja. Pouco importava saber se os "não arianos" tinham se convertido à fé cristã, uma vez que os nazistas concebiam o mundo de um ponto de vista puramente racial. A composição genética e a linhagem dos antepassados eram a questão crucial; a manutenção da crença não tinha valor algum.

Para compreender a relação entre alemães, judeus e cristãos, temos de voltar a Martinho Lutero mais uma vez, o homem no qual o espírito alemão e o cristianismo estavam efetivamente unidos. Sua autoridade como responsável daquilo que viria a ser um cristão alemão é inquestionável e seria usada pelos nazistas para enganar a muitos. Em relação aos judeus, porém, o legado de Lutero é confuso, para não dizer profundamente perturbador.

No findar de sua vida, após se tornar uma paródia excêntrica de si mesmo, Lutero disse e escreveu coisas a respeito dos judeus que, analisadas em separado, fariam dele um depravado antissemita. Os nazistas exploraram ao máximo esses últimos escritos, como se eles representassem a opinião de Lutero sobre o assunto — uma insensatez, haja vista tudo o que ele dissera anteriormente em sua vida.

No início da carreira, a atitude de Lutero em relação aos judeus era exemplar, ainda mais para sua época. Ele se enojava com a forma de os cristãos tratarem os judeus. Em 1519, perguntou-se por que deveriam os judeus querer se converter ao cristianismo, dada a "crueldade e hostilidade com que são tratados por nós — se nosso comportamento em relação a eles parece-se menos com o de cristãos e mais com o de animais?". Quatro anos mais tarde, no ensaio "Que Jesus Cristo Nasceu Judeu", escreveu: "Se eu tivesse sido um judeu e visto tantos tolos e estúpidos governarem e ensinarem a fé cristã, eu logo preferiria ser um porco a ser um cristão. Esses homens trataram os judeus como cães, e não como seres humanos. Nada fizeram além de ridicularizá-los e confiscar suas propriedades". Não há dúvida de que Lutero tenha acreditado na possibilidade da conversão dos judeus à fé cristã, e gostaria que assim procedesse — portanto, ao contrário dos nazistas, jamais pensou que ser judeu e ser cristão constituíssem duas situações inconciliáveis. Pelo contrário, assim como o apóstolo Paulo, Lutero esperava que a herança fosse entregue primeiro a eles, e apenas depois aos gentios. Paulo declarou que Jesus veio "primeiro para os judeus".

Mas essa disposição e otimismo inicial não duraram muito tempo. Na maior parte de sua vida adulta, Lutero sofreu de prisão de ventre, hemorroida, catarata num dos olhos e um distúrbio no ouvido chamado doença de Ménière, causadora de tonturas, desmaios e zumbidos. Também sofria oscilações de humor e depressão. A partir do momento em que sua saúde se enfraqueceu, tudo parecia irritá-lo. Na igreja, quando a congregação cantava de modo anêmico, ele esbravejava e chamava os crentes de "surdos preguiçosos". Ofendeu o rei Henrique VIII ("efeminado") e criticou seus adversários teológicos ("agentes do demônio" e "prostitutos"). Usava um linguajar cada vez mais chulo. Chamou o papa de "o Anticristo" e "dono de um bordel acima de todos os prostíbulos e de toda lascívia, acima até mesmo daquele que não deve ser nomeado". Criticou as normas de casamento da Igreja Católica e a acusou de ser "um mercado de vulvas, genitais e partes pudentes". Ao expressar seu desprezo pelo diabo, disse que soltaria "um peido para espantá-lo". Ridicularizou cruelmente os escritos do papa Clemente III: "Mas que grande e horrível flato o traseiro papal soltou aqui! Ele deve ter feito muita força para soltar tamanho flato estrondoso — é de se admirar que não tenha rasgado o buraco para fora do estômago!". Lutero parecia ter um tórrido caso de amor com tudo que fosse escatológico. Não eram somente dele tais "floreios" linguísticos; seus médicos seguiram o exemplo e receitaram, para uma de suas doenças, uma inalação de "alho e esterco de cavalo" e, quão infame, introduziram-lhe um enema — em vão — momentos antes de ele dar adeus a este mundo. É preciso, portanto, inserir sua atitude quanto aos judeus num contexto maior que, como tudo o mais em sua vida, caminhava de mãos dadas com sua saúde.

As complicações começaram em 1528. Após uma generosa refeição de comida *kosher*, Lutero sofreu um ataque de diarreia. Concluiu, então, que judeus haviam tentado envenená-lo. Nessa época, fazia inimigos por onde passava. Na última década de vida, sua lista de doenças incluía cálculo biliar, pedra no rim, artrite, abscesso nas pernas e uremia. Agora, sim, sua sordidez atingiria o auge. Ele escreveu o vil tratado "Von den Jüden und Iren Lügen" ("Sobre os Judeus e Suas Mentiras"), e o homem que certa vez descrevera o povo judaico como "o povo escolhido por Deus" chamava-o agora de "raça vil e prostituída". O que ele escreveu durante esse tempo iria, com justiça, assolar seu legado por séculos, e quatrocentos anos adiante seria a desculpa para tamanha maldade que Lutero, mesmo com o humor constipado, não teria sequer sonhado. Verdade seja dita, ele era um insultador igualitário, o Don Rickles[5] de Wittenberg, atacando a todos com a mesma fúria, fossem judeus, muçulmanos, católicos ou os companheiros protestantes. Assim que as luzes de sua vida começaram a se apagar, convenceu-se de que o apocalipse era iminente, e seus pensamentos em relação a todos adquiriam tons cada vez mais escuros. O conceito de persuasão fundamentada fugiu pela janela; em determinado momento, chamou a razão de "a prostituta do demônio".

Mas o tragicômico ganhou ares de pura tragédia quando, três anos antes de sua morte, Lutero defendeu a prática de ações contra judeus, como incendiar suas sinagogas e escolas, destruir suas casas, confiscar seus livros de oração, tomar seu dinheiro e colocá-los em trabalhos forçados. É de se imaginar o que o próprio Lutero, quando mais jovem, teria pensado a respeito de tais declarações. Mas Goebbels e os outros nazistas regozijaram-se com a existência escrita dos delírios mais repulsivos de Lutero, os quais, publicados e usados

[5] Comediante e ator norte-americano, conhecido pela prática constante de insultos a figuras públicas. (N. do T.)

com grande sucesso, imprimiram a marca desse grande cristão alemão no mais anticristão e — que se pode supor — mais demente desvario. As centenas de milhares de palavras sensatas escritas por ele pouco interessavam aos homens de farda marrom.

É válido lembrar que as mais sujas condenações de Lutero sobre os judeus nunca tiveram cunho racial, mas eram, na verdade, uma reação febril à indiferença judaica quanto a suas tentativas anteriores de convertê-los. Os nazistas, por outro lado, tinham o desejo veemente de impedi-los de se converter. Mas, se consideramos a magnitude da figura de Lutero sobre a Alemanha, podemos imaginar quão complexa era a situação toda. A repetição constante das horrendas declarações de Lutero serviu aos propósitos nazistas e convenceu a maior parte dos alemães de que ser alemão e ser cristão era parte da mesma herança racial, algo, portanto, incompatível com ser judeu. Os nazistas eram anticristãos, mas fingiriam ser cristãos enquanto isso servisse a seus propósitos de, por meios teológicos, filiar alemães ignorantes na luta contra os judeus.

Anos mais tarde, Eberhard Bethge disse que a maioria das pessoas, inclusive ele e Bonhoeffer, desconhecia os delírios antissemitas de Lutero. Foi somente quando o astuto propagandista antissemita Julius Streicher começou a publicá-los e divulgá-los que os textos chegaram ao conhecimento geral. Deve ter sido desconcertante para luteranos devotos como Bonhoeffer descobrir a existência desses escritos. Mas, por estar familiarizado com tudo que Lutero escrevera, é mais provável que ele tenha repudiado os devaneios antissemitas como a obra de um louco, desarmado de suas próprias crenças passadas.

Por tudo prestes a acontecer na Alemanha, a amizade de Bonhoeffer com Franz Hildebrandt teve início num momento oportuno. Bethge nos diz que Hildebrandt e Bonhoeffer discutiam "olho a olho" todas as questões práticas, e o último "influenciou a conversão iminente de Bonhoeffer para um maior biblicismo".[6] Hildebrandt era também um excelente pianista e substituía Bonhoeffer como acompanhante nos concertos familiares em que ele não estivesse presente.

Em abril de 1930, Bonhoeffer voltou a Barcelona para o casamento de seu amigo professor, Hermann Thumm. Logo depois, passou a analisar a possibilidade de ir aos Estados Unidos para um ano de estudo. Seu superintendente, Max Diestel, recomendou-lhe a viagem, já que Bonhoeffer só poderia ser

[6] *Barcelona, Berlin, New York: 1928-1931*, vol. 10, *Dietrich Bonhoeffer Works*, p. 138.

ordenado no ano seguinte, quando completasse 25 anos. Karl-Friedrich recebera convite para lecionar na América em 1929 e poderia ajudá-lo. Bonhoeffer não tinha muito interesse numa excursão americana, até surgir a possibilidade de uma bolsa de estudos no Union Theological Seminary, em Nova York.

Em junho, Adolf von Harnack morreu. O Instituto Kaiser Wilhelm realizaria uma cerimônia fúnebre para ele no dia 15 de junho, e a lista de oradores selecionados era impressionante, como convinha à figura lendária. Um deles, o jovem de 24 anos Dietrich Bonhoeffer, falaria em nome dos ex-alunos de Harnack. Bethge constatou que sua dedicatória ao antigo mestre poderia ser "comparada favoravelmente aos oradores que o precederam". Entre eles, estavam o ministro nacional de Cultura, o ministro do Estado, o ministro do Interior e outros tantos luminares. "Muitos se surpreenderam", escreveu Bethge, "com o discernimento e simpatia dedicada a seu antigo professor, uma vez que ele optara por trilhar um caminho diferente". Bonhoeffer declarou:

> Através dele, tornou-se evidente para nós que a verdade nasce apenas da liberdade. Reconhecemos nele o campeão da liberdade de expressão de uma verdade outrora reconhecida, cuja liberdade de julgamento renovava-se continuamente, e expressava isso de forma clara, a despeito da restrição medrosa da maioria. Isso fez dele [...] o amigo de todo jovem que expusesse sua opinião livremente, da maneira que ele pedia. E se vez ou outra ele manifestou sua preocupação com o desenvolvimento de nosso intelecto, sua motivação exclusiva era o medo de que a opinião de outros pudesse causar confusão entre questões irrelevantes e a busca pura pela verdade. Sabíamos que, com ele, estávamos em mãos boas e solícitas e, por isso, o víamos como um baluarte na luta contra toda banalização e estagnação, contra toda fossilização da vida intelectual.[7]

As palavras de Bonhoeffer revelam que ele nunca foi o que hoje se costuma nomear de *guerreiro da cultura*, nem era possível rotulá-lo de *conservador* ou *liberal*. Ele discordava das conclusões liberais da teologia de Harnack, mas concordou com os pressupostos fundamentais que guiavam o velho mestre; ele foi um observador correto ao notar que essas hipóteses eram mais importantes

[7] Idem, p. 139.

do que as conclusões. Todo aquele ao lado da verdade, não importa para onde leve, era um compatriota a ser enaltecido. Essa virtude alcançou Bonhoeffer, em parte, por meio de Harnack e da tradição liberal de Grunewald na qual florescera, e ele era generoso o suficiente para percebê-lo e reportá-lo em público. O pai foi seu primeiro mentor nesse modo de pensar. As conclusões de Karl Bonhoeffer talvez não sejam parecidas com as do filho, mas seu respeito pela verdade e pelos seres humanos de opiniões diferentes criou o fundamento de uma sociedade civil na qual se poderia discordar de maneira graciosa e de raciocinar um junto ao outro de maneira civilizada e produtiva. Nos anos seguintes, essa forma de agir seria atacada, e os nazistas alimentariam as fornalhas das guerras culturais (*Kulturkampf*) para atiçar seus inimigos uns contra os outros. Cooptaram, com enorme competência, os conservadores e as igrejas cristãs e, quando tiveram poder para tal, voltaram-se também contra eles.

Bonhoeffer realizou seu segundo exame teológico no dia 8 de julho. *Ser e agir* foi aprovada no dia 18, qualificando-o como professor universitário, e sua aula inaugural aconteceu no dia 31 do mesmo mês. Não foi fácil decidir ir aos Estados Unidos naquele outono. Bonhoeffer não acreditava que a América tivesse muito a oferecer no sentido teológico. Os seminários americanos, a seu ver, pareciam mais escolas vocacionais do que seminários de verdade. Mas, no final, fazia sentido partir. A decisão mudaria sua vida.

Para se prevenir, Bonhoeffer preparou um caderno com expressões americanas populares. Anotou também um argumento contra a ideia de a Alemanha ter sido a única culpada pela guerra. Partiria, afinal, para um país onde a maioria das pessoas não partilhava seus pontos de vista, e não queria estar despreparado. Para Bonhoeffer, a Alemanha fora tratada com injustiça e desprezo pelos Aliados após a guerra; iniciou sua viagem, assim, um pouco na defensiva. Durante seu tempo na América, teve coragem ao palestrar em público a esse respeito, apresentando o ponto de vista alemão. Mas os americanos se revelariam mais simpáticos a essa posição do que ele teria suposto.

Bonhoeffer programou sua viagem para 6 de setembro. No dia 4, seu irmão Klaus se casou com Emmi Delbrück. No dia anterior ao casamento, viajou com os pais para Bremerhaven, e às oito e meia da manhã do dia 6 eles o acompanharam até o navio *Columbus*. Exploraram juntos o imenso navio por duas horas e, em seguida, despediram-se. Do cais, fotografaram-no enquanto acenava por sobre o parapeito da embarcação. Às onze e meia, o navio levantou âncora.

O *Columbus* era um navio esplêndido de 33 toneladas, o maior e mais veloz da Alemanha, a própria imagem do futuro. O folheto da embarcação vangloriava-se de que não havia outro navio "em que a realização científica moderna e o mérito artístico tenham tratado com tanto prodígio o embelezamento de interiores e o luxo em alto-mar". Nove anos depois, em 19 de dezembro de 1939, o *Columbus* foi afundado ao largo da costa de Delaware para evitar a sua captura por um navio de guerra britânico. Seus interiores deslumbrantes se encheriam de água do mar, e ele afundaria mais de nove quilômetros dentro da escuridão. O desastre, porém, era algo distante no futuro. No momento, o navio fumegava repleto de confiança rumo ao oeste a uma incrível velocidade de 22 nós.

Bonhoeffer passou a noite no "salão de escrita" do navio e redigiu uma carta para a avó:

> Minha cabine parece estar num lugar favorável. Encontra-se no fundo da barriga do navio. Na verdade, ainda não vi meu companheiro de cabine. Tentei construir uma imagem dele com base nos itens deixados lá. O chapéu, a bengala e um romance [...] sugerem, a meu ver, um jovem americano educado. Espero que não se revele um velho proletário alemão. Comi duas refeições enormes com um saudável apetite; em suma, aprecio o navio tanto quanto ele pode ser apreciado. Também conheci várias pessoas agradáveis, de modo que o tempo passa mais rápido. Em breve estarei indo para a cama, já que gostaria de ver o máximo possível da Inglaterra amanhã de manhã. No momento, viajamos ao longo da costa belga. É possível ver as luzes ao longe.[8]

O companheiro de cabine de Bonhoeffer revelou-se o dr. Edmund De Long Lucas, americano próspero de 48 anos e diretor do Forman Christian College em Lahore, na Índia. Lucas concluíra o doutorado na Universidade de Columbia, na rua ao lado do Union, para onde Bonhoeffer se dirigia. Na cabine, ele compartilhou seu desejo de viajar para a Índia, e Lucas o convidou para visitar Lahore. Chegaram a planejar uma visita de Bonhoeffer a Lahore numa viagem para o leste, atravessando o norte da Índia até Benares.

[8] Idem, p. 241.

Bonhoeffer fez amizade com mais duas pessoas, uma mulher germano-americana, a sra. Ern, e seu filho de onze anos, Richard. Eles estiveram na Suíça para visitar a irmã mais nova do menino, que se tratava da meningite num *spa* homeopático. Bonhoeffer ficou íntimo dos dois e, durante esse ano, às vezes tomava o trem em direção ao subúrbio de Scarsdale para uma visita de fim de semana.

Em sua primeira manhã a bordo do navio, Bonhoeffer acordou cedo. Por volta das sete horas, pela primeira vez em sua vida, ele viu a Inglaterra. Os penhascos de calcário de Dover estavam visíveis a estibordo do *Columbus*. Bonhoeffer não tinha a mínima ideia do tempo que passaria na Inglaterra nem de quão importantes o país e os amigos que ali faria se tornariam para ele.

Enquanto navegava para o oeste, as primeiras cópias de *Sanctorum Communio* chegaram à casa dos pais. Ele terminara o livro três anos antes, mas sua publicação havia demorado tanto que ele agora a ignorava. Os livros foram entregues, aliás, com uma nota pelos custos adicionais de impressão. Obviamente, Bonhoeffer não estava em condição de ajudar a divulgá-lo ou fornecer cópias para os amigos. De acordo com Bethge, "o livro passou despercebido no debate geral da época. Não foi discutido pelos dialéticos, como Bonhoeffer já esperava, e professores não o utilizaram como texto".[9]

[9] Bethge, *Dietrich Bonhoeffer: A Biography*, p. 130-131.

CAPÍTULO 7

BONHOEFFER NA AMÉRICA

1930-1931

[Os estudantes do Union] falam pelos cotovelos sem o menor fundamento e sem indício de qualquer critério [...]. Não estão familiarizados com as questões mais básicas. Intoxicaram-se com frases liberais e humanistas, ridicularizam os fundamentalistas, contudo ainda não alcançaram sequer o nível deles.

Em Nova York, pregam a respeito de quase tudo; há uma única coisa não anunciada, ou anunciada tão raramente que eu ainda não fui capaz de ouvir: o evangelho de Jesus Cristo, a cruz, o pecado e o perdão, a morte e a vida.

DIETRICH BONHOEFFER

QUANDO O NAVIO SE APROXIMOU da Estátua da Liberdade em direção à famosa ilha de Manhattan, a cidade o deixou perplexo. Manhattan, no fim da era do *jazz*, era um lugar de atordoar qualquer visitante, mesmo um cosmopolita como Dietrich Bonhoeffer. Se Berlim representava a atriz sofisticada e exausta do velho mundo cujos momentos áureos ficaram para trás, a cidade de Nova York parecia exibir a energia louca e sem limites de um adolescente de olhar cintilante, em pleno surto de crescimento: com um enorme sorriso no rosto, a ilha parecia não caber em si. O então maior edifício do planeta, o Bank of Manhattan Trust Building, havia sido superado por uma imensa torre prateada, o Chrysler Building. Mas o Empire State Building, que em poucos meses superaria todos os outros — e manteria a liderança por quarenta anos —, crescia, naquele momento, a uma taxa sem precedentes de quatro escritórios e meio por semana. Também em construção, havia o complexo *art déco* de dezenove edifícios que viria a ser o Rockefeller Center, bem como, na parte alta da cidade, a George Washington Bridge — prestes a se tornar a maior ponte do mundo, com praticamente o dobro de tamanho da recordista anterior.

Apesar de toda essa movimentação, a quebra da Bolsa no ano anterior cobrara sua taxa, e Bonhoeffer em breve presenciaria seus efeitos. Mas, antes de ter a chance de ver algo da paisagem urbana de Manhattan, ele conheceria os subúrbios da Filadélfia. No cais, foi recebido por seus parentes do lado dos Tafel, Harold e Irma Boericke. Levaram-no à Pensilvânia, onde passou a semana seguinte na companhia deles e dos filhos, Ray, Betty e Binkie. Karl-Friedrich visitara os Boericke havia um ano, e Bonhoeffer escreveu para ele: "Viajamos muito de carro. Hoje pretendem me ensinar a jogar golfe; à noite, convidam-nos para sair quase sempre, ou então ficamos em casa e jogamos algum passatempo. Mal se pode acreditar que a Europa se encontra tão longe daqui, tudo é tão parecido".[1]

Nota-se a ironia de suas palavras ao nos darmos conta de algo que ele não desconfiava na época: enquanto se ocupava com o golfe na Cidade do Amor Fraternal,[2] um estrondo atingia seu país. Em 14 de setembro, dois dias após sua chegada aos Estados Unidos, realizara-se uma eleição no Reichstag, e o resultado foi assustador. Os nazistas entraram na disputa como o nono e menor partido político da Alemanha, com o número patético de doze membros no parlamento — número que Hitler esperava quadruplicar —, mas, ao fim do dia, excederam as próprias expectativas febris, somando 107 assentos, e, no último lance da partida, alcançaram o segundo lugar na disputa de partidos políticos do país. Fazia-se história, um tanto grosseiramente, mas de

[1] *Barcelona, Berlin, New York: 1928-1931*, vol. 10, *Dietrich Bonhoeffer Works*, p. 243.

[2] Apelido da Filadélfia por conta da etimologia de seu nome: a palavra "Filadélfia" vem do grego Φιλαδέλφεια, literalmente, "amor fraterno": φίλος (*philos*) significa "amor", e αδελφός (*adelphos*), "irmão". (N. do T.)

modo decisivo. Na América, Bonhoeffer se divertia com Ray, Betty e Binkie; ele nada soube a respeito.

"Não há teologia aqui"

Bonhoeffer foi para o Union disposto a brigar, e não sem razão. Os teólogos alemães eram insuperáveis, e ele estudara com os melhores deles. Quantos estudantes do Union teriam o direito de afirmar que conviveram diariamente com Adolf von Harnack? Bonhoeffer havia se doutorado na Universidade de Berlim e poderia facilmente tanto estudar quanto dar aulas no Union. Assim, enquanto os outros alunos do intercâmbio se esforçavam para alcançar o grau de mestre, ele considerava aquilo desnecessário — ou, talvez, apenas abaixo de sua dignidade. Por não ter entrado num programa de graduação, ele tinha maior liberdade para estudar o que gostava e fazer o que lhe agradava, e, como o futuro mostraria, suas atividades extracurriculares em Nova York exerceriam grande influência sobre ele.

À primeira vista, a situação teológica do Union era pior do que temera. A seu superintendente, Max Diestel, escreveu:

> Não há teologia aqui [...]. Falam pelos cotovelos sem o menor fundamento e sem indício de qualquer critério. Os estudantes — com idade entre 25 a trinta anos — não têm qualquer noção a respeito do que é tratado pela dogmática. Não estão familiarizados com as questões mais básicas. Intoxicaram-se com frases liberais e humanistas, ridicularizam os fundamentalistas e, no entanto, ainda não alcançaram sequer o nível deles.[3]

Bonhoeffer não tinha ideia de onde pisava no Union, mas a batalha cruel entre liberais e fundamentalistas corria a pleno vapor em 1930. Os estudantes do Union acompanhavam da primeira fila. De um lado, defendendo o liberalismo teológico e ocupando o púlpito da Igreja Riverside — proveniente do Union e construída especialmente para ele por John D. Rockefeller —, estava o mais famoso pastor liberal dos Estados Unidos, Harry Emerson Fosdick. Do outro lado, apoiando a fé histórica e descrito como um fundamentalista, o

[3] *Barcelona, Berlin, New York: 1928-1931*, p. 265-266.

doutor Walter Duncan Buchanan, ocupante do púlpito da Igreja Presbiteriana da Broadway, seis quadras ao sul do Union e construída sem auxílio algum do senhor Rockefeller, obrigado.

Fosdick fora pastor na Primeira Igreja Presbiteriana de Nova York quando, em 1922, pregou um infame sermão intitulado "Porventura os Fundamentalistas Vencerão?". Nele, Fosdick apresentou uma espécie de Credo dos Apóstolos, no qual expressava suas sérias dúvidas acerca da maior parte das afirmações históricas da fé cristã: o nascimento virginal, a ressurreição, a divindade de Cristo, a expiação, os milagres, e a Bíblia como a palavra de Deus. Foi o pontapé inicial de uma batalha furiosa e acalorada que se estenderia pelas décadas de 1920 e 1930. Imediatamente, o presbitério local conduziu uma investigação, mas, filho de uma endinheirada elite WASP[4] da Costa Leste, Fosdick tinha pouco a temer. Sua defesa foi conduzida por outra cria da mesma classe, John Foster Dulles, futuro secretário de Estado do governo de Eisenhower e filho de um conhecido ministro liberal presbiteriano. Antes que pudessem censurá-lo, Fosdick renunciou, e ofereceram a ele o pastorado da progressista Igreja Batista Park Avenue, igreja da moda onde John D. Rockefeller era um membro eminente, o qual tinha na direção do braço filantrópico da sua fundação o irmão de Fosdick. Ao perceber a oportunidade de nocautear o fundamentalismo em Nova York, a Fundação Rockefeller financiou de imediato a construção de uma igreja para Fosdick, uma igreja que servisse de plataforma para suas visões modernistas "progressistas". Foi inaugurada logo que Bonhoeffer iniciava seus estudos no Union — e com tamanha pompa e circunstância que ninguém poderia alegar que não havia sido avisado. Um evento cultural de proporções gigantescas.

Mas essa igreja não era uma igreja qualquer. Era uma catedral ao modernismo e ao progresso, de despesas incalculáveis, modelada com base na Catedral de Chartres francesa. Possuía uma torre de 122 metros e o maior carrilhão do mundo, com 72 sinos, dentre eles o maior do planeta. Dali se tinha uma imponente visão do rio Hudson e, estrategicamente, o prédio era situado próximo ao Union Theological Seminary, onde Fosdick se graduara e ensinaria cursos de homilética e onde sua teologia foi, em geral, bem recebida e disseminada. A igreja tinha a intenção de trazer alunos impressionáveis do Union, da Columbia e de Barnard para junto de suas fileiras teológicas. E assim continua a proceder por mais de oito décadas.

[4] Sigla em inglês para Branco, Anglo-saxão e Protestante. (N. do T.)

A revista *Time*, dirigida por outro membro da classe elitista da Costa Leste, Henry Luce, lideraria os aplausos durante a abertura da Riverside, em outubro. Fosdick estampou a capa da edição da semana, e uma reportagem de enrubescer sobre ele e a igreja foi escrita no estilo "Myrna Loy no lar", reservada usualmente para revistas como a *Town and Country*:[5]

> O doutor Fosdick oferece a essa comunidade educada um local da maior beleza para a adoração. Também propõe atender às necessidades sociais do metropolitano solitário. Por isso, construiu em alta escala todos os acessórios de uma comunidade eclesiástica — ginásio, sala de montagem teatral, salão de jantar etc. Dois pastores assistentes e uma enorme equipe de funcionários estarão a sua disposição. Dez dos vinte e dois escritórios do campanário constituirão salas de aulas para o ensino social e religioso de jovens, de bebês a universitários. Há um andar para a sala de costura da Sociedade das Mulheres e outro para a Classe Bíblica Feminina. As salas de estudos e de conferências do dr. Fosdick situam-se no 18º andar, de rica decoração. Simples, mas de mobiliário pesado, é o andar de cima, onde o conselho de curadores se reúne [...]. Nem todos ricos, nem todos poderosos, mas todos sociologicamente dispostos.[6]

O retrato lisonjeiro de Fosdick pintado pela revista sugeria o filho de Galileu e Joana d'Arc, e o texto disparava ataques certeiros contra a horda de fundamentalistas mal lavados que o pequeno pastor ruivo Fosdick enfrentava com bravura, armado somente de seu estilingue e dos milhões de Rockefeller.

Bonhoeffer observou que o Union se colocava ao lado de Fosdick, Rockefeller e Luce. Na tentativa de superar em sofisticação os odiosos fundamentalistas, tinham, de maneira preocupante, aberto mão do ensino. Pareciam conhecer as respostas, mas não se preocupavam em como eram alcançadas. Sabiam apenas que qualquer resposta dada pelos fundamentalistas estava errada. Para Bonhoeffer, era escandaloso pensar assim. Mesmo que discordasse das conclusões liberais de Harnack, ele apreciava e admirava o respeito de seu

[5] Revista de celebridades, espécie de *Caras* americana. Myrna Loy (1905-1993) era uma famosa atriz dos Estados Unidos na época de abertura da Igreja Riverside. (N. do T.)
[6] "Religion: Riverside Church", *Time*, 6 de outubro de 1930.

professor pela verdade e pela investigação acadêmica. No Union, encontrou pessoas que teriam concordado com as teorias de Harnack, mas que eram indignas de amarrar as correias de suas sandálias. Não tinham ideia real de como chegara a suas conclusões, nem pareciam se importar.

No verão seguinte, Bonhoeffer reportou suas vivências no Union para as autoridades da igreja alemã. "Para entender o estudante americano", escreveu, "é importante ter experimentado a vida num albergue". Sentia-se empolgado pela importância e amplitude da comunidade no Union e na vida americana em geral. Em muitos aspectos, essa percepção providenciou a chave para todo o resto:

> O convívio diário produz um forte espírito de companheirismo, uma necessidade de auxílio mútuo. O "olá", mil vezes ouvido pelos corredores do albergue no decorrer do dia, e que não é omitido mesmo quando alguém está apressado, não é tão sem significado quanto se pode imaginar [...]. Ninguém permanece sozinho no dormitório. A extroversão da vida em grupo faz as pessoas se abrirem umas às outras; no conflito entre a determinação pela verdade, com todas as suas consequências, e o desejo da comunidade, prevalece o último. Isso é característico do pensamento americano, algo particularmente observado na teologia e na igreja; eles não veem a reivindicação radical da verdade na formação de sua vida. A comunidade é, portanto, menos fundamentada na verdade e mais no espírito de "justiça". Ninguém diz nada contra outro membro do dormitório, já que ele é um "bom companheiro".[7]

Pode-se dizer que a famosa experiência de Bonhoeffer na vida cristã comunitária em Zingst e Finkenwalde, cinco anos depois, foi antecipada em sua temporada na semicomunidade do dormitório do Union. Mas ele também viu o lado ruim:

> Não falta apenas tranquilidade, mas também o impulso característico do desenvolvimento do pensamento individual, adquirido nas universidades alemãs através de uma vida mais isolada. Portanto, há pouca competição e pouca ambição intelectual. O resultado é o caráter inócuo das discussões e seminários. Aleija qualquer tipo de crítica radical

[7] *Barcelona, Berlin, New York: 1928-1931*, p. 306.

> e pertinente. É mais uma troca amistosa de opiniões do que um estudo em compreensão.[8]

Ele admitia que os estudantes de teologia americanos compreendiam melhor as "questões do cotidiano" do que suas contrapartes alemãs, e também sabia de sua maior preocupação com o resultado prático da teologia, mas "um grupo predominante [no Union] enxerga apenas as necessidades sociais". Disse ainda que "a preparação intelectual para o ministério é bem rasteira".

Bonhoeffer acreditava que os estudantes participavam de muitos projetos básicos, mas...

> ... sem dúvida, os mais vigorosos [...] viraram as costas para toda teologia genuína e estudam muita economia e problemas políticos. É ali, sentem eles, que se encontra a renovação do evangelho para nosso tempo [...]. Por iniciativa do grupo, o corpo de estudantes do Union Theological Seminary providenciou, durante todo o inverno, comida e hospedagem para trinta desempregados — entre eles, três alemães — e os aconselhou da melhor maneira possível. É um considerável sacrifício pessoal de tempo e dinheiro. Não se deve deixar de mencionar, porém, que a educação teológica desse grupo é praticamente nula, e a autoconfiança zombeteira quanto a qualquer questão de natureza teológica é injustificada e ingênua.[9]

Outro grupo, mais interessado em filosofia da religião, reuniu-se em torno de certo dr. Lyman, que Bonhoeffer admirava, embora "em suas aulas, os estudantes encontrem a oportunidade de expressar a heresia mais crassa". Ele diz que...

> ... a falta de seriedade com que os alunos daqui falam de Deus e do mundo é, para dizer o mínimo, bastante surpreendente [...]. Fora daqui, é difícil imaginar o tamanho da inocência de pessoas à beira do ministério, ou de algumas já dentro dele, ao fazer perguntas no seminário para teologia prática — por exemplo, se alguém deve realmente pregar

[8] Idem, p. 306-307.
[9] Idem, p. 308.

> sobre Cristo. No final, com algum idealismo e um pouco de esperteza, teremos nos livrado até disso — este é o estado de espírito deles.
>
> O ambiente teológico do Union Theological Seminary acelera o processo de secularização do cristianismo na América. Sua crítica se direciona contra os fundamentalistas e, de certa forma, também contra os humanistas radicais em Chicago; algo saudável e necessário. Mas não há uma base sólida sobre a qual se possa reconstruir após a demolição. Ela será carregada com o colapso geral. Um seminário onde pode ocorrer de um grande número de estudantes rir em voz alta durante a leitura pública de um trecho de *De sevo arbitrio*, de Lutero, sobre o pecado e o perdão, porque soa cômico para eles, esqueceu por completo o que a teologia cristã, por sua própria natureza, defende.[10]

Sua conclusão foi fulminante: "De fato, sou da opinião de que se aprende muito pouco por aqui [...]. Mas parece-me lugar propício para percepções silenciosas [...]. E o principal, onde se percebe a ameaça que a América representa para nós".

O professor John Baillie reconheceu Bonhoeffer como "o mais convincente discípulo do dr. Barth a aparecer entre nós naquela época e, além disso, o maior oponente do liberalismo a surgir em meu caminho até então".

As observações de Bonhoeffer sobre as igrejas americanas, em especial as da cidade de Nova York, eram bem parecidas com sua opinião a respeito do Union:

> A situação não é diferente na igreja. O sermão tem sido reduzido a comentários entre parênteses da igreja a respeito de notícias do jornal. Durante todo o tempo aqui, ouvi somente um sermão no qual era possível escutar algo como uma proclamação genuína, e que foi transmitido por um negro (na verdade, tenho descoberto cada vez mais um grande poder religioso e originalidade nos negros). Uma questão a atrair minha atenção em vista de todos esses fatos é saber se é realmente possível falar sobre o cristianismo aqui [...]. Não faz sentido esperar frutos de um lugar onde a Palavra não tem sido pregada. Mas o que será então do cristianismo por si só?[11]

[10] Idem, p. 309-310.
[11] Idem, p. 266.

> Os esclarecidos americanos, em vez de encarar tudo isso com ceticismo, saúdam-no como exemplo de progresso. O sermão fundamentalista, de presença tão notável nos estados do Sul, possui uma única representante batista de destaque em Nova York, uma igreja que prega a ressurreição da carne e o nascimento virginal perante crentes e curiosos afins.
>
> Em Nova York, pregam a respeito de quase tudo; há uma única coisa não anunciada, ou anunciada tão raramente que eu ainda não fui capaz de ouvir: o evangelho de Jesus Cristo, a cruz, o pecado e o perdão, a morte e a vida.[12]

Num seminário de homilética ministrado por Fosdick, foram apresentados tópicos de sermões. Alguns deles eram categorizados por Fosdick como "temas tradicionais". Nessa categoria, havia um sermão denominado "sobre o perdão dos pecados e sobre a cruz". Bonhoeffer ficou desconcertado. O âmago do evangelho havia sido marginalizado e rotulado como "tradicional". Ele disse:

> É algo bastante característico na maioria das igrejas que conheci. O que então substitui o lugar da mensagem cristã? Um idealismo ético e social a cargo de uma fé no progresso que — sabe-se lá como — reclama o direito de chamar a si mesmo de "cristão". E, no lugar da igreja como congregação dos crentes em Cristo, há a igreja no papel de empresa social. Qualquer pessoa que tenha visto a programação semanal de uma das grandes igrejas de Nova York, com seus eventos diários, na verdade quase horários, os chás, palestras, concertos, eventos de caridade, eventos esportivos, jogos, boliche, grupo de dança para idosos, qualquer pessoa que tenha ouvido o modo em que tentam persuadir um novo residente a se juntar à igreja, insistindo que ali ele fará parte de uma sociedade muito diferente das outras, qualquer pessoa que tenha se familiarizado com o nervosismo embaraçoso com o qual o pastor pressiona a adesão de um novo membro — essa pessoa pode avaliar bem o caráter dessa igreja. Todas essas coisas, é claro, realizam-se em diferentes graus de tato, bom gosto e seriedade; algumas são basicamente igrejas "de caridade"; outras têm, sobretudo, uma identidade social. Não se pode,

[12] Idem, p. 313.

> no entanto, evitar a impressão de que, em ambos os casos, esqueceram qual é o objetivo real.[13]

A única e notável exceção, observou Bonhoeffer mais uma vez, eram as "igrejas dos negros". Se o ano em Nova York teve algum valor, foi principalmente em razão de suas experiências nas "igrejas dos negros".

Como sempre, Bonhoeffer fez mais do que apenas se concentrar nas atividades acadêmicas. Ele não perdeu tempo e explorou a cidade e tudo o que tinha para oferecer, e o fez na maior parte ao lado de quatro companheiros estudantes do Union: o francês Jean Lasserre, o suíço Erwin Sutz, o americano Paul Lehmann e o afro-americano Albert Franklin "Frank" Fisher. O convívio de Bonhoeffer com cada um deles constitui parte essencial de sua estada no Union. Mas é provável que sua amizade com Fisher, crescido no Alabama, tenha exercido a influência principal.

Quando Fisher chegou ao Union em 1930, foi designado para o trabalho social na Igreja Batista Abyssinian, no Harlem. Não demorou para Bonhoeffer se cansar dos sermões de lugares como Riverside; assim, quando Fisher o convidou para um culto na Abyssinian, ele se entusiasmou. Ali, na oprimida sociedade afro-americana, Bonhoeffer finalmente ouviria o evangelho pregado e veria seu poder manifestado. O pastor na Abyssinian era uma poderosa figura chamada dr. Adam Clayton Powell Sr.

Powell era filho de escravos; sua mãe foi uma cheroqui puro-sangue, e o pai, um afro-americano. Nascido três semanas depois do general Lee se render em Appomattox, Powell desperdiçou seus primeiros anos em todo tipo de coisa presente em histórias de conversão: alcoolismo, violência, jogatina, e assim por diante. Mas durante uma série de encontros semanais de avivamento em Rendville, Ohio, ele encontrou a fé em Cristo e nunca mais olhou para trás. Em 1908, tornou-se pastor sênior da já histórica Igreja Batista Abyssinian, cujo início se dera há exatos cem anos, durante a presidência de Thomas Jefferson, quando um grupo de afro-americanos deixou a Primeira Igreja Batista da Cidade de Nova York devido à política de segregação racial nos assentos da congregação. Powell trouxe fé e uma visão ampliada ao púlpito. Em 1920, lutou e venceu uma controversa batalha para transferir a igreja para o Harlem, onde construiu um novo e enorme prédio na 138th Street, bem como um dos

[13] Idem, p. 313-314.

primeiros centros comunitários recreativos do lugar. "Bilhete ou taça de sorvete alguma foi vendida para pagar a construção da Igreja Batista Abyssinian e a Casa da Comunidade", dizia ele. "Cada centavo foi trazido por intermédio de dízimos e ofertas, e Deus cumpriu sua promessa ao derramar sobre nós as bênçãos que nossa alma não era capaz de dar conta."[14] No meio da década de 1930, a Abyssinian contabilizava catorze mil membros e era a maior igreja protestante de qualquer gênero nos Estados Unidos. Ao descobri-la, Bonhoeffer ficou desconcertado.

Mal alimentado pelo leite desnatado do Union, Bonhoeffer encontrou um banquete teológico completo. Powell combinava o fogo de um pregador do avivamento com grande intelecto e visão social. Ele era ativo no combate ao racismo e não media palavras sobre o poder salvador de Jesus Cristo. Não se inclinou à necessidade de escolher entre um e outro; ele acreditava que, sem ambos, não se tinha nada, mas, com ambos, tinha-se tudo e ainda mais. Quando se combinava os dois, Deus entrava na equação. Em seguida, a vida era derramada. Pela primeira vez, Bonhoeffer viu o evangelho pregado e vivido em obediência aos mandamentos de Deus. Ficou encantado e, pelo resto de seus dias em Nova York, esteve ali todo domingo para adorar e ensinar na escola dominical para garotos; participou de diversos grupos da igreja; adquiriu a confiança de muitos membros e foi convidado para visitar as suas casas. Bonhoeffer descobriu que as pessoas mais velhas na Abyssinian haviam nascido quando a escravidão ainda era legalizada nos Estados Unidos. Certamente alguns deles cresceram sob essa horrenda instituição.

A música na Abyssinian representa parte fundamental de sua experiência. Bonhoeffer correu as lojas de discos em Nova York à procura de gravações dos *negro spirituals* que o deixavam petrificado todo domingo no Harlem. O poder alegre e transformador da canção negra solidificou seu pensamento a respeito da importância da música para a adoração. Ele traria consigo essas gravações para a Alemanha e as tocaria para seus alunos em Berlim e, mais tarde, nas dunas de areia do Báltico, em Zingst e Finkenwalde. Foram alguns de seus bens mais preciosos, e para muitos de seus estudantes eram tão exóticas quanto pedras lunares.

Bonhoeffer leu também uma grande quantidade de "literatura negra" e, durante o feriado de Ação de Graças, acompanhou Fisher a Washington, D.C. Aos pais, escreveu que tinha "viajado para Washington de carro com um branco

[14] Adam Clayton POWELL Sr., Harlem, Nova York, novembro de 1927.

e dois estudantes negros". Bonhoeffer expressou reverência quanto ao formato da National Mall e ao modo com que o prédio do Capitólio, o Monumento a Washington e o Lincoln Memorial "se alinhavam, separados apenas por extensas porções de grama". O Lincoln Memorial é "imponente ao extremo, e retrata o próprio Lincoln dez ou vinte vezes maior que em vida, iluminado, à noite, num salão majestoso [...]. Quanto mais ouço sobre Lincoln, mais ele me interessa".[15]

A visita a Washington com Fisher ofereceu a ele uma perspectiva íntima da situação racial na America, percebida por poucos brancos:

> Em Washington, convivi com negros o tempo inteiro, e por meio dos estudantes fui capaz de me familiarizar com todas as principais figuras do movimento negro, estive em suas casas, e tive extraordinárias discussões com eles [...]. As condições são realmente inacreditáveis. Não só separam vagões ferroviários, bondes e ônibus ao sul de Washington, mas também, por exemplo, quando quis almoçar com um negro num pequeno restaurante, recusaram-me o serviço.[16]

Eles visitaram a alma *mater* de Fisher, a Universidade Howard, onde um jovem de nome Thurgood Marshall[17] estudava direito. Bonhoeffer muito se interessou pela questão racial na América e, naquele mês de março, acompanhou de perto as notícias do caso Scottsboro, que prendeu a atenção de todo o país. Escreveu a Karl-Friedrich:

> Quero conferir as condições da igreja no Sul, bastante peculiares, pelo que dizem, e descobrir com mais detalhes a situação dos negros. Não sei bem, talvez eu não tenha passado tempo suficiente aqui para compreender a questão, já que não temos uma situação análoga na Alemanha, mas parece-me algo bastante interessante, e em momento algum me aborreceu. E realmente tenho a impressão de existir a formação de um movimento real, e acredito de verdade que os negros ainda darão aos brancos muito mais do que apenas canções folclóricas.[18]

[15] Dietrich BONHOEFFER a seus pais, Filadélfia, 1º de dezembro de 1930.
[16] *Barcelona, Berlin, New York: 1928-1931*, p. 258.
[17] Primeiro juiz negro da Suprema Corte dos Estados Unidos da América. (N. do T.)
[18] *Barcelona, Berlin, New York: 1928-1931*, p. 258.

Sua crença na existência de nenhuma "situação análoga na Alemanha" mudaria em breve. Karl-Friedrich escreveu-lhe de volta: "Quando estive nos Estados Unidos, fiquei com a impressão de esse ser realmente *o* problema". E revelou que o racismo visto por ele o fez recusar uma nomeação em Harvard: temia que viver o resto da vida na América pudesse manchar seu futuro e o da família, como participantes "desse legado". Do mesmo modo que seu irmão mais novo, Karl-Friedrich não visualizava uma situação semelhante na Alemanha e até arriscou dizer que "a nossa questão judaica é uma piada em comparação; não há muitas pessoas a reclamar de opressão por aqui".[19]

É difícil reprimir um riso amargo por tamanha falta de percepção, mas os Bonhoeffer cresceram em Grunewald, um bairro de elite acadêmica e cultural, onde um terço dos moradores consistia em judeus. Eles nunca viram ou ouviram algo comparável ao que descobriram nos Estados Unidos, em que negros eram tratados como cidadãos de segunda classe e viviam separados dos brancos. O que Bonhoeffer viu no Sul era ainda mais grave. A comparação torna-se mais complicada porque, na Alemanha, os judeus possuíam paridade econômica. O mesmo não poderia ser dito dos negros americanos. Em termos de influência, os judeus alemães mantinham posições de destaque em toda esfera da sociedade, algo bem distante da situação negra na América. E, em 1931, ninguém desconfiava de como a situação alemã se deterioraria nos próximos anos.

A vivência de Bonhoeffer com a comunidade afro-americana ressaltou uma ideia em desenvolvimento em sua mente: a única piedade real e poderosa que ele vira na igreja americana parecia estar nas igrejas onde havia uma história de sofrimento, tanto no presente quanto no passado. De algum modo, tinha visto algo mais nessas igrejas e nesses cristãos, algo que o mundo da academia teológica — mesmo em seu melhor, como em Berlim — não alcançava. Sua amizade com o francês Jean Lasserre falou com ele de maneira similar.

Bonhoeffer respeitava o teólogo em Lasserre, mas não concordava com suas fortes opiniões pacifistas. Por respeitar sua teologia, porém, e talvez por ambos serem europeus, ele sentia confiança para explorar o que Lasserre tinha a dizer. Lasserre encaminhou Bonhoeffer para linhas de pensamento que, por sua vez, o levariam a se envolver no movimento ecumênico. "Nós acreditamos na Santa Igreja Católica, na Comunhão dos Santos, ou nós acreditamos na

[19] Eberhard BETHGE, *Dietrich Bonhoeffer: A Biography*, p. 151.

missão eterna da França? Não se pode ser cristão e nacionalista ao mesmo tempo".[20]

Não foi uma conversa, todavia, mas um filme, o principal responsável por influir as opiniões de Lasserre com maior intensidade em Bonhoeffer.

O poder do filme

O hoje clássico romance antiguerra *Nada de novo no* front explodiu na Alemanha e na Europa em 1929. Sua publicação foi um fenômeno de efeito significativo sobre os pontos de vista de Dietrich Bonhoeffer a respeito da guerra, opiniões responsáveis por modificar o curso de sua vida e que, por fim, o levariam à morte. O autor da obra, Erich Maria Remarque, servira no exército alemão durante a guerra. O livro vendeu quase um milhão de cópias em instantes, e no espaço de dezoito meses foi traduzido para 25 línguas, transformando-se no romance mais vendido do começo do século. Bonhoeffer deve tê-lo lido para a aula de Reinhold Niebuhr no Union, em 1930, se não antes, mas seria o filme, mais que o livro, que mudaria sua vida.

Com crueza e poder inédito na época, o filme não teve pudores em retratar os horrores visuais da guerra. Recebeu os Oscars de Melhor Filme e Melhor Diretor, mas, por sua postura agressiva contra a guerra, causou uma tempestade de indignação pela Europa. Na cena de abertura, um velho professor de olhar selvagem exorta seus jovens comandados a defender a pátria. Atrás dele, na lousa, vê-se o trecho grego da *Odisseia* para a invocação da Musa, que cantará os louvores do grande soldado-herói saqueador de Troia. Dos lábios do velho professor, surge a famosa frase de Horácio, "Dulce et decorum est pro patria mori" ("Doce e honroso é morrer pela pátria"). As glórias da guerra eram, para esses rapazes, parte da grande tradição ocidental na qual foram educados, e marcharam em massa para a lama e morte das trincheiras. Muitos deles morreram, e quase todos se acovardaram e se desesperaram antes de isso acontecer.

O filme é perturbador e anti-heroico. Para os de tendência nacionalista, deve ter sido, por vezes, constrangedor e irritante. Não é surpresa alguma que, para os ascendentes nacionais-socialistas, a obra dê a impressão de compor uma vil propaganda internacionalista, vinda dos mesmos lugares — dos

[20] Mary Bosanquet, *The Life and Death of Dietrich Bonhoeffer*, p. 89.

judeus, principalmente — que causaram a derrota da Alemanha na guerra. Em 1933, quando chegaram ao poder, os nazistas queimaram cópias do livro de Remarque e espalharam o boato de ele ser um judeu cujo sobrenome verdadeiro era Kramer — Remark soletrado ao contrário. Mas no momento, em 1930, o problema era apenas o filme.

O recém-nomeado ministro da Propaganda, Joseph Goebbels, entrou em ação. Ele ordenou ao braço juvenil do Partido, a *Hitlerjugend* (Juventude Hitlerista), que soltasse rapé, bomba de mau cheiro e camundongos dentro das salas de cinema durante a exibição do filme. Do lado de fora, os uniformizados de preto da *Schutzstaffel*, mais tarde conhecida como SS, provocavam tumultos. A balbúrdia resultante foi um dos primeiros exemplos das táticas de intimidação dos nazistas. Como resultado, o longa-metragem foi proibido em toda a Alemanha, e assim permaneceu até 1945.

Nos Estados Unidos, entretanto, foi exibido por todo lugar, e numa tarde de sábado, em Nova York, Bonhoeffer assistiu ao filme com Jean Lasserre. A obra era uma crítica mordaz à guerra, em que seus países eram inimigos amargos, e ali estavam eles, sentados lado a lado, vendo rapazes alemães e franceses assassinarem uns aos outros. Na cena mais comovente do filme, o herói, um jovem soldado alemão, esfaqueia um soldado francês, que morre no final. Mas antes de falecer, caído na trincheira, sozinho com seu assassino, ele se contorce e geme por horas. O soldado alemão é forçado a encarar o horror daquilo que ele mesmo causou. No fim, ele acaricia o rosto do agonizante, tenta confortá-lo, oferece-lhe água para seus lábios ressecados. E, após a morte do francês, o alemão deita-se aos pés do cadáver e implora seu perdão. Promete escrever para a família do jovem, encontra e abre sua carteira. Vê, então, o nome do soldado morto e uma foto de sua filha e esposa.

A tristeza da violência e do sofrimento na tela do cinema causou lágrimas em Bonhoeffer e Lasserre, mas ainda pior para eles foi a reação do resto da sala. Lasserre lembra-se das crianças americanas na plateia rindo e aplaudindo os alemães — de cujo ponto de vista a história era contada — quando assassinavam franceses. Para Bonhoeffer, foi insuportável. Lasserre disse mais tarde que mal conseguia consolar o amigo após a sessão. Lasserre acreditava que Bonhoeffer se transformara num pacifista naquela tarde.

Lasserre falava com frequência sobre o Sermão do Monte e como ele contribuiu para a formação de sua teologia. Dessa época em diante, teria papel central também na vida de Bonhoeffer e o levaria a escrever seu livro mais famoso, O *custo do discipulado*.[21] Tão importante, contudo, é o fato de sua amizade com Lasserre ter envolvido Bonhoeffer no movimento ecumênico, o que, por sua vez, o levaria a se envolver na resistência contra Hitler e os nazistas.

O apetite voraz de Bonhoeffer por cultura encontrou seu lar em Nova York. Ele escreveu para Max Diestel: "Se você deseja mesmo conhecer Nova York, a cidade praticamente o empurra para dentro".[22] Para alguém que adorava novas experiências, a América oferecia uma infinidade. Quando não estava absorvendo mais um pouco da cultura de Manhattan, estava num trem ou num carro viajando para outros lugares. Visitava sempre seus parentes Tafel na Filadélfia e diversas vezes tomou o trem para Scarsdale a fim de visitar a família Ern. No mês de dezembro, ele e Erwin Sutz viajaram de trem quanto puderam para o Sul e, quando terminaram de percorrer a Flórida, pegaram um barco para Cuba.

Em Cuba, Bonhoeffer encontrou-se com sua governanta de infância, Käthe van Horn, agora professora de uma escola alemã em Havana. Ali, ele celebrou as festas natalinas e pregou na congregação alemã, usando seu texto sobre a história da morte de Moisés no monte Nebo. É uma história que o assombrou durante grande parte da vida. Treze anos depois, escreveria a sua noiva sobre a experiência em Cuba:

> O sol sempre me atraiu e sempre me faz lembrar que os seres humanos foram tirados da terra e não são feitos apenas de ar puro e pensamentos. Tanto é assim que certa vez, quando fui a Cuba para pregar no Natal e troquei o gelo da América do Norte por aquela exuberante vegetação tropical, quase sucumbi à adoração do sol e mal me lembrava do que deveria pregar. Foi uma crise genuína, uma insinuação que me assalta todo verão quando começo a sentir o sol.[23]

Antes e depois de Cuba, Bonhoeffer passou um tempo no sul dos Estados Unidos, onde continuou a se interrogar sobre as relações raciais:

[21] O título alemão da obra é *Nachfolge*; a tradução, portanto, poderia ser apenas *Discipulado*, que é como será usada nas referências posteriores deste livro.

[22] Dietrich Bonhoeffer a Max Diestel, Nova York, 25 de abril de 1931.

[23] Ruth-Alice von Bismarck e Ulrich Kabitz, eds. *Love Letters from Cell 92: The Correspondence Between Dietrich Bonhoeffer and Maria von Wedemeyer, 1943-45*, p. 68.

> A separação de negros e brancos nos estados do Sul causa uma impressão marcante de vergonha. Nas ferrovias, a separação se estende aos mínimos detalhes. Em geral, achei os vagões dos negros mais limpos que os outros. Também me agradou ver os brancos aglomerados em seus vagões, enquanto muitas vezes apenas uma única pessoa estava sentada no vagão para negros. O modo em que os sulistas falam sobre os negros é algo repugnante, e nesse sentido os pastores não são melhores do que os outros. Eu ainda creio que as canções espirituais dos negros do Sul representam alguma das maiores realizações artísticas da América. É irritante saber que, num país com tantos *slogans* sobre fraternidade, paz e assim por diante, coisas desse tipo se mantenham incorrigíveis.[24]

Duas semanas antes de seu 25º aniversário, em janeiro, Bonhoeffer escreveu a Sabine. Vinte e cinco anos eram um marco para ele. Após obter seu doutorado aos 21, as expectativas quanto a si mesmo eram grandes. De alguma forma, as coisas pareciam um pouco paradas:

> É tão desanimador para mim o fato de completar 25 anos [...]. Se acaso estivesse casado há cinco anos, com dois filhos, minha própria casa, bem, aí talvez houvesse razões plenas para completar 25 [...]. Ainda não sei como a data será comemorada. Várias pessoas souberam da data e exigiram uma festa de aniversário na casa de um dos estudantes casados. Mas talvez eu encontre algo agradável no teatro. Infelizmente, não posso sequer brindá-la com um copo de vinho para a ocasião, já que é proibido por lei federal; quão enfadonha essa proibição em que ninguém acredita.[25]

Bonhoeffer acabou por celebrar o aniversário no apartamento de Paul e Marion Lehmann, em Greenwich Village. Ele escrevera a Sabine sobre sua vontade de viajar para a Índia em maio, com o intuito de reencontrar o dr. Lucas e conhecer Mahatma Gandhi. Ele tinha o desejo de contornar o globo pelo mar. Mas o custo da viagem para a Índia era elevado demais. Lehmann e ele andaram pelas docas nova-iorquinas à procura do capitão de um cargueiro que pudesse dar uma carona para Bonhoeffer, mas em vão. Decidiu adiar sua viagem para outra oportunidade.

[24] *Barcelona, Berlin, New York: 1928-1931*, p. 269.

[25] Idem, p. 270-271.

Os Lehmann foram o mais próximo de uma família para Bonhoeffer em Nova York. Ele se sentia confortável na companhia deles, e o sentimento era recíproco. Muitos anos depois, em discurso para a BBC, Paul Lehmann disse:

> [Bonhoeffer] era alemão em sua paixão pela perfeição, seja nos costumes, seja nas suas realizações, ou em tudo aquilo implicado na palavra *Kultur*. Em suma, foi um aristocrata do espírito em seu melhor. Ao mesmo tempo, porém, Bonhoeffer era o menos alemão dos alemães. Sua nobreza era inconfundível, mas não importuna, graças a sua curiosidade sem limites, penso eu, sobre cada ambiente novo que encontrava e a seu irresistível e infalível senso de humor.[26]

Quando os Lehmann visitaram Bonhoeffer na Alemanha dois anos depois, ele e Paul escreveram ao rabino americano Stephen Wise, contando-lhe sobre a situação deteriorante dos judeus. Bonhoeffer fora apresentado a Wise na Páscoa, em 1931. Ele tinha esperança de participar dos cultos de uma igreja americana, mas numa carta à avó explicou que não fora possível porque era preciso...

> ... conseguir ingressos muito antecipadamente para as maiores igrejas. Por não saber disso, nada restou além de ir ouvir um famoso rabino daqui que prega todo domingo de manhã na enorme sala de concertos perante uma plateia lotada; ele pregou um sermão eficaz contra a corrupção em Nova York e desafiou os judeus, um terço da cidade, a fazer desta cidade a Cidade de Deus, a prepará-la para a vinda do Messias.[27]

É notável que, em sua única Páscoa em Nova York, Bonhoeffer participou dos cultos numa sinagoga.

Na estrada

A viagem para a Índia não estava incluída, mas, já que seu ano acadêmico no Union aproximava-se do fim, Bonhoeffer fez planos para outra excursão. Iria ao México de carro, pela estrada de Chicago.

[26] Bosanquet, *Life and Death of Bonhoeffer*, p. 88.
[27] *Barcelona, Berlin, New York: 1928-1931*, p. 294-295.

Bonhoeffer e Lasserre tiveram a ideia de explorar a cultura católica mexicana e decidiram fazer a viagem juntos. A jornada consistia em atravessar seis mil quilômetros a uma velocidade inferior a oitenta por hora. A generosa família Ern ofereceu o empréstimo de um Oldsmobile 1928 para a viagem. Ele os visitou em março, e ensinaram-lhe a dirigir. Entretanto, falhou no teste do motorista diversas vezes. Os Lehmann estavam convencidos de que ele deveria relaxar seu orgulho alemão e deixar cair cinco dólares no bolso do instrutor. Bonhoeffer recusou a ideia do suborno.

No fim, decidiu-se que Paul Lehmann acompanharia a dupla e dirigiria o carro até Chicago. Bonhoeffer acreditava que, a partir dali, já se sentiria confiante para dirigir. Erwin Sutz resolveu juntar-se a eles. Mas Sutz fazia parte de um coral agendado para cantar no Carnegie Hall; a viagem foi então adiada para o dia 5 de maio. Sutz, como Bonhoeffer, era pianista, e o amor dos dois pela música levou-os a vários concertos naquele ano, incluindo uma apresentação de Toscanini.

Finalmente, no dia 5, os quatro teólogos deixaram a ilha de Manhattan no carro emprestado. O plano era dirigir mais de mil quilômetros a oeste, até St. Louis. Em St. Louis, Sutz decidiu que já tinha ido o suficiente e tomou um trem de volta para o leste. Lehmann e Lasserre seguiriam no carro com Bonhoeffer. Na maior parte do tempo, eles acampavam na estrada, feito vagabundos.

Lasserre recorda:

> Certa vez, à noite, montamos a barraca num pequeno e tranquilo bosque, sem suspeitar que aquele fosse o dormitório de um rebanho de porcos. Passamos apuros tentando afastar e desencorajar esses animais raivosos e barulhentos, reclamando seus quartos de volta. Após resolver de vez o problema, estávamos mortos de cansaço, e Dietrich caiu rapidamente no sono. Eu não estava muito convencido da falta de perigo e dormi mal. De madrugada, acordei com um susto por causa de um ronco regular mas feroz, bem próximo de mim. Imaginei que Dietrich estivesse doente e me lancei para perto dele, apenas para encontrá-lo dormindo em paz feito uma criança. O ronco que me havia apavorado vinha de um porco enorme do lado de fora da barraca [...]. Não importava o que acontecesse, Dietrich permanecia imperturbável, bastante sereno. Era dono de uma índole extraordinária, capaz de ignorar a raiva, a ansiedade e o desânimo. Parecia incapaz de desprezar alguém.[28]

[28] Edwin ROBERTSON, *The Shame and the Sacrifice: The Life and Martyrdom of Dietrich Bonhoeffer*, p. 66.

Lasserre e Bonhoeffer enfim alcançaram a fronteira mexicana em Laredo, no Texas. No entanto, descobriram que, se desejassem reentrar nos Estados Unidos, deveriam obter uma autorização antes de entrar no México. Ficaram, assim, presos no Hotel St. Paul, enquanto tentavam providenciar a autorização devida. Enviaram um telegrama para Paul Lehmann, já de volta a Nova York, pedindo ajuda para resolver o problema. Também enviaram um telegrama ao embaixador alemão no México. Eles precisavam provar que, ao retornar do México, teriam em Nova York passagens para a viagem de volta para Bremen. Os EUA não tinham condições econômicas para ajudar europeus tentando se infiltrar no país pelo México. No fim, Lehmann respondeu com algumas instruções: "Seguir para Cidade do México Quando retornar solicitar Cônsul Americano por visto passagem Ponto Comissário Geral assegura nenhum problema Ponto".[29]

Deixaram o Oldsmobile em Laredo e entraram no México. A dupla viajou quase dois mil quilômetros em trens mexicanos. Em Ciudad Victoria, havia uma faculdade de formação de professores, onde Lasserre, por intermédio de um amigo quacre, arranjou uma palestra conjunta para ele e Bonhoeffer. Um fato singular, dois sujeitos nascidos em pátrias eternamente inimigas — um francês e um alemão — se apresentando juntos; é de se imaginar que tenham palestrado sobre o tema da paz. Ao sul da Cidade do México e ao norte de Cuernavaca, Bonhoeffer visitou as ruínas astecas. Num cartão-postal da pirâmide de Teopanzolco, escreveu a seu pequeno amigo Richard Ern:

> Passei muito tempo sentado nesta pirâmide e conversando com um jovem pastor indígena. Ele não sabia ler ou escrever, mas tinha muito a contar. É bonito aqui e nem tão quente, afinal estamos a dois mil metros de altitude. Tudo é bem diferente dos Estados Unidos. Pelo jeito, há uma grande quantidade de pobres aqui. Eles costumam viver em cabanas, e as crianças vestem apenas camiseta e às vezes nada. As pessoas parecem boas e são bastante amigáveis. Estou ansioso para retornar a seu carro e voltar a vê-los novamente. Cuide-se, meu querido rapaz. Sinceras saudações para você e para seus pais.[30]

Em 17 de junho, Bonhoeffer e Lasserre estavam de volta à sufocante Nova York. Três dias depois, tomou um navio e retornou para casa.

[29] Paul Lehmann a Jean Lasserre e Dietrich Bonhoeffer, telegrama, 19 de maio de 1931.

[30] *Barcelona, Berlin, New York: 1928-1931*, p. 304.

CAPÍTULO 8

BERLIM

1931-1932

Contou-nos sobre seus amigos de cor com quem viajara pelos Estados Unidos [...] falou sobre a religiosidade dos negros [...]. No fim da noite, disse: "Antes de me despedir de meu amigo negro, ele pediu: 'Faça que a Alemanha conheça nosso sofrimento. Conte a eles o que acontece conosco e mostre-lhes como somos'".

WOLF-DIETER ZIMMERMANN

Entre o público se difundiu a expectativa de que a salvação do povo alemão viria de Hitler. Mas nas aulas ouvíamos que a salvação vem somente de Jesus Cristo.

INGE KARDING

BONHOEFFER RETORNOU PARA BERLIM no fim de junho. Poucos dias depois, porém, deixou o país novamente. Os pais esperavam atraí-lo para Friedrichsbrunn, mas seria difícil competir com o que o aguardava na Suíça. Erwin Sutz providenciara um encontro com Karl Barth.

No dia 10 de julho, Bonhoeffer partiu para Bonn. Como era de se imaginar, suas primeiras impressões do grande teólogo foram favoráveis. Escreveu aos pais: "Encontrei Barth e o conheci muito bem numa sessão noturna em sua casa. Gostei bastante dele e estou realmente impressionado com suas conferências [...]. Creio que terei enorme proveito do tempo gasto aqui".[1]

Num dos seminários de Barth — talvez naquele primeiro encontro —, um estudante citara a famosa máxima de Lutero: "Há vezes em que as blasfêmias dos ateus soam melhor do que as aleluias dos devotos". Barth, agradado com o que ouvira, perguntou quem dissera a frase. Bonhoeffer ergueu a mão. Foi assim o primeiro contato entre os dois. Logo se tornariam amigos.

Em 23 de julho, Barth, de 44 anos, convidou o jovem de 25 para um jantar. Sozinho com o teólogo, Bonhoeffer teve a oportunidade de lhe fazer perguntas há muito não respondidas. "Impressionei-me mais pelas nossas conversas do que por seus escritos e palestras", disse. "Pois ele realmente está ali. Nunca vi nada parecido." E acrescentou: "Há nele uma amplitude, uma prontidão para qualquer objeção supostamente válida e, além disso, muita concentração e insistência impetuosa sobre o assunto, feita de forma arrogante ou modesta, dogmática ou incerta, e não apenas ao que diz respeito a sua própria teologia".[2]

Bonhoeffer o visitou com frequência nos dois anos seguintes. Em setembro de 1932, logo após Barth concluir o primeiro volume da influente *Dogmática eclesiástica*, Bonhoeffer fez-lhe uma visita na Editora Bergli, na Suíça. Encontrou-se também com Sutz, que o apresentou ao teólogo suíço Emil Brunner. Em 1933, quando uma cadeira de teologia se abriu na Universidade de Berlim, Bonhoeffer tentou utilizar suas influências familiares no Ministério da Cultura da Prússia em favor de Barth. Mas Hitler acabara de ser nomeado chanceler do Reich. Assim, tudo se politizara, e ninguém que desprezasse os pontos de vista do futuro ditador alcançaria alguma importante posição na academia ou em qualquer outro lugar. A cadeira foi entregue a Georg Wobbermin, que usava a mesma roupa marrom do novo chanceler. Tempo depois, Barth escreveu para Bonhoeffer: "Na era de Hitler, o chanceler do Reich, Wobbermin certamente ocupará a cadeira de Schleiermacher de forma mais fiel ao padrão do que eu teria feito. Disseram-me de seus esforços a meu favor [...]. Eu teria aceitado, sem dúvida [...]. O mundo vai mal, mas não queremos deixar a peteca cair sob qualquer circunstância, não é?".[3]

[1] Dietrich Bonhoeffer a seus pais, Bonn, julho de 1931.

[2] Idem, *A Testament to Freedom: The Essential Writings of Dietrich Bonhoeffer*, p. 383.

[3] Eberhard Bethge, *Dietrich Bonhoeffer: A Biography*, p. 178.

A ascensão de Hitler à chancelaria, porém, aconteceria dois anos depois. Bonhoeffer estivera em Nova York por meros nove meses, mas, por vezes, parecia uma vida toda. Quando partira, os nazistas não passavam de uma pequena nuvem cinzenta no horizonte de um céu límpido. Agora, negra e estalando eletricidade, a nuvem pairava sobre a cabeça de todos.

Escreveu para Sutz que o "panorama mostra-se excepcionalmente sombrio".[4] Acreditou estar "presenciando um tremendo divisor de águas na história da humanidade" e sentia que algo estava prestes a acontecer. Mas o quê? À sua maneira presciente, Bonhoeffer imaginava que, não importava o que viesse pela frente, a igreja estaria ameaçada. Questionava-se sobre a sobrevivência dela. "Qual é, então, a utilidade da teologia de todo mundo?", perguntou. Havia agora uma urgência e seriedade não presentes até então. De algum modo, ele sentiu o dever de alertar as pessoas a respeito do que se aproximava. Era como se, de um carvalho resistente, em cuja sombra famílias faziam piqueniques e em cujos galhos as crianças se balançavam, ele pudesse ver a sua podridão interna, prestes a cair e matar a todos eles. Os outros perceberam a mudança em Bonhoeffer. Seus sermões, por exemplo, se tornaram mais severos.

A grande mudança

O que restou da Igreja Memorial Kaiser Wilhelm representa algo como uma estátua de Ramsés II no meio do deserto de plástico e cimento do bairro comercial de Berlim. A maior parte da área foi transformada em ruínas durante um ataque da Força Aérea Real do Reino Unido em 1943, e o que sobrou dessa outrora imponente catedral — os escombros do campanário — serve agora como uma reminiscência modernista e grosseira do poder destruidor da guerra. Mas, antes do conflito, diziam que aquela igreja era uma das glórias de Berlim.

Bonhoeffer foi convidado a pregar ali no Dia da Reforma Protestante, em 1932.[5] Nesse dia a Alemanha celebra Lutero e a grande herança cultural da Reforma. Nos assentos das igrejas, os alemães aguardavam algo parecido com o que os americanos nos cultos protestantes do feriado de 4 de julho desejam:

[4] BONHOEFFER, *A Testament to Freedom*, p. 384.

[5] Bonhoeffer pregou na igreja diversas vezes, colaborando com seu amigo, o pastor Gerhard Jacobi, aliado próximo durante as lutas da igreja na década de 1930.

um sermão animado e patriótico. Esperavam ser inflamados com o orgulho do milagre da herança luterana e queriam seu ego afagado pelo papel que desempenharam na manutenção dessa valorosa tradição, uma vez que estavam ali, sentados naqueles bancos duros, quando poderiam estar fazendo tantas outras coisas. Hindenburg, o robusto ícone nacional, frequentava a igreja e talvez estivesse presente naquele domingo. Que culto maravilhoso seria! E assim, com a congregação insuflada por essa expectativa agradável e calorosa, o sermão transmitido por Bonhoeffer deve ter se assemelhado à pancada de um soco inesperado seguido de um chute no estômago.

Os textos bíblicos demonstravam um indício do que viria a seguir. O primeiro trecho veio de Apocalipse 2:4-5: "Contra você, porém, tenho isto: você abandonou o seu primeiro amor. Lembre-se de onde caiu! Arrependa-se e pratique as obras que praticava no princípio. Se não se arrepender, virei a você e tirarei o seu candelabro do seu lugar". Pessoas familiarizadas com as pregações de Bonhoeffer talvez tenham, após ouvir esses versículos, saído às escondidas pela porta lateral. Por outro lado, se estivessem dispostas a serem sacudidas por um revigorante filípico[6] e decidissem permanecer, elas não se desapontariam.

Bonhoeffer iniciou a pregação com más notícias: a igreja protestante está nos últimos instantes de vida, disse, e é "passada a hora de percebermos isso".[7] A igreja alemã, continuou, agoniza, se já não morreu. Em seguida, dirigiu seu estrondo para as pessoas nos bancos. Condenou a inapropriada e grotesca celebração quando, na verdade, todos participavam de um funeral: "Uma fanfarra de trompetes não serve de conforto para um moribundo". Referiu-se, então, ao herói do dia, Martinho Lutero, como um "morto" que usavam de suporte para propósitos egoístas. Era como se tivesse jogado um balde d'água sobre a congregação e, em seguida, arremessasse os sapatos contra ela. "Nós não enxergamos que esta igreja não é mais a igreja de Lutero", disse. Chamou de "arrogância e leviandade imperdoáveis" a maneira pela qual se apropriaram alegremente das famosas palavras de Lutero, "Aqui eu estou, eu não posso fazer de outro modo", para seus próprios fins — como se tais palavras se aplicassem a eles e à Igreja Luterana de seus dias. E assim seguiu.

[6] Referência do autor às *Filípicas*, discursos insultantes do ateniense Demóstenes contra Filipe II, rei da Macedônia, no 4 século a.C. (N. do T.)

[7] *Berlin 1932-1933*, vol. 12, *Dietrich Bonhoeffer Works*, p. 439.

Não seria o único sermão do tipo pregado por ele naquele ano. Mas o que exatamente Bonhoeffer percebera, e de onde surgira essa urgência em comunicar o que tinha percebido? Ele parecia querer alertar todo mundo para que despertasse e parasse de brincar de igreja. Eram como sonâmbulos, perambulando rumo a um terrível precipício! Mas poucos lhe deram a atenção devida. Para muitos, Bonhoeffer era apenas mais um desses acadêmicos de óculos que se levam muito a sério, somado a uma boa dose de fanatismo religioso. E pregava sermões tão deprimentes!

É de se perguntar qual a intenção de Bonhoeffer com esses sermões. Ele realmente imaginava que as pessoas nos assentos da igreja aceitariam de coração aquilo que pregava? Mas o que dizia era verdade e sentia que Deus o escolhera para dizer o que estava dizendo. Assumiu a ideia de pregar a palavra de Deus com extrema seriedade e não se atreveria a subir ao púlpito somente para expor suas meras opiniões. Sabia também que uma palavra pregada, vinda direto do céu, poderia ser rejeitada, assim como as mensagens dos profetas no Antigo Testamento e o próprio Jesus foram rejeitados. O papel dos profetas era, com simplicidade e obediência, falar aquilo que Deus desejava dizer. Acolhida ou não, a mensagem era entre Deus e seu povo. No entanto, pregar tão ardente mensagem e conhecê-la como a palavra de Deus para os fiéis, que a rejeitavam, era doloroso. Consiste nisso, porém, a dor do ofício profético, e ser escolhido profeta por Deus significa, em parte, que o profeta tem de partilhar os sofrimentos de Deus.

Obviamente, algo acontecera a Bonhoeffer no ano anterior, algo que continuava a acontecer. Alguns foram tão longe a ponto de considerar uma conversão, o que é difícil. Para Bonhoeffer e outros próximos a ele, era evidente que sua fé tinha, de algum modo, se aprofundado no ano anterior. E parecia cada vez mais clara a sensação de ter sido chamado por Deus.

Poucos anos depois, em janeiro de 1936, na carta escrita a Elizabeth Zinn, ele descreve a mudança ocorrida durante essa época:

> Mergulhei no trabalho de uma forma nada cristã. Uma [...] ambição em mim, percebida por muitos, complicava a minha vida [...]. Algo então aconteceu, algo que mudou e transformou minha vida. Pela primeira vez, descobri a Bíblia [...]. Eu pregara muitas vezes. Eu fazia uma grande ideia da igreja e falei e preguei a seu respeito — mas ainda não me havia tornado um cristão [...]. Na época, utilizei a doutrina de Jesus Cristo como uma vantagem pessoal [...]. Oro para Deus não permitir que isso se re-

> pita. Também nunca havia orado, ou orava muito pouco. Devido a toda minha solidão, eu estava bastante satisfeito comigo. Mas a Bíblia, e em especial o Sermão do Monte, me libertou. Tudo se modificou desde então. Sentia isso com clareza, assim como as outras pessoas também o perceberam. Foi uma grande libertação. Tornou-se evidente para mim que a vida de um servo de Jesus Cristo deve pertencer à igreja, e, passo a passo, comecei a entender quão longe se deve ir para isso. Veio, então, a crise de 1933. Ela me fortaleceu. Também encontrei outros que partilham o mesmo objetivo comigo. A revitalização da igreja e do ministério é hoje a minha preocupação suprema [...]. Meu chamado me parece ser bastante claro. O que Deus fará dele, eu não sei dizer [...]. Devo seguir o caminho. Talvez ele não seja tão longo [...]. Às vezes, gostaríamos que assim fosse (Fp 1:23). Mas é algo bom ter descoberto a minha vocação [...]. Creio que a nobreza de tal chamado se tornará evidente apenas no tempo dos acontecimentos que virão. Se ao menos pudermos suportá-los".[8]

A temporada de Bonhoeffer em Nova York, em especial os cultos nas "igrejas dos negros", tem relação com essa mudança. Ele ouvira a pregação do evangelho e presenciara a devoção sincera de um povo sofredor. Os sermões fervorosos, os cânticos e a adoração jubilosa abriram seus olhos e o transformaram. Teria ele "nascido de novo"?

Não se sabe o que aconteceu, mas os resultados são evidentes. Para começar, ele se tornou um membro regular da igreja, pela primeira vez na vida, e comungava sempre que possível. Quando Paul e Marion Lehmann visitaram Berlim em 1933, notaram a diferença no comportamento do amigo. Dois anos antes, em Nova York, ele não mostrava interesse em ir à igreja. Adorava trabalhar com crianças no Harlem, adorava ir ao cinema, a concertos e a museus, e adorava viajar, adorava filosofia e adorava discutir a respeito de conceitos teológicos — mas surge, aqui, algo novo. O que aconteceu para Bonhoeffer subitamente decidir participar com seriedade da igreja?

Bonhoeffer, o professor

Pouco antes de partir para o Union, Bonhoeffer se qualificara como professor de teologia na Universidade de Berlim. Assim, logo ao retornar, assumiu seu

[8] Bonhoeffer, *A Testament to Freedom*, p. 424-425.

posto, palestrando e realizando seminários. Mas seu modo de ensinar teologia não seria como a maioria das pessoas imaginava. A mudança que vinha ocorrendo em seu íntimo seria refletida no púlpito e também nas salas de aulas.

Wolf-Dieter Zimmermann, um de seus alunos dessa época, teve o primeiro encontro com Bonhoeffer no outono de 1932. Havia apenas alguns estudantes na sala no primeiro dia, e Zimmermann sentiu-se tentado a abandoná-la. Mas, por alguma razão, teve curiosidade e decidiu ficar. Ele recorda o momento:

> Um jovem professor subiu à tribuna com um passo leve, ligeiro, um sujeito loiro, de cabelos ralos, rosto largo, de óculos sem aro com armação dourada. Após algumas palavras de boas-vindas, ele explicou o propósito e a estrutura da aula, com voz firme e um pouco rouca. Em seguida, abriu seu manuscrito e iniciou a apresentação. Ressaltou que, nos dias de hoje, muitas vezes perguntamos a nós mesmos se ainda existe a necessidade da Igreja, se ainda necessitamos de Deus. Mas essa questão, disse ele, está errada. Nós é que devemos ser questionados. A Igreja existe e Deus existe, e nós somos perguntados se estamos dispostos a servir, pois Deus precisa de nós.[9]

Raramente se falava dessa maneira na maioria dos púlpitos da Alemanha. Vindo de uma tribuna na universidade, era algo inédito. Mas Bonhoeffer não se havia tornado subitamente mais emocional, ou menos racional. Seu estilo como professor era "muito concentrado, nada sentimental, quase imparcial, límpido feito um cristal, com certa frieza racional, como um repórter". A combinação de uma fé inflexível com um intelecto lógico notável era bastante convincente. Ferenc Lahel, outro estudante, disse que eles "seguiam suas palavras com tamanha atenção que se podia ouvir o zunido dos mosquitos. Muitas vezes, quando abaixávamos a caneta, estávamos literalmente transpirando". Contudo, nem sempre Bonhoeffer era sério e intenso. Também havia nele um espírito galhofeiro, comentado por muitos amigos ao longo dos anos. Quando visitou sua casa e foi convidado para o jantar, Lehel recusou, de forma polida, mas Bonhoeffer insistiu para que ficasse: "Não é apenas meu pão, mas nosso pão, e, quando nós comermos juntos, haverá doze cestos de sobra".[10]

[9] Wolf-Dieter ZIMMERMANN e Ronald G. SMITH, eds., *I Knew Dietrich Bonhoeffer*, p. 60.
[10] Idem, p. 68.

Bonhoeffer costumava convidar alunos para sua casa. Envolveu-se na vida deles, assim como acontecera antes com as crianças da escola dominical de Grunewald e com os rapazes do Círculo da Quinta-Feira. Lehel relembra que Bonhoeffer o encorajara em sua fé:

> Nas minhas dificuldades intelectuais, ele permaneceu ao meu lado, como um pastor, fraterno e amigável. Quando me recomendou a leitura de *Glaube und Denken* (A crença e o pensamento), de Karl Heim, ressaltou como Heim era capaz de se harmonizar com os céticos; como ele não se satisfazia com apologistas baratos, que atiravam contra as muralhas da ciência natural do topo de seu pomposo castelo. Devemos pensar com os céticos, dizia ele, devemos até mesmo duvidar junto com eles.[11]

Outro aluno, Otto Dudzus, recorda-se dos convites de Bonhoeffer aos alunos para as noites musicais na casa de seus pais:

> Tudo o que ele era ou tinha, disponibilizava aos outros. O maior tesouro que possuía era a casa refinada, elegante, altamente educada e de mentalidade aberta de seus pais, os quais ele nos apresentou. As reuniões à noite, toda semana, ou no mais tardar a cada duas semanas, tinham tal atmosfera que se tornariam um pedaço de lar também para nós. Além disso, a mãe de Bonhoeffer nos recebia da melhor maneira possível.[12]

Mesmo quando Bonhoeffer partiu para Londres em 1934, seus pais continuaram a tratar esses estudantes como parte da família e de seu amplo círculo social. Bonhoeffer não separou sua vida cristã de sua vida familiar. Seus pais eram apresentados a outros brilhantes alunos de teologia, e seus alunos eram apresentados à extraordinária família Bonhoeffer.

Inge Karding, uma das poucas alunas da turma, relembra sua primeira aula com ele:

[11] Idem, p. 69.

[12] Otto Dudzus, entrevista por Martin Doblmeier, *Bonhoeffer: Pastor, Pacifist, Nazi Resister. A documentary film by Martin Doblmeier*, Universidade de Princeton. Cenas não utilizadas citadas aqui com a permissão do diretor.

> Na primeira vez que o vi, fiquei impressionada com quão jovem ele era! [...] Ele tinha um rosto bonito e boa postura [...]. Era bem espontâneo com os alunos [...] mas havia, para alguém tão jovem, uma confiança e dignidade [...]. Ele sempre mantinha certa distância [...]. Ninguém se sentia muito seguro em contar uma piada perto dele.[13]

Albert Schönherr foi outro aluno de Bonhoeffer:

> Ele não era parecido com o Bonhoeffer das fotografias. As fotos fazem dele um sujeito gordo, meio roliço, mas ele tinha um porte atlético, bem alto, com uma testa enorme, uma testa parecida com a de Kant. Sua voz, porém, não combinava com o corpo. Era um pouco alta, não era o tipo de voz sedutora. Jamais soava demagógica, o que o deixava contente, porque ele não desejaria nunca, sob qualquer circunstância, ser um demagogo — ou seja, transmitir algo às pessoas por meio da voz, da aparência ou pelo "talento" em vez de falar com as pessoas pelo conteúdo.[14]

Bonhoeffer sempre lutou contra o "problema" de ser charmoso. Tinha desconfianças a respeito e queria que as pessoas reagissem apenas às palavras e à lógica daquilo que dizia.

Todavia, um grupo de estudantes se formou em torno de Bonhoeffer. Suas conversas ultrapassaram os limites das salas de aulas e dos seminários. Os alunos desejavam prolongar as discussões além das restrições da universidade. Alguns se reuniam uma vez por semana no sótão da casa de Wolf-Dieter Zimmermann, próximo a Alexanderplatz. O lugar era apertado, mas eles ficavam horas ali, fumando e conversando. Bonhoeffer impôs certa disciplina até mesmo nesses encontros, assim como fizera no Círculo da Quinta-Feira. Não era reunião para tagarelices, mas uma controlada e séria investigação de determinados temas. Consistia em "teorização pura, abstrata, na tentativa de apreender um problema em sua plenitude".

[13] Inge KARDING, entrevista por Martin Doblmeier, *Bonhoeffer: Pastor, Pacifist, Nazi Resister. A documentary film by Martin Doblmeier*, Universidade de Princeton. Cenas não utilizadas citadas aqui com a permissão do diretor.

[14] Albert SCHÖNHERR, entrevista por Martin Doblmeier, *Bonhoeffer: Pastor, Pacifist, Nazi Resister. A documentary film by Martin Doblmeier*, Universidade de Princeton. Cenas não utilizadas citadas aqui com a permissão do diretor.

Bonhoeffer analisava o objeto do princípio ao fim e ensinou os alunos a fazer o mesmo. Eles aprenderam a seguir linhas de raciocínio que levavam a conclusões lógicas e a considerar cada ângulo a fim de obter um senso de rigorosidade absoluta, para que, assim, nada dependesse da simples emoção. Ele concedia aos conceitos teológicos o mesmo respeito que seu pai ou Karl-Friedrich concediam aos conceitos científicos, e Klaus, aos conceitos da jurisprudência. Questionamentos a respeito da Bíblia, da ética e da teologia deveriam ser tratados com o mesmo rigor, e todo jargão ou "fraseologia" deveriam ser identificados, expostos como tais, cortados e descartados. Ansiava-se por respostas que pudessem resistir a um exame minucioso, pois essas conclusões definiam o modo de se viver. As respostas teóricas teriam de se tornar ações práticas e constituiriam a essência da vida. A partir do momento em que se vê com clareza o que a Palavra de Deus diz, é preciso vivê-la por meio de ações, com tudo o que isso implica. E ações, na Alemanha daquele tempo, apresentavam sérias consequências.

Os estudantes descobriram em Bonhoeffer alguém extremamente compreensivo e paciente. Hellmut Traub notou que ele era "muito reservado, pronto a considerar cada novo problema, levando em consideração as ideias mais remotas". Seus alunos aprenderam como preparar o tempo para uma análise completa. "Sua natureza conservadora, sua formação acadêmica e sua cautela impediam qualquer resposta rápida".

Em torno das dez e meia, eles costumavam alugar uma *Bierkeller*[15] próxima para mais conversas informais. Bonhoeffer sempre pagava a conta.

Zimmermann diz que, certa noite, Bonhoeffer trouxe as gravações dos *spirituals* dos negros americanos que comprara em Nova York:

> Contou-nos sobre seus amigos de cor com quem viajara pelos Estados Unidos [...] falou sobre a religiosidade dos negros [...]. No fim da noite, disse: "Antes de me despedir de meu amigo negro, ele pediu: 'Faça que a Alemanha conheça nosso sofrimento. Conte a eles o que acontece conosco e mostre a eles como somos'. Eu queria cumprir essa promessa hoje à noite".[16]

[15] Espécie de cervejaria alemã, onde só é permitida a entrada de clientes autorizados pelo proprietário. (N. do T.)

[16] ZIMMERMANN e SMITH, *I Knew Dietrich Bonhoeffer*, p. 64-65.

É provável que ele agora tenha começado a compreender a igreja como um chamado de Deus para "estar ao lado daqueles que sofrem".

Muitos desses estudantes fizeram parte da vida de Bonhoeffer durante anos. Alguns se envolveriam com ele no mundo ecumênico, e muitos participariam dos seminários ilegais em Zingst e Finkenwalde. Otto Dudzus, Albert Schönherr, Winfried Maechler, Joachim Kanitz, Jürgen Winterhager, Wolf-Dieter Zimmermann, Herbert Jehle e Inge Karding eram alguns deles.

O interesse de Bonhoeffer não era apenas ensiná-los como professor universitário. Sua intenção era "discipulá-los" na verdadeira vida cristã. Incluía-se aí desde a compreensão dos acontecimentos atuais através de uma lente bíblica até a prática da leitura da Bíblia, não apenas como estudantes de teologia, mas como discípulos de Jesus Cristo. Uma abordagem única entre os teólogos das universidades alemãs da época.

Graças a sua bagagem cultural aristocrática e a sua genialidade intelectual, Bonhoeffer tinha condições de se afastar dos métodos usuais. Ele se comunicava de modo altamente acadêmico, mas de uma maneira contextualizada com os eventos recentes. Em 1933, um aluno disse: "Entre o público se difundiu a expectativa de que a salvação do povo alemão viria de Hitler. Mas nas aulas ouvíamos que a salvação vem somente de Jesus Cristo".[17]

Inge Karding conta que Bonhoeffer lhe falou certa vez sobre a gravidade em dizer *Heil!* (Salve!) a alguém que não seja Deus. Ele não se esquivava de comentários políticos e, desde o início, jamais sentiu o que muitos outros sentiam: que a política não se relacionava com a fé cristã. Inge recorda também da maneira não apologética com que Bonhoeffer abordava a Bíblia como a palavra de Deus. Na Universidade de Berlim, onde o fantasma de Schleiermacher perambulava à noite, e onde a cadeira de Harnack ainda estava quente, era algo positivamente escandaloso:

> Quando você lê a Bíblia [ele disse], deve pensar que aqui, no exato momento, Deus está falando com você [...]. Ele não era abstrato como os mestres gregos e todos os outros. Pelo contrário, desde o início ele nos ensinava que tínhamos de ler a Bíblia como se ela se dirigisse a nós, a palavra de Deus diretamente para nós. Não algo geral, não algo de aplicação genérica, mas sim uma relação pessoal conosco. Ele repetia isso para os alunos desde o começo, que a coisa toda vem daí.[18]

[17] Inge KARDING, entrevista por Martin Doblmeier.
[18] Idem.

Bonhoeffer não se interessava por abstrações intelectuais. A seu ver, a teologia deveria guiar aos aspectos práticos do modo de vida de um cristão. Inge Karding ficou surpresa quando Bonhoeffer perguntou aos alunos se eles cantavam cânticos natalinos. A resposta foi evasiva, e ele então disse: "Se querem ser pastores, vocês precisam cantar cânticos natalinos!". Para ele, a música não era um acessório opcional do ministério cristão, mas parte do protocolo. Decidiu resolver essa deficiência efetivamente. "No primeiro dia do Advento", disse para ela, "nós todos nos encontraremos ao meio-dia [...] e cantaremos cânticos de Natal". Inge se lembra de que ele "tocava flauta maravilhosamente" e cantava "de maneira magnífica".

Joachim Kanitz recorda que certa vez Bonhoeffer disse a eles para não esquecer de que "cada palavra das Sagradas Escrituras constitui uma mensagem muito pessoal do amor de Deus por nós". Perguntou, então, "se nós amávamos Jesus".

Levar os alunos para retiros de fim de semana no campo foi outro elemento de seu método de ensino. Costumavam ir a Prebelow, hospedados num albergue para a juventude, e diversas vezes visitavam a cabana que ele comprara nas proximidades de Biesenthal. Durante caminhadas matinais, após o café da manhã, Bonhoeffer apresentava um versículo bíblico. Os alunos tinham então de encontrar um lugar na grama para se sentarem em silêncio por cerca de uma hora e meditarem sobre o versículo. Muitos deles achavam isso um exercício árduo, do mesmo modo que os ordenandos de Bonhoeffer em Finkenwalde o considerariam uma prática difícil. Inge Karding estava entre eles: "Ele nos ensinou que a Bíblia caminha diretamente para a sua vida, para onde os problemas estão".

Bonhoeffer trabalhava conceitos que seriam, em poucos anos, aperfeiçoados nos seminários ilegais da Igreja Confessante. Para ele, coisas como os cânticos e a meditação em versículos bíblicos integravam uma educação teológica. O recorrente tema da encarnação — que Deus não nos criou para sermos espíritos desencarnados, mas seres humanos de carne e osso — criou nele a noção de que a vida cristã deve ser modelada. Jesus não apenas transmitiu ideias, conceitos, regras e princípios de vida. Ele viveu. E, ao viver com seus discípulos, ele mostrou como a vida deveria ser, como Deus pretendia que fosse. Não era somente intelectual ou somente espiritual. Era uma soma de todas essas coisas e algo mais. Bonhoeffer visou o modelo de vida cristã para seus alunos. Isso o levou à ideia de que, para ser um cristão, é preciso viver com cristãos.

Uma estudante disse ter aprendido a respeito dos conceitos da culpa e da graça pela maneira com que Bonhoeffer os tratava. Num retiro em 1933, Bonhoeffer e um grupo de alunos caminhavam num bosque quando encontraram no caminho uma família faminta procurando por comida. Bonhoeffer aproximou-se deles calorosamente e perguntou se as crianças se alimentavam com comida quente. Quando o homem respondeu "não muito", Bonhoeffer perguntou-lhe se seria possível levar as duas crianças com ele. "Nós iremos para casa agora, para comer", disse, "e elas podem comer alguma coisa conosco, e depois as traremos de volta".

Classe de crisma em Wedding

A habilidade de Bonhoeffer em se relacionar com pessoas em circunstâncias difíceis era notável, mas talvez nunca foi tão evidente quanto na época em que ministrou as aulas de crisma na Zionskirche, em Wedding, um bairro notoriamente violento na Prenzlauer Berg, distrito da zona norte de Berlim. Ele recebeu a atribuição logo após sua ordenação, em novembro de 1931.[19] Na mesma época, seu superintendente, Otto Dibelius, também o designou para uma capelania na Escola Técnica de Charlottenburg. A última tarefa não era muito gratificante, o oposto de suas experiências variadas com a conflituosa classe de crisma.

O antigo ministro da Zionskirche, superintendente Müller, precisava desesperadamente de ajuda com uma classe de cinquenta garotos. O comportamento deles era indescritível. Bonhoeffer classificou a área como "selvagem" e "de precárias condições políticas e sociais".[20] Ele deu aulas dominicais para crianças no Harlem, mas a diferença era gigantesca. A separação americana entre igreja e Estado fazia da ida à igreja algo particular e voluntário; assim, se as crianças iam às aulas da igreja, era bem provável que seus pais também estivessem ali. Mas, na Alemanha, a maior parte das crianças ia às aulas de crisma do mesmo modo que ia para a escola. Era uma ordem efetiva do Estado, e os pais das crianças provavelmente pensaram, ao cumprimentar o jovem pastor, que, de qualquer modo, ao menos elas ficavam longe das ruas durante uma ou duas horas. Se os filhos se comportassem mal, era problema do professor.

[19] Bonhoeffer foi ordenado em 15 de novembro de 1931, na Igreja de São Mateus, perto do Palácio de Postdam.

[20] Dietrich BONHOEFFER a Erwin Sutz, Wedding, novembro de 1931.

A igreja era uma instituição corrupta, afinal, e se seus filhos oferecessem um pouco de preocupação ao agradável clérigo de cabelos loiros, bem, talvez já fosse o que ele esperava.

Ao contrário dos querubins que ensinara no Harlem, ele agora encarava uma verdadeira gangue de arruaceiros. Bonhoeffer havia sido devidamente advertido, mas nada o teria preparado para o que viria pela frente. A má fama comportamental dos meliantes de catorze e quinze anos era tão grande, e tanto perturbaram o ministro anterior, que esse exasperado pastor morreu assim que Bonhoeffer assumiu a classe. Bonhoeffer se convencera seriamente que a frágil saúde do homem se deteriorara como resultado de sua classe incontrolável. Bethge descreve o encontro inicial:

> O antigo ministro e Bonhoeffer subiram lentamente as escadas do prédio da escola, de vários andares. As crianças olhavam para baixo, por entre o corrimão, produzindo um estrondo incrível e atrapalhando a subida dos dois homens. Quando conseguiram chegar ao topo, o ministro tentou empurrar o bando para dentro da sala, gritando e usando força física. Tentou anunciar a chegada do novo ministro que iria ensiná-los dali em diante e que seu nome era Bonhoeffer, e, quando eles ouviram o nome, começaram a gritar: "Bon! Bon! Bon!", cada vez mais alto. O velho homem saiu de cena em desespero, deixando Bonhoeffer imóvel, em silêncio, com as mãos nos bolsos. Minutos se passaram. Sua incapacidade de reagir fez o barulho se tornar gradualmente menos divertido, e ele começou a falar com calma, em voz baixa, de modo que apenas os garotos nas primeiras filas pudessem ouvi-lo. Subitamente, todos se silenciaram. Bonhoeffer comentou apenas que eles tinham feito uma *performance* inicial digna de nota e começou a contar uma história sobre o Harlem. Disse que, se eles prestassem atenção, contaria mais da próxima vez. Disse em seguida que eles poderiam sair. Depois disso, ele nunca mais teve motivo para reclamar de falta de atenção.[21]

Bonhoeffer descreveu a situação para Erwin Sutz: "No começo, os garotos se comportavam feito loucos, e tive dificuldades reais com a disciplina [...].

[21] BETHGE, *Dietrich Bonhoeffer: A Biography*, p. 226.

Mas o que mais ajudou foi ter simplesmente contado a eles histórias da Bíblia com grande ênfase, com atenção particular nas passagens escatológicas".[22]

Seu porte atlético e aristocrático lhe ajudou a ganhar o respeito dos novos alunos. Muitas vezes ele atingiu um efeito similar em pessoas aparentemente inalcançáveis. Tal efeito atingiria, também, no fim de sua vida, os carcereiros de sua cela.

Anos depois, um dos garotos recordou que, durante a aula, um aluno retirou um sanduíche da mochila e começou a comê-lo: "Não era algo incomum no norte de Berlim. No início, o pastor Bonhoeffer não disse nada. Depois ele olhou para o menino, com calma e gentileza — mas com intensidade, por um longo tempo, sem dizer uma palavra. Constrangido, o menino guardou o lanche. A tentativa de aborrecer o nosso pastor foi, por meio de sua bondade e serenidade, reduzida a nada — e talvez, também, devido a sua compreensão das tolices de adolescentes".[23]

O jovem pastor decidiu visitar os lares e os pais de cada um dos cinquenta estudantes. Wedding era um distrito de indigentes e miseráveis, e muitos dos pais só permitiram a entrada dele em sua casa por se sentirem obrigados. As conversas podiam ser angustiantes. Bonhoeffer encarava essa situação como o pior aspecto de seus deveres. Numa carta a Sutz, escreveu:

> Às vezes, muitas vezes, na verdade, lá estou eu, imóvel, e penso que estaria mais bem equipado para essas visitas se tivesse estudado química [...]. Para analisar essas horas e minutos excruciantes quando eu ou outra pessoa tenta começar uma conversa pastoral, quão hesitante e sofrível a conversa se torna! E ao fundo, como cenário, as condições medonhas da casa, sobre o que não se pode comentar coisa nenhuma. As pessoas falam sobre seus questionáveis modos de vida sem nenhum receio, de um jeito livre e gratuito, e há a impressão de que, caso seja dito algo, elas simplesmente não entenderiam.[24]

No entanto, Bonhoeffer não fugiu de sua responsabilidade. Para se aproximar ainda mais das famílias e passar mais tempo com os garotos, mudou-se para um quarto mobiliado na Oderbergstrasse nº 61. Ele rememorou as

[22] Dietrich BONHOEFFER a Erwin Sutz, Wedding, novembro de 1931.

[23] ZIMMERMANN e SMITH, *I Knew Dietrich Bonhoeffer*, p. 57.

[24] *No Rusty Swords: Letters, Lectures and Notes 1928-1936*, vol. 1, *Collected Works of Dietrich Bonhoeffer*, p. 151.

experiências no dormitório do Union e adotou uma política de livre acesso, de modo que seus novos comandados poderiam visitá-lo sem aviso prévio, a qualquer momento. Sem dúvida, uma mudança ousada e decisiva para o outrora solipsista Bonhoeffer. O proprietário do quarto era um padeiro cuja padaria ocupava todo o térreo. Bonhoeffer avisou à esposa do padeiro que permitisse a entrada dos garotos em seu quarto mesmo quando ele estivesse ausente. Naquele fim de ano, deu a cada um dos meninos um presente de Natal.

Bonhoeffer contou a Sutz: "Há muito que ansiava por este momento. Este é o trabalho de verdade. A condição da casa deles é geralmente indescritível: pobreza, desordem, imoralidade. E ainda assim os meninos são acessíveis; fico admirado como uma pessoa tão jovem não se entristece por completo sob tais condições; e, naturalmente, sempre é de se perguntar como reagiríamos a um ambiente desse".

Dois meses depois, escreveu a Sutz outra vez:

> A segunda metade do período foi quase toda dedicada aos candidatos. Vivo na zona norte desde o ano-novo para poder ter os garotos aqui toda noite, em turnos. Temos a ceia juntos e depois jogamos algo — ensinei xadrez para eles, que jogam com enorme entusiasmo [...]. No fim de cada noite, leio algo da Bíblia e depois um pouco de catequese, que muitas vezes torna-se algo bem sério. A experiência de ensiná-los tem sido tão grande que eu mal consigo me afastar dela.[25]

Nessa época, Bonhoeffer decidiu arrendar parte de um território rural de nove hectares no norte de Berlim e construir uma pequena cabana. A propriedade ficava em Biesenthal, e a cabana era primitiva, feita de papel de piche e madeira. Dentro, havia três estrados, alguns tamboretes, uma mesa e um fogão de parafina. Numa foto sua em frente ao casebre thoreauviano, ele faz pose heroica, vestindo polainas e fumando um cachimbo. Costumava se retirar para a cabana, algumas vezes com seus alunos da universidade e outras vezes com os garotos de Wedding. Como havia feito em seu apartamento em Berlim, avisou a eles que seriam bem-vindos a qualquer hora. Com o aproximar da cerimônia do crisma, Bonhoeffer percebeu que muitos deles não tinham um terno apropriado para a ocasião nem dinheiro para comprar material de

[25] Idem, p. 150.

confecção; assim, ele encomendou um enorme rolo de tecido em lã e cortou quantidade suficiente para cada um deles.

Quando um dos meninos adoeceu, Bonhoeffer o visitou no hospital duas ou três vezes por semana. Antes da operação, oraram juntos. Os médicos acreditavam que a perna dele teria de ser amputada, mas, milagrosamente, não houve necessidade. O menino teve recuperação total e foi crismado com os outros.

Os alunos foram crismados num domingo, em 13 de março de 1932. No mesmo dia, uma eleição nacional para determinar o novo presidente era realizada. Arruaceiros nazistas montados em carroceria de caminhões, armados de seus megafones, tumultuavam as ruas. Um mês antes, Hitler foi considerado inelegível, já que nascera e fora criado na Áustria. Mas essa questão foi energicamente empurrada morro abaixo, e sua candidatura seguiu sem percalços. Portanto, aquele não era um domingo tranquilo em Wedding. Mas, apesar do ruído nazista, a cerimônia realizou-se sem impedimentos. O sermão de Bonhoeffer para os garotos foi mais delicado do que lhe era usual na época:

> Queridos candidatos ao crisma!
> Nos últimos dias antes do crisma, perguntei diversas vezes a vocês o que esperavam ouvir no dia da cerimônia e ouvi muitas vezes a resposta: queremos ouvir uma admoestação séria de que iremos nos lembrar por toda a nossa vida. E eu posso assegurá-los de que todo aquele que sabe escutar irá hoje receber uma ou duas admoestações; mas vejam, a própria vida nos oferta muitos e suficientes avisos no dia de hoje; portanto, não pretendo tornar as suas expectativas para o futuro ainda mais difíceis e obscuras do que já são — e sei que muitos de vocês já conhecem grande parte dos momentos duros da vida. Hoje, não lhes será dado o medo da vida, mas a coragem; e aqui, na igreja, nós iremos falar mais do que nunca da esperança, a esperança que nós temos e que ninguém poderá tomar de vocês.[26]

Bonhoeffer convidou-os para um culto dois dias depois, a fim de celebrarem juntos a eucaristia. A Páscoa aconteceria na semana seguinte, e ele levou um grande grupo de alunos para Friedrichsbrunn. Seu primo Hans-Christoph ajudou a hospedá-los. Bonhoeffer escreveu aos pais:

[26] Mary BOSANQUET, *The Life and Death of Dietrich Bonhoeffer*, p. 104.

> Estou muito contente por poder estar aqui com os meninos crismados; apesar de não demonstrarem nenhuma apreciação especial das florestas e da natureza, estão entusiasmados quanto a escalar o vale Bode e jogar futebol no campo. Às vezes não é nada fácil manter esses meninos quase antissociais sob controle [...]. Acho que depois vocês irão notar alguns efeitos nocivos na casa como resultado [...]. Apenas a sra. S. [a empregada] está um pouco indignada com a invasão proletária [...]. Na quinta-feira, tudo estará encerrado.[27]

Cinco meses depois, Bonhoeffer estava de volta a Friedrichsbrunn, por motivos diferentes. Quatro gerações da família se reuniram para celebrar o nonagésimo aniversário de Julie Tafel Bonhoeffer. O filho de Christel e Hans von Dohnanyi, Christoph, ainda não tinha completado dois anos de idade. Mesmo assim, seguindo a tradição familiar, memorizou e recitou um verso para a bisavó:

> Num corcel se cavalgava
> Quando em minha idade estava.
> Encontrar-me-ei na idade tua.
> E viajaremos até a lua.

Ainda que muitos deles não fossem cristãos, toda a família incorporava os valores que possibilitaram a Bonhoeffer se tornar um cristão num mundo que, com velocidade, seguia outras direções, quer o materialismo desenfreado quer o sentimentalismo nacionalista. Eles mantiveram a civilidade e a compostura no meio da loucura e da barbárie. Bonhoeffer era cético em relação aos ramos pietistas da fé cristã, que poderiam tê-lo afastado de sua família e do "mundo".

Por ter permanecido nesse meio, a plenitude de sua vida como pastor e teólogo não se escondeu deles. Não era pouca coisa ser um teólogo numa família cujo pai era um dos principais médicos do mundo, e cujo irmão mais velho criava modelos atômicos com Planck e Einstein. Mas algo bem diferente era o deslocamento entre a teologia de seu ilustre e respeitado bisavô, Karl August von Hase, ou de seu estimado vizinho de Grunewald, Alfred von Harnack, para a teologia que o levava a falar sobre Deus e sobre amar Jesus a seus alunos das classes baixas nos cortiços de Wedding.

[27] Bethge, *Dietrich Bonhoeffer: A Biography*, p. 228-229.

A família de Bonhoeffer não deixou de notar a mudança ocorrida com ele após a viagem a Manhattan. A mudança, porém, não era inconveniente ou embaraçosa, como se, quando ganhasse mais maturidade e percepção, ele tivesse de se retratar aos poucos. No fim, significou um aprofundamento consistente daquilo que já existia antes. Nunca houve variações abruptas em seu pensamento que pudessem causar preocupação aos membros da família, e ele jamais tentou "evangelizá-los" de maneira desesperada e indelicada. Pelo contrário, continuou a honrar o pai e a mãe, manteve-se respeitoso com os familiares e continuou a defender os valores com que havia sido criado. Sua oposição ao sentimentalismo autoindulgente e à "fraseologia" era a mesma de sempre, da mesma forma que sua oposição ao nacional-socialismo e tudo o que ele representava. À luz de tudo isso, havia dificuldades em contra-argumentar a sua fé, assim como a fé de sua mãe, Paula Bonhoeffer, por mais que se desejasse fazê-lo.

Poucos anos depois, em 1936, Bonhoeffer escreveu a seu cunhado Rüdiger Schleicher, tão teologicamente liberal quanto Bonhoeffer era conservador. Diz muito a respeito do relacionamento dos dois a possibilidade de ele escrever tais coisas:

> Primeiro de tudo, confessarei, pura e simplesmente — eu acredito que a Bíblia sozinha é a resposta para todos os nossos questionamentos, e nós precisamos apenas perguntar repetidamente e de um pouco de humildade, nessa ordem, para receber as respostas. Não se pode apenas *ler* a Bíblia como se lê outros livros. É preciso estar realmente preparado para examiná-la. Apenas assim ela se revelará. Somente se esperarmos dela a resposta final, iremos recebê-la. Porque na Bíblia Deus fala conosco. E não se pode simplesmente pensar em Deus com a própria força; é preciso indagá-lo. Apenas se o procurarmos, ele irá nos responder. Sim, é possível ler a Bíblia como um livro qualquer, isto é, do ponto de vista da crítica textual etc.; não há nada a ser dito contra isso. Apenas que esse não é o método que nos irá revelar o coração da Bíblia, mas apenas sua superfície, assim como nós não nos apoderamos das palavras de alguém que amamos ao tomá-las letra por letra, mas simplesmente as recebendo, e então elas persistem em nossa mente durante dias, porque afinal são as palavras de uma pessoa que amamos, e assim como essas palavras revelam mais e mais sobre a pessoa que as disse enquanto nós seguimos, como Maria, "meditando-as no coração", assim será com as palavras

da Bíblia. Somente se nos aventurarmos a entrar nas palavras bíblicas, como se nelas esse Deus estivesse falando conosco que nos ama e que não deseja nos deixar sozinhos com nossas perguntas, somente assim aprenderemos a nos regozijar com ela [...].

Se sou eu quem determina onde Deus será encontrado, então irei sempre encontrar um Deus que corresponde a mim de algum modo, que me favorece, que se liga a minha própria natureza. Mas, se Deus determina onde ele será encontrado, então ele estará num lugar que não é agradável de imediato a minha natureza e que não é de todo conveniente para mim. Esse lugar é a cruz de Cristo. E todo aquele que o encontrar deve ir aos pés da cruz, como é ordenado pelo Sermão do Monte. Isto não está em nada de acordo com a nossa natureza, é totalmente contrário a ela. Mas esta é a mensagem da Bíblia, não somente no Novo, mas também no Antigo Testamento [...].

E eu gostaria de dizer-lhe agora de modo muito particular: desde que aprendi a ler a Bíblia dessa maneira — e não tem sido há muito tempo —, ela se torna cada dia mais maravilhosa para mim. Eu a leio pela manhã e à noite, muitas vezes também durante o dia, e todo dia reflito sobre o texto que escolhi para a semana, e tento me aprofundar nele, para que assim possa realmente ouvir o que é dito. Eu sei que, sem isso, não conseguiria viver apropriadamente por muito tempo.[28]

[28] Bosanquet, *Life and Death of Bonhoeffer*, p. 109.

CAPÍTULO 9

O PRINCÍPIO FÜHRER

1933

O perigo assustador do tempo atual é que, acima do clamor por autoridade [...] nós esquecemos que o homem se encontra sozinho perante a autoridade suprema, e que todo aquele que impõe mãos violentas sobre o homem está violando leis eternas e concedendo a si mesmo uma autoridade sobrenatural que acabará por destruí-lo.

A igreja possui um único altar, o altar do Todo-poderoso [...] perante o qual toda criatura deve se ajoelhar. Aquele que procura coisa diferente disso deve se afastar; não pode se juntar à casa de Deus [...]. A igreja possui um único púlpito, e, do púlpito, a fé em Deus será pregada, e nenhuma outra fé, e nenhuma outra vontade que não a vontade de Deus, por mais bem-intencionada.

DIETRICH BONHOEFFER

EM 30 DE JANEIRO DE 1933, Adolf Hitler se tornou, eleito de forma democrática, o chanceler da Alemanha. A terra de Goethe, Schiller e Bach seria agora liderada por alguém que convivia com loucos e criminosos, alguém que muitas vezes era visto em público com um chicote nas mãos. O Terceiro Reich havia começado.

Dois dias depois, 1º de fevereiro, numa quarta-feira, um teólogo de 26 anos fez um discurso na estação de rádio Potsdammerstrasse. O título do discurso de Bonhoeffer era "A Geração Mais Jovem Alterou o Conceito de Liderança". Tratava do problema fundamental da liderança de um Führer, explicando como é inevitável que tal líder se transforme num ídolo, um falso messias. Antes que pudesse concluir, o discurso foi interrompido no ar.

A história é contada como se o corajoso Bonhoeffer tivesse se posicionado para atacar Hitler, cujos capangas ordenaram o desligamento dos microfones, encerrando a transmissão. Mas seu discurso fora agendado algum tempo atrás e não era uma resposta à eleição de Hitler. Não se sabe ao certo, porém, como surgiu a oportunidade do discurso. Wolf-Dieter Zimmermann talvez o tivesse recomendado; ele trabalhava na seção de rádio da União da Imprensa Evangélica. Recentemente, Karl Bonhoeffer tinha ministrado duas palestras na estação. E o discurso de Dietrich não era especificamente contra Hitler, mas sobre o conceito, popular havia décadas, chamado Princípio Führer — *Der Führer* significa, literalmente, "O Líder" —, originado com o Movimento da Juventude Alemã no início do século 20. O Führer e Adolf Hitler não eram ainda, naquele momento, a mesma coisa. Hitler, como chanceler, realmente se apossou do conceito do Princípio Führer e acabou por encarná-lo. Insistia em ser chamado *der Führer*, pois desejava potencializar o conceito em prol de usos políticos. Em fevereiro de 1933, no entanto, o conceito não era comumente relacionado a ele. Ainda assim, o *timing* no discurso de Bonhoeffer, dois dias após a eleição de Hitler, foi espantoso.

Talvez os nazistas tenham censurado a transmissão, mas é possível considerar a existência de um mal-entendido entre Bonhoeffer e o técnico de som. Seu tempo talvez se tivesse esgotado. Também não é possível comprovar a capacidade dos nazistas de controlar as ondas de rádio na época, como certamente procederiam anos depois. Por outro lado, a ideia de que tal discurso tenha sido cortado no ar pelos recém-eleitos nazistas é sedutora, e talvez seja realmente o que aconteceu.

De qualquer modo, Bonhoeffer se chateou com o fim prematuro de sua fala. Havia a possibilidade, afinal, de ouvintes desatentos ficarem com a sensação de que ele aprovara Hitler. Qualquer um que ouvisse o final do discurso entenderia que o Princípio Führer era um equívoco desastroso, mas, como ninguém ouvira a conclusão, muitos que escutaram ou escutaram pela metade talvez tenham presumido que as ruminações de Bonhoeffer sobre o conceito de líder não passavam de parte integrante da aclamação geral. Para redimir a situação, Bonhoeffer fez uma cópia do discurso integral e a enviou para muitos de seus amigos e familiares influentes, junto a uma nota explicando que a parte final do discurso fora interrompida. A transcrição de sua fala foi publicada no *Kreuzzeitung*, jornal politicamente conservador, e Bonhoeffer recebeu convite para apresentar a versão ampliada do discurso no Colégio de Ciências Políticas, em Berlim, no começo de março. Coisas do tipo ainda eram possíveis no início de 1933.

Mas as circunstâncias da transmissão não podem obscurecer o assombro que é o discurso em si. Dois dias após a eleição de Hitler, um jovem professor de teologia definia com contundência os mais fundamentais erros filosóficos de um regime ainda não existente no momento em que o texto foi escrito, mas iria, a partir daquela semana e durante os próximos doze anos, liderar uma nação e conduzir metade do mundo a um pesadelo de violência e tormento, o que incluiria, em seus últimos dias, a morte do autor do discurso. Havia ali um aspecto estranhamente profético. O discurso, porém, não mencionava política ou acontecimentos recentes. Era, de fato, uma palestra filosófica, mas que expressava com mais nitidez a situação política do que mil discursos politizados.

Conteúdo à parte, o discurso em si, sua construção e sua apresentação, era tudo o que um discurso agressivo de Hitler não era: extremamente medido, ponderado, lógico e preciso. E, também, intelectualmente complexo. Não era divertido nem se parecia tanto com um discurso, e sim com uma conferência acadêmica. Para alguns, teria sido difícil de acompanhar. E, mesmo se a conclusão tivesse sido transmitida, muitos ouvintes talvez o considerassem maçante e desligassem o aparelho de rádio antes do fim. Mas Bonhoeffer não estava tentando conquistar sua audiência. Na verdade, seu interesse era desviar a atenção de si próprio em prol das ideias que apresentava. Essa é a diferença central entre sua noção de liderança e a de Hitler. Ele vivia os princípios do discurso na própria maneira de apresentá-lo. Bonhoeffer odiava atrair atenção para si ou usar sua personalidade para influenciar ou ganhar convertidos para seu modo de pensar. Sentia que isso era enganoso, que obscurecia o conteúdo das ideias. Ele queria servir às ideias. E, de fato, uma de suas mais importantes ideias era que *as ideias podiam suportar a si próprias*.

Para entender o que deu errado na Alemanha e para compreender a genialidade no discurso de Bonhoeffer, é preciso conhecer a história do Princípio Führer. Sua equivocada concepção de liderança é dramaticamente diferente das concepções modernas de liderança. Permitiu-se, com seu uso, a ascensão de Hitler ao poder e levou ao horror dos campos de extermínio. O Princípio Führer estava no centro da objeção de Bonhoeffer a Hitler. Em seu discurso, Bonhoeffer apresenta suas reflexões sobre o tema.

Ele iniciou explicando por que a Alemanha buscava um Führer. A Primeira Guerra e a desordem e depressão subsequentes criaram uma crise na qual a geração mais jovem, em especial, perdera toda a confiança nas autoridades tradicionais do imperador e da igreja. O conceito alemão do Führer surge dessa geração e de sua procura por algum sentido e orientação de seus problemas. A diferença entre a liderança real e a liderança falsa consiste no seguinte: a liderança real deriva sua autoridade de Deus, a fonte de toda bondade. Portanto, os pais têm legítima autoridade porque eles são submetidos à legítima autoridade de um Deus bom. Mas a autoridade do Führer não se submete a nada. É autocrática, autoderivada e, por isso, possui caráter messiânico.

Bonhoeffer declarou: "Considerando que a liderança se expressava na forma do professor, do pai, do estadista [...] o Líder torna-se agora uma figura independente. O Líder é completamente apartado de qualquer obrigação; ele é, em essência, apenas 'o Líder'".[1] Um líder verdadeiro deve conhecer as limitações de sua autoridade:

> Se ele entende sua função de modo diferente daquilo que lhe é cabível, se ele não conta de modo claro e contínuo aos seus seguidores sobre a natureza limitada de sua missão e sobre a responsabilidade deles próprios, se ele permite a si mesmo se render às vontades de seus seguidores, que desejam fazer dele um ídolo — então a imagem do Guia passará a ser a imagem de um Desencaminhador, e ele estará agindo de forma criminosa não somente quanto aos que o seguem, mas também consigo mesmo. O verdadeiro Líder deve sempre estar preparado para desilusões. É justamente essa a sua responsabilidade e seu objetivo real. Ele deve guiar seus seguidores para longe da autoridade de sua pessoa e em direção à autoridade real da ordem e do dever [...]. Ele deve recusar o papel do invocado, do ídolo, ou seja, da autoridade suprema daqueles que ele lidera [...]. Ele serve à ordem do Estado e da comunidade, e seu serviço pode ser de valor incomparável. Mas apenas enquanto ele se mantém estritamente em seu lugar [...]. Deve orientar o indivíduo a buscar a própria maturidade [...].

[1] *No Rusty Swords: Letters, Lectures and Notes 1928-1936*, vol. 1, *Collected Works of Dietrich Bonhoeffer*, p. 195.

> Uma característica da maturidade do homem é a responsabilidade sobre outras pessoas, para que exista ordem. Ele deve deixar-se ser controlado, ordenado, restringido.[2]

O bom líder serve aos outros e os guia à maturidade. Ele os coloca acima de si próprio, como um bom pai faz pelo filho, desejando que algum dia o filho seja um bom pai. Outro termo para isso é "discipulado". Continua:

> Somente quando um homem vê que sua função é a autoridade penúltima em relação a uma autoridade definitiva e indescritível, a autoridade de Deus, atinge-se a situação real. E, diante dessa Autoridade, o indivíduo sabe estar completamente sozinho. O indivíduo é responsável perante Deus. E a solidão dessa posição do homem diante de Deus, essa sujeição a uma autoridade suprema, é destruída quando a autoridade do Líder é vista como autoridade definitiva [...]. Sozinho perante Deus, o homem se torna o que ele é, livre e, ao mesmo tempo, entregue às responsabilidades.
>
> O perigo assustador do tempo atual é que, acima do clamor por autoridade, seja de um Líder, seja de um órgão público, nós esquecemos que o homem se encontra sozinho perante a autoridade suprema e que todo aquele que impõe mãos violentas sobre o homem está violando leis eternas e concedendo a si mesmo uma autoridade sobrenatural que acabará por destruí-lo. A lei eterna, na qual o indivíduo se encontra sozinho diante de Deus, torna-se vingança temerosa quando atacada ou distorcida. Portanto, o Líder aponta para o órgão público, mas o Líder e o órgão público apontam juntos para a autoridade definitiva, perante a qual o Reich ou o Estado são as autoridades penúltimas. Líderes ou órgãos públicos que definem a si próprios como deuses escarnecem de Deus e devem perecer.[3]

Quarenta e oito horas haviam passado desde a eleição de Hitler, mas com o discurso de Bonhoeffer as linhas de batalha foram traçadas. De acordo com Bonhoeffer, o Deus da Bíblia permanecia junto à autoridade e liderança benevolente, mas se opunha ao Princípio Führer e a seu advogado Adolf Hitler. Obviamente, Hitler nunca condenou Deus em público. Ele sabia bem que

[2] Idem, p. 202.

[3] Idem, p. 203-204.

existiam muitos membros de igrejas na Alemanha com alguma noção vaga de que a autoridade real deveria vir de Deus, mas, ao contrário de Bonhoeffer, eles não faziam ideia do que isso realmente significava. Para incorporar o tipo de liderança que rejeitasse a ideia de submissão à autoridade de Deus, era preciso ao menos simular algum culto a ele. E Hitler era um homem prático, e, como todo homem prático, era um tanto cínico.

Hitler fez também um discurso naquele dia. Ele tinha apenas 43 anos e já havia passado metade da vida trabalhando na selva política. Dez anos se passaram desde que o *Bierball Putsch* o enviara para a prisão. Agora, era chanceler da Alemanha. Mas, para convencer seus seguidores quanto à legitimidade de sua autoridade, ele tinha de dizer as coisas necessárias. Assim, as palavras de abertura de seu discurso naquele dia foram: "Estamos determinados, como líderes da nação, a cumprir, como um governo nacional, a tarefa que nos tem sido dada, jurando fidelidade somente a Deus, a nossa consciência e a nosso *Volk*".[4] Se sua consciência não era ainda um cadáver, talvez tenha sentido algum remorso enquanto falava. Na sequência, Hitler declarou que seu governo faria do cristianismo "a base de nossa moralidade coletiva". A declaração, uma mentira, anulou-se de imediato. Ele terminou com outro apelo ao Deus no qual não acreditava, mas cujos seguidores judeus e cristãos ele iria, dali em diante, perseguir e matar: "Que o Deus todo-poderoso conceda sua graça ao nosso trabalho, faça tomar forma a nossa vontade, abençoe nosso discernimento e nos providencie a confiança de nosso *Volk*!".[5]

Anos mais tarde, o pai de Bonhoeffer recordou sua reflexão a respeito da vitória de Hitler:

> Desde o começo, consideramos a vitória do nacional-socialismo em 1933 e a nomeação de Hitler como chanceler do Reich um infortúnio — a família toda concordava com isso. No meu caso, detestei e desconfiei de Hitler por causa de seus discursos demagógicos e propagandísticos [...] seu hábito de andar pelo país carregando um chicote, suas companhias — cujas qualidades, aliás, nós em Berlim conhecíamos melhor do que as pessoas de outros lugares — e, por fim, devido ao que eu ouvia de colegas de profissão sobre seus sintomas psicóticos.[6]

[4] Richard Steigmann-Gall, *The Holy Reich: Nazi Conceptions of Christianity, 1919-1945*, p. 115.
[5] Idem, p. 116.
[6] Eberhard Bethge, *Dietrich Bonhoeffer: A Biography*, p. 258.

Os Bonhoeffer enxergaram Hitler por completo desde o início, mas ninguém acreditava que seu reinado duraria tanto tempo. Certamente os nazistas teriam seu momento, talvez até mesmo um longo momento, mas que acabaria em seguida, como um pesadelo terrível que, ao chegar a manhã, desaparece. Mas o dia parecia nunca amanhecer.

O que levou a Alemanha a um passo tão estranho foi a sua própria estranheza. Depois da guerra, muitos estavam felizes por afastar a velha ordem e se livrar do imperador. Mas, quando o velho monarca enfim deixou o palácio, as pessoas que clamaram por sua saída sumiram de repente. Elas viram a si próprias no papel absurdo do cachorro que, após alcançar o carro ao qual perseguia freneticamente, não sabe o que fazer em seguida — e então olha ao redor com uma expressão embaraçosa e se afasta. A Alemanha não tinha um histórico democrático e não sabia como a democracia funcionava; o país se dividiu em facções que culpavam umas às outras por tudo que dera errado. O que se sabia: sob o governo do imperador, houvera lei, ordem e estrutura; agora, havia caos. O imperador fora o símbolo da nação; agora, restavam apenas políticos insignificantes.

Os alemães clamavam por ordem e liderança. Mas, no murmúrio de seu clamor, invocaram o próprio demônio, pois agora se levantava, da ferida profunda na psique nacional, algo estranho, terrível e convincente. O Führer não era um homem ou um político comum. Era um ser aterrorizante e autoritário, autossuficiente e autojustificador, pai e deus de si próprio. Um símbolo que simbolizava a si mesmo, que barganhara a alma pelo espírito de sua época.

A Alemanha desejava restaurar sua antiga glória, mas o único meio disponível era o depreciado formato da democracia. Desse modo, em janeiro de 1933, as pessoas elegeram democraticamente o homem que prometera destruir o governo democrático que elas tanto odiavam. A eleição de Hitler para o cargo destruiu o cargo.

Quatro semanas depois, Bonhoeffer pregou na Igreja da Trindade, em Berlim. Era a primeira vez que pregava desde a chegada de Hitler ao poder. Bonhoeffer observou a nova situação do país e não teve medo de pregar o que viu:

> A igreja possui um único altar, o altar do Todo-poderoso [...] perante o qual toda criatura deve se ajoelhar. Aquele que procura coisa diferente disso deve se afastar; não pode se juntar à casa de Deus [...]. A igreja

> possui um único púlpito, e, do púlpito, a fé em Deus será pregada, e nenhuma outra fé, e nenhuma outra vontade que não a vontade de Deus, por mais bem-intencionada.[7]

Era o mesmo tema do discurso na rádio, mas agora o altar cultuado pelos adoradores de ídolos não poderia ser chamado de "a um falso deus desconhecido". Agora todos conheciam quem era o falso deus que seria adorado. Agora havia um nome para o Führer do Princípio Führer. Hitler subira ao altar. Tudo o que lhe restava agora era lidar com esses baderneiros de mente fechada que ainda adoravam outro deus.

Quando Hitler e os nazistas alcançaram o poder em 31 de janeiro, eles mantinham uma fração de assentos no Reichstag. Os adversários políticos pensavam que Hitler necessitasse deles e acreditaram ingenuamente na possibilidade de controlá-lo. Tal pensamento equivalia a abrir a caixa de Pandora e deixar sair apenas dois ou três males. Hitler sabia que seus adversários estavam divididos e não se uniriam contra ele. Ele iria manipulá-los uns contra os outros de forma brilhante, consolidando seu poder com velocidade estonteante e uma crueldade calculada para as quais ninguém estava preparado. No dia 3 de fevereiro, Goebbels escreveu em seu diário: "Agora será fácil conduzir a luta, pois podemos contar com todos os recursos do Estado. O rádio e a imprensa estão a nosso dispor. Realizaremos uma obra-prima da propaganda. E desta vez, naturalmente, não nos faltará dinheiro".

O incêndio do Reichstag

Mas como os nazistas "conduziriam a luta"? Para começar, incendiariam um edifício. O incêndio seria a primeira parte do plano de consolidação de seus ganhos para, enfim, acabar com a Constituição alemã e conceder a Hitler os poderes de um ditador. Um esquema infalível e audacioso: iriam atear fogo no Reichstag, a sede da democracia alemã. E, em seguida, culpariam os comunistas! Se o povo alemão acreditasse que os comunistas haviam tentado incendiar o prédio do parlamento, perceberiam a necessidade de ações excepcionais em favor do governo. Com prazer, abririam mão de alguns poucos

[7] Idem, p. 257.

direitos a fim de preservar a Alemanha dos demônios comunistas. O incêndio foi então provocado, os comunistas foram culpados e os nazistas triunfaram. Mas permanece um mistério o que realmente aconteceu naquela noite.

Em sua monumental crônica do período, *A ascensão e queda do Terceiro Reich*, o historiador e jornalista William Shirer afirmou que os líderes nazistas foram pegos de surpresa: "Na casa de Goebbels, o chanceler Hitler chegara para jantar *en famille*. Segundo Goebbels, estavam à vontade, tocando música no gramofone e contando histórias. 'De repente', contou mais tarde em seu diário, 'uma chamada telefônica do dr. Hanfstaengl: "O Reichstag está em chamas!"'".

Mas Goebbels tinha de levar em conta a fonte da informação. Ernst "Putzi" Hanfstaengl[8] era um "homem estranho, mas genial de Harvard" cujo dinheiro e influências ajudaram em muito a subida de Hitler ao poder na última década.[9] Em seu apogeu universitário, compusera diversas canções para o time de futebol de Harvard. Uma delas havia sido executada no mês anterior, quando a SA[10] marchou pela Unter den Linden no desfile da vitória de Hitler. Shirer descreve Hanfstaengl como uma "criatura excêntrica, esgrouviada, cujo espírito sardônico compensava de certo a sua mente superficial", e seu modo áspero de tocar piano "e suas palhaçadas acalmavam Hitler, chegando mesmo a alegrá-lo, após um dia exaustivo".[11] Assim, após a chamada telefônica, Goebbels estava convencido de que Hanfstaengl fazia outra de suas brincadeiras.

Mas o grandalhão esquisito falava sério. O corpulento Hermann Göring, o primeiro a chegar ao local do incêndio, exclamava, transpirando e bufando: "Este é o princípio da revolução comunista! Não devemos esperar um minuto sequer. Não teremos piedade. Todo funcionário comunista deve ser morto, onde for encontrado. Todo deputado comunista deve nesta mesma noite ser enforcado". O flácido sujeito participara do plano para incendiar o edifício, mas aquele não era o momento para sinceridade. Um holandês demente e sem camisa foi preso em flagrante e acusado do crime; permanece incompreensível, porém, o modo pelo qual o relacionaram ao evento. Marinus van

[8] *Putzi*, que em alemão significa algo como "fofinho" ou "pequenino", tinha quase dois metros de altura.

[9] Donald MOFFITT, carta ao editor, "Tunes With a Past," *Yale Alumni Magazine*, março de 2000.

[10] SA refere-se a *Sturm Abteilung* (Tropas de Assalto), milícia paramilitar nazista conhecida como "camisas marrons" devido à cor de seu uniforme.

[11] William L. SHIRER, *The Rise and Fall of the Third Reich: A History of Nazi Germany*, p. 47.

der Lubbe tinha 24 anos e era um piromaníaco de tendências esquerdistas, mas é altamente duvidosa a sua participação num grandioso complô comunista, como alegavam os nazistas. É difícil dizer se ele agia por sua própria — e desequilibrada — vontade ou se era um mero joguete nazista. Algo estava claro: ele usara sua camisa para atiçar o fogo.

Subitamente, a família de Bonhoeffer se viu envolvida no centro de uma controvérsia nacional. Karl Bonhoeffer, o principal psiquiatra de Berlim, foi convocado para examinar Van der Lubbe, e o cunhado de Dietrich, Hans von Dohnanyi, foi nomeado observador oficial do processo. Muitas pessoas acreditavam que os capangas de Göring estavam por trás do incêndio e esperavam que o incorruptível Karl Bonhoeffer conseguisse provas para comprovar essa teoria. Talvez usasse também sua posição e credibilidade para denunciar os nazistas, que ele detestava. O julgamento de grande importância foi transferido para Leipzig e, mais tarde, voltou a Berlim.

O caso incidiu pesadamente sobre a família. Karl Bonhoeffer visitou Van der Lubbe duas vezes em março e em outras seis ocasiões durante o outono. Seu relatório oficial, publicado na *Monatsschrift für Psychiatrie und Neurologie*, declara:

> [Van der Lubbe] estava violentamente impaciente e, ao mesmo tempo, modesto e amigável; uma pessoa distraída, desconexa, sem qualquer exigência de clareza intelectual, mas ainda assim capaz de uma determinação inabalável, incorrigivelmente fechada a argumentos contraditórios. Estava bem-humorado e sem ressentimentos, mas resistiu a toda autoridade. Essa tendência rebelde foi talvez sua característica mais questionável, e a mais provável a colocá-lo no caminho desastroso que tomou. A conversão anterior a ideias comunistas certamente contribuiu para o mesmo efeito; mas os elementos indisciplinados em seu temperamento tornam improváveis, em qualquer caso, as possibilidades de ele seguir um padrão calmo e ordenado durante a vida. Algo incomum, de um modo ou de outro, poderia ser esperado dele. Mas ele não deve ser considerado doente mental por esse motivo.[12]

Esse relatório clínico e lúcido não continha menção alguma de culpa ou inocência, e por essa razão o dr. Bonhoeffer recebeu cartas iradas, presumivelmente de ambos os lados. Anos depois, recordou seu papel no caso:

[12] Mary Bosanquet, *The Life and Death of Dietrich Bonhoeffer*, p. 117.

> Tive a oportunidade de me encontrar com alguns líderes do Partido. Um grande número deles se reuniu para participar do processo na Suprema Corte em Leipzig. Vi expressões desagradáveis nesse encontro. Durante a audiência, a objetividade e a impassibilidade do presidente da Corte formavam um contraste agradável com as maneiras indisciplinadas dos membros do Partido no banco de testemunhas. O outro advogado de defesa, Dimitroff [líder do Partido Comunista], deu uma impressão de superioridade intelectual, o que deixou furioso o ministro-presidente Göring, que havia sido convidado a participar. Quanto a Lubbe, ele era, em termos humanos, um jovem não antipático, um psicopata e um aventureiro cabeça oca que, durante o julgamento, reagia com uma espécie de provocação estupefata, algo que ele só perdeu pouco tempo antes de sua execução.[13]

Em 1933, a Alemanha perdeu efetivamente o estado de direito quando Hindenburg assinou o decreto de emergência de Hitler no dia seguinte ao incêndio no Reichstag. Mas se manteve, em muitos aspectos, um país onde, pelo menos no tribunal, o presidente do Reichstag, Hermann Göring, e o incendiário da classe trabalhadora estavam, em essência, em pé de igualdade. Atuando como seu próprio advogado, o brilhante Dimitroff, que mais tarde se tornaria primeiro-ministro da Bulgária, poderia insultar e ridicularizar abertamente o vaidoso Göring e seu rosto avermelhado sem maiores problemas. O mundo inteiro acompanhava, de modo que os nazistas não podiam agir como quisessem. Por enquanto. Durante um tempo, eles ainda tinham de sofrer algumas afrontas graves. A imprensa internacional noticiava o julgamento e saboreava cada humilhação de Göring. Os relatos da *Time* exageravam na chacota, dizendo que a voz de "garganta de boi" do presidente do parlamento dava lugar a um "gritinho nervoso" quando Dimitroff levava a melhor sobre ele. O relato da revista para as declarações de Göring é autoexplicativo:

> Cruzando seus braços enormes e meditando por um momento como um Zeus bronzeado, o general Göring exclamou: "Lamento muito que alguns líderes comunistas tenham sido salvos da forca [...]. Fiquei tão surpreso quando ouvi dizer que o Reichstag estava pegando fogo que pensei que a fiação elétrica defeituosa pudesse ter provocado algum pequeno incêndio

[13] BETHGE, *Dietrich Bonhoeffer: A Biography*, p. 265.

> [...]. Assim que cheguei com meu carro ao Reichstag, alguém gritou: 'Incendiário!'". Como se hipnotizado por essa palavra, a testemunha Göring fez uma longa pausa e cuspiu novamente: "Incendiário! — quando ouvi essa palavra meus olhos se abriram. Tudo estava perfeitamente claro. Ninguém mais além dos comunistas poderia ter feito isso!".[14]

Van der Lubbe foi declarado culpado e decapitado na prisão de Leipzig, mas não existiam provas concretas para convencer os líderes comunistas, exilados na União Soviética e recebidos como heróis por lá. O julgamento lançou luz suficiente sobre o acontecido e evidenciou a ideia de que os nazistas pudessem estar envolvidos no incêndio. Mas, no momento em que o julgamento terminou, já era tarde demais. O incêndio do Reichstag havia servido aos propósitos cínicos de Hitler e providenciou um pretexto para assegurar que seu controle sobre o país seria irreversível e total.

No dia seguinte ao incêndio, com o Reichstag ainda fumegante, Hitler pressionou Hindenburg, então com 85 anos, a assinar o Decreto do Incêndio do Reichstag, uma norma legal que suspendia as seções da Constituição alemã que garantiam a liberdade individual e os direitos civis. A assinatura de um senil Hindenburg transformou a Alemanha, num único golpe, de uma república democrática com um candidato a ditador a uma ditadura com a aparência oca de um governo democrático. A democracia em si sumira na fumaça, e o simbolismo do parlamento eviscerado — agora uma casca vazia e carbonizada — era amargamente adequado.

Os artigos do decreto, produzido e assinado antes de alguém ter tido tempo para analisá-lo com cuidado, tornaram possível a maioria dos horrores futuros, inclusive os campos de concentração:

> Restrições na liberdade pessoal, no direito da livre expressão de opinião, incluindo a liberdade de imprensa; nos direitos de reunião e associação; e violações da privacidade das comunicações postais, telegráficas e telefônicas; e mandatos de buscas domiciliárias, ordens de confisco, assim como restrições à propriedade, são também permitidas além dos limites legais prescritos.[15]

[14] Título, "Germany: Göring Afraid?", *Time*, 13 de novembro de 1933.
[15] SHIRER, *The Rise and Fall of the Third Reich*, p. 194.

Dentro de alguns dias, as tropas de assalto nazistas tomaram as ruas, arrastando e espancando seus opositores políticos, muitos dos quais foram presos, torturados e mortos. A possibilidade de se pronunciar contra eles na imprensa foi amordaçada; a capacidade de se reunir em público contra eles foi ilegalizada. Mas Hitler não tinha concluído. Para assumir, de forma legal e formal, o poder integral do governo, ele precisava da aprovação do Reichstag para a chamada Lei de Habilitação. O parlamento ainda funcionava, embora de modo muito restrito. Mas a Lei de Habilitação tomaria formalmente seus poderes — para o bem da nação, é claro — e os repassaria por quatro anos às mãos ansiosas do chanceler e seu gabinete. E assim, em 23 de março, como uma cobra engolindo a própria cauda, o Reichstag aprovou a lei que aboliu a sua existência.

Com as ferramentas democráticas, a democracia foi assassinada, e a ilegalidade se fez "legal". O poder bruto governava, e seu único objetivo real era destruir todos os outros poderes, com exceção de si próprio.

CAPÍTULO 10

A IGREJA E A QUESTÃO JUDAICA

O que está em jogo não é de modo algum questionar se os membros das congregações alemãs ainda podem tolerar a comunhão da igreja com os judeus. O que está em jogo é a incumbência da pregação cristã em dizer: aqui está a igreja, onde judeus e alemães estão juntos sob a Palavra de Deus; aí está a prova se uma igreja ainda é a igreja ou não.

DIETRICH BONHOEFFER

Onde livros são queimados, seres humanos estão destinados a ser queimados também.

HEINRICH HEINE

NOS PRIMEIROS MESES DO domínio nazista, foram surpreendentes a velocidade e o alcance entre aquilo que os nazistas pretendiam e o que puseram em prática por toda a sociedade alemã. Sob o sistema chamado *Gleischaltung* (sincronização), o país seria totalmente reordenado pelos desígnios do nacional-socialismo. Ninguém imaginava que as coisas mudariam de maneira tão rápida e dramática.

Os Bonhoeffer sempre tiveram acesso a informações privilegiadas. Quando a sombra do Terceiro Reich se postou sobre a Alemanha, a maioria das informações chegava a eles por meio do marido de Christel, o advogado Hans von Dohnanyi, na Suprema Corte Alemã. Os Bonhoeffer descobriram que algo particularmente preocupante chamado Parágrafo Ariano entraria em vigor a partir do dia 7 de abril. Consistia numa série de decretos de lei cinicamente anunciada como a "Restauração do Serviço Civil". Funcionários do governo deveriam vir do "estoque ariano"; todo indivíduo de descendência judaica perderia seu emprego. Se a igreja alemã, estatal na essência, concordasse, todo pastor com sangue judeu seria excluído do ministério, o que se aplicaria ao amigo de Bonhoeffer, Franz Hildebrandt. Muitos não sabiam como proceder. A pressão para entrar em sintonia com a onda nacional-socialista que cobria o país era intensa. Bonhoeffer sabia que alguém deveria analisar a questão com enorme cuidado e, em março de 1933, ele mesmo o fez. O resultado é seu ensaio "A Igreja e a Questão Judaica".

A Igreja e a Questão Judaica

Um grupo de pastores se reuniu na casa de Gerhard Jacobi, pastor da Igreja Memorial Kaiser Wilhelm, para discutir os rumos do país. Bonhoeffer planejava entregar seu ensaio a eles no início de abril.

A igreja alemã estava tumultuada. Alguns líderes eclesiásticos sentiam a necessidade de uma conciliação com os nazistas, já que estes eram adversários enérgicos do comunismo e do "ateísmo". Eles acreditavam na conformação da igreja em relação ao Princípio Führer e as leis raciais do nazismo. Pensavam que, pela união entre a igreja e o Estado, a antiga glória da igreja e da Alemanha, perdidas após o Tratado de Versalhes e o caos e a humilhação dos últimos vinte anos, seria recuperada. A degeneração moral da Alemanha de Weimar era autoevidente. Hitler não falara sobre restauração da ordem e da moral da nação? Não concordavam em tudo com ele, mas acreditavam que, caso o prestígio da igreja fosse recuperado, poderiam influenciá-lo na direção correta.

Havia nessa época um grupo sólido por trás da ascensão de Hitler ao poder — que, sem maiores remorsos, lançaram ao mar dois milênios de ortodoxia cristã. Eles desejavam uma Igreja do Reich forte, unificada, e um "cristianismo" sólido e másculo, que se levantaria para derrotar os ateus e as forças degeneradas do bolchevismo. Audaciosamente, chamavam a si próprios de *Deutsche Christen* (Cristãos Alemães) e definiam seu modelo como "cristianismo positivo". Os Cristãos Alemães se revelaram bastante agressivos ao atacar opiniões contrárias e causaram muita confusão e divisão na igreja.

Mas talvez o aspecto mais grave da crise da igreja tenha sido a complacência da corrente principal dos líderes protestantes ao considerar a adoção do Parágrafo Ariano. Eles argumentavam que os judeus que eram cristãos batizados poderiam formar uma igreja própria, já que não tinham necessidade ou expectativa alguma de participar de uma igreja distintamente "alemã". Na década de 1930, tais ideologias raciais não eram tão exóticas quanto pareceriam hoje em dia, nem todos dispostos a aceitá-las eram julgados como antissemitas cheios de ódio.

A ideia de que as raças deveriam ser "separadas, mas iguais" se popularizou na América sulista de Jim Crow, e Bonhoeffer a presenciara em primeira mão. Ele sabia que tais ideias estavam fortemente enraizadas nos conceitos de identidade e comunidade do ser humano. Por toda a Europa — e em todo o mundo —, existiram rígidos tabus contra a mistura de raças e etnias. Assim, ainda que Bonhoeffer soubesse que estava enfrentando algo contrário à fé cristã, sabia também que aquele era um pensamento bem difundido. De fato, era possível que um teólogo ou pastor da Alemanha sem má vontade real para com os judeus pudesse ser persuadido a enxergar o Parágrafo Ariano como aceitável. Alguns acreditavam que o indivíduo da raça judaica, convertido com sinceridade à fé cristã, deveria participar de uma igreja composta por outros judeus convertidos. Até poucas décadas atrás na América, muitos cristãos verdadeiros pensavam desse modo a respeito de cristãos de outras raças. Bonhoeffer sabia que não poderia simplesmente atacar tais pessoas como racistas. Era preciso argumentar com a lógica.

Ao contrário da maioria dos alemães, Bonhoeffer havia experimentado a igreja muito além das fronteiras luteranas da Alemanha. Em Roma, ele conhecera cristãos de variadas raças e nacionalidades em adoração conjunta; nos Estados Unidos, participara de cultos com cristãos afro-americanos no Harlem; e, por intermédio do movimento ecumênico, faria adorações com outros cristãos europeus. A questão imediata diante dele era: Qual a responsabilidade da igreja quanto à questão judaica? E o questionamento por trás dessa pergunta era, mais uma vez, *O que é a igreja?*.

"O fato, único na História", começava sua argumentação, "de que os judeus têm sido sujeitados a leis especiais do Estado somente por causa da raça à qual pertencem, sem relação alguma com suas crenças religiosas, sugere dois novos problemas para a teologia, que devem ser examinados em separado".[1]

[1] Dietrich BONHOEFFER, "The Church and the Jewish Question," em *No Rusty Swords: Letters, Lectures and Notes 1928-1936*, p. 226.

Bonhoeffer abordou a questão da atitude da igreja para com o Estado e estabeleceu um terreno em comum com seus leitores céticos ao parafrasear Romanos 13: "Não há autoridade que não venha de Deus; as autoridades que existem foram por ele estabelecidas". Em outras palavras, governos são estabelecidos por Deus para a preservação da ordem. A igreja não tinha desavenças fundamentais quanto ao Estado agindo como Estado, restringindo a maldade, mesmo com o uso da força. Sua frase de abertura dramática parecia exagerar o caso: "Sem dúvida, a Igreja da Reforma não tem o direito de chamar a atenção direta do Estado quanto a ações especificamente políticas". Mas ele estava ciente de seu público e queria demonstrar que compartilhava da mesma opinião. Ele também tinha consciência de que fazia parte de uma tradição baseada em Lutero, e a atitude do monge alemão em relação ao papel do Estado era equivocadamente favorável, com Lutero aplaudindo o massacre na Rebelião dos Camponeses, por exemplo. Bonhoeffer precisava agir com cuidado.

Passou então a esclarecer que a igreja, contudo, desempenha um papel vital para o Estado. Qual é esse papel? A igreja deve "questionar continuamente o Estado quanto a se sua ação pode ser justificada como uma legítima ação do Estado, ou seja, uma ação que produza a lei e a ordem, e não a ilegalidade e a desordem". Em outras palavras, é o papel da igreja *ajudar o Estado a ser o Estado*. Se o Estado não cria uma atmosfera de lei e ordem, como a Escritura diz ser preciso, é então o trabalho da igreja chamar a atenção do Estado para essa falha. E se, por outro lado, o Estado cria uma atmosfera de "lei e ordem excessiva", é papel da igreja chamar a atenção do Estado também a esse respeito.

Se o Estado cria "lei e ordem excessiva", então "o Estado desenvolve seu poder de tal forma que priva a pregação e a fé cristã [...] de seus direitos". Bonhoeffer chamou isso de "uma situação grotesca". "A igreja", disse, "deve rejeitar essa intromissão da ordem do Estado precisamente por causa de seu melhor conhecimento do Estado e das limitações de suas ações. O Estado que ameaça a proclamação cristã nega a si mesmo".

Em seguida, Bonhoeffer enumerou as "três formas possíveis nas quais a igreja pode atuar em relação ao Estado". A primeira, já mencionada, consiste no questionamento por parte da igreja sobre as ações e a legitimidade do Estado — ajudar o Estado a ser o Estado como ordenado por Deus. A segunda maneira — e aqui ele deu um salto ousado — seria "ajudar as vítimas da ação do Estado". Disse que a igreja "tem uma obrigação incondicional para com as vítimas de qualquer ordem da sociedade". E, antes de terminar a frase, deu outro salto, ainda mais ousado que o primeiro — e, de fato, alguns ministros se levantaram e saíram — ao declarar que a igreja "tem uma obrigação incondicional para com as vítimas de qualquer ordem da sociedade, *mesmo que elas não pertençam à comunidade cristã*". Todos sabiam que Bonhoeffer se referia aos judeus, inclusive os judeus não batizados cristãos. Em seguida, citou Gálatas: "Façamos o bem a todos". Afirmar que é indubitavelmente responsabilidade da igreja cristã ajudar a todos os judeus era algo dramático, até mesmo revolucionário. Mas Bonhoeffer ainda não havia terminado.

A terceira maneira em que a igreja pode agir em relação ao Estado, disse ele, "consiste em não apenas fazer um curativo nas vítimas das roda, mas colocar uma trava na roda em si". A tradução é imprecisa, mas ele quis dizer que às vezes não é suficiente apenas ajudar os oprimidos pelas más ações do Estado; em algum ponto, a igreja deve agir diretamente contra o Estado para impedi-lo de perpetrar o mal. Permite-se isso, disse, apenas quando a igreja vê sua própria existência ameaçada pelo Estado, e quando o Estado deixa de ser o Estado tal como definido por Deus. Bonhoeffer acrescentou que essa condição existe se o Estado forçar "a exclusão de judeus batizados de nossas congregações cristãs ou a proibição de nossa missão para com os judeus".

A igreja estaria "*in status confessionis*, e aqui o Estado estaria no ato de negar a si mesmo". A frase em latim, que significa "em estado de confissão", foi usada originariamente como uma expressão luterana no século 16. Para o tempo de Bonhoeffer, passara a significar um Estado de crise no qual a "confissão" do evangelho estava em jogo. "Confessar o evangelho" significava simplesmente levar adiante as boas-novas de Jesus Cristo.[2] Continuou: "Um Estado que inclui em si uma igreja aterrorizada perdeu sua serva mais fiel".

Bonhoeffer passou a dizer que "confessar Cristo" significava fazê-lo tanto aos judeus quanto aos gentios. Declarou ser vital para a igreja a tentativa de levar o Messias dos judeus ao povo judeu, que ainda não o conhecia. Se aprovassem as leis de Hitler, isso se tornaria impossível. Sua conclusão dramática e um tanto chocante era que não bastava a igreja permitir a participação dos judeus na congregação, mas que isto era precisamente a igreja: o lugar onde

[2] O termo *Igreja Confessante* foi, em grande parte, criado em referência à expressão "*in status confessionis*". Aqueles que acreditavam que a igreja alemã tinha deixado de ser a igreja de Jesus Cristo por causa da adoção do Parágrafo Ariano decidiram se separar e formar a igreja outra vez. A nova igreja foi chamada Igreja Confessante por proclamar o evangelho de Jesus Cristo.

judeus e alemães estão juntos. "O que está em jogo", disse, "não é de modo algum questionar se os membros das congregações alemãs ainda podem tolerar a comunhão da igreja com os judeus. O que está em jogo é a incumbência da pregação cristã em dizer: aqui está a igreja, onde judeus e alemães estão juntos sob a Palavra de Deus; aí está a prova se uma igreja ainda é a igreja ou não".

Muitos se lembrariam de Gálatas 3:28: "Não há judeu nem grego, escravo nem livre, homem nem mulher; pois todos são um em Cristo Jesus". Para enfatizar seu ponto de vista, Bonhoeffer concluiu com trechos do comentário de Lutero sobre o Salmo 110:3: "Não há nenhuma outra regra ou teste para quem é membro do povo de Deus ou da Igreja de Cristo além desta: onde há um pequeno bando destes que aceitam a palavra do Senhor, a ensinam puramente e a confessam contra aqueles que a perseguem, e por esta razão sofrem o que lhes é devido".

Na primavera de 1933, Bonhoeffer declarava o dever da igreja em defender os judeus. Algo radical até mesmo para aliados leais, uma vez que os judeus não tinham ainda começado a sofrer os horrores que enfrentariam dali a poucos anos. As três conclusões de Bonhoeffer — que a igreja deve questionar o Estado, ajudar as vítimas do Estado e, se necessário, trabalhar contra o Estado — eram excessivas para quase todo mundo. Mas, a seu ver, eram inevitáveis. Com o tempo, ele cumpriria as três.

O advento da vitória do nazismo e a tentativa nazista de cooptar a igreja resultaram em caos dentro da própria igreja e em combate e disputas políticas entre as várias facções eclesiásticas. Bonhoeffer queria abafar a cacofonia de vozes e olhar para essas coisas com calma e lógica. Ele sabia que, se tais questões não recebessem uma abordagem correta, receberiam respostas meramente "políticas" ou "pragmáticas". Podia-se iniciar o desvio do verdadeiro evangelho para a adoração de um deus feito à própria imagem, em vez do próprio Deus, o "eternamente outro" do qual Barth falara e escrevera. E, do mesmo modo que muitos cristãos bem-intencionados no Union tinham abandonado inconscientemente a Deus por muitas e boas razões, assim também muitos cristãos bem-intencionados na Alemanha o faziam agora. Eles se convenceram de que uma leve distorção em sua teologia não causaria problemas — no final, os resultados seriam bons. Muitos acreditaram honestamente que, com Hitler, as oportunidades para o evangelismo aumentariam. Mas Bonhoeffer sabia que uma igreja que não aceitasse judeus não era a igreja de Jesus Cristo, e evangelizar pessoas numa igreja que não era de Jesus Cristo era tolice e heresia. A partir do momento em que terminou de escrever "A Igreja e a Questão Judaica", Bonhoeffer enxergou isso de modo claro e apostaria tudo em sua percepção. Mas seria uma estrada longa e solitária.

O boicote de 1º de abril

Uma semana depois da aprovação da Lei de Habilitação, Hitler declarou um boicote às lojas de judeus na Alemanha. O objetivo declarado era impedir a imprensa internacional, sustentada pelos judeus, segundo os nazistas, de publicar mentiras sobre o regime. Eles sempre moldavam suas agressões como respostas defensivas a ações contrárias a eles e ao povo alemão.

Goebbels, num comício em Berlim, atacou de forma fulminante a "atroz propaganda judaica", e, em toda a Alemanha, membros da SA intimidavam clientes que entrassem em lojas pertencentes a judeus, cujas janelas tinham sido pichadas em tinta preta ou amarela com estrelas de Davi e a palavra *Jude* (Judeu). A SA também distribuiu panfletos e segurava cartazes: "Deutsche Wehrt Euch! Kauft Nicht Bei Juden!" (Alemães, protejam-se! Não comprem de judeus!). Alguns estavam escritos em inglês: "Alemães, defendam-se da Atroz Propaganda Judaica — comprem somente em lojas alemãs!". Até mesmo as clínicas e escritórios de médicos e advogados judeus foram alvejados.

O cunhado judeu de Bonhoeffer, Gerhard Leibholz, era advogado, e, como muitos outros judeus alemães, era cristão batizado. Temerosos, Karl e, Paula Bonhoeffer foram a Göttingen para ficar com Sabine e Gerhard no fim de semana, enquanto os outros membros da família telefonavam para verificar a situação. Naquele abril, "a esperança, alimentada com tanta ansiedade, de que Hitler logo arruinaria a si próprio por má administração, estava destruída", recorda Sabine. "O nacional-socialismo se estabeleceu com a rapidez de um relâmpago".[3]

No dia do boicote em Berlim, a avó de Dietrich fazia compras. A senhora aristocrática de noventa anos de idade não tinha sido avisada de onde deveria comprar. Quando os homens da SA tentaram impedi-la de entrar em determinada loja, ela disse a eles que compraria onde quisesse. E assim o fez. Mais tarde, naquele dia, fez a mesma coisa na famosa Kaufhaus des Westens, a maior loja de departamentos do mundo, ignorando o tolo grupelho da SA

[3] Sabine Leibholz-Bonhoeffer, *The Bonhoeffers: Portrait of a Family*, p. 83.

estacionado na frente do local. A história de Julie Bonhoeffer desfilando na frente dos gorilas nazistas era das prediletas na família Bonhoeffer, uma personificação dos valores que eles procuravam aplicar em sua vida.

A visita dos Lehmann

Nesses primeiros dias turbulentos de abril, dois outros eventos afetaram a vida de Bonhoeffer: os Cristãos Alemães realizaram uma conferência em Berlim, e os Lehmann vieram visitá-lo.

A conferência dos Cristãos Alemães foi um espetáculo inquietante para qualquer um que desconfiasse do zelo de Hitler em reorganizar a sociedade alemã. A linha que separava a igreja e o Estado se obscurecia agressivamente. Uma coisa era o Estado liderado por um imperador cristão; outra, bem diferente, era a liderança do Estado nas mãos de um Führer anticristão. A maioria dos alemães, no entanto, acreditava que Hitler era basicamente "um deles" e recebeu de bom grado os projetos nazistas de reorganização da sociedade.

Hermann Göring apresentou um discurso de grande aclamação, expondo a reordenação social como uma mudança sobretudo "administrativa". Relembrou o público dos fundamentos do Princípio Führer e exortou-o a esperar a liderança do Führer em todos os aspectos da vida alemã, o que incluía a igreja. Como parte da reforma administrativa, Göring explicou que Hitler propunha o cargo de bispo do Reich, um homem que ficaria responsável por unir todos os elementos díspares da igreja alemã. A escolha de Hitler para a posição foi Ludwig Müller, um rude ex-capelão naval. Os Cristãos Alemães queriam uma igreja unificada de acordo com os princípios nazistas e lutaram para tal. Se a Inglaterra poderia ter a Igreja da Inglaterra, por que a Alemanha não teria também a sua própria igreja?

Paul e Marion Lehmann chegaram nos últimos dias de março. Eles tinham ido a Bonn ouvir Barth e depois iriam passar uns dias em Berlim para rever o velho amigo. Anfitrião sempre atencioso, Bonhoeffer levou seus amigos do Union a todo lugar, mostrando a eles a igreja em Wedding na qual dera aulas de crisma, passeando pela Unter den Linden e levando-os à ópera para ver *Elektra*, de Richard Strauss.[4]

[4] Strauss foi pego em um fogo cruzado cultural: os nazistas tentaram cooptá-lo e lhe ofereceram um cargo artístico oficial. Ele aceitou, segundo alegou depois, para proteger sua

Durante a estada em Berlim, os Lehmann testemunharam o boicote de 1º de abril, bem como o espetáculo desolador da conferência dos Cristãos Alemães. Outra pessoa em Berlim naquela semana se tornaria personagem proeminente na vida de Bonhoeffer, embora o encontro dos dois acontecesse somente seis meses depois: George Bell, bispo de Chichester, em visita a um encontro ecumênico programado no mesmo horário da conferência dos Cristãos Alemães. Bell obteve um não planejado, mas extremamente valioso olhar em primeira mão da feia realidade do movimento dos Cristãos Alemães. Essa percepção iria ajudá-lo em seu papel como um de seus principais adversários nos anos vindouros.

Os Lehmann passaram um tempo com a família de Bonhoeffer na Wangenheimstrasse e se maravilhavam com a vida dali. Para eles, era um mundo deslocado do tempo, um baluarte cultural contra a loucura acumulada ao redor. Os Lehmann notaram que, vez ou outra, Klaus Bonhoeffer andava na ponta dos pés até a porta do quarto onde se reuniam para conferir se algum criado ouvia a conversa.

No início de 1933, ainda não se podia saber quem era ou não confiável, e algumas de suas conversas eram vigorosamente antinazistas. Klaus e Dietrich concordavam que Hitler e os nazistas não durariam muito tempo, mas o estrago que vinham fazendo no país era grave. Os Bonhoeffer deveriam fazer tudo o que pudessem na luta contra eles, principalmente quanto ao tratamento reservado aos judeus. Os primeiros relances da futura resistência contra Hitler começavam a se formar durante essas discussões.

E mesmo nesse estágio inicial, eles não ficavam apenas na conversa. Naquele abril, Paul e Dietrich redigiram uma carta a Stephen Wise, de Nova York, o rabino em cuja sinagoga Bonhoeffer participara do culto no Domingo de Páscoa, dois anos antes. Wise era presidente honorário do Comitê Judaico Americano e, desde o começo, uma voz franca contra o nazismo. Ele tinha ligações com o presidente Franklin Roosevelt; Bonhoeffer e Lehmann acreditavam, portanto, que, por intermédio dele, poderiam alertar Roosevelt a respeito da atual situação. Com o Decreto de Incêndio do Reichstag, Hitler transformara até o ato de escrever uma carta um delito de traição. Bonhoeffer

nora judia. Mas Strauss era amigo do escritor judeu alemão Stefan Zweig e mais tarde foi forçado a renunciar por ter se recusado a retirar o nome de Zweig de um libreto que ele escrevera.

sabia que poderia acabar num campo de concentração devido a suas encrencas, mas escreveu a carta e a enviou mesmo assim.

Paul e Marion perceberam que seu amigo Dietrich mudara nos dois anos desde que haviam se visto pela última vez. Em Nova York, ele exibia uma atitude mais divertida e despreocupada do que agora. Sob as circunstâncias, era compreensível. Mas havia algo mais: a sua atitude para com Deus era diferente. Ele parecia levar a coisa toda mais a sério.

Sabine e Gerhard

Dez dias após o boicote às lojas judaicas, Bonhoeffer foi convidado para pregar outro sermão, dessa vez para um funeral. No dia 11 de abril, o pai de Gerhard Leibholz morreu. Para Dietrich, esse era um caso difícil, e mais tarde admitiu não tê-lo resolvido bem. Leibholz era etnicamente judeu, mas, ao contrário do filho, não havia sido batizado na igreja. Bonhoeffer sempre considerava todos os lados de uma questão, às vezes até demais. No momento, pensava em como seria visto o fato de alguém contrário aos nazistas na questão judaica pregando no funeral de um judeu não membro da igreja. Iria parecer provocação pura? Iria destruir suas chances para futuras ações eclesiásticas? Iria arruinar sua credibilidade com as pessoas dentro da igreja, que já achavam suas ideias sobre o assunto radicais em demasia?

Ele não sabia o que fazer, mas foi induzido a consultar seu superintendente distrital. Por imaginar o possível rebuliço, o superintendente se opôs energicamente à ideia, e assim Dietrich rejeitou falar no funeral. Em breve, lamentaria profundamente a decisão.

Sabine permanecia em contato íntimo com a família. Gerhard era um popular professor de direito na Universidade de Göttingen. Não muito antes, ele e Sabine já eram afetados diretamente pelo crescente antissemitismo. Certa vez, os líderes estudantis nacionais-socialistas em Göttingen convocaram um boicote a suas aulas. Sabine recorda:

> Eu costumava ouvir as palestras de meu marido e fui à universidade no dia do boicote para estar lá e ouvir os que os estudantes teriam a dizer. Alguns deles usavam uniformes da SA e obstruíam o corredor com suas botas de uma maneira que somente os homens da SA poderiam fazer. Não permitiam a entrada de ninguém. "Leibholz não pode palestrar, ele

> é um judeu. A palestra não vai ser realizada". Obedientes, os alunos iam para casa. Colocaram um aviso correspondente na lousa.[5]

Depois de um tempo, Sabine e Gerhard só precisaram andar pelas ruas em Göttingen para respirar a atmosfera venenosa. Pessoas que os reconheciam cruzavam a rua para evitá-los. "Em Göttingen", disse Sabine, "muitos colaboraram com isso. Professores que não conseguiam promover-se enxergaram uma oportunidade". Mas alguns estavam enojados com o acontecido e não tinham medo de expressar seu horror. O teólogo Walter Bauer encontrou-os na rua e iniciou um discurso longo e inflamado contra Hitler. Quando Gerhard perdeu sua posição, outro professor se aproximou dele e, com lágrimas nos olhos, disse: "Senhor, você é meu colega, e eu estou envergonhado por ser alemão". Um grupo de estudantes do seminário de Gerhard se encaminhou ao ministério para pedir que ele tivesse autorização para lecionar.

Muitos parentes de Gerhard também perderam o emprego. Um amigo judeu da faculdade cometeu suicídio. Havia notícias constantes do tipo. No Dia da Reforma, poucos meses depois de decidir que não pregaria no funeral do pai de Gerhard, Bonhoeffer escreveu ao casal em Göttingen:

> Ainda me atormenta pensar que não fiz o que vocês me pediram como uma questão tão natural. Para ser franco, não consigo imaginar o que me levou a me comportar do jeito que me comportei. Como pude ter sido tão horrivelmente medroso na época? Deve ter sido igualmente incompreensível para vocês dois, e, ainda assim, vocês nada disseram. Mas me apavora a mente, porque é o tipo de coisa que nunca se pode compensar. Tudo o que posso fazer é pedir que perdoem a minha fraqueza de então. Hoje eu sei com certeza que devia ter me comportado de outra maneira.[6]

No decorrer de 1933, os nazistas continuaram a campanha para barrar legalmente os judeus filiados a instituições estaduais. Mais e mais leis foram promulgadas nas linhas da Reformação do Serviço Civil, no dia 7 de abril. Em 22 de abril, judeus foram proibidos de atuar como advogados de patentes, e os médicos judeus, de trabalhar em instituições de seguro estatal. As crianças

[5] Leibholz-Bonhoeffer, *The Bonhoeffers*, p. 84.
[6] Eberhard Bethge, *Dietrich Bonhoeffer: A Biography*, p. 275-276.

judaicas também foram afetadas. No dia 25 de abril, limitaram o número delas que teriam o direito de frequentar escolas públicas. Em 6 de maio, as leis foram expandidas e passaram a incluir todos os professores universitários honoríficos, conferencistas e escrivães. Em junho, todos os cientistas e técnicos de prótese dentária de etnia judaica também foram proibidos de trabalhar em instituições de seguro estatal. No outono, as leis incluíam os cônjuges de não arianos. No dia 29 de setembro, judeus foram banidos de toda atividade cultural e de entretenimento: cinema, teatro, literatura e artes plásticas. Em outubro, todos os jornais foram assumidos pelo controle nazista, expulsando os judeus do mundo jornalístico.

Os ataques agressivos dos Cristãos Alemães durante abril chocaram diversos pastores e teólogos. As reações foram variadas. George Schulz, da Irmandade Sydow, publicou um manifesto. Heinrich Vogel publicou seus "Oito Artigos da Doutrina Evangélica". Alguns pastores vestefalianos publicaram uma declaração que, assim como o ensaio de Bonhoeffer, rejeitava categoricamente a exclusão dos judeus batizados das igrejas alemãs. O movimento da Reforma Jovem surgia, apresentando diversos pontos de vista teológicos — todos contrários aos Cristãos Alemães, mas não chegaram a acordo sobre muita coisa. E Gerhard Jacobi, que trabalharia de braços dados com Bonhoeffer na luta da igreja, começou a se encontrar com outros pastores no Cafe am Knie em Charlottenburg. Havia tantos pontos de vista teológicos e políticos em oposição que talvez fosse impossível juntá-los num único e convergente plano de resistência. Mas eles iriam tentar.

"Onde livros são queimados..."

Em maio de 1933, a loucura e a demência seguiam em ritmo veloz. A *Gleischaltung* era muito discutida. Essa ideia, mencionada por Göring na conferência dos Cristãos Alemães em Berlim no mês anterior, sugeria que tudo na Alemanha deveria se alinhar à visão de mundo nazista, o que incluía o mundo dos livros e do conhecimento.

Karl Bonhoeffer tinha lugar privilegiado para assistir à pressão exercida pelos nazistas nas universidades. Quando o ministro nazista para assuntos culturais discursou na Universidade de Berlim, Karl recordou com vergonha que, apesar de considerar insultante a atitude do homem, nem ele nem seus colegas tiveram coragem suficiente para sair da sala em protesto:

> Médicos estagiários jovens e até então totalmente desconhecidos vieram, como representantes do Partido, sugerir aos chefes de hospitais que demitissem imediatamente os médicos judeus. Alguns se deixaram convencer. Qualquer sugestão do tipo vinda sob a jurisdição do ministério, e não do Partido, eram recebidas com ameaça. O decano tentava convencer os membros da faculdade a se juntar ao Partido de forma coletiva. Sua tentativa foi frustrada pelas recusas individuais. O ministério também não realizou, no início, qualquer movimento para atender ao pedido de demissão dos assistentes judeus. Médicos em hospitais particulares, porém, eram espiados constantemente, com o intento de descobrir suas atitudes perante o Partido.[7]

Karl Bonhoeffer esteve na Universidade de Berlim outros cinco anos e somente com algum esforço conseguiu evitar que pendurassem um retrato de Hitler em sua sala.

O antissemitismo existira por décadas entre os estudantes nas universidades alemãs, mas agora o expressavam formalmente. Naquela primavera, a Associação de Estudantes Alemães planejava celebrar uma "Ação contra o espírito não alemão" no dia 10 de maio.[8] Às onze horas da noite, milhares de estudantes se reuniram em toda cidade universitária por toda a Alemanha. De Heidelburg a Tübingen, de Freiburg a Göttingen, onde os Leibholz viviam, os estudantes desfilaram com tochas, tomados por um entusiasmo selvagem, enquanto oficiais nazistas deliravam com a glória daquilo que os bravos rapazes e moças estavam prestes a fazer. À meia-noite, a histeria rugiu com grande êxito diante da monumental *Saüberung* (limpeza); enormes fogueiras foram acesas, onde os estudantes atiraram milhares de livros.

A Alemanha seria "purgada" dos perniciosos pensamentos "não alemães" de autores como Helen Keller, Jack London e H. G. Wells. Naturalmente, os livros de Erich Maria Remarque estavam incluídos, bem como tantos outros, dentre eles Albert Einstein e Thomas Mann. Em 1821, em sua peça *Almansor*,

[7] Idem, p. 279.

[8] É incerto se essa data foi escolhida por marcar o fim da Guerra Franco-Prussiana em 1871, mas é provável, uma vez que nesse dia a Alemanha derrotou a França e representou o início do surgimento de um país unificado.

o poeta alemão Heinrich Heine escreveu as arrepiantes palavras: "Dort, wo man Bücher verbrennt, verbrennt man am Ende auch Menschen". Heine era um judeu alemão convertido ao cristianismo, e suas palavras eram uma profecia sinistra: "Onde livros são queimados, seres humanos estão destinados a ser queimados também". Naquela noite, por toda a Alemanha, seus livros foram lançados no fogo crepitante. Sigmund Freud, cujos livros também não foram poupados, fez observação semelhante: "Apenas nossos livros? Em outros tempos, nos teriam queimado juntos".

Em Berlim, a procissão de tochas partiu da Hegelplatz, atrás da Universidade de Berlim, atravessou a universidade e seguiu depois para o leste, rumo à Unter den Linden. Os livros "antialemães" seguiam dentro de um caminhão e, à espera deles, na Opernplatz, a grande pilha de madeira na qual a fogueira seria acesa. Em seguida, diante de trinta mil pessoas, o homúnculo vampiresco Joseph Goebbels discursou na escuridão: "Homens e mulheres alemães! A era do arrogante intelectualismo judeu está agora no fim! [...] Vocês estão fazendo a coisa certa nesta meia-noite — consignar às chamas o espírito imundo do passado. Este é um grande, poderoso e simbólico ato [...] destas cinzas, a fênix de uma nova era surgirá [...]. O século! A ciência! É maravilhoso estar vivo!".[9]

Tal como tantas outras no Terceiro Reich, a cena possuía um inegável aspecto macabro: a fogueira da meia-noite, alimentada como um súcubo pelos nobres pensamentos e palavras de grandes homens e mulheres. Goebbels, o propagandista, sabia bem que a organização de um desfile de tochas, seguido por uma fogueira na badalada da meia-noite, evocava algo antigo, tribal e pagão, e invocava os deuses do *Volk* alemão, representantes da força, da crueldade, do sangue e do solo. O ritual não era para ser cristão, de qualquer modo; era, na verdade, bastante anticristão, embora não afirmasse isso, uma vez que a maioria dos presentes podia se recusar a participar, ainda que também tivessem essa impressão. As tochas, os tambores e a procissão criavam um ambiente sinistro, de medo e presságio, e convocavam forças que nada tinham das virtudes da fé cristã, mas eram seus opostos fundamentais, o contrário da religião monoteísta dos desprezados judeus. Não por acaso, nas cidades onde o evento foi cancelado pela chuva, remarcaram-no para o dia 21 de junho, o solstício de verão.

[9] Elizabeth RAUM, *Dietrich Bonhoeffer: Called by God*, p. 80.

As célebres palavras de Heinrich Heine sobre a queima de livros são citadas com frequência e hoje estão inscritas na Opernplatz, como um memorial do ritual medonho. Mas outra passagem das obras de Heine talvez seja ainda mais assustadoramente profética daquilo que viria a ter lugar na Alemanha, um século depois. São as palavras de conclusão de seu livro de 1834, *Contribuição à história da religião e filosofia na Alemanha*:

> O cristianismo — e este é seu maior mérito — tem aos poucos atenuado o brutal amor alemão pela guerra, mas não pôde destruí-lo. Deverá tal talismã subjugante, a cruz, ser destruído, e a loucura frenética dos guerreiros antigos, a fúria insana de Berserk que os bardos nórdicos tanto têm falado e cantado, irá uma vez mais explodir em chamas. Tal talismã é frágil, e chegará o dia em que entrará em colapso miseravelmente. Em seguida, os ancestrais deuses de pedra se levantarão dos escombros esquecidos e esfregarão o pó de mil anos de seus olhos, e, enfim, Thor, com seu martelo gigante, saltará e esmagará as catedrais góticas [...]. O pensamento precede a ação como um trovão precede o relâmpago [...]. Quando se ouve um estrondo como nunca se ouviu na história do mundo, sabe-se então que o raio alemão finalmente caiu. No tumulto, as águias do céu cairão mortas, e os leões nos mais remotos desertos da África esconder-se-ão em seus covis reais. Uma peça será encenada na Alemanha, que fará a Revolução Francesa se parecer com um idílio inocente.[10]

[10] Heinrich Heine, *Religion and Philosophy in Germany: A Fragment*, p. 177.

CAPÍTULO 11

TEOLOGIA NAZISTA

Temos a desgraça de que a nossa religião não nos convém. Por que não temos a religião dos japoneses, cuja aspiração máxima é o sacrifício pela pátria? Para nós a religião maometana teria sido melhor que o cristianismo, uma religião frouxa e paciente.[1]

ADOLF HITLER

Virá o dia, dez anos adiante, quando Adolf Hitler ocupará, na Alemanha, precisamente a mesma posição que Jesus Cristo possui agora.

REINHARD HEYDRICH

OUVE-SE, POR VEZES, QUE HITLER era cristão. Não era, sabemos, mas também não era abertamente anticristão, como a maioria de seus principais tenentes. Ele aprovava o que o ajudava a engrandecer o poder; o que o impedia, obtinha sua reprovação. Um pragmático absoluto. Em público, fazia comentários pró-igreja e pró-cristãos, mas não devem existir dúvidas quanto ao caráter político — e cínico — de suas declarações. Em particular, possuía um registro ilibado de afirmações contra os cristãos e o cristianismo.

Especialmente no início da carreira, Hitler desejava parecer um alemão típico, o que o levou a elogiar as igrejas como bastiões da moralidade e dos valores tradicionais. Mas sentia também que, no tempo devido, as igrejas se

[1] *Inside the Third Reich: Memoirs by Albert Speer*, p. 114-115.

adaptariam ao modo nacional-socialista de pensar. Elas seriam usadas como transmissores da ideologia do nazismo; faria pouco sentido destruí-las. Mais fácil seria modificar o que já existia e se beneficiar dos prestígios culturais que elas possuíam.

Em seu famoso diário, Joseph Goebbels, provavelmente a pessoa mais próxima a Hitler, anotou alguns dos pensamentos privados do ditador a respeito do clérigo:

> O Führer falou de forma depreciativa sobre a arrogância do alto e baixo clero. A insanidade da doutrina cristã da redenção realmente não se encaixa em nosso tempo. No entanto, há homens educados, instruídos, ocupando altos cargos na vida pública, que se agarram a ela com a fé de uma criança. É incompreensível como alguém pode considerar a doutrina cristã da redenção um guia para a vida complicada de hoje. O Führer citou uma séria de exemplos drásticos, excepcionais e, em parte, até grotescos [...]. Enquanto os cientistas mais sábios dedicam toda a vida ao estudo da mais misteriosa das leis da natureza, um padrezinho qualquer da Bavária acha-se em posição de decidir sobre a questão com base em seu conhecimento religioso. É de se considerar com desprezo essa prática tão repugnante. A igreja que não se mantém em sintonia com o conhecimento científico moderno está condenada. Talvez demore um pouco, mas assim está fadado a acontecer. Quem está enraizado na vida cotidiana e que só pode imaginar vagamente os segredos místicos da natureza será, naturalmente, modesto ao extremo quanto ao universo. Os clérigos, no entanto, que não respiram o sopro da modéstia, evidenciam uma atitude opinativa soberana quanto a questões do universo.[2]

Hitler via o cristianismo como um amontoado de tolices místicas datadas. O que o irritava, porém, não era o absurdo da religião em si, mas o modo em que ela não o ajudava a cumprir seus desígnios. Segundo Hitler, o cristianismo pregava "mansidão e flacidez", nada úteis à ideologia nacional-socialista, pregadora da "crueldade e força". Com o tempo, ele acreditava, as igrejas modificariam sua ideologia. Algo que ele veria acontecer.

Martin Bormann e Heinrich Himmler eram os anticristãos mais passionais dentro do círculo íntimo de Hitler e não acreditavam que as igrejas iriam ou

[2] *The Goebbels Diaries 1942-1943*, p. 375.

poderiam se adaptar. Eles queriam o clero esmagado e as igrejas abolidas e, sempre que possível, estimulavam Hitler a pensar do mesmo modo. Tinham esperanças de acelerar o calendário para a guerra pública contra a igreja, mas Hitler não tinha pressa. Toda vez que atacava as igrejas, sua popularidade diminuía. Ao contrário de seus principais homens, o ditador tinha instintivo senso político de época, e aquele não era o momento de tomar as igrejas diretamente; aquele era o momento de fingir ser cristão.

O arquiteto de Hitler, Albert Speer, foi dos primeiros a testemunhar a abordagem calculista de Hitler. "Por volta de 1937, quando Hitler soube que, instigados pelo Partido e pela SS, um enorme número de seus seguidores deixara a igreja por ela ser obstinadamente oposta a seus planos, ele, no entanto, ordenou a seus seguidores mais próximos, sobretudo Göring e Goebbels, que permanecessem membros da igreja. Ele também disse que, embora não tivesse qualquer apego real, continuaria membro da Igreja Católica".[3]

Bormann desprezava os cristãos e o cristianismo, mas ainda não podia dizê-lo publicamente. Em 1941, no furor da guerra, tornou sua forma de pensar conhecida ao afirmar que o "nacional-socialismo e o cristianismo são irreconciliáveis". Speer comentou:

> Na cabeça de Bormann, a *Kirchenkampf*, a campanha contra as igrejas, foi útil para reativar a ideologia adormecida do Partido. Ele era a força motriz por trás dessa campanha [...]. Hitler hesitava, mas apenas porque preferia adiar o problema para um momento mais favorável [...]. "Assim que resolver meus outros problemas", dizia sempre, "acertarei minhas contas com a igreja. Irei colocá-la contra a parede". Mas Bormann não queria adiar a cobrança. Ele mal podia tolerar o pragmatismo prudente de Hitler [...]. Atraía a atenção de um dos membros da comitiva para discursos sediciosos de um pastor ou de um bispo, até que Hitler finalmente atentasse para o assunto e exigisse detalhes [...]. Em determinado momento, Bormann pegaria um documento do bolso e começaria a ler trechos de um sermão ou uma carta pastoral desafiadora. Com frequência, Hitler se agitava tanto que começava a estalar os dedos — um sinal claro de sua raiva —, afastava o prato no qual se alimentava e prometia finalmente punir o clérigo ofensor.[4]

[3] *Inside the Third Reich*, p. 114.
[4] Idem, p. 147-148.

Mas esses eram momentos ainda distantes. Em 1933, Hitler jamais daria a entender que podia ser capaz de tomar posição contra as igrejas. Muitos pastores se convenceram de que Hitler estava ao lado deles, em grande parte por causa das declarações pró-cristãs de seus primeiros dias na vida política. Num discurso de 1922, ele chamou Jesus de "nosso maior herói ariano". Conciliar a ideia do judeu Jesus como um herói ariano não é menos absurdo que a tentativa de conciliar o ideal de Hitler do cruel e imoral *Übermensch*, o super-homem nietzschiano, com o Cristo humilde e abnegado.

Hitler pode ser considerado um nietzschiano, embora seja provável que tivesse arrepios com o termo, já que sugeria uma crença em algo além de si próprio e confrontava a ideia de um Führer invencível, acima do qual ninguém poderia se colocar. Ainda assim, Hitler visitou o museu de Nietzsche em Weimar muitas vezes, e há fotos onde ele aparece olhando com entusiasmo para um enorme busto do filósofo. Ele possuía uma crença devota naquilo que Nietzsche disse a respeito da "vontade de poder". Hitler tinha adoração pelo poder, enquanto a verdade era um fantasma a ser ignorado; seu inimigo jurado não era a mentira, mas a fraqueza. Para ele, a crueldade era uma grande virtude, e a misericórdia, um grande pecado. Essa era a principal complicação do cristianismo, que defendia a mansidão.

Nietzsche considerava o cristianismo "a grande maldição, a enorme perversão intrínseca [...] a mancha imortal da humanidade". O filósofo desprezava a ideia cristã da virtude, considerada fraca e desprezível: "A sociedade nunca considerou a virtude outra coisa senão um meio para a força, o poder e a ordem". E, claro, Nietzsche exaltou o conceito da força personificada no super-homem, um campeão cruel e implacável do poder desenfreado — "o loiro bruto e magnífico, com avidez desenfreada pelo saque e pela vitória".[5]

Hitler parece ter acreditado que Nietzsche profetizara sua vinda e ascensão ao poder. Em *A vontade de poder*, Nietzsche profetizou a vinda de uma raça de dominadores, "uma espécie humana particularmente forte, altamente dotada de inteligência e vontade". Hitler acreditava que a raça ariana era a tal "raça de dominadores". Nietzsche referiu-se a essa raça como "senhores da terra". William Shirer disse que os disparates de Nietzsche encontraram a aprovação de Hitler: "Atingiram alguma região suscetível na mente confusa de Hitler. Seja como for, ele apropriou-se delas; não apenas dos pensamentos, mas [...]

[5] *The Complete Works of Friedrich Nietzsche*, ed. Oscar Levy.

de suas próprias expressões. 'Senhores da terra' é uma expressão familiar em *Mein Kampf*. Não resta dúvida de que Hitler se considerava o super-homem da profecia de Nietzsche".

Hitler poderia saudar Nietzsche — desde que as pessoas entendessem que Nietzsche existira principalmente para preparar o caminho para ele, para ser seu João Batista, por assim dizer.

Um dos primeiros a retratar Hitler sob uma luz messiânica foi Houston Stewart Chamberlain, a quem Shirer chamou de "um dos mais estranhos ingleses de que se tem notícia". Chamberlain acreditava que o destino da Alemanha era governar o mundo como uma raça superior e profetizou que Hitler seria o homem a liderá-la:

> Ao fim de uma vida fantástica, Chamberlain pôde saudar o cabo austríaco — e muito antes de Hitler chegar ao poder ou de ter qualquer perspectiva disso — como um destinado por Deus para tirar o povo alemão do deserto. Foi para o túmulo [...] a 11 de janeiro de 1927 — com altas esperanças de que tudo o que havia pregado e profetizado ainda viria a se confirmar, sob a orientação divina do novo messias alemão.[6]

Antes de morrer, Chamberlain se encontrou com Hitler. Mais um personagem desconcertante numa história confusa, uma espécie de Simeão satânico gorjeando um *Nunc Dimittis*[7] invertido.

Uma nova religião nazista

Como Hitler não tinha outra religião além de si mesmo, sua oposição à igreja e ao cristianismo era menos ideológica do que prática. Não era o caso de muitos líderes do Terceiro Reich. Alfred Rosenberg, Martin Bormann, Heinrich Himmler, Reinhard Heydrich, dentre outros, eram anticristãos amargos e ideologicamente opostos ao cristianismo, e queriam substituí-lo por uma religião de concepção própria. Sob a liderança deles, disse Shirer, "o regime nazista tencionava, de uma vez por todas, destruir o cristianismo na Alemanha

[6] William L. SHIRER, *The Rise and Fall of the Third Reich: A History of Nazi Germany*, p. 100.

[7] Passagem bíblica, conhecida também como "Cântico de Simeão", que aparece no evangelho de Lucas (2:29-32) e recebe este nome devido a suas primeiras palavras em latim (*Nunc dimittis servum tuum, Domine*...). (N. do T.)

e substituí-lo pelo antigo paganismo dos deuses tribais alemães primitivos e pelo novo paganismo dos extremistas nazistas".

Hitler não permitiria que fizessem algo do tipo logo no início do regime. Precisou, portanto, travar uma batalha constante para mantê-los sob rédeas curtas. Mas ele não se opunha ao plano, desde que se realizasse no momento certo. Hitler não o levava muito a sério, mas achava que o guisado neopagão que Himmler cozinhava seria provavelmente mais útil do que o cristianismo, porque defenderia "virtudes" coerentes com o Terceiro Reich.

Himmler comandava a SS e era um anticristão agressivo. Já no início, proibiu o clero de servir na SS. Em 1935, ordenou que seus comandados se demitissem da liderança em organizações religiosas. No ano seguinte, proibiu os músicos da SS de participar de cerimônias religiosas, mesmo sem uniforme. Pouco depois, proibiu-os de assistir aos cultos da igreja. Para Himmler, a própria SS já era uma religião, e seus membros, postulantes em seu sacerdócio. Muitos rituais da organização eram de natureza ocultista. Himmler tinha envolvimento profundo com ocultismo e astrologia, e muito daquilo perpetrado nos campos de extermínio pela SS carregava seu carimbo camaleônico.

Hans Gisevius, membro das forças armadas alemãs, se tornaria um dos líderes da conspiração contra Hitler. Como a maioria na conspiração, Gisevius era um cristão sério. Era amigo de Niemöller e frequentava a sua igreja. Um dia, por volta de 1935, reuniu-se com Himmler e Heydrich, que conheciam sua fé, e discutiram o assunto com ele. Gisevius escreveu:

> Heydrich, participando animadamente da discussão, andava de um lado para o outro na sala. Ele nunca conseguia finalizar seu ponto de vista, e, quando nos preparávamos para partir, ele correu atrás de mim para dar sua palavra final. Bateu no meu ombro e disse com um sorriso: "Espere para ver. Virá o dia, dez anos adiante, quando Adolf Hitler ocupará, na Alemanha, precisamente a mesma posição que Jesus Cristo possui agora".[8]

A SS estava ferozmente decidida sobre essa questão. Albert Speer recorda que ouviu Hitler, numa audiência particular, ridicularizar os esforços de

[8] Hans B. GISEVIUS, *To the Bitter End: An Insider's Account of the Plot to Kill Hitler 1933-1944*, p. 189.

Himmler: "Que absurdo! Alcançamos aqui uma época em que todo o misticismo ficou para trás, e agora ele quer começar tudo de novo. Nós poderíamos então ter permanecido com a igreja. Pelo menos possuía alguma tradição. E pensar que eu posso algum dia ser transformado num santo da SS! Consegue imaginar? Eu me reviraria no túmulo".[9]

Rosenberg foi um dos líderes nazistas mais ativos na criação dessa "nova religião".[10] O modo pelo qual chegariam lá era motivo de certa discórdia. Alguns, como Himmler, queriam criar algo novo, enquanto outros acreditavam ser mais fácil transformar as igrejas existentes em "igrejas nazistas" no decorrer do tempo. Rosenberg era um "pagão declarado" que desenvolveu, durante a guerra, um programa de trinta itens para a "Igreja Nacional do Reich". O fato de um pagão assumido tê-lo preparado demonstra quanto Hitler respeitava a igreja cristã e suas doutrinas. O plano de Rosenberg é das mais evidentes comprovações da existência de projetos definitivos do nazismo para as igrejas. Alguns dos itens do programa ilustram o que Hitler se dispunha a aprovar e, sob o pretexto da guerra, colocar em prática:

13. A Igreja Nacional exige a imediata cessão da publicação e disseminação da Bíblia na Alemanha.
14. A Igreja Nacional declara que, a seu ver, e, consequentemente, para toda a nação alemã, decide-se que *Mein Kampf*, do Führer, é o maior de todos os documentos. Ele [...] não somente contém a maior, mas incorpora a mais pura e verdadeira moral para a vida atual e futura de nossa nação.
18. A Igreja Nacional irá retirar de seus altares todos os crucifixos, Bíblias e imagens de santos.
19. Sobre os altares, não deve haver nada além de *Mein Kampf* (o livro mais sagrado para a nação alemã e, portanto, para Deus) e, à esquerda do altar, uma espada.
30. No dia de sua fundação, a cruz cristã deve ser removida de todas as igrejas, catedrais e capelas [...] e deve ser substituída pelo único símbolo invencível, a suástica.[11]

[9] Adolf Hitler, citado em *Inside the Third Reich: Memoirs*, de Albert SPEER, p. 94.
[10] SHIRER, *The Rise and Fall of the Third Reich*, p. 240.
[11] Idem.

Cristãos Alemães

Os cristãos mais críticos na Alemanha reconheciam a incompatibilidade entre o cristianismo e a filosofia nazista. Karl Barth dizia que o cristianismo se separou "da impiedade inerente do nacional-socialismo como um abismo".[12]

Mas, em algum lugar no abismo imenso e profundo, existia um grupo estranho, descrente da existência de um abismo, e que pretendia criar uma conexão direta entre o nacional-socialismo e o cristianismo. Constituíram, durante a maior parte da década de 1930, uma força poderosa na Alemanha, e não enxergavam entraves teológicos para seu projeto. Formaram o núcleo de oposição a Bonhoeffer, Niemöller e outros líderes da Igreja Confessante; a luta da igreja (*Kirchenkampf*) apenas começava. Para cooptar todos aqueles que se imaginavam alemães e cristãos, chamaram a si próprios de *Deutsche Christens*, "Cristãos Alemães". As contorções necessárias para conciliar suas concepções de germanismo e cristianismo podiam ser sofríveis de contemplar.

Em seu livro *Twisted Cross: The German Christian Movement in the Third Reich* [A cruz distorcida: o movimento cristão alemão do Terceiro Reich], a historiadora Doris Bergen escreveu que "os Cristãos Alemães pregavam o cristianismo como o polo oposto do judaísmo, Jesus como líder antissemita, e a cruz como símbolo da guerra contra judeus". Fundir o *Volk* (povo) germânico com a *Kirche* (igreja) alemã significava estender e distorcer ambas as definições. Primeiro passo: definir o germanismo como oposição inerente ao judaísmo. A união do cristianismo e do germanismo tencionava o expurgo de todos os judeus. Um projeto absurdo.

Para começar, decidiram sumir com o Antigo Testamento. Obviamente, consideravam-no judaico em demasia. Num encontro de Cristãos Alemães na Bavária, o orador ridicularizou o Antigo Testamento, para ele uma saga de degradação racial. Sua observação de que "Moisés, em sua velhice, casara-se com uma mulher negra" provocou risos e aplausos entusiasmados. Em 1939, eles fundaram o "Instituto de Investigação sobre a Eliminação da Influência Judaica na Vida da Igreja Alemã". Tal como a famosa Bíblia de Jefferson, que omitia tudo aquilo que não lhe agradasse, o instituto tomou a atitude de "cortar e colar" em relação à Bíblia, extirpando qualquer trecho aparentemente judeu ou não alemão. Um de seus líderes, Georg Schneider, chamou o Antigo

[12] Karl Barth, "Protestant Churches in Europe," *Foreign Affairs* 21 (1943), p. 263-265.

Testamento de "astuta conspiração judaica". Disse mais: "Para o forno com a parte da Bíblia que glorifica os judeus; desse modo, chamas eternas consumirão a ameaça a nosso povo".[13]

Quanto ao Novo Testamento, os Cristãos Alemães citavam trechos fora de contexto e retorciam o significado com o intuito de adequá-lo à ordem antissemita do dia. Utilizavam João 8:44 com enorme eficácia: "Vocês pertencem ao pai de vocês, o diabo, e querem realizar o desejo dele. Ele foi homicida desde o princípio e não se apegou à verdade, pois não há verdade nele. Quando mente, fala a sua própria língua, pois é mentiroso e pai da mentira". Vale lembrar que Jesus e os discípulos eram judeus, e os judeus a quem Jesus se refere ali são os líderes religiosos. Usava de tom áspero somente para com eles. A passagem na qual Jesus expulsa os cambistas do templo também era popular entre os Cristãos Alemães. Mas, a fim de afiar a ponta de sua lança, eles usariam a expressão "covil de ladrões" para se referir às *Kaufhaus* (lojas de departamentos), muitas das quais pertencentes a judeus. Os Cristãos Alemães pintavam Jesus como um não judeu e, muitas vezes, como um antissemita cruel. Como Hitler já o chamava de "nosso maior herói ariano", não havia muita diferença.

Os Cristãos Alemães assumiram a mesma forma de pensar em relação à música na igreja. No famoso encontro no Palácio dos Esportes de Berlim, um de seus líderes declarou: "Nós queremos cantar canções que estejam livres de todos os elementos israelitas!". Seria difícil. Mesmo o maior de todos os hinos alemães, "Castelo Forte", de Lutero, continha referência a Jesus como "Senhor *Sabaoth*". Eles se empenhavam seriamente em purgar as palavras "judaicas" dos hinários, tais como *Jeová*, *Aleluia* e *Hosana*. Um autor propôs a mudança de *Jerusalém* para *morada celestial* — e *cedros do Líbano* para *floresta de abetos*.

Alguns Cristãos Alemães perceberam que discussões do tipo não levavam a lugar algum; aquela era uma batalha perdida. Assim, em 1937, um grupo dentre eles afirmou que o problema das Escrituras era as palavras escritas. "Se levarmos em conta que os judeus foram os primeiros a expressar em palavras a sua fé", diziam, "Jesus, por outro lado, nunca o fez". O verdadeiro cristianismo "alemão" deve, portanto, ir além das palavras. "Um demônio sempre reside na palavra escrita", acrescentavam.[14]

[13] Georg SCHNEIDER, *Our Faith: A Guide for German Christians* (Germany: Institute for Research into and Elimination of Jewish Influence in German Church Life, 1940).

[14] Doris L. BERGEN, *Twisted Cross: The German Christian Movement in the Third Reich*, p. 47.

Os esforços se tornavam cada vez mais ridículos. Algumas vezes, falavam do batismo não como batismo para o corpo de Cristo, mas para "a comunidade do *Volk*", para a *Weltanschauung* (visão de mundo) do Führer. A comunhão apresentava outras complicações. Um pastor explicou que o pão simbolizava "o corpo da terra que, firme e forte, mantém-se fiel ao solo alemão", e o vinho representava "o sangue da terra". Não enxergavam paganismo nenhum nisso.

Mas não era apenas um jota ou um til o problema da teologia Cristã Alemã. O conceito integral de cristianismo era herético. Ludwig Müller, o homem escolhido por Hitler para liderar uma "igreja alemã unificada" — na posição recém-criada de bispo do Reich — declarou que o "amor" dos Cristãos Alemães tinha uma "expressão dura, de guerreiro. Odeia tudo que seja fraco e suave, por saber que a vida permanece saudável e apta quando tudo antagônico à vida, o podre e o indecente são retirados do caminho e destruídos".[15] Não era cristianismo, mas darwinismo social nietzschiano. Müller também declarou publicamente que a ideia da graça era "não alemã". Ex-capelão naval e autointitulado "sujeito enérgico" e "homem do homem", zombador de teólogos — Karl Barth era um dos alvos prediletos de suas chicotadas —, Müller era um dos mais ferrenhos defensores da nazificação da igreja na Alemanha. Ele seria o principal inimigo da Igreja Confessante na luta eclesiástica.

Müller não era o único a pensar que não havia espaço para a graça do cristianismo tradicional no cristianismo positivo dos Cristãos Alemães. Outro Cristão Alemão declarou que o ensino do "pecado e da graça [...] era uma atitude judaica inserida no Novo Testamento" e era negativa em demasia para os alemães daquele tempo:

> Um povo como o nosso, com uma guerra indesejada por trás, uma guerra em que fomos derrotados e considerados culpados, não pode suportar isso, quando seu pecado é constantemente apontado de forma tão exagerada [...]. Nosso povo sofreu muito com a mentira da culpa pela guerra, e agora é função e dever da igreja e da teologia usar o cristianismo para conceder coragem a nosso povo, e não soterrá-lo pela humilhação política.[16]

[15] Idem, p. 68.
[16] Idem, p. 158.

É difícil compreender como os Cristãos Alemães torciam e distorciam o sentido tradicionalmente aceito das Escrituras e das doutrinas da igreja. Outro de seus líderes, Reinhold Krause, disse que Martinho Lutero deixara aos alemães "um legado de valor inestimável: a conclusão da Reforma Alemã no Terceiro Reich!".[17] Se Lutero rompera com a Igreja Católica, concluiu-se que nada era intocável. Essa era a erva daninha no jardim do protestantismo. Até mesmo Lutero havia questionado a canonicidade de alguns livros da Bíblia, especialmente o livro de Tiago, que, segundo ele, pregava a "salvação pelas obras".[18] E o professor de Bonhoeffer, o teólogo liberal Adolf von Harnack, questionara a canonicidade de muitos livros do Antigo Testamento. Há poucas dúvidas de que a escola teológica liberal de Schleiermacher e Harnack tenha ajudado a empurrar as coisas nessa direção. Mas a outra peça do quebra-cabeça tem a ver com a confusão que inevitavelmente surge quando a fé cristã se relaciona de modo estreito com a cultura ou a identidade nacional. Para muitos alemães, tornara-se impossível distinguir a identidade nacional daquilo que acreditavam ser a fé cristã luterana. Depois de crer por quatrocentos anos que todos os alemães eram cristãos luteranos, ninguém mais sabia realmente o que era o cristianismo.

No final, os Cristãos Alemães iriam perceber que viviam no abismo de Barth. Eles eram vistos pelos verdadeiros cristãos como nacionalistas hereges, confusos, que jamais conseguiriam satisfazer os antissemitas ferrenhos do lado nazista do abismo. Um líder nazista enviou a Gestapo uma carta na qual reclamava que a melodia do hino "Jerusalém, Vossa Alta e Justa Cidade" era tocada em cerimônias memoriais aos mortos da guerra. Não havia palavras ofensivas, já que somente a melodia era executada, mas era inaceitável até mesmo evocar a lembrança das palavras. Esse hino, bem conhecido, utilizado em cerimônias memoriais na Alemanha por muitos anos, fora escolhido por Paula Bonhoeffer para o funeral de Walter, em 1918.

[17] Idem, p. 103.

[18] Idem, p. 148.

CAPÍTULO 12

A LUTA DA IGREJA COMEÇA

Se você embarcar no trem errado, não adianta correr pelo corredor na direção oposta.

DIETRICH BONHOEFFER

NO INÍCIO, OS CRISTÃOS ALEMÃES tiveram o cuidado de esconder do povo alemão as suas crenças mais radicais. Para o observador casual, a conferência em abril de 1933 foi um modelo de sobriedade teológica. Os Cristãos Alemães, porém, defendiam a tese de que a igreja na Alemanha deveria ser unificada como uma Igreja do Reich. Qualquer proposta diferente parecia remeter ao Reichstag destroçado e à República de Weimar. Tudo agora deveria estar sincronizado sob a liderança do Führer e sob a ideia de *Gleischaltung* — e a igreja deveria pavimentar esse caminho.

Como resultado da conferência de abril, muitos alemães se mostraram abertos a uma igreja única do Reich (*Reichskirche*). Poucos sabiam como ou com qual forma isso aconteceria, embora Hitler já tivesse ideias definidas. Quando os líderes da igreja nomearam uma comissão de três bispos a se reunirem em Loccum, em maio, ele viu uma oportunidade. Numa tentativa de agarrar as igrejas rebeldes pelo calcanhar, Hitler calçou um quarto clérigo ao trio. O gambá no jardim dos bispos era ninguém menos que Ludwig Müller, o ex-capelão naval que Hitler propusera para o cargo de bispo do Reich (*Reichsbishof*) — e que lideraria a igreja unificada a ser proposta.

Mas, naquele maio, a jogada de Hitler para tentar criar uma igreja a sua própria imagem não obteve êxito. Os bispos concordaram em eleger um bispo do Reich, mas não era Müller o escolhido, e sim Friedrich von Bodelschwingh, uma figura gentil, eminente e muito respeitada, condutor de uma grande comunidade de pessoas com epilepsia e outras enfermidades em Bielefeld, na Vestfália.

Bodelschwingh foi eleito bispo do Reich em 27 de maio, mas essa alma caridosa mal colocou sua mitra e os Cristãos Alemães já começaram a atacá-lo, na esperança de anular a eleição, usando-se de qualquer meio que considerassem necessário. Müller liderou as acusações e insistia que a "voz do povo" deveria ser atendida. Mas muitos alemães consideravam os ataques de Müller chocantes e desagradáveis. Bodelschwingh era um homem decente e apolítico, vencedor da eleição com justiça.

Apesar do alvoroço contrário, Bodelschwingh foi a Berlim e iniciou o trabalho. Ao chegar, solicitou Martin Niemöller como assistente. O pastor Niemöller havia sido capitão de um submarino U-Boot durante a Primeira Guerra e fora premiado com a Cruz de Ferro por sua bravura. No começo, ele dera as boas-vindas aos nazistas, saudando-os como os heróis que iriam recuperar a dignidade da Alemanha, perseguir os comunistas do país e restaurar a ordem moral. Niemöller se reuniu em particular com Hitler em 1932, e o ditador lhe dera a garantia pessoal de que manteria as mãos longe das igrejas e nunca institucionalizaria *pogrons* contra os judeus. Parecia bom o suficiente para Niemöller, crente de que a vitória nazista traria o renascimento religioso ao país, pelo qual ele há muito orava. Mas logo iria perceber que fora enganado. Quando se virou finalmente contra Hitler, o fez sem medo algum, e os sermões proferidos em sua igreja abarrotada em Dahlem, distrito da classe operária em Berlim, foram ouvidos com enorme interesse — sobretudo pelos membros da Gestapo. Niemöller sabia disso e zombava deles no púlpito. Pensava-se que, caso alguém fora do âmbito militar pudesse liderar um movimento contra Hitler, Niemöller seria o homem. Foi na época da eleição de Bodelschwingh que Niemöller conheceu Bonhoeffer e começou a desempenhar papel central na luta da igreja.

Graças ao clamor público dos Cristãos Alemães, o curto mandato de Bodelschwingh no cargo de bispo do Reich tornou-se cada vez mais infeliz. Surpreendentemente, em 18 de junho, no meio de todo o tumulto, Franz Hildebrandt foi ordenado. Por ser judeu, a definição de seu futuro na igreja não podia ser uma questão mais premente. O que seria da igreja se os teólogos cabeças-duras conseguissem o que queriam? Bonhoeffer assistiu à cerimônia, realizada na histórica *Nikolaikirche*, em Berlim. Foi ali que o herói espiritual de Hildebrandt, o famoso compositor de hinos do século 17, Paul Gerhardt, havia sido ordenado sacerdote e depois servira como ministro. Bonhoeffer sabia de cor diversos hinos de Gerhardt, que muito o ajudariam durante seu período na prisão.[1]

Os ataques públicos dos Cristãos Alemães prosseguiam, e em 19 de junho eles realizaram um encontro na Universidade de Berlim. Existia uma base de apoio nas universidades, e os estudantes começaram a se agitar contra Bodelschwingh. Bonhoeffer e muitos de seus alunos participaram da reunião, mas ele não fez declarações. Bonhoeffer deixou que seus alunos discutissem com os Cristãos Alemães. Ele e seus estudantes haviam planejado se levantar e sair em massa do local caso os Cristãos Alemães propusessem mais uma vez a eleição de Ludwig Müller para o cargo de bispo do Reich. Era certo que o fariam, e o fizeram, afinal. Nesse momento, Bonhoeffer e o contingente pró-Boldeschwingh se levantaram e caminharam para as portas de saída. Para surpresa de Bonhoeffer, nove em cada dez pessoas presentes também abandonaram a reunião. Uma ousada bofetada no rosto dos Cristãos Alemães, demonstração de quão repelente havia sido o comportamento deles nas últimas semanas.

Os desertores da reunião se reuniram em volta de uma estátua de Hegel e iniciaram um comício improvisado. Porém, mesmo entre esses jovens, havia um vão entre a oposição aos Cristãos Alemães e a oposição a Hitler. Consideravam muito radicalismo dos Cristãos Alemães a tentativa de trazer doutrinas nazistas para a igreja, mas, na maioria, ainda se consideravam alemães patriotas devotos ao país — e ao Führer. Assim, naquele semicomício após a debandada, os universitários declararam submissão à liderança de Hitler. Bonhoeffer disse que "um estudante fez um *Hail* para o chanceler do Reich, e o resto seguiu seu exemplo".[2]

Três dias depois, houve um novo encontro. Dessa vez, Bonhoeffer falou. O que ele disse é de difícil compreensão, mas se mostrou esperançoso, pensando ainda ser possível para a igreja a resolução desse problema de modo amigável. Primeiro, disse que Deus usava essa luta na igreja alemã para torná-la humilde,

[1] Ironicamente, o ministro da *Nikolaikirche* antes de 1923 era o dr. Wilhelm Wessel, pai de Hosrt Wessel, cuja composição "Levante Alto a Bandeira", conhecida como a "Canção de Horst Wessel", se tornaria o hino oficial do nazismo.

[2] Eberhard BETHGE, *Dietrich Bonhoeffer: A Biography*, p. 286.

e que ninguém tinha o direito de se sentir orgulhoso e autojustificado. Os cristãos deveriam buscar a humildade e o arrependimento, o único caminho a ser seguido, e talvez algo bom viesse da disputa. Bonhoeffer falava principalmente a seu próprio povo, aqueles que compreendiam o erro de restringir a presença de judeus na igreja. Eles, que se mantinham do lado correto da questão, deveriam se proteger do orgulho espiritual. Invocou Romanos 14 e o conceito dos "irmãos mais fracos" da igreja, que necessitavam de graça extra e acomodações especiais. E ele parecia se perguntar se aqueles que eram contra o Parágrafo Ariano iriam se dispor a defender a causa de toda a igreja e dos "irmãos mais fracos". Comentários radicais e, vistos em retrospecto, excessivamente generosos.

Bonhoeffer sugeriu ainda a convocação de um concílio da igreja, tal como se fizera na história da igreja primitiva em Niceia e Calcedônia. Ele acreditava que o Espírito Santo poderia se pronunciar e solucionar o problema, caso se comportassem como uma igreja. Ele se dirigia aos teólogos liberais, para os quais as noções de concílio, heresia ou cisma soavam arcaicas. O que fazia era pedir à igreja um comportamento de igreja, mas suas declarações caíram em ouvidos surdos.

Dois dias depois, tudo virou motivo de debate: o Estado havia intercedido, e as coisas desandaram. Em protesto, Bodelschwingh renunciou. Agora, a verdadeira luta da igreja iria começar. No dia 28 de junho, Müller ordenou a ocupação das igrejas oficiais de Berlim pelas tropas da SA. Em 2 de julho, um comandante da SA prendeu um pastor. Os opositores ao regime oravam pela expiação e clamavam por intervenções a seu favor. No caos resultante, Bodelschwingh se encontrou com Hindenburg para explicar seu lado da situação, e Hindenburg prometeu-lhe repassar suas preocupações a Hitler.

Bonhoeffer passou a ver quão fraca e dividida era a oposição a Hitler e perdeu gradualmente a esperança de que algo positivo pudesse ser feito. Tudo parecia muito deprimente. Müller e os Cristãos Alemães não temiam usar o poder do Estado para forçar a situação à maneira deles, e o fizeram com bastante eficácia. Mas Bonhoeffer e Hildebrandt enxergaram uma possibilidade. Eles sugeriram uma greve efetiva por parte da igreja contra o Estado a fim de fazer valer sua independência. Se o Estado não se afastasse e permitisse à igreja exercer a função de igreja, ela deixaria de se comportar como igreja estatal e iria, dentre outras coisas, parar de realizar funerais. Uma solução brilhante.

Como seria sempre o caso, a sugestão foi considerada enérgica e dramática demais pela maioria dos líderes protestantes conciliadores. A determinação de Bonhoeffer era preocupante, uma vez que os obrigava a ver seus próprios pecados refletidos naquilo que estava acontecendo. Da mesma maneira que os líderes militares comprometidos politicamente iriam um dia tropeçar quando deveriam ter agido para assassinar Hitler, os líderes protestantes comprometidos teologicamente também empacaram. Não conseguiram reunir a vontade necessária para realizar algo tão decidido e escandaloso feito uma greve, e a oportunidade se perdeu.

As eleições da igreja

Enquanto isso, Hitler continuava a definir seus próprios planos para a igreja. Ele sabia muito bem como lidar com os pastores protestantes. "Pode-se fazer qualquer coisa que se queira com eles", disse certa vez. "Eles se submeterão [...] são gente insignificante, submissos como cães, e ficam embaraçados quando se fala com eles".[3] Com o cinismo característico de cada nova "eleição", Hitler anunciou de repente votações para a nova igreja, com realização no dia 23 de julho. Criava-se assim uma ilusão de escolha, mas com o poder ao dispor dos nazistas, havia poucas dúvidas de quem sairia vencedor. Intimidação de todo tipo foi exercida, com a ameaça grave de que todo aquele que se opusesse aos Cristãos Alemães poderia ser acusado de traição. E houve apenas uma semana entre o anúncio e as eleições, o que praticamente impossibilitava a organização de uma oposição viável.

Apesar das probabilidades desiguais, Bonhoeffer atirou-se no trabalho. O movimento da Reforma Jovem escolheu candidatos, e Bonhoeffer e seus alunos escreveram folhetos de campanha e prepararam cópias. Mas na noite de 17 de julho, antes que os folhetos pudessem ser distribuídos, a Gestapo invadiu os escritórios da Reforma Jovem e confiscou o material. Os Cristãos Alemães tinham encontrado uma objeção legal ao método de listagem de candidatos do movimento, e a Gestapo ficou encarregada de pôr fim "legal" à campanha por meio do confisco de folhetos.

Mas Bonhoeffer não se intimidou e, após pegar o Mercedes de seu pai emprestado, dirigiu com Jacobi até os quartéis-generais da Gestapo na Prinz-

[3] William L. SHIRER, *The Rise and Fall of the Third Reich: A History of Nazi Germany*, p. 238.

Albrecht-Strasse para corrigir a situação. Jacobi havia sido condecorado com duas Cruzes de Ferro na Primeira Guerra e, para reforçar suas credenciais como patriota alemão, usou-as na cova dos leões da sede da Gestapo.

Foi no porão sem luz desse edifício notório que Bonhoeffer seria preso após a tentativa fracassada de Stauffenberg em assassinar Hitler em 1944. Mas no momento, em 1933, ele ainda vivia numa Alemanha que poderia ser forçada a se comportar com respeito diante da lei. Assim, com a confiança de alguém que conhece seus direitos e era ousado o suficiente para reivindicá-los, Bonhoeffer invadiu o prédio e pediu para ver o chefe da Gestapo. Bonhoeffer o convenceu de que aquele era um caso de interferência eleitoral — algo cinicamente proibido pela lei —, e os folhetos foram devolvidos. Antes, teve de concordar com a mudança do título da lista de candidatos, "Lista da Igreja Evangélica", à qual os Cristãos Alemães se opuseram por considerar pretensiosa a ideia de uma "Igreja Evangélica" oficial, para uma opção mais neutra, "Evangelho e Igreja". A Gestapo ameaçou Bonhoeffer e Jacobi, tornando-os pessoalmente responsáveis pela comprovação das mudanças. Se folhetos sem as modificações exigidas fossem distribuídos, ambos seriam enviados aos campos de concentração.

Nesse meio-tempo, enquanto os Cristãos Alemães e o movimento da Reforma Jovem se empenhavam nas campanhas para a eleição, Hitler mostrou que também sabia lidar com os católicos. De fato, lidara com eles em particular e, em 20 de julho, anunciou vitoriosamente que uma concordata havia sido forjada entre o Reich alemão e o Vaticano. Um grande golpe de relações públicas, pois sugeria que ele possuía bom senso sobre essas questões e que não representava perigo algum para as igrejas. Assim começa o texto da concordata:

> Sua Santidade o papa Pio XI e o presidente do Reich Alemão, movidos por uma vontade comum de consolidar e promover as relações amistosas existentes entre a Santa Sé e o Reich Alemão, desejam regular permanentemente as relações entre a Igreja Católica e o Estado para a totalidade do território do Reich Alemão de uma maneira aceitável para ambas as partes. Eles decidiram firmar um acordo solene.[4]

O primeiro artigo declarava:

[4] Adolf HITLER, "Concordant Between the Holy See and the German Reich [With Supplementary Protocol and Secret Supplement]", 20 de julho de 1933, trad. Muriel Frasier, <http://www.concordatwatch.eu/showkb. php?org_id=858&kb_header_id=752&kb_id=1211>.

> O Reich Alemão garante a liberdade de profissão e prática pública da religião católica. Reconhece o direito da Igreja Católica, no âmbito das leis válidas para todos, de gerir e regular seus próprios negócios de forma independente e, no âmbito de suas competências próprias, de emitir leis e decretos vinculativos para seus membros.[5]

Dentro de alguns anos, essas palavras seriam denunciadas como traiçoeiras, mas, por ora, atingiram seu objetivo, adiando as críticas e apresentando uma face pacífica de Hitler para o mundo cético.

Três dias depois, as eleições da igreja foram realizadas. Foi uma vitória esmagadora e previsível. Os Cristãos Alemães receberam cerca de 70% dos votos. A maior novidade foi a eleição de Ludwig Müller como bispo do Reich. O estúpido Müller era amplamente considerado um caipira inculto; para muitos alemães, era como se Gomer Pyle[6] se elegesse arcebispo de Canterbury. Müller era alguém para quem "as senhoras" e a linguagem chula não se achavam fora de seus limites, especialmente se pudesse assim polir suas credenciais como companheiro regular do Reich, e não como um teólogo espalhafatoso. À suas costas, referiam-se a ele ironicamente como *Reibi*, uma abreviação de *Reichsbishof*, que também significa "rabino". Para Bonhoeffer e aqueles que formariam a Igreja Confessante, eram más notícias. Bonhoeffer escreveu ao bispo Bell no início da semana, dizendo que uma "desqualificação definitiva de Müller pelo movimento ecumênico seria talvez a última esperança — humanamente falando — para a recuperação da igreja alemã".

Müller e seus Cristãos Alemães venceram a batalha política, mas Bonhoeffer e os outros do movimento da Reforma Jovem não desistiriam da batalha teológica. Em certos aspectos, a perda política liberou-os para a luta em outro plano. Agora, pretendiam criar uma declaração clara de fé — uma "Confissão de Fé" — para usar contra os Cristãos Alemães. Uma crise seria forçada, o que obrigaria os Cristãos Alemães a definir uma posição. O pastor Niemöller sentia que essa era a resposta à atual situação e teve importante atuação em persuadi-los a tomar esse rumo:

[5] Idem.

[6] Personagem cômico de uma série de televisão homônima, produzida nos Estados Unidos na década de 1970. (N. do T.)

> Existe, teologicamente, uma diferença fundamental entre os ensinamentos da Reforma e aqueles proclamados pelos "Cristãos Alemães": Temos medo: Sim! — Eles dizem: Não! Esta falta de clareza deve ser esclarecida por uma confissão para o nosso tempo. Se ela não vem do outro lado — e não há sinal de que virá em breve —, então deve vir de nós; e tem de vir de tal forma que os outros tenham de dizer "sim" ou "não" para ela.[7]

Um sínodo se realizaria em setembro; a confissão deveria estar concluída até lá. Bonhoeffer e Hermann Sasse iriam à comunidade de Bodelschwingh em Betel, para onde ele retornara após renunciar ao cargo de bispo do Reich, e em agosto de 1933 escreveriam juntos o que viria a ser conhecido como a Confissão de Betel.

[7] BETHGE, *Dietrich Bonhoeffer: A Biography*, p. 301.

CAPÍTULO 13

A CONFISSÃO DE BETEL

A questão real é: cristianismo ou germanismo? E quanto mais cedo o conflito se revelar à luz clara do dia, melhor.[1]

DIETRICH BONHOEFFER

NO COMEÇO DO VERÃO DE 1933, Bonhoeffer recebeu um convite de Theodor Heckel para se tornar pastor de uma congregação de língua alemã em Londres. Heckel, que conhecia Bonhoeffer por intermédio dos contatos ecumênicos, era dirigente do Ministério das Relações Exteriores da Igreja, órgão supervisor das paróquias alemãs no estrangeiro — chamado por eles de "a diáspora". A ideia de deixar a Alemanha e os problemas políticos para trás parecia atraente, ainda mais porque Franz Hildebrandt pensava em acompanhá-lo. Desse modo, antes de ir a Betel, Bonhoeffer viajou para Londres.

Ele partiu depois da eleição de 23 de julho e, no dia 30 do mesmo mês, pregou para duas congregações. A primeira, a Igreja de St. Paul, se localizava na East End. A outra ficava num subúrbio ao sul de Londres chamado Sydenham, local da casa paroquial. As duas congregações ficaram impressionadas. Heckel recomendara Bonhoeffer com veemência ao pastor anterior como alguém que "eu, pessoalmente, considero bastante notável". Mencionou ainda que o jovem alemão falava "diversas línguas" e "possui uma vantagem paulina adicional por não ser casado".[2] Mas os sentimentos calorosos de Heckel em relação a ele mudariam em breve.

[1] Dietrich BONHOEFFER a Julie Tafel Bonhoeffer, Bethel, 20 de agosto de 1933.

[2] *No Rusty Swords: Letters, Lectures and Notes 1928-1936*, vol. 1, *Collected Works of Dietrich Bonhoeffer*, p. 251.

Após a estada em Londres, Bonhoeffer partiu para a comunidade Betel de Bodelschwingh, em Bielefeld. Por mais que tivesse ouvido falar do lendário local, ele não se havia preparado o suficiente para o que ia conhecer. Betel ("Casa de Deus" em hebraico) foi a concretização de uma visão que o pai de Bodelschwingh tivera nos anos 1860. Iniciou-se em 1867 como uma comunidade cristã para pessoas com epilepsia, mas, a partir da virada do século, passou a incluir diversas instalações que atenderiam mais de mil e seiscentos pessoas com enfermidades. O então jovem Bodelschwingh assumiu o controle após a morte do pai, em 1910, e, na época da visita de Bonhoeffer, Betel era praticamente uma cidade completa, com escolas, igrejas, fazendas, fábricas, comércio e moradia para enfermeiros. No centro, havia vários hospitais e instalações de saúde, além de orfanatos. Bonhoeffer nunca tinha visto nada parecido. Era a antítese da visão de mundo nietzschiana, que glorificava o poder e a força. Era o evangelho feito visível, uma paisagem de conto de fadas da graça, onde os fracos e desamparados eram atendidos numa palpável atmosfera cristã.

Bonhoeffer compareceu aos cultos e escreveu para a avó sobre as pessoas com epilepsia: "A condição de estar indefeso de verdade talvez possa revelar a essas pessoas certas realidades da nossa existência humana, na qual estamos, de fato, basicamente indefesos, de modo mais claro do que seria possível para nós, os saudáveis".[3] Mas, mesmo em 1933, o antievangelho de Hitler já se definia em favor do assassinato legal dessas pessoas que, como os judeus, eram classificadas como impróprias, como parasitas da Alemanha. Os termos cada vez mais utilizados para descrever pessoas deficientes eram "comedores inúteis" e "indignos de viver". Quando a guerra chegou, em 1939, o extermínio deles seria encarado com seriedade. De Betel, Bonhoeffer escreveu à avó: "É loucura o fato de alguns acreditarem, hoje, que os doentes podem ou devem ser legalmente eliminados. É praticamente o mesmo que construir uma torre de Babel, quase uma tentativa de vingança".[4]

Ele costumava mencionar a torre de Babel nos sermões como um retrato da tentativa "religiosa" do homem em alcançar o céu por sua própria força, um conceito provavelmente inspirado em Barth. Aqui, porém, ele fazia ligações com a visão nietzschiana dos nazistas, na qual a força era exaltada, e a fraqueza, eliminada. De um lado, as obras; do outro, a graça.

[3] Dietrich BONHOEFFER a Julie Tafel Bonhoeffer, Bethel, 20 de agosto de 1933.

[4] Eberhard BETHGE, Dietrich Bonhoeffer: A Biography, p. 300.

Perto do fim da década, os nazistas aumentaram a pressão sobre lugares como Betel e, quando a guerra teve início, passaram a exigir de tais lugares a desistência de seus pacientes por meio de "assassinatos de misericórdia". Bodelschwingh esteve na vanguarda dessa batalha, lutando com valentia contra os nazistas, mas, em 1940, ele havia, em essência, perdido a disputa. Karl Bonhoeffer e Dietrich também se envolveram na batalha, aconselhando igrejas a pressionar os hospitais e instalações de saúde eclesiásticas a se recusarem a entregar seus pacientes nas mãos dos nazistas. No entanto, não havia espaço para fracos e enfermos no Estado nacional-socialista. Em agosto de 1933, porém, tais horrores ainda eram problemas futuros, e Betel constituía ainda um oásis de paz e um testemunho vivo do que existia de melhor na cultura alemã verdadeiramente cristã.

A Confissão

De Betel, Bonhoeffer escreveu para a avó, contando a ela sobre o progresso com a Confissão:

> Nosso trabalho aqui nos oferta tanto prazer quanto problemas. Queremos extrair dos "Cristãos Alemães" algumas respostas sobre suas intenções. Se iremos conseguir, é, com certeza, muito duvidoso. Pois mesmo se nominalmente oferecermos algum terreno em suas formulações, eles estão sob tão poderosa pressão que, mais cedo ou mais tarde, todas as promessas deverão ser superadas. A meu ver, tem sido cada vez mais evidente que estamos prestes a receber uma igreja nacional poderosa e popular, cuja natureza não pode ser conciliada com o cristianismo, e que precisamos preparar nossa mente para caminhos inteiramente novos que irão se apresentar a nós. A questão real é: cristianismo ou germanismo? E quanto mais cedo o conflito se revelar à luz clara do dia, melhor.[5]

O objetivo principal em escrever a Confissão de Betel era explicitar os fundamentos da verdadeira fé cristã histórica, a qual contrastava com a "teologia" simplista e rudimentar de Ludwig Müller. Bonhoeffer e Sasse tinham a tarefa de tornar as distinções entre os dois lados as mais nítidas possíveis.

[5] Dietrich Bonhoeffer, *A Testament to Freedom: The Essential Writings of Dietrich Bonhoeffer*, p. 419.

Após três semanas de trabalho, Bonhoeffer estava satisfeito, mas, em seguida, o documento foi enviado a vinte teólogos eminentes para as devidas observações. O resultado: cada trecho brilhante foi obscurecido, cada diferenciação mordaz e afiada foi derrubada, e cada assunto controverso foi atenuado. Bonhoeffer ficou tão horrorizado que se recusou a trabalhar no projeto final. Quando foi concluído, se recusou a assiná-lo. Como aconteceria com frequência no futuro, ele se decepcionou profundamente com a incapacidade de tomar uma posição definitiva por parte de seus companheiros cristãos. Eles sempre erravam de lado ao fazer concessões em demasia e tentar arduamente agradar os adversários. A Confissão de Betel se tornara um desperdício magnífico de palavras. O projeto final continha ainda uma linha bajuladora sobre "a colaboração jubilosa" entre igreja e Estado.

Bonhoeffer decidiu aceitar a oferta de pastorear as congregações de língua alemã em Londres. Mas antes, tencionando curar as feridas, retirou-se para Friedrichsbrunn e analisou o que viria adiante. O fracasso da Confissão de Betel era um impulso eficaz na direção da Inglaterra, já que ele não parecia ter certeza do que mais poderia ser feito na luta da igreja. Decidiu, porém, que não iria iniciar o trabalho oficial até meados de outubro. O sínodo nacional da igreja se realizaria em setembro, e ele queria estar presente. Antes, também participaria de duas conferências ecumênicas na Bulgária, em Novi Sad e Sofia.

Seu principal interesse em participar do sínodo era conferir as possibilidades de luta contra o trecho do Parágrafo Ariano, ou Cláusula Ariana, que impediria pastores já ordenados de origem judaica de servir como ministros. Se o Parágrafo Ariano tivesse efeito retroativo, a carreira de Franz Hildebrandt como ministro teria terminado antes mesmo de começar.

Nas semanas precedentes ao sínodo, Bonhoeffer fez circular um panfleto que escrevera, "A Cláusula Ariana na Igreja", no qual expunha sua posição, especialmente à luz das ocorrências desde abril, quando havia escrito "A Igreja e a Questão Judaica". No panfleto, ele refutava a ideia por trás da teologia da "ordem da criação" — para a qual a "etnia" era sagrada e inviolável — dos Cristãos Alemães e rebatia a ideia de que a "oportunidade para a evangelização" vinda dos judeus excluídos era desprovida de valor. Sugeriu ainda a incapacidade do clero alemão em servir razoavelmente a uma igreja na qual recebiam privilégios especiais sobre o clero de ascendência judaica. Com o panfleto, Bonhoeffer apontava para o cisma. Quando a atenção de Theodor

Heckel, no Ministério das Relações Exteriores da Igreja, voltou-se para o texto, decidiu-se que, a menos que ele se retratasse de sua opinião, Bonhoeffer não seria enviado a Londres para representar a igreja alemã.

Muitos dos aliados de Bonhoeffer na batalha teológica consideravam que algumas de suas declarações haviam ido longe demais. Martin Niemöller ainda estava aberto à possibilidade da autorização e aplicação do Parágrafo Ariano dentro das igrejas. Niemöller enxergava o erro, mas não estava disposto a dividir a igreja, pelo menos por enquanto. Mas Bonhoeffer se livrara desse tipo de pensamento pragmático. O argumento do "irmão mais fraco", que ele parecia disposto a aceitar em junho, já não lhe parecia mais relevante. Convencera-se de que uma igreja que não se dispusesse a se posicionar pela presença de judeus em seu meio não era uma verdadeira igreja de Jesus Cristo. Estava bem decidido a esse respeito.

Como de costume, ele se mostrava muito à frente dos outros. Havia quem se perguntasse se Bonhoeffer não estava apenas se debatendo contra os aguilhões, mas, quando lhe perguntaram se ele não deveria se unir aos Cristãos Alemães para enfrentá-los internamente, respondeu que não seria possível. "Se você embarcar no trem errado", disse, "não adianta correr pelo corredor na direção oposta".[6]

O Sínodo Marrom

O sínodo nacional foi realizado em Berlim no dia 5 de setembro. Foi dominado pela maioria esmagadora dos Cristãos Alemães, e cerca de 80% dos delegados usaram camisas marrons do uniforme nazista. Assim, o evento tornou-se conhecido como Sínodo Marrom. Foi menos um sínodo e mais um comício. O pastor Jacobi tentou propor algo, mas foi severamente ignorado. Vozes de oposição foram caladas aos gritos. Mas a decisão de remover não arianos já ordenados não foi aprovada, bem como a decisão de remover os cônjuges de não arianos de seus postos. Algo positivo, mas, sob as circunstâncias, não muito.

No dia seguinte, um grupo de oposição se reuniu na casa de Jacobi. Em 7 de setembro, a reunião aconteceu na casa de Niemöller. Para Bonhoeffer e Hildebrandt, o tempo para a cisão havia chegado. Um sínodo da igreja votara

[6] Wolf-Dieter Zimmermann e Ronald G. Smith, eds., *I Knew Dietrich Bonhoeffer*, p. 129.

oficialmente pela exclusão de um grupo de pessoas do ministério cristão pelo simples motivo da origem étnica. Os Cristãos Alemães haviam se afastado da fé verdadeira e histórica. Bonhoeffer e Hildebrandt convidaram os pastores a se unirem e se demitirem do cargo. Mas os dois amigos eram vozes clamando no deserto. Ninguém estava disposto a ir tão longe.

Nem mesmo Karl Barth. Em 9 de setembro, Bonhoeffer escreveu ao grande teólogo e perguntou a ele se não tinha chegado o momento para um *status confessionis*: "Muitos de nós estão atraídos pela ideia da Igreja Livre". Ou seja, estavam dispostos a se separar da igreja alemã. Mas Barth convencera-se de que eles não deveriam ser os únicos a sair; eles deveriam esperar até que fossem expulsos dela. Para ele, os protestos deveriam ser feitos de dentro. "Se houver um cisma", escreveu Barth, "deve partir do outro lado". Disse ainda que deveriam aguardar até que ocorresse "uma colisão sobre um ponto ainda mais central".[7]

Bonhoeffer e Hildebrandt se perguntavam: "O que poderia ser mais central do que o Parágrafo Ariano?". Perturbado com a resposta de Barth, Bonhoeffer não escreveu ao teólogo suíço sobre sua decisão de ir a Londres antes que já tivesse partido há um bom tempo. Além disso, sabia que Barth o aconselharia a não ir para a Inglaterra.

Em reação ao Sínodo Marrom, surgiria então a futuramente famosa *Pfarrernotbund* (Liga de Emergência dos Pastores), nascida da declaração fixada por Bonhoeffer e Niemöller no dia 7 de setembro. Bonhoeffer e Hildebrandt não conseguiam persuadir os outros de que aquele era o momento para demissões e cisma, mas poderiam elaborar um documento que resumisse suas posições. O protesto oficial ao Sínodo Marrom foi intitulado "Ao Sínodo Nacional", uma vez que outro sínodo seria realizado no fim do mês, em Wittenberg.

Antes de enviá-lo ao governo da igreja, remeteram-no a Bodelschwingh, que, por sua vez, enviou uma versão modificada para Müller, o bispo do Reich. Niemöller remeteu-o a pastores de toda a Alemanha. A declaração continha quatro pontos principais. Primeiro, declarava que seus signatários iriam se dedicar às Escrituras e às confissões doutrinárias anteriores da Igreja. Em segundo lugar, eles trabalhariam em prol da fidelidade da igreja às Escrituras e às confissões. Terceiro, concederiam ajuda financeira àqueles perseguidos pelas novas leis ou por qualquer tipo de violência. E, quarto, rejeitariam firmemente

[7] BETHGE, *Dietrich Bonhoeffer: A Biography*, p. 308-309.

o Parágrafo Ariano. Para enorme surpresa de Niemöller, Bonhoeffer e todos os demais envolvidos, a resposta à declaração foi bastante positiva. No dia 20 de outubro, pastores de todo o país que tinham assinado a declaração formaram uma organização oficial, a Liga de Emergência dos Pastores, e até o final do ano seis mil pastores se tornaram membros. Esse foi um primeiro passo importante para aquilo que viria em breve a ser conhecido como a Igreja Confessante.

Na última metade de setembro, Bonhoeffer esteve em Sofia, na Bulgária, para uma conferência ecumênica da Aliança Mundial. A outra organização ecumênica à qual ele se afiliara, sob a liderança de George Bell, o bispo de Chichester, chamava-se Vida e Trabalho. A Vida e Trabalho realizaria uma conferência em Novi Sad nessa época. Foi então que Theodor Heckel, que recomendara Bonhoeffer a seu pastorado em Londres, se revelaria alguém muito disposto a cooperar com os Cristãos Alemães. Como representante oficial da igreja alemã no cenário ecumênico, ele apresentou uma versão cor-de-rosa dos eventos grotescos recém-transparecidos no sínodo, onde judeus tinham sido oficialmente barrados da vida na igreja. Na opinião de Bonhoeffer, Heckel se comportara de modo desprezível.

A única boa notícia foi que os presentes na conferência não aceitaram a versão de Heckel para os acontecimentos na Alemanha. Sob a liderança do bispo Bell, uma resolução foi aprovada, declarando as "preocupações graves" dos "representantes de diversas igrejas na Europa e da América, em particular, no que diz respeito à ação severa contra pessoas de origem judaica".[8] Bell se revelaria um aliado próximo de Bonhoeffer nessa luta, e Bonhoeffer, por sua vez, se tornaria uma pedra no sapato de Heckel durante os próximos anos, principalmente porque seria a sua voz corajosa e persistente que contaria a Bell — e, por intermédio de Bell, ao resto do mundo — a verdade sobre o que realmente acontecia na igreja da Alemanha, apesar dos relatos de "representantes oficiais" como Heckel.

O movimento ecumênico seria aliado de Bonhoeffer nos anos seguintes, mas, tal qual acontecera com seus aliados na igreja alemã, seus integrantes receavam seguir sua linha radical. Enquanto isso, criou alguns aliados fiéis. O bispo sueco Valdemar Ammundsen foi um deles. Ele e um grupo de líderes

[8] Idem, p. 312.

ecumênicos se reuniram pessoalmente com Bonhoeffer em Sofia, o qual contou a eles a história completa dos eventos em seu país. Após o ouvirem com complacência e simpatia, oraram por ele, que ficou profundamente emocionado.

Bonhoeffer sugeriu aos líderes ecumênicos que prorrogassem o reconhecimento oficial da "nova" igreja alemã liderada pelo bispo Müller. Pediu a eles que enviassem uma delegação para investigar a situação por conta própria. Bonhoeffer sabia que os nazistas tinham sérias preocupações sobre como eram recebidos pela comunidade mundial. O movimento ecumênico dispunha de grande poder de influência e, portanto, deveriam utilizá-lo.

Na conferência em Novi Sad, uma resolução sobre a questão judaica foi aprovada, ainda mais dramática que a de Sofia: "Nós deploramos o fato de que as medidas estatais contra os judeus na Alemanha tenham tido efeito tal na opinião pública que, em alguns círculos, a raça judaica seja considerada uma raça de *status* inferior".[9]

O movimento ecumênico também protestou contra a ação da igreja alemã em relação aos "ministros e oficiais da igreja que, por condição de nascimento, são não arianos". Declararam que isso era uma "negação do ensino explícito e do espírito do evangelho de Jesus Cristo".[10] Eram palavras fortes, e, como resultado delas, a posição de Heckel na igreja agora se encontrava em risco.

Bonhoeffer retornou em seguida à Alemanha para o sínodo nacional em Wittenberg, onde Lutero realizara a famosa inauguração da Reforma. Até então, duas mil pessoas haviam assinado o manifesto da Liga de Emergência dos Pastores. No dia do sínodo, Bonhoeffer utilizou o motorista e o Mercedes do pai. Ele deixou a casa da Wangenheimstrasse bem cedo com Franz Hildebrandt e seu amigo Gertrud Staewen. Era uma linda manhã de outono. Na parte traseira do Mercedes, diversas caixas com cópias do manifesto. Naquela tarde, com os amigos, elas foram distribuídas e fixadas em árvores por toda a Wittenberg.

Uma guarda de honra se formava sob a janela de Ludwig Müller, o que fez o trio abaixar a cabeça e recuar. Enquanto estiveram ali, no entanto, Bonhoeffer e Hildebrandt conseguiram enviar a Müller um telegrama exigindo resposta para a questão do Parágrafo Ariano, já que ele não a mencionara em seu discurso matinal. Sem maior surpresa, foram ignorados. Nesse dia, Müller

[9] Idem, p. 315.
[10] Idem.

se elegeu de forma unânime para o cargo de bispo do Reich, e, para deixar a situação ainda mais dolorosa, a votação se realizou na igreja do Castelo de Wittenberg, sobre o túmulo de Lutero. Hildebrandt, sempre sarcástico, disse que Lutero devia estar se revirando no túmulo.

Decidiu-se então que Müller seria consagrado oficialmente bispo do Reich em 3 de dezembro, na Catedral de Magdeburg. Os Cristãos Alemães venceram de maneira retumbante. Uma vez mais, Bonhoeffer e Hildebrandt decidiram que a única solução era o cisma.

Em outubro, Bonhoeffer voltou suas atenções para Londres. Seu pastorado começaria em duas semanas, mas Heckel havia deixado claro que, em vista de suas atividades recentes, talvez ele não tivesse permissão para viajar. Heckel tinha esperança de que as ameaças o fariam mudar seus pontos de vista, mas Bonhoeffer era irredutível e assim permaneceria. Disse a Heckel que não iria se retratar de nada do que dissera ou escrevera. E disse também que não prometeria se abster das "atividades ecumênicas" enquanto estivesse em Londres, como Heckel pretendia levá-lo a fazer. Na reunião com Heckel, Bonhoeffer chegou a ponto de exigir uma reunião com o bispo Müller.

Ele se encontrou com Müller no dia 4 de outubro. Explicou que não representaria a Igreja Cristã Alemã do Reich na Inglaterra e reiterou o que havia dito a Heckel, isto é, ele iria manter seus contatos com o movimento ecumênico. Quando o semi-instruído Müller lhe pediu que anulasse sua assinatura na declaração da Liga de Emergência dos Pastores, Bonhoeffer respondeu que não e começou a citar a gigantesca Confissão de Augsburgo em latim. Müller se sentiu desconfortável com tanta erudição e o interrompeu. No fim, temendo que Bonhoeffer causasse mais problemas caso impedido, Müller permitiu sua ida a Londres.

Bonhoeffer declarara sua lealdade à Alemanha, mas não declararia lealdade ao "Estado nacional-socialista". Resumindo sua decisão: ele seria ferozmente leal à igreja e à Alemanha, mas não dedicaria um único átomo seu para a pseudo igreja de Müller ou para a ditadura que pretendia representar o grande país e cultura que ele tanto estimava.

Liga das Nações

No mês de outubro, para o deleite da maioria dos alemães, Hitler declarou a saída da Alemanha da Liga das Nações. O anúncio veio apenas dois dias antes de Bonhoeffer partir para seu pastorado em Londres. Como acontecia com tantas outras atitudes audaciosas de Hitler, a saída foi apresentada como algo que ele fora forçado a fazer em consequência de ações alheias. Recentemente, ele pedira à Liga das Nações a "igualdade de *status* — ou seja, queria que fosse concedido à Alemanha o direito de elevar as suas forças armadas a um nível semelhante ao das outras potências militares. Desde que isso foi recusado, como era previsível, ele fez a declaração de retirada. A seu ver, a Liga das Nações não tinha o desejo de enfrentá-lo e, claro, estava com a razão. Ele também avaliou que o povo alemão se alegraria com seu ato, pois daria a entender que o país se livrava das cadeias humilhantes impostas pelo Tratado de Versalhes. E, mais uma vez, ele tinha razão.

Como sempre, Hitler estava em misteriosa sintonia com a percepção pública, a qual ele muito sabia como moldar. Mas é inegável que, na época, a maioria dos alemães apoiava insanamente o que ele fazia. Para ser justo, eles não tinham ideia alguma do que estava por vir. E, ainda assim, alguns conseguiam perceber. Bonhoeffer e Hildebrandt eram os principais dentre eles.

Martin Niemöller, por outro lado, não tinha a mesma percepção. Da mesma forma que muitos no lado correto da luta eclesiástica, ele separava por completo as questões da igreja e do Estado. Para ele, a intromissão dos Cristãos Alemães em assuntos da igreja constituía um problema, mas que não guardava ligação nenhuma com o que Hitler empreendia em outros lugares. Assim — em nome da Liga de Emergência dos Pastores, sem mais —, Niemöller enviou um telegrama de felicitações ao Führer, em que jurava lealdade e expressava sua gratidão.

Bonhoeffer e Hildebrandt ficaram horrorizados. No papel de judeu, Hildebrandt se espantou de tal maneira com a cegueira de Niemöller que, quando Niemöller lhe pediu para assumir um cargo na Liga, ele recusou. Depois, escreveu a Niemöller e expressou seus sentimentos sobre o assunto. Ele e Bonhoeffer descobriram-se vozes solitárias, mesmo entre os aliados na Liga de Emergência dos Pastores. "Acho impossível", escreveu Hildebrandt, "compreender como pôde receber alegremente a movimentação política em Genebra, quando você mesmo se recusa a adotar uma atitude inequívoca contra uma igreja que persiste em nos negar a igualdade de *status*".[11]

[11] Idem, p. 323.

Muitos anos mais tarde, após ficar aprisionado por oito anos nos campos de concentração como prisioneiro pessoal de Adolf Hitler, Niemöller escreveu estes infames versos:

> Primeiro vieram atrás dos socialistas, e nada falei —
> pois eu não era um socialista.
> Depois vieram atrás dos sindicalistas, e nada falei —
> pois eu não era um sindicalista.
> Depois vieram atrás dos judeus, e nada falei —
> pois eu não era um judeu.
> E então eles vieram atrás de mim —
> e não havia ninguém para falar por mim.

Após informar a saída da Alemanha da Liga das Nações, o astuto Hitler declarou que deixaria o "povo alemão" decidir a questão por meio de um plebiscito, marcado para 12 de novembro. Hitler sabia que a vitória era evidente, especialmente porque os nazistas controlavam toda a imprensa e o dinheiro do país.

Até a data do plebiscito foi cuidadosa e cinicamente escolhida: 12 de novembro, um dia após o décimo quinto aniversário da humilhação imposta pelos Aliados no armistício de 1918. E, caso alguém se tivesse esquecido disso, Hitler explicitou-o no discurso. "Façamos que este dia seja, no futuro, recordado na história do nosso povo como o dia da salvação", disse. "Façamos que a História diga: num dia 11 de novembro, o povo alemão formalizou a perda de sua honra; quinze anos depois, veio um 12 de novembro, e esse povo resgatou a honra perdida".[12] E assim, naquele dia, a Alemanha mais uma vez ratificava a liderança de Hitler e, de forma "democrática", concedia a ele a violenta permissão de apontar o dedo para seus inimigos e para todos aqueles que outrora causaram prejuízos ao país. Agora, a França, a Inglaterra e os Estados Unidos veriam como tinham sido negligentes!

Os Cristãos Alemães se excedem

Era um momento inebriante para os nazistas. No dia após o plebiscito, os Cristãos Alemães decidiram comemorar com uma manifestação massiva em

[12] William L. Shirer, *The Rise and Fall of the Third Reich: A History of Nazi Germany*, p. 211.

sua arena favorita, o Palácio dos Esportes de Berlim. O grande salão foi enfeitado com bandeiras nazistas e cartazes nos quais se lia: "Um Reich. Um Povo. Uma Igreja". Vinte mil pessoas se reuniram para ouvir o líder dos Cristãos Alemães, um tenso professor colegial chamado Reinhold Krause. Aquele era seu momento ao sol, e ele o aproveitou. Mas ele parece ter saltado para a ribalta nacional com tamanha ânsia que acabaria prejudicando gravemente a si mesmo e aos Cristãos Alemães.

Sem saber que seu discurso seria ouvido por mais gente além do público devoto no Palácio dos Esportes, Krause se deixou levar por aquilo que as figuras mais passionais no movimento dos Cristãos Alemães discutiam entre si o tempo todo, mas ainda não haviam expressado em público. A máscara moderada apresentada à maioria dos alemães seria agora retirada.

Numa linguagem grosseira e bruta, Krause exigiu que a igreja alemã, de uma vez por todas, se desfazesse de qualquer sinal de judaísmo. O Antigo Testamento seria o primeiro, "com sua moralidade do dinheiro judeu e seus contos de comerciantes de gados e proxenetas!".[13] Segundo as anotações de registro do estenográfico, "seguiram-se aplausos". O Novo Testamento também deveria ser revisto, e deveria apresentar um Jesus "que correspondesse por inteiro às exigências do nacional-socialismo". E não deveria mais se apresentar uma "ênfase exagerada à figura do Cristo crucificado". Segundo ele, esse era um princípio derrotista e deprimente, isto é, judeu demais. A Alemanha precisava de esperança e vitória! Krause também ridicularizou "a teologia do rabino Paulo, com seus bodes expiatórios e complexo de inferioridade", e, em seguida, zombou do símbolo da cruz, "um resquício ridículo e debilitante do judaísmo, inaceitável para os nacionais-socialistas!". E foi além: exigiu de cada pastor germânico um juramento de lealdade pessoal a Hitler! E o Parágrafo Ariano, que exigia a expulsão de todo membro de origem judaica da igreja, deveria ser aceito de coração por toda igreja alemã!

Krause fez a *performance* de sua vida, mas foi um erro de cálculo para os Cristãos Alemães. Na manhã seguinte, a imprensa noticiou o evento, e a maioria dos alemães que não estiveram no Palácio dos Esportes ficou indignada e escandalizada. Uma coisa era desejar uma igreja relevante para o povo alemão, uma igreja que inspirasse os alemães a se erguer da derrota nas mãos da comunidade internacional e dos comunistas ateus. Mas ir tão longe quanto Krause

[13] Doris L. BERGEN, *Twisted Cross: The German Christian Movement in the Third Reich*, p. 145.

havia ido, zombando da Bíblia e do apóstolo Paulo, e tantas outras coisas, já era demais. A partir daquele momento, o movimento Cristão Alemão foi efetivamente condenado ao abismo sugerido por Barth. A corrente principal dos protestantes o considerava fora dos limites aceitáveis, abertamente herético e fanaticamente nazista. E, para a maioria do Partido Nazista, constituído de não cristãos, ele não passava de um grupo cômico e risível.

Os nazistas usaram os Cristãos Alemães enquanto era conveniente, dando a eles a chance de fazer o que era praticamente impossível. Não funcionou, simplesmente. Müller permaneceu ali por um tempo, mas sua estrela com Hitler começara a se apagar. Quando o projeto nacional-socialista chegasse ao fim, Müller daria cabo da própria vida.

CAPÍTULO 14

BONHOEFFER EM LONDRES

1934-1935

E eu acredito que toda a cristandade deveria orar conosco, pois haverá uma "resistência até a morte", e o povo haverá de sofrer por ela.

Dietrich Bonhoeffer

No fim do verão e início de outono de 1933, após Heckel tê-lo convidado para pastorear duas congregações alemãs em Londres, Bonhoeffer analisou a situação. Existiam dois motivos para ir. Em primeiro lugar, havia a experiência fundamental do "trabalho paroquial" honesto, o "trabalho eclesiástico", como às vezes chamava. Ele começara a perceber que a ênfase no lado cerebral e intelectual da formação teológica tinha produzido pastores que não sabiam viver como cristãos; pelo contrário, só sabiam pensar teologicamente. A integração da teoria e da prática era cada vez mais importante para ele. E, em segundo lugar, havia seu desejo de se afastar da luta da igreja na Alemanha, a fim de ganhar perspectiva sobre o quadro maior, o qual, a seu ver, achava-se muito além da mera politicagem da igreja. Numa carta a Erwin Sutz, escreveu:

> Embora eu esteja trabalhando com todas as minhas forças pela oposição na luta da igreja, é perfeitamente claro para mim que essa oposição é apenas uma transição temporária para uma oposição de um tipo bem

> diferente, e poucos envolvidos nesse conflito preliminar farão parte da luta seguinte. E eu acredito que toda a cristandade deveria orar conosco, pois haverá uma "resistência até a morte", e o povo haverá de sofrer por ela.[1]

Mesmo os aliados mais próximos, como Franz Hildebrandt, não visualizavam o que ele via. Bonhoeffer parecia se colocar sobre uma planície teológica superior, observando as coisas a distância, coisas invisíveis aos olhos das pessoas ao seu redor. Deve ter sido frustrante, tanto para ele quanto para os outros. A influência de Jean Lasserre dera a Bonhoeffer um amor intenso pelo Sermão do Monte e abriu-lhe a porta para a visão geral de tudo o que estava acontecendo e do que estava por vir.

Havia outros níveis de sentido e espessura naquilo que agora enfrentava. Enquanto Hildebrandt, Niemöller e Jacobi buscavam maneiras de derrotar Müller, Bonhoeffer pensava no mais alto chamado de Deus, sobre o chamado ao discipulado, e quanto isso lhe custaria. Pensava em Jeremias e sobre o chamado de Deus para tomar parte no sofrimento, até a morte. Bonhoeffer trabalhava com isso na cabeça, ao mesmo tempo que decidia qual seria seu próximo passo em relação a Heckel e a luta da igreja. Ele analisava o chamado profundo de Cristo, que não dizia respeito à vitória, mas à submissão a Deus, aonde quer que ela pudesse levar. Na carta a Sutz, disse:

> Bastará o sofrimento — que é o que será necessário então —, não defesas, golpes ou estocadas, ainda possíveis ou admissíveis na luta preliminar; na luta real, talvez restará apenas sofrer fielmente [...]. Por algum tempo, a luta da igreja não tem sido o que aparenta ser; suas linhas foram traçadas em lugares completamente diferentes.[2]

É difícil escapar da conclusão que Bonhoeffer de algum modo profetizava, de visualizar, de alguma maneira, o que viria pela frente, de que, em algum momento, ele não pudesse nada mais senão "sofrer fielmente" em sua cela, louvando a Deus como louvou, agradecendo pelo alto privilégio de ser considerado digno de fazê-lo.

[1] Dietrich BONHOEFFER, *A Testament to Freedom: The Essential Writings of Dietrich Bonhoeffer*, p. 411.
[2] *London: 1933-1935*, vol. 13, *Dietrich Bonhoeffer Works*, p. 135.

Por outro lado, no muito mais mundano nível das políticas eclesiásticas — no nível da "luta preliminar" —, parecia-lhe bastante claro que ele poderia ser mais eficaz ao atravessar o canal da Mancha. Em Londres, ele não se encontraria sob a autoridade direta da Igreja do Reich, e menos ainda sob o olhar vigilante das autoridades políticas de Berlim. Ele estaria livre para trabalhar com os contatos ecumênicos e contar a eles a verdade sobre o que acontecia dentro da Alemanha, algo que lhe parecia importante e que teria sido impossível enquanto permanecesse em seu país.

Foi durante esse período em Londres que ele iria se aproximar do homem que se tornaria um amigo querido, além de seu mais importante contato ecumênico: George Bell, o bispo de Chichester.

Havia no mundo um outro homem cuja amizade e influência significavam tanto para ele quanto seu relacionamento com o bispo Bell. Esse homem era Karl Barth. Mas a recusa aparente de Barth — sobre a constituição de um *status confessionis* após a aprovação do Parágrafo Ariano no Sínodo Marrom — fora difícil de engolir. Portanto, Bonhoeffer não se sentia disposto a contar a Barth sobre sua mudança para Londres. Em 24 de outubro, uma semana mais ou menos após ter chegado, ele finalmente escreveu a Barth:

> Se a pessoa vai descobrir razões bem definidas para tais decisões após o ocorrido, uma pessoa entre os mais fortes, creio eu, isso acontecerá porque eu simplesmente não me animo mais com as questões e exigências que chegam até mim. Sinto que, de alguma forma, e eu não consigo entender o porquê, estou em oposição radical a todos os meus amigos; tornei-me cada vez mais isolado com minhas opiniões, ainda que eu permaneça íntimo dessas pessoas. Tudo isso me tem assustado e abalado minha confiança, o que me fez começar a temer que o dogmatismo possa estar me desviando do caminho — pois parece não haver nenhuma razão específica para que a minha opinião sobre tais assuntos seja melhor e mais correta do que os pontos de vista de muitos pastores capazes, os quais eu sinceramente respeito.[3]

Em 20 de novembro, veio a resposta de Barth:

[3] Idem, p. 23.

Querido colega!
Pode deduzir, pela forma com que me dirijo a você, que eu não considero a sua partida para a Inglaterra como outra coisa senão um interlúdio pessoal necessário. Já que tinha essa situação em mente, você estava certo ao não pedir meu sábio conselho. Eu o teria aconselhado a fazer o contrário e provavelmente usaria de minha artilharia pesada para isso. E agora, como você menciona a questão depois do fato ocorrido, não posso, honestamente, lhe dizer outra coisa senão: "Volte logo ao seu posto em Berlim!" [...] Com sua esplêndida armadura teológica e sua altiva figura germânica, você não acha que deveria estar quase envergonhado por um homem como Heinrich Vogel, que, franzino e fatigado, está sempre ali, agitando os braços como um moinho de vento e gritando "Confissão! Confissão!" e, à sua maneira — em poder ou em fraqueza, pouco importa —, dando o seu testemunho? [...] Esteja feliz por eu não estar com você pessoalmente, pois eu iria urgentemente encaminhá-lo a outra direção, exigindo que você se livrasse de todos esses floreios intelectuais, todas essas considerações especiais, por mais interessantes que possam ser, e pensasse numa única coisa — que você é um alemão, e a casa de sua igreja está em chamas, e você sabe o bastante e pode dizer o que sabe para ajudar. Você deve tomar o próximo navio e retornar ao seu posto. Em virtude da situação atual, que tal o navio após o próximo? [...] Por favor, leia esta carta com o espírito amigável em que foi destinada. Se eu não fosse tão ligado a você, não me permitiria tratá-lo desta maneira.

Com sinceros cumprimentos,

Karl Barth[4]

Bispo George Bell

Em Londres, no outono, Bonhoeffer conheceu o bispo George Bell, que a partir daquele momento se tornaria figura proeminente em sua vida. Bell seria o homem a quem Bonhoeffer iria dirigir suas últimas palavras, horas antes de ser executado. Os dois completavam aniversário no dia 4 de fevereiro, embora Bell tivesse nascido em 1883. Ele e Karl Barth eram duas décadas mais velhos que Bonhoeffer, e foram os únicos homens que sempre atuaram como uma

[4] Idem, p. 39-41.

espécie de mentores em sua vida. Aos amigos mais próximos, como Franz Hildebrandt, Bonhoeffer iria se referir de modo carinhoso a Bell como tio George, embora não fizesse isso pessoalmente.

Bell era um personagem impressionante. No tempo em que era estudante da Igreja de Cristo, em Oxford, ganhara um importante prêmio de poesia e, após ser nomeado capelão do famoso arcebispo Randall Davidson, começou a escrever a biografia dele, uma obra monumental e definitiva de mil e quatrocentas páginas. Bell se envolvera no movimento ecumênico depois da Primeira Guerra e se tornou uma de suas principais figuras. Foi o movimento ecumênico que o aproximou de Bonhoeffer, seu principal ponto de ligação com os desdobramentos dos horrores na Alemanha. Enquanto reitor de Canterbury, Bell atraíra Dorothy Sayers e Christopher Fry como artistas convidados, mas seu mais importante convite aconteceria em 1935, quando solicitou de T. S. Eliot a peça *Assassinato na catedral*, baseada na morte de Thomas à Beckett em 1170, na própria Canterbury. A peça era uma crítica óbvia ao regime nazista e estreou na catedral no dia 15 de junho de 1935. Bell também havia convidado Gandhi a Canterbury e, mais tarde, providenciaria a principal conexão entre ele e Bonhoeffer.

As relações da Alemanha com a Inglaterra eram complicadas nessa época. Hitler queria desesperadamente apresentar a imagem de alguém em que a comunidade internacional pudesse confiar e, ao longo da década de 1930, muitos ingleses de círculos aristocráticos se tornaram amigos e aliados dele. O bispo Bell não era um deles. No final de 1933, os nazistas tentavam bajular os anglicanos a respeito da consagração iminente de Ludwig Müller como bispo do Reich. Dois líderes dos Cristãos Alemães, Joachim Hossenfelder e o professor Karl Fezer, foram escolhidos para viajar à Inglaterra e vender o esterco da propaganda hitlerista. Embora não fosse um de seus consumidores mais perspicazes, Frank Buchman, do Movimento de Oxford, havia sido um dos poucos a oferecer algum apoio a eles.

Buchman era um importante cristão evangélico do início do século 20. Era o típico sujeito bem-intencionado, mas cego o suficiente para não enxergar a natureza verdadeira de Hitler, quando o melhor que podia ter feito era se manifestar contra ele. Mas, quando a Alemanha começou a se recuperar dos anos de Weimar, tornou-se difícil repudiar o homem que, infalivelmente, apresentara-se como inimigo dos bolcheviques ateus e amigo das igrejas. Com isso, e com o seu desejo de converter os líderes da fé cristã, Buchman parecia ter esquecido o preceito bíblico de possuir a astúcia das serpentes. Ingenuamente, esperava converter Hitler e estendeu a mão a ele e aos Cristãos Alemães.

Mas a campanha de adubação de Hossenfelder e Fezer não gerou o crescimento esperado. Os jornais britânicos suspeitaram dos clérigos enviados por Hitler. Com exceção do sucesso modesto com o bispo pró-Hitler de Gloucester, Arthur Cayley Headlam, foram, no geral, rejeitados.

Bonhoeffer, por outro lado, teve grande êxito. Seu primeiro encontro com George Bell aconteceu em 21 de novembro, na residência do bispo em Chichester, e os dois logo se tornaram amigos. Por ter estado em Berlim no mês de abril, na época da conferência dos Cristãos Alemães, Bell conhecia mais da situação alemã do que Bonhoeffer imaginava. De fato, ao retornar da viagem de abril, Bell alertou publicamente a comunidade internacional sobre o antissemitismo que presenciara e, em setembro, apresentou uma moção de protesto contra a aceitação da igreja ao Parágrafo Ariano. Nos anos seguintes, Bonhoeffer seria a principal fonte de informações sobre o que acontecia na Alemanha, e Bell, membro da Câmara dos Lordes, conduziria essas informações ao público britânico, muitas vezes através de cartas ao *London Times*. Há poucas dúvidas de que, durante a próxima década, Bell e Bonhoeffer seriam peças vitais na galvanização do sentimento britânico contra Hitler e o Terceiro Reich.

O pastorado londrino

A igreja de Londres onde Bonhoeffer morou ficava no subúrbio ao sul de Forest Hill. O apartamento consistia em duas grandes salas no segundo andar da casa paroquial, um casarão vitoriano numa colina rodeada por árvores e jardins. A maioria das outras salas era usada por uma escola particular alemã. Havia uma corrente de ar frio no apartamento, e Bonhoeffer estava sempre adquirindo, sofrendo e se recuperando de uma gripe ou alguma outra doença. As lareiras foram improvisadas com pequenos aquecedores a gás, que pouco ajudaram. Havia também um problema com ratos. No fim, Bonhoeffer e Hildebrandt desistiram de manter os ratos longe e passaram a armazenar os alimentos em latas.

A distância, Paula Bonhoeffer tentou ajudar o filho solteiro de 27 anos a realizar os cuidados domésticos do apartamento. A mãe lhe enviou diversas peças de mobiliário, inclusive o piano Bechstein da família, seu predileto. Ela também contratou uma governanta para seu novo lar.

Apesar de removido fisicamente de Berlim, Bonhoeffer manteve-se bem próximo da *Sturm und Drang*[5] que era a luta da igreja. Para começar, ele viajava a Berlim toda semana. E, quando não visitava a cidade, estava ao telefone com alguém de lá, fosse Gerhard Jacobi, Martin Niemöller ou sua mãe, tão imersa na luta da igreja quanto qualquer outra pessoa. Ela alimentava o filho com cada grão de informação que recolhia. Bonhoeffer telefonava para a Alemanha com tanta frequência que o escritório da estação telefônica local chegou a baixar o valor de sua monumental conta mensal, seja por descrença no valor demonstrado, seja por compaixão.

Hildebrandt chegou a Londres em 10 de novembro. Bonhoeffer disse que iria encontrá-lo na Estação Vitória, mas não foi visto em lugar algum. Hildebrandt achou melhor ligar para a paróquia, mas não tinha o número e não conhecia a língua inglesa muito bem. No meio de sua tentativa aflita de comunicar o problema à operadora telefônica, Bonhoeffer bateu no vidro da cabine; ele havia acabado de chegar. Tempo depois, Bonhoeffer decidiu ensinar inglês a Hildebrandt e sempre o enviava para fazer compras, por acreditar que "compras sempre ensinam o básico".[6]

No Natal, Dietrich presenteou Hildebrandt com uma Bíblia inglesa, outra maneira de acelerar seu processo de aprendizado. Mas também pediu a ele que saísse para comprar a árvore de Natal, pois fazer compras ainda era o melhor método. Wolf-Dieter Zimmermann fez uma visita surpresa a eles no Dia de Natal, trazendo consigo patê de fígado de Estrasburgo. Ele permaneceu por duas semanas e nunca se esqueceria de como Bonhoeffer e Hildebrandt jamais paravam de discutir, ainda que as discussões nunca fossem pessoais:

> Normalmente, tínhamos um café da manhã suntuoso às onze. Um de nós tinha de ir buscar o *The Times* para nos atualizarmos, durante o café, sobre os acontecimentos da luta eclesiástica na Alemanha. Depois, cada um faria suas próprias tarefas. Às duas horas, nos reuníamos novamente para uma refeição leve. Em seguida, havia conversações, entremeadas

[5] "Tempestade e ímpeto"; referência do autor ao famoso movimento literário romântico alemão do século 18, cujos principais expoentes foram Goethe e Schiller. (N. do T.)

[6] Amos CRESSWELL e Maxwell TOW, *Dr. Franz Hildebrandt: Mr. Valiant for Truth*, p. 52-53.

> com música, pois os dois tocavam piano com perfeição, solo ou em conjunto [...]. Passamos muitas noites em casa, e apenas ocasionalmente saíamos para ver um filme, uma peça ou algum outro compromisso. As noites em casa eram típicas de nossa vida em Londres: discussões teológicas, músicas, debates, contávamos histórias, uma atrás da outra — até às duas ou três da manhã. Tudo surgia de repente, com uma vitalidade enorme.[7]

Um amigo da igreja disse que "existia humor de sobra se Bonhoeffer estivesse por perto". Bonhoeffer era um brincalhão constante, tanto verbalmente quanto em outras formas. Às vezes, iniciava um dueto de piano com a nota errada e mantinha-se assim até que seu parceiro descobrisse que ele fizera isso de propósito.

Hildebrandt viveu com Bonhoeffer na casa paroquial por três meses. As pessoas os visitavam constantemente. Enquanto Zimmermann estava ali, outro estudante de Berlim chegara ao lugar. Todos se maravilhavam com o fato de o "estado de conflito permanente" entre Bonhoeffer e Hildebrandt nunca azedar. Era evidente quanto se divertiam com a constante briga teológica. De certo modo, era uma forma de entretenimento para eles, que lhes permitia exercitar sua inteligência sagaz, muitas vezes na presença de qualquer um disposto a ouvir. Os biógrafos de Hildebrandt contam que, às vezes, "quando Franz se achava no meio de um raciocínio, o seu trunfo na discussão, o xeque-mate na conversa, Dietrich olhava para cima, com ar desentendido, e dizia: 'O que foi aquilo? Desculpe-me não ouvi uma palavra sequer'". É claro, ele tinha ouvido tudo. No instante seguinte, os dois caíam no riso.[8]

O apartamento recebia muitas visitas. A irmã de Bonhoeffer, Christel, e seu marido, Hans von Dohnanyi, Susanne e seu esposo, Walter Dress, amigo de Bonhoeffer por anos e futuro membro da Igreja Confessante, todos vieram visitá-lo. De acordo com Sabine, Bonhoeffer tomou conta de um são-bernardo durante sua estada em Londres. Quando o cão foi atropelado por um carro, ele ficou bastante afetado.

Bonhoeffer era responsável por duas congregações, nenhuma das quais grande o suficiente para dar suporte ao pastor. A congregação de Sydenham contava com trinta a quarenta membros, muitos dos quais trabalhavam na

[7] Wolf-Dieter ZIMMERMANN e Ronald G. SMITH, eds., *I Knew Dietrich Bonhoeffer*, p. 78.
[8] Amos CRESSWELL e Maxwell TBW, *Dr. Franz Hildebrandt: Mr. Valiant for Truth*, p. 122.

embaixada alemã; e a congregação da Igreja de St. Paul reunia cerca de cinquenta pessoas, a maioria composta de comerciantes. Apesar do número pequeno, Bonhoeffer preparava os sermões como se pregasse para milhares de pessoas. Todo sermão era escrito à mão e enviado aos amigos na Alemanha, incluindo Elizabeth Zinn.

As congregações de expatriados em Londres eram semelhantes às que ele serviu em Barcelona. Como a maioria das igrejas étnicas no exterior, elas eram a principal ligação cultural com a terra natal. Em consequência, o lado teológico das coisas era menos importante. Mas, como acontecera em Barcelona, Bonhoeffer introduziu ambiciosamente novas atividades para os congregados, iniciando uma escola dominical e um grupo de jovens. Supervisionou também uma peça natalina na Véspera e uma encenação da Paixão de Cristo na Páscoa.

Ainda em comparação a Barcelona, seus sermões também eram alimento forte para paroquianos acostumados com comida leve. Na verdade, eram um pouco mais exigentes e severos do que os sermões pregados cinco anos antes. Bonhoeffer mudara bastante desde que tinha 25 anos em Barcelona; as circunstâncias da vida revelaram-se mais turvas, obviamente. De certa forma, era como se décadas tivessem passado. Um sinal dessa seriedade se impondo sobre ele era a sua inclinação por temas escatológicos e um desejo palpável pelo "reino dos céus", algo que ele comunicou em muitos sermões. Numa carta a Gerhard Leibholz, escreveu: "É de se sentir muita vontade por uma paz verdadeira, na qual toda a miséria e injustiça, toda mentira e covardia chegarão ao fim".[9] Ele já acreditava nessas coisas cinco anos antes. Agora, também podia senti-las.

[9] Dietrich BONHOEFFER a Gerhard e Sabine Leibholz, Londres, 23 de novembro de 1933.

CAPÍTULO 15

A LUTA DA IGREJA ESQUENTA

Ele é um prisioneiro e assim tem de continuar. Seu caminho está prescrito. É o caminho do homem que Deus não permitirá que fuja, que nunca irá se livrar de Deus.

A questão em jogo na igreja alemã já não é mais um assunto interno, mas é a questão da existência do cristianismo na Europa.

DIETRICH BONHOEFFER

SE HECKEL E MÜLLER SUPUNHAM que a permissão da ida de Bonhoeffer a Londres pudesse acalmá-lo, ou talvez o mantivesse sob o alcance de suas mãos em Berlim, eles estavam enganados. Na Inglaterra, Bonhoeffer foi cinco vezes mais encrenqueiro do que teria sido em sua terra natal. Londres ofereceu a Bonhoeffer uma liberdade que ele não tinha em Berlim, e ele soube usá-la muito bem. Ele aprofundou suas relações no mundo ecumênico e procurou corrigir com fatos qualquer possível imagem positiva da Alemanha de Hitler divulgada pela imprensa inglesa.

Graças a seus talentos extraordinários como líder, ele logo começou a moldar as opiniões de outros pastores germânicos em Londres. Nesse momento crucial, ele guiaria as reações individuais e coletivas dos pastores para a luta da igreja. Devido a Bonhoeffer, as igrejas alemãs na Inglaterra se uniriam à Liga de Emergência dos Pastores e, mais tarde, à Igreja Confessante. Dentre todas as nações com congregações alemãs, apenas um país — a Inglaterra — tomaria essa posição, e muito por causa dele.

Um pastor germânico na Inglaterra que se aproximou de modo especial de Bonhoeffer foi Julius Rieger, de pouco mais de trinta anos. O pastor Rieger iria trabalhar ao lado dele e do bispo Bell nos próximos anos. Após a partida de Bonhoeffer em 1935, Rieger se tornaria o principal contato alemão de Bell. Rieger era pastor da Igreja de St. George, na East End, no futuro o principal centro para refugiados vindos da Alemanha. O bispo Bell envolveu-se de tal maneira no trabalho com refugiados alemães que ficaria conhecido como o "bispo dos refugiados". Quando Sabine e Gerhard Leibholz foram forçados a abandonar a Alemanha, Bell, Rieger e a Igreja de St. George seriam contatos de grande importância para eles. Rieger também se tornaria íntimo de Franz Hildebrandt, que assumiria o pastorado na Igreja de St. George após se ver obrigado a deixar a Alemanha em 1937.

Em meados de novembro de 1933, após o fiasco no Palácio dos Esportes de Berlim, as forças que se opunham aos Cristãos Alemães clamavam pela demissão de Müller. De qualquer modo, a consagração do ex-capelão naval estava programada para o dia 3 de dezembro. A Igreja do Reich convidara os pastores germânicos na Inglaterra para participar da cerimônia. O governo da igreja sabia que uma viagem gratuita de volta ao lar seria considerada irresistível para os pastores mal pagos, e a presença deles poderia fortalecer os laços deles com Müller e a Igreja do Reich, além de legitimar o caso todo com a presença das suásticas.

Bonhoeffer tinha outros planos. Ele tentaria convencer todos os pastores germânicos na Inglaterra a permanecerem longe da cerimônia fraudulenta e teve êxito com vários. Persuadiu-os a aproveitar a oportunidade para entregar um documento que detalhasse as objeções a Ludwig Müller. Intitulado "Ao Governo da Igreja do Reich", o texto apresentava as declarações e ações absurdas de Müller ao longo dos últimos meses. Eles teriam a sua viagem paga para casa e ainda poderiam registrar um protesto oficial. A cerimônia da consagração de Müller acabou adiada, e o documento não foi entregue pessoalmente, mas enviaram-no, todavia, aos líderes da Igreja do Reich.

Como resultado dos protestos contra o evento no Palácio dos Esportes, os Cristãos Alemães encontravam-se numa posição medonha, perdendo terreno a cada minuto. A prova principal de seu rápido recuo foi a chocante reviravolta executada por Müller, que rescindiu o Parágrafo Ariano. Em seguida, o hipócrita Heckel enviou um ramo de oliveira epistolar às congregações alemãs na Inglaterra, dizendo efetivamente que não havia mais motivos para brigas e que tal se todos se dessem bem de novo?

Bonhoeffer não foi tentado por essa oferta. E também não acreditou em momento nenhum que qualquer um dos ganhos recentes pudesse ser permanente. Não eram. E, de fato, provaram-se mais temporários do que se imaginava. No início de janeiro, Müller voltou atrás e rescindiu a rescisão anterior: subitamente, o Parágrafo Ariano estava de volta. Antes disso, porém, ele tratou de se proteger. Em 4 de janeiro daquele ano, ele aprovou o que veio a ser conhecido como o "decreto de amordaçar", embora o título original dado por Müller fosse mais otimista, no estilo de Goebbels: "Decreto pela Restauração da Ordem na Igreja Evangélica Alemã". O decreto declarava que as discussões sobre a luta da igreja não poderiam ser realizadas em edifícios da igreja nem conduzidas em jornais eclesiásticos. Quem o fizesse, seria demitido. E havia mais a se preocupar: anunciou também que todos os grupos de jovens da igreja na Alemanha, a chamada Juventude Evangélica, seriam integrados à Juventude Hitlerista. De uma hora para a outra, a batalha se renovou.

Bonhoeffer sabia que, por ser possível ameaçar uma debandada da Igreja do Reich, as congregações alemãs no exterior possuíam um poder de influência que as igrejas internas não tinham. A separação entre as igrejas alemãs na Inglaterra e a igreja oficial alemã causaria um sério golpe na reputação internacional do país. A ameaça ficou explícita numa carta enviada pelo barão Schroeder, presidente da Associação das Congregações Alemãs no Exterior. "Temo consequências fatídicas", escreveu, "na forma de uma secessão entre as paróquias alemãs além-mar e a igreja da pátria, o que muito me entristece, em nome da comunidade de fé do passado". Não era uma ameaça vazia. No domingo, dia 7 de janeiro, os pastores germânicos enviaram um telegrama para a Igreja do Reich: "Por causa do evangelho e de nossa consciência, nós nos associamos à proclamação da Liga de Emergência e retiramos nossa confiança ao bispo do Reich, Müller".[1] Era o equivalente a uma declaração de guerra. A versão original elaborada por Bonhoeffer tinha ido mais longe ao dizer que eles "não reconheciam mais" o bispo do Reich. Alguns consideraram a expressão forte demais, e por isso ela foi atenuada pela também elétrica "retiramos nossa confiança". Em ambos os casos, declarar tais coisas à Igreja do Reich era o mais próximo de um *status confessionis* que as igrejas da oposição haviam

[1] Eberhard BETHGE, *Dietrich Bonhoeffer: A Biography*, p. 341.

chegado até então. Com o desenrolar dos eventos, esse se mostraria um caminho sem volta.

Na verdade, já no dia seguinte iniciou-se uma jornada nessa direção. Na segunda-feira, dia 8, a Liga de Emergência dos Pastores planejou inaugurar os protestos com um culto na magnífica e importante Catedral de Berlim, em frente ao palácio do antigo imperador. Essa catedral colossal, com cerca de quatrocentos metros de altura e concebida como uma resposta protestante à Basílica de São Pedro, em Roma, foi encomendada pelo imperador Guilherme II na década de 90 do século anterior, no mesmo local da antiga igreja de 1465, a primeira capela da corte de Hohenzollern. Construída originariamente como uma espécie de conexão visível e literal entre a igreja e o Estado, com uma ponte coberta ligada ao palácio, a catedral era um lugar de grande significado simbólico para os alemães. Mas o despótico Müller apreendeu o plano dos pastores e decidiu rechaçar sua passagem ao obter uma ordem policial para manter fechadas as pesadas portas. Ele possuía o poder político e não tinha medo de usá-lo.

Mas nem mesmo Müller pôde impedir os afligidos fiéis de se reunirem na imensa praça do lado de fora da catedral, onde se ajuntaram e cantaram o hino de Lutero, "Castelo Forte". As armas foram empunhadas. Na quinta-feira, dia 11, numa tentativa de oferecer alguma civilidade à crescente feiura, o idoso Hindenburg se meteu na briga e convocou o bispo do Reich para uma reunião. Com 86 anos e a seis meses da morte, o presidente titular do Reich representava uma ligação viva, mas sibilante, com o glorioso passado da Alemanha sob o domínio do *Kaiser*. Se Müller pudesse ser influenciado por alguém, esse alguém seria Hindenburg. No dia 12, Hindenburg se encontrou com Bodelschwingh e outros dois membros da Liga de Emergência dos Pastores. E, no dia 13, veio a declaração de paz. Os pastores da oposição retiraram a ameaça iminente de separação da Igreja do Reich — mas apenas por enquanto. A única razão pela qual Hindenburg conseguiu esse milagre foi o agendamento de uma reunião com o Grande Homem da Paz dali a poucos dias.

Em 17 de janeiro, ambos os lados iriam se reunir com o chanceler do Reich, Adolf Hitler. No início de 1934, muitos na Igreja Confessante, inclusive Niemöller, enxergavam Hitler como alguém razoável no meio da discórdia, o homem que iria resolver as coisas a favor deles. Tinham certeza de que os homens de mentalidade menor abaixo dele eram os culpados. Era Müller, o bispo do Reich, quem nazificava a igreja, não Hitler — e quando pudessem finalmente se encontrar com ele, tudo ficaria esclarecido. Assim, todos desejavam se retirar e segurar o fôlego por um tempo, já que precisariam esperar mais quatro dias até o encontro.

No meio-tempo, começaram a contar cada segundo, e a tensão voltaria a atingir as alturas. Mas Hitler adiou a reunião. E depois adiou-a mais uma vez, para o dia 25. Os oito dias de espera adicional duraram uma eternidade de inércia forçada.

Da Inglaterra, Bonhoeffer seguia cada detalhe por meio das atualizações quase diárias de sua mãe. Graças a conexões familiares, ele recebia informações privilegiadas, mesmo quando estava na casa paroquial em Sydenham. Paula Bonhoeffer não apenas reportava intrigas; ela era uma participante ativa. Escreveu ao filho opinando que fora estrategicamente importante deixar Müller saber que a trégua era, na verdade, somente uma trégua e disse também que tentava encaminhar essa mensagem ao cunhado dela, o general Von der Goltz. Adicionou ainda que "esperamos que nosso homem em Dahlem", referindo-se a Niemöller, "possa conseguir uma audiência" com Hindenburg.[2]

A chave parecia ser Hindenburg. Ele aparentava ter algum carinho pela Igreja Confessante e supostamente era da opinião de que Hitler deveria demitir Müller. O que eles não sabiam era o desejo de Göring de apoiar Müller, o sujeito certo para incomodar os teólogos encrenqueiros. Assim, os pastores de Londres enviaram uma carta a Hindenburg, e Bonhoeffer convenceu o bispo Bell a também escrever para o idoso presidente.

Hindenburg chegou a encaminhar as cartas dos pastores para Hitler. Mas, com Göring e os outros capangas anticlericais a sussurrar em seu ouvido, Hitler foi decididamente não receptivo. Ao que lhe dizia respeito, os pastores de Londres estavam apenas vomitando "a atroz propaganda internacionalista dos judeus". Era melhor que se cuidassem. O bajulador Heckel repassou aos pastores as impressões sombrias de Hitler como uma ameaça não tão velada, que eles encararam como ameaça pura. Entretanto, todos continuavam a aguardar o encontro com Hitler.

Prisioneiro de Deus

Durante o tenso período de espera, Bonhoeffer pregou o seu agora famoso sermão sobre o profeta Jeremias. Era domingo, 21 de janeiro. Pregar a respeito de um profeta judeu do Antigo Testamento era bastante fora do comum e

[2] Idem, p. 344.

até provocativo, mas essa era a menor das complicações do sermão. As palavras de abertura eram tipicamente intrigantes: "Jeremias não ansiava se tornar um profeta de Deus. Quando o chamado veio a ele de repente, ele recuou, ele resistiu, ele tentou fugir".[3]

O sermão refletia a própria situação de Bonhoeffer. É extremamente duvidoso que alguém na congregação pudesse entender o que ele falava, e muito menos que aceitassem que aquela fosse a palavra de Deus destinada a eles no domingo. Caso não tivessem ainda sido confundidos pelas homilias do jovem e brilhante pregador, agora chegara a vez.

O retrato que Bonhoeffer pintou de Jeremias era dramático e de uma melancolia desamparada. Deus estava atrás dele, e ele não podia escapar. Bonhoeffer se referiu à "flecha do Todo-poderoso" atingindo a sua "caça abatida". Mas quem era a "caça abatida"? Era Jeremias! Mas por que Deus atiraria no herói da história? Antes que eles descobrissem, Bonhoeffer mudou a imagem da flecha para a do laço imaginário. "O laço fica cada vez mais apertado e doloroso", continuou, "lembrando Jeremias de sua condição de prisioneiro. Ele é um prisioneiro e assim tem de continuar. Seu caminho está prescrito. É o caminho do homem que Deus não permitirá que fuja, que nunca irá se livrar de Deus". O sermão começava a se tornar seriamente depressivo. Aonde o jovem pregador queria chegar? Talvez ele estivesse lendo livros demais. Um pouco de ar fresco e diversão de vez em quando, é isso o que um homem precisa! Quanto a Jeremias, ele certamente poderia se animar um pouco. Mas, é claro, logo as coisas começariam a melhorar para ele! E eles continuavam a ouvir, esperançosos de uma reviravolta na sorte de Jeremias.

Infelizmente, porém, o pastor Bonhoeffer continuava a pregar uma implacável chatice homilética. Ele marchou colina abaixo:

> Este caminho levará diretamente à mais profunda situação de impotência humana. O seguidor se torna motivo de chacota e de desprezo e é visto como um tolo, mas um tolo extremamente perigoso para a paz e o conforto das pessoas, de modo que ele, ou ela, tem de ser espancado, preso, torturado, isso quando não condenado à morte. É exatamente o

[3] *London: 1933-1935*, vol. 13, *Dietrich Bonhoeffer Works*, p. 349.

> que acontece com esse homem Jeremias, pois ele não conseguia livrar-se de Deus.[4]

Se Bonhoeffer queria garantir que a congregação nunca iria sonhar em seguir a Deus de maneira tão próxima, esse sermão era o convite. Falou depois sobre Deus guiando Jeremias "de agonia a agonia". Seria possível piorar?

> E Jeremias era de carne e osso como nós, um ser humano como nós. Ele sentiu a dor de ser constantemente humilhado e ridicularizado, a dor da violência e da brutalidade que os outros usaram contra ele. Após um episódio de tortura agonizante que durou uma noite inteira, ele irrompeu em oração: "Ó Senhor, tu me enganaste e eu fui enganado; foste mais forte do que eu e prevaleceste".[5]

A congregação estava desnorteada. Deus manobrou seu amado servo e profeta na prisão e agonia? Talvez eles tivessem perdido alguma parte no meio da pregação. Mas não tinham.

E o que nenhum deles podia saber era que o pastor Bonhoeffer falava, em grande parte, sobre si mesmo e seu futuro, o futuro que Deus lhe revelava. Ele começava a compreender que era um prisioneiro de Deus, que, como os profetas antigos, havia sido chamado para sofrer e ser oprimido — e na derrota e aceitação da derrota, havia vitória. O sermão se aplicava a qualquer um com ouvidos para escutar, mas poucos puderam realmente ouvi-lo:

> Jeremias foi repreendido como um perturbador da paz, um inimigo do povo, assim como todos aqueles que, ao longo dos séculos até os dias de hoje, foram possuídos e apreendidos por Deus, aqueles para quem Deus se tornou tão forte [...] quão alegremente ele teria gritado por paz e *Heil* com o resto [...].
>
> A procissão triunfal da verdade e justiça, a procissão de Deus e suas Escrituras através do mundo, arrasta na esteira do carro da vitória um trem de prisioneiros em cadeias. Talvez ele, no último instante,

[4] Idem, p. 350.

[5] Idem, p. 351-353.

> amarre-nos em sua carruagem triunfal para que, apesar das algemas da opressão, possamos participar de sua vitória![6]

O encontro com Hitler

Finalmente chegou o dia 25 de janeiro, e ambos os lados se encontraram com Adolf Hitler. As coisas não correram bem para a oposição, que viera para a reunião com a esperança de ser justificada e para ver o rude Müller obter o merecido castigo do Führer. Mas foi Niemöller, até o momento a figura mais pró-nazista na Igreja Confessante, quem levou a pior.

Göring havia grampeado o telefone de Niemöller e iniciou o tão esperado encontro com a transcrição de uma chamada telefônica na qual Niemöller falava mal da influência de Hindenburg sobre Hitler. De repente, e de forma inesquecível — e pela primeira vez para muitos dos presentes —, as verdadeiras cores de Hitler e de seus tenentes brilharam vividamente. Na transcrição, Niemöller fazia piadas sobre a recente reunião de Hindenburg e Hitler. O Führer não achou divertido. "Isto é completamente inaudível!", irritou-se. "Eu irei atacar essa rebelião com todos os meios a meu dispor!".

"Fiquei muito assustado", disse Niemöller, tempos depois.[7] "Pensei: 'O que eu respondo a todas essas reclamações e acusações? Hitler ainda falava, falava, falava. E eu pensava: 'Meu Deus, faze-o parar'". Numa tentativa de melhorar as coisas, Niemöller declarou com sinceridade: "Mas todos nós estamos entusiasmados com o Terceiro Reich". Hitler explodiu. "Eu construí o Terceiro Reich sozinho", disse, com raiva. "Vocês só se preocupam com seus sermões!". Nesse momento doloroso e sério, o delírio de Niemöller de que o Terceiro Reich era um movimento legítimo — algo que existisse no mundo da realidade, longe da mente de Hitler — foi destruído. Ele agora podia ver que os únicos princípios do Terceiro Reich eram os desejos e a vontade do homem a discursar a sua frente.

O restante da reunião não foi menos desanimador. Naturalmente, todos os presentes juraram lealdade a Hitler e ao Terceiro Reich *dele*. Niemöller conseguiu falar com Göring depois, mas agora ele já estava proibido de pregar.

[6] Idem.

[7] James BENTLEY, *Martin Niemöller: 1892-1984*, p. 86.

Quando a coisa toda acabou, não havia dúvidas de quem vencera. Müller, o capelão mentecapto, saiu-se bem mais uma vez.

A posição de Heckel também foi reforçada. Dois dias depois da reunião, ele enviou uma carta a todos os pastores no exterior, reiterando o que havia sido discutido no encontro, na qual dizia: "Da mesma maneira que o soldado na linha de frente não tem condições de avaliar o panorama completo, mas não deixa de exercer as funções que lhe dizem respeito, assim também eu espero que o clero estrangeiro faça a distinção entre suas tarefas particulares e os deveres das autoridades da igreja na formação da Igreja Evangélica Alemã na terra natal".[8]

Um personagem central da igreja estendia agora o Princípio Führer à esfera eclesiástica e teológica e usava uma metáfora militar para isso. Deve ter sido deprimente. E, ainda pior, Heckel decidiu que era hora de visitar Londres.

A principal razão para a visita de Heckel era estancar o sangramento de informações prejudiciais por parte de Bonhoeffer e seus contatos ecumênicos. Ele sabia que o valente jovem não se desanimaria por pequenas más notícias, como as que tinham ocorrido na reunião com Hitler. Afinal, ao proibirem Niemöller de pregar no púlpito de Dahlem, Franz Hildebrandt — tão contrário aos Cristãos Alemães quanto ele — poderia substituí-lo.

Em 4 de fevereiro, dia de seu 28º aniversário, Bonhoeffer recebeu cartas de amigos e familiares, mas a divertida carta de Hildebrandt ofuscou todas as outras. Era uma paródia escrita no alemão arcaico de Lutero — cujo legado se encontrava no centro da *Kirchenkampf* — e, com trocadilhos e sagacidade extraordinária, combinava gracejos e piadas internas com comentários sérios, mas ainda assim engraçados, sobre a luta da igreja e seus inimigos teológicos. Uma das piadas dizia respeito a uma foto de Bonhoeffer nu sobre uma banheira, aos dois anos de idade — Paula Bonhoeffer havia cometido um erro ao mostrá-la para o incorrigível Hildebrandt; outra brincadeira interna falava de Bertha Schulze, uma estudante berlinense de Bonhoeffer que Paula contratara como secretária e empregada do filho, mas que, graças ao que Hildebrandt se referiu como "intenções" em relação a Bonhoeffer, teve de procurar outro emprego. Provavelmente ela não percebera que Bonhoeffer ainda não havia

[8] Theodore Heckel a Congregações e Pastores Germânicos no Exterior, Berlim-Charlottenburg, 31 de janeiro de 1934.

resolvido sua relação com Elizabeth Zinn, a quem enviava seus sermões toda semana. O bom humor na carta de Hildebrandt demonstra uma imagem real da alegria no âmago da amizade entre eles e a felicidade nas constantes discussões e provocações dos três meses que passaram juntos na casa paroquial em Londres.

Bonhoeffer pregou duas vezes no dia de seu aniversário, como fazia todo domingo. À noite, reuniu-se com alguns poucos amigos e recebeu uma chamada telefônica da casa nº 14 da Wangenheimstrasse, onde a família toda se reunira para felicitá-lo pelo aniversário. Uma das cartas que recebera naquele dia era de seu pai, que revelou algo que nunca havia dito ao filho:

> Querido Dietrich,
> Na época em que você decidiu estudar teologia, eu pensava às vezes que a vida tranquila e monótona de um pastor, como era a vida do meu tio suábio [...] seria quase de dar pena por você. Quanto à monotonia, percebo que estava bastante enganado. Que tal crise pudesse ainda ser possível no campo eclesiástico me parecia, com minha formação científica, algo fora de cogitação. Mas, quanto a isso e a tantas outras coisas, parece que nós, os mais velhos, tínhamos ideias bem equivocadas a respeito da solidez dos chamados conceitos estabelecidos, os pontos de vista, essas coisas [...]. De qualquer modo, você ganha uma coisa de seu chamado (e isso se assemelha ao meu): relações vivas com os seres humanos e a possibilidade de termos algo a oferecer para eles, em questões mais importantes que os assuntos médicos. E isso ninguém pode tirar de você, mesmo quando as instituições externas em que você se encontra nem sempre são como gostaria.[9]

Bispo Heckel vai a Londres

No dia seguinte ao seu aniversário, Bonhoeffer se reuniu com os pastores de Londres na expectativa da visita de Heckel. Juntos, escreveram para a reunião um memorando onde relacionavam seus problemas com a Igreja do Reich. Discutia-se o uso da força da igreja contra seus adversários e levantava o proble-

[9] *London*, p. 97-98.

ma geral da liderança de Müller, já que era óbvia a concordância dele com grande parte das heresias mais inúteis dos Cristãos Alemães. O memorando declarava também que o Parágrafo Ariano "contradiz o significado claro das Escrituras e é apenas um dos sintomas do perigo, representado pelos 'Cristãos Alemães', em relação ao evangelho puro e a confissão". É significativo o uso das aspas em "Cristãos Alemães", uma expressão que deveria causar náuseas nos pastores. A afirmação ousada de que seus associados eram cristãos — já que dificilmente conseguiriam sustentar com seriedade qualquer ponto de vista teológico — era ofensiva, além da nítida insinuação de que quem não pertencesse ao grupo não era um alemão verdadeiro. No fim do memorando, referiam-se aos disparates do bronco Müller contra seus opositores: "A linguagem do bispo do Reich, relatada até mesmo na imprensa diária, o que não quer dizer grande coisa, inclui expressões como '*Pfaffen*' e 'cidadãos podres'. Para pastores já sujeitos a hostilidade suficiente em sua rotina de trabalho, tais insultos saídos da boca do mais alto ministro realmente não permitem o crescimento de qualquer confiança".[10]

Pfaffen é uma combinação das palavras alemãs *Pfarrer* (pastor) e *Affen* (macaco). Hitler também costumava usar o termo para se referir aos pastores protestantes. O outro termo, "cidadãos podres", procurava maldizer os adversários como seres deficientes do vigor viril alemão, marca do verdadeiro "cristianismo positivo" e uma das manifestações da linguagem crua e depreciativa do chefe da igreja.

As diferenças entre os dois lados foram traçadas assim que Heckel e sua delegação chegaram a Londres para o encontro com os sete pastores. Heckel acreditava ser possível atingir seus objetivos: não apenas convencê-los a entrar na linha, mas também fazê-los assinar um acordo elaborado por ele, no qual iriam declarar lealdade à Igreja Alemã do Reich. Para obter as assinaturas, usaria todas as ferramentas a seu dispor, especialmente discussões obscuras e ameaças veladas. No entanto, ele esperou o fim da reunião para revelar o documento. Antes, Heckel apresentou os "Planos Gerais" para a iminente "reorganização" da Igreja do Reich.

Quando a reunião foi aberta para discussão, Bonhoeffer foi o primeiro a falar. Ele não se contentaria em apenas rebater o que Heckel dizia, mas, como

[10] Friedrich WEHRHAN, Julius RIEGER, Gustav SCHÖNBERGER, Dietrich BONHOEFFER, Memorando dos Pastores em Londres, Londres, 5 de fevereiro de 1934.

lhe era característico, partiu para o ataque, com agressividade, inteligência e, ainda assim, com educação sincera. Descreveu as ações da Igreja do Reich presentes no memorando e disse em seguida que a questão em jogo não era a unificação com a igreja, mas sim como se separar dela. Na mente de Bonhoeffer, a Igreja do Reich de Ludwig Müller era herética, de forma nítida e sem remorsos, algo que ele não tinha permissão para ignorar.

Heckel não se elegeu bispo naquele ano devido a seu raciocínio lógico. Com habilidade, divagou sobre as acusações do memorando, como se tudo não passasse de um mero mal-entendido. Explicou que Müller — que instituíra, rescindira e depois reinstituíra o Parágrafo Ariano — era, na verdade, *contra* tudo aquilo! E por acaso ele mencionara quanta afeição o bispo do Reich sentia pelas igrejas no exterior? O bispo era um companheiro alegre e conciliador; bastava lhe dar uma chance de demonstrar. Apresentavam escolhas muito difíceis para ele. Quanto a sua linguagem e os insultos públicos, ora, eram as "gírias de soldado" da época! Lembrem-se de que Müller foi capelão naval por anos, e esse tipo de coisa já deveria ser esperado.

E o que dizer da tentativa descarada de integrar todos os grupos de jovens da igreja à Juventude Hitlerista? Heckel disse não haver complicação alguma quanto a isso e, deixando para trás a obscuridade para valer-se de ameaças veladas, afirmou que o amado Führer descrevera de maneira emocionada a fusão dos jovens da igreja com a Juventude Hitlerista como "o presente de Natal que mais lhe agradara".[11] Bonhoeffer deve ter se encolhido naquele momento.

Mas Heckel não havia terminado. Usando ainda de tom ameaçador, mostrou as provas que tinha contra certos clérigos da oposição e falou das ações disciplinares a serem tomadas contra eles. Niemöller encontrava-se entre aqueles nomes, e Heckel disse que, caso Niemöller não procedesse de modo apropriado, a situação talvez se encaminhasse para um "fim terrível". Heckel não deixou de mencionar o ato "traiçoeiro" de se aliar a "influências estrangeiras", referindo-se especificamente a um "bispo inglês" e a um "bispo sueco", mas ele não disse o que todos na sala sabiam: aqueles eram os aliados de Bonhoeffer: George Bell e Valdemar Ammundsen. Ele preferiu contar com as capacidades de dedução de cada um.

Bonhoeffer, no entanto, parecia ser estranhamente imune à intimidação. Continuou a confrontar Heckel e a dizer o que acreditava ser necessário, sempre

[11] BETHGE, *Dietrich Bonhoeffer: A Biography*, p. 348-350.

de modo respeitoso, medido e nos momentos adequados. Como aquele não era um deles, ele pouco falou em resposta, e a reunião chegou ao fim. Era, porém, apenas o primeiro dos dois encontros agendados. No dia seguinte, iriam se reunir mais uma vez.

Enquanto isso, Heckel foi ao Clube Ateneu, onde se encontrou com o "bispo inglês" a quem se referiu. Heckel estava desesperado para impedir o trabalho de Bonhoeffer com os contatos ecumênicos, o que causava sérios problemas para a Igreja do Reich na imprensa inglesa. Mas, caso não fosse bem-sucedido com o jovem pastor idealista, Heckel tentaria obter um acordo com o mais velho e sábio bispo Bell. Ele seria mais razoável, certamente. No encontro, um diplomático Heckel sugeriu a Bell que concordasse em não se intrometer nos negócios da igreja alemã, pelos menos nos próximos seis meses. Bell não era tão razoável assim e recusou.

Para Heckel, foi bem irritante. Ao se reunir com os pastores de Londres no dia seguinte, os riscos eram ainda maiores. Por sua colisão com Bell, tornara-se agora imprescindível a obtenção das assinaturas. Mas os sete pastores não assinariam coisa alguma. Ao contrário: eles tinham um documento próprio e eram desavergonhados o bastante para impelir Heckel a assiná-lo. Se seu desejo era que eles se unissem à nova Igreja do Reich, seria necessário concordar com algumas condições. Caso a Igreja concordasse em ser "fundamentada nas Santas Escrituras do Antigo e Novo Testamentos", caso o Parágrafo Ariano fosse abolido de uma vez por todas, e caso concordassem em não demitir os pastores que concordassem com os itens acima, e assim por diante, eles estariam felizes em se juntar à nova Igreja do Reich. Simples assim.

Posto contra a parede, Heckel voltou a usar ameaças veladas. Ousou sugerir que os "não obedientes" poderiam vir a se unir aos "emigrantes de Praga". Esse era um termo pejorativo usado pelos nazistas para se referir aos inimigos políticos de esquerda, forçados a fugir da Alemanha, sob ameaça de morte, após a chegada de Hitler ao poder. Ele tinha ido longe demais. Pouco depois de dizer isso, Bonhoeffer e outros dois se levantaram e se retiraram em protesto.

Heckel retornou a Berlim raivoso e de mãos vazias. Afirmar que se arrependia por ter promovido calorosamente o jovem Bonhoeffer ao pastorado em Londres era um imenso eufemismo. Tudo o que fizera foi presentear o jovem cabeça quente com uma plataforma pública protegida onde poderia disparar contra a Igreja do Reich. Uma semana depois, Heckel soube que Bonhoeffer fora convidado ao Palácio de Lambeth pelo arcebispo de Canterbury, Cosmo

Lang. Que insuportável deve ter sido, já que poucos meses antes as delegações oficiais das igrejas de Hossenfelder e Fezer ansiavam por esse convite, que havia sido sonoramente recusado. Heckel se cansara daquilo tudo e convocou Bonhoeffer a Berlim.

Mas, antes da visita de Bonhoeffer, as apostas na batalha cresceram significativamente para ambos. O bom comportamento de Heckel acabara de lhe render um cargo de bispo. O bispo do Reich também fez dele chefe do Ministério das Relações Exteriores da Igreja. Agora, Heckel não respondia apenas à igreja, mas também ao Estado. Desse modo, seu fracasso na melhoria da imagem da Alemanha na imprensa internacional era mais grave do que nunca. Algo sério também para Bonhoeffer, já que o descumprimento dos editais de Heckel constituía agora desobediência ao Estado e poderia ser considerado traição.

Bonhoeffer chegou a Berlim no dia 5 de março. Quando se reuniu com Heckel, o recém-promovido bispo não mediu palavras. Bonhoeffer deveria se privar de qualquer atividade ecumênica. E — o que já se tornava rotineiro — Heckel entregou-lhe outro documento a ser assinado. Bonhoeffer foi esperto o suficiente para não assiná-lo, mas também para não dizer um "não" desafiador. Assim, disse que iria analisar a questão e responder por escrito brevemente. Voou de volta a Londres em 10 de março e, no dia 18, escreveu sua previsível resposta a Heckel: ele não iria assinar.

Às margens do Rubicão

Em Berlim, Bonhoeffer se encontrou com Martin Niemöller, Gerhard Jacobi e outros líderes da Liga de Emergência dos Pastores. A hora da verdade chegara. Até o momento, seus esforços na luta da igreja não tiveram serventia nenhuma, e, como líderes da oposição, decidiram romper os laços com a Igreja do Reich. Concordavam agora com o conceito de *status confessionis* divulgado o tempo todo por Bonhoeffer e realizariam no fim de maio, em Barmen, o sínodo por uma Igreja Livre. Seria um evento marcante que iria separá-los oficial e publicamente da igreja apóstata do Reich. Aproximaram-se das margens do Rubicão[12] e se preparavam agora para a travessia.

[12] Rubicão é um antigo riacho situado ao norte da península Itálica. A expressão "atravessar o Rubicão" é usada para se referir a decisões arriscadas e irrevogáveis. (N. do T.)

Agora, mais do que nunca, eles precisariam da ajuda e do apoio das igrejas fora da Alemanha. Bonhoeffer sentia a urgência da situação e, durante a semana em que formulava sua resposta a Heckel, contatou os amigos no movimento ecumênico. No dia 14 de março, escreveu a Henry Louis Henriod, o teólogo suíço que dirigia a Aliança Mundial Ecumênica. Bonhoeffer também escreveu ao bispo Bell. A carta foi escrita em inglês:

> Meu querido lorde bispo,
> [...] Uma das coisas mais importantes é que as igrejas cristãs de outros países não perderam seu interesse no conflito com o passar do tempo. Sei que meus amigos estão olhando para você e suas ações com grande esperança. Existe realmente um momento agora, como talvez nunca houve na Alemanha, em que a nossa fé na função ecumênica das igrejas possa ser abalada e destruída completamente, ou reforçada e renovada de um modo surpreendentemente novo. E depende de você, meu lorde bispo, a captura desse momento. A questão em jogo na igreja alemã já não é mais uma questão interna, mas é a questão da existência do cristianismo na Europa [...]. Mesmo que as informações nos jornais demonstrem menor interesse, a situação real é tão tensa, tão aguda, tão respeitável quanto antes. Eu gostaria apenas que você presenciasse um dos encontros da Liga de Emergência — sempre são, apesar da gravidade dos momentos atuais, uma elevação real da fé e da coragem — Por favor, não se cale agora! Imploro a você mais uma vez a considerar a possibilidade de uma delegação ecumênica e de um ultimato. Não em nome de algum interesse nacional ou denominacional, mas em nome do cristianismo na Europa. O tempo passa muito rápido e talvez possa ser tarde demais em breve.[13]

No dia 16 de março, Henriod escreveu a Bell, ressaltando a situação, e no mesmo dia Henriod respondeu a Bonhoeffer:

> Meu caro Bonhoeffer,
> Agradeço a sua carta do dia 14 de março. Como bem disse, a situação se torna cada vez mais crítica, e alguma medida deve ser tomada sem nenhum atraso pelo movimento ecumênico [...]. Escrevi há alguns dias para o bispo de Chichester, incitando-o a manter a correspondência com

[13] *London*, p. 118-119.

> o bispo Heckel com letra firme [...]. Aqueles que defendem o evangelho na Alemanha não se devem desesperar. Há declarações e mensagens vindas de vários outros países, por pastores ou não, que irão indicar a existência de um sentimento profundo fora da Alemanha no que diz respeito à situação do governo da igreja alemã. Posso repetir apenas que ações mais enérgicas talvez tivessem sido adotadas antes, caso nossos melhores e confiáveis amigos na Alemanha não nos tivessem exortado mais uma vez, mesmo durante os últimos dias, a romper relações com a igreja alemã, quando nossos únicos meios de influenciar a situação é atingindo seguidamente o governo atual com críticas veementes.[14]

Em 28 de março, Bonhoeffer viajou a Lambeth e foi recebido por Cosmo Lang, o arcebispo de Canterbury. Bonhoeffer escreveu a Henriod novamente no dia 7 de abril. Sua urgência e frustração são típicas de suas relações tanto com o movimento ecumênico quanto com os aliados na Igreja Confessante:

> Meu caro Henriod!
> Teria gostado muito de discutir novamente a situação com você, uma vez que a lentidão do processo ecumênico começa a me parecer irresponsabilidade. Uma decisão deve ser tomada em algum momento, e não é bom esperar indefinidamente por um sinal do céu que irá resolver a dificuldade sem maiores problemas. Mesmo o movimento ecumênico tem de se decidir e está, portanto, sujeito a erros, como todo ser humano. Mas procrastinar e prevaricar simplesmente porque estão com medo de errar, quando os outros — refiro-me aos irmãos na Alemanha — devem tomar decisões infinitamente mais difíceis a cada dia, parece-me quase correr em sentido contrário ao amor. Retardar ou deixar de tomar decisões pode ser mais pecaminoso que tomar decisões erradas por fé e amor [...]. Neste caso particular, é realmente agora ou nunca. "Tarde demais" significa "nunca". Caso o movimento ecumênico não consiga percebê-lo, e se não existe ninguém disposto a se esforçar para tomar o reino do céu pela força (Mt 11:12), então o movimento ecumênico não é mais a igreja, mas uma associação inútil em que belos discursos são feitos. "Se não o crerdes, certamente não permanecereis"; crer, no entanto, significa decidir. E há alguma dúvida quanto à natureza de tal decisão? Para a Alemanha hoje, é a Confissão, assim como a Confissão é a decisão para o movimento ecumênico. Temos de espantar o medo

[14] Idem, p. 120.

> deste mundo — a causa de Cristo está em jogo, e iremos ser encontrados dormindo? [...] Cristo olha para nós e pergunta se existe alguém que confesse a fé nele.[15]

Em meio a esse turbilhão na atividade ecumênica, Bonhoeffer servia como pastor principal de duas congregações, pregando duas vezes a cada domingo e realizando suas inumeráveis funções pastorais. No dia 11 de abril, efetuou o funeral de uma garota alemã de dezenove anos em sua paróquia.

No dia seguinte ao funeral, descobriu que Müller nomeara como *Rechtswalter* (administrador legal) da igreja alemã um racista fanático chamado August Jäger. Num discurso no ano anterior, o desequilibrado Jäger havia declarado: "A aparição de Jesus na história do mundo representa, em última análise, uma explosão de luz nórdica no meio de um mundo atormentado por sintomas de degeneração". Em 15 de abril, Bonhoeffer escreveu ao bispo Bell:

> A nomeação do doutor Jäger [...] é uma afronta ostensiva à oposição e [...] significa, na verdade, que todo o poder do governo da igreja foi entregue às autoridades políticas e partidárias. Foi muito surpreendente para mim o *Times* ter noticiado o assunto de forma positiva. Jäger é, na verdade, o homem responsável pela famosa declaração sobre Jesus ser apenas o expoente da raça nórdica etc. Foi ele o sujeito que causou a aposentadoria de Bodelschwingh e que foi considerado o homem mais impiedoso em todo o governo da igreja [...]. Portanto, essa designação deve ser vista como um passo significativo na assimilação completa da igreja pelo Estado e pelo Partido. Ainda que Jäger tentasse se mostrar solidário com as igrejas estrangeiras, ao usar palavras leves, não se deve deixar enganar por sua tática.[16]

Bonhoeffer sabia que a nomeação de Jäger simbolizava quão desavergonhados os nazistas poderiam ser; o movimento ecumênico deveria agir rapidamente e dar a eles um ultimato. A Igreja do Reich faria o possível para bajular as igrejas no exterior. Desse modo, o movimento ecumênico tinha de se manter firme e se recusar a reconhecê-la como a verdadeira igreja alemã. Também era fundamental que o movimento mostrasse solidariedade aos pastores da Liga de Emergência.

[15] Idem, p. 126-127.
[16] Idem, p. 129.

Ao explicar a situação ao amigo Erwin Sutz, Bonhoeffer demonstra um lado seu raramente visto:

> O regime da igreja ordenou-me a voltar para Berlim e pôs em minha frente uma espécie de declaração, na qual eu assumiria o compromisso de me abster de toda atividade ecumênica dali em diante. Eu não assinei. Esse tipo de coisa é repugnante. Fazem de tudo para me tirar daqui, e por isso já comecei a cavar minha trincheira [...].
>
> O nacional-socialismo tem acabado com a igreja na Alemanha e está concentrado na busca pelo fim dela. Podemos ser gratos a eles, do mesmo modo que os judeus tinham de ser gratos a Senaqueribe. Parece-me não existir dúvida de quão nítida é a realidade que encaramos. Ingênuos, idealistas românticos como Niemöller ainda pensam que eles são os verdadeiros socialistas nacionais — e talvez seja uma Providência benevolente que os mantenha sob o feitiço dessa ilusão.[17]

A Declaração de Barmen

Os esforços ecumênicos de Bonhoeffer começavam a dar frutos. O bispo Bell escreveu a "Mensagem do Dia da Ascensão" sobre a crise na igreja alemã e, em 10 de maio, enviou-a aos membros da organização ecumênica Vida e Trabalho de todo o mundo. A atenção mundial voltou-se para os pastores da oposição na Alemanha, e a Igreja do Reich passou a sofrer enorme pressão. Como resultado, a reputação de Heckel, Müller e dos nazistas em geral ficou prejudicada. Bonhoeffer trabalhou ao lado de Bell na modelação da mensagem, tal como acontecia na maioria dos textos escritos pelo bispo sobre a luta da igreja. O texto declarava:

> A situação está, sem dúvida, repleta de ansiedade [...]. Uma revolução acontece no Estado alemão [...]. A posição atual é assistida por membros das igrejas cristãs estrangeiras, não apenas com grande interesse, mas com uma sincera preocupação. A principal causa da ansiedade é a presunção por parte do bispo do Reich em desqualificar as restrições constitucionais ou tradicionais, em nome do princípio de liderança dos

[17] Idem, p. 134-135.

> poderes autocráticos, algo sem precedente na história da Igreja [...]. As medidas disciplinares que têm sido tomadas pelo governo eclesiástico contra ministros do evangelho, em vista da lealdade deles aos princípios fundamentais da verdade cristã, causaram uma impressão dolorosa na opinião cristã no exterior, já perturbada pela introdução de distinções raciais na comunhão universal da Igreja cristã. Não há dúvida de que as vozes deveriam se erguer na própria Alemanha para realizar um pronunciamento solene perante todo o mundo cristão a respeito dos perigos a que a vida espiritual da Igreja Evangélica está exposta.[18]

E assim continuava, descrevendo a cada frase os efeitos do governo nazista sobre as igrejas alemãs. Dois dias depois, o bispo Bell encaminhou a mensagem aos contatos ecumênicos, e o texto completo apareceu no *Times* londrino.

Estava óbvio que, a partir desta vitória, as atividades ecumênicas de Bonhoeffer já constituíam razões suficientes para sua permanência em Londres. Ali, ele continuou também seu trabalho com os refugiados ao lado de Julius Rieger, na Igreja de St. George. Judeus refugiados da Alemanha chegavam o tempo todo. A vida em Göttingen tornava-se tão difícil para Sabine e sua família que, naquele ano, eles também fugiriam para a Inglaterra. Dois anos depois, Hildebrandt faria o mesmo. O trabalho de Bonhoeffer em Londres como pastor e nas trincheiras da luta da igreja possuía um apelo inegável para ele. No dia 22 de maio, enquanto se preparava para o sínodo de Barmen, escreveu para a sua avó:

> É lindo o exato momento aqui. Fizemos uma excursão da igreja ontem e ficamos ao ar livre o dia todo, numa área famosa porque nesta época do ano o chão da floresta fica absolutamente coberto de azul, por centenas de metros, graças a uma espécie de campânula. Além disso, fiquei muito surpreso ao descobrir rododendros silvestres na mata, um monte deles, centenas de arbustos crescendo juntos [...]. É ainda incerto quanto tempo ficarei aqui. Recebi uma carta há pouco tempo [...] confirmando a minha licença atual [...]. Confesso que terei de tomar uma decisão definitiva sobre retornar ou não para a carreira acadêmica. Não tenho mais um interesse tremendo nisso.[19]

[18] Idem, p. 144-145.
[19] Idem, p. 151–152.

O nascimento da Igreja Confessante

Nos últimos três dias de maio, em 1934, os líderes da Liga de Emergência dos Pastores realizaram um sínodo em Barmen. Ali, no rio Wupper, foi escrita a famosa Declaração de Barmen, de onde surgiu a chamada Igreja Confessante.[20]

O objetivo da Declaração de Barmen era afirmar aquilo que a igreja alemã sempre havia acreditado, fundamentado nas Escrituras, com a intenção de diferenciá-la da teologia bastarda criada pelos Cristãos Alemães. Tornava claro que a igreja alemã não se sujeitava à autoridade do Estado; repudiava o antissemitismo e outras heresias dos Cristãos Alemães e da igreja "oficial" dirigida por Müller. O autor principal da Confissão de Barmen foi Karl Barth, que alegou ter produzido a versão final "fortificado por café forte e um ou dois charutos brasileiros".

Por ser um documento influente, um divisor de águas na luta da igreja alemã do Terceiro Reich, faremos uma extensa citação aqui:

> I. Um Apelo às Congregações Evangélicas e aos Cristãos na Alemanha
>
> 8.01 O Sínodo Confessante da Igreja Evangélica Alemã reuniu-se na cidade de Barmen, de 29 a 31 de maio do ano de 1934. Representantes de todas as Igrejas Confessionais alemãs uniram-se unanimemente numa confissão ao único Senhor da Igreja una, santa e apostólica. Fiéis a sua Confissão de Fé, membros das Igrejas Luterana, Reformada e Unida procuraram redigir uma mensagem comum ao encontro das necessidades e tentações da Igreja em nossos dias [...]. Não foi sua intenção fundar uma nova Igreja ou formar uma união [...]. Pelo contrário, a intenção era resistir, com fé e unanimidade, à destruição da Confissão de Fé e, por consequência, da Igreja Evangélica na Alemanha. Em oposição às tentativas de estabelecer a unidade da Igreja

[20] O termo *confessar* significa "dar parecer" ou "reconhecer". Ecoa a declaração de Jesus no evangelho de Mateus: "Quem, pois, me confessar diante dos homens, eu também o confessarei diante do meu Pai que está nos céus" (Mateus 10:32). No início, alguns o chamaram de Movimento Confessional. O termo alemão para "Igreja Confessante" é *Bekennendekirche*, o que o levou à abreviatura BK.

Evangélica Alemã mediante uma doutrina falsa, pelo uso da força e de práticas insinceras, o Sínodo Confessante insiste que a unidade das Igrejas Evangélicas na Alemanha só poderá provir da Palavra de Deus na fé concedida pelo Espírito Santo. Somente assim a Igreja se renova.

8.03 Não deis ouvidos a conversas dissolutas, que procuram dar a impressão de que desejaríamos romper a unidade da Igreja Evangélica Alemã ou abandonar as Confissões dos Pais.

8.04 Examinai os espíritos para saber se são de Deus! Provai também as palavras do Sínodo Confessante da Igreja Evangélica Alemã para ver se estão conformes a Sagrada Escritura e a Confissão dos Pais. Se crerdes que nossas palavras se opõem à Escritura, então não nos deis atenção! Mas, se crerdes que estamos posicionados junto à Escritura, então não permitais que o medo ou a tentação vos impeça de trilhar conosco a vereda da fé e da obediência à Palavra de Deus, para que o povo de Deus tenha um único pensamento sobre a terra e que, pela fé, experimentemos aquilo dito por ele: "Nunca o deixarei, nunca o abandonarei".

II. Declaração Teológica a Respeito da Situação Atual da Igreja Evangélica Alemã

8.05 Segundo as palavras iniciais de sua Constituição, datada de 11 de julho de 1933, a Igreja Evangélica Alemã é uma federação de Igrejas Confessionais, originadas da Reforma, que usufruem de direitos iguais. O fundamento teológico para a unificação dessas igrejas se encontra nos artigos 1º e 2º da Constituição da Igreja Evangélica Alemã, reconhecida pelo governo do Reich em 14 de julho de 1933:

Artigo 1º: A base inviolável da Igreja Evangélica Alemã é o evangelho de Jesus Cristo, conforme nos é atestado nas Sagradas Escrituras e trazido novamente à luz nas Confissões da Reforma. Todos os poderes necessários à Igreja para cumprir sua missão são por este determinados e limitados.

8.07 Declaramos publicamente nesta Confissão, perante todas as igrejas evangélicas da Alemanha, que aquilo que ela mantém como patrimônio comum está em grande perigo e, com ela, a unidade da Igreja Evangélica Alemã. Ela se acha ameaçada pelos métodos de ensino e de ação do partido eclesiástico dominante, os "Cristãos Alemães", e pela administração da Igreja conduzida por estes. Tais métodos se vêm tornando cada vez mais aparentes neste primeiro ano de existência da Igreja Evangélica Alemã. Essa ameaça reside no fato de que a base teológica da unidade da Igreja Evangélica Alemã tem sido contrariada contínua e sistematicamente e tornada ineficaz por doutrinas estranhas, da parte dos líderes e porta-vozes dos "Cristãos Alemães", bem como da parte da administração da Igreja. Se tais doutrinas conseguirem impor-se, então, conforme todas as Confissões em vigor em nosso meio, a Igreja deixará de ser Igreja, e a Igreja Evangélica Alemã, como federação de Igrejas Confessionais, tornar-se-á intrinsecamente impossível.

8.09 Em razão dos erros dos "Cristãos Alemães" da atual administração da Igreja do Reich, erros que assolam a Igreja e também rompem, por esse motivo, a unidade da Igreja Evangélica Alemã, confessamos as seguintes verdades evangélicas:

8.10 1. "Eu sou o caminho, a verdade e a vida. Ninguém vem ao Pai, a não ser por mim" (Jo 14:6). "Eu lhes asseguro que aquele que não entra no aprisco das ovelhas pela porta, mas sobe por outro lugar, é ladrão e assaltante"; "Eu sou a porta; quem entra por mim será salvo" (Jo 10:1,9).

8.11 Jesus Cristo, como nos é atestado na Sagrada Escritura, é a única Palavra de Deus que devemos ouvir, em quem devemos confiar e a quem devemos obedecer na vida e na morte.

8.12 Rejeitamos a falsa doutrina de que a Igreja teria o dever de reconhecer, além e aparte da Palavra de Deus, outros acontecimentos e poderes, personagens e verdades, como revelação divina.

8.15 Rejeitamos a falsa doutrina de que haveria, em nossa existência, áreas em que não pertencemos a Jesus Cristo, mas a outros senhores — áreas em que não necessitaríamos da justificação e santificação por meio dele.

8.17 A Igreja cristã é a comunidade dos irmãos, na qual Jesus Cristo age presentemente como o Senhor na Palavra e nos sacramentos por meio do Espírito Santo. Como a Igreja dos pecadores justificados, ela deve, num mundo pecador, testemunhar com sua fé, sua obediência, sua mensagem e sua organização, que só dela é propriedade, e que ela vive e deseja viver tão somente da sua consolação e das suas instruções na expectativa da sua vinda.

8.18 Rejeitamos a falsa doutrina de que à Igreja seria permitido abandonar a forma de sua mensagem e organização por motivos próprios ou de acordo com as convicções ideológicas e políticas reinantes.

8.19 "Jesus os chamou e disse: 'Vocês sabem que os governantes das nações as dominam, e as pessoas importantes exercem poder sobre elas. Não será assim entre vocês. Pelo contrário, quem quiser tornar-se importante entre vocês deverá ser servo'" (Mt 20:25-26).

8.20 As diversidade de funções na Igreja não estabelece o predomínio de uma sobre a outra; antes, elas cooperam para o exercício do ministério confiado e ordenado a toda a comunidade.

8.21 Rejeitamos a falsa doutrina de que a Igreja, desviada deste ministério, poderia dar a si mesma ou permitir que se lhe dessem líderes especiais revestidos de poderes de domínio.

8.22-5 "Temam a Deus e honrem o rei" (1Pe 2:17). A Escritura nos diz que, no mundo ainda não redimido no qual a Igreja também existe, o Estado tem o dever, conforme ordem divina, de zelar pela justiça e pela paz. Ele realiza tal dever com emprego da intimidação e exercício da força, segundo o padrão de julgamento e capacidade humana. A Igreja reconhece o benefício dessa ordem divina com gratidão e reverência a Deus. Ela faz lembrar a existência do Reino de Deus, os mandamentos e a justiça divina, e, dessa forma, a atenção para a responsabilidade de governantes e governados. Ela confia e obedece ao poder da Palavra, mediante a qual Deus sustenta todas as coisas.

8.23 Rejeitamos a falsa doutrina de que o Estado poderia e deveria ultrapassar a sua missão específica, tornando-se uma ordem única e totalitária da existência humana, podendo também cumprir, desse modo, a missão confiada à Igreja.

8.24 Rejeitamos a falsa doutrina de que a Igreja poderia e deveria, ultrapassando a sua missão específica, apropriar-se das características, dos deveres e das dignidades estatais, tornando-se assim, ela mesma, um órgão do Estado.

8.26 A missão da Igreja, na qual repousa sua liberdade, consiste em transmitir a todo o povo a mensagem da livre graça de Deus, em nome de Cristo e, portanto, a serviço da sua Palavra e da sua obra pela pregação e pelo sacramento.

> 8.27 Rejeitamos a falsa doutrina de que a Igreja, possuída de arrogância humana, poderia colocar a Palavra e a obra do Senhor a serviço de quaisquer desejos, propósitos e planos escolhidos de forma arbitrária.[21]

No dia 4 de junho — graças, mais uma vez, ao bispo Bell e a Bonhoeffer —, a íntegra da Declaração de Barmen foi publicada no *Times* de Londres. O texto revolucionário anunciava ao mundo que um grupo de cristãos na Alemanha havia oficialmente declarado em público a sua independência da igreja nazificada do Reich. Ao lê-lo, tornava-se fácil compreender os motivos.

Bonhoeffer teve enorme trabalho para esclarecer que a Declaração de Barmen não constituía uma separação da igreja "oficial" alemã; chamá-la de separação iria conceder uma aparência de legitimidade a essa igreja "oficial". Não era a Igreja Confessante quem rompia, mas sim a Igreja do Reich. A Declaração de Barmen sinalizava a existência de um grupo de pastores que reconhecia, repudiava e se distanciava oficialmente daquela secessão *de facto*. O texto esclarecia mais uma vez o que ela — a legítima e verdadeira Igreja Alemã — realmente acreditava e apoiava.

Para Bonhoeffer, por causa da Declaração de Barmen, a Igreja Confessante havia se tornado a Igreja Alemã, e ele acreditava que os verdadeiros cristãos reconheceriam que a Igreja do Reich dos Cristãos Alemães estava oficialmente excomungada. Mas, como seria visto, nem todos enxergaram isso de maneira tão clara quanto Bonhoeffer esperava.

Na verdade, mesmo alguns dos aliados mais próximos, como George Bell e o bispo Ammundsen, não tiveram a mesma percepção. Isso causaria algumas complicações, uma vez que Bonhoeffer se antepôs à conferência ecumênica que seria realizada em Fanø, na Dinamarca, em agosto. Convidaram-no a discursar em Fanø e a organizar uma conferência para a juventude, mas ele logo percebeu que existiam problemas maiores com que se preocupar.

As complicações se iniciaram no momento em que Bonhoeffer descobriu que alguns delegados alemães convidados para a conferência em Fanø faziam parte da Igreja do Reich liderada por Müller. Para começar, Bonhoeffer estava determinado a não reconhecer nenhum representante ligado à igreja de Müller na conferência de jovens que ele organizaria. Em segundo, Bonhoeffer

[21] Doutrina Teológica de Barmen, 29-30 de maio de 1934.

também estava determinado a impedir que qualquer um da Igreja do Reich comparecesse em toda a conferência em Fanø. Ou o indivíduo estava entre aqueles que declararam a separação, ou ainda era parte da Igreja do Reich. Como os líderes ecumênicos não conseguiam perceber isso?

Em junho, Bonhoeffer viajou a Berlim para se encontrar com Niemöller e Karl Koch, o presidente do Sínodo Confessante. Os três decidiram que os poderes constituídos em Genebra, sede dos escritórios da organização ecumênica, iriam reconhecer a nova situação e convidariam os membros da Igreja Confessante para a conferência — e manteriam os outros afastados.

Bonhoeffer contatou imediatamente os organizadores em Fanø e esclareceu sua posição:

> Eu já escrevi ao senhor Schönfeld que a participação de nossa delegação alemã em Fanø irá depender, em essência, da participação dos representantes do atual governo da Igreja do Reich na conferência. Em todo o caso, os membros da nossa delegação estão de acordo que irão permanecer longe das reuniões em Fanø que contem com a presença de representantes do governo da igreja. Seria algo positivo a percepção clara e geral dessa opção. E eu tenho esperanças de que você também nos ajudará a fazer que o movimento ecumênico declare abertamente, antes que seja tarde demais, qual das duas igrejas na Alemanha eles estão dispostos a reconhecer.[22]

Assim, a participação de Bonhoeffer dependeria da compreensão de que a Igreja Confessante era, agora, a verdadeira igreja alemã. Caso não convidassem seus líderes, ninguém compareceria. E se Heckel e a Igreja do Reich estivessem presentes, estariam sozinhos. O silêncio da Igreja Confessante seria a própria resposta.

Nada disso teria utilidade. Henriod escreveu a Bonhoeffer com más notícias: um convite já havia sido enviado a Heckel e ao Ministério das Relações Exteriores da Igreja do Reich. Ainda que, no geral, estivesse ao lado de Bonhoeffer, Henriod afirmou ser impossível retirar o convite. Também não existia possibilidade de o corpo ecumênico emitir um segundo convite exclusivo para a Igreja Confessante. Os líderes ecumênicos reconheciam a Igreja Confessante como

[22] *London*, p. 175.

um movimento, não uma igreja. Mas acrescentou que, caso o Sínodo Confessante se declarasse uma segunda igreja alemã, a situação seria diferente.

Bonhoeffer ficou exasperado. A Igreja Confessante declarara tudo o que era necessário em Barmen. Além disso, não era uma segunda igreja. Ela era a *única* igreja alemã. Não poderiam existir duas. A Igreja do Reich afastara-se sem remorso algum em razão de seu comportamento herético; ela permitira que a Igreja Confessante se tornasse a única igreja alemã remanescente. A eclesiologia de Bonhoeffer era nítida, embora aqueles que não enxergassem as coisas à sua maneira talvez o considerassem irrequieto demais. Mas, a seu ver, tais coisas eram delimitadas pelas doutrinas das Escrituras e pelos dogmas da igreja histórica. Não se deve manchar desleixadamente um legado desses. Ou a Igreja Confessante era a única Igreja Evangélica Alemã, que aderia às Escrituras e ao espírito da Reforma e da Constituição da Igreja Evangélica Alemã, ou não. A Declaração de Barmen declarara ao mundo em voz alta e clara que eles eram, teológica e legalmente, *esta* igreja.

No dia 12 de julho, ele escreveu a Henriod:

> Não há reivindicação ou mesmo o desejo de ser uma Igreja Livre ao lado da *Reichskirche*, mas há a pretensão de ser a única igreja evangélica legítima teologicamente na Alemanha, e portanto não se pode esperar desta igreja a configuração de uma nova constituição, uma vez que ela se baseia na própria constituição, negligenciada pela *Reichskirche* [...]. A Igreja Confessante [...] já declarou, diante de toda a cristandade, qual é a sua reivindicação. Por isso, acredito fortemente que, de maneira legal e teológica, a responsabilidade para as relações futuras entre a Igreja Alemã e o movimento ecumênico repouse sobre o próprio movimento ecumênico e suas ações.[23]

Ele desculpou-se com Henriod pela "longa explicação, mas não gostaria de ser mal interpretado pelos próprios amigos".

Henriod, dirigente da Federação Ecumênica, não enxergava da mesma maneira, porém, e se sentiu obrigado a cumprir os protocolos e estatutos da organização. Para Bonhoeffer, a ideia de que Genebra era incapaz de retirar o convite a Heckel, ou de estender um convite à Igreja Confessante num

[23] Idem, p. 179-180.

momento como aquele, parecia ridículo. Virou-se então para Bell. E Bell virou-se para Ammundsen. Ammundsen escreveu uma carta carinhosa, em que, ao se referir à Igreja Confessante como um "Sínodo Livre", deixava claro que ele próprio não compreendia a situação do mesmo jeito que Bonhoeffer. Até mesmo ele ainda considerava a Igreja Confessante uma espécie de igreja alternativa "livre". Mas disse que talvez dois membros da Igreja Confessante pudessem ser convidados "em caráter não oficial", manipulando-se assim as estranhas regras. Assim, Bonhoeffer, Bodelschwingh e Koch foram convidados e teriam agora de decidir se, sob as exóticas condições, aceitariam ou não. Enquanto isso, Heckel tomou conhecimento do convite feito a eles e tentou detê-los.

Durante essa movimentação toda no verão de 1934, mudanças dramáticas ocorriam na Alemanha. Juntas, elas iriam alterar energicamente o panorama político, causando impacto direto no futuro de toda a gente nos próximos anos — e afetariam imediatamente aqueles que participariam da conferência ecumênica em Fanø.

A Noite dos Longos Punhais

Os terríveis eventos que alteraram a paisagem política da Alemanha naquele verão eram a resposta de Hitler a algo que parecia ser uma notícia muito ruim. Surgiam rumores de que, enfim, a situação do Führer e sua administração criminosa seriam desvendadas. Bonhoeffer soube através de seu cunhado Dohnanyi que Hjalmar Schacht, presidente do *Reichsbank* alemão, estava prestes a renunciar. Os médicos do presidente Hindenburg vazaram a notícia de que ele estava a poucos meses da morte. Hitler temia que, logo que Hindenburg morresse, os conservadores e os líderes do Exército forçassem um retorno à monarquia de Hohenzollern. Para eles, o caminho para uma Alemanha maior e mais unificada encontrava-se longe do constrangimento crasso que era Adolf Hitler — e próximo dos anos dourados do imperador e do domínio aristocrático. Mas Hitler, após ter farejado os ventos políticos com típica sensibilidade canina, anteciparia a situação. E, com típica crueldade lupina, iria ordenar um selvagem derramamento de sangue que ficaria conhecido como *Nacht der Langen Messer* (Noite dos Longos Punhais).[24,25]

[24] Absurdamente, foi também referida como Operação Colibri.

[25] Joachim FEST, *Plotting Hitler's Death: The German Resistance to Hitler, 1933-1945*, p. 26.

Hitler conhecia a necessidade de impedir uma ação contrária dos generais do Exército. E sabia também que o maior medo deles era a perda de poder para a SA. Ernst Röhm queria que a SA se tornasse o novo exército do nazismo, com ele no comando, e, como ele estivera ao lado do Führer desde os primeiros dias do movimento nazista, como Hitler poderia negá-lo? Mas Hitler era Hitler; se o velho camarada Ernst Röhm causava a preocupação dos generais e, em consequência, ameaçava seu futuro, o assunto se alterava. Para esfriar os ânimos monarquistas dos generais, Hitler fez um acordo preventivo com eles. Prometeu manter Röhm na jaula e impedir a SA de tentar assumir o controle. Afinal, ele não construíra o Terceiro Reich para que um pervertido como Röhm estragasse tudo.

Assim, em 29 de junho, a extraordinária onda de assassinatos conhecida como a Noite dos Longos Punhais foi desencadeada, um quadro medonho de sangue derramado por toda a Alemanha, com centenas de pessoas mortas a sangue-frio. Alguns foram arrastados para fora da cama e metralhados em suas casas; houve mortos por pelotões de fuzilamento; outros foram liquidados sentados em suas mesas; esposas foram executadas com o marido; antigos inimigos do golpe fracassado de 1923 foram vingados, um deles por meio de golpes de picareta. Uma antevisão das coisas vindouras. De longe, o mais desavergonhado ato de toda a carnificina foi o assassinato de dois generais do Exército, Von Schleicher e Von Bredow.

Quanto a Ernst Röhm, ele foi despertado em seu quarto de hotel, despido pessoalmente por um irritado Hitler, e depois levado a uma cela numa prisão em Munique, onde foi isolado sugestivamente com um revólver carregado. Mas a apreciação de Röhm pela carnificina não se estendia ao suicídio, e coube a dois de seus homens da SA a execução de sua vida sórdida.

Ao término da matança, Hitler afirmou que um *putsch* da parte de Röhm era iminente, mas, com a ajuda da Providência, o golpe fora evitado. Anunciou ainda que 61 pessoas foram baleadas, mas outras treze morreram enquanto "resistiam à prisão". Dohnanyi disse a Bonhoeffer que o Ministério da Justiça apresentou o número de 207 perseguidos e assassinados; anos mais tarde, a quantidade estimada era de quatrocentos ou mesmo mil. De qualquer forma, era uma lista enorme, e nenhum inimigo anterior de Hitler, Göring ou Himmler foi excluído. Foi a oportunidade de varrer qualquer canalha traidor das fileiras dos vivos. Muitos outros seriam levados para campos de concentração. Como de costume, Hitler se disse enfurecido por ter sido provocado a tomar tais atitudes — estratégia de trabalho, pois, na verdade, a sua própria vida fora ameaçada, e esses assassinatos eram o melhor a se fazer pelo *Volk* alemão, para quem sacrifício algum era grande demais.

No dia 13 de julho, Hitler fez um discurso para o Reichstag:

> Se alguém me reprova e pergunta por que não recorri aos tribunais de justiça regulares, o que posso responder é que neste instante tornei-me responsável pelo destino do povo alemão e, consequentemente, converti-me no juiz supremo do povo alemão [...]. Saibam todos que, daqui por diante, aquele que se levantar contra o Estado encontrará a morte.[26]

A história toda causou calafrios na maioria dos alemães. A aluna de Bonhoeffer, Inge Karding, recorda o clima posterior ao episódio: "Um medo paralisante ergueu-se como um odor ruim dentro da gente".[27]

Quanto aos generais do Exército, encontraram-se aterrados num local complicado: as mãos de Hitler. Deve-se dizer, com justiça, que eles não tinham ideia de que a promessa de Hitler em evitar um suposto golpe de Röhm significaria um massacre sem limites. Todavia, os planos de restauração da dinastia Hohenzollern foram descartados. Hitler, afinal, cumprira sua parte no acordo, ainda que o tivesse feito por meio de assassinatos em massa e iniquidade desenfreada. E, pelo que lhe dizia respeito, aquele aborrecimento ancestral chamado Hindenburg logo partiria deste mundo, e quanto antes melhor, já que Hitler tinha algumas ideias particulares sobre quem poderia substituí-lo.

A Áustria também experimentava a violência e a desordem política, que culminariam no assassinato do chanceler Engelbert Dollfuss por agentes nazistas em 25 de julho. Católico convicto num país convictamente católico, Dollfuss disse certa vez: "Para mim, a luta contra o nacional-socialismo é essencialmente uma luta em defesa da concepção cristã do mundo. Enquanto Hitler deseja reviver o antigo paganismo germânico, eu quero reviver a Idade Média cristã".[28] Na esteira de seu assassinato, mais violência eclodiu na

[26] William L. SHIRER, *The Rise and Fall of the Third Reich: A History of Nazi Germany*, p. 226.

[27] Inge KARDING, entrevista por Martin Doblmeier, *Bonhoeffer: Pastor, Pacifist, Nazi Resister. A documentary film by Martin Doblmeier*, Universidade de Princeton. Cenas não utilizadas citadas aqui com a permissão do diretor.

[28] Alice VON HILDEBRAND, *The Soul of a Lion: Dietrich von Hildebrand: a Biography*, p. 255.

Áustria, e muitos temiam que Hitler enviasse tropas para ocupar a fronteira. Mussolini enviou tropas italianas para impedir que isso acontecesse. Uma semana depois, Hindenburg morreu.

Com a morte do herói de guerra no dia 2 de agosto, aos 86 anos, Hitler, com velocidade estonteante, anunciou sua escolha para a reposição de Hindenburg: ele próprio. Além disso, também permaneceria como chanceler. Os dois cargos, de presidente e chanceler, seriam fundidos numa única pessoa (*c'est moi*), pois essa era a vontade do povo alemão. E, caso alguém duvidasse, o objeto de afeição do povo anunciou um plebiscito de confirmação um mês depois, e, como previsto, 90% do eleitorado votou *Ja*, um retumbante "sim". Não é possível saber quantos o fizeram com entusiasmo e quantos o fizeram por medo.

O Exército estava agora livre da ameaça de Röhm e da SA, mas a SS, sob o comando do superlativamente desprezível Heinrich Himmler, ofereceria a eles complicações ainda piores. Hitler também obteria sua parte; ele nunca se contentava em contemplar os ganhos quando ainda existia mais a se ganhar. Manipulando o ambiente patriota gerado pela morte de Hindenburg, Hitler convocou os oficiais e soldados da guarnição de Berlim para o Koenigsplatz, onde, sob a chama tremulante de tochas, renovaram o juramento de lealdade. Mas, ao levantar das mãos, descobriram-se a jurar algo diferente do que imaginavam: não era um juramento à Constituição ou à pátria alemã, mas ao sujeito de bigode exótico. Segundo o juramento prestado, Hitler se tornara a encarnação viva da vontade e do direito alemãos: "Faço perante Deus este sagrado juramento de que renderei incondicional obediência a Adolf Hitler, o Führer do povo e do Reich alemão, Supremo Comandante das Forças Armadas, e de que estarei pronto como um corajoso soldado a arriscar minha vida a qualquer momento por este juramento".

Eles pronunciaram as palavras em massa, insensíveis a sua constituição e incapazes de conceber o que havia acontecido. O que ocorrera: no momento da dor e da honra, eles foram magnificamente ludibriados. Os alemães, em geral, e os militares, em particular, obedeciam a juramentos com extrema seriedade, e essas poucas palavras, assentadas sob certa coação, iriam pagar dividendos consideráveis ao Führer nos próximos anos. Elas levariam a execuções de planos para retirá-lo do cargo, quer por meio de assassinatos quer por outras formas, muito complicadas, de fato, como em breve veremos.

O general Ludwig Beck ficou horrorizado. A nobre tradição do Exército alemão havia sido enganada e defraudada, iludida a arrastar seu prestígio militar para a lama. Beck considerou aquele "o dia mais negro" de sua vida.[29] Após renunciar o cargo em 1938, ele se tornaria um dos líderes das conspirações para assassinar Hitler, culminando no complô final de 20 de julho de 1944, um dia antes de Beck tirar a própria vida.

Com a morte de Hindenburg, a conexão do povo alemão com o conforto e a estabilidade da antiga ordem sob o imperador fora rompida. Hindenburg oferecia sensação de segurança a muitos. Consideravam-no uma força estabilizadora e um fiscal da selvageria de Hitler. O Führer sabia disso e usara Hindenburg para legitimar sua liderança. Mas agora ele partira, e o povo alemão, distante da margem, encontrava-se sozinho num barco com um maníaco.

[29] FEST, *Plotting Hitler's Death*, p. 56.

CAPÍTULO 16

A CONFERÊNCIA EM FANØ

Tem de ficar bem evidente que — por mais aterrorizante que seja — somos imediatamente confrontados com a decisão: nacional-socialista ou cristão.

Meu chamado me parece ser bastante claro. O que Deus fará dele, eu não sei dizer [...]. Devo seguir o caminho. Talvez ele não seja tão longo [...]. Às vezes, gostaríamos que assim o fosse (Fp 1:23). Mas é algo bom ter descoberto a minha vocação [...]. Creio que a nobreza de tal chamado se tornará evidente apenas no tempo dos acontecimentos que virão. Se ao menos pudermos suportá-los.

DIETRICH BONHOEFFER

FANØ É UMA PEQUENA ILHA no mar do Norte, a um quilômetro e meio da costa da Dinamarca. A caminho de lá, Bonhoeffer passou alguns dias em Copenhague, visitando um amigo de infância, advogado na Embaixada alemã. Depois, parou em Esbjerg para se encontrar com Franz Hildebrandt. Hildebrandt explicou que, em razão da tensa situação política na Alemanha após o golpe de Röhm, o assassinato de Dollfuss e a morte de Hindenburg, Bodelschwingh e Koch, o presidente do Sínodo Confessante, não iriam participar da conferência em Fanø. Hildebrandt acompanharia Bonhoeffer na conferência dos jovens, mas partiria antes da chegada de Heckel e seus compatriotas. Por ser um não ariano e não atuar na relativa segurança de uma igreja fora do país, Hildebrandt achou mais prudente evitar ser visto por eles. Ele ocuparia o lugar de Bonhoeffer em Sydenham e em St. Paul. Jürgen Winterhager, ex-aluno berlinense de Bonhoeffer, iria a Fanø para ajudá-lo.

Sem Koch, Bodelschwingh ou Hildebrandt, Bonhoeffer sentiu-se um pouco sozinho em Fanø. Julius Rieger estaria lá, porém, bem como muitos de seus alunos de Berlim. Mas, em consequência dos acontecimentos recentes, Müller e os Cristãos Alemães estavam bem animados. Em julho, o ministro do Interior Wilhelm Frick decretou a ilegalidade das disputas eclesiásticas, tanto em assembleias públicas quanto na imprensa. O decreto não era diferente do "decreto de amordaçar" anterior, exceto que, dessa vez, era o Estado, e não a igreja, quem o emitira; não havia, portanto, o que contestar. Era a lei do país. Estado e igreja fundiam-se em cada detalhe.

Após a morte de Hindenburg, a Igreja do Reich, embriagada com o sangue do expurgo de Röhm, convocou um sínodo em que ratificou todos os editais anteriores de Müller. O sínodo, talvez o mais sinistro de todos, declarava que, a partir dali, exigia-se que cada pastor novato prestasse juramento "de serviço" a Adolf Hitler durante a ordenação. Müller, antigo capelão naval, não se permitiria ser superado pelo Exército, que prometera cumprir o juramento de fidelidade pessoal ao Führer. O juramento que os novos pastores deveriam ler é este: "Juro perante Deus [...] que eu [...] serei verdadeiro e obediente ao Führer do Estado e do povo alemão, Adolf Hitler".

Diante das circunstâncias, muitos na Igreja Confessante temiam literalmente pela vida, especialmente se planejassem dizer algo imprudente no cenário mundial. Sabiam também que o texto do bispo Bell, "Mensagem do Dia da Ascensão", seria abordado em Fanø, o que os colocava numa posição incômoda. Muitos dentre eles não tinham a mesma mentalidade de Bonhoeffer e se sentiam desconfortáveis em participar de algo que condenasse publicamente a Alemanha. Mesmo naquele momento, consideravam-se ainda alemães patriotas e desconfiavam de todo aquele que viesse de países responsáveis pela vergonha que Versalhes causara à Alemanha, com toda a miséria e todo o sofrimento que dali procederam.

Quatro anos antes, quando chegou ao Union Theological Seminary, Bonhoeffer compartilhava da mesma opinião, mas, principalmente em virtude da amizade com Jean Lasserre, passara a repensar seus pontos de vista. As experiências subsequentes com americanos como Frank Fisher e os Lehmann e com o inglês George Bell e o sueco Valdemar Ammundsen expandiram sua visão da igreja de uma forma que poucos compatriotas teriam suposto. Não havia dúvida de que seus irmãos e irmãs em Cristo ao redor do mundo encontravam-se mais próximos a ele do que os nazistas pseudocristãos da Igreja do Reich. Mas sabia também que na Igreja Confessante muitos ainda hesitavam quanto a tomar medidas decisivas em Fanø.

Semanas antes, em 8 de agosto, Bonhoeffer escrevera ao bispo Ammundsen:

> Pessoalmente, para ser franco, tenho mais medo de muitos de nossos colaboradores, quando penso em Fanø, do que dos Cristãos Alemães. É possível que muitos estejam extremamente cautelosos, com medo de aparentar antipatriotismo, nem tanto pela ansiedade, mas devido a um falso senso de honra. Há pessoas, até mesmo aquelas que vêm realizando o trabalho ecumênico há algum tempo, que ainda parecem incapazes de perceber ou acreditar que estamos realmente juntos aqui puramente como cristãos. Elas estão terrivelmente desconfiadas, o que impede uma abertura completa. Se você, meu caro bispo, pudesse quebrar o gelo para que essas pessoas se tornassem mais confiantes e abertas! É precisamente aí, em nossa atitude em relação ao Estado, que nos devemos expressar com sinceridade absoluta, por Jesus Cristo e pela causa ecumênica. Tem de ficar bem evidente que — por mais aterrorizante que seja — somos imediatamente confrontados com a decisão: nacional-socialista ou cristão [...].
>
> Em minha opinião, uma resolução deve ser elaborada — fugir não será útil em nada. E se a Aliança Mundial na Alemanha necessita ser dissolvida — bem, então teremos de reconhecer que éramos culpados, o que é melhor que vegetar num estado de insinceridade. Apenas a *verdade completa* e a *veracidade total* podem nos ajudar agora. Sei que muitos amigos alemães pensam de outro modo. Mas eu imploro a você que tente entender esta ideia.[1]

A seu ver, os cristãos sérios no movimento ecumênico constituíam a igreja, a verdadeira igreja além das fronteiras, e ele exortava-os a se comportarem como tal. Em Fanø, ele faria isso mais uma vez.

A conferência dos jovens começou no dia 22 de agosto, e Bonhoeffer conduziu as devoções. Uma participante, Margarete Hoffer, recordou: "Nas primeiras devoções, nos foi dito com urgência, como lema para a conferência,

[1] *London: 1933-1935*, vol. 13, *Dietrich Bonhoeffer Works*, p. 191-192.

que o nosso trabalho não pode nem deve consistir em qualquer coisa que não seja ouvir aquilo que o Senhor diz e orar para que possamos ouvir corretamente. Ouvir com fé as palavras bíblicas, escutando uns aos outros como ouvintes que obedecem; esta é a essência de todo o trabalho ecumênico". Outro participante, E. C. Blackman, disse: "Começávamos na atmosfera correta, pois nas devoções matinais Bonhoeffer lembrava-nos de que o objetivo principal não era elogiar nossos próprios pontos de vista, nacionais ou individuais, mas ouvir o que Deus iria nos dizer".[2]

É difícil mensurar a natureza radical do que Bonhoeffer disse e fez em Fanø. Pode-se traçar uma linha direta de Fanø a Flossenbürg, onze anos depois. O médico da prisão em Flossenbürg, sem a mínima ideia do que presenciava, relembrou mais tarde: "Eu vi o pastor Bonhoeffer ajoelhado no chão, orando fervorosamente a Deus [...]. Tão certo de que Deus ouvia sua oração [...]. Raramente vi um homem morrer tão inteiramente submisso à vontade de Deus". Assim era Bonhoeffer em Fanø. O que o fez se destacar, como inspiração para alguns, como excentricidade para outros, e como algo ofensivo para o restante, era que ele não tinha esperanças de que Deus ouvisse suas orações; ele simplesmente sabia. Não havia esnobismo algum quando dizia que é necessário se humilhar para ouvir os mandamentos de Deus e obedecer a eles. Ele queria transmitir a visão divina ao dizer que é preciso confiar integralmente em Deus e que ouvi-lo é tudo o que realmente importa. Muitos no movimento ecumênico e na Igreja Confessante não acreditavam nisso. Mas Bonhoeffer sabia que Deus não poderia ajudá-los a menos que agissem pela fé e obediência.

Na terça-feira, dia 28, Bonhoeffer pregou no culto da manhã, utilizando Salmos 85:8 como texto: "Eu ouvirei o que Deus, o SENHOR, disse: Ele promete paz ao seu povo, aos seus fiéis! Não voltem eles à insensatez!". A paz era uma questão da maior preocupação para ele, mas naquele agosto havia também um aspecto iminente, óbvio para todo mundo. O assassinato de Dollfuss empurrou a Áustria para a turbulência, e a Alemanha ameaçava invadi-la a qualquer momento. Ao mesmo tempo, Mussolini ameaçava invadir a Etiópia durante a crise da Abissínia.

A esperança de Bonhoeffer de que a conferência de jovens resultasse em algumas resoluções arrojadas e substanciosas não foi desapontada. Os cinquenta delegados elaboraram duas delas. A primeira resolução dizia que os

[2] *Barcelona, Berlin, New York: 1928-1931*, vol. 10, *Dietrich Bonhoeffer Works*, p. 201.

mandamentos de Deus triunfavam por completo sobre qualquer reivindicação do Estado. A aprovação foi apertada, com muitos dos estudantes berlinenses de Bonhoeffer registrando votos contrários. A segunda condenava o apoio cristão a "qualquer tipo de guerra". Um delegado polonês sugeriu a retificação de "qualquer tipo de guerra" para "guerra agressiva", mas não foi aceita. Houve um intenso debate sobre a objeção consciênciosa, que se espalhou, como acontece nas maiores discussões programadas, em conversações menores entre os participantes. Os estudantes alemães eram corajosos em discutir tais coisas.

Durante o dia, Bonhoeffer e os participantes da conferência de jovens reuniam-se nas praias de Fanø para discussões informais. Mesmo nesse ambiente descontraído, permaneciam todos vestidos como nas reuniões oficiais: a maior parte dos homens em seus casacos, gravatas, sapatos e meias, e as mulheres em seus vestidos engomados. Numa conversa à beira-mar, um sueco perguntou a Bonhoeffer o que ele faria caso a guerra começasse. Não era uma consideração abstrata para ninguém, muito menos para Bonhoeffer, cujos três irmãos pegaram em armas. Ele próprio dera passos firmes nessa direção durante as duas semanas de treinamento com a Tropa de Rifles, em Ulm. Há apenas dezoito meses, no mesmo dia em que Hitler chegou ao poder, Klaus, o irmão de Bonhoeffer, declarou: "Isto significa guerra!". Ele podia prever para onde Hitler pretendia conduzir o país. De acordo com os presentes, Bonhoeffer pegou calmamente um punhado de areia da praia e deixou os grãos escorrerem pelos dedos enquanto ponderava sobre a pergunta. Em seguida, olhando com paciência para o jovem, respondeu: "Eu oro para que Deus me conceda força a fim de não precisar me utilizar de uma arma".[3]

No meio de tudo aquilo, o senso lúdico e brincalhão de Bonhoeffer permaneceu intacto. Otto Dudzus, um de seus alunos de Berlim, lembra-se de estar sentado ao seu lado, quando um padre russo de circunferência notável adentrou o salão. Bonhoeffer então rabiscou um par de versos bem-humorados do poeta *nonsense* Christian Morgenstern e repassou a ele:

> Ein dickes Kreuz auf dickem Bauch,
> *Wer spürte nicht der Gottheit Hauch?*[4]

[3] Wolf-Dieter ZIMMERMANN e Ronald G. SMITH, eds., *I Knew Dietrich Bonhoeffer*, p. 91.
[4] Uma grande e gorda cruz sobre uma grande e gorda barriga,/ Quem não sentiria o toque da Divindade?

Dudzus disse que as contribuições de Bonhoeffer para o tema da conferência e para a direção geral da conferência "foram inestimáveis. Ele percebeu com eficácia que aquilo não iria transformar-se numa discussão acadêmica inútil". Seu incentivo a Ammundsen e aos outros para que se posicionassem em busca de uma resolução real sobre a questão da Alemanha foi heroico e visionário. Um exortador fantástico, Bonhoeffer, em muitos momentos da vida, ajudaria os outros a ver claramente o que ele via, a alcançar as conexões e as conclusões lógicas que ele acreditava necessárias.

No fim, Bonhoeffer não participou dos debates oficiais sobre a "Mensagem do Dia da Ascensão" de Bell, mas disse tudo o que era necessário para quem ia discutir o assunto. Sentia que o projeto da resolução estava em boas mãos graças à comissão escolhida, com os bispos Bell e Ammundsen, H. L. Henriod e outras quatro pessoas.

Um deles era americano: dr. Henry Smith Leiper, personagem essencial na viagem fatídica de Bonhoeffer aos Estados Unidos em 1939. Conheceram-se casualmente no Union, onde Leiper era conferencista, e Bonhoeffer, bolsista. Em Fanø, Bonhoeffer foi até seu quarto para conversar. Contou-lhe sobre a situação com Heckel, que comunicara a ele o dever de deixar Londres. Leiper relembra a conversa:

> Quando perguntei qual tinha sido a resposta à ordem do bispo, disse-me com um sorriso austero: "Negativo". Ampliando a observação lacônica, disse: "Falei que ele deveria vir a Londres me arrastar caso quisesse me tirar daquela igreja". Com franqueza absoluta e um destemido desdém, falou que os seguidores de Cristo devem estar preparados para resistir ao cesarismo nazista e sua penetração nos domínios espirituais. Pareceu-me bastante claro que ele se referia à luta contra o regime de Ludwig Müller. Contudo, em momento algum da conversa ele demonstrou qualquer preocupação com as possíveis consequências da decisão de se opor abertamente aos esforços hitleristas de assumir o controle da igreja na Alemanha. Também não demonstrou a menor dúvida de que os cristãos teriam de lidar realisticamente com o ditador mais perigoso e sem escrúpulos, um sujeito que acreditava ser possível construir um "cristianismo prático", uma fonte de poder e influência para sua plataforma política.
>
> É significativo que Dietrich tenha concebido ideias tão claras e decisões tão corajosas já no início da intromissão oficial de Hitler na vida administrativa das igrejas. Pela minha experiência anterior, após muitas

> visitas a Alemanha, eu sabia que dificilmente algum de seus colegas poderia ser tão sensato e corajoso a respeito do que estava acontecendo quanto ele. Poucos eram tão desafiadores — abertamente, pelo menos — em relação à tirania que pairava no horizonte daquele país durante o "milagre" do Terceiro Reich [...]. Dietrich estava determinado a abordar os problemas do movimento nazista não somente de um ponto de vista teológico ou filosófico, mas com ações diretas.[5]

Esta foi talvez a contribuição mais importante de Bonhoeffer em Fanø, e em tantas outras ocasiões: estimular à ação, longe da mera teologia. Seus pensamentos a esse respeito seriam expressos no livro *Discipulado*, no qual classificava qualquer coisa aquém da obediência a Deus como "graça barata". As ações devem acompanhar aquilo em que se acredita; do contrário, não se pode alegar a crença. Bonhoeffer incitava essa percepção aos delegados de Fanø e foi, no geral, bem-sucedido.

Teve êxito também ao encaminhar os líderes em Fanø a responder à "Mensagem do Dia da Ascensão" com uma resolução. Leiper e a comissão concederam seu retumbante aval. Por mais que a mensagem original tivesse sido uma bofetada pública em Müller, essa resolução, que ratificava a mensagem de Bell, era algo ainda maior. E, enquanto na mensagem de Bell residia a opinião de um único clérigo britânico, na resolução em Fanø encontrava-se a voz unificada de uma grande multidão ao redor do mundo:

> O Concílio manifesta sua convicção de que o uso da força, a supressão da discussão livre e o domínio autocrático da Igreja, especialmente quando impostos sobre a consciência no juramento solene, são incompatíveis com a real natureza da Igreja cristã, e pede aos irmãos cristãos na Alemanha, em nome do evangelho:
>
> "A liberdade de pregar o evangelho de nosso Senhor Jesus Cristo e de viver segundo seus ensinamentos;
>
> "A liberdade da palavra impressa e da assembleia a serviço da comunidade cristã;
>
> "A liberdade da Igreja em instruir a juventude nos princípios do cristianismo e a imunidade da imposição obrigatória de uma filosofia de vida antagônica à religião cristã".[6]

[5] ZIMMERMANN e SMITH, *I Knew Dietrich Bonhoeffer*, p. 91.

[6] Eberhard BETHGE, *Dietrich Bonhoeffer: A Biography*, p. 479.

Na manhã do dia 28, Bonhoeffer apresentou seu memorável "Discurso da Paz". "Desde o primeiro instante", disse Dudzus, "a assembleia estava sem fôlego de tanta tensão. Muitos ali pensaram que jamais iriam se esquecer do que tinham acabado de ouvir". No início do discurso, Bonhoeffer disse que a igreja deve ouvir a palavra de Deus e obedecer. A linguagem e o tom usados por ele não eram usuais para quem vinha de cenários teologicamente liberais. A ideia de que Deus falava e exigia causou incômodo a alguns. Dudzus disse que Bonhoeffer "cobrava de tal maneira que a conferência não conseguia acompanhá-lo". Mas era difícil deixar escapar o poder por trás das frases. As palavras de Bonhoeffer, aos seus 28 anos, são ainda hoje citáveis:

> Não se encontra a paz no caminho da segurança. Pois a paz tem de ser ousada, ela própria é a grande ventura e nunca poderá estar a salvo. Paz é o oposto da segurança. Exigir garantias é querer proteger a si mesmo. Paz significa entregar-se totalmente ao mandamento de Deus; não é desejar segurança, mas, com fé e obediência, é entregar o destino das nações nas mãos do Deus todo-poderoso; é não tentar direcioná-la para propósitos egoístas. Batalhas são vencidas, não com armas, mas com Deus. Elas são vencidas quando o caminho leva à cruz.[7]

"Ele não se preocupava com a troca desnecessária de questionamentos sem resposta", afirmou Bethge,[8] "mas com a exigência direta que determinadas questões pudessem suscitar". Ele exigia — não, não era ele, mas Deus que exigia — a obediência daqueles que ouviam. "De modo passional", ele "exortava essa cautelosa assembleia a justificar seu direito de existir por meio da imposição do evangelho da paz em sua plenitude". Deus ofertara a eles, como Igreja, o poder para atuar como uma voz profética no mundo, e é preciso assumir a autoridade concedida por Deus e se comportar como a Igreja que, pelo poder do Espírito Santo, seja a resposta divina aos problemas do mundo.

Mas quem dentre os ouvintes saberia o que fazer com tudo aquilo? Bethge recorda que Bonhoeffer "usou o termo 'concílio', o que deve ter causado algum choque. Sua intenção, porém, era guiá-los além da ideia de que constituíam apenas um órgão consultivo ou formador de opinião. Um concílio

[7] *London*, p. 308-309.
[8] Bethge, *Dietrich Bonhoeffer: A Biography*, p. 388.

proclama, se compromete e resolve, e durante o processo se compromete e resolve a si mesmo". Se em algum momento Bonhoeffer agiu feito um Jeremias ou um Jonas, foi ali, naquela ilha ao largo da costa da Dinamarca, no fim do mês de agosto de 1934.

Seus alunos de Berlim presentes na conferência de jovens não receberam permissão para assistir à assembleia no salão principal, onde os dignitários se reuniam, mas um amigo de Bonhoeffer adulou alguém para liberar uma galeria no andar de cima. Assim que a apresentação terminou, eles apressaram-se para fora. Um estudante recorda que as últimas frases foram inesquecíveis: "O que estamos esperando? O tempo urge". Depois de Bonhoeffer concluir, o líder da conferência veio ao estrado e declarou que não era necessário fazer comentários sobre o discurso; seu significado mostrara-se claro para todos.

À noite, às vezes adentrando a madrugada, os estudantes berlinenses se reuniam de continuar a discutir os assuntos mais controversos. Bonhoeffer advertiu-os de que tomassem cuidados e percebessem quem se encontrava por perto enquanto conversavam. Um dia, eles viram um jornal dinamarquês com a manchete: "Juventude alemã fala livremente: 'Hitler quer ser papa'". Alguém se havia infiltrado no meio deles e ouvira comentários sobre as pretensões de Hitler em assumir o controle da igreja. Um desastre. Bonhoeffer sabia que, ao tentarem retornar à Alemanha, eles enfrentariam dificuldades. Por meio de telefonemas e conversas com pessoas na conferência, fez tudo o que pôde para minimizar a situação. No fim, nada aconteceu. A Alemanha ainda não era um Estado policial.

Heckel e os outros membros da delegação da Igreja do Reich estiveram na conferência, mas pouco disseram sobre assuntos substanciais. Heckel evitou falar sobre a questão judaica: no dia 25, apresentou um texto sobre questões ecumênicas, de uma hora e meia de duração, e dois dias depois discursou sobre a igreja e o Estado. O *Times* chamou o primeiro discurso de "uma brilhante ascensão na estratosfera do dogma eclesiástico puro".[9] De alguma forma, chegou aos ouvidos de Müller que Heckel não estava causando a impressão esperada. Para não dar chance ao acaso, o bispo do Reich despachou de imediato um enviado especial, Walter Birnbaum, junto com o dr. August Jäger, o maníaco desumano que considerava a encarnação de Cristo uma "explosão de luz nórdica na história da humanidade". Os dois partiram apressados para

[9] "German Church and State", *London Times*, 27 de agosto de 1934.

Copenhague, apenas para descobrir que a conferência ecumênica se realizava em Fanø, do outro lado da Dinamarca. Com a imagem da Igreja do Reich em risco, eles descaradamente fretaram um caro hidroavião e correram mais de trezentos quilômetros a oeste antes da chegada pomposa à conferência, para enorme consternação de Heckel.

Jäger não se pronunciou, mas a teologia de seu colega não era menos doentia. Birnbaum solicitou permissão para falar à assembleia e expeliu uma miscelânea florida de anedotas sobre alguns alemães que se tornaram cristãos graças ao nacional-socialismo. Julius Rieger classificou aquilo de "uma ladainha absurda". Heckel irritou-se pelo bispo do Reich ter sentido a necessidade de enviar a dupla; a presença e os comentários deles complicariam ainda mais a situação. Mas ele sabia como se comportar em conferências. Mais uma vez, usou da falta de clareza como a melhor das suas habilidades: negou em definitivo certas acusações, apresentou protestos, inseriu clichês tolos nas atas oficiais e, sem a menor alteração facial, disse que a ocasião na Alemanha era a melhor já vista para a "proclamação do evangelho".

No entanto, para deleite de Bonhoeffer, a conferência votou a favor de uma resolução que informava a "grave aflição" pela qual passava a Alemanha. O texto afirmava que "os princípios vitais da liberdade cristã" eram ameaçados, e que o "uso da força", o "domínio autocrático da igreja", e a "supressão da livre discussão" eram "incompatíveis com a verdadeira natureza da Igreja cristã". Havia mais: "O Concílio deseja assegurar aos irmãos no Sínodo Confessante da Igreja Evangélica Alemã as suas orações e a profunda simpatia em seu testemunho aos princípios do evangelho e de sua vontade de manter a comunhão íntima com eles".

A eleição explícita de Koch, presidente do Sínodo Confessante, para o Conselho Universal da Aliança Mundial foi especialmente dolorosa para a Igreja do Reich. Heckel protestou — em vão. Houve uma única atitude, porém, que justificou as despesas nazistas gastas ao enviá-lo a Fanø. Heckel insistiu numa pequena e aparentemente benigna inserção na resolução final, na qual o concílio afirmava o desejo de permanecer em "contato amigável com todos os grupos na Igreja Evangélica Alemã". Assim, a Igreja do Reich *e a Igreja Confessante* eram efetivamente postas na categoria de "grupos", o que se revelaria prejudicial no futuro. A reclamação de Bonhoeffer — de que a Igreja Confessante era, na verdade, a igreja alemã, e os Cristãos Alemães e a Igreja do

Reich eram heréticos e não poderiam ser reconhecidos como a igreja do país — fora minimizada pelo procedimento hábil do bispo Heckel.

No momento, contudo, isso não era evidente. Bonhoeffer acreditava que um salto enorme se realizara, e conferências ecumênicas futuras iriam construir o progresso. Todos estavam animados. Mas, de acordo com Bethge, o compromisso do movimento ecumênico com a Igreja Confessante não iria prolongar-se. "Fanø", escreveu, "não representou um passo inicial, mas um apogeu de curta duração".[10]

Göttingen

Antes de retornar a Londres, Bonhoeffer realizaria mais algumas viagens. A primeira delas foi a Göttingen para rever Sabine e sua família. A situação poderia piorar a qualquer momento; por isso, os Leibholz compraram um carro caso precisassem fugir — o que seria necessário, e muito em breve. Eles viajavam a Berlim com frequência, onde a situação era menos volátil para os judeus. Na escola, as duas filhas, Marianne e Christiane, eram às vezes expostas ao ridículo. Sabine relembra:

> Um amiguinho gritou para Christiane por cima do muro: "Seu pai é um judeu". Certo dia, um quadro de avisos foi fixado numa das árvores na entrada da escola, onde estava escrito: "O Pai dos Judeus é o Demônio". Todos os dias, as nossas duas filhas passavam por debaixo desse fragmento de incitação demagógica no caminho para a aula. Tempo depois, uma banca que vendia o jornal nazista *Der Stürmer,* com suas abominações todas, instalou-se em frente à escola. O jornal continha matérias antissemitas, narrativas fantásticas sobre crimes sexuais e rituais sádicos alegadamente praticados por judeus. Eram histórias do tipo mais obsceno. Os alunos mais velhos se aglomeravam em frente à banca.[11]

A casa dos Leibholz ficava na Landstrasse Herzberger, onde moravam muitos professores de Göttingen. A SA marchava frequentemente pelas ruas nas manhãs de domingo. Muitos anos depois, Sabine disse: "Ainda tremo ao me lembrar das canções de marchar: 'Soldados, camaradas, enforquem os judeus,

[10] BETHGE, *Dietrich Bonhoeffer: A Biography*, p. 385.

[11] Sabine LEIBHOLZ-BONHOEFFER, *The Bonhoeffers: Portrait of a Family*, p. 88.

atirem nos judeus'". O amor de Dietrich pela irmã gêmea representava grande parte da coragem que ele demonstrou diversas vezes ao lidar com os nazistas.

Após Göttingen, Bonhoeffer foi a Würzburg e se encontrou com alguns líderes da Igreja Confessante. Em seu papel tradicional de líder e exortador, ele ajudou-os a reconhecer que constituíam de fato uma igreja, e não apenas um movimento, e convenceu-os a declarar isso de forma enfática e pontual. E assim o fizeram em Dahlem, no mês de outubro. A incapacidade de clareza anterior custara caro em Fanø, e o mesmo não deveria repetir-se. Discutiram também a proximidade da consagração de Müller e a importância de manter as figuras ecumênicas a distância.

Depois, Bonhoeffer visitou Jean Lasserre em sua paróquia da classe trabalhadora na região francesa de Artois. Diversos delegados ecumênicos reuniram-se ali depois da conferência em Fanø. Alguns deles saíram às ruas para pregar. Lasserre maravilhou-se com a facilidade de Bonhoeffer em se comunicar com pessoas em circunstâncias tão diferentes: "Ele realmente falou o evangelho para as pessoas na rua".[12]

[12] BETHGE, *Dietrich Bonhoeffer: A Biography*, p. 392.

CAPÍTULO 17

O CAMINHO PARA ZINGST E FINKENWALDE

É tempo de romper com nossa moderação de base teológica para com as ações do Estado — que é, no fim das contas, apenas medo. "Erga a voz em favor dos que não podem defender-se". Quem, na igreja de hoje, percebe que isso é o mínimo que a Bíblia exige de nós?

A restauração da igreja dependerá de um novo monasticismo, que nada tem em comum com o antigo; falamos de uma vida de discipulado inflexível, de seguir a Cristo de acordo com o Sermão do Monte. Creio que chegou o momento de reunir as pessoas para isso.

DIETRICH BONHOEFFER

DE VOLTA A LONDRES, BONHOEFFER perguntou-se o que iria fazer em seguida. Graças a seus talentos e ligações familiares, havia sempre diversas possibilidades, e ele parecia gostar de manter as opções em aberto.

No início do ano, os líderes da Igreja Confessante perceberam a necessidade de se pensar a respeito da abertura de seminários próprios. A Igreja do Reich exigia dos estudantes universitários de teologia que comprovassem a pureza racial ariana. Em julho, no mês anterior, Jacobi e Hildebrandt sugeriram a Bonhoeffer a direção de um seminário da Igreja Confessante. Um mês depois, Niemöller atribuiu-lhe o seminário no distrito berlinense de Brandenburg, com início em janeiro do ano seguinte. Uma decisão difícil de ser tomada. Koch, presidente do Sínodo, preferia que Bonhoeffer permanecesse em Londres, mas, caso decidisse continuar os estudos na Universidade de Berlim, seria necessário uma decisão breve; sua licença não duraria para sempre. Embora a academia não lhe causasse os mesmos encantos de outrora, Bonhoeffer odiava a possibilidade de perdê-la de vez.

Em 11 de setembro, escreveu a Erwin Sutz:

> Estou irremediavelmente dividido entre ficar aqui, ir à Índia e retornar à Alemanha para assumir a direção de um seminário de pregadores que será aberto em breve por lá. Não acredito mais na universidade, e nunca realmente acreditei — para a sua irritação. Toda a educação da geração mais nova de teólogos pertence hoje a escolas-mosteiros, em que a doutrina pura, o Sermão do Monte e a adoração são levados a sério — como nunca foram (e, nas atuais circunstâncias, nem poderiam ser) na universidade. É tempo de romper com nossa moderação de base teológica para com as ações do Estado — que é, no fim das contas, apenas medo. "Erga a voz em favor dos que não podem defender-se". Quem, na igreja de hoje, percebe que isso é o mínimo que a Bíblia exige de nós?[1]

Uma semana depois, ele tomou a decisão: assumiria a direção do novo seminário da Igreja Confessante. Mas disse que começaria somente depois da primavera. Bonhoeffer planejava se preparar para a nova experiência e usou os meses restantes de 1934 para viajar por toda a Inglaterra, produzindo um estudo numa série de comunidades cristãs. Depois, iria finalmente à Índia encontrar Gandhi, como há muito desejava fazer. A visita, porém, agora seria parte de uma reflexão maior sobre como Deus pretendia que os cristãos vivessem. Com as crescentes complicações da situação política e da batalha eclesiástica, ele se perguntava se os métodos de resistência social cristã de Gandhi simbolizavam um chamado de Deus para a igreja. Era daquele modo que ele e os outros cristãos deveriam lutar? O modo atual de tentar vencer a luta da igreja seria, na verdade, um enorme engano?

Bonhoeffer sabia que existia algo errado com a igreja, e não apenas com a Igreja do Reich e os Cristãos Alemães, mas também com o melhor da igreja,

[1] *London: 1933-1935*, vol. 13, *Dietrich Bonhoeffer Works*, p. 217.

com a Igreja Confessante e com a forma corrente do cristianismo na Alemanha de modo geral. Sentia especialmente a ausência da realidade de morrer diariamente para si mesmo, de seguir a Cristo com cada mínima parte de seu ser, a cada momento, em cada instante da vida. Tal dedicação e fervor existiam entre os grupos pietistas, como o Herrnhütter, por exemplo, mas ele pensava que esses grupos se limitavam em demasia a "obras" e a "religiosidade" no sentido barthiano. Haviam se afastado demais do "mundo", do melhor da cultura e da educação, de uma maneira que não lhe parecia correta. É preciso trazer Cristo para cada centímetro do mundo e da civilização, mas a fé deve ser resplandecente e vívida, pura e robusta. Deve ser livre de jargões e "fraseologia", livre da mera religiosidade; do contrário, o Cristo que veio ao mundo não era Cristo de verdade, mas um charlatão de péssimo gosto. O cristianismo defendido por Bonhoeffer parecia mundano demais para os luteranos tradicionais e conservadores, e religioso em excesso para os teólogos liberais. Por exigir muito, os dois lados não o compreendiam e o criticavam.

De qualquer modo, há muito ele sentia que Gandhi pudesse lhe fornecer algumas pistas. Gandhi não era cristão, mas vivia numa comunidade que se esforçava para viver os ensinamentos estabelecidos no Sermão do Monte. Bonhoeffer desejava que os cristãos vivessem daquele modo. Assim, iria viajar à Índia para vê-lo praticado por não cristãos. Em Fanø, perguntou à assembleia: "Devemos estar envergonhados pelas pessoas não cristãs no Oriente? Iremos deixar desamparadas as pessoas que arriscam as por esta mensagem?".[2] Seria possível que, da mesma forma que Cristo fora enviado aos gentios "para provocar ciúme em Israel", Cristo agora operasse entre não cristãos de uma maneira que forçasse a igreja a agir? Em maio, ele escrevera à avó:

> Antes de me prender em outro lugar, por bons motivos, estou pensando mais uma vez em ir à Índia. Refleti muito ultimamente sobre as questões de lá e acredito que possam existir coisas importantes a aprender. Enfim, às vezes parece-me que há mais cristianismo no "paganismo" deles do que em toda a nossa Igreja do Reich. E, de fato, o cristianismo vem originariamente do Oriente, mas tornou-se tão ocidentalizado, tão impregnado pelo pensamento civilizado que, como podemos ver agora, está quase perdido para nós. Infelizmente, tenho pouca confiança na

[2] Idem, p. 408.

> oposição da igreja. Não aprecio o modo com que encaram a situação e temo o momento em que assumirão a responsabilidade e nós talvez sejamos compelidos, uma vez mais, a testemunhar um terrível comprometimento do cristianismo.[3]

Bonhoeffer já via além da Igreja Confessante, cujo parto acabara de realizar. Ele sentia um comprometimento maior. Uma coisa era certa: a maldade de Hitler não seria derrotada somente com a religião. Bonhoeffer ansiava por uma igreja que tivesse ligação íntima com Cristo e fosse dedicada a ouvir a voz de Deus e a obedecer aos mandamentos divinos, aconteça o que acontecer, com derramamento de sangue ou não. Mas como seria possível ouvir e obedecer à voz de Deus se a oração e a meditação nas Escrituras não eram ensinadas nos seminários alemães? Não se ensinavam sequer a adoração e os cânticos. No seminário após a primavera, Bonhoeffer instruiria seus alunos em relação a isso tudo.

Nesse intervalo de tempo, Barth tentava se encontrar com Hitler. Muitos na Igreja Confessante ainda acreditavam na razoabilidade do ditador. A guerra, os campos de extermínio e a Solução Final encontravam-se distantes. Havia esperança de que esse homem louco não fosse tão louco, afinal; talvez sua selvageria pudesse ser domesticada. Bonhoeffer ultrapassara essa visão e já começara a busca por algo mais puro e verdadeiro. Há muito ele notara que as discussões atuais não apresentariam a solução necessária. Numa carta a Sutz, referiu-se à atitude de Barth:

> A partir de agora, creio eu, qualquer discussão entre Hitler e Barth seria bastante inútil. Hitler tem mostrado de forma bem clara como ele é, e a igreja tem de saber com quem lidar. Isaías não foi a Senaqueribe. Tentamos com frequência — frequência demais — alertar Hitler do que vem acontecendo. Talvez não tenhamos encontrado ainda o caminho correto, mas Barth também não irá encontrá-lo dessa maneira. Hitler não está em posição de nos escutar; ele é obstinado e, como tal, deve compelir-nos a ouvi-lo — ou seja, o caminho oposto. O Movimento de Oxford foi ingênuo o suficiente para tentar converter Hitler — uma falha ridícula de percepção. Somos nós que acabaremos sendo convertidos, não Hitler.[4]

[3] Idem, p. 152.
[4] Idem, p. 217-218.

Numa carta anterior a Sutz, Bonhoeffer já usara a figura de Senaqueribe para se referir a Hitler. Ele parecia acreditar que a sordidez absoluta de Hitler, assim como a de Senaqueribe, limparia a igreja e sopraria o trigo para longe, deixando apenas o joio. Mas por que as outras pessoas não enxergavam isso? Por que pessoas como o evangelista Frank Buchman eram arrebatadas por Hitler, pensando que seriam capazes de convertê-lo? Por que os outros não viam que, caso não o reconhecessem, o mal continuaria a ter poder para causar destruição? Nesta carta, Bonhoeffer refere-se a Karl Brandt, médico particular de Hitler. Sutz o encontrou numa excursão pelos Alpes:

> Que espécie de homem é Brandt? Não entendo como alguém pode ficar na comitiva de Hitler, a menos que seja um Natã ou alguém que divida a culpa pelos eventos de 30 de junho e 25 de julho, e pela mentira apresentada em 19 de agosto — e divida também a culpa pela próxima guerra! Por favor, perdoe-me, mas, a meu ver, essas coisas são realmente sérias, e eu não consigo mais ser espirituoso a respeito delas.[5]

A pergunta de Bonhoeffer sobre Brandt ajuda-nos a entender como deve ter sido a vida para os alemães no Terceiro Reich, especialmente nos primeiros dias, quando a maior parte da população encontrava-se na escuridão absoluta quanto ao que estava por vir, aquilo que Hannah Arendt classificou como a "banalidade do mal".[6] Bonhoeffer perguntava-se como era possível alguém manter relações com Adolf Hitler, tão nitidamente entregue ao mal; por isso o espanto com o "tipo de homem" que Brandt era.

A história nos contará algo que Sutz e Bonhoeffer desconheciam. Brandt foi o arquiteto principal e codiretor do Aktion T-4, o programa de eutanásia no qual dezenas de milhares de pessoas com deficiências mentais e físicas eram removidas de hospitais e locais de tratamento como a comunidade Betel, de Bodelschwingh, para serem assassinadas. Brandt realizou também inúmeros abortos forçados em mulheres consideradas "inferiores geneticamente", "diferentes racialmente" (judias) ou mental e fisicamente deficientes. Abortos eram considerados legais, exceto nos casos de fetos "arianos saudáveis". Supervisionou também muitos dos indescritíveis e sádicos "experimentos médicos"

[5] Idem, p. 218.

[6] Hannah ARENDT, *Eichmann in Jerusalem: A Report on the Banality of Evil.*

cometidos em presos dos campos de concentração. Brandt foi o primeiro médico acusado nos julgamentos de Nuremberg, onde foi condenado e sentenciado à morte. Irredutível até o fim, morreu enforcado em 1948.

A luta da igreja continua

No dia 23 de setembro, uma desordem enfeitada de suásticas e camisas marrons da guarda de honra manchou o chão da Catedral de Berlim: realizava-se a "consagração" do bispo do Reich, Johann Heinrich Ludwig Müller. Líderes ecumênicos do mundo civilizado evitaram o espetáculo espalhafatoso, transformando o momento triunfal do estúpido Müller numa solitária farsa nazista. Ainda assim, Müller se sentia recompensado e iria honrar seu amado Führer unificando a Igreja Evangélica Alemã, mesmo que a machadadas.

Poucos dias depois, Bonhoeffer recebeu um misterioso cartão-postal de Franz Hildebrandt. Dizia somente "Lucas 14:11". Bonhoeffer captou imediatamente a brincadeira; era o versículo ideal para o dia da cerimônia de Müller, as palavras de Jesus para os fariseus — e as de Hildebrandt para o bispo do Reich: "Pois todo o que se exalta será humilhado, e o que se humilha será exaltado". As palavras se revelariam não apenas apropriadas, mas também proféticas. Mal terminou a cerimônia e o caos se estabeleceu. A luta da igreja incendiou-se mais uma vez, e em pouco tempo Müller se veria em apuros com o descontente Führer.

A confusão começou quando, no espaço de uma semana, o assustador August Jäger colocara os bispos de Württemberg e da Baviera sob prisão domiciliar. O dr. Jäger realizava a maior parte dos trabalhos mais sujos de Müller, mas dessa vez o resultado foi pior que o previsto. Defensores dos bispos tomaram as ruas, e subitamente a imprensa mundial voltou seu foco para os tumultos na igreja alemã. A cobertura feita pela revista *Time* foi particularmente embaraçosa:

> A multidão entusiasmada empurrou o valente bispo para dentro do carro, afastou a polícia e as tropas da SS e correu atrás do automóvel até o caminho da casa dele, gritando: "*Heil* Meisser! *Pfui* Müller!". Outro grupo enorme permaneceu na igreja, onde, solenemente, cantava o grande hino de Martinho Lutero, "Ein fest Burg ist unser Gott!" [...]. No dia seguinte, a multidão furiosa amontoou-se na frente do santuário

> sagrado do domínio nazista, a Casa Marrom de Adolf Hitler. Enquanto as indecisas tropas da SS montavam guarda, os protestantes cuspiam nas suásticas de bronze em cada lado da porta e gritavam em tom de desafio contra o bispo Müller e o próprio Adolf Hitler [...]. Os meisseritas publicaram um amargo manifesto:
>
> "Numa igreja que se proclama igreja do evangelho, o evangelho é lançado fora e o despotismo e a mentira tomaram controle [...]. O bispo Ludwig Müller e August Jäger são responsáveis por este tormento. Satanás trabalha através deles. Por isso, clamamos a Deus que nos liberte".[7]

Enquanto isso, os membros da Igreja Confessante consideraram que era tempo para outro sínodo. Eles sentiam a necessidade de se estabelecer como uma igreja oficial criando uma organização administrativa e, em 19 de outubro, reuniram-se em Dahlem, onde emitiram a famosa Resolução Dahlem: "Convocamos as congregações cristãs, os pastores e presbíteros, a ignorar qualquer instrução repassada pelo antigo governo da Igreja do Reich e suas autoridades, e a abster-se de colaborações com todo aquele que deseja continuar a obedecer a tal governo eclesiástico. Nós os exortamos a aderir às instruções do Sínodo Confessante da Igreja Evangélica Alemã e seus respectivos órgãos".[8]

Não se podia mais afirmar que eles não constituíam uma igreja oficial. Bonhoeffer estava bastante satisfeito. O Sínodo também aprovou uma resolução que acusava Müller de violar a constituição da Igreja Evangélica Alemã.

Dohnanyi, cunhado de Bonhoeffer, contou-lhe que, em consequência das confusões públicas, Hitler voltou sua atenção para a luta da igreja. Por não confiar na capacidade de Müller de lidar com a situação, decidiu resolver os problemas com as próprias mãos. Primeiro, a pretensiosa legislação decretada pela Igreja do Reich no verão foi revogada, e ele se distanciou publicamente da igreja de Müller. Depois, numa explosão de luz nórdica, August Jäger renunciou. As coisas pareciam melhorar para a Igreja Confessante.

Bonhoeffer sabia que era preciso agir rapidamente a respeito do que se resolvera em Dahlem, pois Müller não tinha sido rebaixado nem expulso da igreja, mas apenas ferido e prestes a contra-atacar. Assim, decidiu participar de um encontro de pastores germânicos na Inglaterra no dia 5 de novembro, na

[7] "Foreign News: Meisser v. Muller", *Time*, 22 de outubro de 1934.

[8] Eberhard BETHGE, *Dietrich Bonhoeffer: A Biography*, p. 394.

Igreja de Cristo, em Londres. Compareceram 44 membros e clérigos do conselho paroquial, representando nove congregações. Bonhoeffer e Julius Rieger discursaram. Do encontro, surgiu uma resolução que emocionou Bonhoeffer: "Os anciãos reunidos aqui na Igreja de Cristo declaram manter intrinsecamente a mesma posição da Igreja Confessante, e se iniciarão de imediato as negociações necessárias com as autoridades eclesiásticas decorrentes". Bonhoeffer contou as novidades a Bell: "Estou muito feliz com isso".[9]

As coisas precisavam ser formalizadas. Para isso, cópias da resolução foram enviadas a Heckel, no Ministério das Relações Exteriores, e a Karl Koch, no Sínodo Confessante, com uma carta anexada:

> As congregações evangélicas alemãs na Grã-Bretanha ouviram com grande prazer que, como resultado das declarações do Führer, a declaração consciente de lealdade ao Terceiro Reich e ao Führer não se assemelha a associações de membros de qualquer grupo eclesiástico. Essas congregações têm se baseado na Bíblia e na Confissão por séculos e, portanto, consideram a Igreja Confessante a legítima sucessora da Federação da Igreja Evangélica Alemã.[10]

É possível imaginar a fúria de Heckel. Para piorar, a rebelião corria o risco de se propagar por todo o mundo: os proativos pastores londrinos enviaram cópias da resolução com uma carta anexa para outras congregações alemãs estrangeiras, instando-as a definir um posicionamento. Notícia grave para Heckel. No dia 13 de novembro, ele telefonou para o embaixador alemão em Londres e conversou com o primeiro secretário, príncipe Bismarck, dizendo que a ação dos pastores talvez resultasse em "repercussões internacionais desfavoráveis". Bismarck não se abalou e respondeu que o assunto não era de sua jurisdição. Em busca de um apoio influente, Heckel telefonou a um dos pastores, Shreiner, da Igreja Alemã de Liverpool. Com Shreiner, descobriu o suficiente para entender que os pastores não concordavam com Bonhoeffer em todos os aspectos. Heckel tentaria, assim, explorar as diferenças. Descobriu também irregularidades processuais que poderiam ser utilizadas. Para a separação, cada igreja tinha de apresentar uma comunicação escrita pelo conselho interno da própria congregação. Isso não tinha sido feito, e Heckel

[9] Idem, p. 395.
[10] *London*, p. 396.

supôs que, caso lidasse individualmente com cada igreja, encontraria menos definições e mais divergências. Mas havia algo mais a se fazer. Apesar da decadência visível de Müller, o bispo do Reich ainda era desprezado o suficiente pela oposição na Igreja Confessante, e sua demissão iria animá-los — e muito. Talvez Heckel devesse empurrar Müller para fora do trenó a fim de retardar os famintos lobos confessantes.

Helmut Rössler

Por fim, Heckel contatou um jovem pastor de uma congregação alemã em Heerlen, na Holanda, e o convenceu a tomar partido contra os pastores londrinos. Ora, talvez ele ajudasse, ao fazer circular uma carta em que explicasse os perigos de se saltar no barco da Igreja Confessante, a convencer outros na "diáspora". O jovem acabara de iniciar o pastorado e estava disposto a servir. Ele enviou uma carta eloquente e persuasiva a vinte pastores estrangeiros na França, Luxemburgo, Bélgica e Holanda. Não se sabe como ou por que Bonhoeffer recebeu a carta, ou se o jovem pastor enviou-lhe por cortesia, mas, quando a recebeu, Bonhoeffer sentiu-se nocauteado. O autor era seu velho amigo Helmut Rössler. Rössler fora um dos colegas estudantes escolhidos em Berlim para se opor a sua tese de doutorado, junto a seu cunhado, Walter Dress. Na primavera de 1927, Rössler e Walter chegaram a ir juntos a Friedrichsbrunn. Perderam o contato, e agora ele ressurgia ao lado do inimigo. Uma evolução dolorosa.

Na carta, Rössler argumentou que as Igrejas Evangélicas Alemãs no exterior não deveriam juntar-se à Igreja Confessante. Se esta vencesse, disse ele, "a Luta da Igreja poderia terminar num desvio rumo ao estabelecimento de igrejas independentes, como na América, e o laço existente desde os dias de Lutero entre a Igreja Evangélica e o Estado Alemão cessaria sua existência". Bonhoeffer conhecera o sistema americano e o considerou uma ótima ideia. Era, sem dúvida, muito melhor que permanecer numa entidade que evidentemente já não era mais a igreja. Rössler apontou também que a adesão à Igreja Confessante colocaria em risco a remuneração dos pastores:

> Posso entender bem que muitos colegas no ministério tenham um senso de pertencimento íntimo para com a Igreja Confessante e não compreenderiam por que não se deve ceder a ela. Mas, do jeito que as coisas estão, fazê-lo agora seria apunhalar o Ministério das Relações Exteriores

> da Igreja pelas costas, justamente quando, conscientes da responsabilidade definitiva com o protestantismo alemão mundo afora, é imprescindível encontrar uma solução real para toda a igreja que não exija uma desintegração completa do que já existe [...]. Atos individuais expansivos em congregações estrangeiras causariam mais danos que benefícios, além do fato de que as congregações no exterior que intervierem em disputas internas da igreja alemã podem a qualquer momento incorrer em acusações de traição e terem sérias dificuldades em refutá-las.[11]

A cínica menção da traição e do *Dolchstoss* ("punhalada nas costas") feita por Rössler deve ter desestabilizado Bonhoeffer. Escrita por alguém famoso pelo autocontrole, a carta de resposta postada no dia 20 de novembro é obviamente emotiva:

> Meu caro Rössler,
> Enfim nos encontramos novamente! De modo oficial e, mais uma vez, em lados opostos de uma mesma questão [...]. Eu realmente, realmente não esperava isso — que você tivesse ouvido o canto de sereia de Heckel [...]. E há ainda a agressão desnecessária predileta de todo mundo: "traição contra a pátria". Cair sob o feitiço desses cantos de sereia, feito um jovem inocente — Ah, estou maravilhado e gostaria de ainda ser inocente assim. E eu fui, por um longo tempo, especialmente no que diz respeito ao Ministério das Relações Exteriores, até conhecê-lo melhor [...]. O caminho de Heckel [...] é o caminho das táticas, não o caminho da fé [...]. Conheço de cor argumentos a favor do método de Heckel. Mas o método é falso. Não somos nós que "apunhalamos o Ministério das Relações Exteriores da Igreja pelas costas", mas é o próprio ministério que trai nossas congregações no exterior em prol de uma pseudoigreja cuja finalidade desprezível é manter seus pastores pagos.[12]

Bonhoeffer se revoltou ao saber que Heckel, que sempre fingira estar acima das disputas, e não ao lado dos Cristãos Alemães, foi à Catedral de Berlim para dar sua bênção na posse de Müller como bispo do Reich:

> Isto, em vez de recusar a associação com os poderes das trevas — o que Cristo tem a fazer com Belial? [...] Clama-se aqui um imediato e intransigente

[11] Idem, p. 248-249.
[12] Idem, 252-253.

"não". Comunhão nenhuma existe entre nós e esse tipo de igreja, e, já que é assim, assim devemos dizê-lo. Já esperamos demais [...]. Sei que Heckel disse a um colega, e posso documentá-lo com o testemunho definitivo desse colega [...] que ele tinha de se tornar um Cristão Alemão! Além disso, Heckel defendeu o regime da igreja quando esteve conosco e com os parceiros ecumênicos [...]. Exigiu de mim uma declaração escrita na qual eu me comprometeria a me retirar de todas as atividades ecumênicas. Mandou-me voar a Berlim para esse fim, mas é claro que ele não conseguiu a minha assinatura! Por fim, ao se olhar realmente para a "situação de toda a igreja", é preciso chegar a conclusões corretas e perceber que a suposta integridade do Ministério das Relações Exteriores não lhe pode permitir manter os laços com um regime eclesiástico tão anticristão [...]. Não há desculpas críveis pelo uso de táticas quando se trata de uma decisão central em e da fé. É disso que se trata. Aqui em Londres, esperamos ter tomado tal decisão; e, por nos sentirmos confiantes, tudo pode acontecer. Já não era possível agir de outra forma.[13]

E, enfim, mostrou-se rancoroso:

Agora uma questão pessoal. Heckel sabia que você escrevia essa carta ou pediu-lhe para escrevê-la? O escopo dela é precisamente direcionado para nós, aqui em Londres, para que não suspeitássemos disso. Além do mais, creio que detectamos a procedência dos envelopes: a máquina de escrever do Ministério das Relações Exteriores! Lamento profundamente essa aliança [...]. Eu tinha boas relações com Heckel — quase uma amizade, por isso a história toda é duplamente dolorosa para mim. No sentido humano, às vezes eu me sinto terrivelmente triste por ele. Mas não há o que se fazer; optamos por caminhos separados. E agora estou com medo sincero de que a nossa amizade, a minha e a sua, também esteja ameaçada por causa de caminhos diferentes. Portanto, eu lhe peço, não poderíamos nos encontrar para conversar um pouco? Poderíamos esclarecer tantas coisas! Aguardo a sua resposta em breve. Melhores cumprimentos a sua esposa.

Como sempre,

DIETRICH BONHOEFFER[14]

[13] Idem, p. 253-254.
[14] Idem, p. 254-255.

Rössel escreveu a resposta a Bonhoeffer em 6 de dezembro. A correspondência dos dois proporciona uma visão rara e comovente de quão complicada e sofrível deve ter sido a luta da igreja. Rössler não era, obviamente, mera ferramenta partidária sem cérebro.

> Meu caro Bonhoeffer,
> Começarei minha resposta pelo final: você seria capaz de ser, e permanecer, amigo de um comunista? Sim! De um francês? Sim! De um muçulmano, um hindu, ou um pagão da fé de Batak? Creio que sim. De um cristão, um alemão, que "traiu o evangelho"? — bem, eu não acho que eu seja isso. Mas eu protesto com todas as minhas forças contra a análise da relação atual entre os lados opostos da igreja como a realização de Mateus 10:35.[15] As diferenças talvez sejam profundas como um abismo, mas não têm, em absoluto, efeito algum sobre as relações de sangue e os laços de amizade; estão em polos opostos em assuntos da mente, mas não da fé! Assim, mesmo que você fosse um fanático da Igreja Confessante [...] isso não me levaria à destruição alguma de nosso relacionamento um para com o outro. Não faria o menor sentido para mim. Minha opinião sobre as batalhas e diferenças intelectuais é bem pequena, comparada a minha alta estima do mistério verdadeiro de nosso chamado e de nossa missão na História, para me permitir pensar o contrário.
>
> Sim, é claro que eu escrevi a minha carta circular em acordo com Heckel, com a intenção de conceder a meus irmãos no ministério estrangeiro algumas percepções sobre as lutas e a posição de nossas autoridades eclesiásticas. Não estou de modo algum envergonhado por essa "aliança", mesmo que eu seja acusado de ser demasiadamente ambicioso [...].
>
> Se vai me chamar de jovem inocente, eu terei de chamá-lo de criança ingênua, caso você queira igualar a Igreja Confessante a Cristo e o governo de Müller a Belial. Somente uma vez na sua carta você mencionou algum pressentimento de que a Igreja Confessante também pudesse ser um caminho tático que atrai todo tipo de pessoas. Como pode escapar à nossa atenção que esse já é o caso, que essa já é uma coletânea das mentes mais díspares, do neoprotestantismo (teologicamente

[15] "Pois vim para fazer que o homem fique contra seu pai, a filha contra sua mãe, a nora contra sua sogra."

> liberais) a seitas de santificação (fundamentalismo conservador), passando por fanáticos das confissões, todos trabalhando juntos? A Igreja Confessante não é mais verdadeira que a Igreja Cristã Alemã. A igreja verdadeira encontra-se escondida no meio delas.[16]

Havia certo acordo ali, especialmente sobre os pontos de vista de Rössler quanto à Igreja Confessante. Não temos registros de uma resposta de Bonhoeffer, mas ele talvez tenha respondido parcialmente ao abandonar a luta da igreja e ir treinar jovens ordenandos da Igreja Confessante para que se tornassem discípulos de Jesus Cristo, e assim se espalhassem pelo mundo e fizessem o mesmo. De qualquer modo, era isso o que ele logo iria fazer.

Durante o outono de 1934, ainda no meio da luta da igreja, a vida pastoral de Bonhoeffer em Londres prosseguia. Na Igreja de St. Paul, participou de uma *performance* coral do *Réquiem* de Brahms. Na Igreja de St. George, trabalhava com refugiados.

A campanha infinita de Hitler para desfazer o Tratado de Versalhes atingia agora o oeste, em direção à região de Sarre. O Führer anunciou a realização de um plebiscito em janeiro para determinar o desejo dos habitantes de Sarre de se tornarem parte da Alemanha. Quando Hitler chegou ao poder em 1933, muitos comunistas e outros inimigos do nazismo encontraram asilo na região de Sarre. Bonhoeffer e Julius Rieger sabiam que, caso os habitantes de língua alemã votassem a favor da união com o Terceiro Reich, o asilo seria extinto e milhares de refugiados seguiriam em direção a Londres. O bispo Bell também trabalhava com refugiados e, em certo momento, chegou a considerar a saída da diocese para se dedicar integralmente a essa tarefa.

Hitler mantinha também seus esforços para estabelecer relações mais amistosas com a Inglaterra. Como parte dessa iniciativa, o ministro nazista das Relações Exteriores, Joachim von Ribbentrop, fez uma visita ao bispo Bell no dia 6 de novembro. Bell aproveitou-se do encontro para detalhar sem rodeios as graves violações sofridas pelos pastores da Igreja Confessante no Terceiro Reich. Ribbentrop e família viviam em Dahlem, e, preparando-se para o papel de embaixador na Grã-Bretanha, aproximou-se de Martin Niemöller com o intuito de aderir à igreja, dizendo: "O inglês espera isso de mim". Como

[16] Idem, p. 266-267.

era de se prever, Niemöller julgou essa razão "absolutamente insuficiente" e não permitiu a adesão. Ribbentrop voltaria a visitar Bell em 1935. Mais tarde, nesse mesmo ano, o bispo inglês teve a duvidosa honra de se reunir com o adjunto de Hitler, o carrancudo Rudolf Hess.

A notoriedade do bispo Bell foi tremendamente útil para as excursões de Bonhoeffer, que precisava ser apresentado aos diretores das faculdades cristãs na Inglaterra antes de viajar. Bell chegou a escrever para Gandhi, tentando ajudar Bonhoeffer a finalizar os planos para a viagem tão protelada até a Índia:

> Um amigo meu, um jovem rapaz, atualmente pastor germânico em Londres [...] está muito ansioso para eu apresentá-lo a você. Recomendo-o de todo o coração. Ele espera permanecer na Índia por dois ou três meses de 1935 [...]. É um teólogo muito bom, um homem sério, e terá a responsabilidade pela formação dos candidatos a ordenação para o ministério da futura Igreja Confessante da Alemanha. Seu desejo é estudar a vida das comunidades, bem como os métodos de treinamento. Seria uma gentileza muito grande se você pudesse sua ida até você.[17]

No início de novembro, a caixa de correio de Bonhoeffer incluía uma carta da Índia:

> Caro amigo,
> Recebi sua carta. Se você [...] tem dinheiro suficiente para a passagem de retorno e pode pagar suas despesas aqui [...] pode vir quando quiser. Quanto mais cedo, melhor, pois assim pode-se ter o benefício do clima frio [...]. Quanto a seu desejo de compartilhar a minha vida diária, posso dizer que estaremos juntos caso eu esteja fora da prisão e estabelecido em algum lugar que você possa ficar. Do contrário [...] terá de se contentar em permanecer em ou próximo de uma das instituições que se encontram sob minha supervisão. Se [...] pode sobreviver com a comida vegetariana simples fornecida pelas instituições, não precisará pagar nada por sua alimentação e alojamento. Atenciosamente, Gandhi.[18]

[17] Bethge, *Dietrich Bonhoeffer: A Biography*, p. 408.
[18] *London*, p. 229-230.

Em meados de janeiro, Dietrich escreveu a seu irmão mais velho para contar sobre a opção de dirigir um seminário ilegal. Karl-Friedrich não era cristão e tinha sido há algum tempo um socialista na política e no modo de pensar, mas Bonhoeffer sempre sentiu liberdade de falar-lhe honestamente:

> Talvez eu lhe pareça um pouco louco e fanático a respeito de uma série de coisas. Eu mesmo tenho medo disso às vezes. Mas sei que, no dia em que me tornar mais "razoável", serei honesto: terei de lançar fora toda a minha teologia. Quando comecei na teologia, a minha ideia a respeito dela era bastante diferente — um pouco mais acadêmica, talvez. Agora ela se transformou em algo inteiramente oposto. Acredito, no entanto, que finalmente estou no caminho certo, pela primeira vez na minha vida. Sinto-me muito feliz com isso. A única coisa que me preocupa é ter medo do que os outros irão pensar em vez de seguir adiante. Acho que estou certo em dizer que só iria conseguir honestidade e clareza interior verdadeira se começasse a levar o Sermão do Monte a sério. Apenas ali reside a força que pode explodir pelos ares toda essa idiotice — como fogos de artifício, deixando para trás apenas carcaças queimadas.
>
> A restauração da igreja dependerá de um novo monasticismo, que nada tem em comum com o antigo; falamos de uma vida de discipulado inflexível, de seguir a Cristo de acordo com o Sermão do Monte. Creio que chegou o momento de reunir as pessoas para isso.
>
> Perdoe-me por estas divagações um tanto pessoais, mas elas vieram a mim recentemente, quando pensava sobre o nosso tempo juntos. E, além de tudo, temos interesse um pelo outro. Ainda tenho a forte impressão de que você considera essas minhas ideias todas como loucura completa. Existem coisas pelas quais vale a pena se comprometer. A meu ver, a paz e a justiça social estão entre elas, bem como o próprio Cristo.
>
> Recentemente, deparei com o conto de fadas "A roupa nova do rei", muito relevante para nossa época. O que nos falta hoje é a criança que desmascara a farsa no final. Deveríamos encená-lo como peça.
>
> Espero vê-lo em breve — em qualquer caso, meu aniversário está chegando.
>
> Saudações fraternas a todos vocês,
>
> DIETRICH[19]

[19] Idem, p. 284.

CAPÍTULO 18

ZINGST E FINKENWALDE

O trabalho teológico e a comunhão pastoral verdadeira crescem apenas na vida regida por períodos fixos de oração e por encontros matutinos e noturnos em torno da Palavra.

Não tentem tornar a Bíblia relevante. Sua relevância é axiomática [...]. Não defendam a Palavra de Deus, mas deem testemunho dela [...]. Confiem na Palavra.

DIETRICH BONHOEFFER

BONHOEFFER PREGOU OS ÚLTIMOS SERMÕES em Londres em 10 de março e logo depois partiu para sua excursão pelas comunidades cristãs. Quanto ao encontro com Gandhi, teve de ser adiado mais uma vez. Bonhoeffer visitou as comunidades da Baixa Igreja Anglicana, tais como Wycliffe Hall e Oxford, e também comunidades da Alta Igreja. Visitou uma comunidade quacre perto de Birmingham e uma faculdade metodista em Richmond. Visitou comunidades presbiterianas, congregacionais e batistas, terminando a turnê em 30 de março na cidade de Edimburgo, onde visitou seu professor do Union, John Baillie.

No dia 15 de abril, voltou a Berlim para se informar sobre seus deveres como diretor iminente do primeiro seminário da Igreja Confessante. Havia 23 ordenandos à espera, mas ainda não existia um lugar para abrigá-los, embora muitos deles já tivessem chegado a Berlim. Dois dias depois, Bonhoeffer e Franz Hildebrandt dirigiram pelos arredores do distrito berlinense de Brandemburgo em busca de uma propriedade. Nada encontraram. Ofereceram a eles a utilização de uma igreja chamada Casa Burkhardt em Berlim, até então prédio dos escritórios de serviços educacionais e sociais. Era uma alternativa prosaica em relação às locações paradisíacas que Bonhoeffer visitara — nada de relvas ou fossos para ovelhas — mas agradeceu por tudo. Seria difícil, no entanto, realizar ali o sonho de criar algo parecido com as comunidades monásticas que tinha visto em cenários mais verdes.

Assim, em 25 de abril, ele recebeu a notícia de que a Escola Bíblica da Renânia, na costa do Báltico, estaria disponível até 14 de junho. O centro de retiro em ruínas, de uso de veraneio, localizava-se logo atrás das dunas e da praia, que, naquela época do ano, podia ser brutalmente fria e sujeita a ventos. Mas havia uma casa de enxaimel e uma série de cabanas de colmo não aquecidas onde os ordenandos poderiam morar. Todos eram jovens e animados pela aventura, incluindo Bonhoeffer. No dia seguinte, ele carregou o bando de alunos para mais de trezentos quilômetros ao litoral norte a fim de inaugurar a experiência de vida cristã com a qual há muito sonhava.

Zingst

Até certo dia de 1874, Zingst era uma ilha no mar Báltico. Uma tempestade então criou uma ponte terrestre de cem metros de largura até a costa da Pomerânia, transformando a ilha, da noite para o dia, numa península, e assim se manteve. Foi para essa jovem península que Bonhoeffer e seus ordenandos viajaram no fim de abril de 1935, com o projeto de inaugurar o novíssimo seminário da Igreja Confessante.

Nessa estância turística, Bonhoeffer traria à vida aquilo que sua mente estivera formando nos últimos anos. Martin Niemöller não tinha ideia, quando lhe pediu para conduzir um seminário em prol da Igreja Confessante, do que aquilo iria desencadear. Bonhoeffer podia ser teologicamente imprevisível, e por isso, para desempenhar o papel de gentil baluarte contrário a esse ímpeto, enviaram Wilhelm Rott como assistente. Rott era conhecido por sua teologia sólida e prudente, mas nunca teve motivos para questionar a teologia ou os métodos de Bonhoeffer, nem estava ciente de que fora enviado a Zingst para isso. Tudo parecia perfeitamente natural, talvez porque um bom número de ordenandos fosse composto de ex-alunos de Bonhoeffer em Berlim, que estavam acostumados com seu estilo.

Bonhoeffer tinha em mente uma espécie de comunidade monástica, onde se buscava viver o modo de vida que Jesus ordenou a seus seguidores no Sermão do Monte, em que não se vive apenas como estudante de teologia, mas como discípulo de Cristo. Seria uma experiência pouco ortodoxa da vida cristã, a famosa "vida em comunhão", como ele iria definir. Ninguém na tradição luterana tentara coisa parecida. A reação instintiva a qualquer coisa que cheirasse a catolicismo romano era forte, mas Bonhoeffer há muito se livrara desse provincianismo e estava disposto a suportar críticas. A seu ver, o cristianismo luterano se afastara das intenções de Lutero, do mesmo modo que Lutero achava que a Igreja Católica Romana havia se afastado da Igreja de São Pedro e, mais importante, da Igreja de Cristo. Bonhoeffer estava interessado num ajuste guiado pelo Espírito Santo que pouco tinha de novidade.

No livro *Discipulado*, Bonhoeffer lida com o aspecto teológico desse desvio luterano da compreensão inicial de Lutero sobre a gratidão pela graça de Deus e com a ingratidão daquilo que chamou de graça barata. Ele sentia que grande parte do problema vinha da educação teológica luterana, que não produzia discípulos de Cristo, mas teólogos desligados da realidade e clérigos cuja capacidade de viver a vida cristã — e ajudar outros a vivê-la — não era muito notável. A prática e a teoria eram dois desconhecidos, e a igreja estava distante das pessoas às quais supostamente deveria ministrar. Ludwig Müller e os Cristãos Alemães não tinham condições de criticar, mas poderiam simplesmente defender a dedicação ao nacional-socialismo. Segundo eles, a história toda sobre doutrinas era tolice sem importância para o sujeito nas ruas. Para Bonhoeffer, a doutrina deveria se tornar real exatamente para o sujeito nas ruas, e era onde a igreja falhava. A experiência à beira do mar Báltico era exatamente a esse respeito.

A localização real da estância era remota, a cerca de cem metros das dunas, com um edifício principal e alguns anexos. Não era possível ver outras casas por perto, e eles ficavam a mais de um quilômetro da pequena cidade de Zingst. Bonhoeffer provavelmente sorriu ao saber que, a poucos quilômetros ao sul, achava-se a pequena cidade de Barth.

Quatro dos vinte e três ordenandos vieram da Saxônia, Eberhard Bethge entre eles. Eles estavam no seminário de pregadores oficial em Wittenberg, mas escolheram ficar ao lado dos dahlemitas da Igreja Confessante e logo foram expulsos por Müller. Bethge chegou depois de um ou dois dias, no fim de abril, após a refeição da noite. Desceu imediatamente à praia, onde todos estavam jogando futebol, como sempre faziam naquela parte do dia. Saudou os três amigos de sua cidade natal, Magdeburg, e perguntou onde estava *Herr Direktor*. Apontaram para Bonhoeffer. Bethge nunca tinha ouvido falar dele e nada sabia a respeito de sua liderança na luta da igreja. Ficou surpreso com quão jovem e atlético Bonhoeffer aparentava ser e no início achou impossível diferenciá-lo dos alunos. Quando Bonhoeffer finalmente percebeu que outro ordenando havia chegado, interrompeu o que estava fazendo, cumprimentou Bethge e convidou-o para um passeio na praia.

Bonhoeffer lhe perguntou sobre a família e sua educação, a expulsão de Müller e suas experiências na luta da igreja. Bethge ficou surpreso com as perguntas pessoais e o interesse sincero demonstrado pelo diretor do novo seminário. Os ordenandos se acostumaram a manter enorme distância de seus professores, e quando Bonhoeffer, poucos dias depois, pediu-lhes que não o chamassem *Herr Direktor*, mas *Bruder* (irmão), ficaram maravilhados.[1]

Enquanto caminhavam e conversavam pela praia naquela noite, nenhum dos dois jovens teria imaginado quão importante se tornaria aquele encontro. Eles haviam sido educados de maneiras muito diferentes. Um deles era um sujeito sofisticado do reservado círculo de Grunewald, em Berlim, cujo pai era um médico famoso, cético em relação à profissão escolhida pelo filho; o outro era um rapaz simples do campo, nascido na pequena aldeia de Zitz, na Saxônia, onde seu pai era pastor da vila e havia inspirado o filho a seguir seus passos. O pai de Bethge morrera doze anos antes.

Ainda assim, os dois perceberam que havia mais sintonia entre eles do que com qualquer outra pessoa em suas vidas. Ambos tinham intelectualidade e sensibilidade estética extraordinária em literatura, arte e música. Em breve, iriam se tornar tão íntimos que muitos ordenandos passariam a sentir ciúmes do relacionamento. Não tinham ideia de que a amizade entre eles, que nem sequer havia começado, viria a ser o meio pelo qual os escritos de Bonhoeffer seriam preservados e difundidos em todo o mundo por gerações; ou que, 65 anos no futuro, quando da morte de Bethge, seus nomes estariam

[1] Eberhard BETHGE, entrevista por Martin Doblmeier, *Bonhoeffer: Pastor, Pacifist, Nazi Resister. A documentary film by Martin Doblmeier*, Universidade de Princeton. Cenas não utilizadas citadas aqui com a permissão do diretor.

inextricavelmente ligados. Naquele momento, ao darem meia-volta e retornarem para a casa em Zingst, ainda eram dois semidesconhecidos.

Passaram-se poucos dias ali quando, em 1º de maio, um acontecimento importante ocorreu entre Bonhoeffer e seus ordenandos. Por toda a Alemanha, a data foi celebrada como o dia oficial de reconhecimento dos trabalhadores alemães. Nessa celebração em particular, uma nova lei de alistamento militar entrou em vigor, e à noite Hitler fez um discurso. Bonhoeffer e os alunos se reuniram em volta do rádio para ouvi-lo.

Naquela época, mesmo os ordenandos da Igreja Confessante sentiam pouca repulsa em relação a Hitler; certo era que nenhum deles possuía os mesmos sentimentos de Bonhoeffer. A maioria ainda analisava a luta da igreja à parte da política e tinha poucos escrúpulos em relação ao serviço militar. A anulação do Tratado de Versalhes e o cumprimento do dever pela Alemanha andavam de mãos dadas com as obrigações para com Deus. Na mente das pessoas, a igreja e o Estado ainda estavam associados como na época do imperador, e, a partir do momento em que a República de Weimar prejudicou essa ligação, qualquer movimento feito em busca do passado glorioso era bem recebido. E, por causa dos ataques dos Cristãos Alemães, que acusaram os membros da Igreja Confessante de antipatriotismo, talvez a vontade de provar o contrário, caso se apresentasse uma oportunidade, fosse ainda mais aguda.

Em determinado momento do discurso, Bonhoeffer fez uma pergunta que deixou claro quanto sua opinião era diferente do resto. A maior parte dos alunos se surpreendeu. Um deles pediu-lhe para esclarecer seu modo de pensar, e ele respondeu que discutiriam o assunto assim que o discurso acabasse. Para a maioria presente, era a primeira vez que ouviam alguém em posição de autoridade se desviar do padrão luterano, ou seja, de que servir ao país era sempre algo positivo. Dentre os reunidos, Bonhoeffer era o único a ter fortes dúvidas a respeito de Hitler e sabia que Hitler manobrava o país em direção à guerra.

Muitos ordenandos desse e dos quatro cursos seguintes acabariam servindo no Exército, e Bonhoeffer jamais tentou convencê-los do contrário. Não era, nesse sentido, um pacifista convicto, e certamente não estava convencido de que os cristãos devessem ser opositores conscientes. Bonhoeffer respeitava os pontos de vista dos alunos. Nunca desejou que suas aulas ou seminários se tornassem um culto à personalidade, centrado em si. Seu interesse era convencer usando-se da razão. Forçar opiniões era algo que ele considerava fundamentalmente errado, digno de um "desencaminhador".

Finkenwalde

Como as humildes acomodações em Zingst tinham de ser desocupadas até 14 de junho, era preciso encontrar uma morada permanente o mais rápido possível. Diversas propriedades foram avaliadas, incluindo o Castelo de Ziethen, em Kremmen. Estabeleceram-se enfim na antiga fazenda Von Katte em Finkenwalde, pequena cidade não muito longe de Stettin, na Pomerânia. A propriedade alojava uma escola particular, mas os nazistas franziam a testa para tais instituições. Havia um bom número de dependências e um casarão onde anexaram um prédio escolar "pobremente construído", o que estragava a sua beleza. Uma empresa comercial também ajudara a danificar o ambiente: uma parte do terreno posterior da propriedade era agora uma cascalheira, um recorte vulgar no terreno outrora imaculado da então magnífica propriedade pomeraniana.[2]

O casarão estava num estado de terrível abandono. Um antigo proprietário chamou-o de "um verdadeiro chiqueiro". Havia enorme trabalho a se fazer antes que se pudessem mudar para o novo lar. Diversos ordenandos estavam sem casa há catorze dias e tiveram de se hospedar em albergues na cidade de Greifswald. Outro grupo seguiu em frente para pintar e limpar a propriedade combalida.

Bonhoeffer inaugurou Finkenwalde com sua primeira aula no dia 26 de junho. O casarão ainda estava vazio. Foi preciso criar fundos para a decoração e a mobília, mas tudo parecia realizado com bom ânimo, inclusive a angariação de recursos. Um dos ordenandos, Winfried Maechler, escreveu um poema, "Humilde petição dos ordenandos", que pedia assistência por meio de versos espertos e originais. Enviado individualmente e também para as congregações da Igreja Confessante, muitos ficaram entusiasmados em ajudar. A carta de agradecimento de Maechler também foi escrita em versos.

A aristocracia rural da Pomerânia era fortemente contrária a Hitler e os nazistas, e, em geral, seus membros eram também cristãos devotos. Muitas dessas famílias praticamente adotaram os finkenwaldianos como um projeto

[2] Eberhard BETHGE, *Dietrich Bonhoeffer: A Biography*, p. 426.

pessoal, desejando fazer o possível para ajudar aquela inexperiente, mas corajosa iniciativa. A mãe de Ewald von Kleist-Schmenzin refez todas as capas das cadeiras. Wilhelm Gross, escultor, emprestou seu talento para a transformação do ginásio numa capela. E muitas vezes a comida era entregue por uma das propriedades agrícolas. Certo dia o telefone tocou, e os ordenandos descobriram que alguém enviara um porco vivo ao pastor Bonhoeffer. O suíno ficou no estaleiro do local, à espera da ceva.[3]

Os ordenandos e seu diretor também fizeram doações para a empresa principiante. Bonhoeffer doou sua biblioteca teológica inteira, inclusive as inestimáveis edições de Erlanger das obras de Martinho Lutero que pertenceram a seu bisavô Von Hase. Trouxe também o gramofone e muitas de suas gravações; as mais exóticas e valorizadas eram os *spirituals* que havia comprado em Manhattan.

A música compunha parte importante da vida comunitária em Zingst e Finkenwalde. Por volta do meio-dia, todos se reuniam para cantar hinos ou outras músicas sacras. Joachim Kanitz, um dos alunos berlinenses de Bonhoeffer, costumava dirigir os cânticos. Um dia, Bethge disse que gostaria de ensiná-los o "*Agnus Dei*" de Adam Gumpelzhaimer. Contou a eles sobre Gumpelzhaimer, que viveu no século 16 e compôs hinos e música sacra, especialmente motetos policorais. Bonhoeffer ficou intrigado. Seu conhecimento musical ia até Bach, mas Bethge tinha familiaridade com o período anterior. Ele expandiu os horizontes de Bonhoeffer em relação à música sacra antiga e compositores como Heinrich Schütz, Johann Schein, Samuel Scheidt, Josquin dez Prez, e outros, cujas músicas foram incorporadas ao repertório de Finkenwalde.[4]

Havia dois pianos no casarão. Bethge disse que Bonhoeffer "nunca recusou um pedido para participar de um concerto de Bach para dois pianos".[5] Disse também que Bonhoeffer particularmente adorava cantar os duetos vocais de Schütz, "Eins bitte ich vom Herren" e "Meister, wir haben die ganze nacht gearbeitet". Ele sempre lera partituras com visão extraordinária e impressionava os alunos com suas paixões e talentos musicais. Adorava Beethoven, e Bethge disse que "ele podia se sentar ao piano e simplesmente improvisar a *Rosenkavalier*. Ficávamos impressionados".[6] Não existiam muitos seminários na

[3] Idem, p. 427.

[4] Eberhard BETHGE, entrevista por Martin Doblmeier.

[5] BETHGE, *Dietrich Bonhoeffer: A Biography*, p. 429.

[6] Eberhard BETHGE, *Friendship and Resistance: Essays on Dietrich Bonhoeffer*, p. 5.

Alemanha onde a música exercesse um papel tão fundamental. No primeiro mês em Zingst, o sol aquecia tanto as salas que Bonhoeffer optava por lecionar ao ar livre, geralmente num lugar sem vento nas dunas. Ali, cantaram algumas vezes.

A rotina diária

Em Zingst e Finkenwalde, Bonhoeffer enfatizou as disciplinas espirituais e uma rotina diária rigorosa, as características do seminário que mais se assemelhavam às comunidades que ele visitara. Mas as especificidades que preenchiam essa rotina eram invenções próprias, inspiradas em diversas tradições.

Todo dia começava com um culto de 45 minutos antes do café da manhã e terminava com um culto antes de se deitarem. Um estudante de Finkenwalde, Albert Schönherr, recorda que o culto matinal tinha início poucos minutos depois que acordavam:

> Bonhoeffer pedia que não disséssemos uma única palavra uns aos outros antes do culto. A primeira palavra que deveria vir era a palavra divina. Mas não era assim tão simples, pois passávamos o tempo todo num quarto onde dormíamos de seis a oito alunos, em velhos colchões de feno. Os colchões tinham sido usados por gerações. Ao se deitar sobre eles, a poeira se espalhava por todo lado.[7]

Os cultos não eram realizados na capela, mas em torno da enorme mesa de jantar. Começavam com o cantar de salmos e de um hino escolhido para o dia. Em seguida, havia a leitura de uma passagem do Antigo Testamento. Depois, cantavam "um conjunto de versos de um hino", usando o mesmo verso por várias semanas, seguido pela leitura de um trecho do Novo Testamento. Schönherr descreveu a ordem do culto:

> Cantávamos por um bom tempo, orávamos os salmos, normalmente vários salmos, e assim passávamos o Saltério inteiro numa única semana. Havia depois um capítulo inteiro do Antigo Testamento, uma passagem

[7] Albert SCHÖNHERR, entrevista por Martin Doblmeier, *Bonhoeffer: Pastor, Pacifist, Nazi Resister. A documentary film by Martin Doblmeier*, Universidade de Princeton. Cenas não utilizadas citadas aqui com a permissão do diretor.

> do Novo Testamento, e uma prece oferecida por Bonhoeffer [...]. Essa oração era de grande importância, pois tratava de tudo aquilo com que lidávamos, com tudo o que verdadeiramente precisávamos pedir a Deus. Depois, tínhamos um pequeno café da manhã, bastante modesto. Em seguida, meia hora de meditação. Cada um ia então para seu quarto e refletia sobre as Escrituras até que soubesse o que tinha ela a lhe dizer naquele dia. Durante esse tempo, era preciso haver silêncio absoluto; o telefone não podia tocar, ninguém podia andar ao redor. Deveríamos nos concentrar completamente em tudo o que Deus tivesse a nos dizer.[8]

Meditava-se no mesmo versículo durante uma semana inteira, meia hora por dia. Wolf-Dieter Zimmermann recorda[9] que eles não tinham permissão para olhar o texto no idioma original ou consultar comentários ou livros de referência. Tinham de lidar com o versículo como se Deus falasse pessoalmente com eles. Muitos seminaristas se irritaram com essa prática, mas os antigos alunos berlinenses de Bonhoeffer já se haviam acostumado com seus métodos. Estiveram com ele em retiros na cabana em Bielefeld e no albergue estudantil em Prebelow, onde foram espécies de cobaias para ele. A aceitação tranquila dos ex-alunos de Bonhoeffer facilitou a assimilação de seus métodos pelos outros ordenandos, mas às vezes era difícil. Certa vez, após ter ficado longe alguns dias, Bonhoeffer descobriu ao retornar que as meditações diárias nas Escrituras tinham sido interrompidas. De forma clara, demonstrou que não se agradou disso.

Não eram apenas os ordenandos que se incomodavam com a prática da meditação em versículos bíblicos. Numa carta de outubro de 1936, Karl Barth escreveu sobre sua perturbação a respeito daquilo que descreveu como...

> ... um odor quase indefinível de um *pathos* e *eros* monástico. Não posso dizer que estou muito feliz com isso [...]. Eu não consigo aceitar a distinção de princípio entre o trabalho teológico e a edificação devocional [...]. Não considere isso como uma crítica aos seus esforços, simplesmente porque a base do meu conhecimento e compreensão ainda é bastante escassa. Mas pelo menos você irá compreender as perguntas que eu lhe faria, a despeito de toda a minha simpatia.[10]

[8] SCHÖNHERR, entrevista por Martin Doblmeier.

[9] Wolf-Dieter ZIMMERMANN e Ronald G. SMITH, eds., *I Knew Dietrich Bonhoeffer*, p. 107.

[10] *The Way to Freedom: Letters, Lectures and Notes 1935-1939*, vol. 2, *Collected Works of Dietrich Bonhoeffer*, p. 121-122

Bonhoeffer não era autoritário, mas tinha um respeito tradicional pela ordem e não iria permitir que seus ordenandos criassem a impressão de estar em igualdade com ele. A autoridade de um líder servo, em oposição ao autoritarismo do líder desencaminhador, veio de Deus e constitui uma liderança de servir àqueles abaixo de si próprio. Era o exemplo de Cristo aos discípulos, e Bonhoeffer esforçou-se para também liderar desse modo.

Bethge lembra-se que, no início, poucos dias após terem chegado a Zingst, Bonhoeffer pediu ajuda na cozinha. Não houve voluntários imediatos. Bonhoeffer trancou a porta e começou a lavar os pratos. Quando tentaram entrar para ajudá-lo, ele não abriu a porta. Nunca mencionou uma palavra a esse respeito, mas o objetivo foi alcançado. Ele queria transmitir a mesma cultura de altruísmo praticada em sua casa quando criança. Egoísmo, preguiça, autopiedade, falta de espírito esportivo e coisas parecidas não eram toleradas. Esse legado de sua criação fazia parte dos seminários.

Outro aspecto de difícil execução da "vida em comunhão": a regra de nunca se falar sobre um irmão quando ele não estivesse presente. Bonhoeffer sabia que viver de acordo com o que Jesus ensinou no Sermão do Monte não era "natural" para ninguém.

Seja lá o que pensassem sobre as disciplinas e as devoções diárias, não se podia reclamar de falta de diversão em Finkenwalde. Havia um tempo reservado, na maior parte das tardes e noites, para caminhadas ou esportes. Bonhoeffer sempre organizava jogos, da mesma forma que sua mãe fizera em sua família. Jogavam muito tênis de mesa, e o primeiro lugar em que alguém tentaria encontrar Bonhoeffer era a sala de tênis. Também jogavam futebol. Schönherr recorda que "Bonhoeffer sempre estava à frente do grupo, porque era um corredor fantástico".[11] Sempre fora competitivo, e Bethge lembra-se que "ele odiava perder quando disputávamos arremesso de peso — ou arremesso de pedra — na praia".[12]

Albert Schönherr recorda-se que após o jantar e o lazer, perto das dez da noite, havia outro culto de cerca de três quartos de hora, "a última nota de um dia com Deus. Depois, sono e silêncio. E assim se passava o dia".[13]

[11] SCHÖNHERR, entrevista por Martin Doblmeier.

[12] Eberhard BETHGE, *Friendship and Resistance*, p. 5.

[13] SCHÖNHERR, entrevista por Martin Doblmeier.

Bonhoeffer escreveu a Barth, uma resposta parcial à preocupação dele com a atmosfera "monástica" de Finkenwalde. O próprio Bonhoeffer era um crítico das comunidades "pietistas", mas sabia que relacionar toda a ênfase em orações e disciplinas espirituais com o "legalismo" era igualmente errôneo. Ele já vira algo parecido no Union, onde os alunos se orgulhavam de evitar o legalismo dos chamados fundamentalistas sem expressar qualquer teologia real. Sua carta a Barth:

> O trabalho no seminário me oferece grande alegria. Trabalhos práticos e acadêmicos são combinados de forma esplêndida. Percebo que todos os jovens teólogos que chegam ao seminário levantam os mesmos questionamentos que me vêm incomodando recentemente, e, claro, nossa vida em comunhão é fortemente influenciada por isso. Tenho firme convicção de que, em vista do que os jovens teólogos trazem consigo da universidade e, levando em conta o trabalho independente a ser exigido deles nas paróquias [...] eles precisam de um tipo completamente diferente de treinamento, que a vida conjunta num seminário como esse proporciona, o que é inquestionável. Mal se consegue imaginar quão vazios, quão destruídos estão, na maior parte, os irmãos quando chegam ao seminário. Vazios não só no que diz respeito a percepções teológicas e ainda mais quanto ao conhecimento bíblico, mas também em relação a sua vida pessoal.
>
> Numa sessão noturna — a única em que participei —, você disse com seriedade aos estudantes que às vezes sentia que preferia desistir de todas as aulas e palestras e, em vez disso, sairia a fazer visitas surpresas a alguém e perguntar a ele, como fazia o velho Tholuck: "Como vai a sua alma?". O necessário não tem sido cumprido desde então, nem mesmo pela Igreja Confessante. Mas são poucos os que reconhecem esse tipo de trabalho com jovens teólogos como tarefa da igreja e fazem algo a respeito. E é, na verdade, algo que todo mundo está esperando. Infelizmente, não estou à altura disso, mas tento fazer que cada um dos irmãos se recorde de que isso é a coisa mais importante. É certo, porém, que o trabalho teológico e a comunhão pastoral verdadeira crescem apenas na vida regida por períodos fixos de oração e por encontros matutinos e noturnos em torno da Palavra [...]. A acusação de legalismo não parece se aplicar, de qualquer modo. O que há de legalista num ambiente cristão em que se trabalha para aprender o que é orar e em gastar boa parte do tempo nesse aprendizado? Um dos líderes da Igreja Confessante

me disse recentemente: "Não temos tempo para meditação, os ordenandos deveriam aprender a pregar e catequizar". Parece-me uma incompreensão completa do que os jovens teólogos são hoje em dia, ou então uma ignorância culposa de como a pregação e a catequese vêm à vida. As questões que nos são colocadas hoje pelos jovens teólogos são: Como faço para aprender a orar? Como faço para aprender a ler a Bíblia? Se não pudermos ajudá-los nisso, não podemos ajudá-los de modo nenhum. E não há nada de óbvio nisso. Dizer que "se alguém não sabe disso, então não deveria ser um ministro" seria excluir a maioria de nós da profissão. Está bem claro para mim que todas essas coisas só são justificadas quando junto a elas e com elas — ao mesmo tempo! — exista em curso um sério e soberbo trabalho teológico, exegético e dogmático. Caso contrário, todas essas questões receberam a ênfase errada.[14]

Pregando a Palavra

Bonhoeffer valorizava muito o ato de pregar. Para ele, o sermão era nada menos que a verdadeira palavra de Deus, um meio pelo qual Deus fala a seu povo. Bonhoeffer queria infundir essa ideia em seus ordenandos, a fim de ajudá-los a enxergar a pregação não somente como um mero exercício intelectual. A pregação é, assim como a oração e a meditação sobre um texto bíblico, uma oportunidade de ouvir o céu, e, para o pregador, um santo privilégio de ser o vaso pelo qual Deus fala. Como a encarnação, o ato de pregar é um lugar de revelação, em que Cristo vem do outro lado até o nosso mundo.

Como em tantas outras ocasiões, porém, Bonhoeffer sabia que a melhor forma de comunicar o que pensava e sentia sobre a homilética era pregando. Transmitir um sermão real durante um culto de verdade era infinitamente melhor que dar uma palestra sobre homilética. Os ordenandos deviam ver nele alguém que vivia o que pretendia ensinar, assim como fez Jesus. O ensino e o viver tinham de compor duas partes da mesma coisa.

Mesmo quando não estava pregando, mas apenas conversando sobre sermões, ele desejava transmitir certas práticas aos ordenandos. Bethge se lembra de alguns de seus conselhos: "Escreva o sermão à luz do dia; não escreva tudo de uma vez; 'em Cristo' não há espaço para cláusulas condicionais; os

[14] Dietrich BONHOEFFER, *A Testament to Freedom: The Essential Writings of Dietrich Bonhoeffer*, p. 431-432.

primeiros minutos em cima do púlpito são os mais favoráveis, portanto não os desperdice com generalidades, mas confronte diretamente a congregação com o cerne da questão; pregação extemporânea pode ser feita por alguém que realmente conheça a Bíblia".[15]

Em 1932, Bonhoeffer disse a Hildebrandt: "Um sermão verdadeiramente evangélico deve ser como oferecer uma maçã bem vermelha a uma criança, ou como oferecer um copo de água gelada a um homem sedento e dizer: 'Você quer?'".[16] Em Finkenwalde, ele disse efetivamente a mesma coisa. "Temos que ser capazes de falar sobre a nossa fé de modo que as mãos se estendam em nossa direção com mais rapidez do que nos podemos dar conta [...]. Não tentem tornar a Bíblia relevante. Sua relevância é axiomática [...]. Não defendam a Palavra de Deus, mas deem testemunho dela [...]. Confiem na Palavra".[17]

Seu desejo era gravar na mente dos ordenandos que quando a Palavra de Deus é apresentada de modo verdadeiro, ela reconstrói as pessoas, pois possui o poder inato de ajudá-las a enxergar sua própria necessidade e de conceder resposta a essa necessidade de uma forma não entremeada com a "religião" ou a falsa piedade. A graça de Deus atinge as pessoas, sem filtros ou explicações.

Os ensinos de Bonhoeffer sobre a oração eram similares. Nas devoções de toda manhã, ele oferecia uma longa oração extemporânea. Muitos seminaristas da tradição luterana teriam considerado isso excessivamente pietista. Mas Bonhoeffer não tinha do que se desculpar. A vida de oração e comunhão com Jesus deve estar no centro. O ministério inteiro surge disso. Wilhelm Rott lembra-se que Bonhoeffer muitas vezes conversava sobre esses assuntos enquanto estava sentado na enorme escadaria do casarão em Finkenwalde, segurando um cigarro e uma xícara de café: "Outra impressão que me marcou bastante era a reclamação de Bonhoeffer sobre quanto carecíamos do 'amor de Jesus' [...]. A fé real e o amor eram iguais para ele. Estava nisso o âmago da existência deste cristão altamente intelectual. Sentíamos isso nas orações improvisadas das devoções matinais e noturnas; elas surgiam do amor do Senhor e de seus irmãos".[18]

[15] BETHGE, *Dietrich Bonhoeffer: A Biography*, p. 443.
[16] Idem, p. 234.
[17] Idem, p. 442.
[18] ZIMMERMANN e SMITH, *I Knew Dietrich Bonhoeffer*, p. 134.

Acedia e *Tristizia*

Uma vez por mês, numa noite de sábado, todos os ordenandos participavam de um culto de comunhão. Um sábado antes, Bonhoeffer abordou o assunto da confissão pessoal entre eles. Tinha sido ideia de Lutero que os cristãos deviam se confessar uns aos outros, e não a um padre. A maioria dos luteranos se precipitou e decidiu não se confessar a ninguém. Qualquer tipo de confissão era considerado catolicismo em demasia, assim como a oração extemporânea foi criticada como excessivamente pietista. Mas Bonhoeffer instituiu com sucesso a prática da confissão. E, talvez sem muita surpresa, escolheu Bethge como seu confessor.

Bonhoeffer sentia-se confortável em dividir com Bethge o que ele chamava de *acedia* ou *tristizia* — uma "tristeza do coração", que normalmente chamaríamos de depressão. Ele a sofria, mas raramente demonstrava, exceto entre amigos mais próximos. Gerhard Jacobi disse: "Em conversas particulares, ele causava uma impressão menos calma e harmoniosa. Notava-se que pessoa sensível ele era, quão perturbado e transtornado ele estava".[19] É de se duvidar que Bonhoeffer tenha discutido isso com alguém além de Bethge. O intelecto imponente e a fé madura e alicerçada de Bethge eram elevados o suficiente para a tarefa de lidar com a complexidade de Bonhoeffer, até mesmo em seus momentos de dúvida. Ele sabia que Bethge poderia exercer o papel de pastor para ele, o que Bethge fez, não apenas em Finkenwalde, mas dali em diante. Tempo depois, em seus anos de depressão, ele tocou no assunto numa carta escrita a Bethge direto da prisão de Tegel: "Eu me pergunto por que é que achamos alguns dias mais opressivos que os outros sem que haja uma razão aparente. É dor de crescimento — ou julgamento espiritual? Assim que acabam, o mundo volta a parecer um lugar bem diferente".[20]

Não há muito a questionar sobre o fato de Bonhoeffer ser extremamente intenso às vezes e de que sua mente brilhante e hiperativa poderia guiá-lo temporariamente a becos sem saída. Mas em Bethge ele tinha um amigo a quem poderia mostrar seu pior lado. Bethge era tão naturalmente ensolarado quanto Bonhoeffer poderia ser intenso. Bonhoeffer mencionou isso em outra carta escrita em Tegel: "Não conheço ninguém que não goste de você, enquanto conheço muitas pessoas que não me suportam. Não vejo isso como

[19] Idem, p. 72.

[20] *Letters and Papers from Prison*, vol. 8, *Dietrich Bonhoeffer Works*, p. 276.

algo prejudicial a mim mesmo; em todo lugar onde encontro inimigos também encontro amigos, e isso me basta. Mas isso decerto se deve ao fato de que você é por natureza aberto e modesto, enquanto eu sou fechado e um tanto exigente".[21]

Os Junkers da Pomerânia

Na encantadora atmosfera rural da Pomerânia, Bonhoeffer se tornou íntimo dos senhores de terra da região, os Junkers, famílias aristocráticas sem títulos de nobreza.[22] A Pomerânia era um mundo à parte de Berlim e Grunewald. O clima metropolitano de intelectualismo liberal foi substituído pelo mundo conservador e quase feudal dos latifúndios. Mas os valores tradicionais e a fidelidade a padrões culturais elevados eram bastante parecidos. A maior parte das famílias era composta por membros da classe militar oficial da Prússia, de onde surgiriam quase todos os conspiradores contra Hitler. Bonhoeffer logo se sentiu em casa com eles, e os ricos latifundiários se tornariam seus colaboradores mais leais. E, dentre suas filhas, ele escolheria a mulher com quem queria casar-se.

O primeiro contato de Bonhoeffer com essas famílias ocorreu quando Finkenwalde enviou as cartas de angariação de fundos. Incluíam-se ali os Bismarck de Lasbeck e a família Wedemeyer de Pätzig. Conheceu também a família Von Schlabrendorff e o filho deles, Fabian von Schlabrendorff.[23]

Ruth von Kleist-Retzow

A amizade mais significativa que Bonhoeffer iria desfrutar entre essas famílias nobres foi, de longe, a estabelecida com Ruth von Kleist-Retzow, uma senhora

[21] Idem, p. 189.

[22] Bonhoeffer fez amizade com várias dessas famílias e conheceu muitos dos homens que em poucos anos iriam se envolver na conspiração contra Hitler.

[23] Fabian se envolveria de forma extrema na resistência contra Hitler e terminaria numa cela próxima à de Bonhoeffer na prisão da Gestapo. Ewald von Kleist-Schmenzin, um cristão conservador dono de uma grande propriedade na região, também fez parte da conspiração. Em 1933, Kleist-Schmenzin solicitou uma entrevista com Hindenburg a fim de impedir que Hitler se tornasse chanceler, e em 1938 o general Beck o enviaria a Londres para tentar conseguir a garantia dos britânicos de que Hitler não iria se safar caso invadisse a Checoslováquia.

vigorosa com 68 anos completados quando se conheceram. Como ocorria com o bispo George Bell, ela dividia com Bonhoeffer a data de aniversário, 4 de fevereiro, e os dois se tornaram tão próximos durante aquela década que ele quase sempre a chamava de avó, principalmente porque passava um bom tempo com seus netos, muitos dos quais ele supervisionaria o crisma pessoalmente, por insistência dela. A Bethge, ele costumava se referir a ela como tia Ruth, assim como chamava o bispo Bell de "tio George" quando estava com Franz Hildebrandt.

Bonhoeffer e tia Ruth compartilhavam formações aristocráticas impressionantes. Filha do conde e da condessa Von Zedlitz-Trützschler, seu pai fora governador da Silésia, e ela crescera no palácio de Oppern, divertindo-se entre os círculos sociais de sua classe até que, aos quinze anos, apaixonou-se perdidamente por seu futuro marido, Jürgen von Kleist. Casaram-se três anos depois, e ele rapidamente a levou do palácio para o rústico mundo rural de sua enorme propriedade agrícola em Kieckow. Um casamento muito feliz, e ambos eram cristãos devotos nos moldes pietistas que floresciam na Pomerânia havia gerações.

Mas, logo após ela dar à luz o quinto filho, o marido de Ruth morreu, o que a fez viúva com apenas 29 anos. Ela se mudou com os filhos para uma casa na cidade de Stettin, deixando Kieckow aos cuidados de um competente administrador. Após a Primeira Guerra, seu filho Hans-Jürgen reformou a casa em Klein-Krössin — uma das propriedades de Kieckow — para que ela pudesse morar no local, enquanto ele e a família se mudaram para o casarão. Nos anos seguintes, Bonhoeffer passaria muitas semanas em Kieckow e Klein-Krössin; na década de 1930, retirou-se para trabalhar na obra *Nachfolge* (*Discipulado*), onde também desenvolveu, nos anos quarenta, a sua *Ética*.

Ruth von Kleist-Retzow era uma mulher obstinada e resoluta, sem paciência para clérigos insossos. O brilhante, culto e heroicamente combativo pastor Bonhoeffer parecia uma resposta a suas orações. Ela o ajudou de toda forma possível e advogou a causa de Finkenwalde entre as outras famílias do lugar. Os finkenwaldianos receberam muitos alimentos das fazendas dessas famílias, e graças a elas alguns ordenandos encontrariam lugares para pastorear nas igrejas da região. O velho sistema de patronagem, no qual as famílias podiam nomear os pastores das igrejas locais, ainda se mantinha firme.

Na época, a senhora Von Kleist-Retzow estava supervisionando a formação de vários de seus netos: Hans-Otto von Bismarck, de dezesseis anos, e sua irmã de treze, Spes; Hans-Friedrich Kleist de Kieckow, de doze anos; e duas crianças Wedemeyer de Pätzig: Max, de treze, e sua irmã mais velha, Ruth-Alice, de quinze anos. Maria von Wedemeyer chegou a Stettin no ano seguinte, quando tinha doze anos. Eles moravam com a avó na casa em Stettin, e aos domingos ela os conduzia a Finkenwalde para ouvirem o fascinante jovem pastor. A partir do outono de 1935, Bonhoeffer instituiu a prática de cultos dominicais regulares na capela de Finkenwalde, abertos à participação dos "de fora". A senhora Von Kleist-Retzow se emocionava ao ouvir Bonhoeffer pregar e se emocionava ainda mais ao trazer sua neta para ouvi-lo. Ruth-Alice relembra:

> Um dia, nos encontrávamos sentados [...] abaixo do púlpito ocupado por Dietrich Bonhoeffer [...]. Ao que parece, a avó tinha lido alguns de seus escritos antes dessa data [...]. Assim, a avó se sentou, uma figura charmosa, digna, cercada por seus jovens netos — uma aparição inusitada no antigo ginásio escolar que havia sido convertido num local de adoração improvisado. Fomos todos atraídos pelo canto vigoroso dos vinte ordenandos. O assunto do sermão de Bonhoeffer — que eu nunca esqueci — foi a bênção de Arão.
>
> O que veio em seguida — tênis de mesa no jardim, uma discussão entre a avó e o pastor Bonhoeffer, uma modesta, mas alegre refeição na imensa mesa em forma de ferradura, uma leitura de Shakespeare com todos participando — foi o prelúdio para muitas idas e vindas entre Finkenwalde e a casa da avó [...]. Os ordenandos sempre passavam por lá ao visitar o escritório do Conselho Pomeraniano de Irmãos, que ficava na mesma rua. Os últimos desenvolvimentos na política eclesiástica, um estímulo contínuo para a tomada de decisão, eram discutidos entusiasticamente. Por ser uma mulher versada em teologia e rica em experiência humana, mas acima de tudo uma lutadora, a avó sentia-se inteiramente em casa. Em pouco tempo, ela começou a meditar toda manhã, sob as instruções de Dietrich, usando os mesmos trechos bíblicos dos ordenandos.[24]

Ruth von Kleist-Retzow não somente adotou as disciplinas espirituais de Bonhoeffer; aos setenta anos, decidiu aprender o grego do Novo Testamento.

[24] Ruth-Alice VON BISMARCK e Ulrich KABITZ, eds. *Love Letters from Cell 92: The Correspondence Between Dietrich Bonhoeffer and Maria von Wedemeyer, 1943-45*, p. 306.

Ela não estava disposta a desperdiçar as oportunidades disponíveis com a presença de Dietrich Bonhoeffer. Chegou a bajulá-lo para que ele considerasse a supervisão do crisma de seus quatro netos, Spes von Bismarck, Hans-Friedrich von Kleist-Retzow e Max von Wedemeyer e sua irmã, Maria. Bonhoeffer assumiu a sério essa responsabilidade, reunindo-se e conversando com cada um deles e com seus pais. No fim, o trabalho foi realizado apenas com os três garotos. Maria, com doze anos, não parecia madura o suficiente para um comprometimento tão importante.

Bonhoeffer "sempre mantinha alguma distância a seu redor, alguma reserva", disse Ruth-Alice. Mas havia algo atraente a seu respeito quando pregava. "Ao vê-lo pregando", ela disse, "você vê um jovem que está por inteiro ao alcance de Deus". De certa forma, a época era particularmente difícil para as gerações mais jovens, cujos pais e avós eram tão inflexivelmente contrários aos nazistas. Bonhoeffer e Finkenwalde tornavam a situação mais fácil. Ele era um encorajador. "Naqueles dias", recordou Ruth-Alice, "os nazistas estavam sempre marchando e dizendo: 'O futuro pertence a nós! Nós somos o futuro!'. E nós, os jovens que estávamos contra Hitler e os nazistas, ouvíamos isso e nos perguntávamos: 'Onde está nosso futuro?'. Mas ali, em Finkenwalde, quando ouvi aquele homem pregando, um homem que tinha sido capturado por Deus, pensei: 'Aqui. Aqui está nosso futuro'".[25]

[25] Ruth-Alice VON BISMARCK, entrevista com o autor, Hamburgo, Alemanha, março de 2008.

CAPÍTULO 19

CILA E CARÍBDIS

1935-1936

A proclamação da graça tem seus limites. A graça não pode ser proclamada a quem não a reconhece, ou a distingue, ou a deseje [...]. O mundo sobre o qual a graça é empurrada feito uma pechincha irá se cansar dela, e não apenas pisará sobre o sagrado, mas irá também destroçar aqueles.[1]

Somente aquele que clamar pelos judeus poderá cantar cânticos gregorianos.

DIETRICH BONHOEFFER

EM 1935, ENQUANTO ASSUMIA seu chamado para ser o diretor do seminário em Finkenwalde, o relacionamento de Bonhoeffer com a Igreja Confessante mostrava-se cada vez mais incômodo. Ele se tornou um para-raios da polêmica, tanto dentro quanto fora da Igreja Confessante. Em 1936, os próprios nazistas tomariam conhecimento dele.

As Escrituras dizem que a fé sem obras é morta, que a fé é "a prova das coisas que não vemos". Bonhoeffer sabia que era possível ver determinadas coisas

[1] Eberhard BETHGE, *Dietrich Bonhoeffer: A Biography*, p. 607.

somente com os olhos da fé, mas não eram menos reais e verdadeiras as coisas que se veem com os olhos físicos. Os olhos da fé, no entanto, possuem um componente moral. Para ver que a perseguição aos judeus era contra a vontade do Senhor, deve-se optar por abrir os olhos. E, então, apresenta-se outra escolha desconfortável: agir como Deus requer.[2]

Bonhoeffer se esforçou para ver o que Deus queria mostrar e, em seguida, fazer o que Deus lhe pedia. Esta era a vida cristã obediente, o clamor pelo discipulado. E o chamado vem com um custo, o que explica por que tantos temem abrir os olhos. É a antítese da "graça barata", que nada exige além de um fácil assentimento intelectual, tema que ele desenvolve na obra *Discipulado*. Bonhoeffer "era uma pessoa em que se tinha a sensação de completude", disse um ordenando de Finkenwalde, "um homem que acredita no que pensa e realiza aquilo que acredita".

Naquele verão, Bonhoeffer escreveu o ensaio "A Igreja Confessante e o Movimento Ecumênico", no qual repreendeu a ambos.[3] Por ser o principal ponto de ligação entre os dois, ele enxergava o melhor e o pior de cada um. Mas tanto um quanto o outro conseguiam ver apenas o melhor em si e o pior do outro. Por causa das feridas ainda não cicatrizadas da Primeira Guerra Mundial, muitos na Igreja Confessante suspeitavam de qualquer um nascido em outro país, mesmo que cristão, e sentiam que muitos no movimento ecumênico eram desleixados teologicamente. Por outro lado, muitos no movimento ecumênico consideravam que a Igreja Confessante se preocupava em excesso com a teologia, além de serem nacionalistas em demasia. Boas observações de ambos os lados.

Mas Bonhoeffer queria que eles lutassem contra o inimigo em comum, o nacional-socialismo, e tentou convencê-los disso, apesar dos muitos obstáculos. Causava-lhe horrores a disposição do movimento ecumênico de ainda tentar conversar com a Igreja do Reich de Müller, Jäger e Heckel. E se horrorizou também com a vontade da Igreja Confessante de conversar com Hitler e a indisposição quanto a confrontá-lo. Ação era a única coisa que os valentões temiam, mas nem o movimento ecumênico nem a Igreja Confessante

[2] Albert SCHÖNHERR, entrevista por Martin Doblmeier, *Bonhoeffer: Pastor, Pacifist, Nazi Resister. A documentary film by Martin Doblmeier*, Universidade de Princeton. Cenas não utilizadas citadas aqui com a permissão do diretor.

[3] BETHGE, *Dietrich Bonhoeffer: A Biography*, p. 483.

pareciam preparados para agir. Eles preferiam manter um diálogo sem sentido e infindável, o que servia aos interesses dos nazistas. A proclamação das Leis de Nuremberg contra os judeus foi um belo exemplo disso.

As Leis de Nuremberg e o Sínodo de Steglitz

No dia 15 de setembro de 1935, as Leis de Nuremberg foram anunciadas. A Lei de Proteção ao Sangue Alemão e à Honra Alemã declara:

> Inteiramente convencido de que a pureza do sangue alemão é condição primordial para a existência futura do povo alemão, e inspirado pela vontade inabalável de salvaguardar o futuro da nação alemã, o Reichstag aprovou, por unanimidade, a seguinte lei, agora promulgada:
>
> Art. 1º 1) São proibidos os casamentos entre judeus e cidadãos de sangue alemão ou aparentado. Os casamentos celebrados apesar dessa proibição são nulos e de nenhum efeito, mesmo que tenham sido contraídos no estrangeiro para iludir a aplicação desta lei. 2) Só o procurador pode propor a declaração de nulidade.
>
> Art. 2º As relações extramatrimoniais entre judeus e cidadãos de sangue alemão ou aparentado são proibidas.
>
> Art. 3º Os judeus são proibidos de terem como criados em sua casa cidadãos de sangue alemão ou aparentado com menos de 45 anos.
>
> Art. 4º 1) Os judeus ficam proibidos de içar a bandeira nacional do Reich e de envergarem as cores do Reich. 2) Mas são autorizados a engalanarem-se com as cores judaicas. O exercício dessa autorização é protegido pelo Estado.[4]

As Leis de Nuremberg simbolizam o que se chamou de segunda fase "mais organizada" da perseguição aos judeus. Até então cidadãos legais da Alemanha, eles passaram a ser vistos como assunto do Terceiro Reich. De forma legal, no centro da Europa do século 20, o direito à cidadania dos judeus começava a desaparecer. Bonhoeffer soubera a respeito dessa legislação pendente por intermédio de Dohnanyi, que tentou impedi-la ou atenuá-la — em vão.

[4] Alemanha, *Leis de Nuremberg*, 15 de setembro de 1935.

Bonhoeffer viu a promulgação das leis como uma oportunidade para a Igreja Confessante se posicionar claramente, de um modo que ainda não havia sido capaz de fazer. Os nazistas traçaram uma linha de delimitação, perceptível para todos.

Mas, outra vez, a Igreja Confessante demorou para agir, culpa do típico erro luterano de limitar-se à esfera restrita da relação entre igreja e Estado. Se o Estado atenta contra a igreja, existe uma esfera de preocupação adequada. Para Bonhoeffer, porém, a ideia de limitar as ações da igreja nesse âmbito era absurda. A igreja fora instituída por Deus para existir no mundo inteiro. Por falar ao mundo e por ser uma voz no mundo, há a obrigação da igreja em se manifestar contra coisas que não a afetam diretamente.

Para Bonhoeffer, o papel da igreja era *falar por aqueles que não podem falar*. Banir a escravidão no interior da igreja era correto, mas permitir sua existência externa seria perversidade. Assim aconteceu com a perseguição aos judeus por parte do Estado nazista. Manifestar-se corajosamente por aqueles que estavam sendo perseguidos iria mostrar que a Igreja Confessante era a igreja, pois, assim como Bonhoeffer havia escrito que Jesus foi o "homem para os outros", a igreja era, portanto, seu corpo na terra, uma comunidade em que Cristo se encontrava presente — uma comunidade que existia "pelos outros". Servir aos de fora da igreja, amá-los como a si mesmo, fazer a eles o que se quer que faça a si próprio, eram esses os mandamentos de Cristo.

Por volta dessa época, Bonhoeffer fez sua famosa declaração: "Somente aquele que clamar pelos judeus poderá cantar cânticos gregorianos". A seu ver, aquele que se atreve a cantar para Deus enquanto o povo escolhido por ele vem sendo espancado e morto demonstra que é preciso também se manifestar contra o sofrimento deles. Se existe má vontade para isso, Deus não tem interesse nesse tipo de adoração.

A complacência dos luteranos em manter a igreja afastada do mundo refletia uma ênfase exagerada e não bíblica em Romanos 13:1-5,[5] algo que herdaram

[5] "Todos devem sujeitar-se às autoridades governamentais, pois não há autoridades que não venha de Deus; as autoridades que existem foram por ele estabelecidas. Portanto, aquele que se rebela contra a autoridade está se colocando contra o que Deus instituiu, e aqueles que assim procedem trazem condenação sobre si mesmos. Pois os governantes não devem ser temidos, a não ser pelos que praticam o mal. Você quer viver livre do medo da autoridade? Pratique o bem, e ela o enaltecerá. Pois é serva de Deus para o seu bem. Mas se você praticar o mal, tenha medo, pois ela não porta a espada sem motivo.

de Lutero. Eles nunca tinham sido forçados a lidar com os limites do conceito bíblico de obediência às autoridades mundanas. Os cristãos primitivos se levantaram contra César e os romanos. Certamente as Leis de Nuremberg iriam forçar a Igreja Confessante a tomar posição contra os nazistas.

Um dia, de sua casa na igreja de Dahlem, Franz Hildebrandt ligou para Finkenwalde com notícias alarmantes. O Sínodo Confessante propunha uma resolução que concedia o direito ao Estado de promulgar a legislação de Nuremberg. Foi a gota d'água para ele. Hildebrandt estava preparado para renunciar à Liga de Emergência dos Pastores e deixar a Igreja Confessante. Bonhoeffer decidiu que tinha de fazer algo. Ele e um grupo de ordenandos iriam a Berlim para ver se havia a possibilidade de influenciarem alguma coisa no sínodo, que seria realizado em Steglitz. Bonhoeffer não era delegado e não poderia se pronunciar, mas podia agir como um incentivador para aqueles que enxergavam a situação da mesma forma que ele. Sua intenção era demonstrar que as Leis de Nuremberg ofereciam a eles a oportunidade de tomar um partido.

A viagem foi anticlimática. O sínodo não aprovou a resolução, tampouco definiu um posicionamento. A estratégia nacional-socialista de dividir e conquistar seus oponentes, de confundi-los e atrasá-los, estava funcionando com a Igreja Confessante. Bonhoeffer sabia que parte dessa relutância em se manifestar com ousadia tinha a ver com dinheiro. O Estado providenciava segurança financeira para os pastores da Alemanha, e até mesmo os pastores da Igreja Confessante se arriscariam apenas até certo ponto.

Família

Durante esse período, a luta de Bonhoeffer contra a depressão prosseguia. Havia tanto com que se desanimar, sobretudo a indisposição da igreja em se pronunciar contra a monstruosidade das Leis de Nuremberg. Os decretos afetariam sua própria família. Por ser uma família não ariana, Sabine e Gert já tinham sofrido bastante, mas agora a situação iria piorar. O casal se viu forçado a demitir muitas mulheres que trabalhavam para eles. "Houve lágrimas", escreveu Sabine.[6] As mulheres eram cada vez mais atormentadas por trabalhar

---

É serva de Deus, agente da justiça para punir quem pratica o mal. Portanto, é necessário que sejamos submissos às autoridades, não apenas por causa da possibilidade de uma punição, mas também por questão de consciência".

[6] Sabine Leibholz-Bonhoeffer, *The Bonhoeffers: Portrait of a Family*, p. 90.

para uma família judia. Os homens da SA que faziam entregas a domicílio costumavam dizer coisas como: "O quê?" Você ainda está trabalhando com judeus?". Professores que haviam sido amigos do casal se distanciaram, temendo por seus empregos. Quanto mais Sabine descobria por intermédio de sua irmã, Christel von Dohnanyi, mais sabia que ela, Gert e as garotas teriam de deixar a Alemanha, ainda que fosse algo difícil de aceitar. Quando Christel disse a Sabine o que acontecia nos campos de concentração, bem antes que os outros soubessem, ela não conseguiu ouvir o restante e pediu que a irmã parasse.

A avó de Bonhoeffer, então com 93 anos, tinha um amigo cujo membro judeu da família foi forçado a desistir da prática jurídica devido à nova legislação. Naquela que acabaria sendo a sua última carta a Dietrich, ela pediu sua ajuda: "Este homem de 54 anos de idade está viajando o mundo à procura de trabalho para que possa concluir a educação dos filhos [...]. A vida de uma família destruída! [...]. Tudo tem sido afetado, até os menores detalhes. Você pode nos aconselhar ou nos ajudar de forma ativa? [...]. Espero que possa apresentar algum pensamento expressivo a esse respeito e talvez conheça alguma solução".[7]

No mês de outubro de 1935, os pais de Bonhoeffer se mudaram da imensa casa na Wangenheimstrasse, em Grunewald, para um novo prédio que tinham construído em Charlottenburg. Apesar de menor, era suficientemente amplo para os hóspedes. Dietrich sempre teria um quarto no piso superior. A avó Julie Tafel Bonhoeffer mudou-se com eles para o novo lar, mas contraiu pneumonia depois do Natal e faleceu em janeiro. A influência que exercia sobre Karl Bonhoeffer e seus filhos era incalculável. No dia 15 de janeiro, utilizando-se do salmo 90, lido pela família em toda véspera de ano-novo, Bonhoeffer pregou em seu funeral:

> A recusa quanto a se sobrepor aos princípios corretos, a liberdade de expressão para o indivíduo livre, o comprometimento com a palavra dada, clareza e bom senso nos pontos de vista, suavidade e simplicidade na vida privada e pública — estes eram os elementos que andavam em seu coração. Ela não suportava ver o desprezo a esses valores ou a violação dos direitos de um indivíduo. Por essa razão, seus últimos anos

[7] BETHGE, *Dietrich Bonhoeffer: A Biography*, p. 490.

foram envoltos por uma nuvem de grande tristeza que ela carregou pelo destino dos judeus entre nosso povo, um fardo que ela dividia com eles e um sofrimento que ela também sentia. Ela provinha de outra época, de outro mundo espiritual, e esse mundo não será enterrado com ela na sepultura [...]. Esta herança, pela qual lhe agradecemos, deposita seus deveres em nós.[8]

A viagem para a Suécia

Em 4 de fevereiro de 1936, Bonhoeffer celebrou o trigésimo aniversário. Ele sempre se sentira bastante ciente de sua idade e considerava a marca de trinta anos incrivelmente velha. Foi a última data significativa do tipo em sua vida. E foi a celebração de seu aniversário que o colocou na mira dos nazistas pela primeira vez.

Tudo começou de modo inocente numa das muitas conversas pós-refeição com os ordenandos no salão principal de Finkenwalde. O fogo ardia no imenso braseiro de cobre do século 18 que ele comprara na Espanha. Comemoravam o aniversário de Bonhoeffer de maneira habitual, com cantos e outros tributos ao homenageado, e, quando se aproximou o fim da noite, eles iniciaram uma discussão bastante informal sobre o ato de presentear. Alguém brilhantemente sugeriu que talvez a pessoa celebrando o aniversário devesse não receber os presentes, mas ofertá-los — e os amigos dele seriam os beneficiários. Bonhoeffer mordeu a isca e perguntou a todos o que gostariam de ganhar, e eles se decidiram por uma viagem à Suécia. Será que ele conseguiria arranjá-la para eles? Como se viu depois, sim, ele conseguiria.

A viagem para a Suécia foi um dos diversos exemplos da generosidade de Bonhoeffer. Um ordenando de Gross-Schlönwitz, Hans-Werner Jensen, disse que "servir a seu irmão se tornou o centro da vida de Bonhoeffer. Ele evitava mantê-los sob sua tutela; só queria ajudá-los". Jensen recordou outras ocasiões de sua generosidade. Internado com apendicite no hospital de Stolp, Jensen foi transferido da ala de terceira classe para um quarto privatido. "A enfermeira me disse que um cavalheiro de óculos e boa aparência estivera no hospital naquela manhã, declarando que arcaria com os custos [...]. Outra vez, estávamos voltando para casa após uma noite livre em Berlim. Bonhoeffer comprou

[8] LEIBHOLZ-BONHOEFFER, *The Bonhoeffers*, p. 83.

passagens na estação para todos nós. Quando quis reembolsá-lo, ele apenas me respondeu: 'Dinheiro é sujo'".[9]

Essa era uma grande oportunidade de mostrar a seus ordenandos como era a igreja fora da Alemanha. Muitas vezes ele os fascinava com as histórias de suas viagens pelo exterior. Explicou-lhes que a igreja é algo que transcende as fronteiras nacionais, que se estende ao longo do tempo e espaço. Havia muitas boas razões para tal viagem, inclusive proporcionar aos ordenandos alguma parcela da vasta experiência cultural que ele possuía de sobra. Bonhoeffer sabia também que reforçar os laços de Finkenwalde com a igreja ecumênica estrangeira seria útil para protegê-los da interferência nazista.

Contatou imediatamente seus amigos ecumênicos na Suécia e Dinamarca. Os planos para a viagem deveriam ser feitos com a maior velocidade e silêncio possíveis, pois certamente haveria confusão caso o bispo Heckel descobrisse. Ele faria de tudo para impedi-la e tinha poderes para isso. Mas nada aconteceria se partissem antes que ele soubesse de algo. Nils Karlström, secretário do Comitê Ecumênico em Uppsala, compreendeu a situação de Bonhoeffer e fez grandes esforços para ajudá-lo. Seu convite oficial, questão primordial para a realização da viagem, já que Heckel iria conferir cada detalhe da excursão, chegou em 22 de fevereiro. Três dias depois, Bonhoeffer enviou a nota oficial da viagem para seus superiores, bem como ao Ministério das Relações Exteriores, onde um amigo de sua família era chefe do Departamento de Justiça. Achava que isso lhe concederia alguma cobertura, mas o tiro saiu pela culatra. Outra pessoa viu a nota e contatou Heckel, que, por sua vez, repassou-lhe um relatório negativo sobre Bonhoeffer. Em razão disso, o Ministério das Relações Exteriores escreveu ao embaixador alemão em Estocolmo: "O Reich e os Ministérios de Assuntos da Igreja da Prússia advertem contra o pastor Bonhoeffer, porque sua influência não é condizente com os interesses alemães. Governo e departamentos eclesiásticos têm a mais enérgica oposição à visita dele, o que acaba de se tornar público".[10]

Em 1º de março, os 24 ordenandos, mais Bonhoeffer e Rott, embarcaram num navio no porto de Stettin e navegaram ao norte até a Suécia, inconscientes de que o Ministério das Relações Exteriores se interessara pela viagem. Bonhoeffer sabia dos perigos de uma excursão dessa e avisara os ordenandos

[9] Wolf-Dieter ZIMMERMANN e Ronald G. SMITH, eds., *I Knew Dietrich Bonhoeffer*, p. 152-153.
[10] BETHGE, *Dietrich Bonhoeffer: A Biography*, p. 510.

para tomarem cuidado com o que iriam dizer, especialmente a jornalistas. O que eles dissessem poderia causar impactos de proporções "cartunescas" nas manchetes sensacionalistas dos jornais. Bonhoeffer não queria uma repetição do fiasco "Hitler quer ser papa".

As notícias da viagem fizeram Heckel ficar mal com o governo do Reich. No dia 3 de março, a imprensa sueca colocou a visita dos seminaristas nas primeiras páginas, e no dia seguinte a visita deles ao arcebispo Eidem em Uppsala também recebeu cobertura dos jornais. No dia 6, em Estocolmo, o grupo recorreu ao embaixador alemão, príncipe Victor zu Wied. O príncipe, tendo acabado de ler a carta de advertência sobre o problemático pastor, recebeu Bonhoeffer e seus companheiros com evidente frieza. Bonhoeffer não sabia o motivo, mas se lembrou depois que um retrato de Hitler em tamanho natural na sala olhava furiosamente para eles.

Com a chegada a Estocolmo, vieram ainda mais reportagens e fotografias. Cada centímetro de coluna da cobertura internacional fazia Heckel parecer pior. Era preciso agir com urgência, e, como de costume, o engenhoso clérigo faria tudo que fosse possível. Primeiro, disparou uma carta à igreja sueca. Depois, escreveu outra carta para o comitê eclesiástico prussiano, exortando-o a cumprir suas funções. Mas dessa vez ele usaria artilharia pesada para atingir Bonhoeffer oficialmente e por escrito, em termos que levaram a disputa toda para outro nível:

> Sinto-me impelido [...] a chamar a atenção da comissão da igreja provincial para o fato de que o incidente tem exposto Bonhoeffer em excesso aos olhos do público. Como ele pode ser acusado de ser pacifista e inimigo do Estado, talvez seja aconselhável para a comissão da igreja se dissociar dele e tomar medidas com o intento de garantir que ele não irá mais treinar teólogos alemães.[11]

A situação mudara. Heckel agora colocava Bonhoeffer à mercê do Estado nazista. Bethge escreveu que "nenhuma forma de denúncia foi mais fatal que a denominação de 'pacifista e inimigo do Estado', especialmente quando usada por escrito e de modo oficial".[12]

[11] Idem, p. 512.
[12] Idem.

O resultado imediato foi a revogação oficial do direito de Bonhoeffer em lecionar na Universidade de Berlim. A palestra que ministrara no dia 14 de fevereiro seria a última. Sua longa relação com o mundo acadêmico encerrou-se para sempre. Ele iria protestar e recorrer, mas não houve jeito de rescindir o julgamento. Contudo, na caótica Alemanha de Hitler, cuja academia era fechada a judeus, não se pode dizer que tenha sido um desalento completo. Seu cunhado Gerhard Leibholz foi obrigado a se "retirar" naquele abril. Em alguns aspectos, o julgamento foi uma questão de honra.

"Um pedaço atroz de falsa doutrina"

Em 22 de abril, Bonhoeffer apresentou uma palestra intitulada "A Questão dos Limites da Igreja e da União Eclesiástica".[13] Tipicamente medida, minuciosa e definitiva, chegava a ser bonita e elegante, como uma equação vitoriosa. Nela, explicou como a Igreja Confessante não tinha preocupação exclusiva com o dogma, mas tampouco era indiferente. Numa expressão coloquial memorável e terrível, disse que a Igreja Confessante "segue confiante no caminho entre a Cila da ortodoxia e a Caríbdis da desconfissionalidade".[14] Falou sobre os limites do engajamento, explicando a diferença vital entre se comprometer com "outra igreja" — como a Igreja Ortodoxa Grega ou a Igreja Católica Romana — e uma instituição que era "anti-igreja", tal qual os Cristãos Alemães. Ainda que houvesse diferenças com outra igreja, era possível estabelecer diálogo em busca de maior compreensão mútua. *Não* se podia dialogar com uma instituição "anti-igreja". A palestra sobre a questão eterna, *O que é a igreja?*, ajudou a clarear biblicamente a mente dos alunos a respeito de um assunto confuso numa época confusa da história da igreja alemã.

Mas em algum lugar nessa bela paisagem, plantada feito uma bomba, havia uma frase singular. Em breve iria explodir e destruir efetivamente cada frase em torno de si e causar uma tempestade de controvérsias. Bonhoeffer

[13] *The Way to Freedom: Letters, Lectures and Notes 1935-1939*, vol. 2, *Collected Works of Dietrich Bonhoeffer*, p. 90-91.

[14] Cila e Caríbdis são dois monstros da mitologia grega que moravam nos lados opostos do estreito de Messina, entre a Itália e a região da Sicília. Personificavam os perigos de navegar perto de rochas e redemoinhos; assim, a expressão "estar entre Cila e Caríbdis" passou a significar "estar entre dois males" ou "cair em um perigo ao fugir de outro". (N. do T.)

não pensava daquele modo quando a escreveu e nunca imaginara que ela se tornaria o ponto central da palestra. A frase polêmica era esta: "Aquele que se separar conscientemente da Igreja Confessante da Alemanha separa a si mesmo da salvação".

A reprovação foi estrondosa. Quando o conteúdo da palestra foi publicado na edição de junho do *Evangelische Theologie*, o jornal esgotou-se rapidamente. O ensaio de Bonhoeffer fez Hermann Sasse, que escrevera com ele a Confissão de Betel, declarar a Igreja Confessante como "diferente do movimento confessional mantido pelas igrejas luteranas; é uma seita, a pior seita a colocar os pés no solo do protestantismo alemão". Merz disse que a declaração de Bonhoeffer era "a efusão extática de um homem até então equilibrado, contradizendo tudo o que era fundamental para Lutero". O superintendente geral Ernst Stoltenhoff considerou aquilo "nada mais que um pedaço atroz de falsa doutrina".[15]

Bonhoeffer escreveu a Erwin Sutz:

> Meu texto me fez o homem mais odiado de nosso credo [...]. Aproxima-se a fase em que a besta perante a qual os adoradores de ídolos se curvam irá assumir as feições caricatas de Lutero [...]. Ou a Declaração de Barmen é uma confissão verdadeira do Senhor Jesus Cristo trazida pelo Espírito Santo, e neste caso pode construir ou dividir uma igreja — ou é uma expressão não oficial da opinião de um número de teólogos, e nesse caso a Igreja Confessante tem estado na trilha errada há um longo tempo.[16]

Memorando a Hitler

As esperanças de Bonhoeffer para com a Igreja Confessante ressurgiram na primavera de 1936, quando descobriu que a administração da igreja preparava um documento em que criticaria abertamente as políticas nazistas contra os judeus, entre outras coisas. Um documento corajoso, mas moderado, escrito para os olhos de um homem específico. Um memorando da Igreja Confessante para Adolf Hitler.

[15] Bethge, *Dietrich Bonhoeffer: A Biography*, p. 522-523.
[16] *The Way to Freedom*, p. 110.

O memorando foi escrito de maneira a convidar seu maníaco leitor para uma discussão. Não era intimidador ou acusatório, mas fazia perguntas e, assim, desafiava Hitler, pedindo-lhe que esclarecesse as coisas, dando a ele o benefício da dúvida. A "descristianização" do povo alemão era uma política oficial do governo? O que o Partido Nazista queria dizer com o termo "cristianismo positivo"? O texto observava também que a ideologia partidária estava forçando os cidadãos alemães a odiar os judeus, e os pais cristãos, em consequência, enfrentavam dificuldades com seus filhos, já que supostamente os cristãos não deveriam odiar ninguém. Hildebrandt estava envolvido na elaboração do memorando, e Niemöller foi um dos signatários.

O documento foi entregue em mãos à chancelaria do Reich no dia 4 de junho. Além da cópia para Hitler, existiam apenas outros dois exemplares, ambos muito bem guardados. Uma aposta calculada, pois Hitler poderia responder negativamente. O tempo passou, e Hitler nada respondeu. Dias se passaram, semanas sem qualquer resposta. Teria ele recebido o memorando?

Depois de seis semanas, notícias desastrosas: souberam novidades do memorando por meio de um jornal de Londres. No dia 17 de julho, o *Morning Post* publicou um artigo a respeito. Como a imprensa britânica descobriu aquilo se o documento não se havia tornado público? Agora a reputação de Hitler aos olhos do mundo ficaria péssima, no exato momento em que a Igreja Confessante tinha esperanças de oferecer a ele uma oportunidade de reagir privadamente, de salvar as aparências. E a situação ficou pior: uma semana depois, um jornal suíço publicou o memorando na íntegra. O vazamento do texto para a imprensa internacional sugeria que a Igreja Confessante o fizera com a intenção de prejudicar a imagem de Hitler. Mas ninguém que havia escrito o memorando possuía uma cópia. Alguns suspeitaram que o próprio Hitler vazara o documento para criar uma imagem ruim da Igreja Confessante. E, de fato, agora a igreja causava a impressão de ser traiçoeira por ter usado a imprensa internacional contra o governo alemão. Resultado: muitos luteranos proeminentes se distanciaram ainda mais da Igreja Confessante.

O que aconteceu de verdade? Descobriu-se que dois ex-alunos de Bonhoeffer, Werner Koch e Ernst Tillich, e o dr. Friedrich Weissler, advogado da Igreja Confessante, estavam por trás do vazamento. Frustrados com a ausência de resposta de Hitler, achavam que poderiam forçá-lo a dar explicações. Os três foram presos e enviados aos quartéis-generais da Gestapo para serem interrogados. No outono, foram enviados para o campo de concentração de

Sachsenhausen. Weissler, pelo crime de ser judeu, foi separado de seus irmãos e morreu em menos de uma semana.

Como os Jogos Olímpicos começariam em quinze dias, Hitler adiou as medidas imediatas contra o trio. Afinal, visitantes e a mídia internacional estavam a seu dispor, e mais de quatro milhões de ingressos haviam sido vendidos. No momento, ele queria aparentar magnanimidade e tolerância.

A Igreja Confessante fez então uma jogada ousada. Já que o cavalo saíra do celeiro, decidiram que o memorando seria lido nos púlpitos por toda a Alemanha, "a prova inequívoca de que a igreja não perdera completamente sua voz sobre a flagrante injustiça".[17] Além disso, o texto do documento seria impresso e distribuído em um milhão de panfletos. Ao criticar Hitler publicamente, a Igreja Confessante nadava contra a afluente maré da opinião pública a favor de Hitler. O Führer estava em alta, mesmo entre aqueles que haviam sido seus detratores um ou dois anos antes, e as Olimpíadas seriam a consagração. Qualquer um que criticasse Hitler durante o ponto alto da ressurreição alemã do túmulo de Versalhes seria provavelmente considerado um chato resmungão. Ou um inimigo do Estado.

Olimpíadas

No verão, os Jogos Olímpicos ofereceram a Hitler uma oportunidade única de mostrar a face alegre e razoável da "nova Alemanha". Goebbels, que não poupou gastos na construção de catedrais da falsidade, erigiu uma verdadeira Chartres de truques e fraudes. A propagandista Leni Riefenstahl estava produzindo um filme sobre o espetáculo.

Os nazistas fizeram seu melhor para representar a Alemanha como uma nação cristã. A Igreja do Reich ergueu uma enorme tenda perto do Estádio Olímpico. Os estrangeiros não teriam ideia da batalha mortífera entre os Cristãos Alemães e a Igreja Confessante; parecia simplesmente haver uma fartura de cristianismo na Alemanha de Hitler. Na Igreja de São Paulo, a Igreja Confessante patrocinou uma série de palestras: Jacobi, Niemöller e Bonhoeffer falaram. "Ontem não foi uma noite ruim", escreveu Bonhoeffer. "A igreja lotada; pessoas sentadas nos degraus do altar e em pé por todo lugar. Gostaria

[17] Bethge, *Dietrich Bonhoeffer: A Biography*, p. 536.

de ter pregado em vez de ter dado uma palestra".[18] Quase todas as palestras da Igreja Confessante tinham lotação máxima. A Igreja do Reich patrocinava palestras de teólogos universitários "aprovados", com participação mínima.

Bonhoeffer tinha sentimentos mistos sobre a participação da Igreja Confessante. Os cristãos sérios na Alemanha andavam em guerra com algo que não sentia remorsos por sua maldade, que não iria ouvir a razão e se ajustar. Era preciso agir e estar preparado para enfrentar as consequências. Como sempre, ele parecia ser o único a enxergar isso. O movimento ecumênico prosseguia seu diálogo interminável, e os líderes da Igreja Confessante faziam o mesmo, coando um mosquito e engolindo um camelo.

O líder evangélico americano Frank Buchman, chefe do Movimento de Oxford, foi a Berlim, com a esperança de levar o evangelho de Cristo a Hitler e a outros líderes nazistas. O colega dele, Moni von Cramon, havia feito sua apresentação a Himmler, com quem almoçou nesse período. Um ano antes, Himmler disse a Cramon: "Como ariano, eu preciso ter a coragem de assumir sozinho a responsabilidade por meus pecados". Ele rejeitava a ideia "judaica" de colocar os pecados alheios nos ombros de outra pessoa. Estava ainda menos interessado no que Buchman tinha a dizer. Tempo depois, em agosto, Buchman fez sua trágica observação: "Agradeço aos céus por um homem como Adolf Hitler, que construiu uma linha de defesa contra o anticristo do comunismo".[19] Foi um comentário descartável feito numa entrevista ao *New York World-Telegram*, em seu escritório na Igreja do Calvário, na Park Avenue com a Rua 21, e não refletia seu pensamento mais amplo a respeito do assunto. Ainda assim, ilustra facilmente como até mesmo os cristãos mais sérios foram inicialmente arrebatados pela propaganda conservadora pseudocristã de Hitler.

Após as Olimpíadas, Bonhoeffer foi a Chamby, na Suíça, para a conferência da Vida e Trabalho. O memorando para Hitler seria lido pelos pastores da Igreja Confessante por toda a Alemanha no dia 23 de agosto. Bonhoeffer perguntou a seus superiores se era possível permanecer na Suíça, pois seria importante ter alguém fora da Alemanha que estivesse familiarizado com o documento, alguém que pudesse informar a imprensa

[18] Idem, p. 539.

[19] Garth LEAN, *On the Tail of a Comet: The Life of Frank Buchman, a Small Town American Who Awakened the Conscience of the World*, p. 235.

internacional a respeito de seu conteúdo e de como Hitler estava lidando com aqueles que o publicaram.

No dia designado, diversos pastores corajosos leram a proclamação nos púlpitos. Um deles era Gerhard Vibrans, amigo íntimo de Bonhoeffer e Bethge No fim do culto, o diretor escolar do vilarejo avistou o policial do lugar. "Prendam esse traidor!", gritou. O policial deu de ombros e disse que não tinha ordens para isso. A Gestapo, no entanto, anotou os nomes dos que leram a proclamação.

Não atirem suas pérolas aos porcos

No outono de 1936, Ludwig Müller emergiu novamente, provocando ondas com um panfleto intitulado "Deutsche Gottesworte" ("Palavras Alemãs de Deus"). No tom avuncular de um anunciante icônico de rede de restaurantes, o *Reibi* fez a introdução a seu eleitorado: "Para vocês, meus camaradas do Terceiro Reich, eu não traduzi o Sermão da Monte, mas o germanizei [...]. Seu *Reichsbishof*".[20] Müller estava apenas muito feliz por ajudar seu amigo Jesus a se comunicar de maneira mais efetiva com as pessoas do Terceiro Reich. E, como a mansidão não era uma atitude "alemã" aceitável, Müller dera a seus camaradas algo mais de acordo com a saudável imagem germânica que queria promover. "Feliz é aquele que sempre guarda a boa camaradagem. Ele vai se dar bem no mundo". Obviamente, o bispo do Reich pretendia usar essa baboseira autossatírica como evangelismo. Mas para que ele desejaria converter seus leitores ignorantes?

Os Cristãos Alemães convenceram-se de que "evangelizar" a Alemanha valia qualquer preço, incluindo a evisceração do evangelho por meio da pregação do ódio contra os judeus. Mas Bonhoeffer sabia que distorcer a verdade para vendê-la de forma mais eficaz não era exclusividade dos Cristãos Alemães. Membros da Igreja Confessante também haviam maquiado a verdade outras vezes.

Para Bonhoeffer, o desafio era transmitir a Palavra de Deus mais puramente possível, sem que houvesse a necessidade de evitá-la ou travesti-la. Ela tem por si só o poder de tocar o coração humano. Qualquer arrebique ou enfeite iria apenas diluir o poder da coisa em si. Bonhoeffer repetira isso a seus

[20] BETHGE, *Dietrich Bonhoeffer: A Biography*, p. 542.

ordenandos diversas vezes. Permita que o poder fale por conta própria, sem obstáculos.

Na prática, porém, era difícil saber onde definir os limites na proclamação do evangelho. Seria assim tão fácil dizer que Frank Buchman estava jogando pérolas aos porcos ao tentar alcançar Himmler? Essa pergunta tomaria forma de um modo bastante prático para alguns dos ordenandos enviados para paróquias que não se achavam muito interessadas no que eles tinham a oferecer. Podia ser desanimador às vezes. Gerhard Vibrans foi enviado a uma pequena aldeia a leste de Magdeburg, que parecia povoada quase unicamente por idiotas:

> Minha paróquia de seiscentas almas em Schweinitz é bem pobre; em média, apenas uma ou duas pessoas vão à igreja todo domingo [...]. A cada domingo, usando minhas vestimentas, faço uma peregrinação através da aldeia para basicamente avisar as pessoas que é domingo [...]. Elas tentam me confortar dizendo que eu irei receber meu salário mesmo que ninguém vá à igreja.[21]

Vibrans disse que no Domingo da Trindade ninguém apareceu, "com exceção da sacristã". A resposta de Bonhoeffer foi simples, prática e bíblica: "Se um povoado não vai ouvir, iremos a outro. Há limites". Ele ecoou a injunção de Jesus aos discípulos, de que deviam sacudir a poeira dos pés ao saírem de uma cidade onde não foram bem recebidos (Mt 10:14). Mas Bonhoeffer não foi descuidado, e seu coração se penalizou por Vibrans, que fora um servo tão fiel quanto possível. "Sua observância leal de nosso conselho quase me deixa envergonhado. Não o tome de forma demasiadamente literal ou um dia você pode se fartar disso".[22]

Bonhoeffer visitou a aldeia e pregou na igreja. Numa carta posterior a Vibrans, disse que ele deveria escrever para a congregação "contando-lhes que esta é possivelmente a última oferta do evangelho para eles, e que há outras comunidades cuja fome da Palavra não pode ser satisfeita porque existem muito poucos trabalhadores".[23]

[21] Idem, p. 544.

[22] Idem.

[23] Idem.

Na primavera de 1937, Bonhoeffer escreveu um artigo dramático de nome "Declarações sobre o Poder das Chaves e a Disciplina Eclesiástica no Novo Testamento". Ele tentava fazer que a igreja se levasse a sério, a fim de apreender o que o poder de Deus oferece, um poder incrível e assustador que precisa ser compreendido e utilizado da maneira pretendida por Deus. Assim como falou a seus ordenandos sobre a pregação da Palavra, agora falava a toda a Igreja Confessante. Começa assim o artigo:

> 1. Cristo deu a sua igreja o poder de perdoar e reter pecados na terra com autoridade divina (Mt 16:19;18:18; Jo 20:23). Salvação eterna e danação eterna são decididas pela sua palavra. Aquele que se desvia do caminho pecaminoso na palavra da proclamação e se arrepende, recebe o perdão. Aquele que persevera em seu pecado recebe o julgamento. A igreja não pode libertar o penitente do pecado sem arrastar e prender o impenitente em pecado.[24]

Não havia nada insípido ali. Em seguida, tocou no conceito da graça barata — sem utilizar o termo — e comentou sobre como o movimento ecumênico e a Igreja Confessante tinham por vezes se empenhado em diálogos bem-intencionados com Hitler e a Igreja do Reich.

> 3. "Não deem o que é sagrado aos cães, nem atirem suas pérolas aos porcos; caso contrário, estes as pisarão e, aqueles, voltando-se contra vocês, os despedaçarão" (Mt 7:6). A promessa da graça não deve ser desperdiçada; ela precisa ser protegida do ímpio. Há aqueles que não são dignos do santuário. A proclamação da graça tem seus limites. A graça não pode ser proclamada a quem não a reconhece ou a distingue ou a deseje. Não somente aquele que profana o santuário, não somente aqueles que pecam ainda são culpados perante o Santo dos Santos, mas, além disso, a utilização abusiva da Santidade deve se voltar contra a própria comunidade. O mundo no qual a graça é imposta feito uma barganha irá se cansar dela, e não apenas pisará sobre a Santidade, mas irá também despedaçar aqueles que desejam forçá-la sobre eles. Por sua causa, por causa do pecador, e por causa da comunidade, a Santidade deve ser protegida da rendição barata.

[24] *The Way to Freedom*, p. 149.

> O evangelho é protegido pela pregação de arrependimento, que chama o pecado de pecado e declara o pecador culpado. A chave para libertar é protegida pela chave de reter. A pregação da graça só pode ser protegida pela pregação do arrependimento.[25]

Ele tinha feito comentários similares antes, em contextos variados. Ele tinha alertado os líderes da Igreja Confessante do modo em que os profetas do Antigo Testamento haviam feito. E, como os profetas, ele tinha advertido em vão.

Mas, em 1937, a verdadeira natureza da besta com quem estiveram lidando iria subitamente se revelar. Os lobos, não mais precisando se arrastar debaixo de suas peles de ovelha, iriam arremessá-las ao ar e se poriam a correr.

A repressão nazista

Em 1937, os nazistas abandonaram qualquer pretensão de demonstrar imparcialidade e puniram severamente a Igreja Confessante. Nesse ano, mais de oitocentos pastores e líderes confessantes foram encarcerados ou detidos. O líder deles, o sincero Martin Niemöller de Dahlem, foi um dos presos. No dia 27 de junho, ele pregou aquele que seria seu último sermão durante muitos anos. Transbordaram multidões dentro de sua igreja, semana após semana. No domingo derradeiro, Niemöller falou sem rodeios, como sempre fizera. Do púlpito, declarou: "Nós não temos mais a intenção de usar nossas próprias forças para escapar das mãos da autoridade, como faziam os apóstolos de antigamente. Não estamos mais dispostos a nos calar a mando do homem quando Deus nos ordena a falar. Eis a razão, e assim deve ser, pela qual temos de obedecer a Deus mais que ao homem".[26] Na quinta-feira seguinte, ele foi preso.

Mesmo sendo brutais, os nazistas eram astutos e cuidadosos. Eles eram extremamente sensíveis à opinião pública, e o modo com que abordaram a Igreja Confessante foi, na maior parte, por meio de normas cada vez mais rigorosas. Os métodos deles "não visavam banir a Igreja Confessante diretamente", disse Bethge, "mas liquidá-la gradualmente, utilizando-se de intimidação e repressão das atividades individuais".[27]

[25] Idem, p. 151.

[26] James BENTLEY, *Martin Niemöller: 1892-1984*, p. 129.

[27] BETHGE, *Dietrich Bonhoeffer: A Biography*, p. 577.

Proibiram a leitura no púlpito de listas de intercessão para orações e revogaram passaportes; o passaporte de Niemöller havia sido revogado no início do ano. Em junho, os nazistas declararam que todas as coletas feitas durante os cultos da Igreja Confessante eram ilegais. Em julho, toda "comunicação duplicada" estaria sujeita à Lei Editorial Nazista e receberia o mesmo tratamento dos jornais. Por exemplo, as cartas circulares de Finkenwalde que Bonhoeffer escrevia a seus ex-alunos deviam agora ser assinadas pessoalmente. Ele colocava as palavras *Carta Pessoal* no topo de cada cópia. O turbilhão de regulamentos inúteis e leis injustas sobrecarregaram os pastores confessantes, que constantemente se enroscavam numa delas e acabavam presos.

Ao longo dos anos seguintes, Bonhoeffer sentiu uma responsabilidade aguda por qualquer finkenwaldiano arrastado para a prisão. Visitou muitos deles e permaneceu em contato com seus pais e esposa. Ao pai de um dos rapazes, escreveu:

> Muitas vezes é difícil compreender o caminho de Deus para a igreja dele. Mas podemos alcançar a paz na certeza de que seu filho está sofrendo por causa do Senhor e de que a igreja de Jesus intercede por ele em oração. O Senhor atribui grande honra a seu servo quando lhe traz sofrimento [...]. Seu filho, porém, irá orar para que você coloque tudo nas mãos de Deus e que dê graças por tudo que Deus possa realizar em você e em sua igreja.[28]

Bonhoeffer queria demonstrar que eles faziam parte de uma comunidade de resistência ainda maior. Para esse fim, e como forma de proporcionar algum alívio às jovens esposas atormentadas dos pastores presos, arranjou uma estada para elas na casa de campo de Ruth von Kleist-Retzow, em Klein-Krössin. Ela também se tornou uma colaboradora e um amparo para muitos dos irmãos e seus parentes. Quando Werner Koch foi levado a um campo de concentração, ela lhe escreveu: "Vivemos em tempos estranhos, mas devemos ser eternamente gratos que o pobre e opressivo cristianismo está adquirindo a maior vitalidade que eu já conheci no curso de meus setenta anos. Que testemunho de sua real existência!".[29] Bonhoeffer enviou a esposa de Koch à

[28] Idem, p. 582-23.

[29] Ruth von Kleist-Retzow a Werner Koch, Klein-Krössin, 1937.

senhora Von Kleist-Retzow para que ela desfrutasse de sua inigualável hospitalidade cristã. O casarão, construído no antigo estilo enxaimel alemão, foi cercado por jardins e altos castanheiros. Ela chegou a criar gansos na imensa cozinha campestre e tinha três quartos de hóspedes, nomeados de Esperança, Contentamento e Alegria.

Niemöller preso; Hildebrandt afastado

Na manhã de 1º de julho, Bonhoeffer e Bethge estavam em Berlim. As prisões de pastores da Igreja Confessante haviam aumentado, por isso os dois foram à casa de Niemöller em Dahlem para definir estratégias com ele e Hildebrandt. Mas encontraram apenas Hildebrandt e a esposa de Niemöller. A Gestapo o prendera poucos momentos antes.

Os quatro conversavam a respeito do que fazer em seguida quando vários Mercedes pretos estacionaram perto da casa. Sabendo se tratar da Gestapo, Bonhoeffer, Bethge e Hildebrandt correram para a porta dos fundos e foram interrompidos por Herr Höhle, um oficial da Gestapo já familiar a eles e à maior parte dos confessantes. Os três homens foram escoltados de volta para casa, revistados por outro oficial, e depois colocados sob prisão domiciliar, onde permaneceram por sete horas, período em que se sentaram e assistiram à casa de Niemöller sendo revistada. A perseverança meticulosa da Gestapo foi finalmente recompensada com a descoberta de um cofre escondido atrás de um quadro, com mil marcos no interior, pertencentes à Liga de Emergência dos Pastores.

Jan, o filho de dez anos de Niemöller, relembra que quem aparecesse na casa naquele dia era detido e posto sob suspeita. "A casa ficou cheia", disse.[30] De alguma maneira, a inigualável Paula Bonhoeffer tomou conhecimento da situação. Bonhoeffer viu o carro dos pais passando diversas vezes, com sua mãe a espiar pelo lado de fora. Com exceção de Niemöller, todos foram liberados à tarde. Uma nova fase havia começado.

Niemöller ficou preso por oito meses, mas no dia de sua soltura a Gestapo prontamente o prendeu outra vez. Eles eram conhecidos por essa tática desagradável. Hitler não podia tolerar a liberdade de alguém tão abertamente contrário a ele; assim, honrou o pastor Niemöller com a distinção de ser um

[30] Amos Cresswell e Maxwell Tow, *Dr. Franz Hildebrandt: Mr. Valiant for Truth*, p. 78.

"prisioneiro pessoal" do Führer durante os sete anos seguintes, passados em Dachau. Niemöller foi libertado pelos Aliados em 1945.

Nesse meio-tempo, Hildebrandt pregou em Dahlem, com sermões não menos inflamados que os de Niemöller. Ainda assim, começou a ver que, como judeu, talvez tivesse chegado o momento de se retirar. Os passaportes estavam sendo revogados, e ele poderia não ser capaz de sair quando se tornasse mais conveniente. Seu último sermão aconteceu no dia 18 de julho.

Havia sempre oficiais da Gestapo na congregação. Tinham a intenção de intimidar fiéis e pastores, mas em Dahlem eles falharam consistentemente. Niemöller gracejava com eles no púlpito, pedindo vez ou outra a um membro da congregação para "emprestar a Bíblia a nosso amigo policial".[31] Naquele domingo, em violação direta das novas leis, Hildebrandt leu em voz alta a lista de nomes para quem as orações de intercessão eram solicitadas. Em seguida, realizou explicitamente uma coleta extra para o trabalho da Igreja Confessante. Deu instruções para que o dinheiro fosse colocado sobre a mesa do Senhor no altar, onde foi dedicada uma oração para Deus e sua obra. A Gestapo costumava fazer vista grossa a essas violações das leis, mas não naquele dia. No final do culto, o oficial descaradamente foi à frente e pegou o dinheiro.

Depois disso, Hildebrandt foi preso. Na cena seguinte, Hildebrandt protestou contra sua detenção. A congregação então se intrometeu, de forma cada vez mais ruidosa. A multidão barulhenta seguiu os oficiais da Gestapo enquanto escoltavam Hildebrandt até o carro do lado de fora. Após alguns minutos constrangedores, os oficiais humilhados admitiram a derrota, saíram do carro e começaram a andar com o prisioneiro até a sede da Gestapo. Eles preferiam realizar seu trabalho em silêncio, na calada da noite se possível, mas agora, ao caminharem pelas ruas, tornaram-se objeto de zombaria da congregação, revoltada por seu pastor estar sendo carregado por eles, e permitindo que todo mundo ao redor soubesse disso. Além do mais, a Gestapo estava involuntariamente conduzindo o prisioneiro na direção errada. Hildebrandt e os paroquianos sabiam disso, mas não estavam dispostos a ajudar os oficiais, que a cada passo pareciam mais palermas. Por fim, Hildebrandt foi levado ao quartel da Gestapo na Alexanderplatz.

No dia seguinte, a Gestapo o devolveu a seu apartamento, onde outro esconderijo de dinheiro pertencente à Igreja Confessante foi descoberto e

[31] Idem, p. 79.

confiscado. Mas um dos policiais sentiu fortes dores de dente durante a revista, o que obrigou o encerramento prematuro das buscas, deixando intocada uma segunda reserva financeira da Igreja Confessante.

Hildebrandt foi então levado para a prisão de Plötzensee. Bonhoeffer e seus outros amigos temeram por sua vida. Como judeu, a possibilidade de ser maltratado aumentava. A família Bonhoeffer fez o máximo de esforços para garantir sua soltura. Hans von Dohnanyi entrou na briga e conseguiu soltá-lo dois dias antes do previsto, no dia 28. A liberação antecipada permitiu-lhe fugir para a Suíça sem ser detectado pelas autoridades. Sem essa intervenção extraordinária, ele teria de permanecer no país, e é provável que, assim como Niemöller, tivesse sido detido outra vez. Por ser um não ariano, é de se imaginar que não tivesse sobrevivido. Da Suíça, Hildebrandt foi para Londres, onde se tornou imediatamente pastor assistente de seu velho amigo Julius Rieger, na Igreja de St. George. Lá ele continuou a trabalhar com refugiados e também com o bispo Bell e os outros contatos ecumênicos. Mas Bonhoeffer sentiria falta de seu amigo.

O fim de Finkenwalde

Em Berlim, a Igreja Confessante planejava um culto de intercessão a ser realizado na igreja de Niemöller em Dahlem, no dia 8 de agosto. A igreja estava cercada, mas a congregação de Niemöller, da mesma forma que seu pastor, era feita de material mais resistente que a maioria, e a coisa irrompeu em outra manifestação contra os nazistas. A multidão se recusou a se dispersar por horas. Duzentos e cinquenta fiéis foram presos e levados para a Alexanderplatz.

Durante todo o verão de 1937, Bonhoeffer supervisionou o quinto curso de seis meses em Finkenwalde. Estava também concluindo o manuscrito de um livro sobre o Sermão do Monte, que vinha ocupando sua mente desde pelo menos 1932. A obra, que se iria chamar *Nachfolge* (*Discipulado*), surgiu em novembro de 1937. Seria um dos livros cristãos mais influentes do século 20.

Quando acabou o período de verão, Bonhoeffer e Bethge fizeram uma viagem de férias para Königsee e Grainau, perto de Ettal, nos Alpes da Baviera. Depois disso, foram a Göttingen para visitar Sabine, Gerhard e as meninas. Foi em Göttingen que ele recebeu um telefonema surpresa de Stettin, informando-lhe que a Gestapo tinha fechado Finkenwalde. As portas foram seladas. Uma era havia terminado.

Pelas próximas seis semanas, Bonhoeffer e Bethge permaneceram em Berlim na casa de seus pais na Marienburgerallee. Ficaram no quarto do sótão, onde havia duas camas e muitas estantes de livros.[32] Da janela, podia se ver a casa e o quintal ao lado, onde Ursula, a irmã de Bonhoeffer, e seu marido Rüdiger Schleicher viviam. Bethge tornou-se um membro da família Bonhoeffer, comendo as refeições com eles e desfrutando o convívio dessas pessoas inteligentes e cultas, todas passionalmente opostas ao nazismo. À noite, Bethge e Bonhoeffer discutiam as últimas novidades trazidas por Dohnanyi. A situação ficava cada vez mais sombria, especialmente no que dizia respeito aos judeus.

Passaram muitas noites na casa dos Schleicher, onde ficava o piano de cauda. Bethge e os outros cantavam, com Dietrich usualmente fazendo o acompanhamento. A sobrinha de doze anos de Dietrich, Renate, era designada para virar as páginas da partitura. Como seu tio, ela herdara a coloração Von Hase — cabelos loiros e olhos azuis penetrantes — da avó, Paula Bonhoeffer. Ela e Bethge, então com 28 anos de idade, ainda não tinham a menor ideia de que seis anos adiante os dois estariam casados.

Os pastorados coletivos

Durante essas seis semanas, Bonhoeffer tentou de tudo para recorrer contra o fechamento de Finkenwalde. Ao final de 1937, porém, estava nítido que o seminário não seria reaberto. Mesmo assim, Bonhoeffer sabia que isso não significava necessariamente o fim dos seminários ilegais. Eles seriam mantidos sob a forma de *Sammelvikariat* (pastorados coletivos).

O processo começou pela busca de uma igreja cujo pastor sênior fosse simpático à Igreja Confessante e trouxesse consigo certo número de "vigários aprendizes". Teoricamente, eles iriam auxiliá-lo, mas na verdade receberiam educação no formato de Finkenwalde. Cada ordenando seria registrado pela polícia do lugar como assistente do pastor local, mas viveria com outros seminaristas em grupos de sete a dez pessoas. Em 1938, havia dois pastorados coletivos do tipo, ambos nos confins orientais da Pomerânia. O primeiro, em Köslin, ficava a aproximadamente cem quilômetros a nordeste de Stettin.

[32] É possível visitar esse quarto hoje em dia. As estantes, a mesa e o piano de Bonhoeffer ainda estão por lá.

O segundo era ainda mais remoto, cerca de cinquenta quilômetros mais longe, a leste.

O superintendente do distrito de Köslin era pai de Fritz Onnasch, um graduado de Finkenwalde. Ele alojou dez ordenandos com cinco pastores da Igreja Confessante em sua área. Todos eles viviam em seu vicariato. Bonhoeffer também morou ali quando foi necessário. Onnasch era o diretor de estudos. O superintendente em Schlawe era Eduard Block, que empregou Bethge e Bonhoeffer como seus ministros assistentes. Em Schlawe, Bethge seria o diretor de estudos. Esse grupo de ordenandos vivia no leste de Schlawe, um lugar descrito por Bethge como "uma casa paroquial desconjuntada e fustigada pelos ventos em Gross-Schlönwitz, na fronteira do distrito da igreja".[33]

Bonhoeffer dividia seu tempo entre esses idílios, viajando de Köslin a Schlawe em sua motocicleta, quando o clima permitia. Em Schlawe, lecionava durante a segunda metade da semana e permanecia até o domingo. Bonhoeffer costumava viajar quase trezentos quilômetros a Berlim e telefonava quase todos os dias, falando geralmente com a mãe, sua principal fonte de informação sobre as disputas políticas e eclesiásticas.

Ele era um eterno otimista, pois acreditava no que Deus disse por meio das Escrituras. Sabia que tudo o que acontecia com ele ou com os irmãos fiéis abriria novas oportunidades para a atuação de Deus, nas quais a provisão divina se mostraria de forma evidente. Em 1937, no sumário de fim de ano aos formandos de Finkenwalde, escreveu: "Nós já podemos dizer a vocês que os novos caminhos pelos quais estamos sendo guiados nos oferecem grande motivo de gratidão".[34] Uma carta dessa época de um dos ordenandos apresenta um retrato de como era a vida em Schlönwitz:

> Eu não vim para Schlönwitz num estado alegre ou esperançoso [...]. Estremeci diante da perspectiva desse período de confinamento físico e mental. Era, a meu ver, um mal necessário [...] no qual se deve resistir com graça e atravessar da melhor maneira possível os terrenos da autodisciplina [...] mas depois tudo se revelou bem diferente do que eu temia. Em vez de entrar no mundo abafado do fanatismo teológico, me encontrei num lugar que combinava muito do que eu amava e

[33] Bethge, *Dietrich Bonhoeffer: A Biography*, p. 591.

[34] Mary Bosanquet, *The Life and Death of Dietrich Bonhoeffer*, p. 192.

> precisava; trabalho teológico em companhia de outros, que nunca deixam ninguém ser ferido por algum sentimento de incompetência, mas que trabalham com alegria; fraternidade sob a Palavra que une a todos nós, sem acepção de pessoa; e, ao mesmo tempo, uma valorização de tudo que concede charme à criação caída; música, literatura, esporte e a beleza da terra; um modo magnânimo de viver [...] quando olho para trás vejo um quadro nítido [...]. Os irmãos sentados, à tarde, café e pão com geleia. O chefe retorna após uma longa ausência [...] agora temos as últimas notícias, e o mundo invade a calma e simplicidade de nossa vida rural na Pomerânia [...]. Será que a exatidão de sua visão teológica se aborrece se eu disser a você que eram as coisas periféricas que reforçavam a valorização da parte central?[35]

Em 1939, o vicariato em Schlawe não estava mais disponível, mas nem mesmo isso era uma complicação. Os ordenandos se mudaram para Sigurdshof, um lugar ainda mais remoto que Gross-Schlönwitz. Era como se um pássaro os levasse cada vez mais longe das preocupações do presente em busca de um reino profundo no coração de um conto de fadas alemão. Bethge escreveu:

> A pequena casa ficava a dois quilômetros ao sul da aldeia da propriedade, e ficava mais isolada do que qualquer outro lugar que eles tinham vivido até aquele momento. Quatro janelas pequenas ofereciam a visão de um pátio pouco utilizado, sob um telhado inclinado e entre luxuosas plantas trepadeiras. Na parte de trás, fluíam as águas do idílico rio Wipper. Havia uma bomba debaixo d'água perto das árvores, onde uma vasta floresta começava a se fundir com a floresta Varzin da fazenda Bismarck ao sul. Não havia eletricidade [...]. Quem não considerasse aquele local tranquilo o suficiente, podia se retirar para um pavilhão de caça afastado na floresta. No verão, podiam usar o bote de pesca na lagoa ou a quadra de tênis na mansão de Tychow.
>
> Estamos preocupados com o carvão; e, além disso, não temos parafina, por isso temos de usar velas. Ficamos todos no mesmo quarto, e alguém toca um instrumento ou lê em voz alta.[36]

[35] Idem, p. 193-194.

[36] BETHGE, *Dietrich Bonhoeffer: A Biography*, p. 591.

Em cartas aos pais, Bonhoeffer descreveu a situação:

> Cheguei ontem aqui [...]. Ontem à noite eu não pude deixar de me unir aos esquiadores no bosque coberto de neve. Foi realmente encantador, e tão calmo que todo o resto parecia uma assombração. De modo geral, eu realmente sinto mais e mais que a vida no campo, especialmente em tempos como estes, possui muito mais dignidade humana que na cidade. Toda a manifestação de massa simplesmente se esvai. Acho o contraste entre Berlim e esta chácara isolada particularmente notável no momento.
>
> Tem nevado bastante por aqui. O furgão do correio não consegue passar, e não podemos receber nada, exceto pelo trenó, de vez em quando [...] 28 graus negativos [...]. Sob tais circunstâncias, o trabalho vai bem. O engenheiro florestal permitiu que tivéssemos duas cargas de madeira e duzentos quilos de carvão, e isso vai servir por algumas semanas. Naturalmente, o suprimento de comida é bastante dificultoso, mas ainda temos o bastante. Se as coisas fossem à minha maneira, acho que abandonaria a cidade sem problema algum.
>
> O gelo negro daqui, depois de uma boa dose de alagamento, é indescritível. Até uns dez metros de distância da casa, os prados se transformaram numa pista de patinação magnífica [...]. Temos combustível suficiente para uma semana.
>
> Estamos debaixo de muita neve há dois dias, e as nevascas são quase ininterruptas.[37]

[37] Idem, p. 591-592.

CAPÍTULO 20

ASCENDENTE EM MARTE

1938

Os confirmandos de hoje são como jovens soldados marchando para a guerra, a guerra de Jesus Cristo contra os deuses deste mundo. É uma guerra que exige o compromisso de toda uma vida. Deus, nosso Senhor, não é digno dessa luta?

DIETRICH BONHOEFFER

Minha cara senhora, nós caímos nas mãos de criminosos. Como eu não fui capaz de imaginar isso!

HJALMAR SCHACHT, ANTIGO DIRETOR DO *REICHSBANK* ALEMÃO

O ANO DE 1938 FOI ALTAMENTE tumultuado para a Alemanha e para a Europa. Certamente o foi para os Bonhoeffer, e não começou nem um pouco bem para Dietrich. Em 11 de janeiro, ele foi preso num encontro da Igreja Confessante em Dahlem. Os oficiais da Gestapo apareceram, prenderam as trinta pessoas presentes, e as interrogaram no quartel da Alexanderplatz por sete horas antes de liberá-las. Mas a grande notícia do dia foi a descoberta de Bonhoeffer de que estava, a partir dali, banido de Berlim. A Gestapo colocou Fritz Onnasch e ele a bordo de um trem com destino a Stettin na mesma noite.

O primeiro período dos pastorados coletivos havia se iniciado, e Bonhoeffer estava grato por não ter sido proibido de prosseguir o trabalho. Mas ser retirado de Berlim naquele instante, quando os acontecimentos políticos começavam a parecer encorajadores, era lamentável. Ele tinha a expectativa de transitar entre Berlim e a Pomerânia, como fazia desde 1935. A casa dos pais era o centro de seu universo, e naquele momento, com o governo nazista começando a balançar e aumentar as esperanças de que Hitler pudesse ser afastado, era uma época terrível para ficar distante.

Por conhecer muitas pessoas em lugares elevados, porém, Bonhoeffer quase nunca se viu sem recursos. Montou um plano para se encontrar com os pais e discutir o que poderia ser feito. Obviamente, não era possível viajar até eles; assim, no início de fevereiro, os pais vieram para Stettin e o encontraram na casa de Ruth von Kleist-Retzow. A eminência de Karl Bonhoeffer foi de algum modo exercida sobre a situação, e ele convenceu a Gestapo a relacionar a proibição exclusivamente ao trabalho. Dietrich pôde, portanto, viajar a Berlim para assuntos pessoais e familiares.

Havia muitas razões para Bonhoeffer ter esperanças de que a sorte de Hitler pudesse acabar de repente. De sua posição no Ministério da Justiça, Hans von Dohnanyi via e ouvia coisas antes de serem filtradas pela máquina de propaganda nazista e transmitia o que descobria para sua extensa família. No outono anterior, o governo de Hitler foi posto em xeque quando Hjalmar Schacht, o arquiteto do *boom* econômico da Alemanha, demitiu-se num protesto público. Em janeiro de 1938, os eventos começaram a se desdobrar, o que causaria outra crise grave. Talvez estivessem todos no limiar da saída desse vegetariano irascível que estivera destruindo o país nos últimos cinco anos.

Os problemas de Hitler se iniciaram em 5 de novembro de 1937. Ele convocou os generais para uma reunião na qual explicitou seus planos para a guerra. Desde o início, como qualquer um mais atento já sabia, Hitler tinha intenções de guerrear. Agora o momento chegara. O Führer disse aos atordoados generais que atacaria a Áustria e a Checoslováquia primeiro, a fim de eliminar a possibilidade de problemas no flanco leste da Alemanha, e era imprescindível que a Inglaterra fosse apaziguada por enquanto, pois os ingleses constituíam uma ameaça militar séria. A guerra com a Inglaterra e a França era bastante provável num futuro próximo. Durante quatro horas, o megalomaníaco rabiscou uma receita de como em breve deixaria o mundo perplexo com sua genialidade militar: "Eu vou cozinhar um guisado que irá engasgá-los!".[1]

Os generais saíram da reunião em estados variados de choque e raiva. O que acabaram de ouvir era loucura pura. O ministro das Relações Exteriores, barão Von Neurath, teve, literalmente, uma série de ataques cardíacos. O general Beck considerou aquilo tudo "arrasador". Beck iria liderar o complô para assassinar Hitler no qual Dohnanyi e Bonhoeffer logo estariam envolvidos, e o que ele ouviu de Hitler nesse dia determinou seu caminho de rebelião. E, de fato, todos os generais de Hitler ficaram abismados com a agressão cega e crua de Hitler. Eles passaram a descrevê-lo como "doente mental" e "sedento por sangue". O que ele planejava era nada menos que um suicídio nacional.

Mas esses senhores da tradição oficial prussiana eram bem-educados demais para saber como lidar com alguém tão vulgar feito Hitler. Por um lado, ele era um bárbaro constrangedor, um turrão feroz que mal se podia levar a sério. Por outro, era legalmente o chefe da amada Alemanha, a quem tinham feito juramentos. Para a maior parte desses homens, ele parecia um tipo de quebra-cabeça chinês obsceno. A maioria deles amava o país e odiava Hitler e percebeu corretamente que seus planos de guerra eram de tirar o fôlego devido a tamanha imprudência e imoralidade. Os generais estavam convencidos de que Hitler iria esmagar a grande nação sobre as rochas, e eles tinham razão. Após a reunião, tomaram a decisão de removê-lo.

Beck fez o que pôde para influenciar os generais a organizar um golpe de Estado. E enfim, para fazer a afirmação pública mais ousada que lhe era possível, renunciou o cargo. O ato deveria ter abalado até as raízes da nação — e ter defenestrado os nazistas massivamente. Mas, por manter sua digna postura aristocrática, Beck amaciou o efeito pleno de sua saída. Ele não queria atrair atenção demais para si, pois isso seria indecoroso; assim, decidiu ir embora com tamanha nobreza que quase ninguém soube de sua partida. Seu disparo de despedida foi tão à inglesa que acabou errando o alvo por muito.

Hans Gisevius disse que Beck "ainda estava tão profundamente imerso nas tradições do corpo de oficiais prussianos que quis evitar a mais tênue aparência de ataque contra a autoridade do Estado".[2] No tempo devido, Beck

[1] Hans B. Gisevius, *To the Bitter End: An Insider's Account of the Plot to Kill Hitler 1933-1944*, p. 363.

[2] Idem, p. 283.

começaria a notar que se achava num mundo novo, onde o Estado como ele conhecia havia sido desmontado e despejado num lamaçal. Mas Beck ainda não enxergara isso. O sucessor dele, Franz Halder, não era tão passivo, e descreveu Hitler como "a própria encarnação do mal".[3]

O caso de Fritsch

Um desses homens dignos estava no centro da crise que ameaçava derrubar Hitler e que deixou os interessados Dohnanyi e Bonhoeffer de olhos arregalados. O homem era o comandante em chefe do Exército, general Wilhelm von Fritsch.

A confusão teve início quando Fritsch cometeu o erro de tentar debater com Hitler sobre seus planos de guerra. Hitler não tinha paciência para esses covardes da classe alta. Para ele, a questão não residia no fato de Fritsch ter um ponto de vista, mas sim como silenciar tais encrenqueiros. Hermann Göring, o gordo e ensebado chefe da Luftwaffe, teve uma ideia. Göring cobiçava o topo do Exército alemão havia algum tempo e recentemente se livrara de maneira desleal do chefe militar anterior. Esse homem, o marechal de campo Von Blomberg, foi removido após um escândalo envolvendo sua nova esposa, a quem Göring acusava de ter sido uma prostituta, o que era verdade. O gentil e garboso general não imaginava que o passado de sua secretária pudesse respingar na superfície, mas, quando isso aconteceu, curvou-se e tomou o caminho da saída.

Göring sabia que Von Blomberg agiria assim; com esses homens honrados, não era preciso muito para constrangê-los e despachá-los. Será que funcionaria outra vez? Mas agora Göring não tinha fatos para manusear. No entanto, ele viria com alguma coisa. E veio com algo desprezível. Himmler providenciaria as informações condenatórias. A história envolvia uma testemunha ocular desonesta que afirmaria que Fritsch teve uma relação homossexual num "beco escuro perto da estação ferroviária de Potsdam, em Berlim, com um personagem do submundo conhecido pelo nome de Joe Bávaro".[4] Confrontado com essa acusação de tal modo sórdida, Fritsch ficou, compreensivelmente, sem palavras.

[3] Joachim FEST, *Plotting Hitler's Death: The German Resistance to Hitler, 1933-1945*, p. 86.
[4] William L. SHIRER, *The Rise and Fall of the Third Reich: A History of Nazi* Germany, p. 314-316.

É preciso dizer que os líderes nazistas, Hitler inclusive, não tinham complicações morais com a homossexualidade.[5] Muitas das primeiras figuras no movimento nazista eram homossexuais, com Ernst Röhm e seus comparsas empertigados liderando a fila. Hitler tem sido plausivelmente ligado a tal atividade. Mas, no Terceiro Reich, não havia nada igual a uma acusação de homossexualismo para manchar a reputação de alguém. Assim, com um cinismo de tirar o fôlego, uma marca registrada, Hitler e os nazistas empregaram a mesma tática inúmeras vezes contra seus inimigos políticos; e os campos de concentração estavam cheios de casos tristes cujos motivos verdadeiros para se estar encarcerado nunca precisavam ser divulgados, desde que eles carregassem consigo o estigma de um triângulo rosa.

Mas o general Fritsch era realmente inocente do ato estipulado e prometeu defender sua honra. Dohnanyi envolveu-se na tentativa de esclarecer o que tinha acontecido. Logo se descobriu que Fritsch fora deliberadamente confundido com um "oficial aposentado e doente da cavalaria" chamado Frisch. Frisch havia realmente se traquinado pelo beco escuro; Fritsch não. Himmler e a Gestapo sabiam de tudo, mas o desejo de se livrar de Fritsch era mais importante, por isso tentaram enquadrá-lo com um erro intencional de digitação. Quem iria preocupar-se com um pequeno *t* no oceano de tinta do Terceiro Reich? Eles quase conseguiram. Mas não muito.

Quando o truque sujo se tornou conhecido por Fritsch, ele jurou que a justiça seria feita. O tribunal militar de honra iria exonerá-lo, e a prova das maquinações de Himmler iria expor publicamente o que ele e a SS realmente eram. Heydrich também seria envolvido, expelido e afugentado de volta para sua caverna submarina. A culpa da Gestapo e da SS era tamanha que criava a impressão de que a história toda poderia derrubar Hitler. E, se Hitler tentasse suprimir as provas, o Exército estaria pronto para agir. Planos para um golpe de Estado eram feitos, e Dohnanyi e Bonhoeffer observavam com a respiração suspensa.

Como sabemos, nada disso aconteceu. Uma espécie de Houdini do inferno, Hitler escapou mais uma vez. Mas como? Como de costume, por meio da omissão do corpo oficial do Exército alemão, atado e amordaçado por escrúpulos equivocados. No tempo devido, os demônios sanguinários, com quem estavam brincando de cirandinha, iriam estrangulá-los com as tripas de seus

[5] Lothar MACHTAN, *The Hidden Hitler*.

escrúpulos bizarros. Embora mal se possa acreditar, Fritsch foi convencido de que seria impróprio para um homem de sua posição social protestar publicamente contra as acusações. Joachim Fest escreveu que "a incapacidade de Fritsch em chegar a um acordo com o novo mundo grosseiro em que subitamente descobriu estar é comprovada com seu plano quase cômico, ainda que plangente, concebido com a aprovação de Beck, de desafiar Himmler [...] para um duelo".[6] Ele poderia também ter sugerido uma disputa de xadrez com um tubarão. Outro alemão conservador disse certa vez que Hitler "possuía algo de alienígena, como se tivesse nascido numa tribo primitiva extinta".[7] Ele era um maldito enigma! No momento em que alguns desses bons companheiros apontassem uma arma em sua direção, seria tarde demais. Naquele ano, o antigo chefe do *Reichsbank*, Hjalmar Schacht, exclamou para uma companheira de jantar: "Minha cara senhora, nós caímos nas mãos de criminosos. Como eu não fui capaz de imaginar isso!".

Hitler promoveu uma limpeza geral ao anunciar na manhã de 4 de fevereiro — data do 32º aniversário de Bonhoeffer — uma reorganização radical do Exército alemão. Foi um decreto audaz e arrebatador: "De agora em diante, eu assumo pessoalmente o comando total das Forças Armadas".[8] Com um único golpe, ele apagou todo o problema com Fritsch e muito mais, abolindo o Ministério de Guerra e criando no lugar o *Oberkommando der Wehrmacht* (OKW), colocando-a si mesmo como chefe. O cargo superior que Göring cobiçara não existia mais, mas Hitler chutou alegremente seu burrinho enfeitado alguns andares acima e concedeu-lhe o título presunçoso de marechal de campo. Wilhelm Keitel foi nomeado chefe da OKW, precisamente porque lhe faltavam qualidades de líder e, portanto, não interferiria nas vontades de Hitler. Goebbels ouviu certa vez de Hitler que Keitel "possuía o cérebro de um porteiro de cinema".[9] Desse modo, o problema que poderia ter acabado com o domínio nazista se evaporou.

Se algum dia se perdeu uma oportunidade de ouro para despachar Hitler e os nazistas, e libertar a Alemanha do destino impensável que a aguardava, seu nome é o caso de Fritsch. Mas foi desse momento mais deprimente entre

[6] FEST, *Plotting Hitler's Death*, p. 77.

[7] Idem, p. 26.

[8] SHIRER, *The Rise and Fall of the Third Reich*, p. 317-319.

[9] FEST, *Plotting Hitler's Death*, p. 62.

os mais deprimentes momentos que surgiria grande parte da resistência a Hitler. A figura principal dos variados grupos de oposição que agora se erguiam era Hans Oster, chefe da Divisão Central da Abwehr (Inteligência Militar Alemã). Do lado civil, Carl Goerdeler seria o principal líder. Goerdeler foi prefeito de Lepzig, e, em 1933, recusou-se corajosamente a erguer a bandeira da suástica no paço municipal. Em 1937, não aceitou a remoção de uma estátua pública do compositor judeu Felix Mendelssohn. De qualquer modo, os nazistas a removeram durante uma ausência sua. Ele então renunciou e a partir dali trabalhou incansavelmente contra Hitler e os nazistas.

A *Anschluss* da Áustria

Após tratar com êxito o caso de Fritsch, Hitler podia mais uma vez se acalmar e, em paz, se concentrar em como dominar a Europa. Um tanto apropriadamente, seus primeiros passos rumo à guerra e conquista foram na direção de sua terra natal, a Áustria. Em março de 1938, ele trouxe uma nação inteira ao redil nazista com a anexação (*Anschluss*) da Áustria. Para muitos alemães, a *Anschluss* foi um momento de causar vertigens. O que fora tirado deles por meio de Versalhes agora era devolvido — e com juros — pelo benevolente Führer. Figuras públicas desesperadas em bajular o ditador cada vez mais popular superariam uns aos outros nos exercícios de servilismo. Nos círculos eclesiásticos, o bispo Sasse da Turíngia foi o primeiro da fila, ansioso por dizer "obrigado" a seu Führer, e, ao fazê-lo, exigiu a todos os pastores sob sua jurisdição que prestassem um "juramento de lealdade" pessoal a Hitler. O telegrama dele ao ditador foi preservado: "Meu Führer, eu relato: num grande momento histórico, todos os pastores da Igreja Evangélica da Turíngia, obedecendo a um comando interno, apresentaram, com o coração alegre, um juramento de lealdade ao Führer e ao Reich [...]. Um Deus — uma obediência na fé. *Heil*, meu Führer!".[10] Em pouco tempo, outros bispos, com medo de ficar de fora da orgia da gratidão, também aplicaram "comandos internos" a seus rebanhos.

O novo chefe da Igreja do Reich era o dr. Friedrich Werner, e, no papel de bajulador, seria insuperável. Seu incrível senso de oportunismo iria catapultá-lo para a liderança, pois ele escolheu, para seu gesto obsequioso, o aniversário do Führer. No dia 20 de abril, publicou no *Legal Gazette* um decreto que exigia

[10] Eberhard Bethge, *Dietrich Bonhoeffer: A Biography*, p. 599.

de cada pastor na Alemanha a prestação de um juramento de obediência a Adolf Hitler. Não havia nada de "interno" a seu respeito:

> Em reconhecimento de que somente ocuparão cargos na igreja os que são resolutamente fiéis ao Führer, ao povo e ao Terceiro Reich, fica decretado: Todo aquele que é chamado para o serviço espiritual deve afirmar seu cumprimento leal ao seguinte juramento: "Eu juro que serei fiel e obediente a Adolf Hitler, o Führer do Reich Alemão e do povo, que conscientemente observarei as leis e cumprirei os deveres de meu ofício, assim me ajude Deus" [...]. Todo aquele que se recuse a prestar o juramento de lealdade será demitido.[11]

Muitos pastores da Igreja Confessante acreditavam que a realização do juramento seria como se curvar diante de um falso deus. Do mesmo modo que os cristãos primitivos se recusaram a adorar imagens de César, e os judeus se recusaram a adorar a estátua de Nabucodonosor, eles também se recusariam a prestar juramento a Adolf Hitler. Mas a atitude messiânica em relação a Hitler foi generalizada, e poucos se atreveram a se posicionar de forma contrária. A cada um de seus triunfos, crescia a pressão para aderir à adulação. Naquele abril, Bonhoeffer estivera na Turíngia e passou pelo famoso Castelo de Wartburg, em Eisenach. Foi ali que Lutero, pouco tempo após ser excomungado pelo papa Leão X, traduziu o Novo Testamento para o alemão, em 1521. Depois da *Anschluss*, Bonhoeffer viu que a enorme cruz no topo do castelo havia sido eclipsada por uma monstruosa suástica iluminada.

O decreto de Werner de que todos os pastores da Alemanha deveriam prestar o "juramento de lealdade" a Hitler provocou uma amarga divisão na Igreja Confessante num momento em que as coisas já se achavam frágeis. Muitos pastores confessantes estavam cansados de lutar e acreditavam que o juramento era uma mera formalidade. Não valia a pena perder uma carreira profissional. Outros prestaram o juramento, mas com a consciência despedaçada, com dores no coração por conta do que faziam. Mas Bonhoeffer e outros enxergaram aquilo como um cálculo cínico por parte de Werner e incitaram a Igreja Confessante a se postar contra o decreto. Mas a igreja não o fez. Da Suíça, Karl Barth escreveu:

[11] Idem, p. 600.

> Estou profundamente chocado com essa decisão e os argumentos usados para defendê-la, depois que as li e reli [...]. Essa derrota era possível, admissível ou necessária? Realmente não havia ou não há nenhum entre vocês que possa guiá-los de volta para a simplicidade do caminho estreito e apertado? [...]. Ninguém que peça para vocês não comprometerem a futura credibilidade da Igreja Confessante dessa maneira terrível?[12]

Pelo lado positivo, naquele mês Bonhoeffer presidiu ao crisma dos três netos de Ruth von Kleist-Retzow: Spes von Bismarck, Hans-Friedrich von Kleist-Retzow e Max von Wedemeyer. A cerimônia foi realizada na igreja em Kieckow, e, de acordo com o ambiente da classe militar prussiana, Bonhoeffer utilizou uma analogia marcial em seu sermão: "Os confirmandos de hoje são como jovens soldados marchando para a guerra, a guerra de Jesus Cristo contra os deuses deste mundo. É uma guerra que exige o compromisso de toda uma vida. Deus, nosso Senhor, não é digno dessa luta? Idolatria e covardia nos confrontam por todos os lados, mas o oponente mais temível não nos confronta, pois ele está dentro de nós. 'Senhor, eu creio; ajuda-me a vencer a minha incredulidade'".[13]

Ruth von Kleist-Retzow esteve presente, sorrindo orgulhosamente por seus netos e por Dietrich. Os filhos dela e seus cônjuges e outros netos também estavam ali, incluindo Maria von Wedemeyer, a quem Bonhoeffer proporia casamento quatro anos adiante. Dois rapazes crismados nesse dia seriam mortos na guerra que ainda não havia começado: Friedrich em 1941, e Max em 1942. O pai de Max, também presente, seria igualmente morto. Mas a relação de Bonhoeffer com essas famílias genuinamente nobres foi uma fagulha de luz durante um tempo de trevas.

Fuga da Alemanha

No dia 28 de maio, Hitler informou aos comandantes militares os seus planos de ocupar a Checoslováquia e dar fim a sua existência cartográfica. O serviço civil obrigatório foi aprovado em junho, e por todo o verão a Alemanha se

[12] Idem, p. 602.

[13] Ruth-Alice VON BISMARCK e Ulrich KABITZ, eds. *Love Letters from Cell 92: The Correspondence Between Dietrich Bonhoeffer and Maria von Wedemeyer, 1943-45*, p. 298.

inclinou em direção à guerra. O momento para a organização de um golpe por parte dos generais havia chegado. Em agosto, Ewald von Kleist-Schmenzin reuniu-se com Winston Churchill, então membro do parlamento, para discutir se a Inglaterra ajudaria os alemães a estabelecer um novo governo. "Nós iremos ajudá-los em tudo", disse Churchill, "mas primeiro nos tragam a cabeça de Hitler!". Os generais estavam trabalhando nisso.

A sensação de guerra iminente fez que os Leibholz se perguntassem se seus dias na Alemanha estariam em breve encerrados. Uma lei prestes a ser aprovada exigia que o passaporte de todo judeu recebesse uma emenda caso o nome de nascimento da pessoa não fosse obviamente judeu: Israel tinha de ser adicionado como nome do meio para os homens, e Sarah, para as mulheres. Hans von Dohnanyi exortou os Leibholz a deixar o país quanto antes possível. Se a guerra eclodisse, as fronteiras alemãs seriam fechadas. Sabine e Gerhard ouviram histórias de judeus sendo abordados e humilhados no meio da noite. Eles se assustavam a cada vez que a campainha tocava, sem saber que tipo de transtorno os aguardava do outro lado. Eles tinham viajado para a Suíça e para a Itália nas férias e sentiram a liberdade de estar fora da Alemanha. "Toda vez que voltávamos para Göttingen", recorda Sabine, "algo como uma faixa de ferro parecia se apertar em volta do meu coração a cada quilômetro que nos trazia para mais perto da cidade".[14]

Enfim, fizeram os preparativos para a partida. Foi uma decisão monumental e dolorosa. Sabine e Gert foram primeiro a Berlim, onde discutiram os detalhes finais com a família, que já havia começado a usar palavras codificadas em comunicações por telefone e por escrito. Eles ainda tinham esperanças de que, com o golpe iminente que Dohnanyi lhes contava, podiam retornar antes do esperado. Talvez eles se afastassem apenas algumas semanas. Mas não podiam depender de hipóteses; eles tinham de partir.

Quando retornaram a Göttingen no dia 8 de setembro, Bethge e Bonhoeffer os seguiram no carro dos Bonhoeffer. O plano era acompanhá-los durante uma parte da viagem até a fronteira com a Suíça no dia seguinte. Tudo precisava ser feito com sigilo absoluto. Nem mesmo a babá das meninas poderia desconfiar.

O dia seguinte era uma sexta-feira. A babá acordou as meninas às seis e meia e começou a aprontá-las para a escola. A mãe apareceu subitamente no

[14] Sabine LEIBHOLZ-BONHOEFFER, *The Bonhoeffers: Portrait of a Family*, p. 92.

quarto e anunciou que elas não iriram mais para a aula. Eles iriam viajar para Wiesbaden. Marianne, com onze anos de idade, suspeitou que algo estava acontecendo. Eles nunca foram para Wiesbaden. Mas ela era esperta o suficiente para saber que, se estavam prestes a deixar a casa, era preciso fazê-lo silenciosamente. Sabine disse à babá das meninas que eles estariam de volta na segunda-feira.

Normalmente, Marianne ia à escola com sua melhor amiga, Sybille, mas nessa manhã Marianne disse a ela que a família iria a Wiesbaden para passar o fim de semana. Quando Sybille lhe disse adeus, Sabine percebeu que ela talvez nunca mais a visse. "Eu tenho que tentar me lembrar da aparência dela", pensou.

O carro dos Leibholz estava cheio, mas não muito. A ideia era aparentar uma simples viagem de fim de semana. Algo diferente poderia despertar suspeitas quando chegassem à fronteira, perto de Basel. Eles partiram em dois carros.

Quando sentiram que era seguro, Sabine disse às meninas que eles não iriam para Wiesbaden, afinal. Encaminhavam-se para cruzar a fronteira com a Suíça. "Eles podem fechar a fronteira por causa da crise", ela disse.

Muitos anos depois, Marianne recordou aquele dia:

> O teto do nosso carro estava aberto, o céu estava azul, o campo parecia maravilhoso ao sol quente. Eu percebi que existia uma solidariedade completa entre os quatro adultos. Sabia que coisas incomuns seriam exigidas de nós, as crianças, a partir dali, mas sentia orgulho de agora estar autorizada a partilhar os verdadeiros problemas dos adultos. Achava que, caso não pudesse fazer nada contra os nazistas por conta própria, eu deveria, no mínimo, cooperar com os adultos que podiam. Christiane e eu passamos a maior parte do tempo cantando no carro, canções folclóricas e canções militantes sobre liberdade, minha mãe, tio Dietrich e "tio" Bethge cantando conosco. Eu gostava de diversas melodias. Tio Dietrich me ensinou uma nova ronda, *Über die Wellen gleitet der Kahn*.
>
> Durante a viagem, meu tio parecia exatamente como eu sempre me lembro dele: muito forte e confiante, imensamente gentil, alegre e firme.
>
> Paramos em Giessen e pegamos um atalho. O estado de espírito dos adultos não me parecia deprimente. Então, de repente, eles disseram que estava ficando tarde e que precisávamos apressar-nos. "Temos de

> atravessar a fronteira à noite, eles podem fechá-la a qualquer momento". Nós, as crianças, ficamos em nosso carro, nossos pais entraram, e eu me lembro de tio Dietrich e "tio" Bethge acenando um adeus para nós, até que começaram a diminuir e finalmente desapareceram atrás de uma colina. O resto da viagem não foi mais alegre. Meus pais dirigiam o mais rápido que podiam, e paramos de conversar para que eles pudessem se concentrar. O clima estava tenso.
>
> Cruzamos a fronteira com a Suíça durante a madrugada. Christiane e eu fingimos dormir e ficar muito irritadas ao sermos acordadas, com a intenção de desestimular os guardas alemães da fronteira de revistar excessivamente o carro. Minha mãe havia colocado um longo casaco de camurça bem marrom, cuja cor serviria para relaxar os oficiais alemães. Eles permitiram que o carro prosseguisse, e os suíços autorizaram nossa entrada. Meus pais não voltariam a cruzar a fronteira com a Alemanha novamente até o fim da guerra.[15]

Após ver Sabine, Gert e as meninas partirem, Bonhoeffer e Bethge retornaram para Göttingen, onde permaneceram no lar dos Leibholz por várias semanas. Na casa, Bonhoeffer escreveu seu pequeno clássico devocional, *Vida em comunhão*.[16] Bethge recorda que Bonhoeffer trabalhava no manuscrito na mesa de Gerhard quase constantemente, enquanto ele estudava a *Dogmática eclesiástica* de Barth. Durante os intervalos, jogavam tênis. Bonhoeffer começara o pequeno livro com a intenção de escrever algo para os ordenandos enquanto a experiência e seus pensamentos estivessem frescos. Mas, no fim, percebeu que sua análise sobre a comunidade cristã poderia alcançar um público mais amplo. O livro se tornou um clássico da literatura devocional.

Enquanto Bonhoeffer escrevia, a crise da Checoslováquia era a questão central do momento. Hitler afirmou publicamente que as populações de língua alemã da Europa pertenciam à Alemanha. A anexação da Áustria não fora retratada como um ato de agressão, mas como um pai benevolente a acolher seus filhos de volta para casa. A situação na região dos Sudetos foi descrita da mesma forma. Mas questões maiores estavam em jogo. A França e a Inglaterra não iriam tolerá-la. A Itália, liderada na época por Mussolini, inclinava-se

[15] Idem, p. 97-100.

[16] Ele já havia ditado partes do livro em Gross-Schlönwitz. Hans-Werner Jensen, um ordenando, lembra-se de ter datilografado o que Bonhoeffer ditava.

para o lado de Hitler. Os generais sabiam que os planos de Hitler eram agressão pura e guiariam a Alemanha rumo a uma guerra da qual sairia derrotada. Bonhoeffer sabia que um golpe era iminente. Ele e Bethge permaneceram em contato estreito com a família em Marienburgerallee.

Durante esse período, Karl Barth escreveu uma carta para um amigo que incluía a seguinte frase: "Cada soldado checo que luta e sofre o fará também por nós, e digo isto sem reservas — ele também o fará para a igreja de Jesus, que, no ambiente de Hitler e Mussolini, deve se tornar vítima da ridicularização ou do extermínio".[17] De algum modo, a carta foi revelada ao público e provocou um escândalo terrível. Para muitos na Igreja Confessante, Barth tinha ido longe demais, e se distanciaram dele.

Paz em nosso tempo: Munique, 1938

Os generais do Exército estavam ansiosos para que Hitler ocupasse a Checoslováquia, não porque achassem uma atitude prudente, mas por considerarem uma tolice tão notória que lhes ofereceria a oportunidade que estiveram aguardando. Eles iriam derrubar Hitler e assumir o governo. Uma série de possibilidades abria-se para eles. Uma delas era declará-lo insano e impróprio para a liderança, e a primeira prova seria sua insistência em invadir a Checoslováquia quando isso certamente traria desastre e ruína para a Alemanha. Mas eles tinham também ligações com um estimado psiquiatra alemão que concordava com o diagnóstico deles referente ao líder da nação e também com suas visões políticas. Karl Bonhoeffer estava à espera nos bastidores. Seu testemunho de perito viria a calhar, e ele estava realmente convencido por uma perspectiva clínica de que Hitler era um lunático patológico. Eles acreditavam que, ao se utilizar de meios legais para denunciar os crimes de Hitler, evitariam a possibilidade sinistra de desencadear uma guerra civil e a transformação dele num mártir, uma vez que sua popularidade não parava de crescer. Mas Hitler precisava dar o primeiro passo. Assim que o fizesse, o Exército organizaria o golpe, e tudo seria diferente.

O benefício mais imediato para a família Bonhoeffer seria a volta dos Leibholz para a Alemanha. Eles não planejavam partir para sempre, e foi provavelmente por isso que Bonhoeffer e Bethge ficaram em sua casa em Göttingen após

[17] BETHGE, *Dietrich Bonhoeffer: A Biography*, p. 606.

a mudança. Eles todos sabiam por Dohnanyi que os generais preparavam um golpe. De um jeito ou de outro, o ex-vagabundo vienense talvez recebesse um chute no traseiro a qualquer momento. Mas o que se desenrolou no cenário mundial nas semanas seguintes foi digno de história de ficção.

Pelo andar das coisas em setembro, Hitler estava prestes a marchar sobre a Checoslováquia, e todos os líderes europeus estavam na expectativa de que ele assim agisse. Parecia inevitável. E eles se preparavam para detê-lo por meios militares, e teriam conseguido, pois a Alemanha simplesmente não estava pronta para guerrear no nível necessário. A cena então foi definida. Era como se Hitler tivesse se arrastado até o parapeito, feito exigências ultrajantes e não retornasse ao seu lugar. Ele certamente não estava disposto a se embaraçar perante as multidões ao se rastejar de volta. Abaixo, o mundo inteiro o assistia, e os generais o observavam de dentro, a contemplá-lo na janela. Eles sabiam que a posição dele era impossível e esperavam que ele caísse e, se necessário, estavam preparados a lhe dar um pequeno "golpe". O mundo todo aplaudiria. O ápice de tirar o fôlego desse magnífico drama foi destruído pelo primeiro-ministro britânico, Neville Chamberlain, que surgiu de repente no papel inédito de apaziguador *ex machina*. Foi como se ele tivesse coordenado um balão de ar quente, flutuado até a janela e oferecido a Hitler um passeio agradável e civilizado até o chão.[18]

Hitler aceitou, embora estivesse atordoado pela oferta desnecessária e não solicitada de Chamberlain. Ele não tinha, porém, um décimo do atordoamento dos generais, que, a um triz da ação, não podiam compreender por que Chamberlain fizera uma coisa dessa! E Chamberlain desejava um encontro pessoal com Hitler, no dia em que ele quisesse, sem qualquer preocupação com o protocolo. O primeiro-ministro de 69 anos nunca estivera num avião, mas viajaria sete horas de Londres até Berchtesgaden, no outro lado da Alemanha, para se encontrar com o mal-educado tirano.

Seus esforços inoportunos serviriam por gerações como exemplo didático da graça barata em termos geopolíticos: "paz" por conta da casa, com a Checoslováquia de sobremesa. O acordo foi imediatamente denunciado por Goerdeler, que o chamou de "capitulação definitiva". Longe dali, em Londres, Winston Churchill o considerou "a primeira amostra de um cálice amargo". Ainda pior que salvar Hitler da própria destruição, o acordo lhe ofertava tempo

[18] SHIRER, *The Rise and Fall of the Third Reich*, p. 424-426.

para reconstruir as forças armadas alemãs. Em um ano, após ocupar toda a Polônia, Hitler riria da cara de Chamberlain.

No mês de outubro, quando os nazistas exigiram que todo judeu na Alemanha tivesse um *J* estampado no passaporte, ficou evidente que os Leibholz não poderiam regressar. Eles partiriam da Suíça para Londres. Bonhoeffer intercedeu por eles ao bispo Bell e a Julius Rieger, que os acolheram como haviam acolhido tantos refugiados judeus do Terceiro Reich. Franz Hildebrandt, que eles conheciam muito bem, também estava à disposição para ajudá-los a se estabelecer. Gerhard finalmente foi capaz de obter licença para lecionar na Magdalen College, de Oxford, onde C. S. Lewis se encontrava na época.

Kristallnacht, "9.11.38"

Bonhoeffer falou muitas vezes de Jesus Cristo como o "homem para os outros", a abnegação encarnada, amando e servindo os outros com absoluta exclusão das próprias necessidades e desejos. Da mesma forma, a igreja de Jesus Cristo existia pelos "outros". E como Cristo era o Senhor de todo o mundo, não somente da igreja, a igreja existe para alcançar além de si mesma, para falar pelos sem voz, para defender os fracos e os órfãos. Em 1938, as opiniões de Bonhoeffer sobre esse assunto estavam particularmente afinadas com o resultado dos acontecimentos perturbadores de 9 de novembro. Agora, pela primeira vez, seu olhar se distanciava de suas próprias privações e se direcionavam para as privações do povo de Deus, os judeus.

Os infames eventos daquela semana se iniciaram no dia 7 de novembro, após um judeu alemão de dezessete anos atirar e matar um funcionário da embaixada alemã em Paris. O pai do jovem havia sido recentemente colocado num vagão cheio e deportado para a Polônia. Por isso e por outros abusos nazistas contra judeus, ele realizou sua vingança. Mas o homem que ele matou não era o embaixador alemão, o conde Johannes von Welczeck, como tinha planejado, e sim o terceiro secretário da embaixada, Ernst vom Rath, que aconteceu de cruzar o caminho do jovem revoltado na hora errada. Ironicamente, Vom Rath se opunha aos nazistas, em parte devido à perversidade antissemita. Como acontecera no incêndio do Reichstag, o disparo foi apenas o pretexto que Hitler e os líderes nazistas precisavam. Numa série de manifestações "espontâneas", maldades se desencadeariam contra os judeus da Alemanha numa escala assustadora.

Hitler deu a ordem para as ações contra os judeus, mas, para executá-las, ele recrutou os serviços de Reinhard Heydrich, o subcomandante de Himmler na SS. Uma das mais sinistras figuras no panteão do mal no Terceiro Reich, Heydrich tinha um semblante gélido que sugeria algo que talvez seja encontrado no mundo sem luz da Fossa das Marianas. À 1h20 da madrugada, na sequência do assassinato de Vom Rath, ele enviou uma mensagem de teletipo com urgência a cada posto da Gestapo por toda a Alemanha. As ordens concediam instruções explícitas sobre como perpetrar os acontecimentos daquilo que viria a ser conhecido como a *Kristallnacht* (Noite dos Cristais Quebrados). Casas e lojas foram destruídas e saqueadas, sinagogas foram incendiadas, e judeus foram espancados e mortos.

Bonhoeffer estava nos confins do extremo leste da Pomerânia quando esses eventos começaram. A Gestapo em Köslin também recebera a mensagem de teletipo, e a sinagoga da cidade foi incendiada. Mas Bonhoeffer não sabia disso. Ele já havia partido para Gross-Schlönwitz com a intenção de iniciar o ensino da segunda metade da semana. Apenas no dia seguinte ele soube o que havia acontecido por todo o país. Numa conversa com seus ordenandos, alguém apresentou a teoria comumente aceita sobre a "maldição" contra os judeus. Os jovens ordenandos não toleravam o que acontecera e tinham preocupação genuína a respeito, mas sugeriam com muita seriedade que a razão para os males devia ser a "maldição" que os judeus carregam por rejeitarem a Cristo. Bonhoeffer sabia que os rapazes não eram odiosos ou antissemitas, mas refutou a interpretação deles com firmeza. Eles estavam enganados.

Naquele dia ou no dia seguinte, Bonhoeffer estava lendo o salmo 74.[19] Foi esse o texto em que, por acaso, ele estava meditando. O que ele leu o assustou, e, com o lápis, traçou uma linha vertical para marcá-lo, com um ponto de exclamação ao lado do traço. Sublinhou ainda a segunda metade do versículo 8: "Sie verbrennen alle Häuser Gottes im Lande" ("Queimaram todos os santuários do país"). Perto do versículo, escreveu "9.11.38". Bonhoeffer enxergou isso como um exemplo de Deus falando com ele e com os cristãos na Alemanha. Deus estava lhe dizendo algo por meio da Palavra naquele dia, e, enquanto meditava e orava, Bonhoeffer percebeu que as sinagogas que foram

[19] Eberhard BETHGE, entrevista por Martin Doblmeier, *Bonhoeffer: Pastor, Pacifist, Nazi Resister. A documentary film by Martin Doblmeier*, Universidade de Princeton. Cenas não utilizadas citadas aqui com a permissão do diretor.

queimadas na Alemanha eram pertencentes a Deus. Foi assim que Bonhoeffer viu com maior clareza a ligação: erguer a mão contra os judeus era erguer a mão contra o próprio Deus. Os nazistas atacavam Deus ao atacar seu povo. Os judeus na Alemanha não somente não eram inimigos de Deus; eles eram seus filhos amados. Um tanto literalmente, foi uma revelação.

Na carta circular para a comunidade de Finkenwalde, poucos dias depois, Bonhoeffer refletiu sobre isso e, para realçar seu ponto, acrescentou alguns versículos na mistura: "Ultimamente, tenho pensado muito sobre o salmo 74, Zacarias 2:8 e Romanos 9:4-5 e 11:11-15, o que nos leva a uma fervorosa oração". Ao se unir todos os versículos, havia a pregação de um sermão provocativo. O versículo em Zacarias é: "Porque assim diz o SENHOR dos Exércitos: 'Ele me enviou para buscar a sua glória entre as nações que saquearam vocês, porque todo o que neles tocar, toca na pupila dos olhos dele'". Os versículos de Romanos 9 são: "O povo de Israel. Deles é a adoção de filhos; deles é a glória divina, as alianças, a concessão da lei, a adoração no templo e as promessas. Deles são os patriarcas, e a partir deles se traça a linhagem de Cristo, que é Deus acima de tudo, bendito para sempre! Amém". E em Romanos 11: "Novamente pergunto: Acaso tropeçaram para que ficassem caídos? De maneira nenhuma! Ao contrário, por causa da transgressão deles, veio salvação para os gentios, para provocar ciúme em Israel. Mas se a transgressão deles significa riqueza para o mundo, e o seu fracasso, riqueza para os gentios, quanto mais significará a sua plenitude! Estou falando a vocês, gentios. Visto que sou apóstolo para os gentios, exalto o meu ministério, na esperança de que de alguma forma possa provocar ciúme em meu próprio povo e salvar alguns deles. Pois se a rejeição deles é a reconciliação do mundo, o que será a sua aceitação, senão vida dentre os mortos?".[20]

Bonhoeffer usava as palavras de judeus — Davi, Zacarias, Paulo — para demonstrar que os judeus são o povo de Deus, que o Messias veio deles e veio para eles primeiramente. Ele nunca os abandonara, mas desejava alcançar aqueles que eram a "menina dos olhos dele". Se o cristianismo veio para os gentios, veio em grande parte para que os judeus pudessem receber o seu Messias. Bonhoeffer identificava o mal feito aos judeus como um mal feito a Deus e ao povo de Deus, mas não realizou o salto teológico seguinte de sugerir que os cristãos não necessitariam levar o evangelho de Cristo aos

[20] Dietrich BONHOEFFER, *A Testament to Freedom: The Essential Writings of Dietrich Bonhoeffer*, p. 442.

judeus. Pelo contrário, ele se posicionou contra essa ideia ao citar os versículos e se posicionou contra os nazistas que proibiram os judeus de fazer parte da igreja alemã.

Bonhoeffer sabia que assumir tal posição teológica no tema dos judeus era algo raríssimo. Mas sabia que Deus falara com ele naquela manhã. Bethge disse que Bonhoeffer nunca escrevia nada sobre acontecimentos contemporâneos em sua Bíblia. Essa foi a única vez.

Hans-Werner Jensen recorda que a conscientização de Bonhoeffer a respeito do que os judeus enfrentavam imediatamente após a *Kristallnacht* o levou a ser "guiado por uma inquietação interior, uma cólera santa [...]. Durante aqueles dias medonhos, aprendemos a compreender — não apenas a vingança humana, mas a oração dos chamados salmos imprecatórios, que entregam a Deus o caso dos inocentes, 'por amor de seu nome'. Não era apatia e passividade que Dietrich Bonhoeffer obtinha deles, mas para ele a oração era a exibição da atividade mais intensa possível".[21]

No decorrer de 1938, a incapacidade dos líderes confessantes de serem firmes e corajosos desanimou Bonhoeffer, mesmo porque os pastores não recebiam o incentivo e apoio de que precisavam desesperadamente. Escreveu em sua carta do Advento daquele ano:

> Não estou bem certo sobre como alcançamos um modo de pensar tão positivamente perigoso. Pensamos que estamos agindo de forma responsável se a cada duas semanas nos dispomos a conferir se a maneira pela qual definimos a questão está correta. É particularmente notável que tal "reavaliação responsável" sempre se inicia no momento em que sérias complicações se apresentam. Em seguida, falamos como se não tivéssemos mais "uma segurança e alegria apropriada" sobre esse caminho, ou, ainda pior, como se Deus e sua palavra não estivessem mais tão claramente presentes conosco como costumavam estar. Em tudo isso, estamos finalmente tentando contornar o que o Novo Testamento chama de "paciência" e "provação". Paulo, em todo o caso, do mesmo modo que Lutero, não começou a refletir se o seu caminho era o correto enquanto oposição e alvo de ameaças. Ambos estavam determinados e felizes por continuarem discípulos

[21] Wolf-Dieter ZIMMERMANN e Ronald G. SMITH, eds., *I Knew Dietrich Bonhoeffer*, p. 153-154.

> e seguidores do Senhor. Queridos irmãos, o nosso problema real não é a dúvida sobre o caminho que nos propusemos seguir, mas a nossa incapacidade de ser pacientes, de manter a tranquilidade. Ainda não podemos imaginar que, hoje, Deus realmente não quer nada de novo para nós, mas simplesmente nos provar à maneira antiga. Isso é muito mesquinho, muito monótono, muito pouco exigente para nós. E não podemos simplesmente não estar assíduos com o fato de que a causa de Deus nem sempre é de sucesso; nós realmente podemos ser "malsucedidos": e, ainda assim, estar no caminho certo. Mas é aí que descobrimos se nós nos iniciamos na fé ou numa explosão de entusiasmo.[22]

O próprio Bonhoeffer encorajou e apoiou seus irmãos perseguidos da maneira que lhe era possível. Muitos pastores foram presos naquele ano, e, no Natal, Fritz Onnasch foi detido. Bonhoeffer escreveu a seus irmãos de Finkenwalde em dezembro: "Desta vez, o balaço anual fala muito bem por si. Vinte e sete do círculo de vocês têm estado na prisão, por vários meses, em muitos casos. Alguns ainda estão lá e têm passado o Advento inteiro na prisão. De outros, não deve haver ninguém que não tenha tido algum tipo de experiência, quer no trabalho quer na vida privada, de ataques cada vez mais impacientes por parte das forças anticristãs".[23]

Bonhoeffer começou a se perguntar se a luta da Igreja Confessante tinha acabado. Ele sempre sentira que havia outra batalha para a qual Deus o chamava. Uma coisa Bonhoeffer sabia: ele não iria lutar com uma arma em qualquer linha de frente. Não era um pacifista, como alguns têm dito, mas percebeu que a guerra em que Hitler mergulhava a Alemanha era uma guerra injusta. Ela se aproximava, porém, e ele sabia que seria chamado para servir. E então?

Entrando na conspiração

É impossível dizer quando Bonhoeffer se juntou à conspiração, principalmente porque ele sempre esteve no meio dela, antes mesmo que pudessem chamá-la de conspiração. A família Bonhoeffer possuía relações com muitas pessoas poderosas no governo, e a maioria partilhava de suas opiniões anti-Hitler.

[22] *The Way to Freedom: Letters, Lectures and Notes 1935-1939*, vol. 2, *Collected Works of Dietrich Bonhoeffer*, p. 199-200.

[23] Renate BETHGE, *Dietrich Bonhoeffer: A Brief Life*, p. 40.

Karl Bonhoeffer era íntimo de Ferdinand Sauerbruch, famoso cirurgião berlinense que era antinazista e influenciou Fritz Kolbe, um diplomata alemão, a se unir à resistência. Kolbe se tornou o mais importante espião da América contra Hitler. Paula Bonhoeffer esteve próxima de seu primo Paul von Hase, o comandante militar em Berlim. Ele era violentamente contrário a Hitler e desempenharia papel importante na Operação Valquíria, em 20 de julho de 1944. Quando Dietrich foi preso e encarcerado em Tegel, a envergadura do nome Von Hase provocou uma diferença significativa na forma com que foi tratado. Klaus, o irmão de Bonhoeffer, principal advogado da Lufthansa, tinha boas ligações com empresários e outros líderes, e seu cunhado Rüdiger Schleicher, também advogado, era amigo do chefe do departamento jurídico do Exército, dr. Karl Sack.

Havia ainda Hans von Dohnanyi, que foi um dos líderes da conspiração. Em 1933 ele foi promovido pelo ministro da Justiça do Reich, Franz Gürtner, e pela primeira vez pode presenciar na primeira fila salpicada de sangue o funcionamento interno da liderança nazista. Mas, com destreza, evitou qualquer conexão com o Partido, o que lhe causava sérios problemas de vez em quando. Em 1938 suas complicações se amontoaram, mas escapou das pressões de Berlim ao se tornar juiz da Suprema Corte em Leipzig. Dohnanyi retornava a Berlim toda semana para apresentar palestras e se manter em contato estreito com a resistência, especialmente com o general Hans Oster e Carl Goerdeler. Ele dormia na casa dos sogros na Marienburgerallee, onde se encontrou muitas vezes com seu jovem cunhado, Dietrich.

Durante 1938, Dohnanyi ajudou Ewald von Kleist-Schmenzin a abastecer o serviço de inteligência britânico com informações sobre Hitler e os nazistas, tentando influenciá-los a tomar uma posição rigorosa contra o ditador antes que ele invadisse a Áustria e a região dos Sudetos. Seu principal contato, Winston Churchill, ainda não possuía o poder de primeiro-ministro. Mas, em outubro de 1938, a participação de Dohnanyi na conspiração cresceria dramaticamente.

Naquele instante, Hitler se preparava para tomar pela força a parte da Checoslováquia que Chamberlain se esquecera de lhe entregar numa baixela de prata. O cabeça da Abwehr era Wilhelm Canaris. Ao saber da posição de Dohnanyi a respeito de Hitler, Canaris o nomeou para sua equipe e pediu-lhe para compilar um arquivo com as atrocidades nazistas. Um ano mais tarde, quando a guerra contra a Polônia teve início, Dohnanyi documentou a barbárie da SS *Einsatzgruppen*, apesar de muitos dos principais generais nada souberem disso. Canaris sabia que a prova dessas atrocidades seria crucial no convencimento dos generais e de outras pessoas para unirem-se ao golpe quando o momento chegasse. As informações também ajudariam a convencer o povo alemão da criminalidade de Hitler e, desse modo, destruir sua influência sobre eles. Além disso, ofereceria ao novo governo a autoridade necessária.

Muitas das informações coletadas por Dohnanyi encontraram o caminho de seus cunhados e familiares. Antes que outros na Alemanha soubessem, os Bonhoeffer descobriram os assassinatos em massa na Polônia, os incêndios sistemáticos das sinagogas, e muito mais. Informações que ninguém conheceria durante anos foram apresentadas ao lar dos Bonhoeffer quase em tempo real. Dohnanyi manteve um arquivo com os documentos, rotulado Crônica da Vergonha. Mais tarde, se tornou conhecido como arquivo Zossen, por ficar eventualmente escondido em Zossen, no sul de Berlim. A sua descoberta pelos nazistas implicaria na execução de Dohnanyi e de muitos outros, incluindo seus três cunhados, Rüdiger Schleicher e Klaus e Dietrich Bonhoeffer.

Mesmo antes de optar por aderir à conspiração, Bonhoeffer forneceu conselhos a Dohnanyi e a alguns de seus líderes. Ele não se achava completamente pronto para agir de maneira mais contundente. Para saber onde se encontrava no meio de tudo aquilo, e para ouvir as instruções de Deus, seria preciso viajar de volta para os Estados Unidos.

CAPÍTULO 21

A GRANDE DECISÃO

1939

Tive tempo para pensar e orar sobre a minha situação e a de meu país, e de ter a vontade de Deus esclarecida para mim. Cheguei à conclusão de que cometi um erro ao vir para a América. Preciso atravessar este período difícil da nossa história nacional com o povo cristão da Alemanha. Eu não terei direito a participar da reconstrução da vida cristã na Alemanha depois da guerra se não compartilhar as provações desta época com meu povo. Meus irmãos no Sínodo Confessante queriam que eu partisse. Eles talvez tivessem razão ao me pressionar, mas eu estava errado em partir. Uma decisão dessa cada homem deve tomar sozinho. Os cristãos na Alemanha enfrentarão a terrível alternativa de desejar a derrota da nação para que a civilização cristã possa sobreviver, ou desejar a vitória da nação e, assim, destruir a nossa civilização. Eu sei qual dessas alternativas tenho de escolher; mas não posso fazer essa escolha em segurança.[1]

DIETRICH BONHOEFFER PARA REINHOLD NIEBUHR, JULHO DE 1939

EM 23 DE JANEIRO, a mãe de Bonhoeffer informou-lhe que havia visto uma notificação ordenando que todos os homens nascidos entre 1906 e 1907 se

[1] Dietrich BONHOEFFER, *A Testament to Freedom: The Essential Writings of Dietrich Bonhoeffer*, p. 479-480.

registrassem no Exército. Agora, ele seria forçado a agir. Não podia declarar-se um opositor consciente, pois poderia ser preso e executado. E haveria prolongamentos: se um líder confessante estivesse indisposto a pegar em armas pela Alemanha, toda a Igreja Confessante teria a imagem denegrida. Outros pastores da Igreja Confessante poderiam considerar que Bonhoeffer acreditasse que eles devessem seguir seu exemplo, o que não era verdade. Uma situação terrivelmente problemática.

Existia uma solução possível. Bonhoeffer poderia adiar seu alistamento militar por um ano. Talvez no meio-tempo ele pudesse retornar à América e trabalhar no movimento ecumênico. Enquanto analisava as possibilidades, decidiu que precisava conversar com Reinhold Niebuhr, seu antigo professor no Union. Na época, Niebuhr participava das prestigiadas Palestras Gifford e em breve estaria em Sussex, na Inglaterra. Bonhoeffer queria visitar Sabine e Gert, cuja vida no exterior não vinha sendo fácil. E ele queria muito ver o bispo Bell. Decidiu-se: ele iria para a Inglaterra.

Mas Hitler ameaçava mais uma vez marchar sobre Praga. Se isso acontecesse, qualquer esperança de um adiamento desapareceria, pois não existiam adiamentos durante a guerra. Em 10 de março, Bonhoeffer e Bethge pegaram o trem noturno para Ostende, na costa da Bélgica. Devido à tensa situação política, Bonhoeffer não dormiu até atravessar a fronteira. Se Hitler se decidisse pela invasão, havia a possibilidade de suspender o tráfego de trens, e ninguém mais sairia da Alemanha. No dia seguinte, eles fizeram a travessia do canal da Mancha. Em 15 de março, Hitler violou o acordo de Munique com Chamberlain ao devorar outra parte da Checoslováquia. Para manter as aparências, o primeiro-ministro britânico prometeu declarar guerra caso Hitler invadisse a Polônia.

A guerra se aproximava. Era óbvio. Repleto de incertezas sobre o que fazer, Bonhoeffer escreveu ao bispo Bell no dia 25 de março:

> Estou pensando em deixar a Alemanha algum dia. O principal motivo é o serviço militar obrigatório para o qual os homens da minha idade (1906) serão convocados neste ano. Parece-me conscienciosamente impossível participar de uma guerra sob as atuais circunstâncias. Por outro lado, a Igreja Confessante não tomou nenhuma atitude definitiva a esse respeito e é provável que, pelo andar das coisas, nada possa fazer. Por isso eu causaria um dano enorme a meus irmãos caso definisse

> uma posição sobre o assunto, que seria considerada pelo regime como típica hostilidade de nossa igreja para com o Estado. Talvez o pior de tudo seja o juramento militar que eu teria de prestar. Portanto, estou bastante intrigado com a situação e talvez ainda mais por sentir que, na verdade, é somente nos terrenos cristãos que eu encontro dificuldade para realizar o serviço militar sob as condições atuais, e ainda existem alguns poucos amigos que aprovariam minha atitude. Apesar de muito ler e pensar sobre a questão, eu ainda não decidi o que faria sob circunstâncias diferentes. Mas, realmente, com as coisas como estão, eu violentaria a minha convicção cristã se pegasse em armas "aqui e agora". Pensei em ir para o campo missionário, não como uma fuga da situação, mas porque eu quero servir em algum lugar onde o serviço é realmente desejado. Mas a situação de intercâmbio do Ministério do Exterior impossibilita o envio de trabalhadores para o estrangeiro. No que diz respeito às Sociedades Missionárias Britânicas, não faço a mínima ideia das possibilidades existentes. Por outro lado, eu ainda tenho o imenso desejo de servir à Igreja Confessante tanto quanto puder.[2]

Essa era, em suma, a dificuldade de Bonhoeffer, e ilustra seu pensamento de que os cristãos não podem ser regidos por princípios comuns. Os princípios guiam somente até certa distância. Em determinado momento, cada pessoa precisa ouvir de Deus, precisa saber o que Deus tem a dizer, separadamente dos outros. Bonhoeffer não acreditava que lhe era permitido pegar em armas nessa guerra da agressão, mas também não achava que pudesse fazer disso uma regra, ou declará-lo abertamente e colocar a Igreja Confessante numa situação difícil. Ele buscava uma saída que lhe permitisse obedecer a sua consciência, mas que não forçasse *outros* a obedecer a ela.

Sobre outras questões, ele estava disposto a assumir uma postura e impelir os outros a fazer o mesmo. O Parágrafo Ariano foi um exemplo. Mas pegar em armas pela Alemanha era mais complicado. Não podia fazer disso um problema, ainda que fosse impossível evitar. Ainda assim, tinha de existir uma solução. Orou para isso e procurou conselhos de quem ele conhecia e confiava, como o bispo Bell.

Na Inglaterra, se emocionou ao rever Franz Hildebrandt e Julius Rieger. Reuniu-se com colegas no movimento ecumênico, muitos deles bastante

[2] Idem, p. 468.

desanimados. Em 29 de março, viajou com os Leibholz para Oxford e, no dia 3 de abril, foi com Julius Rieger e Gerhard Leibholz para Sussex a fim de encontrar Niebuhr, em busca de assistência. Bonhoeffer explicou que um convite sólido e oficial para lecionar no Union por um ano resolveria, quanto antes, seu dilema. Niebuhr percebeu a urgência da situação e entrou em ação. Ele mexeria os cordelinhos necessários para ajudar como pudesse.

No dia seguinte, a Igreja do Reich publicou a Declaração Godesberg, assinada pelo dr. Werner. Declarava que o nacional-socialismo era uma continuação natural da "obra de Martinho Lutero" e que a "fé cristã é o oposto intransponível do judaísmo". Dizia ainda: "A estrutura eclesiástica internacional e supranacional de um caráter católico romano ou protestante mundial é uma degeneração política do cristianismo".[3]

A Comissão Provisória do Conselho Mundial de Igrejas escreveu um manifesto em resposta, elaborado por Karl Barth. O texto repudiava a ideia de que raça, identidade nacional ou origem étnica tivessem relação com a fé cristã real e declarava: "O evangelho de Jesus Cristo é o cumprimento da esperança judaica [...]. A igreja cristã [...] regozija-se com a manutenção da comunhão com os da raça judaica que aceitaram o evangelho". O homem que pressionou a criação do manifesto foi Willem A. Visser't Hooft, um holandês que Bonhoeffer conhecera nos círculos ecumênicos e que agora possuía uma posição-chave no movimento ecumênico. Quando Bonhoeffer soube que ele estaria em Londres, pediu a Bell para programar um encontro. Eles se encontraram na Estação de Paddington. Anos mais tarde, Visser't Hooft recordou o tempo que passaram juntos:

> Tínhamos ouvido as melhores coisas sobre o outro, mas foi surpreendente a rapidez com que fomos capazes de ultrapassar o estágio inicial do sentimento em comum para o mais profundo domínio da conversação verdadeira — realmente, ele logo estava me tratando como um velho amigo [...]. Andamos para cima e para baixo da plataforma por um longo tempo. Ele descreveu a situação de sua igreja e país. Falou de um jeito notavelmente livre de ilusões, e às vezes quase clarividente, sobre a guerra vindoura [...]. Não tinha chegado a hora de se recusar a servir a um governo que se encaminha diretamente para a guerra e

[3] Eberhard BETHGE, *Dietrich Bonhoeffer: A Biography*.

> vem transgredindo todos os mandamentos? Mas quais consequências um posicionamento desse causaria na Igreja Confessante?[4]

Bonhoeffer viajou também para Chichester com a intenção de se encontrar com Bell. Antes de deixar a Inglaterra, escreveu ao bispo para agradecer-lhe os conselhos e a compreensão. "Eu não sei qual será o desfecho disso tudo, mas significou muito para mim perceber que você enxerga as grandes dificuldades de consciência com que nos defrontamos".[5] Bonhoeffer retornou a Berlim em 18 de abril, esperançoso de que algo viesse a acontecer após o encontro com Niebuhr. Ele estivera na Inglaterra por cinco semanas, período em que a possibilidade de guerra aumentou consideravelmente.

Dois dias depois, a Alemanha comemorou o quinquagésimo aniversário de Hitler, e mais uma vez o sinuoso dr. Werner se embrulhou num presente para a ocasião épica: publicou outra vibrante homenagem a Hitler no jornal oficial da Igreja do Reich alemão: "Nós celebramos com júbilo o aniversário de cinquenta anos de nosso Führer. Nele, Deus concedeu ao povo alemão um verdadeiro operador de milagres [...]. Permitir que nossos agradecimentos sejam a resoluta e inflexível vontade não desapontará [...] nosso Führer e o grande momento histórico".[6]

Ainda pior, outra publicação da igreja, *Junge Kirche*, outrora um órgão da verdade e da ortodoxia teológica, pervertera-se para o lado das trevas, retratando Hitler em vívidas cores messiânicas. "Hoje se torna evidente para todos, sem exceção, que a figura do Führer, ao abrir caminho poderosamente pelo velho mundo, ao enxergar com os olhos da mente tudo o que é novo, ao compelir sua realização, está nomeada nas poucas páginas da história mundial reservadas aos iniciadores de uma nova era [...]. A figura do Führer trouxe uma nova obrigação também para a igreja".[7]

Bonhoeffer sabia que poderia ser convocado a qualquer momento, mas tudo o que podia fazer era esperar e orar. Niebuhr colocou diversas coisas em marcha. Em 1º de maio, escreveu a Henry Leiper, em Nova York, declamando elogios

[4] Idem, p. 646.
[5] Edwin ROBERTSON, *The Shame and the Sacrifice: The Life and Martyrdom of Dietrich Bonhoeffer*, p. 164.
[6] BETHGE, *Dietrich Bonhoeffer: A Biography*, p. 648.
[7] Idem.

para Bonhoeffer e instando Leiper a agir rapidamente, dizendo que "o tempo urge".[8] Leiper conhecia Bonhoeffer dos círculos ecumênicos, e passaram um tempo juntos em Fanø, em 1934. Niebuhr escreveu também para Henry Sloane Coffin, presidente do Union, pedindo ajuda. E Niebuhr escreveu a Paul Lehmann, o amigo de Bonhoeffer, então professor do Elmhurst College, nos arredores de Chicago. Dentro de dias, as cartas de Niebuhr geraram um turbilhão de atividades do outro lado do Atlântico: telefonemas eram dados, reuniões eram convocadas, planos eram modificados, e mais cartas eram escritas, numa frenética mas esperançosa expectativa de resgatar Bonhoeffer do perigo iminente, sem mencionar a alegria de possuir o brilhante jovem teólogo entre eles. Existia um tom de vertigem no caso todo, e Bonhoeffer não tinha ideia do esforço extraordinário que era realizado em seu nome.

Em 11 de maio, Leiper enviou a Bonhoeffer uma carta formal em que oferecia uma posição conjunta entre o Union e a organização de Leiper, o Serviço Central de Ajuda Intereclesiástica. Para Leiper, Bonhoeffer atuaria como pastor para refugiados alemães em Nova York. Ele também iria palestrar no curso teológico de verão do Union e da Universidade de Colúmbia, e no outono lecionaria no período regular do Union. A posição que Leiper criara justamente para ele deveria ocupar Bonhoeffer por "dois ou três anos, pelo menos". Enquanto isso, Paul Lehmann, entusiasmado com a possibilidade de ter seu velho amigo de volta, disparou cartas urgentes para mais de trinta faculdades — tarefa nada fácil num mundo sem computadores — perguntando se estariam interessadas na docência de Bonhoeffer. Na primeira linha de cada carta, citou o influente nome de Niebuhr, dizendo que ele era o presidente da comissão "tomando a liberdade de trazer vossa atenção para Bonhoeffer". Lehmann o descreveu como "um dos mais competentes dentre os mais jovens teólogos e um dos mais corajosos dos mais jovens pastores que assumiram a tarefa da exposição e perpetuação fiel da fé cristã no momento crítico atual na Alemanha".[9]

Mas, apesar desses esforços, Bonhoeffer ainda estava longe de decidir qual seria o modo adequado de agir. Para complicar as coisas, uma carta de seu amigo Adolf Freudenberg dizia que, caso aceitasse o posto de pastor para

[8] *The Way to Freedom: Letters, Lectures and Notes 1935-1939*, vol. 2, *Collected Works of Dietrich Bonhoeffer*, p. 212.
[9] Idem, p. 222.

refugiados, seria impossível retornar à Alemanha durante o regime nacional-socialista.[10] Bonhoeffer nunca gostou de ficar sem alternativas.

A situação na Igreja Confessante também parecia cada vez mais desesperadora. A repulsa a Karl Barth, devido a sua carta em que chamava de mártir todo soldado checo que morresse ao enfrentar Hitler, perturbou Bonhoeffer. O fato de a Igreja Confessante se distanciar do autor da Declaração de Barmen o ofendeu. Essa e muitas outras coisas o fizeram sentir que havia pouco a se fazer na Alemanha. A América parecia ser a direção que Deus tinha para ele. Ainda assim, ele não tinha certeza.

Antes de partir, reuniu-se com cerca de dez alunos e amigos no apartamento de Dudzus. Albert Schönherr, Winfried Maechler, Gerhard Ebeling e Bethge estavam entre eles. "Bonhoeffer nos explicou o motivo de estar partindo para a América", recordou Dudzus, "e nós conversamos sobre como continuar o trabalho dele, o trabalho de Finkenwalde. O seminário foi proibido, mas existia ilegalmente na forma de reuniões clandestinas. Falamos sobre como aquilo deveria prosseguir e discutimos muitas coisas necessárias uns com os outros. Em determinado momento da discussão, ele nos perguntou, bem inesperadamente, se concederíamos a absolvição ao assassino de um tirano".[11]

Naquela época, ninguém além de Bethge sabia que Bonhoeffer estava envolvido com a resistência. Em conversas posteriores, ele usou o exemplo de um motorista bêbado a matar pedestres numa das ruas principais, como a Rua Kurfurstendamm em Berlim. Disse que seria responsabilidade de toda as pessoas fazer o possível para impedir o motorista de matar mais gente. Um ou dois anos depois, Bonhoeffer soube o que poucos sabiam, que a matança dos judeus estava além de qualquer coisa que eles teriam concebido. Sentiu a responsabilidade para interrompê-la, para fazer tudo a seu alcance. Agora, no entanto, antes de partir para a América, essas coisas ainda se desenvolviam em sua mente.

Em 22 de maio, Bonhoeffer recebeu a notificação para se apresentar no serviço militar, e percebeu que deveria agir depressa. Contatou as autoridades necessárias, informando-lhes sobre os convites oficiais do Union e de Leiper. No dia 4 de junho, ele se pôs a caminho da América.

[10] Wolf-Dieter ZIMMERMANN e Ronald G. SMITH, eds., *I Knew Dietrich Bonhoeffer*, p. 166.

[11] Otto DUDZUS, entrevista por Martin Doblmeier, *Bonhoeffer: Pastor, Pacifist, Nazi Resister. A documentary film by Martin Doblmeier*, Universidade de Princeton. Cenas não utilizadas citadas aqui com a permissão do diretor.

De volta para a América

Bonhoeffer manteve um diário durante a viagem para a América e escreveu inúmeros postais e cartas, a maior parte para Bethge, que repassava as informações aos demais.[12] Bonhoeffer tomou um voo noturno de Berlim a Londres: "Nós estamos agora sobrevoando o canal num pôr-do-sol maravilhoso. São dez horas e ainda bem claro. Está tudo bem comigo". No dia 7, embarcou num navio em Southampton: "Este cartão envia a todos os meus melhores votos antes de chegarmos ao Atlântico e não haver mais postais. Acabamos de sair de Southampton e estaremos aportando em Cherbourg em algumas horas. Minha cabine é bem espaçosa, e em todo lugar no navio há uma quantidade considerável de espaço. O clima é glorioso, e o mar, bastante calmo". No dia seguinte, esbarrou num jovem que estudara no Union. "Foi como uma resposta a uma oração", escreveu. "Falamos sobre Cristo na Alemanha, na América e na Suécia, de onde ele acabara de chegar. A missão na América!". Ainda pensava no futuro, sobre o tempo na América, mas, em carta a Bethge no dia 9, ele já sentia uma sensação de separação da Alemanha e dos "irmãos" que é de impressionar: "Você pode estar aí trabalhando, e eu posso estar trabalhando na América, mas estamos ambos somente onde ele está. Ele nos une. Ou eu perdi o lugar onde ele está? Onde ele está por minha causa? Não, diz Deus, 'Você é meu servo'". O dia 11 de junho era um domingo, mas não houve serviços religiosos. Bonhoeffer concordara em ter devoções particulares a cada dia ao mesmo tempo que Bethge. Era uma das coisas a respeito de Finkenwalde que o cativara: a meditação diária sobre as Escrituras e o sentimento de união com aqueles que faziam a mesma coisa na mesma hora. Mas o navio se aproximava de Nova York, e a mudança de tempo produziu a desconcertante frase: "Mas eu estou por completo com você, hoje mais do que nunca". Em seguida, pareceu se elevar para longe, com honestidade impiedosa sobre o discernimento de seus motivos e a vontade de Deus:

> Se ao menos as dúvidas sobre meu próprio percurso tivessem sido superadas. Procura-se nas profundezas do coração o que é insondável, todavia — "Ele conhece os segredos do coração". Quando a confusão de acusações e desculpas, de desejos e medos, obscurece tudo em nós, ele

[12] *The Way to Freedom*, p. 213-216.

vê claramente todos os nossos segredos. E no coração de todos ele encontra um nome que ele próprio registrou: Jesus Cristo. Assim, também nós um dia veremos claramente dentro das profundezas do coração divino e lá estaremos aptos para ler, não, para ver, um nome: Jesus Cristo. Então celebraremos o domingo. Um dia conheceremos e veremos o que hoje nós acreditamos; um dia realizaremos um culto em comunhão na eternidade.

O início e o fim, ó Senhor, são teus;
O vão no meio, a vida, era minha.
Vaguei na escuridão e não me descobri;
Contigo, ó Senhor, há claridade, e iluminada é tua casa.
Pouco tempo apenas, e tudo se fará;
A luta toda então se extinguirá.
Refrescar-me-ei nas águas da vida
E com Jesus falarei para todo o sempre.[13]

Vinte e seis dias

Em 12 de junho de 1939, a uma semana de completar oito anos desde a partida de Nova York, Bonhoeffer entrou no grande porto da América pela segunda vez. Mas as coisas eram bem diferentes agora, para ele e para a cidade. A silhueta de Manhattan não lhe parecia sorrir como da última vez, em crescera um único dente novo desde aquela época. O frenesi dos edifícios e a vibração e efervescência da era do *jazz* não existiam mais. A Grande Depressão, então em seus primeiros passos, agora se encontrava dez anos distante.

No cais, Bonhoeffer foi recebido pelo reverendo Macy, do Conselho Federal de Igrejas, que o levou ao Hotel Parkside. No dia seguinte, uma quinta-feira, encontrou-se com Henry Leiper para um café da manhã. "Ele me buscou e me cumprimentou cordialmente. A primeira discussão do futuro. Estou considerando como o ponto de partida, pois tudo o que quero é voltar em um ano, no mais tardar. Espantoso. Mas me parece bem claro que eu preciso voltar".[14]

Bonhoeffer não estivera em Nova York sequer 24 horas, mas já se achava imensamente aborrecido. Estava convencido de que deveria voltar. Leiper tinha

[13] Idem, p. 216-217.

[14] Idem, p. 227.

certeza de que Bonhoeffer ficaria ali por mais tempo e foi pego de surpresa. O que aconteceu? No final do dia, depois de algumas ligações telefônicas, Bonhoeffer foi até o Union e se estabeleceu na chamada Câmara do Profeta, uma suíte de hóspedes bem equipada, posicionada logo acima da entrada principal do seminário. Uma vasta sala com tetos altos e painéis de madeira, possuía um conjunto de janelas a leste que proporcionava a visão da Broadway e da 121th Street, e um conjunto de janelas a oeste que oferecia "uma bela visão panorâmica do quarteirão".[15] Tratamento de estrela. Mas uma honra maior ainda o esperava: às quatro horas, ele se encontraria com o dr. Coffin na Grand Central. Coffin convidou Bonhoeffer para a sua propriedade rural em Berkshires, perto da divisa de Massachusetts.

Henry Sloane Coffin sintetizava a instituição liberal da Costa Leste. Eleito para a Skull and Bones em Yale, ele se tornou pastor da prestigiada Igreja Madison Avenue de Manhattan em 1910. Ao se tornar presidente do Union em 1926, a *Time* o colocou na capa de uma edição.[16] Coffin conhecera Bonhoeffer em 1930, o brilhante bolsista com doutorado na Universidade de Berlim que levava a Bíblia e a si mesmo tão a sério que defendia Barth e Lutero; mas o Bonhoeffer que ele encontraria agora possuía algo mais. Ele chegava com as melhores recomendações de Niebuhr, que, de forma alarmante — mas com bastante precisão —, disse que, se o Union não abrisse espaço para Bonhoeffer, ele provavelmente terminaria num campo de concentração. Ainda que Coffin fosse um convicto liberal teológico, ele respeitava Bonhoeffer e seus pontos de vista barthianos.

Nas duas horas e meia de trem rumo ao norte, o patrício americano de 59 anos e o patrício alemão de 33 discutiram a situação eclesiástica na América. Mas, enquanto conversavam, a mente de Bonhoeffer continuou a se agitar sobre a situação em seu país, perguntando-se quanto tempo ele precisaria ficar na América, se realmente fora necessário ter partido. Sempre senhor de suas emoções, porém, ele não deixou evidenciar qualquer agitação interna a seu anfitrião, no trem ou nos três dias que passaria com a família dele em sua casa de campo. O seu diário nos concede seus pensamentos:

> *13 de junho, 1939* — A casa de campo em Lakeville, Connecticut, fica nas montanhas; vegetação exuberante e fresca. À noite, milhares de vaga-lumes

[15] Idem.

[16] "Religion: Protagonist", *Time*, 15 de novembro de 1926.

nos jardins, como chamas flutuantes. Eu nunca os tinha visto. Uma visão fantástica. Recepção muito amigável e "informal". Tudo o que falta é a Alemanha, os irmãos. As primeiras horas solitárias são difíceis. Não entendo por que estou aqui, se era algo sensato a se fazer, se os resultados valerão a pena. Por fim, à noite, as leituras e reflexões sobre o trabalho em casa. Estou há quase duas semanas sem saber o que tem acontecido por lá. É difícil de suportar.[17]

14 de junho, 1939 — Café da manhã na varanda. Choveu um pouco durante a noite. Tudo é fresco e limpo. Depois, orações. Quase fui derrotado pela curta oração — a família inteira se ajoelhou — na qual refletimos sobre os irmãos alemães. Em seguida, ler, escrever, sair para entregar convites para a noite. À noite, cerca de 25 pessoas, pastores, professores, com esposas e amigos. Muitas conversas amigáveis, sem chegar a lugar algum.[18]

15 de junho, 1939 — Desde ontem à noite eu não pude deixar de pensar na Alemanha. Não imaginara que fosse possível na minha idade, após tantos anos no exterior, sentir tamanha nostalgia do lar. O que era pra ser uma expedição maravilhosa esta manhã para a casa de uma conhecida no campo, isto é, nas colinas, tornou-se quase insuportável. Sentamo-nos por uma hora e conversamos, não de maneira tola, é verdade, mas sobre coisas que me deixaram completamente frio — se é possível conseguir uma boa educação musical em Nova York, sobre a educação das crianças etc., e pensei em quão úteis poderiam ser essas horas na Alemanha. Eu ficaria feliz em tomar o próximo navio para casa. Esta inatividade, ou melhor, a atividade em coisas desimportantes, é bastante intolerável quando se reflete sobre os irmãos e sobre como o tempo é precioso. O peso da autocensura devido a uma decisão errada regressa novamente e é quase esmagador. Fiquei em completo desespero.[19]

Dividido entre o ódio pelo desperdício de palavras e seu profundo respeito pelas boas maneiras, ele era a própria definição da inquietude. Ao voltar do

[17] *The Way to Freedom*, p. 228.
[18] Idem.
[19] Idem, p. 228-229.

passeio e da conversa educada com a bem-intencionada senhora, tentou se entregar ao trabalho. Mas foi interrompido por outro convite para caminhar pelas colinas de Massachusetts. Ele aceitou e foi, mas reprovou a si mesmo pela escolha: "Eu ainda não encontrei paz para a leitura da Bíblia e a oração".[20] Contudo, foi um passeio glorioso. Eles percorreram um longo trecho de loureiros e se depararam com uma visão que lhe relembrou Friedrichsbrunn. Mas, durante todo o tempo, o fardo da Alemanha e se deveria ou não retornar permaneceu com ele.

Na mesma noite, eles foram a uma sala de cinema local. Assistiram à *Juarez*, um drama histórico estrelado por Bette Davis e Paul Muni. Se Bonhoeffer esperava se perder num mundo de fantasia, ficou decepcionado. Muni interpretava o nobre Benito Juárez, eleito democraticamente presidente do México, que se digladiava com Claude Rains no papel de Napoleão III, um cínico ditador europeu que pretendia criar um império. Apanhado no meio deles, o idealista e jovem imperador de Habsburgo, Maximiliano I, ludibriado pela França para assumir a liderança do México, mas cuja devoção ao povo mexicano era o retrato vivo de uma verdadeira nobreza monárquica. O tema deveras pedante do filme sobre o que constitui a liderança legítima e seus diversos paralelos com os devaneios na mente de Bonhoeffer são surpreendentes. Em seu diário, simplesmente o considerou um "bom filme".[21]

Sozinho em seu quarto naquela noite, escreveu para Leiper, reiterando que tinha de voltar "dentro de um ano, no máximo" e explicando seu sentimento pleno e óbvio de culpa por ter criado falsas expectativas. Mas finalmente encontrou paz nas Escrituras, após ansiar encontrá-la o dia todo e onde agora se acomodava: "Quão feliz fiquei por começar as leituras novamente à noite e encontrar: 'O meu coração exulta em tua salvação' (Sl 13:5)".[22]

Na manhã seguinte, voltou a Nova York e visitou a Feira Mundial em Queens. Passou a tarde ali, entre a multidão. Quando retornou para seu quarto à noite, deliciou-se por estar só novamente, para refletir e orar. No diário, escreveu: "É menos solitário quando se está sozinho". Anotou suas impressões recentes de Nova York: "Quão mais limpa Nova York é em comparação a Londres! Ninguém fumando no metrô ou na rua. Tecnicamente mais avançados,

[20] Idem, p. 229.
[21] Idem.
[22] BONHOEFFER, *A Testament to Freedom*, p. 477-478.

também, ou mais atualizados (ventilação em cada metrô). E quão mais internacional Nova York é do que Londres. Das pessoas com quem conversei hoje, pelo menos metade falava um inglês terrivelmente trincado".[23]

No sábado, o dia seguinte, ele ficou sozinho mais uma vez. Passou a maior parte do tempo na biblioteca do Union, trabalhando. Estudou assuntos da revista *Christian Century* para um ensaio que vinha escrevendo. Mas sentiu ansiedade o tempo todo por uma carta da Alemanha que lhe contasse sobre a situação no país. Nada em sua vida podia se comparar com o que sentia. Ele estava mais inquieto, mais seriamente aborrecido do que nunca. Parecia amputado de uma parte do corpo, separado de si mesmo por um oceano, vagando pelas ruas de Nova York como um fantasma:

> É quase insuportável [...]. Hoje a Palavra de Deus diz: "Venho em breve" (Ap 3:11). Não há tempo a perder, e aqui estou eu desperdiçando dias, talvez semanas. De qualquer modo, é assim que me parece no momento. Então eu digo comigo mesmo mais uma vez: "É covardia e fraqueza fugir daqui agora". Serei capaz de realizar qualquer trabalho realmente significante por aqui? Notícias políticas inquietantes do Japão. Caso se torne instável, voltarei definitivamente para a Alemanha. Não consigo ficar longe por conta própria. É evidente. Minha vida toda ainda está lá.[24]

O dia seguinte era um domingo. Sua inquietação, sua busca pela paz e por uma resposta continuaram. Das janelas de seu quarto, ele podia olhar bem alto e ver, pouco além do teto do Union, uma escultura do anjo Gabriel segurando sua trombeta. Gabriel contemplava o céu, coroando a torre sobre o altar na Igreja Riverside. Bonhoeffer sabia que a tépida pregação liberal na Riverside dificilmente encontraria sua aprovação; muito menos seria um canal pelo qual Deus falaria a ele sobre sua situação. Mas não era possível viver a cem metros de distância e não visitá-la. Cedo ou tarde, ele deveria ao menos provar o gosto das águas mornas da igreja. Mas, naquela manhã, Bonhoeffer sofreu para ouvir algo vindo de Deus.

Riverside era uma igreja que Rockefeller construíra para Harry Emerson Fosdick, inaugurada com enorme estardalhaço em 1930. Em 1939, Fosdick

[23] *The Way to Freedom*, p. 229.

[24] Idem, p. 230.

ainda era o mais famoso pregador liberal na América, e Riverside era o principal púlpito do liberalismo teológico no país.[25] O estado de espírito de Bonhoeffer era propício para ouvir a Deus na pregação da Palavra, mesmo num formato diferente do que ele apreciava. Mas não era propício para o que ouviria naquela manhã em Riverside. O texto para o sermão vinha de Tiago, mas não o Tiago do Novo Testamento. Era um trecho escrito pelo filósofo americano William James,[26] cujas obras Bonhoeffer estudara nove anos antes. Usualmente gentil e tolerante, Bonhoeffer ansiava por algo de Deus, mas fora ao lugar errado. No seu diário, escreveu: "Muito insuportável". A pregação vazia o irritou, e ele despejou sua revolta no diário:

> A coisa toda era uma celebração religiosa respeitável, autoindulgente, autossatisfatória. Esse tipo de religião idólatra perturba a carne acostumada a ser mantida sob controle pela Palavra de Deus. Tais sermões causam libertinagem, egoísmo, indiferença. As pessoas não sabem que se pode viver bem, e até melhor, sem "religião"? [...] Talvez os anglo-saxões sejam realmente mais religiosos que nós, mas certamente não são mais cristãos, caso ainda realizem sermões como aquele. Não tenho dúvida alguma de que um dia a tempestade soprará com força plena sobre essa instituição de caridade religiosa, isso se Deus ainda estiver por perto [...]. As tarefas para um verdadeiro teólogo aqui são imensuráveis. Mas somente um próprio americano pode afastar todo esse lixo, e até o momento parece não existir ninguém.[27]

Para encontrar a palavra de Deus, ele retornou a seu quarto e a seus textos diários, os *Losungen* morávios. "Como estão boas as leituras de hoje!", escreveu, "Salmos 119:105, Mateus 13:8". Ele se alegrou com os versículos. O primeiro era: "Afastem-se de mim os que praticam o mal! Quero obedecer aos mandamentos do meu Deus!". E o segundo: "Outra ainda caiu em boa terra, deu boa colheita, a cem, sessenta e trinta por um".[28]

[25] Bonhoeffer provavelmente não sabia que Fosdick era uma das vozes que mais se propunham aplacar Hitler. Ele defendia a equivalência moral, que argumentava que o fenômeno Hitler e o fascismo surgiram por causa das falhas da América e suas políticas.

[26] Na língua inglesa, utiliza-se o nome "James" para se referir a "Tiago". (N. do T.)

[27] *The Way to Freedom*, p. 230-231.

[28] Idem, p. 231.

Ele ficou sozinho o dia todo mais uma vez e sentiu a falta de seus irmãos em Cristo. "Agora tenho de começar a descobrir de novo quão afortunado tenho sido sempre até aqui por ter estado na companhia de meus irmãos. E Niemöller tem estado sozinho há dois anos. Inimaginável! Que fé, que disciplina, e que ato claro de Deus!".[29] Bonhoeffer ficaria sozinho na prisão por dois anos, e até o fim da guerra Niemöller passaria oito anos aprisionado. Agora, porém, ele ansiava por paz e pela Palavra. Assim, mais uma vez ele deixou o Union e caminhou ao sul da Broadway, a sete quadras, para outra igreja. O pastor dessa igreja, dr. McComb, era insultado como fundamentalista por Fosdick e os demais na rua acima. Mas o que Bonhoeffer encontrou ali o entusiasmou:

> Agora o dia teve um bom final. Eu fui à igreja novamente. Enquanto existirem cristãos solitários sempre haverá cultos. É de grande ajuda após alguns dias de bastante solidão ir à igreja e orar em comunhão, cantar em comunhão, ouvir em comunhão. O sermão foi impressionante (Igreja Presbiteriana da Broadway, dr. McComb), a respeito de "nossa semelhança com Cristo". Um sermão completamente bíblico — as seções "nós somos inocentes como Cristo" e "somos tentados como Cristo" foram particularmente boas.[30]

Ter encontrado pregação bíblica na cidade de Nova York, e exatamente naquele dia, quando tentava desesperadamente ouvir a voz de Deus, foi uma resposta a suas orações. Ali, na "fundamentalista" Igreja Presbiteriana da Broadway, ele ouviu a palavra de Deus pregada. Nessa conjuntura crítica, ele fez algo que nunca fizera antes: posicionou-se ao lado dos fundamentalistas contra os adversários na Riverside e no Union. Referindo-se à igreja de McComb, declarou: "Será, um dia, o centro de resistência quando a Igreja de Riverside se tornar um templo de Baal. Fiquei muito contente com esse sermão".[31]

Bonhoeffer se arrependeu do antiamericanismo que se agitava dentro de si nos últimos dias e audaciosamente equiparou os fundamentalistas à Igreja Confessante. Eles enfrentavam ali as influências corruptoras dos teólogos do Union e de Riverside, e em sua pátria natal a luta se desenvolvia contra a Igreja

[29] Idem.
[30] Idem.
[31] Idem.

do Reich. Uma equação desconcertante. Aí está a igreja, ele parecia dizer, marginalizada aqui como nós somos marginalizados lá.

> O sermão me apresentou uma América que antes eu ignorava totalmente. Caso contrário, eu teria ficado muito ingrato nestes dias por toda a proteção que Deus me tem dado. Com minha intenção e necessidade interior de pensar incessantemente nos irmãos de lá e em seu trabalho, eu quase teria evitado o dever aqui. Começava a me parecer traição o fato de não concentrar todo o meu pensamento na Alemanha. Ainda preciso encontrar o equilíbrio correto. Paulo escreveu que pensa em sua congregação "sem cessar" em suas orações e, no entanto, ao mesmo tempo ele se dedicou completamente à tarefa em mãos. Preciso aprender a fazer isso. Provavelmente só acontecerá por meio de oração. Deus, conceda-me clareza nas próximas semanas sobre meu futuro e me mantenha em comunhão de oração com os irmãos.[32]

Não houve notícias da Alemanha na segunda-feira. No dia seguinte, outra reunião importante com Leiper. Mas ele estava aflito por novidades dos irmãos: "Eu quero saber como vai o trabalho de lá, se está tudo bem ou se eles precisam de mim. Quero algum sinal de lá antes da reunião decisiva de amanhã. Talvez seja bom que o sinal não venha".

Suas reflexões destinavam-se também à situação internacional:

> As notícias sobre a China são inquietantes. Será possível voltar para casa se a coisa ficar séria? Passo o dia todo na biblioteca. Escrevo palestras em inglês. Tenho grande dificuldade com a língua. Dizem que falo inglês bem, no entanto considero tão inadequado. Quantos anos, quantas décadas para aprender alemão, e ainda hoje não se conhece bem! Eu nunca aprenderei inglês. Aí está um motivo para voltar, e logo, para casa. Sem a língua o sujeito está perdido, irremediavelmente só.[33]

Ele nunca se sentira tão solitário, e nunca se sentira tão alemão. No quente mês de junho em Nova York, ficou completamente sozinho. Paul Lehmann estava em Chicago. Naquela noite, após um dia todo de esforços para conseguir

[32] Idem, p. 231-232.
[33] Idem, p. 232.

escrever em inglês, tomou o metrô para Times Square. Assistiu ao noticiário durante uma hora, depois voltou para a parte alta da cidade, caminhou da Broadway até o Union, escolheu o lado esquerdo da entrada principal e, enfim, subiu as escadas até seu enorme quarto. Escreveu no diário, leu as Escrituras e orou. Mas a sensação de estar fora de sintonia com os irmãos na Alemanha era inevitável. Antes de dormir, reclamou do fuso horário: "Incomoda-me o fato de não mantermos a mesma hora da Alemanha. Dificulta e impede a oração em conjunto. É a mesma coisa toda noite. Mas: 'Damos-te graças, ó Deus [...] pois perto está o teu nome' (Sl 75:1)".[34]

Na manhã de 20 de junho, finalmente recebeu uma carta de seus pais. Mas nada ainda dos irmãos. No mesmo dia, aconteceria a importante reunião com Henry Leiper. Eles se encontraram no Clube Nacional de Artes, em Gramercy Park. Posteriormente, escreveu em seu diário: "A decisão foi tomada. Eu recusei. Estavam claramente desapontados e muito chateados. O significado é provavelmente maior para mim do que posso ver no momento. Só Deus sabe".[35]

Anos mais tarde, Leiper recordou o almoço realizado sob o famoso teto de azulejos do clube exclusivista. Obviamente, Leiper ansiara pelo almoço na mesma proporção que Bonhoeffer o temera; tinha a expectativa de discutir a natureza do trabalho que realizariam juntos. "Qual foi a minha surpresa e consternação", disse Leiper, "ao descobrir de meu convidado que ele acabara de receber um apelo urgente de seus colegas na Alemanha para retornar imediatamente devido a tarefas importantes que, acreditavam eles, somente ele poderia realizar". Não sabemos a que Bonhoeffer estava se referindo. É possível que a carta de seus pais tenha incluído uma referência codificada à conspiração, algo que parecesse urgente e que definiu seu rumo. De qualquer modo, ele estava determinado a obedecer a Deus e tinha certeza de que assim faria ao se decidir retornar para a Alemanha. Sabia que as consequências de sua obediência eram assunto de Deus. "Eu não o pressionei por detalhes sobre que trabalho era aquele", disse Leiper. "Era evidente o bastante pelos seus modos e sua tensão que ele sentia que aquilo era algo que não podia ser recusado".[36]

À noite, em seu diário, Bonhoeffer ponderou sobre a decisão, intrigado pelo estranho mistério de tudo aquilo:

[34] Idem, p. 233.

[35] Idem.

[36] ZIMMERMANN e SMITH, *I Knew Dietrich Bonhoeffer*, p. 93.

> É notável como eu nunca estou suficientemente claro a respeito dos motivos para qualquer uma de minhas decisões. É um sinal de confusão, de desonestidade interior, ou é um sinal de que somos guiados sem nosso conhecimento, ou são as duas coisas? [...]. Hoje a leitura fala asperamente, de uma maneira assustadora, do julgamento incorruptível de Deus. Ele certamente vê quanto sentimento pessoal, quanta ansiedade existe na decisão de hoje, por mais corajosa que possa parecer. Os motivos que apresentados para uma ação pelos outros e por si mesmo são certamente inadequados. Pode-se apresentar um motivo para tudo. Em última análise, age-se num nível que permanece escondido de nós. Assim, só podemos pedir a Deus para nos julgar e nos perdoar [...]. No fim do dia, eu posso apenas pedir a Deus um julgamento misericordioso sobre o dia de hoje e todas as decisões tomadas. Está agora nas mãos dele.[37]

Seja como for, ele ficou em paz novamente. O dia seguinte foi movimentado. Trabalhou durante toda a manhã e à tarde foi do Central Park ao gélido refúgio de mármore do imenso Museu Metropolitano de Arte. Sentiu-se revivido ao beber um gole fresco de cultura europeia. Ficou particularmente arrebatado com *Vista de Toledo*, de El Greco, e a *Cabeça de Cristo*, de Hans Memling.

Passou a noite com amigos alemães, os Bewer, com os quais a saudade e o sentimento de alienação foram ainda mais aliviados. J. W. Bewer era um estudioso do Antigo Testamento, a quem Bonhoeffer conhecera no ano que passara no Union e que acabara de publicar um livro sobre Miqueias. "Foi tão bom pensar e falar novamente em alemão", escreveu. "Nunca senti a resistência que o idioma inglês oferece a meus pensamentos com tanta força quanto aqui em Nova York. Nesta língua eu sempre me sinto insatisfeito comigo".[38]

Naquela noite, porém, seus pensamentos se voltaram para o futuro:

> É claro que ainda continuo a ter dúvidas sobre minha decisão. Era possível ter apresentado motivos diferentes: primeiro, estou aqui (e talvez o próprio mal-entendido foi uma orientação); eles dizem que foi como uma resposta a uma oração quando a minha vinda foi anunciada; eles gostariam de ter-me; não conseguem entender por que eu me recuso; isso transtorna todos os planos deles para o futuro; não tenho notícias de

[37] *The Way to Freedom*, p. 233-234.

[38] Idem, p. 234.

> casa, e talvez tudo esteja indo bem sem mim etc. Ou pode-se perguntar: eu me decidi simplesmente por saudade da Alemanha e do trabalho de lá? E é essa quase incompreensível e até agora quase completamente desconhecida saudade de casa um sinal vindo do céu para facilitar a minha recusa? Ou, não é irresponsabilidade para com tantos outros homens simplesmente dizer não a seu próprio futuro e ao de muitos outros? Será que eu me arrependerei? Talvez não [...]. A leitura é mais uma vez tão severa: "Ele se sentará como um refinador e purificador de prata" (Ml 3:3). E necessária. Eu não sei onde estou. Mas ele sabe; e, no fim, todas as coisas e ações serão puras e claras.[39]

No dia seguinte, 22 de junho, ele recebeu um convite de seus parentes, os Boericke, para visitar a Filadélfia na próxima semana. Nenhuma correspondência, porém, dos irmãos em Sigurdshof. Sem que ele soubesse, eles iam bem e haviam escolhido Hellmut Traub como seu novo diretor. Bonhoeffer estava lendo Niebuhr, mas achou o livro decepcionante. À noite, perambulou até um cinejornal: "nada de especial". Depois, leu os jornais:

> Bewer me acalma. É insuportável para um alemão ficar aqui; é simplesmente estar partido em dois [...]. Até mesmo ser responsável, ter que se censurar, por ter saído sem necessidade, é certamente esmagador. Mas não nos podemos separar de nosso destino, muito menos aqui, distante; aqui se carrega tudo nos próprios ombros, e não se tem voz e direitos numa terra estrangeira [...]. É estranho quão fortemente esses pensamentos em particular me emocionam nos últimos dias e como todos os pensamentos sobre a *Una Sancta* progridem tão devagar [...]. Estou na cama a escrever desde ontem à noite [...]. Tudo que resta agora são as leituras e as preces. De manhã, uma discussão com Bewer e Van Dusen sobre o futuro. Quero voltar em agosto. Pedem para eu ficar mais tempo. Mas, se nada acontecer até lá, eu permanecerei até o dia 12 de agosto. Ficarei então com Sabine.[40]

No almoço com David Roberts e sua esposa, ele discutiu a questão racial na América, bem como sobre o que Roberts lhe descrevera como um aumento acentuado de antissemitismo na América. Ele disse ter visto um sinal afixado

[39] Idem, p. 234-235.
[40] Idem, p. 235.

na estrada que conduzia a uma estância nas montanhas: "Trezentos metros — alto demais para judeus". Outro dizia: "Preferência para gentios".[41]

No dia 23, leu em seu quarto e, em seguida, fez um passeio pelo rio Hudson. Sentado num banco, pensou em Sigurdshof, tão distante: "Por que eu não ouço nada?". Terminou o livro de Niebuhr com sentimentos variados e permaneceu desapontado com o que continuava a se passar na teologia do Union: "Nenhum pensamento à luz da Bíblia por aqui". Concluiu o registro do diário naquele dia com um juízo sobre a qualidade da música que ele ouvia de seu quarto: "Eles acabaram de terminar uma conferência sobre a revisão do hinário. Arrastam os corais de forma terrível e usam muito o pedal. O clavicórdio é melhor. Leituras e intercessões".[42]

Finalmente, no sábado, dia 24, ele recebeu uma carta: "É um grande alívio".[43] Ao refletir sobre o cenário da igreja americana, ficou fascinado pelo triunfo da tolerância sobre a verdade. Análise muito semelhante ao relatório que escreveu no verão de 1931, quando tentava encontrar algum sentido em seu ano no Union:

> Eu me pergunto muitas vezes se é verdade que a América é o país sem uma reforma. Se a reforma significa o conhecimento dado por Deus sobre o fracasso de todas as maneiras de construir um reino de Deus na terra, então isso é provavelmente verdade. Mas não é verdade também na Inglaterra? A voz do luteranismo existe na América, mas é uma entre outras: nunca foi capaz de confrontar outras denominações. Parece quase nunca haver "conflitos" neste grande país, em que é sempre possível evitar o próximo. Mas onde não há conflito, onde a liberdade é o único fator unificante, não se sabe, naturalmente, nada sobre a comunidade que é criada por meio do conflito. Por consequência, a vida em comunhão é completamente diferente. Comunidade em nosso sentido, seja cultural, seja eclesiástica, não consegue se desenvolver aqui. Será mesmo?[44]

Naquela noite, escreveu cartões-postais e anotou em seu diário: "O jornal novamente sombrio hoje. Leituras: 'Aquele que confia, jamais será abalado' (Is

[41] Idem, p. 236.

[42] Idem.

[43] Idem.

[44] Idem.

28:16). Estou pensando em trabalhar em casa".[45] No futuro, seria dito que esse texto *Losung* foi a chave para sua decisão, aquele que falou mais alto que todos os outros: "Aquele que confia, jamais será abalado". Ficar agora seria se abalar. E fugir da América agora era acreditar, confiar no Senhor.

Acrescentou uma nota de sarcasmo debaixo da última palavra do dia: "Amanhã é domingo. Pergunto-me se ouvirei um *sermão*".[46]

De manhã, esperançoso, visitou uma igreja luterana no Central Park:

> *Domingo, 25 de junho, 1939* — Sermão em Lucas 15, sobre a superação do medo. Aplicação muito forçada do texto. Animado e original, mas muita análise e pouquíssimo evangelho. Houve precisão ao dizer que a vida do cristão é como a alegria diária da pessoa que está a caminho de casa. Novamente, sem exposição real do texto. É muito pobre.[47]

Após o culto, almoçou com os Bewer e passou a tarde com Felix Gilbert, um historiador de sua idade que conhecia de Berlim. As últimas palavras em seu diário naquela noite: "Hoje é aniversário da Confissão de Augsburgo. Isso me faz pensar nos irmãos da pátria. Romanos 1:16 ('Não me envergonho do evangelho, porque é o poder de Deus para a salvação de todo aquele que crê: primeiro do judeu, depois do grego')".

> *26 de junho, 1939* — [...] Hoje li, por acaso, em 2Timóteo 4: "Procure vir antes do inverno", pedido de Paulo a Timóteo. É para Timóteo compartilhar o sofrimento do apóstolo, e não para se sentir culpado. "Venha antes do inverno" — senão pode ser tarde demais. Isso tem ficado em minha mente todos os dias. Para nós, é como com os soldados, que vêm para casa de licença do Exército, mas que, a despeito de todas as expectativas, anseiam voltar para a linha de frente. Não conseguimos mais nos afastar. Não porque somos necessários, ou porque somos úteis (para Deus?), mas simplesmente porque é ali que está a nossa vida, e porque deixamos nossa vida para trás, destruímo-la, se não podemos estar presentes ali novamente. Não é nada com piedade, algo mais parecido com um impulso vital. Mas Deus não age somente através de emoções

[45] Idem, p. 237.

[46] Idem.

[47] Idem.

piedosas, mas também por meio das vitais. "Venha antes do inverno" — não é um mau uso da Escritura se eu usar isso como algo dito para mim. Se Deus me conceder a graça de assim fazê-lo.[48]

27 de junho, 1939 — Carta de meus pais. Grande alegria, bastante surpreendente. Trabalho na hora do almoço e à tarde na biblioteca [...]. À noite, uma visita do professor Richardson, longa conversa. Ele é inglês. Parece haver maior proximidade com ele do que com os americanos. Eu me pergunto se os americanos não nos compreendem em absoluto porque são pessoas que deixaram a Europa para poder viver sua própria fé em liberdade. Ou seja, porque não se mantiveram firmes na última decisão na questão da crença. Sinto que eles entenderiam o fugitivo melhor que aquele que permanece. Por isso a tolerância americana, ou melhor, a indiferença em questões dogmáticas. Um confronto está excluído, mas este também é o verdadeiro anseio passional pela unidade na fé.[49]

28 de junho, 1939 — [...] Os relatos dos jornais ficam cada vez mais preocupantes. Eles distraem os pensamentos. Não consigo imaginar que é da vontade de Deus que eu permaneça aqui sem nada de especial para fazer em caso de guerra. Preciso viajar na primeira oportunidade possível.[50]

No mesmo dia, Bonhoeffer recebeu uma carta de Paul Lehmann, ainda sob a impressão de que todo o processo se perdera. Lehmann tivera desperdiçado um trabalho considerável para lhe arranjar convites:

Você não sabe com que alegria e alívio sua carta foi recebida [...]. Marion e eu ansiávamos pela confirmação de sua chegada ao Union. Agora que está aí, mal podemos esperar que você esteja aqui conosco [...]. Eu sei que é impensável o seu retorno até que a América tenha a plena oportunidade de ser enriquecida por sua contribuição para seu momento teológico de destino. Pelo menos, é desse modo que eu gosto de pensar [...]. Pois você deve enxergar isso também como uma responsabilidade.[51]

[48] Idem, p. 237-238.
[49] Idem, p. 238.
[50] Idem, p. 238-239.
[51] Idem, p. 224-225.

Bonhoeffer percebeu que precisava contar a Lehmann a sua decisão recente e enviou imediatamente um cartão-postal. "As coisas mudaram completamente. Vou retornar para a Alemanha no dia 2 de agosto ou mesmo no dia 25 de julho. A situação política é tão terrível. Mas, é claro, eu gostaria de ter uma palavra sua antes de partir. Estou aproveitando as poucas semanas em liberdade, mas, por outro lado, sinto que tenho de voltar para as 'trincheiras' (refiro-me à luta da igreja)".[52]

No dia seguinte, continuou a refletir sobre o estado da igreja americana:

> *29 de junho, 1939* — A separação entre igreja e Estado não resulta na igreja continuando a realizar a sua tarefa inerente; não é garantia contra a secularização. Em nenhum lugar a igreja é mais secularizada que onde ela é separada, em princípio, como é aqui. A própria separação pode criar uma oposição, de modo que a igreja se envolve com mais força em coisas políticas e seculares, o que é provavelmente importante para as nossas decisões de lá.[53]

No dia 13, Bonhoeffer escreveu a Lehmann uma explicação mais completa:

> *30 de junho, 1939* — Muito obrigado por sua bondosa carta, tão cheia de amizade e de esperança pelo futuro. Mal posso encontrar em meu coração a necessidade de lhe dizer que, entretanto, eu decidi retornar para a Alemanha nas próximas semanas. O meu convite para vir aqui foi baseado num mal-entendido no sentido de que eu pretendia ficar na América por tempo indeterminado. Por isso, a proposta era me tornar responsável pela assistência a refugiados cristãos daqui, um trabalho que, necessário como é, teria impedido qualquer possibilidade de retornar para a Alemanha. Tem de ser feito por um refugiado. Neste ínterim, tudo foi decidido e definido com a Igreja Confessante; eu retorno em julho ou agosto. Certamente me arrependo em alguns aspectos, mas, por outro lado, estou contente que em breve serei capaz de ajudar novamente por lá. Eu sou atraído de volta para a luta dos irmãos.[54]

[52] Idem, p. 226.
[53] Idem, p. 239.
[54] Mary BOSANQUET, *The Life and Death of Dietrich Bonhoeffer*, p. 215-216.

Mas no mesmo dia Bonhoeffer recebeu um telegrama de Karl-Friedrich, em Chicago, e decidiu mudar a data da viagem mais uma vez. Ele partiria dentro de uma semana:

> *30 de junho, 1939* — Telegrama de Karl-Friedrich, que está vindo de Chicago. Há muito a discutir. Ofereceram-lhe uma excelente cátedra por lá; significa, de uma vez por todas, a hora da decisão. Enfim, meus questionamentos. Como na situação atual eu iria de qualquer jeito em quatro semanas, o mais tardar, agora, como as coisas estão, decidi partir no dia 8 com Karl-Friedrich. Se a guerra eclodir, não quero estar aqui, e é impossível obter qualquer informação objetiva sobre a situação. Foi uma decisão difícil.[55]

No dia seguinte, Karl-Friedrich chegou. Bonhoeffer pôs seu chapéu de turista, e os dois irmãos passaram o dia no centro de Manhattan:

> *1º de julho, 1939* — [...] Com K. F. na cidade, compramos presentes, [Radio City] Music Hall, cinema, o maior. Assustador. Mau gosto, ostensivo, cores vulgares, música e pele. Só é possível encontrar esse tipo de fantasia numa cidade grande. K. F. discorda [...]. Não consegui deixar de pensar o dia todo na situação na Alemanha e na igreja [...]. As leituras são novamente muito boas. Jó 41:11: "Deus diz: Quem primeiro me deu alguma coisa, que eu lhe deva pagar? Tudo o que há debaixo dos céus me pertence". Romanos 11:36: "Pois dele, por ele e para ele são todas as coisas. A ele seja a glória para sempre! Amém". A terra, as nações, a Alemanha e, acima de tudo, a igreja, não podem cair de sua mão. Foi terrivelmente difícil para mim pensar e orar: "Seja feita tua vontade" tendo em conta a situação atual. Mas assim tem de ser. Amanhã é domingo. Que Deus faça a sua palavra encontrar quem ouça por todo o mundo.[56]
>
> *Domingo, 2 de julho, 1939* — Igreja, Park Avenue, Reverendo Gorkmann (pregador do rádio) sobre "O dia de hoje pertence a nós", texto nenhum, eco nenhum com a proclamação cristã. Um tanto

[55] *The Way to Freedom*, p. 239-240.
[56] Idem, p. 240.

> decepcionante [...]. Os americanos falam muito de liberdade em seus sermões. Liberdade como objeto de posse é algo duvidoso para uma igreja; liberdade deve ser conquistada sob a compulsão de uma necessidade. Liberdade para a igreja vem da necessidade pela Palavra de Deus. Caso contrário, ela se torna arbitrária e acaba numa grande quantidade de novos vínculos. Se a igreja na América é realmente "livre", eu duvido. Eles estão solitários nos domingos por aqui. Apenas a Palavra torna real uma comunidade. Eu preciso de algumas boas orações comunais em minha própria língua. As notícias não são positivas. Será que chegaremos a tempo? Leitura: Isaías 35:10! ("E os que o Senhor resgatou voltarão. Entrarão em Sião com cantos de alegria; duradoura alegria coroará suas cabeças. Júbilo e alegria se apoderarão deles, e a tristeza e o suspiro fugirão"). Intercessões.[57]

No domingo, Bonhoeffer participou de palestras de Coffin e Niebuhr e depois passou o resto do dia escrevendo um artigo e conversando com um aluno. Anotou em seu diário: "As orações matinais de Coffin foram bem pobres. Devo tomar cuidado para não ser negligente com a leitura da Bíblia e a oração. Carta de Paul Lehmann".[58] Lehmann recebera a carta de Bonhoeffer com as notícias decepcionantes: "Não consigo dizer quão profundamente incomodados estão Marion e eu. Eu escrevo agora, acredite-me, com grande peso de espírito".[59]

Na manhã seguinte, Bonhoeffer se encontrou com Coffin e Niebuhr, que o convidaram para jantar. Mas naquele dia, o único 4 de julho que ele passou nos Estados Unidos, Bonhoeffer almoçou no Empire State Building com Karl-Friedrich.

> *5 de julho, 1939* — Quanto mais se aproxima minha partida, mais plenos os dias se tornam [...]. Conversa no almoço com dois estudantes dos estados sulistas sobre o problema dos negros [...]. Seria bom ficar mais quatro semanas. Mas o preço é muito alto. Carta de Eberhard, grande alegria.[60]

[57] Idem, p. 240-241.
[58] Idem, p. 241.
[59] BOSANQUET, *Life and Death of Bonhoeffer*, p. 216.
[60] *The Way to Freedom*, p. 241.

Os dois dias seguintes foram tão movimentados que ele não teve tempo para o diário. No dia 6, desceu a cidade para reservar a passagem do navio. Na volta, visitou a Bolsa de Valores. Às duas e meia, encontrou-se com Paul Lehmann na Câmara do Profeta. Eles não se viam desde 1933. O reencontro foi encantador.

Na manhã seguinte, a última de Bonhoeffer na América, Paul Lehmann tentou convencê-lo a não partir. Ele sabia o que aguardava seu amigo. Mas a decisão foi tomada: Bonhoeffer havia direcionado seu rosto para Berlim. Ele esteve em Nova York por 26 dias.

À noite, Paul o levou para o barco e disse adeus.

> *7 de julho, 1939* — Despedida às onze e meia, navegar à meia-noite e meia. Manhattan à noite; a lua sobre os arranha-céus. Bastante quente. A visita chega ao fim. Estou contente por ter acabado e contente por estar a caminho de casa. Talvez eu tenha aprendido mais neste mês que num ano todo nove anos atrás; ao menos adquiri algumas importantes percepções para decisões futuras. Possivelmente esta decisão causará grande efeito sobre mim. No meio do oceano Atlântico [...].[61]

> *9 de julho, 1939* — Conversa com Karl-Friedrich sobre assuntos teológicos. Ler é um ótimo negócio. Os dias são visivelmente mais curtos devido à perda de uma hora. Desde que entrei no navio minha incerteza interna sobre o futuro tem cessado. Posso pensar em meu tempo reduzido na América sem censuras. Leitura: "Foi bom para mim ter sido castigado, para que aprendesse os teus decretos" (Sl 119:71). Um dos meus versículos favoritos de meu salmo favorito.[62]

Bonhoeffer ficou na Inglaterra por dez dias. Não visitou o bispo Bell, mas viu Franz Hildebrandt e Julius Rieger, e passou um tempo com seus amados Sabine, Gerhard e as garotas. Eles sabiam que a guerra era iminente, que a qualquer momento o mundo se alteraria.

Alguma sensação a respeito do que viria pela frente atingiu Bonhoeffer enquanto esteve com os Leibholz. Ele estava ensinando rimas infantis inglesas para Marianne e Christiane quando foi interrompido pela assombrosa notícia

[61] BOSANQUET, *Life and Death of Bonhoeffer*, p. 217-218.
[62] *The Way to Freedom*, p. 247.

de que Paul Schneider, um dos mais valentes pastores da Igreja Confessante, havia sido espancado até a morte em Buchenwald. Bonhoeffer sabia que tinha feito a escolha certa ao voltar. Agora ele se despediria de Sabine e sua família e voltaria para a Alemanha.

Chegou a Berlim no dia 27 de julho e viajou de imediato a Sigurdshof para continuar seu trabalho. Mas, sem que soubesse, Hellmut Traub assumira com competência a obra onde Bonhoeffer tinha parado. Traub relembra sua surpresa ao ver que Bonhoeffer retornou de repente para eles:

> Eu estava feliz por saber que Bonhoeffer não estava na Alemanha, mas a salvo do vindouro reino do terror e da catástrofe que, eu sabia, viria acompanhada. Ele não tinha de perecer nela. Ele sabia sobre o ressurgimento da Igreja, sobre a necessidade interna (e não apenas a necessidade externa condicionada pelos Cristãos Alemães) da Igreja Confessante, cujo destino ele ajudara a formatar; o melhor da teologia liberal do tempo de Harnack, bem como o movimento mais recente da teologia dialética, estavam vivos nele, e, igualmente, uma educação geral, filosófica, literária e artística incrivelmente extensa. Sua compreensão e sua convicção livre e sem preconceitos de que a Igreja deve passar por uma mudança, renovar-se, justificava a confiança que ele desfrutava nas igrejas estrangeiras [...]. Ele estava praticamente predestinado a reconstruir a Igreja Protestante após a *débâcle* que certamente estava reservada para nós [...]. Acima de tudo isso, e além do enorme perigo de sua situação, Bonhoeffer tinha certeza de que não encontraria misericórdia nenhuma, ao passo que ele era obrigado a ser um opositor consciente. Não havia lugar para ele naquela Alemanha, porque acreditávamos que, depois, mais tarde, estaríamos verdadeira e profundamente necessitados dele; então a sua hora chegaria.
>
> E assim, um dia, após a breve notícia de que ele estava voltando, Bonhoeffer se encontrava diante de nós. Foi algo completamente inesperado — de fato, existia sempre algo extraordinário em relação a ele, mesmo quando as circunstâncias eram bastante comuns. Fiquei em pé de guerra na hora, dizendo abruptamente como ele pôde voltar depois de tudo que custara mantê-lo a salvo dos problemas — a salvo por nós, por nossa causa; agora tudo estava perdido, de qualquer maneira. Ele, muito calmamente, acendeu um cigarro. Em seguida, disse que cometera um erro ao ir para a América. Ele próprio não entendia por que tinha feito aquilo [...]. É este fato — de que ele abandonou com toda a

> clareza muitas grandiosas possibilidades para seu progresso pessoal nos países livres, de que ele retornou para a lúgubre escravidão e um futuro sombrio, mas também para a sua própria realidade — que oferecia a tudo o que ele nos contava uma grande e jubilosa firmeza, como só ocorre quando a liberdade é descoberta. Ele sabia que dera um passo nítido, apesar da realidade diante de si ainda ser bastante incerta.[63]

A vida nos pastorados coletivos no leste da Pomerânia continuou em agosto. A guerra era previsível, e eles estavam tão próximos da Polônia, onde o conflito certamente poderia se iniciar, que Bonhoeffer considerou muito perigoso permanecer ali. Ele decidiu que todos deveriam partir. Assim, os períodos de Köslin e Sigurdshof foram encerrados prematuramente, e em 26 de agosto Bonhoeffer estava de volta a Berlim.

[63] ZIMMERMANN e SMITH, *I Knew Dietrich Bonhoeffer*, p. 158-160.

CAPÍTULO 22

O FIM DA ALEMANHA

Não se pode travar uma guerra com os métodos do Exército de Salvação.

ADOLF HITLER

EM MARÇO, APÓS HITLER MARCHAR sobre Praga, Neville Chamberlain pôs a xícara de chá sobre a mesa e começou a prestar atenção no mundo ao seu redor. Foi assim que, numa duvidosa tática de compensação, jurou que a Grã-Bretanha defenderia a Polônia caso Hitler atacasse. A hora havia chegado. Mas Hitler não podia simplesmente atacar. Primeiro, era necessário fazer que o ataque tivesse a aparência de uma autodefesa. Assim, no dia 22 de agosto, ele disse a seus generais: "Eu darei uma razão propagandística para o começo da guerra; não importa se é plausível ou não. Não se perguntará depois ao vencedor se ele disse a verdade".[1]

O plano era que a SS, vestida em uniformes poloneses, atacasse uma estação de rádio alemã na fronteira polonesa. Para autenticar a coisa toda, seriam necessárias "vítimas" alemãs. Decidiram usar prisioneiros de campos de concentração, os quais eram vilmente chamados de *Konserve* (enlatados). As vítimas da Alemanha estariam vestidas como soldados alemães. No fim, apenas um homem foi assassinado para esse propósito, via injeção letal, e depois baleado várias vezes para dar a entender que havia sido morto por soldados poloneses. O assassinato intencional de um ser humano com o intuito de

[1] Victor, GEORGE, *Hitler: The Pathology of Evil*, p. 184.

enganar o mundo parece um ato inaugural perfeitamente cabível para o que viria a seguir. O evento ocorreu na data prevista, 31 de agosto.[2]

Em "retaliação", tropas alemãs invadiram a Polônia na madrugada de 1º de setembro. A Luftwaffe de Göring fez dos céus um inferno, bombardeando civis deliberadamente. Um ato de terror calculado friamente, um assassinato em massa intencional nunca visto até então nos tempos modernos, e a primeira experiência amarga da crueldade nazista que os poloneses viriam a conhecer tão bem. O mundo exterior não conheceria os detalhes durante algum tempo. Sabia-se apenas que as forças alemãs estavam rasgando a Polônia como uma faca cortando a manteiga, com as unidades *Panzer* talhando ordenadamente cerca de trinta a quarenta quilômetros por dia.

Mas Hitler discursou no Reichstag, lançando-se no papel de vítima agredida. "Vocês conhecem as tentativas infindáveis que fiz em prol de uma solução pacífica do problema da Áustria", disse, "e, em seguida, dos problemas dos Sudetos, da Boêmia e da Morávia. Tudo em vão". A Polônia recusara suas graciosas propostas de paz, e com uma indiferença não suportável. A boa-fé dos poloneses foi recompensada com a violência! "Eu sou erroneamente julgado caso meu amor pela paz e a paciência sejam confundidos com fraqueza ou mesmo covardia [...]. Resolvi, portanto, falar com a Polônia na mesma linguagem que a Polônia usou conosco alguns meses atrás". A longanimidade e o amor pela paz do Führer não podiam prosseguir: "Esta noite, pela primeira vez, soldados regulares poloneses dispararam contra nosso próprio território. Desde as 5h45 da manhã nós estamos devolvendo os tiros, e, de agora em diante, bombas se encontrarão com bombas!". O almirante Canaris, chefe da Abwehr, há muito temera esse momento. A comoção das implicações o sobrepujou. Hans Bernd Gisevius, um diplomata que Canaris recrutara para trabalhar com ele na resistência, estava na sede da OKW no dia. Eles correram ao mesmo tempo para a parte de trás de uma escadaria, e Canaris chamou Gisevius de lado. "Isto significa o fim da Alemanha", disse.[3]

Para a Grã-Bretanha, restou apenas a declaração de guerra. Mas Hitler e Von Ribbentrop duvidavam que os britânicos assim procedessem. Como acontecera com a Áustria e a Checoslováquia, eles provavelmente prefeririam uma solução "diplomática". De fato, durante dois dias os britânicos se empenharam em vaivéns diplomáticos, mas em algum instante alguém

[2] William L. SHIRER, *The Rise and Fall of the Third Reich: A History of Nazi Germany*, p. 594-595.

[3] Idem, p. 596.

emprestou uma vértebra a Chamberlain, pois a Grã-Bretanha, contra os cálculos de Hitler, declarou guerra.

Naquela manhã, Dietrich e Karl-Friedrich estavam a poucos minutos de casa, discutindo os eventos dos últimos dias. Era uma manhã quente e úmida, com nuvens suspensas logo acima da cidade. De repente, ouviram-se sirenes. Era meio-dia. Dietrich pedalou rapidamente de volta em sua bicicleta para a casa na Marienburgerallee e esperou que algo acontecesse. Mas nenhum avião sobrevoou Berlim. Não existiria nenhuma retaliação aérea imediata. Um tanto estranho e decepcionante. Mas a Segunda Guerra Mundial havia começado.

Setembro de 1939

Nas primeiras semanas da guerra, Bonhoeffer refletiu sobre sua situação. Ele conseguira um adiamento de um ano do serviço militar e possuía uma relação amistosa com as autoridades em Schlawe. Mas o que aconteceria após o fim desse ano? Considerou a ideia de um trabalho como capelão militar; talvez pudessem designá-lo para um hospital. Sua mãe se encontrou com o primo dela, Paul von Hase, comandante de Berlim, para discutir essa possibilidade, e uma solicitação foi arquivada. Bonhoeffer não teve notícias sobre o caso até fevereiro: a resposta foi negativa. Apenas aqueles que já estivessem em serviço ativo eram elegíveis para cargos de capelania.

Enquanto isso, muitos homens que participaram de Finkenwalde, Köslin, Schlawe e Sigurdshof já haviam sido convocados. No terceiro dia de combate, um deles morreu. Ao final da guerra, mais de oitenta dos 150 jovens de Finkenwalde e dos pastorados coletivos foram mortos. Bonhoeffer escreveu uma carta circular aos irmãos em 20 de setembro:

> Recebi a notícia, a qual repasso a vocês, de que o nosso querido irmão Theodor Maass foi morto na Polônia no dia 3 de setembro. Vocês ficarão tão atordoados quanto eu com a notícia. Mas, eu suplico, vamos agradecer a Deus em memória dele. Ele era um bom irmão, um pastor tranquilo e fiel da Igreja Confessante, um homem que vivia da Palavra e do sacramento, um homem que Deus considerava digno de sofrer pelo evangelho. Estou certo de que ele estava preparado para partir. Não devemos tentar preencher as grandes lacunas abertas por Deus com palavras humanas. Elas devem permanecer abertas. Nosso único conforto é o Deus da ressurreição, o Pai de nosso Senhor Jesus Cristo, que também

> era e é o seu Deus. Nele nós conhecemos nossos irmãos e nele está a comunhão dos irmãos que se foram e dos que ainda esperam o seu momento. Deus seja louvado pelo nosso irmão morto e tenha misericórdia de todos nós em nosso fim.[4]

A guerra colocou Bonhoeffer numa posição estranha. Ele sempre fora um homem de contradições aparentes, e a guerra haveria de ampliá-las. Sabia que não seria possível lutar pela Alemanha de Hitler, mas foi extraordinariamente receptivo em relação aos jovens que não enxergavam as coisas a sua maneira. Bonhoeffer sabia também que possuía opções que eles não tinham. Albert Schönherr relembra o clima da época:

> Devido à propaganda nazista e aquela indefinição toda, tínhamos a sensação de, bem, no fim nós realmente deveríamos agir; a pátria precisava ser defendida. Não com a consciência muito positiva, claro que não. Acima de tudo, sem entusiasmo algum [...]. Afinal, havia bastante clareza quanto ao fato de que qualquer um que recusasse o projeto de guerra seria decapitado, seria executado. Seria esse o momento em que deveríamos desistir de nossa vida, de nosso cuidado para com a família, de tudo o que era importante para nós? Ou não era ainda esse o momento? Bonhoeffer não disse "você não pode ir" [...]. Se analisarmos da perspectiva atual, vê-se de forma muito mais crítica. Acima de tudo, porque nós não sabíamos tudo o que acontecia. Mas naquela época não percebíamos as coisas com clareza total. Sei que o próprio Bonhoeffer se entristeceu por ter apoiado um homem que recusou a proposta e, em seguida, foi executado. Encontrávamo-nos numa situação realmente muito estranha.[5]

Através do espelho

Em meados de outubro, após o fim da luta na Polônia, parecia seguro retomar os pastorados coletivos, ao menos o de Sigurdshof. Oito ordenandos ali

[4] Dietrich BONHOEFFER, *A Testament to Freedom: The Essential Writings of Dietrich Bonhoeffer*, p. 445.

[5] Albert SCHÖNHERR, entrevista por Martin Doblmeier, *Bonhoeffer: Pastor, Pacifist, Nazi Resister. A documentary film by Martin Doblmeier*, Universidade de Princeton. Cenas não utilizadas citadas aqui com a permissão do diretor.

chegaram, e Bonhoeffer prosseguiu de onde havia parado. Ele alternava entre o idílio transcendental digno de conto de fadas das florestas pomeranianas e a trama inquietante da *über*-presente Berlim. O inverno foi um dos mais severos já registrados, mas foi uma alegria escapar para aquele mundo primitivo coberto de neve, tão distante das complicações arenosas da guerra.

No entanto, ele nunca pôde escapar muito. Em Berlim, encontrou-se com Dohnanyi, que lhe contou diversas coisas, como sempre fizera. Mas Bonhoeffer ouviu agora informações que ainda não tinha ouvido, coisas que alterariam radicalmente sua forma de pensar. Algo pior do que tudo o que ele havia imaginado. O que Bonhoeffer descobriu agora o faria se sentir mais sozinho do que nunca, pois muitos na igreja e no mundo ecumênico estavam despendendo grandes esforços para acabar com a guerra. Mas não Bonhoeffer. Ele agora acreditava que o objetivo principal era remover Hitler do poder. Apenas depois disso a Alemanha poderia negociar a paz. Por saber o que ele sabia, qualquer tipo de paz com Hitler não seria melhor que a guerra. Mas ele não podia dizer tais coisas, mesmo nos círculos ecumênicos. Foi esse o momento em que ele começou a perceber que já fazia parte da conspiração para remover Hitler. Não podia partilhar isso sequer com os melhores amigos. Havia se tornado perigoso demais. Mais do que nunca, ele estava sozinho com Deus, e ele buscou o julgamento de Deus sobre suas ações.

O *que* Bonhoeffer soube?

Dohnanyi lhe disse que agora, sob o manto negro da guerra, Hitler desencadeara horrores que careciam de descrição, que faziam dos horrores usuais da guerra coisas pitorescas do passado. Relatórios da Polônia indicavam que a SS cometia atrocidades indescritíveis, coisas jamais ouvidas em tempos civilizados. Em 10 de setembro, um grupo de homens da SS havia brutalmente supervisionado o trabalho forçado de cinquenta judeus poloneses, que passaram o dia a consertar uma ponte. Quando a obra foi concluída, a SS encerrou os trabalhadores numa sinagoga e assassinou a todos. Um único exemplo. Num nível sistemático ampliado, os avanços da Wehrmach na Polônia foram acompanhados pelo assassinato em massa de civis.

A fonte primária de Dohnanyi era seu chefe, o almirante Canaris. Foi algo tão perturbador que Canaris insistiu num encontro com Wilhelm Keitel, líder do Exército alemão. Reuniram-se no trem particular de Hitler no dia 12 de setembro, e Canaris questionou o chefe da OKW sobre os males hediondos, que iriam destruir a Alemanha. O que Canaris não podia saber nessa civilizada reunião era que aquilo continuaria a acontecer — e ficaria ainda pior. Não somente destruiria a Alemanha, mas o faria de tal maneira que ele jamais se atreveria a suspeitar. A cultura e civilização alemãs que ele, Dohnanyi e Bonhoeffer conheciam e amavam, seriam apagadas da História. Gerações futuras se convenceriam de que nada de bom poderia ter existido num país que produziu tamanha maldade. Só se pensaria nesses males. Seria como se tais forças desencadeadas das trevas tivessem marchado grotescamente, como demônios sobre cavalos mortos, até o passado, por meio do corte no presente, e destruído também toda a história alemã.

Canaris e outros na liderança militar alemã lamentavam a natureza bestial de Hitler, mas não tinham ideia de que fosse algo que ele cultivava e celebrava, que fosse parte de uma ideologia que há muito aguardara por uma oportunidade de pular na garganta de cada judeu e polonês, sacerdote e aristocrata, e rasgá-los em pedaços. Os generais alemães não tinham visto o rio negro de sangue borbulhando sob a superfície da nova Alemanha, mas, subitamente, ali estava ele, jorrando como um gêiser. Apesar de todas as insinuações e alertas, era macabro demais para ser crível.

A hora de Hitler chegara, e no primeiro dia de setembro um novo e brutal darwinismo alastrou-se pela Europa: o triunfo nietzschiano do forte sobre o fraco pôde enfim começar. O fraco que podia ser útil seria bestialmente escravizado; os outros todos seriam assassinados. O que parecia tão ofensivo para a comunidade internacional — Hitler tomando à força o território do povo polonês — não era nada comparado ao que os nazistas estavam fazendo. As suas ideologias raciais exigiam mais que terras; a Polônia deveria se tornar um campo gigantesco de trabalho escravo. Os poloneses seriam tratados como *Untermenschen* (sub-humanos). Suas terras não seriam meramente ocupadas; eles próprios seriam aterrorizados e domesticados; seriam tratados feito bichos. Os alemães não iriam tolerar a possibilidade de fracasso ou a menor manifestação de misericórdia. A brutalidade e a crueldade seriam agressivamente cultivadas como virtudes.

Em seu diário, Canaris escreveu: "Afirmei ao general Keitel que eu soube que execuções extensivas eram planejadas na Polônia e que a nobreza e o clero em especial seriam exterminados". Canaris se referia ao plano definido pela SS como "faxina de judeus, intelectuais, clero e nobreza". Todos os poloneses com capacidade de liderança deveriam ser mortos. Logo após ser nomeado como governador geral da Polônia, Hans Frank declarou: "Os poloneses serão os escravos do Reich alemão".[6]

Houve gritos de avisos todo o tempo, sendo o livro de Hitler, *Mein Kampf*, o mais barulhento deles. O mundo ocidental inteiro podia ter se salvado ao se perguntar o que se lançaria a seguir. Mas quem poderia acreditar nisso? No dia 22 de agosto, Hitler disse com ousadia a seus generais que, na condução da guerra, ocorreriam coisas que não seriam do agrado deles. Em outras ocasiões, referiu-se à brutalidade vindoura como "obra do diabo". Declarou certa vez: "Não se pode travar uma guerra com os métodos do Exército da Salvação". Tais coisas tinham sido planejadas há um bom tempo, e em 22 de agosto, na reunião, ele alertou os generais: "Não interfiram nestas questões, mas restrinjam-se a seus deveres militares".[7]

Havia algo na psique alemã que respondia muito positivamente a esse tipo de sugestão. Mas existiam também algumas almas valentes que levavam em conta o quadro mais amplo. Niemöller certamente era uma delas. E agora Canaris era outro. Ele protestou contra isso a Keitel. Mas nada adiantou. Canaris não entendia que essas brutalidades se encontravam no cerne da visão negra que Hitler estava agora, por fim, tornando real. Keitel não se preocupava com coisas acima de sua escala de remuneração. Disse a Canaris: "O Führer já se decidiu sobre esta questão".[8]

Como a SS perpetrava os atos mais perversos, Hitler podia esconder o pior de seus chefes militares. Mas os relatórios foram divulgados. Muitos generais ficaram fora de si. O general Blaskowitz enviou um memorando a Hitler no qual descrevia os horrores que havia visto. Ele estava imensamente preocupado com o efeito causado nos soldados alemães. Se os calejados líderes militares estavam perturbados, pode-se imaginar a repercussão que essas coisas teriam nos jovens que nunca tinham visto um campo de batalha. O general Bock leu o memorando de Blaskowitz e achou as descrições "arrepiantes". O general Petzel e o general Georg von Küchler se opuseram nos termos mais enérgicos possíveis. Eles exigiram o fim do assassinato de civis. O general

[6] SHIRER, *The Rise and Fall of the Third Reich*, p. 661-662.

[7] Joachim FEST, *Plotting Hitler's Death: The German Resistance to Hitler, 1933-1945*, p. 116.

[8] Idem, p. 114.

Ulex chamou a "política étnica" de "mancha na honra de todo o povo alemão". O general Lemelsen prendera um líder da SS por ordenar o assassinato de cinquenta judeus.[9]

Mas ninguém se meteu em encrenca nenhuma. Hitler respondeu a isso com a declaração de uma anistia geral a seus comparsas detidos. Devido à circulação dos relatórios desses atos monstruosos, porém, muitos na liderança militar ficaram finalmente dispostos a definir uma posição e unir-se num complô contra Hitler.

Alguns generais, no entanto — Brauchitsch era um deles — estavam menos incomodados. Em janeiro de 1940, Blaskowitz escreveu outro memorando e o enviou a Brauchitsch; ele descreveu a atitude do Exército em relação a SS como a alternância "entre repulsa e ódio" e disse que "todo soldado se sente nauseado e repelido pelos crimes cometidos na Polônia por agentes do Reich e representantes do governo".[10] Brauchitsch apenas encolheu os ombros. Ele não queria o Exército manchado com tamanha bandalheira, mas, se era a SS quem cometia a maior parte do trabalho sujo, não havia motivo para causar estardalhaço.

Os generais de mentalidade mais nobre causariam, e causaram, mas perceberam que provocar um rebuliço não era de muita utilidade. Mais judeus e poloneses eram abatidos a cada dia. Eles precisavam planejar um novo golpe. Muitos deles eram cristãos e não tinham escrúpulos em nomear de maldade o que viam e sentiram o dever de interrompê-la a todo custo. Muitos acreditavam que, para ser um bom alemão e um cristão fiel naquela época, era preciso voltar-se contra o homem que liderava o país.

Eles sabiam que, caso não tivessem o cuidado devido ao planejar os detalhes do golpe, a morte de Hitler poderia ter consequências nefastas. Duas coisas eram vitais. Primeiro, eles deviam se comunicar com os oficiais britânicos para garantir que eles, os conspiradores, seriam reconhecidos como apartados de Hitler e dos nazistas. Se a morte de Hitler apenas incentivasse os britânicos a destruir a Alemanha, pouco se ganharia. E, segundo, eles tinham de cooptar um número suficiente de líderes do Exército para uma operação completa. Caso tivessem êxito apenas em matar Adolf Hitler, outros nazistas provavelmente assumiriam o controle e continuariam seu trabalho.

[9] Idem, p. 115, 117.
[10] Idem, p. 118.

A visão de mundo nazista

Da mesma forma que há anos ele vinha planejando escravizar os poloneses e matar os judeus, Hitler também planejara assassinar todo cidadão alemão com alguma deficiência. Agora podia finalmente fazê-lo. Já em 1929, ele propusera publicamente que setecentos mil dentre os "mais fracos" alemães fossem "removidos" a cada ano. Antes da guerra, o clamor contra tais ações seria ensurdecedor. Mas no momento, com a atenção geral voltada para a guerra, esse pesadelo doméstico poderia ter início; a névoa da guerra encobriria uma multidão de pecados internos.

Preparativos para o programa de eutanásia T-4 estavam em andamento há tempos. Agora passariam a ser executados a todo vapor. Em agosto de 1939, cada médico e cada parteira no país foram notificados sobre a obrigatoriedade de registro para toda criança nascida com defeito genético — com efeitos retroativos a 1936. Em setembro, quando a guerra começou, teve início também a matança dos "defeituosos". Nos próximos anos, cinco mil crianças seriam mortas. Apenas depois do outono a atenção foi focada nos outros "incuráveis". Em seu excelente livro *For the Soul of the People* [Pela alma do povo], Victoria Barnett conta a história:

> É improvável que as primeiras instituições a receber os formulários estivessem cientes de sua finalidade. Um formulário para cada paciente, com detalhes sobre a natureza da doença do paciente, o tempo de serviço já gasto nas instituições, e sua situação racial. A folha de apresentação dizia aos diretores das instituições que o preenchimento dos formulários era uma medida estatística necessária, e que a transferência em massa de determinados pacientes poderia ser necessária por causa da demanda pelos centros médicos em tempo de guerra. Três peritos nomeados pelo Estado iriam analisar os formulários preenchidos, selecionar os pacientes a serem "transferidos", e proceder à remoção de suas instituições de origem.[11]

Assim que a campanha polonesa entrou em andamento, uma quantidade de pacientes adultos considerados menos "ajustados" foi colocada em diversos ônibus para a "transferência". As pobres almas foram transferidas para um

[11] Victoria BARNETT, *For the Soul of the People: Protestant Protest Against Hitler*, p. 107.

palco de morte. No início, utilizaram o método da injeção letal e, mais tarde, a inalação de monóxido de carbono. Os pais e familiares dos pacientes não tinham ideia dos acontecimentos até que recebessem uma carta pelo correio, informando-os da morte do ente querido, que já havia sido cremado. A causa declarada da morte era usualmente uma pneumonia ou uma doença similar, e as cinzas eram enviadas pouco tempo depois.

O memorando de Hitler sobre o assunto é posterior a 1º de setembro, para coincidir com o início da guerra. A justificativa apresentada pelos assassinatos foi que os pacientes ocupavam camas e instalações médicas que deveriam ser usadas pelos soldados feridos que lutavam pela pátria. Enquanto o Terceiro Reich esforçava-se na batalha contra os inimigos, o custo dos cuidados com "doentes incuráveis" se tornava proibitivo. Eles deviam "doar a vida" pela causa maior como todos os demais; e assim como os pais dos soldados deviam "realizar o sacrifício supremo" de entregar seus filhos para os esforços da guerra, também deviam fazê-lo os pais desses pacientes. O programa T-4 foi executado pelo médico pessoal de Hitler, Karl Brandt, o homem que Erwin Sutz conhecera anos atrás durante uma excursão pelos Alpes.

Os métodos de abate utilizados nos centros de eutanásia e os métodos de cremação foram as primeiras tentativas nazistas de realizar assassinatos em massa. As lições aprendidas na matança de pacientes impotentes ajudaram os nazistas a dinamizar o abate e os métodos de cremação, o que culminaria nos campos de extermínio, onde centenas de milhares e depois milhões de inocentes seriam mortos.

Renovam-se os planos do golpe

Perto do fim de setembro, todos na Alemanha tinham certeza de que a paz estava próxima. Hitler conseguira, afinal, o que desejava — a Polônia. Mas em 27 de setembro, dia da rendição de Varsóvia, Hitler convocou os generais e anunciou planos de estender a guerra para a fronteira ocidental. Ele iria atacar a Bélgica e a Holanda. Em seguida, a França e a Inglaterra. E a Dinamarca e a Noruega. Mais uma vez, os generais ficaram estupefatos com o que ouviam, e os planos de eliminar aquele homem louco foram chacoalhados e revividos.

Beck pediu a Dohnanyi que atualizasse a sua Crônica da Vergonha. Para isso, Dohnanyi obteve filmagens efetivas de muitas atrocidades da SS na Polônia. Para evitar o surgimento de outra lenda *Dolchstoss* ("punhalada nas costas") quando Hitler estivesse morto e a Alemanha "derrotada" pelos Aliados, era essencial possuir provas das atrocidades nazistas. Houve muitas conversas e reuniões, e Bonhoeffer esteve no centro de muitas delas.

Mas, enquanto os militares se armavam para mais uma guerra — e os conspiradores se organizavam para uma nova tentativa de golpe —, um ato surpresa imobilizou a todos. Eis que Adolf Hitler, o mago da imprevisibilidade, surge com um galho seco de oliveira nas mãos e o balança perante os olhos esbugalhados do planeta. Num discurso no Reichstag em 6 de outubro, Hitler projetou novamente a pose de profunda magnanimidade e, com uma expressão tão séria que o resto do mundo parecia enviesado, propôs a paz: "Meu principal esforço tem sido eliminar todos os vestígios de má vontade para com a França e torná-la tolerável para ambas as nações [...]. A Alemanha nada mais pretende contra a França [...]. Não menores têm sido meus esforços para alcançar um entendimento anglo-alemão, ou melhor, mais do que isso, de uma amizade anglo-alemã".[12]

Uma *performance* e tanto. Claro, os termos indizíveis de sua *Diktat* absurda não mencionaram em instante algum o território encharcado de sangue ocupado pelos alemães conhecido formalmente como Polônia, e nem o lugar outrora chamado de Checoslováquia. Se ninguém fosse tolo o suficiente para atentar para tais fatos, para paz estaria próxima. Mas Chamberlain, como uma mulher desprezada, não aceitaria mais ouvir palavras bonitas. Se Hitler tinha o desejo de ser acreditado, disse ele, "atos — não somente palavras — devem ser apresentados".[13] Chamberlain rejeitou a proposta de Hitler no dia 13 de outubro.

Nesse meio-tempo, os generais perceberam que era necessário agir rapidamente. O golpe deveria acontecer *antes de Hitler atacar o oeste.* Caso os exércitos alemães marchassem sobre a Bélgica e a Holanda, seria mais difícil do que nunca adquirir a confiança dos britânicos a respeito da conspiração, especialmente porque muitos deles haviam sido responsáveis pelo sangrento rolo compressor que atravessara a Polônia. E Hitler não tinha intenções de ser intimidado. Se não pudesse convencer a Grã-Bretanha a lhe ceder as condições de paz que desejava, ele iria tomá-las à força. A seu modo tipicamente cavalheiresco, disse ao general Halder: "Os britânicos estarão dispostos a

[12] SHIRER, *The Rise and Fall of the Third Reich*, p. 641.

[13] Idem, p. 643.

conversar somente após uma surra".[14] Realizavam-se planos militares para uma marcha rumo ao oeste o mais brevemente possível. E os conspiradores apressaram-se para juntar seus próprios planos.

Mas esses planos consistiam em muito mais além de descobrir como projetar um tiro certeiro em *Herr* Hitler. Para começar, os conspiradores precisavam se certificar de que a Grã-Bretanha e as outras potências conheceriam sua existência e estariam dispostas a apoiá-los no momento fatal. Eles não queriam que os ingleses ou franceses simplesmente tirassem proveito da morte súbita de Hitler para infligir sua própria justiça severa à Alemanha. Precisavam de garantias de paz desses países. E não podiam desviar os olhos da Rússia no leste. Stalin esteve sempre à espreita de qualquer instante de fraqueza para poder atacar e arrancar outro pedaço da Europa a preço de barganha. Para os conspiradores, era parte vital o cultivo de contatos amigáveis com estrangeiros e o convencimento de que a conspiração era digna de crédito.

Esse era o lugar onde Dietrich Bonhoeffer se apresentaria. Seu papel na aproximação com os ingleses seria crucial ao longo dos anos seguintes. Suas conexões com o bispo Bell e outros — e as conexões do bispo Bell com os superiores no governo britânico — seriam expressivas. Bonhoeffer também possuía ligações na Noruega e na América. Mas será que esse pastor realmente daria o último passo além de providenciar suporte emocional e intelectual para os outros e iria participar ativamente junto deles? O tempo se encarregaria de dar a resposta.

[14] Idem, p. 347.

CAPÍTULO 23

DA CONFISSÃO PARA A CONSPIRAÇÃO

Bonhoeffer nos apresentou, em 1935, o problema daquilo que hoje chamamos de resistência política [...]. A crescente perseguição aos judeus gerou uma situação cada vez mais hostil, em especial para o próprio Bonhoeffer. Nós então percebemos que a mera confissão, não importa quão corajosa, significava inegavelmente cumplicidade com os assassinos.

EBERHARD BETHGE

Teremos de passar por um vale muito profundo, creio que mais profundo do que podemos deduzir neste instante, antes que sejamos capazes de ascender para o outro lado novamente.

DIETRICH BONHOEFFER

BONHOEFFER ESTAVA NO CENTRO da conspiração, prestando incentivo e apoio emocional àqueles mais diretamente envolvidos, como seu irmão Klaus e seu cunhado Dohnanyi. Ele não sentia qualquer escrúpulo quanto a isso. Mas envolver-se de modo oficial era algo diferente.

A situação era complicada. Por ser líder da Igreja Confessante, Bonhoeffer tinha opções mais difíceis do que se estivesse agindo sozinho. Não importa o que escolhesse fazer, ele tinha de considerar os outros, tal como tinha feito quando rejeitou se tornar um opositor consciente. Não era livre para fazer o que lhe aprouvesse. Bonhoeffer nunca encontrou decisões com facilidade, mas, assim que enxergava as coisas de forma clara, seguia em frente. Depois de voltar de Nova York, ainda não lhe parecia claro o lugar para onde Deus o estava guiando.

Deve ter sido em algum momento durante esse período que sua cunhada Emmi Bonhoeffer tentou incitá-lo, de uma maneira provocativa, a um envolvimento mais sério. Klaus e Emmi não eram cristãos, por isso era inevitável que, ao ver o marido arriscando a vida, ela talvez acreditasse que seu cunhado pastor se posicionasse muito confortavelmente acima da briga. Talvez ele tivesse a tendência de ser tão "disposto espiritualmente" que não era "humanamente bom". Emmi tinha consideração suficiente por Dietrich para expor seus pensamentos de forma direta. "Vocês, cristãos, ficam felizes quando outra pessoa faz o que sabem que deve ser feito", disse ela, "mas parece que, por algum motivo, vocês não têm disposição para sujar as próprias mãos".[1] Ela não estava sugerindo que Bonhoeffer se tornasse um assassino, mas que seu envolvimento não era o mesmo comparado ao do marido ou de Dohnanyi. Bonhoeffer refletiu cuidadosamente a esse respeito. Disse que ninguém deveria estar contente por alguém matar outra pessoa e que, no entanto, compreendia aonde ela queria chegar; ela detinha um ponto. Ainda assim, ele não se decidira sobre o que fazer.

Na mesma época, com ou sem Bonhoeffer, a conspiração prosseguia seu caminho com vigor renovado. Dohnanyi entrou em contato com o dr. Joseph Müller, um advogado de Munique com fortes laços com o Vaticano. Às vezes referido pelos membros da conspiração como "Senhor X", Müller era um homem de notória força física. Desde a infância, os amigos o chamavam de *Ochsensepp* (algo como "Zé Boi"). A missão de Müller em outubro de 1939 consistia em viajar a Roma, supostamente a negócios oficiais da Abwehr. Mas, na realidade, ele iria contatar o embaixador britânico junto à Santa Sé e obter alguma garantia de paz da parte da Inglaterra caso a conspiração destituísse Hitler. Müller foi bem-sucedido; os termos britânicos exigiam da Alemanha a devolução dos territórios adicionados durante a farra de Hitler nos dois últimos anos. Mas Müller foi mais longe. Ele convenceu o papa a concordar em agir como intermediário entre a Inglaterra e o novo governo alemão que seria

[1] Emmi Bonhoeffer, entrevista pela Trinity Films, *Dietrich Bonhoeffer: Memories and Perspectives*, distribuição Vision Video.

formado logo após a queda de Hitler. Tudo muito promissor. Bonhoeffer e Müller se aproximaram imediatamente. Um ano depois, Müller providenciou a entrada de Bonhoeffer no monastério alpino em Ettal. Por enquanto, Bonhoeffer manteve-se viajando entre Sigurdshof e Berlim.

Os conspiradores pretendiam empreender o golpe assim que Hitler desse o sinal verde para atacar o oeste. Ele definiria uma data, todos iriam se armar, e no último minuto voltaria atrás. Hitler fez isso 29 vezes durante vários meses, enlouquecendo meio mundo. O desenvolvimento de um golpe militar na cadeia de comando era bastante complicada, e infelizmente cabia ao general Brauchitsch a cessão da aprovação final. Tinha sido muito difícil convencê-lo a se envolver, e o turbilhão de emoções causado pelos adiamentos constantes minou o pouco de coragem que lhe sobrara. Inúmeras oportunidades foram desperdiçadas. Quando Hitler finalmente emitiu a ordem para o conflito em maio de 1940, o desajeitado golpe de Estado tropeçou sobre si mesmo, e nada aconteceu. Eles falharam.

Da confissão para a resistência

No dia 15 de março, o último grupo de ordenandos concluiu seu período, e dois dias depois a Gestapo fechou Sigurdshof. Eles enfim descobriram o seminário, e a época de ouro iniciada em Zingst no começo de 1935 havia terminado. Bonhoeffer não poderia mais ensinar ordenandos. Ele teria de pensar no futuro, e suas opções começavam a ser peneiradas. Movia-se inexoravelmente em direção a um maior envolvimento na conspiração, mas ainda era incerto para ele o que isso significaria exatamente.

Ninguém tentou melhor explicar o aparente paradoxo de um cristão envolvido num complô para assassinar um chefe de Estado que Eberhard Bethge. Ele nos ajuda a demonstrar que os passos de Bonhoeffer no caminho da resistência política não foram um desvio injustificável de seu pensamento prévio, mas uma realização natural e inevitável de seu modo de pensar. Bonhoeffer sempre procurou ser valente e falar a verdade — "confessar" — aconteça o que acontecesse, mas, em determinado instante, apenas falar a verdade cheirava a graça barata. Bethge explica:

> Bonhoeffer nos apresentou, em 1935, o problema daquilo que hoje chamamos de resistência política. Os níveis da confissão e da resistência

> não podiam mais ser mantidos separados. A crescente perseguição aos judeus gerou uma situação cada vez mais hostil, em especial para o próprio Bonhoeffer. Nós então percebemos que a mera confissão, não importa quão corajosa, significava inegavelmente cumplicidade com os assassinos, ainda que sempre houvesse novos atos de recusa a ser cooptados e ainda que pregássemos "somente sobre Cristo" domingo após domingo. Durante todo o tempo, o Estado nazista nunca considerou a necessidade de proibir tal tipo de pregação. E por que deveria?
>
> Desse modo, nós nos aproximamos da fronteira entre a confissão e a resistência, e, se não atravessássemos a fronteira, nossa confissão não seria melhor que a cooperação com os criminosos. E assim tornou-se claro o problema colocado para a Igreja Confessante: estávamos resistindo pelo caminho da confissão, mas não estávamos confessando pelo caminho da resistência.[2]

A vida toda, Bonhoeffer aplicara a mesma lógica para as questões teológicas que seu pai aplicava nas questões científicas. Há uma única realidade, e Cristo é Senhor sobre tudo ou nada. Um tema fundamental para Bonhoeffer era que cada cristão deve ser "plenamente humano" ao trazer Deus para sua vida integral, não somente num domínio "espiritual". Ser uma figura etérea que meramente discute a respeito de Deus, mas que se recusa a sujar as mãos no mundo real em que Deus o colocara, era má teologia. Através de Cristo, Deus mostrara sua vontade de que estivéssemos no mundo e obedecêssemos a ele por meio de nossas ações neste mundo. Assim, Bonhoeffer sujaria as mãos, não porque se impacientasse, mas porque Deus estava falando com ele sobre passos de obediência ainda mais distantes.

Atravessando a linha

Depois de meses de adiamento, em maio Hitler ordenou a seus exércitos que marchassem na direção oeste. No dia 10 de junho, unidades alemãs atacaram a Holanda. Os holandeses sucumbiram em cinco dias. A Bélgica foi a próxima, e logo os tanques alemães rugiam pela França. Em 14 de junho, tropas alemãs marcharam sobre Paris, e três dias depois *le mot oncle* foi ouvido em todo o mundo. Um colapso estonteante.

[2] Eberhard BETHGE, *Friendship and Resistance: Essays on Dietrich Bonhoeffer*, p. 24.

Enquanto isso, do outro lado do continente, Bonhoeffer e Bethge visitavam o pastorado de um dos irmãos de Finkenwalde na Prússia Oriental. Após uma reunião de pastores de manhã, eles tomaram uma balsa, atravessaram a península e encontraram uma cafeteria ao ar livre sob o sol. Era a cidade de Memel, hoje na Lituânia. De repente, uma fanfarra de trombetas nos alto-falantes do rádio anunciava notícias instantâneas: a França se rendera! Vinte e dois anos após a humilhação da Alemanha, Hitler virara a mesa.

As pessoas enlouqueceram. Algumas delas subiram nas cadeiras; outras subiram nas mesas. Todos ergueram os braços na saudação nazista e irromperam a cantar "Deutschland über Allės" e depois a "Canção de Horst Wessel". Um verdadeiro pandemônio de patriotismo, com Bonhoeffer e Bethge prensados como besouros. Ao menos Bethge se sentia assim. Bonhoeffer, pelo contrário, parecia fazer parte da algazarra. Bethge ficou pasmo: ao lado de toda a gente, seu amigo se levantou e estendeu o braço na saudação "Heil, Hitler!". Com Bethge embasbacado, Bonhoeffer sussurrou: "Você está louco? Levante o braço! Nós vamos ter que correr riscos para muitas coisas diferentes, mas esta saudação idiota não é uma delas!".[3] O extraordinário amigo e mentor de Bethge lhe escolarizara em muitas coisas ao longo dos últimos cinco anos, mas aquilo era inédito.

Foi assim, percebeu Bethge, que Bonhoeffer cruzara a linha. Ele possuía agora um comportamento conspiratório. Não queria ser visto como um opositor. Ele queria se misturar aos demais. Não queria fazer uma declaração anti-Hitler; ele tinha um peixe maior para fritar. Queria ser deixado sozinho para fazer as coisas que Deus o chamava a fazer, e para essas coisas ele precisava permanecer despercebido. Bethge disse que não é possível fixar uma data do momento de transição em que Bonhoeffer passou a fazer parte da conspiração de modo oficial. Mas sabia que, naquele café em Memel, quando Bonhoeffer estava saudando Hitler, o seu amigo já se encontrava do outro lado da linha. Ele havia atravessado o caminho entre a "confissão" e a "resistência".[4]

O maior trunfo de Hitler

Três dias depois, nas matas ao norte de Paris, uma cena curiosa se desenrolava. Hitler, para quem a misericórdia era um sinal de fraqueza sub-humana,

[3] Eberhard BETHGE, *Dietrich Bonhoeffer: A Biography*, p. 681.

[4] Christian GREMMELS, entrevista por Martin Doblmeier, *Bonhoeffer: Pastor, Pacifist, Nazi Resister*. A documentary film by Martin Doblmeier, Universidade de Princeton. Cenas não utilizadas citadas aqui com a permissão do diretor.

arranjou a assinatura dos termos de rendição dos franceses na floresta de Compiègne, no mesmo lugar onde os alemães assinaram o armistício de 1918. A humilhação daquele dia negro manteve-se viva na mente de Hitler, e ele agora aproveitaria ao máximo a oportunidade de revertê-la. Forçar os adversários derrotados a retornar ao local da humilhação da Alemanha era apenas o começo. Hitler escalaria as alturas isentas de oxigênio da mesquinhez ao retirar o mesmo vagão de trem no qual o armistício fora assinado do museu onde estava mantido e rebocá-lo por todo o caminho de volta à clareira da floresta. Britadeiras foram utilizadas para remover a parede do museu, e o vagão foi retirado e transportado para o passado onde a ferida fatídica havia sido infligida ao povo alemão. Se esse gesto não era suficiente, Hitler recebeu a mesma cadeira que Foch ocupara, e ali se sentou, no interior do vagão, na floresta de Compiègne. Com tamanho pendor para o simbolismo, é de se admirar que ele tenha resistido colocar o Tratado de Versalhes num cofre e arremessá-lo no meio do oceano Atlântico.

Hitler e a Alemanha aguardaram 23 anos por esse momento de triunfo, e se alguma vez Adolf Hitler se viu transformado no Salvador da Nação Alemã, foi ali. Muitos alemães que ainda tinham reservas e desconfianças quanto a Hitler agora mudaram suas opiniões. Ele curara a ferida incurável da Primeira Guerra e de Versalhes. Ele restaurara uma Alemanha em frangalhos a sua antiga grandeza. O velho tempo passara, e ele renovara todas as coisas. Aos olhos de muitos, ele subitamente era como um deus, o messias por quem haviam esperado e orado, cujo reinado duraria mil anos.

No livro *Ética*, em que trabalhava na época, Bonhoeffer escreveu sobre como as pessoas idolatram o sucesso. O tema o fascinava. Referiu-se a ele numa carta de Barcelona muitos anos antes, em que observava a inconstância da multidão nas touradas, de como as pessoas rugiam alternadamente entre o toureiro e o touro. Elas queriam sucesso, sucesso acima de qualquer outra coisa. Em *Ética*, escreveu:

> Num mundo onde o sucesso é a medida e a justificação de todas as coisas, a figura daquele que foi condenado e crucificado continua estranha e é, na melhor das hipóteses, objeto de pena. O mundo se permitirá ser subjugado somente pelo sucesso. Não são ideias ou opiniões que decidem, mas ações. Sucesso por si só justifica erros cometidos [...]. Com uma franqueza e falta de imparcialidade que nenhum outro poder

> terrestre poderia se permitir, a história apela em causa própria para a afirmação de que o fim justifica os meios [...]. A figura do Crucificado invalida todo pensamento que toma o sucesso como padrão.[5]

Deus não tem interesse no sucesso, mas na obediência. Caso se obedeça a Deus e haja disposição para sofrer derrotas e o que mais surgir no caminho, Deus mostrará um tipo de sucesso que o mundo não é capaz de imaginar. Mas esse é o caminho estreito, e poucos iriam atravessá-lo.

Para a resistência alemã, era uma época deprimente. No entanto, os esforços se mantinham em frentes diversas. Havia sempre um número de grupos e planos avançando simultaneamente. Nessa época, Fritz-Dietlof von der Schulenburg uniu forças com um membro do Círculo de Kreisau. Outros planejavam abater o grande conquistador com o auxílio de atiradores de elite durante o inevitável desfile de vitória na Champs-Elysées. Mas o desfile nunca se concretizou.

Os nazistas tinham uma sensação tão grande de vitória que, na Polônia, Hans Frank aproveitou a oportunidade para ordenar execuções a sangue-frio em vasta escala. Ele não permitiria que uma chance daquela lhe escapasse das mãos.

O incompreendido Bonhoeffer

Após o sucesso de Hitler na França, um novo dia amanheceu. Bonhoeffer e muitos na resistência se convenceram de que Hitler arruinaria a Alemanha ao arrastar o país para uma miserável derrota militar. Mas quem poderia imaginar que ele destruiria a Alemanha por meio do sucesso, por meio de uma orgia cada vez maior de amor-próprio e autoadoração? E Bonhoeffer realmente ponderou a respeito no discurso truncado realizado dois dias depois que Hitler chegou ao poder. Ele sabia que, se a Alemanha estava adorando algum ídolo, o país incineraria seu próprio futuro, assim como os que adoravam Moloque de fato queimaram suas crianças.

Depois da queda da França, muitos entenderam que Hitler estava destruindo a Alemanha por meio do sucesso. Em julho, Bonhoeffer refletia sobre as implicações disso quando discursou no encontro em Potsdam do Antigo

[5] *Ethics*, vol. 6, *Dietrich Bonhoeffer Works*, p. 88-89.

Conselho Prussiano de Irmãos. Mas o que ele disse foi amplamente incompreendido e aumentou a sua crescente sensação de alienação da Igreja Confessante.

Bonhoeffer disse que a Alemanha havia cedido concordância plena ao nacional-socialismo e a Hitler. Chamou isso de um "histórico sim".[6] Antes da vitória sobre os franceses, existiam possibilidades de uma rápida derrota de Hitler e do fim do nacional-socialismo, mas elas se extinguiram. Aqueles que se posicionavam contra Hitler deviam se acostumar com isso, deviam tentar compreender a nova situação e agir em conformidade. Uma longa distância seria percorrida, e seriam necessárias táticas diferentes. Bonhoeffer usualmente falava de forma hiperbólica, em prol do efeito, e às vezes o tiro saía pela culatra, como aconteceu ali.

Certa vez ele disse a um aluno que cada sermão precisa conter "um gole de heresia", que, para expressar a verdade, temos de, por vezes, exagerar ou dizer algo numa forma que soará herética — embora certamente não o seja.[7] Mas, mesmo no uso da expressão "um gole de heresia", Bonhoeffer traía seu hábito de dizer coisas em prol do efeito que podiam ser facilmente mal interpretadas. Muitos aproveitaram a frase para afirmar que Bonhoeffer não se preocupava com a teologia ortodoxa. Ele muitas vezes caiu em armadilhas do tipo, e por essa razão talvez possa ser considerado o teólogo mais incompreendido a pôr os pés na terra.

Naquele dia em Potsdam ele tentou sacudir as teias de aranha na compreensão de todos, e foi mal compreendido mais uma vez. Ao dizer que Hitler vencera, ele tentava arduamente — em retrospecto, muito arduamente — acordar seus ouvintes a fim de mudar o rumo da situação. Assim, enquanto explicava a maneira pela qual o nacional-socialismo vencera, alguns na plateia pensaram que ele estava concedendo seu assentimento à vitória. Pensaram seriamente que Bonhoeffer havia dito, de fato, que "caso não possam vencê-los, juntem-se a eles". Nos próximos anos, depois que começou a trabalhar para a Abwehr — na aparência de um agente do governo alemão, mas evidentemente como membro da resistência —, muitos se lembraram do que ele disse naquele dia, acreditando que ele realmente se bandeara para o "outro" lado e fora trabalhar para Hitler e os nazistas.

[6] Bethge, *Dietrich Bonhoeffer: A Biography*, p. 682-684.

[7] *Conspiracy and Imprisonment: 1940-1945*, vol. 16, *Dietrich Bonhoeffer Works*, p. 601.

O que é a verdade?

Bonhoeffer quis dizer, obviamente, que aqueles que se opunham a Hitler deviam repensar sua abordagem diante da nova situação na Alemanha. Sentia-se bastante disposto a isso, a renunciar sua posição prévia de opositor aparente ao regime e fingir estar, de maneira repentina, em sintonia com ele. Constituía, porém, um método de exercer a oposição num outro nível, ainda mais fundamental.

A história envolvia enganação. Muitos dos cristãos sérios presentes no discurso de Bonhoeffer foram teologicamente incapazes de segui-lo até esse ponto, tampouco ele pediu isso. Para a maioria, a fraude em que Bonhoeffer em breve se envolveria não era diferente de mentir. A vontade dele de se engajar numa enganação não decorria de uma atitude displicente quanto à verdade, mas de um respeito tão profundo por ela que o obrigava a ir além do legalismo simplório de contar a verdade.

Na prisão de Tegel, vários anos depois, Bonhoeffer escreveu o ensaio "O que significa dizer a verdade?", no qual explorou o assunto. "Desde o momento de nossa vida em que nos tornamos capazes de falar", começa, "somos ensinados que nossas palavras devem ser verdadeiras. O que isso significa? O que significa 'dizer a verdade'? Quem exige isso de nós?".

O padrão divino da verdade implica mais que simplesmente "não mentir". No Sermão do Monte, Jesus disse: "Vocês ouviram o que foi dito [...]. Mas eu lhes digo". Jesus levou as leis do Antigo Testamento a um nível mais intenso de significado e obediência, da "letra da lei" para "o "Espírito da lei". Seguir a letra da lei era a "religião" morta sobre a qual Barth, entre outros, havia escrito. Consiste na tentativa humana de enganar a Deus ao se crer obediente, o que é uma enganação ainda maior. Deus sempre exige algo mais profundo que o legalismo religioso.[8]

No ensaio[9], Bonhoeffer oferece o exemplo de uma menina cuja professora pergunta diante da classe se seu pai é um bêbado. Ela diz não. "É claro", diz Bonhoeffer, "pode-se chamar a resposta da criança de mentira; todavia, essa mentira contém mais verdade — ou seja, correspondeu melhor à verdade — do que se a criança tivesse revelado a fraqueza do pai diante da classe". Não se pode

[8] Idem, p. 606.
[9] Idem, p. 605-606.

exigir "a verdade" a qualquer custo, e admitir diante da classe que seu pai é um bêbado seria desonrá-lo. A maneira pela qual se conta a verdade depende das circunstâncias. Bonhoeffer estava ciente de que aquilo que chamou de "verdade viva" era algo perigoso e "desperta a suspeita de que a verdade pode e consegue se adaptar a determinada situação, de modo que o conceito de verdade se dissolve totalmente, e mentira e verdade se atraem indiscriminadamente".

Bonhoeffer sabia que a outra face do legalismo religioso simplório de "nunca dizer uma mentira" constitui uma noção cínica de que não há algo como verdade, somente "fatos", o que resulta na ideia cínica de que é preciso dizer tudo sem nenhum senso de decência ou discernimento, de que o decoro ou a reserva é "hipocrisia" e uma espécie de mentira. Também escreveu sobre isso em sua *Ética*:

> É somente o cínico que alega "falar a verdade" o tempo todo e em todo lugar para todo homem do mesmo modo, mas que, na realidade, nada exibe além de uma imagem sem vida da verdade [...]. Ele veste a auréola do devoto fanático da verdade que não pode abrir nenhuma licença para as fraquezas humanas, mas, de fato, está destruindo a verdade viva entre os homens. Ele ofende a vergonha, ultraja o mistério, infringe a confiança, trai a comunidade em que vive, e ri com arrogância da devastação que ele tem forjado e da fraqueza humana que "não pode suportar a verdade".[10]

Para Bonhoeffer, a relação com Deus ordena tudo ao redor. Diversas vezes ele se referiu ao relacionamento com Jesus Cristo como o *cantus firmus*[11] de uma peça musical. As partes restantes da música referem-se a ele, e ele as mantém juntas. Ser fiel a Deus de maneira mais profunda significa estabelecer uma relação que não se firma em "regras" ou "princípios" legalistas. As ações de um indivíduo não podem jamais ser separadas de seu relacionamento com Deus. É um nível mais exigente e maduro de obediência, e Bonhoeffer notara que a maldade de Hitler forçava os cristãos a se aprofundar na obediência, a analisar com maior rigor o que Deus pedia. A religião legalista mostrava-se absolutamente inadequada.

[10] *Ethics*, p. 360-361.

[11] Uma melodia preexistente que constitui a base de uma composição polifônica.

O chefe de Dohnanyi, general Oster, dissera que o nacional-socialismo era "uma ideologia de tamanha imoralidade sinistra que os valores tradicionais e a lealdade deixaram de ser aplicadas".[12] Bonhoeffer sabia que Deus tinha a resposta para cada dificuldade e tentou compreender o que Deus estava lhe dizendo a respeito dessa situação. Ele se movera da mera "confissão" para a conspiração, que envolvia uma medida de enganação que muitos de seus colegas na Igreja Confessante não compreenderiam. Em pouco tempo, quando se tornasse um agente duplo da Inteligência Militar sob o comando do almirante Canaris, ele se moveria para um lugar realmente solitário.

O livro de oração da Bíblia

Enquanto se desenvolvia seu papel na conspiração, Bonhoeffer prosseguiu seu trabalho pastoral e seus escritos. Escreveu até os últimos meses de vida, mas o último livro que publicou ainda vivo foi *Das Gebetbook der Bibel* (*O livro de oração da Bíblia*), de 1940. Que um livro sobre os Salmos do Antigo Testamento tenha sido publicado na época é um testemunho da devoção de Bonhoeffer pela verdade erudita e de sua vontade de enganar os líderes do Terceiro Reich.

Geffrey Kelly, um estudioso de Bonhoeffer, escreveu: "Não deve haver confusão; no contexto de oposição atroz da Alemanha nazista em relação a qualquer forma de homenagem ao Antigo Testamento, este livro, no momento de sua publicação, constituiu uma declaração explosiva tanto política quanto ideológica".[13] O livro é uma afirmação apaixonada da importância do Antigo Testamento para o cristianismo e a igreja, e uma repreensão ousada e acadêmica aos esforços nazistas para minar qualquer coisa de origem judaica.

Por esse motivo, Bonhoeffer envolveu-se numa batalha com o Conselho do Reich para Regulamentação da Literatura. Como faria posteriormente em muitos interrogatórios na prisão, fez-se de ignorante, alegando que o livro era uma mera exegese acadêmica. Ele sabia bem que toda exegese verdadeira e acadêmica apontaria para a verdade, a qual, para os nazistas, era muito pior que uma saraivada de balas. Bonhoeffer disse ainda que as proibições do conselho contra seus "escritos religiosos" não estavam claras, e que não entendera por que deveria ter submetido o manuscrito a eles.

[12] Joachim FEST, *Plotting Hitler's Death: The German Resistance to Hitler, 1933-1945*, p. 138.
[13] *Life Together; Prayerbook of the Bible*, vol. 5, *Dietrich Bonhoeffer Works*, p. 143.

O incidente ilustra o senso de Bonhoeffer a respeito do significado de "dizer a verdade". Obedecer a Deus ao publicar esse livro pró-judeu — e fingir astuciosamente que não tinha ideia de que os nacionais-socialistas iriam se opor a seu conteúdo — era ser verdadeiro. Caso tivesse enviado o manuscrito a eles de antemão, o livro nunca teria visto a luz do dia. Bonhoeffer tinha poucas dúvidas de que Deus desejava a publicação da verdade no livro. Ele não devia aos nazistas a verdade sobre o manuscrito, do mesmo modo que a pequena garota hipotética em seu ensaio não necessitava explicar à classe a verdade sobre os vícios do pai.

No livro, Bonhoeffer associa a ideia da graça barthiana com a oração ao dizer que não podemos alcançar Deus com nossa própria oração, mas ao orar as orações "dele" — os salmos do Antigo Testamento, que Jesus orava — nós efetivamente somos carregados pelos ombros até o caminho do céu. Não devemos confundir o que realizamos naturalmente, como "desejar, aguardar, suspirar, lamentar, regozijar-se", com a oração, que não é natural para nós e que deve ser iniciada externamente, por Deus. Se confundirmos essas duas coisas, "confundiremos terra e céu, seres humanos e Deus". A oração não pode vir de nós. "Para isto", escreveu, "precisa-se de Jesus Cristo!". Ao orar os salmos, nós "oramos juntos com a oração de Cristo e, portanto, pode existir certeza e alegria por Deus nos ouvir. Quando nossa vontade, nosso coração inteiro entra na oração de Cristo, então estamos orando verdadeiramente. Podemos orar somente em Jesus Cristo, com quem nós iremos igualmente ser ouvidos".[14]

A ideia pareceria impossivelmente "judaica" para os nazistas, e "católica" demais para muitos protestantes, que viam nas orações recitadas a "vã repetição" dos pagãos. Mas Bonhoeffer só queria ser bíblico. Os ordenandos em Finkenwalde oravam os salmos todo dia. Bonhoeffer foi enfático: "O Saltério encheu a vida do cristianismo primitivo. Mais importante que tudo isso, porém, é que Jesus morreu na cruz com as palavras de Salmos em seus lábios. Sempre que o Saltério é abandonado, a igreja cristã perde um tesouro incomparável. A sua recuperação providenciará poder inesperado".[15]

Num livro curto, Bonhoeffer afirmou que Jesus dera seu aval a Salmos e ao Antigo Testamento; que o cristianismo era inevitavelmente judeu; que o Antigo Testamento não é substituído pelo Novo Testamento, mas está

[14] Idem, p. 155-156.
[15] Idem.

intrinsecamente ligado a ele; e que Jesus era inevitavelmente judeu. Bonhoeffer também deixou claro que Salmos falava de Jesus e profetizara sua vinda. Em março, ele descobriria que, graças à publicação desse pequeno tratado exegético, estava proibido de publicar novamente.

Bonhoeffer se junta à Abwehr

Em 14 de julho de 1940, Bonhoeffer pregava numa conferência eclesiástica quando a Gestapo apareceu e dissolveu a reunião. Eles citaram uma nova ordem que proibia tais encontros, e a conferência se encerrou. Ninguém foi preso, mas Bonhoeffer percebeu que sua capacidade de manter o trabalho pastoral aproximava-se do fim. Ele e Bethge seguiram em frente, visitando paróquias na Prússia Oriental, inclusive as então cidades alemãs de Stallupönen, Trakehnen e Eydtkuhnen.[16] As tropas de Stalin se encontravam bem próximas, e o clima geral era de muita ansiedade. Assim, após a excursão por esses vilarejos, Bonhoeffer retornou a Berlim e falou com Dohnanyi sobre seus planos para o futuro.

Havia grande rivalidade entre a Abwehr e a Gestapo, já que eles ocupavam esferas distintas, como acontece com a CIA e o FBI nos Estados Unidos. Dohnanyi raciocinou que, caso a Abwehr empregasse Bonhoeffer de forma oficial, a Gestapo seria obrigada a deixá-lo em paz. A ideia fazia sentido por vários motivos. Bonhoeffer teria grande liberdade de movimento para continuar seu trabalho como pastor e a cobertura necessária para expandir suas atividades pela conspiração. Outro benefício: como membro inestimável da Inteligência Militar Alemã, era improvável que Bonhoeffer fosse chamado para o serviço militar. Supostamente ele estaria exercendo uma importante função para a pátria. Um enorme avanço, já que ele nunca resolvera o que fazer caso fosse convocado.

Dohnanyi, Bethge, Bonhoeffer, Gisevius e Oster discutiram esse acordo numa reunião na casa dos Bonhoeffer em agosto. Decidiram ir adiante. Para começar, enviariam Bonhoeffer em missão à Prússia Oriental, pois, com a iminência da guerra com a Rússia, aquele seria um lugar propício para o trabalho

[16] Depois da guerra, essas cidades passaram a integrar a União Soviética e, após a dissolução do regime comunista, tornaram-se parte da região de Kaliningrado, um enclave da Rússia.

pastoral. Se a Gestapo considerasse estranha a presença de um pastor da Igreja Confessante nos negócios da Abwehr, podiam responder que a Abwehr também utilizava comunistas e judeus, o que era verdade. A "fachada" de um pastorado na Igreja Confessante era a camuflagem ideal para as atividades da Abwehr. Além disso, eles eram a Inteligência Militar, engajados em missões complexas e misteriosas. Quem era a Gestapo para questioná-los?

O dia então chegara. Bonhoeffer uniu-se oficialmente à conspiração. Ele estaria envolto pela proteção da Abwehr e, sob o disfarce de membro da Inteligência Militar, seria protegido por Oster e Canaris. Os níveis de enganação eram variados. Por um lado, Bonhoeffer realizaria o trabalho pastoral e continuaria seus escritos teológicos, como desejava fazer. Oficialmente, esse trabalho era uma fachada para sua função como agente nazista na Inteligência Militar. Mas, de maneira não oficial, o seu trabalho na Inteligência Militar era uma fachada para seu trabalho verdadeiro de conspirador contra o regime nazista. Bonhoeffer fingiria ser pastor — mas fingindo que fingia, pois ele realmente era um pastor. E fingiria ser um membro da Inteligência Militar que trabalha para Hitler, mas — como Dohnanyi, Oster, Canaris e Gisevius — estaria, na verdade, trabalhando contra Hitler. Bonhoeffer não estava contando mentiras inocentes. Na famosa frase de Lutero, ele estava "pecando com ousadia". Bonhoeffer envolveu-se num jogo de alto risco de enganação após enganação e, ainda assim, sabia que no meio de tudo aquilo se mantinha em obediência total a Deus. Para ele, era esse o *cantus firmus* que tornava perfeitamente coerente as atordoantes complexidades da história toda.

Em setembro, porém, a RSHA (*Reichssicherheitshauptamt*), rival implacável da Abwehr, causaria problemas maiores a Bonhoeffer. A RSHA era dirigida pela lampreia irritadiça Reinhard Heydrich, que trabalhava diretamente abaixo de Himmler. A RSHA informou Bonhoeffer que, devido ao que eles nomearam de "atividades subversivas", ele não possuía mais autorização para se pronunciar em público. Ainda pior, tinha de prestar contas regularmente à Gestapo em Schlawe, no longínquo leste da Pomerânia, onde se localizava sua residência oficial. As possibilidades de trabalhar com a Igreja Confessante reduziam-se a nada. Esta ainda podia usá-lo legalmente como professor, mas, após essa restrição, a Igreja Confessante decidiu lhe dar uma licença para "estudos teológicos".

Bonhoeffer não se submeteu às acusações com passividade. Era importante contra-atacar e preservar a ilusão de ser alguém dedicado ao Terceiro Reich.

Desempenhando o papel de ignorante mais uma vez, escreveu uma carta indignada para a RHSA, protestando contra a caracterização dele como pouco patriótica. Citou ainda seus antepassados ilustres, algo que nunca teria feito em circunstâncias normais, já que o faria parecer orgulhoso e ridículo. Mas o fez com uma expressão severa, finalizando a carta com um "Heil Hitler!" rosnado na medida exata. Mas a carta não solucionou seu problema, e ele recorreu novamente a Dohnanyi

Em consequência da conversa com Dohnanyi, seu papel na Abwehr ficaria mais grave, e a brincadeira de gato e rato com os capangas de Hitler começaria para valer. Antes de tudo, Dohnanyi queria livrá-lo da interferência da RSHA. Não adiantaria mais mantê-lo na Pomerânia. Mas seria ainda pior em Berlim. Assim, inventaram-lhe funções na Abwehr que o encaminharam para Munique.

Dohnanyi foi a Munique em outubro e discutiu a situação com seus colegas. Enquanto isso, Bonhoeffer ficou prostrado em Klein-Krössin, trabalhando em sua *Ética* e aguardando as ordens superiores. No fim do mês, recebeu a permissão e foi para Munique, registrando-se oficialmente como um residente da cidade. Seu endereço era sua residência "oficial", do mesmo modo que o endereço do superintendente Eduard Block era sua residência "oficial" em Schlawe. Quantas noites ele passaria num lugar ou outro era outra história.

Registrado como um cidadão de Munique, a Abwehr local pôde solicitar seus serviços. Bonhoeffer tornou-se um *V-Mann*, ou *Vertrauensmann* (a tradução literal significa "homem de confiança") e começou a trabalhar sob disfarce. Ainda era "oficialmente" um civil e pôde continuar a fazer o que apreciava, concluir a *Ética*, ministrar como pastor e trabalhar para a Igreja Confessante.

Mosteiro de Ettal nos Alpes

Em Munique, Bonhoeffer restabeleceu ligações com Joseph Müller, que tinha vínculos com o escritório da Abwehr da cidade e era um líder ativo da conspiração. O trabalho de Bonhoeffer com a resistência em Munique ocorreria por meio de Müller. Foi ele que forjou um convite para Bonhoeffer viver em Ettal, um mosteiro beneditino aninhado na região de Garmisch-Partenkirchen dos Alpes bávaros. Para Bonhoeffer, um pequeno sonho tornou-se realidade. Ali, naquele bastião católico de resistência contra os nazistas, ele encontrou paz e tranquilidade profunda, distante do ruído mental de Berlim. A abadia datava de 1330, mas a maioria dos edifícios foi construída no século 18 em estilo barroco. Bonhoeffer fez amizade com o prior e o abade, que o convidaram para permanecer como hóspede o tempo que desejasse, e, a partir de novembro, passou ali o inverno todo.

Em 18 de novembro, escreveu a Bethge: "Recebido calorosamente; alimento-me no refeitório, durmo no hotel, posso usar a biblioteca, tenho minha própria chave para o convento, e ontem tive uma longa e boa conversa com o abade".[17] Uma grande honra, especialmente para um não católico. O *Kloster* Ettal se localizava a uma caminhada de quatro quilômetros de Oberammergaü, onde os moradores montavam a cada dez anos, desde 1634, a famosa encenação da Paixão.

Bonhoeffer apreciou a rotina da existência monástica e fez progressos em seus textos. Em Finkenwalde, instituiu o hábito monástico da leitura em voz alta durante as refeições. Os ordenandos não se afeiçoaram à prática, e depois de um tempo ela foi interrompida. Mas em Ettal era um costume, como havia sido por muitos séculos. Apesar da apreciação, Bonhoeffer achou curioso o fato de os livros não devocionais, obras históricas, por exemplo, serem lidos na mesma entoação da liturgia eclesiástica. "Às vezes, quando o assunto é engraçado", disse aos pais, "é impossível reprimir um sorriso".[18] Enquanto esteve ali, o abade, padre Angelus Kupfer, e alguns sacerdotes estavam lendo o livro *Vida em comunhão*, de Bonhoeffer, e planejavam discuti-lo posteriormente com o autor.

Suas longas conversações com o abade e os outros sacerdotes deram a ele um apreço renovado pelo catolicismo e ajudaram na escrita da *Ética*, em especial os trechos que tratam do direito natural, ausente da teologia protestante e cuja ausência ele pretendia corrigir.

Munique ficava a cerca de noventa minutos de trem, e Bonhoeffer viajou diversas vezes para lá. Costumava dormir na casa da tia, mas o mais usual era permanecer num albergue católico, o Hotel Europäischer Hof.

Naquele ano, Bonhoeffer fez suas compras de Natal em Munique. Ele era extremamente atencioso e generoso sobre o ato de presentear. Ofertou a vários amigos e parentes gravuras emolduradas do *Nascimento de Cristo*, de Stephan Lochner. A todo Natal, impunha-se a tarefa adicional de montar pacotes

[17] *Conspiracy and Imprisonment*, p. 86.

[18] Idem, p. 87.

de presentes para cada um dos irmãos de Finkenwalde espalhados pela Alemanha, muitos dos quais eram soldados. Enviou diversos livros e, numa loja de Munique, comprou cem cartões-postais da *Noite Santa*, de Albrecht Altdorfer, para incluir nas encomendas natalinas. Escreveu a Bethge: "A imagem parece bastante oportuna para mim: Natal em meio aos escombros".[19]

O ministério de Bonhoeffer para com os irmãos de Finkenwalde manteve-se nesses pacotes e em cartas frequentes. Naquele Natal, foram enviados noventa pacotes e cartas; ao que parece, foi preciso datilografar as cartas muitas vezes, usando cópias de carbono para torná-las um pouco menos drenáveis. A carta de Natal consistia em mais um belo "sermão meditativo", dessa vez em Isaías 9:6-7 ("Porque um menino nos nasceu..."). Refletia sobre a ideia de que as coisas haviam mudado para sempre, que jamais voltariam a ser como eram antes da guerra. Mas explicou que a ideia de que jamais seria possível retornar a um tempo anterior aos problemas e a morte era falsa. A guerra apenas demonstrava a eles uma realidade mais profunda que sempre existiu:

> Do mesmo modo que a fotografia *time-lapse* torna visível, numa forma mais comprimida e penetrante, movimentos que de outra maneira não seriam apreendidos pela nossa visão, assim a guerra torna manifesto numa forma particularmente drástica e desnuda o que há anos tem se tornado mais tremendamente claro para nós como a essência do "mundo". Não é a guerra que primeiro traz a morte, não é a guerra que primeiro inventa a dor e o tormento do corpo e da alma humana, não é a guerra que primeiro desencadeia a mentira, a injustiça e a violência. Não é a guerra que primeiro torna nossa existência tão imensamente precária e torna o ser humano fraco, forçando-o a contemplar seus desejos e planos sendo frustrados e destruídos por "poderes mais exaltados". Mas a guerra proporciona tudo isso, que já existia antes e além dela, vasto e inevitável para nós que, de bom grado, preferimos ignorar.[20]

Por causa da guerra, explicou, era possível ver as coisas como elas realmente são. A promessa de Cristo é, portanto, tanto mais real e desejada.

[19] Dietrich BONHOEFFER a Eberhard Bethge, Munique, 29 de novembro de 1940.
[20] *Conspiracy and Imprisonment*, p. 106.

No dia 13 de dezembro, escreveu a Bethge: "Tem nevado aqui há 48 horas sem interrupção, e os bancos de neve acumulados são ainda maiores do que vimos no ano passado — fora do comum até mesmo por aqui".[21] Devido aos constantes ataques aéreos sobre Berlim, Dohnanyi e a irmã de Bonhoeffer, Christine, decidiram matricular os filhos, Barbara, Klaus e Christoph, na escola de Ettal. Christine os visitava com frequência. No Natal, todos se reuniram em meio à neve e ao gelo dos Alpes. A beleza da paisagem não passou despercebida a Bonhoeffer. Escreveu a Bethge que a "qualidade insuperável das montanhas às vezes jaz como um fardo sobre meu trabalho".[22]

No Natal, Bethge também fez uma visita. Bonhoeffer testou sua prancha, e todo mundo esquiou. Como é tradição na Alemanha, os presentes foram abertos na véspera. Um presente do amigo pastor de Bonhoeffer, Erwin Schütz, atravessou toda a floresta da Gross-Schlönwitz. "Querido irmão Schütz", escreveu tempo depois, "foi verdadeiramente uma grande surpresa, uma emoção sem igual quando, sob o nariz de vários de meus sobrinhos e sobrinhas, seu pacote foi aberto e um coelho de verdade apareceu".[23] Após a abertura dos presentes, todo mundo foi à missa solene na igreja resplandecente da abadia.

Os pais de Bonhoeffer enviaram-lhe um dicionário francês. Ele sabia que logo iria passar um tempo em Genebra e o pedira como presente. Enviaram também uma lupa que pertencera a seu irmão Walter, morto havia mais de 22 anos. Walter tinha sido o naturalista da família. No dia 28, Bonhoeffer escreveu aos pais, agradecendo pelos presentes e refletindo sobre a "nova realidade" que, por enquanto, não apresentava grandes mudanças. Mas ele estava determinado a buscar a verdade mais profunda escondida no meio de uma situação aparentemente desoladora: "Ano passado, quando [...] chegamos ao final do ano, é provável que nós todos pensássemos que este ano seria mais decisivo e enxergaríamos de forma mais clara. Agora é no mínimo duvidoso saber se essa esperança se tornou realidade [...]. Quase me parece que temos de chegar a um acordo a longo prazo, viver mais profundamente do passado e do presente — ou seja, pela gratidão — que de qualquer visão do futuro".[24]

[21] Idem, p. 109-110.
[22] Idem, p. 96.
[23] Idem, p. 114.
[24] Idem, p. 113.

Escreveu algo semelhante a Schütz. "Teremos de passar por um vale muito profundo, creio que mais profundo do que podemos deduzir neste instante, antes que sejamos capazes de ascender ao outro lado novamente. O objetivo principal é nos permitirmos ser conduzidos por completo e não resistir e ficar impacientes. Então, tudo vai dar certo".[25] Ele havia se preparado para o longo percurso, independentemente do que acontecesse.

Em Ettal, Bonhoeffer se encontrou muitas vezes com membros da conspiração, como o ministro da Justiça Gürtner e Carl Goerdeler, o ex-prefeito de Leipzig. Durante o Natal, Bonhoeffer e Bethge se reuniram com Dohnanyi e representantes do Vaticano, incluindo o secretário pessoal do papa Pio XII, Robert Leiber. Bethge e Bonhoeffer realizaram uma longa caminhada no frio dos Alpes com Gürtner durante sua visita e discutiram a dificuldade que a Igreja Confessante estava tendo nas negociações com a Igreja do Reich.[26]

No mês de janeiro, em 1941, Bonhoeffer viajou a Munique para ver Justus Perels, o principal advogado da Igreja Confessante. Perels trabalhava arduamente para pressionar o governo do Reich sobre o tratamento dispensado aos pastores confessantes; tantos deles eram alistados e encaminhados para a batalha que a Igreja Confessante estava sendo dizimada. Os nazistas faziam isso de forma intencional. Perels esperava convencê-los a usar a mesma política tanto para a Igreja Confessante quanto para a Igreja do Reich.

Em Munique, Bonhoeffer acompanhou Perels numa ópera de Beethoven, *As Criaturas de Prometeu*, executada como pantomima. Bonhoeffer não se sentiu "muito animado com a apresentação". Os dois também assistiram a um filme sobre a vida de Schiller, descrito por Bonhoeffer a Bethge como "terrível: patético, repleto de clichês, falso, irreal, não histórico, atuação ruim, *kitsch*! Vá vê-lo você mesmo. Este é o jeito que eu imaginava Schiller como um rapazola no colegial".[27]

Pela primeira vez em cinco anos, Bonhoeffer e Bethge ficaram separados por um período significativo de tempo. Bonhoeffer passara a ficar profundamente dependente dele. Confiava em Bethge para criticar e ajudá-lo a moldar

[25] Idem, p. 115.

[26] Gürtner sentia uma pequena gripe na época e, talvez, por consequência dessa caminhada, morreu um mês depois.

[27] *Conspiracy and Imprisonment*, p. 128.

seus conceitos teológicos e, enquanto trabalhava na *Ética*, sentiu falta da possibilidade de experimentar e explorar as suas ideias ao lado de seu querido amigo. Eles oravam e adoravam em comunhão quase diariamente; e, de maior intimidade que todo o resto, cada um era o confessor do outro. Conheciam suas respectivas lutas particulares e iriam interceder pelo amigo. Em 1º de fevereiro, Bonhoeffer celebrou seu próprio aniversário enviando uma carta a Bethge onde reflete sobre a amizade:

> Que nós dois possamos estar ligados há cinco anos pelo trabalho e amizade é, creio eu, uma alegria extraordinária para a vida humana. Ter uma pessoa que compreende de forma tanto objetiva quanto pessoal, e que se apresenta em ambos os aspectos como um ajudante fiel e conselheiro, é realmente um ótimo negócio. E você tem sido sempre as duas coisas para mim. Você resiste aos testes severos de uma amizade dessa, especialmente devido a meu temperamento violento (algo que eu também abomino em mim e que você tem, felizmente, repetida e abertamente me feito lembrar), e não tem se permitido se tornar mais amargo por causa disso. Portanto, tenho de lhe ser particularmente grato. Você me ajudou, em incontáveis questões, graças a sua enorme clareza e simplicidade de pensamento e juízo, e sei por experiência que a sua oração por mim tem um poder real.[28]

Viagem para Genebra

No dia 24 de fevereiro, a Abwehr enviou Bonhoeffer a Genebra. Seu principal objetivo era estabelecer contato com os líderes protestantes fora da Alemanha, informá-los sobre a conspiração e sondar as futuras condições a respeito dos termos de paz com o governo que viria a assumir. Ao mesmo tempo, Müller tinha conversas similares no Vaticano com os líderes católicos. No início, porém, Bonhoeffer não pôde sequer entrar na Suíça. A polícia da fronteira insistia que alguém dentro do país se responsabilizasse como seu garantidor. Bonhoeffer citou Karl Barth, que foi convocado e concordou, mas não sem algumas reservas.

[28] Idem, p. 136.

Assim como outros na época, Barth ficou perplexo com a missão de Bonhoeffer. Como podia um pastor da Igreja Confessante vir para a Suíça no meio da guerra? Parecia-lhe que Bonhoeffer de algum modo se conciliara com os nazistas. Essa era uma das casualidades da guerra, a própria confiança morrendo mil vezes.

Tais dúvidas e perguntas flagelavam Bonhoeffer, mas ele não tinha liberdade para explicar a verdade para os de fora de seu círculo íntimo. Isso representou outra "morte" interna, pois foi obrigado a renunciar sua reputação na Igreja Confessante. As pessoas se perguntavam como ele escapara do destino reservado aos outros de sua geração. Ele escrevia e viajava, encontrava-se com esse e aquele, ia ao cinema e a restaurantes, e vivia uma vida de privilégio e liberdade relativa, enquanto outros sofriam e morriam e eram postos em posições excruciantes de compromisso moral.

Era ainda pior para aqueles que sabiam do trabalho de Bonhoeffer com a Abwehr. Tivera ele finalmente capitulado, esse moralista aristocrático magnânimo, sempre tão inabalável e que exigia a mesma inflexibilidade dos outros? Não foi ele que dissera que "somente aquele que clamar pelos judeus poderá cantar cânticos gregorianos", e que se colocara no lugar de Deus ao declarar escandalosamente que não havia salvação fora da Igreja Confessante?

Ainda que Bonhoeffer pudesse explicar que na verdade estava trabalhando contra Hitler, muitos na Igreja Confessante ainda se sentiriam confusos, e outros ficariam ultrajados. Um pastor envolvido num plano cuja peça central era o assassinato do chefe de Estado durante uma época de guerra, quando irmãos e filhos e pais cediam sua vida pela nação — era impensável. Bonhoeffer chegara a um ponto onde ele se encontrava, em muitos aspectos, um tanto sozinho. Deus o guiara a esse lugar, embora ele não estivesse disposto a procurar um modo de escapar como Jeremias havia feito. Foi o destino que ele abraçara, e era a obediência a Deus, e podia alegrar-se nela, e assim procedeu.

Na Suíça, Bonhoeffer escreveu a Sabine e Gert em Oxford, o que era impossível na Alemanha. Como sentia falta deles! Escreveu também ao bispo Bell. Em Genebra, visitou Erwin Sutz, a quem teria afirmado: "Pode confiar, nós vamos derrubar Hitler!".[29] Bonhoeffer encontrou-se com Karl Barth, mas,

[29] BETHGE, *Dietrich Bonhoeffer: A Biography*, p. 728.

mesmo após uma longa conversa, Barth não ficou totalmente à vontade com a conexão de Bonhoeffer e a Abwehr.

Bonhoeffer também se reuniu com dois contatos do mundo ecumênico, Adolf Freudenberg e Jacques Courvoisier. Mas a principal reunião em Genebra ocorreu com Willem Visser't Hooft, que ele vira pela última vez na Estação de Paddington em Londres. Bonhoeffer contou-lhe detalhadamente a situação na Alemanha, e Visser't Hooft repassaria as informações ao bispo Bell, que, por sua vez, iria repassá-las ao governo Churchill. Contou sobre a luta contínua da Igreja Confessante com os nazistas e falou a respeito dos pastores presos e perseguidos de diversas maneiras, bem como das medidas de eutanásia. Pouquíssima informação do tipo havia escapado da Alemanha desde que a guerra começara. Caso Bell tivesse êxito em levar as notícias para alguém como o ministro britânico das Relações Exteriores Anthony Eden, a viagem já teria sido bem-sucedida.

Bonhoeffer permaneceu um mês na Suíça. Quando retornou a Munique no fim de março, descobriu uma carta do Sindicato de Escritores do Reich informando-lhe que estava, a partir daquele instante, proibido de escrever. Ele tentara resolutamente evitar que isso acontecesse, chegando até mesmo a se registrar no sindicato — o que considerava repugnante —, mas agiu assim somente para preservar a aparência de "bom alemão" aos olhos públicos. Tinha ido ainda mais longe ao apresentar a "prova" requerida de sua "ascendência ariana". Mas mesmo esse truque desagradável fora insuficiente para compensar o conteúdo pró-judaico de seu livro sobre Salmos.

Da mesma maneira que fizera ao ser proibido de se pronunciar em público, Bonhoeffer mais uma vez protestou de forma enérgica, alegando que seu texto era acadêmico e não se enquadrava nas categorias sugeridas por eles. E, de fato, rescindiram a multa inicial imposta contra ele — um pequeno milagre —, mas não concordaram com o fato de seu trabalho estar isento por motivos acadêmicos. Expressando a forte tendência do Terceiro Reich contra o cristianismo, escreveram que "somente os teólogos que ocupam cadeiras em faculdades estatais estão isentos. No mais, devido à suprema submissão dogmática por parte deles, não posso reconhecer de prontidão os clérigos como especialistas neste sentido".[30]

[30] *Conspiracy and Imprisonment*, p. 190.

No final, a proibição não o afetou muito. Ele não voltaria a publicar durante a vida, mas não parou de escrever. Continuou o trabalho em sua *magnum opus Ética* e assim prosseguiu por algum tempo.

Bonhoeffer passou o feriado da Páscoa com a família em Friedrichsbrunn. Os Bonhoeffer visitavam a beleza intacta das montanhas Harz desde antes da Primeira Guerra. Para a família, e especialmente para Dietrich, que tinha sete anos quando compraram o terreno de um guarda florestal, o lugar era uma ligação com o mundo atemporal distante das dificuldades do presente. Nas florestas mágicas, que traziam à mente o mundo dos contos de Jacob e Wilhelm Grimm, nada se alterara desde os dias dourados na infância, quando Walter ainda vivia e caminhava com Dietrich, seu irmão mais novo, à procura de morangos ou cogumelos. Três anos depois, após um ano de aprisionamento em Tegel, ele escreveria sobre Friedrichsbrunn e como a recordação lhe era tocante:

> Nas minhas fantasias, vivo um bom tempo na natureza, nas clareiras próximas de Friedrichsbrunn [...]. Deito-me de costas na grama, vejo as nuvens navegando ao sabor da brisa no céu azul, e ouço o farfalhar dos bosques. Impressiona quão intenso é o efeito dessas lembranças da infância numa perspectiva completa: parecer-me-ia impossível e antinatural a possibilidade de termos vivido nas montanhas ou à beira-mar. São as colinas da Alemanha central, o Harz, a floresta da Turíngia, as montanhas do Weser, que representam para mim a natureza, que me pertencem e me modelaram.[31]

No momento, porém, aquilo não constituía somente uma lembrança. Ele ainda estava ali, livre para vagar pela mata e deitar-se nos prados e desfrutar sua família. A Páscoa aconteceu no dia 13 de abril, e a família toda veio a Friedrichsbrunn para a celebração. Depois que a família partiu, Bonhoeffer permaneceu para trabalhar na *Ética* com paz e tranquilidade; ali ele escrevera muitos textos ao longo dos anos. Ainda não havia eletricidade — seria instalada somente dois anos depois —, mas a casa possuía um fogareiro a carvão, necessário naquela época do ano. Mas faltava carvão. Por alguma razão, não

[31] BETHGE, *Dietrich Bonhoeffer: A Biography*, p. 24.

havia sido entregue. Bonhoeffer manteve-se aquecido queimando madeira e, sempre que precisava de uma pausa para a escrita, botava os pés para fora e buscava lenha. Quando a família chegou, percebeu que parte da madeira empilhada tinha desaparecido. Nunca souberam quem as levara, mas, antes de finalmente partir, Bonhoeffer avisou aos pais que tinha feito um pequeno risco na parede para marcar a altura da pilha. Dessa forma, eles saberiam se alguma madeira do estoque desapareceria após a sua partida.[32]

[32] *Conspiracy and Imprisonment*, p. 186.

CAPÍTULO 24

CONSPIRANDO CONTRA HITLER

O povo alemão será sobrecarregado por uma culpa que o mundo não esquecerá daqui a cem anos.

HENNING VON TRESCKOW

A morte revela que o mundo não é como deveria ser, mas se encontra em necessidade de redenção. Somente Cristo é a vitória sobre a morte.

DIETRICH BONHOEFFER

Estou certo de que existem muitos na Alemanha, agora silenciados pela Gestapo e a metralhadora, que anseiam pelo livramento do domínio ateu nazista e pela vinda de uma ordem cristã na qual eles e nós possamos tomar parte.

BISPO GEORGE BELL

DESDE A QUEDA DA FRANÇA um ano antes, o golpe ficou estagnado. A vitória de Hitler fora tão estonteante e veloz que a maioria dos generais perdera qualquer confiança na possibilidade de se opor a ele. A popularidade do Führer elevava-se. Nos últimos meses, a Iugoslávia, a Grécia e a Albânia foram conquistadas, e o general Rommel triunfara no norte da África. Hitler parecia incontrolável. Muitos generais, flutuando junto à crescente maré alemã, não podiam ser persuadidos a levantar um dedo contra ele.

Dohnanyi e Oster sabiam que a única esperança de destituir Hitler residia no convencimento dos generais do alto escalão. Houve antes a esperança de que um movimento de base popular pudesse derrubar o regime nazista. Mas, assim que Martin Niemöller foi aprisionado, essa possibilidade se evaporou. As provocações ousadas e suas qualidades de liderança faziam dele o candidato perfeito. Não há dúvidas de que Hitler enviou o impetuoso cristão para um campo de concentração por isso. Agora a esperança teria de vir de cima — ou seja, dos generais.

Alguns deles eram os nobres líderes da conspiração, prontos para agir a qualquer momento. Mas muitos outros eram menos nobres e sábios, e possuíam um desejo tão forte de ser desatolado do pântano e da ignomínia de Versalhes que anularam sua repulsa extrema em relação a Hitler. Argumentavam que, como ele servira aos propósitos deles, logo ele vacilaria e seria substituído por alguém menos brutal; se necessário, eles fariam algo a respeito. Mas não enquanto estavam vencendo de forma tão espetacular, não enquanto estavam revertendo Versalhes. Muitos pensavam também que a morte de Hitler faria dele um mártir. Outra lenda da punhalada nas costas surgiria, e eles seriam vistos eternamente no papel de Brutus e Cássio do césar Adolf Hitler. Por que arriscar? O escorregadio Brauchitsch sintetizou o espírito dos que decidiram seguir a manada. "Eu mesmo não farei nada", disse, "mas não impedirei ninguém de agir".[1]

Beck, Dohnanyi, Oster, Canaris, Goerdeler e os outros conspiradores fizeram o possível durante o ano de êxitos de Hitler, mas estavam, em essência, paralisados.

A Ordem dos Comissários

Veio então o dia 6 de junho de 1941, e a notória Ordem dos Comissários. Prestes a empreender sua campanha contra a Rússia, de codinome Operação Barbarossa, o desprezo amargo de Hitler quanto às "raças orientais" como os poloneses e eslavos seria exibido mais uma vez. A Ordem dos Comissários instruía o exército a atirar e matar todos os líderes militares soviéticos capturados. Hitler havia permitido que o exército evitasse os horrores mais pavorosos na Polônia. Eles não tinham estômago para tal, e coube aos desalmados da SS *Ein-*

[1] "Walther von Brauchitsch", Wikipedia, *<http:// en.wikipedia.org/wiki/Walther_von_Brauchitsch>*.

satzgruppen os feitos mais sórdidos e desumanos. Mas agora a ordem era que o próprio exército efetuasse a carnificina e o sadismo, violando todos os códigos militares que remontavam há séculos. Os generais caíram em si. Mesmo os menos dispostos perceberam que estiveram alegremente montados nas costas de um tigre.

Assassinar todos os líderes capturados do Exército Vermelho era impensável, mas Hitler não estava interessado em ideias antiquadas sobre moralidade e honra. O caminho brutal para a vitória seria demonstrado, e aforismos diabólicos de lógica perfeitamente circular foram expelidos de sua boca. "No oriente", disse, "a aspereza é a bondade diante do futuro". Os dirigentes militares da Alemanha "deveriam exigir de si mesmos o sacrifício de superar seus escrúpulos". Ao explicar a necessidade para a Ordem dos Comissários, declarou absurdamente que os líderes do Exército Vermelho tinham de "ser baleados de imediato por terem instituído bárbaros métodos asiáticos de combate".[2]

Henning von Tresckow era um típico prussiano com um severo senso de honra e tradição que desprezara Hitler desde o início. Ele foi o primeiro oficial na linha de frente a manter contato com os conspiradores. Quando soube da Ordem dos Comissários, disse ao general Gersdorf que, se não pudessem convencer Bock a cancelá-la, "o povo alemão será sobrecarregado por uma culpa que o mundo não esquecerá daqui a cem anos". Disse que a culpa cairia não apenas sobre Hitler e seu círculo íntimo, "mas em você e em mim, sua esposa e a minha, seus filhos e os meus".[3] Para muitos generais, esse foi o momento da virada. O tradicionalmente fraco Brauchitsch ficou tão chocado com a Ordem dos Comissários que expôs sua preocupação a Hitler, que de imediato atirou um tinteiro na venerável cabeça do general.

Hitler iniciou a Operação Barbarossa em 22 de junho de 1941. A Alemanha entrou em guerra com a União Soviética. A sensação de invencibilidade em torno de Hitler ainda era forte, mas pela primeira vez surgia o questionamento sobre a necessidade de refrear seus ímpetos enquanto o país estivesse à frente. A sequência de vitórias não chegaria ao fim em algum momento? Havia algo que detinha os homens sãos, algo relacionado ao terreno branco infinito da Rússia. Hitler, porém, não carregava o peso de tal sanidade, e, a

[2] Joachim FEST, *Plotting Hitler's Death: The German Resistance to Hitler, 1933-1945*, p. 171.
[3] Idem, p. 175.

despeito das probabilidades de sucesso, a marcha dos exércitos alemães sobre Moscou teve início.

Os líderes da conspiração aguardavam o momento adequado. A Ordem dos Comissários ajudara a recrutar vários generais, e, como suas implicações brutais foram testemunhadas em primeira mão, a habilidade de ganhar convertidos aumentaria. Nesse meio-tempo, Oster e Dohnanyi prosseguiam o trabalho sob a proteção do almirante Canaris. Poucos levavam uma vida tão ambígua quanto Canaris. Ele cavalgava pela manhã no bairro de Tiergarten, em Berlim, com o fantasmagórico Heydrich, e ao mesmo tempo utilizava seu poder para prejudicá-lo. O banditismo de Hitler lhe causava náuseas. Numa viagem à Espanha, enquanto caminhava pelo interior do país em seu carro conversível, ele se levantou e fez a saudação a Hitler para cada rebanho de ovelhas que avistava. "Nunca se sabe", disse, "se um dos figurões do Partido está no meio da multidão".[4]

A próxima viagem de Bonhoeffer pela Abwehr aconteceria apenas em setembro, quando voltaria à Suíça. Nesse intervalo de tempo, continuou o trabalho pastoral e a escrever a *Ética*. Com a ajuda de Oster e Dohnanyi, Bonhoeffer conseguiu isenções e adiamentos para uma série de pastores confessantes. Seu intento era mantê-los longe do perigo, mas também preservá-los na função de pastor, pois a necessidade dos rebanhos era maior do que nunca. Na maior parte era uma batalha perdida, como tantas outras, mas Bonhoeffer ainda assim a tratava com vigor e sentia gratidão a cada pequeno sucesso.

Grande parte de seu trabalho pastoral existia agora via correspondência. Em agosto, escreveu outra carta circular para seus mais de cem ex-ordenandos. Nela se encontram palavras que vertem luz a sua própria morte:

> Hoje, devo informar a vocês que nossos irmãos Konrad Bojack, F. A. Preuß, Ulrich Nithack e Gerhard Schulze pereceram na linha de frente oriental [...]. Eles partiram no caminho que todos nós havemos de tomar em algum momento. Numa maneira particularmente graciosa, Deus relembra a necessidade de se estar preparado àqueles entre vocês que se encontram na linha de frente [...]. Estejam certos, Deus há de chamar vocês, e a nós, somente na hora que Deus tem escolhido. Até essa hora, conhecida apenas por Deus, nós estaremos protegidos mesmo no maior perigo; e de nossa gratidão por tamanha proteção, ergue-se certamente a renovada prontidão para o chamado final.

[4] Idem, p. 168.

Quem pode compreender como são escolhidos aqueles que Deus toma para si tão cedo? A morte prematura de jovens cristãos não nos causa a impressão de que Deus saqueia os melhores dentre seus agentes num momento em que eles são mais necessários? Contudo, o Senhor não comete erros. Seria possível que Deus necessitasse de nossos irmãos para algum serviço oculto em nosso favor no mundo celestial? Devemos pôr fim a nossos pensamentos humanos, os quais sempre desejam saber mais do que lhes é possível, e que se agarram ao que é seguro. Todo aquele que Deus chama ao lar é alguém que Deus amou. "Sua alma era agradável ao Senhor, e é por isso que ele o retirou depressa do meio da perversidade" (Sabedoria 4).

Sabemos, é certo, que Deus e o diabo estão engajados numa batalha no mundo e que o diabo também tem algo a dizer na morte. Em face da morte, não nos é possível falar de maneira fatalista: "É a vontade de Deus"; mas temos de justapô-la a outra realidade: "Não é a vontade de Deus". A morte revela que o mundo não é como deveria ser, mas se encontra em necessidade de redenção. Somente Cristo é a vitória sobre a morte. Aqui, a antítese entre a "vontade de Deus" e a "não vontade de Deus" ilumina-se e alcança uma resolução. Deus consente com a "não vontade de Deus", e de agora em diante a própria morte deve, portanto, servir a Deus. De agora em diante, a "vontade de Deus" abrange a "não vontade de Deus". Deus deseja a conquista da morte por meio da morte de Jesus Cristo. Somente na cruz e ressurreição de Jesus Cristo a morte tem sido arrastada pelo poder divino e agora deve servir aos objetivos do próprio Deus. Não se trata de renúncia fatalista, mas de uma fé viva em Jesus Cristo, morto e ressuscitado por nós, que é capaz de lidar profundamente com a morte.

Na vida com Jesus Cristo, a morte como destino geral a se aproximar de nós externamente é confrontada pela morte interna, a própria morte do indivíduo, a morte gratuita de morrer diariamente com Jesus Cristo. Aquele que vive com Cristo morre diariamente por vontade própria. Cristo em nós nos entrega a morte para que assim ele possa viver conosco. Assim, nossa morte interior desenvolve-se ao encontro da morte externa. Os cristãos recebem a própria morte deste modo, e deste modo nossa morte física torna-se verdadeiramente não o fim, mas sim o cumprimento de nossa vida em Jesus Cristo. Aqui entramos em comunhão com o Único que, na iminência da morte, foi capaz de dizer: "Está consumado".[5]

[5] *Conspiracy and Imprisonment: 1940-1945*, vol. 16, *Dietrich Bonhoeffer Works*, p. 207-208.

Bonhoeffer também se correspondia individualmente com os irmãos. Ele recebeu uma carta de um finkenwaldiano que oferecera resistência à meditação nos trechos bíblicos. Mas, em plena guerra, disse a Bonhoeffer que manteve a prática por conta própria. Quando se apresentavam dificuldades na meditação, ele simplesmente memorizava os trechos, com efeito similar. Disse que, assim como Bonhoeffer sempre lhes dissera, os versículos "abrem-se numa profundidade inesperada. É preciso viver com os textos, e eles então se revelam. Hoje sou muito grato a você por nos ter conservado nessa prática".[6]

A correspondência com tantas pessoas é um testemunho da fidelidade de Bonhoeffer como pastor. Apesar de não estar presente nas linhas de frente, ele ouvia as informações de tantos irmãos que lá estavam, encorajando-os por cartas e orações. Um deles, Erich Klapproth, escreveu-lhe que a temperatura estava a quarenta graus abaixo de zero: "Por dias a fio não podemos sequer lavar as mãos, que passam do corpo dos mortos para a refeição, e dali de volta ao rifle. É preciso convergir toda a energia para enfrentar o perigo do congelamento, para se manter em movimento mesmo quando se está morto de cansaço".[7] Klapproth perguntou se algum dia lhes seria permitido o retorno ao lar, a retomada de uma vida calma e tranquila. Pouco tempo depois, Bonhoeffer soube que ele havia sido morto.

A descoberta da morte de seu querido amigo Gerhard Vibrans lhe atingiu de um modo particularmente difícil: "Penso que a dor e a sensação de vazio que sua morte deixa em mim dificilmente poderiam ser diferentes caso ele tivesse sido meu irmão de sangue".[8]

Os maiores esforços de Bonhoeffer para a Igreja Confessante não se interromperam. A guerra ofereceu aos nazistas oportunidades amplas de causar danos às igrejas. Perto do fim de 1941, Bonhoeffer ajudou Perels a elaborar uma petição às Forças Armadas:

> A esperança dos cristãos protestantes de que as medidas antieclesiásticas cessariam, pelo menos durante o período de guerra, tem sido amargamente desapontadas [...]. Ao mesmo tempo, as medidas anti-eclesiásticas no país estão assumindo formas cada vez mais ásperas. Nas congregações, emerge gradualmente a impressão de que a calamidade da guerra e

[6] Eberhard Bethge, *Dietrich Bonhoeffer: A Biography*, p. 703.

[7] Idem, p. 704.

[8] Idem, p. 705.

> a ausência do clero vêm sendo intencionalmente exploradas pelo Partido e a Gestapo com o intuito de destruir a Igreja Protestante, mesmo durante a guerra.[9]

O documento citava várias formas de abuso. Himmler tentava destruir a Igreja Confessante com maior vigor, e todos os pastores confessantes que não tinham sido convocados eram forçados a abandonar o pastorado e assumir empregos "de alguma atividade útil". O tratamento da Gestapo aos pastores em interrogatórios era "em geral, o mesmo reservado a criminosos". Outro exemplo demonstra o ressentimento da liderança nazista quanto aos cristãos e o cristianismo:

> Um proeminente leigo da Igreja Protestante, cujo filho fora morto no Oriente, foi obrigado a suportar grandes abusos por meio de uma notificação anônima, que anunciara a morte do filho com as seguintes palavras: "Caído na fé de seu Senhor e Salvador...". A notificação fala da "vergonha do clã de hipócritas e seu sangue degenerado", que denunciou o filho como crente em um "pregador itinerante obscuro".[10]

Finalmente os cristãos espalhados na Alemanha estavam batalhando contra as medidas da eutanásia:

> A matança das vidas consideradas indignas, a qual agora tem adquirido maior divulgação nas congregações, e que reivindica suas vítimas no meio delas, é vista pelos cristãos de todas as confissões com a mais profunda repulsa e alarme, especialmente no que diz respeito à anulação geral dos Dez Mandamentos e de qualquer seguridade de lei, constituindo, portanto, um sinal da postura anticristã das autoridades condutoras do Reich.[11]

Segunda viagem à Suíça

Bonhoeffer retornou à Suíça pela Abwehr em setembro. Reuniu-se mais uma vez com Visser't Hooft. Com o êxito momentâneo dos exércitos de Hitler na

[9] *Conspiracy and Imprisonment*, p. 241.
[10] Idem, p. 244.
[11] Idem, p. 245.

campanha russa, a situação da resistência não era das melhores. Mas Bonhoeffer não pensava desse modo. "Então este é o começo do fim", disse ele ao cumprimentar Hooft, que ficou intrigado. Bonhoeffer quis dizer que aquele era o começo do fim para Stalin e os soviéticos? "Não, não", respondeu, "Hitler é que se aproxima do fim, através de um excesso de vitórias". Bonhoeffer estava convencido de que Hitler estava cada vez mais perto do final de sua campanha. "O velho sujeito nunca se livrará dessa", disse.[12]

No outono de 1941, no entanto, qualquer esperança de que a conspiração pudesse obter garantias de negociar a paz com a Grã-Bretanha se perdeu. A guerra se arrastara por tempo demais. Com a Alemanha lutando contra a Rússia, Churchill percebeu que agora era tudo ou nada. Não tinha interesse pela conspiração — se é que existia alguma. Ele assumiu uma postura desafiadora que rotulava de nazista todo alemão e se fez de surdo às vozes dos conspiradores. O bispo Bell se pronunciava por eles, todavia, e tentou conscientizar a opinião dos britânicos sobre a existência de homens e mulheres na Alemanha ávidos pela morte de Hitler. No início daquele ano, ele apresentara um discurso numa grande manifestação na qual criticou o governo britânico por falar da vitória, mas não demonstrar qualquer misericórdia por aqueles que sofriam fora da Inglaterra. Em decorrência das muitas conversas com Bonhoeffer e os Leibholz, Bell sabia do que estava falando: "Estou certo de que existem muitos na Alemanha, agora silenciados pela Gestapo e a metralhadora, que anseiam pelo livramento do domínio ateu nazista e pela vinda de uma ordem cristã na qual eles e nós possamos tomar parte. Não há uma trombeta a clamar na Inglaterra a fim de despertá-los do desespero?".[13]

Churchill e Eden, seu ministro de Relações Exteriores, se mostravam impassíveis. Ainda assim, Bonhoeffer iria perseverar. Escreveu um longo memorando no qual explicava, entre outras coisas, que a indiferença dos Aliados estava desencorajando aqueles que poderiam realizar o golpe contra Hitler. Se os alemães bons na conspiração cressem que, após arriscar a vida, receberiam um tratamento indistinguível dos nazistas por parte dos ingleses e seus aliados, não havia muito incentivo para realizá-lo: "Deve-se encarar a questão: um governo alemão que produza a ruptura completa com Hitler e tudo o que ele representa, pode ou não aguardar a elaboração de termos de paz que lhe

[12] Wolf-Dieter ZIMMERMANN e Ronald G. SMITH, eds., *I Knew Dietrich Bonhoeffer*, p. 167-168.
[13] BETHGE, *Dietrich Bonhoeffer: A Biography*, p. 738.

ofereçam chance de sobrevivência [...]. É evidente que a resposta dessa pergunta seja uma questão de urgência, pois a atitude dos grupos de oposição na Alemanha depende da resposta dada".[14]

Bonhoeffer acreditou ingenuamente que, após a divulgação do memorando nos círculos adequados, uma palavra do governo britânico seria enviada. Nada aconteceu. Numa conversa naquele setembro em Genebra, Visser't Hooft perguntou a Bonhoeffer pelo que ele orava: "Se quer saber a verdade", respondeu, "oro pela derrota de meu país. Pois eu creio que essa é a única maneira de pagar por todo o sofrimento que meu país tem causado no mundo".[15] Novos relatos das linhas de frente surgiam, e o que Bonhoeffer soube por Dohnanyi era monstruoso. Hitler tinha de ser detido a qualquer preço.

Com os exércitos da Alemanha dirigindo-se a Moscou, a barbárie da SS pôde voltar a se expressar livremente. Foi como se o demônio e suas hordas tivessem rastejado para fora do inferno e se pusessem a caminhar sobre a terra. Na Lituânia, os esquadrões da SS amontoaram judeus indefesos e os espancaram com cassetete até a morte. Em seguida, dançaram sobre os cadáveres. As vítimas foram retiradas, um segundo grupo de judeus foi trazido, e o exercício macabro se repetiu.[16]

Como consequência de tais atos, muitos na liderança do Exército foram levados à conspiração. Em determinado ponto, oficiais aproximaram-se do marechal Bock e suplicaram-lhe com lágrimas que interrompesse "a orgia de execuções" em Borisov. Mas Bock não detinha poder suficiente. Quando exigiu que o comandante da SS responsável pelos massacres fosse trazido a ele, o comissário civil, Wilhelm Kube, riu acintosamente. Hitler dera rédea livre à SS, e nem mesmo um marechal de campo podia fazer algo a respeito.[17]

O conde Peter Yorck von Wartenburg e seu primo Von Stauffenberg superaram seus sentimentos fundamentais contra a conspiração nesse período. Ambos eram cristãos devotos e foram criados na casta da aristocracia militar alemã. O que testemunharam era uma reversão e escárnio de todos os valores que tanto prezavam. Stauffenberg tomaria a dianteira na famosa tentativa de 20 de julho de 1944 para matar Hitler, como veremos em breve.

[14] Idem, p. 740.

[15] Mary BOSANQUET, *The Life and Death of Dietrich Bonhoeffer*, p. 229.

[16] FEST, *Plotting Hitler's Death*, p. 179.

[17] Idem, p. 180.

As oito crianças Bonhoeffer e a governanta da família na casa de férias em Wölfelsgrund, nas montanhas Glatz, por volta de 1910. Karl e Paula Bonhoeffer aparecem ao fundo. Dietrich está logo à direita da governanta, que segura Susanne, a caçula. Karl Bonhoeffer descreveu Wölfelsgrund como "um pequeno vale aos pés do monte Urnitz, à beira da floresta, com um pasto, um pequeno riacho, um celeiro velho e uma árvore frutífera em cujos galhos mais altos as crianças amarraram um banquinho e criaram um balanço".

(Art Resource, NY)

Karl Bonhoeffer com seus quatro filhos, por volta de 1911. Em ordem crescente: Karl-Friedrich (1899-1957), Walter (1899-1918), Klaus (1901-1945) e Dietrich (1906-1945). *(Getty Images)*

(No detalhe) Dietrich Bonhoeffer em 1915 *(Art Resource, NY)*

Foto de 2008 do prédio nº 14 da Wangenheimstrasse no bairro berlinense de Grunewald. A família Bonhoeffer mudou-se para lá em 1916. Hoje a imensa casa é dividida em oito apartamentos.

(Eric Metaxas)

Bonhoeffer em 1928.

(Art Resource, NY)

Bonhoeffer em sua classe no Colégio de Grunewald, em Berlim, 1920-1921. Da esquerda para a direita: Elizabeth Caspari, Felix Prentzel, Ursula Andeae (sobrinha de Walter Rathenau), Ellen-Marion Winter (mais tarde condessa Peter Yorck), Maria Weigert, o professor Willibald Heininger, Hans-Robert Pfeil, Georg Seligsohn, Dietrich Bonhoeffer, Erdmann Niekisch von Rosenegk, Kurt Mähne, Herbert Mankiewitz. Foi durante uma aula no ano seguinte que Bonhoeffer ouviu o tiro que assassinou Rathenau, um político moderado judeu.

(Art Resource, NY)

Na Páscoa de 1932, Bonhoeffer levou alguns dos neófitos arruaceiros da Zionskirche para a casa de férias da família em Friedrichsbrunn. "Com exceção de uma vidraça quebrada", escreveu ele, "tudo se mantém como antes [...]. Apenas a sra. S. [a empregada] está um pouco indignada com a invasão proletária".

(Art Resource, NY)

Os seminaristas de Sigurdshof em 1938. Bonhoeffer é o primeiro à esquerda na terceira fileira. Eberhard Bethge é o primeiro à direita na quarta fileira.
(Art Resource, NY)

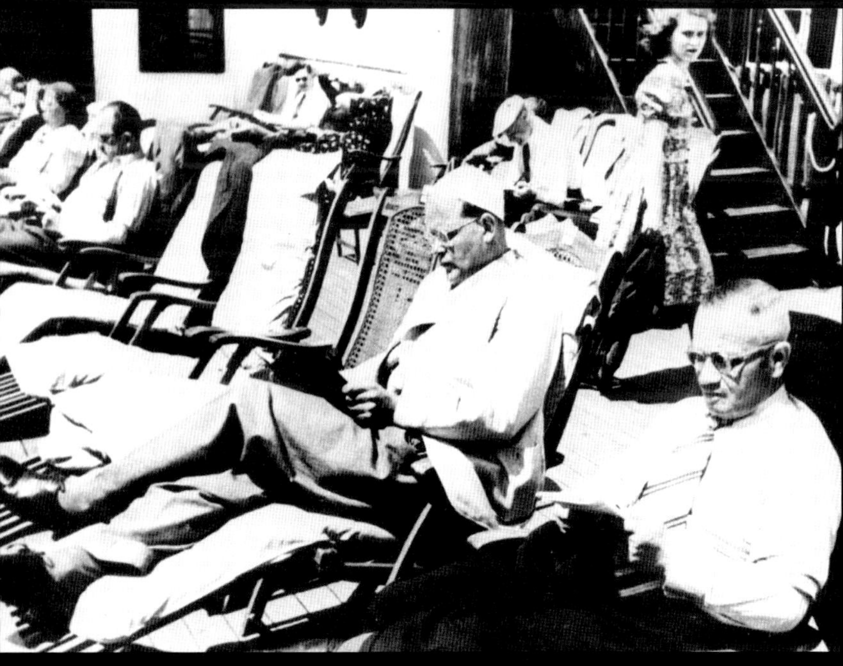

Bonhoeffer parte de Bremen rumo a Nova York na segunda semana de junho de 1939.
(Art Resource, NY)

Mosteiro de Ettal nos Alpes da Baviera, onde Bonhoeffer trabalhou em sua *Ética* durante o inverno de 1940-1941. Ele escreveu a Bethge: "Alimento-me no refeitór durmo no hotel, posso usar a biblioteca, tenho minha própria chave para o convento, e ontem tive uma longa e boa conversa com o abade". (*Eric Metaxas*)

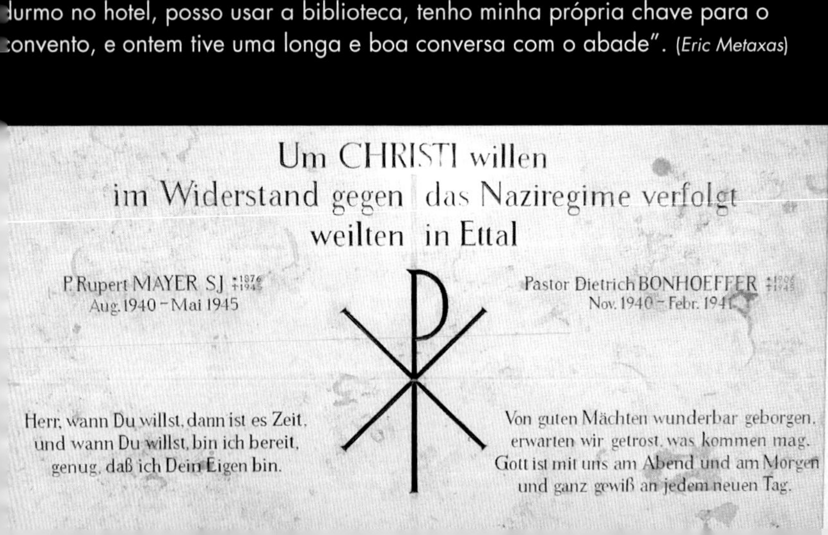

Julho de 1939. Dietrich e sua irmã gêmea Sabine em Londres, logo após seu retorno da América e antes do regresso definitivo para a Alemanha. *(Art Resource, NY)*

Uma foto de 2008 da casa dos Bonhoeffer na Marienburgerallee nº 43. Hoje o prédio é um museu. O quarto de Dietrich ficava no andar de cima. Ele foi preso ali em 5 de abril de 1943. *(Eric Metaxas)*

Os pais de Dietrich, Karl e Paula Bonhoeffer. Eberhard Bethge descreve o casamento dos dois como "um relacionamento feliz, onde um parceiro completava habilmente a força do outro. Nas bodas de ouro do casal, comentava-se que eles não tinham passado sequer um mês distante um do outro durante cinquenta anos de casamento". *(Art Resource, NY)*

Bonhoeffer e Eberhard Bethge no verão de 1938, na casa paroquial de Gross-Schlönwitz. *(Art Resource, NY)*

Dr. Karl Barth (à esquerda). *(Getty Images)*

Martin Niemöller (à esquerda) e o reverendo Otto Dibelius (à direita) acompanham o bispo de Chichester, George Bell, antes de um culto germano-britânico na Marienkirche em Berlim, em 27 de outubro de 1946. *(AP Images)*

1º de setembro de 1939. Horas após o inexplicável ataque nazista contra a Polônia, *Der Führer* discursa no Reichstag: "Vocês conhecem as tentativas infindáveis que fiz em prol de uma solução pacífica do problema da Áustria e, em seguida, dos problemas dos Sudetos, da Boêmia e da Morávia. Tudo em vão. Eu sou erroneamente julgado se meu amor pela paz e se paciência são confundidos com fraqueza ou mesmo covardia [...]. De agora em diante, bombas se encontrarão com bombas!". Mais tarde, no mesmo dia, Hans Bernd Gisevius correu ao encontro do almirante Canaris, na sede da OKW. "Isto significa o fim da Alemanha", disse ele. (*Art Resource, NY*)

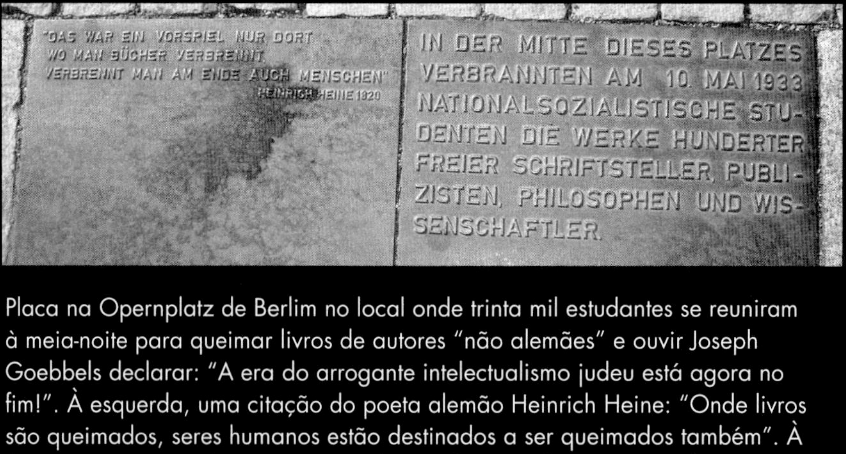

Placa na Opernplatz de Berlim no local onde trinta mil estudantes se reuniram à meia-noite para queimar livros de autores "não alemães" e ouvir Joseph Goebbels declarar: "A era do arrogante intelectualismo judeu está agora no fim!". À esquerda, uma citação do poeta alemão Heinrich Heine: "Onde livros são queimados, seres humanos estão destinados a ser queimados também". À direita: "No centro desta praça, no dia 10 de maio de 1933, estudantes nazistas queimaram as obras de centenas de autores, editores, filósofos e cientistas". (*Eric Metaxas*)

Heinrich Himmler (1900-1945), o criador de galinhas que se tornou chefe da SS e da Gestapo.
(Getty Images)

Reinhard Heydrich (1904-1942). Ele e Himmler eram conhecidos como os "Gêmeos Negros".
(Getty Images)

Parte dos fundos do palacete de Wannsee, em 2009. Em 1942, Heydrich apresentou ali seus planos para a "Solução Final da Questão Judaica", com o intuito de exterminar os judeus da Europa. Hoje o edifício é um museu do Holocausto. *(Eric Metaxas)*

20 de julho de 1944. Wolfsschanze, Prússia Oriental. Horas após a bomba de Stauffenberg falhar no atentado a Hitler, o misteriosamente durável Führer posa com Martin Borman (à esquerda), Alfred Jodl e outros.

(Getty Images)

No mesmo dia, Hitler cumprimenta Goebbels. "Foi a Providência que me poupou", declarou posteriormente. "Isso prova que estou no caminho certo. Sinto que esta é a confirmação de todo o meu trabalho".

O local no campo de concentração de Flossenbürg onde Bonhoeffer foi executado na madrugada de 9 de abril de 1945, juntamente com o almirante William Canaris, o coronel Ludwig Gehre, o major-general Hans Oster, e outros. A placa diz: "Em resistência contra a ditadura e o terror, eles deram a vida pela liberdade, justiça e humanidade". Após testemunhar a morte de Bonhoeffer, o médico de Flossenbürg relatou: "Nos quase cinquenta anos que trabalhei como médico, raramente vi um homem morrer tão inteiramente submisso à vontade de Deus".
Bonhoeffer pregara certa vez: "Não há quem tenha crido em Deus e no reino de Deus, não há quem tenha ouvido falar do reino do ressuscitado e não sinta, a partir daí, imensa saudade do lar, a espera jubilosa pela libertação da existência corporal [...] Se a nossa fé não a transformar, a morte é o inferno, é a noite e o frio. Mas justamente isto que é maravilhoso, o fato de podermos transformar a morte".
(*Eric Metaxas photos*)

QUEM SOU EU?

Quem sou eu?
— perguntam-me constantemente —
Que no confinamento da cela
Sereno, alegre e firmemente,
Anda feito um fidalgo no palácio?

Quem sou eu?
— perguntam-me constantemente —
Que aos carcereiros costuma,
Livre, amistosa e francamente,
Falar como quem comanda?

Quem sou eu?
— perguntam-me constantemente —
Cujos dias de infortúnio
Impassível, risonho e orgulhosamente,
Suporta, como se acostumado a vencer?

O que dizem de mim eu realmente sou?
Ou sou somente o que eu mesmo sei de mim?
Intranquilo e ansioso e doente, um passarinho enjaulado
A lutar por fôlego, com mãos comprimindo a garganta,
A anelar por cores, flores, o cantar das aves,
A ter sede por palavras de benignidade, de proximidade humana,
A se agitar à espera de acontecimentos grandiosos,
A tremer, em desalento, pelos amigos infindamente distantes.
Cansado e vazio no orar, no pensar, no agir,
Desmaio — disposto a me despedir de tudo?

Quem sou eu? Este ou aquele?
Serei hoje um, outro amanhã?
Ambos serei? Simultaneamente?
Um hipócrita perante os outros,
E diante de mim mesmo, um débil desolado?
Ou há algo em mim que se assemelha ao exército derrotado
A fugir na desordem da vitória já alcançada?

Quem sou eu?
Zombam de mim, tais solitárias indagações.
Seja quem eu seja, Tu sabes,
Ó, Deus:
Eu sou teu!

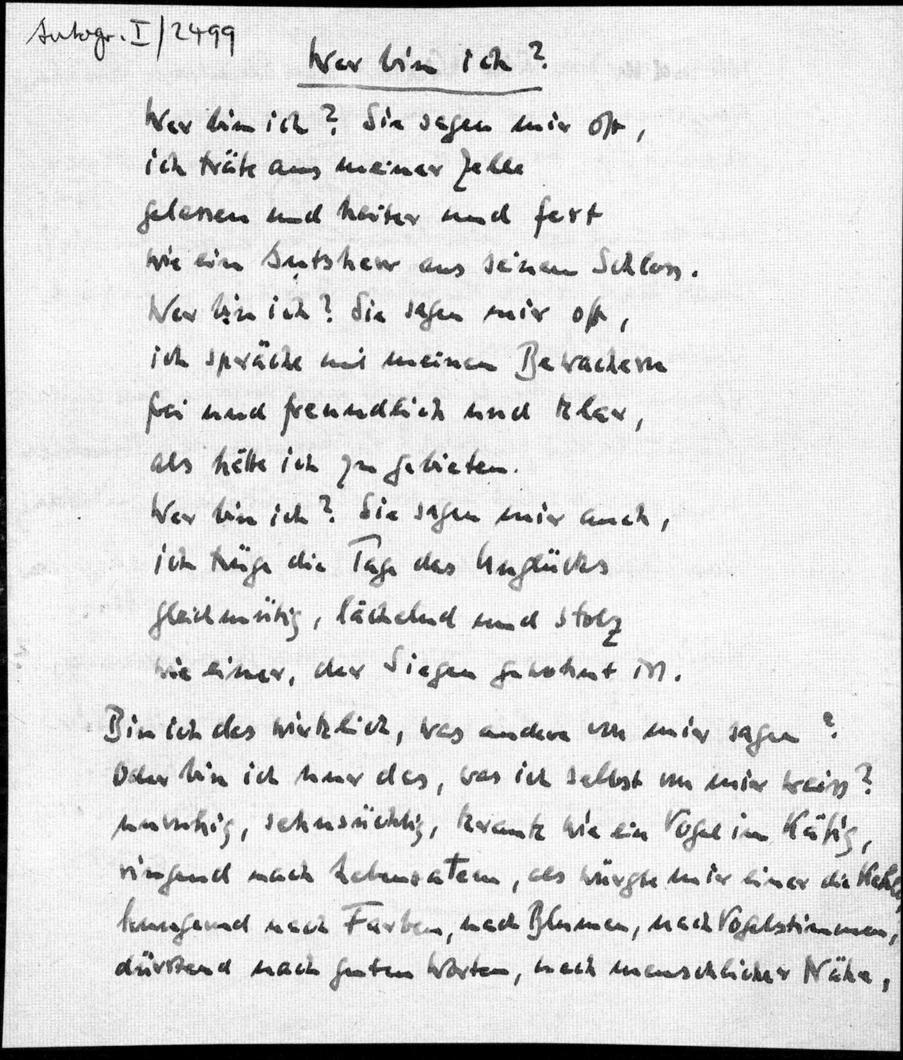

Autogr. I/2499

Wer bin ich?

Wer bin ich? Sie sagen mir oft,
ich träte aus meiner Zelle
gelassen und heiter und fest
wie ein Gutsherr aus seinem Schloss.
Wer bin ich? Sie sagen mir oft,
ich spräche mit meinen Bewachern
frei und freundlich und klar,
als hätte ich zu gebieten.
Wer bin ich? Sie sagen mir auch,
ich trüge die Tage des Unglücks
gleichmütig, lächelnd und stolz
wie einer, der Siegen gewohnt ist.

Bin ich das wirklich, was andere von mir sagen?
Oder bin ich nur das, was ich selbst von mir weiss?
unruhig, sehnsüchtig, krank wie ein Vogel im Käfig,
ringend nach Lebensatem, als würgte mir einer die Kehle,
hungernd nach Farben, nach Blumen, nach Vogelstimmen,
dürstend nach guten Worten, nach menschlicher Nähe,

O manuscrito do poema de Bonhoeffer "Wer Bin Ich?" ("Quem Sou Eu?"), escrito

Dr. Carl Goerdeler, prefeito de Leipzig, enfrenta o "Tribunal Popular" do famigerado Ronald Freisler, que o condenou à morte por sua participação na trama de assassinato de 20 de julho. Freisler também sentenciou à morte o irmão de Dietrich, Klaus, e seu cunhado Rüdiger Schleicher.
(Getty Images)

Prisão militar de Tegel, em Berlim, onde Bonhoeffer permaneceu por dezoito meses antes de sua transferência para a prisão subterrânea da Gestapo em Prinz-Albrecht-Strasse. O "x" assinala a cela onde o colocaram ao ser detido. Depois

Operação 7

Quando Bonhoeffer retornou da Suíça no final de setembro, descobriu a existência de mais horrores. Mas, dessa vez, perpetrados *dentro* da Alemanha. Um novo decreto obrigava todos os judeus no país a usar uma estrela amarela em público. A situação se encaminhara para uma nova esfera, e Bonhoeffer sabia que aquilo era somente o prenúncio do que estava por vir. Na casa de Dohnanyi, Bonhoeffer disse que, caso necessário, ele estaria disposto a matar Hitler. Não chegaria a esse ponto, mas era preciso esclarecer que não estava cooperando com um ato que ele se indispunha a fazer. Antes, porém, ele teria de renunciar à Igreja Confessante. Bonhoeffer sabia que a maioria dos membros não partilharia sua posição sobre o assunto, mas, ainda mais importante, ele não queria implicá-los em algo com que ele estava se comprometendo sozinho. Seu papel na conspiração estava somente entre ele e Deus. E ele sabia que ser escolhido por Deus, como os judeus foram escolhidos, e como os profetas foram escolhidos, era algo incompreensível. A honra mais grandiosa, porém terrível, aquela que ninguém jamais buscaria.

Por volta dessa época, Bonhoeffer envolveu-se num plano complexo para salvar da morte sete judeus. Seria a sua primeira missão real pela Abwehr: *Unternehmen* 7 (Operação 7), codinome *U*7, devido ao número de judeus envolvidos inicialmente; no fim, a quantidade duplicaria. O almirante Canaris queria ajudar dois amigos judeus e seus dependentes, e Dohnanyi, dois amigos advogados. Eles contrabandeariam os sete judeus para a Suíça com o propósito aparente de levá-los a explicar aos suíços o modo benévolo com que os alemães vinham tratando os judeus.

Como era usual nos círculos de Himmler, esperava-se que os judeus mentissem em favor dos nazistas, e ao falar positivamente do regime para as autoridades suíças, eles seriam recompensados com a liberdade. No início, alguns dos judeus acreditaram nisso e se recusaram a participar. Dohnanyi teve de convencê-los, arriscando a si mesmo, que aquela era uma contra operação, e que seu desejo era que eles contassem a verdade às autoridades da Suíça, e assim ficariam livres. Esclareceu que ele, o coronel Oster, o almirante Canaris, o conde Moltke e outros estavam envolvidos numa conspiração contra Hitler.

Mas a operação se mostrou complexa e demorada. Primeiro, Dohnanyi precisava retirar o nome dos judeus das listas de deportação e, depois, torná-los agentes oficiais da Abwehr, como procedera com Bonhoeffer. Em seguida, tinha de convencer a Suíça a acolhê-los, a principal complicação. Os suíços eram oficialmente neutros na guerra e, por isso, se recusavam a ajudar judeus alemães. Nesse impasse, Bonhoeffer, Justus Perels e Wilhelm Rott (assistente de Bonhoeffer em Zingst) usaram seus contatos ecumênicos. Eles apelaram para os clérigos suíços no que era claramente uma situação de vida ou morte. Se esses judeus não escapassem da Alemanha em breve, eles seriam conduzidos a um destino temível. Rott solicitou o apoio do presidente da Federação das Igrejas Suíças, sabendo que o pedido era oficialmente impossível: "O que agora lhe pedimos é se, com o uso de representações urgentes e ação oficial das igrejas suíças, a porta possa ser aberta para alguns, ou ao menos um caso solitário para o qual nós especialmente pleiteamos". Ainda que Rott implorasse, os suíços permaneceram indiferentes. Bonhoeffer então escreveu a Barth, pedindo ajuda.

Os suíços tinham seu preço. Dohnanyi teve de assegurar uma enorme quantidade de moeda estrangeira para enviar à Suíça, pois aqueles homens e mulheres não teriam permissão para trabalhar no país. O último detalhe, a moeda estrangeira, seria descoberto e, como uma corda pendurada, acabaria puxada pelos arquiinimigos da Abwehr, Himmler e Heydrich,[18] até que as coisas começassem a desandar, o que levaria à prisão de Bonhoeffer. No entanto, foram os atos cometidos contra os judeus por parte dos nazistas que empurraram Bonhoeffer e tantos outros no caminho da conspiração. Quando as suas sentenças de morte foram finalmente proferidas em 1945, e eles puderam se pronunciar sem medo de comprometer os companheiros, Klaus, o irmão de Bonhoeffer, e seu cunhado Rüdiger Schleicher chocaram seus captores ao afirmar de modo audacioso que eles haviam entrado na conspiração principalmente pela causa dos judeus.[19]

Hitler tropeça

No mês de outubro de 1941, Dohnanyi e Oster reuniram-se com Fabian von Schlabrendorff e o major-general Henning von Tresckow, crentes de que amadurecia novamente o momento de derrubar Hitler. Os generais na linha de

[18] Gisevius nos conta que esses dois malfeitores eram frequentemente chamados de Gêmeos Negros.

[19] Eberhard BETHGE, *Friendship and Resistance: Essays on Dietrich Bonhoeffer*, p. 54.

frente russa irritavam-se cada vez mais com a interferência do ditador. Prensados entre a guerra e o sadismo contínuo da SS, muitos estavam finalmente preparados para se voltar contra ele. E, como Bonhoeffer profetizou, Hitler chegara ao fim de sua sequência até então ininterrupta de sucessos.

Em novembro, as tropas alemãs sob o comando do marechal de campo Von Rundstedt bramiam na direção de Stalingrado quando, no dia 26, em Rostov, sofreram uma derrota grave e começaram a recuar. As forças de Hitler foram decisivamente destroçadas pela primeira vez. Algo que a arrogância do Führer não podia aceitar. Afrontado pessoalmente, Hitler exigiu, a mais de mil quilômetros de distância, em Wolfsschanze, seu esconderijo nas florestas da Prússia Oriental, que Rundstedt mantivesse a linha a todo custo. As tropas deveriam pagar qualquer preço e suportar qualquer encargo. Rundstedt retrucou: aquilo era "insanidade". "Repito que", prosseguiu, "esta ordem seja revogada ou que encontre outra pessoa para realizá-la".[20] Hitler dispensou Rundstedt de seu comando.

A maré estava mudando para Adolf Hitler. O restante de seus exércitos orientais se digladiava com as garras brancas do famoso inverno russo, cuja fúria aumentava a cada dia. Centenas de soldados morriam em consequência das úlceras causadas pelo frio. O combustível estava congelando. Era preciso incendiar o interior dos tanques para colocá-los em movimento. Por causa do frio, as metralhadoras cessaram os disparos. Miras telescópicas eram inúteis.

Ainda assim, apesar das súplicas de outros generais, o impiedoso Hitler conduziu seus exércitos à frente, e em 2 de dezembro um único batalhão alemão teve ímpeto suficiente para vislumbrar os lendários pináculos dourados do Kremlin, a mais de vinte quilômetros de distância. Foi o mais próximo que os alemães conseguiriam alcançar. Em 4 de dezembro, a temperatura caiu a -31°C. No dia seguinte, -36°C. Os generais Bock e Guderian sabiam que haviam chegado ao fim de suas capacidades e recursos. Eles tinham de recuar. Brauchitsch, o comandante em chefe do Exército, decidiu renunciar a seu posto. No dia 6, os russos atacaram as linhas alemãs com tamanha força destruidora que os outrora invencíveis exércitos de Adolf Hitler bateram em retirada. Perseguidos por todo o caminho de volta numa paisagem infinitamente desoladora, há de se congratular o grande mérito de conseguirem sobreviver à retirada. Os exércitos de Napoleão não se saíram tão bem.

[20] William L. SHIRER, *The Rise and Fall of the Third Reich: A History of Nazi* Germany, p. 861-864.

A situação reversa perfurou Hitler como um punhal, mas a notícia do furtivo ataque japonês a Pearl Harbor no dia 7 de dezembro reavivou seu ânimo. Ele se alegrou em especial com a desonestidade do ataque, dizendo que correspondia a seu "próprio sistema" e, a seu modo eternamente radiante, interpretou o assassinato em massa dos americanos como um sinal de encorajamento da Providência, logo no momento em que ele mais precisava de um. A declaração de guerra dos EUA contra o Japão e a Alemanha marcou o início do fim para Hitler, que estaria lutando uma guerra em duas frentes até o dia de seu suicídio. Mas Hitler não podia ver o futuro sombrio. No momento, sua mente ainda se encontrava na Rússia, onde estava empenhado em cavar através do gelo um novo trajeto rumo ao domínio mundial.

Primeiramente, ele iria cassar os generais a quem culpava pelo vergonhoso desastre. Há muito que deveria tê-lo feito. Bock foi substituído. Guderian foi demitido. Hoepner foi destituído de seu posto e proibido de usar o uniforme. Sponeck foi aprisionado e sentenciado à morte. O general Keitel, como recompensa por anos de fiel bajulação, obteve uma reprimenda empolada, na qual o Führer declarou o molenga altamente condecorado como um *dummkopf* [estúpido]. Brauchitsch respondeu ao fiasco com uma insuficiência coronariana e apresentou sua renúncia.

Para os conspiradores, a demissão de Brauchitsch, que apresentara recentemente seu assentimento aos planos deles, foi catastrófica. Com a desistência da peça central de seus projetos, os líderes da conspiração deviam voltar suas atenções para a cooptação de um futuro substituto. Mas o substituto de Brauchitsch não se sentiria inclinado a participar. O motivo: Hitler, sempre propenso a cortar o intermediário, designou a si mesmo como substituto de Brauchitsch. No papel de comandante em chefe do Exército, ele supervisionaria todas as futuras operações militares. Antes do fim da guerra, Hitler estaria fazendo tudo por conta própria. Se existissem quadras de tênis em Wolfsschanze, certamente o Führer também teria supervisionado o agendamento dos usuários.

O reagrupamento dos conspiradores

Sem Brauchitsch, a conspiração tinha de encontrar alternativa. Existiam outras razões para se abater, como as tentativas frustradas de negociar a paz com os britânicos e seus aliados. Mas não havia tempo a perder com lamentações. Aumentava a deportação de judeus para o leste. Não fosse pela fuga quatro anos antes, Sabine, Gert e as meninas poderiam muito bem estar num vagão de carga a caminho da morte certa. Bonhoeffer pensou em Franz Hildebrandt. Pensou nos amigos judeus na Universidade de Berlim e de seus amigos de infância de Grunewald. O extermínio do "judaísmo mundial" sob a égide orwelliana da Solução Final começara. Numa conferência em Wannsee no início de 1942, o destino de todos os judeus ao alcance do Terceiro Reich fora selado. A importância de matar Hitler e sabotar o progresso de sua concepção infernal de mundo era mais urgente do que nunca. Mas como?

O plano dos conspiradores era praticamente o mesmo de antes: Hitler seria assassinado; o general Beck, que renunciara em protesto quatro anos antes, lideraria o golpe e provavelmente assumiria a direção do novo governo. Segundo Gisevius, Beck "se situava acima de todos os envolvidos [...] como o único general com reputação intacta, o único que se demitira de forma voluntária".[21] Com Beck na liderança de um novo governo alemão, muitos generais sentiram coragem para avançar.

Enquanto isso, a conspiração mais ampla se movia em diversas frentes, como a missão de Abwehr para Bonhoeffer na Noruega, em abril. No entanto, em fevereiro da 1942, Dohnanyi descobriu que a Gestapo estava de olho nele e em Bonhoeffer. Seu telefone fora grampeado, e a sua correspondência, interceptada. Martin Bormann e o cadavérico Heydrich eram os prováveis responsáveis por isso. Consciente do perigo, Bonhoeffer elaborou um testamento, que entregou a Bethge; ele não queria alarmar a família.

Bonhoeffer se encontrava regularmente com seu irmão Klaus, que, como advogado renomado da Lufthansa, tinha muitos contatos de alto nível. Klaus conseguiu trazer seu colega Otto John para a conspiração, e John atraiu o príncipe prussiano Louis Ferdinand. O número de envolvidos aumentou. Existiam dois grupos principais conspirando contra Hitler. O primeiro era centrado em Canaris, Oster e a Abwehr. Mas outro grupo, liderado pelo conde Helmuth von Moltke, começava a se formar. Chamava-se Círculo de Kreisau.

O Círculo de Kreisau

O nome Círculo de Kreisau deriva do local de sua primeira reunião, a propriedade Kreisau de Moltke.[22] Von Moltke foi membro da Câmara dos Lordes

[21] Hans B. GISEVIUS, *To the Bitter End: An Insider's Account of the Plot to Kill Hitler 1933-1944*, p. 435.

[22] *Kreis* significa "círculo"; a repetição *Kreisauer Kreis* é perdida na tradução.

Prussiana e herdeiro de uma ilustre família militar. Seu pai comandou as forças alemãs no início da Primeira Guerra Mundial e serviu como ajudante de campo do imperador Guilherme II. Seu tio-avô, o marechal de campo Helmuth Graf von Moltke, era o lendário gênio militar cujas célebres vitórias nas guerras Austro-Prussiana e Franco-Prussiana prepararam o caminho para a criação do Império Alemão em 1870.[23]

Como muitos no Círculo de Kreisau, Moltke era uma cristão compromissado. Canaris tracejou a participação dele na conspiração quando, no começo da campanha polonesa, Moltke passou a documentar os frequentes abusos aos direitos humanos. Em outubro de 1941, escreveu: "Certamente mais de mil pessoas são assassinadas deste modo todo dia, e outros mil alemães estão habituados ao assassinato [...]. O que hei de dizer quando me perguntarem: E o que você fez durante esse tempo?". Em outra carta, escreveu: "Desde sábado os judeus berlinenses são caçados. Em seguida, são enviados com o que podem carregar consigo [...]. Como alguém pode saber dessas coisas e caminhar livremente por aí?".

Antes de sua execução em 1945, Moltke escreveu à esposa dizendo que estava diante do tribunal "como cristão e nada mais" e disse que "o que aterroriza tanto o Terceiro Reich" era o fato de ele ter discutido com clérigos protestantes e católicos "questões de exigência prática e ética do cristianismo. Nada mais: somente por isso estamos condenados [...]. Chorei um pouco, não por estar triste ou melancólico [...] mas porque sou grato e movido por esta prova da presença de Deus". Aos filhos, escreveu que havia tentado ajudar as vítimas dos nazistas e a preparar o caminho para uma nova liderança: "Nisto fui guiado pela minha consciência [...] e, no fim, é este o dever de um homem". Crer em Deus já era um modo de se opor por completo ao nazismo, acreditava ele. No início, tentou convencer os nazistas a respeitar a Convenção de Genebra, mas Keitler a rejeitou como uma "noção de cavalheirismo de uma era superada". Tempo depois, Moltke ajudou a deportar judeus da Alemanha.

A outra figura principal do Círculo de Kreisau era o conde Peter Graf Yorck von Wartenburg, cujo primo, o conde Claus Schenk von Stauffenberg, conduziria a fracassada Operação Valquíria em 20 de julho de 1944. Mas o Círculo de Kreisau tinha convicta oposição ao assassinato. Limitava-se na

[23] Ele era também um celebrado linguista, mas famosamente taciturno, "silencioso em sete línguas diferentes", diziam.

maior parte a discutir como a Alemanha seria dirigida após a remoção de Hitler. Não existia, portanto, um contato extensivo com os conspiradores da Abwehr. Depois da primeira reunião na propriedade de Moltke, eles se reuniram na vila de Yorck no distrito berlinense de Lichterfelder. No fim, Yorck mudou de ideia a respeito do assassinato e se tornou um personagem central no complô de Stauffenberg.

CAPÍTULO 25

BONHOEFFER OBTÉM UMA VITÓRIA

Se há homens dentro da Alemanha dispostos a declarar guerra contra a tirania monstruosa dos nazistas, é correto desestimulá-los ou ignorá-los? Será que podemos nos dar ao luxo de rejeitar a ajuda deles na realização de nosso objetivo?

BISPO GEORGE BELL
AO MINISTRO BRITÂNICO DE RELAÇÕES EXTERIORES ANTHONY EDEN

VON MOLTKE E BONHOEFFER SE ENCONTRARAM pela primeira vez durante a viagem à Noruega, país recentemente entregue a Hitler pelo colaborador nazista Vidkun Quisling, cujo sobrenome logo iria se tornar sinônimo de "traidor" em diversas línguas. Por sua traição, Quisling foi feito primeiro-ministro do novo governo fantoche em 1º de fevereiro de 1942. Mas, assim que tomou posse, Quisling causou um impacto beligerante na igreja norueguesa ao proibir um de seus líderes, reitor Fjellbu, de realizar um culto na Catedral de Nidaros, um monumento nacional localizado em Trondheim. Uma tempestade de indignação foi provocada, e a igreja do país uniu-se à resistência norueguesa de uma maneira publicamente desastrosa para o governo de marionetes recém-instituído e para os nazistas em geral. Em abril, a Abwehr decidiu enviar Bonhoeffer à Noruega para auxiliar a situação, embora ele estivesse indo para lá fazer precisamente o contrário.

Quisling removeu Fjellbu do cargo em 20 de fevereiro. Mas, ao contrário do que acontecera na Alemanha, os líderes eclesiásticos noruegueses eram unidos e firmes: todo bispo norueguês cortou de imediato suas conexões com o governo. Em março, outro exagero de Quisling: a criação de uma versão norueguesa da Juventude Hitlerista. Mais de mil professores protestaram.

Em abril, a igreja se opôs a Quisling mais uma vez. Na Quinta-Feira Santa, o heroico líder da resistência dos pastores, bispo Berggrav, foi posto sob prisão domiciliar. Assim, na Páscoa, dia 5 de abril, cada pastor na Noruega fez o que os bispos fizeram seis semanas antes e o que Bonhoeffer implorara aos pastores germânicos em julho de 1933: entraram em greve. Bonhoeffer estivera em Kieckow e Klein-Krössin durante o mês de março, trabalhando em sua *Ética*. Mas, quando Berggrav foi preso, Dohnanyi o convocou a Berlim e lhe informou sobre sua nova missão.

A bravura da igreja norueguesa durante esse episódio animou Bonhoeffer. Ele estava ansioso para viajar até lá e incentivá-los, oferecendo o benefício de sua experiência. No dia 10 de abril, tomou um trem de Stettin a Sassnitz, no litoral norte. Ele e Dohnanyi iriam se encontrar com Von Moltke e depois seguir para Trelleborg, na Suécia.

Von Moltke estava entre aqueles que não acreditavam que o assassinato de Hitler fosse moralmente permissível. A seu ver, um atentado contra o ditador faria dele um mártir e projetaria um governo ainda pior sob o comando de seus vis tenentes. Seu principal interesse era desenvolver planos para um governo social-democrata quando o regime nazista entrasse em colapso. Quatro semanas depois, um grupo iniciaria as discussões a esse respeito na propriedade de Moltke em Kreisau. Seria a primeira reunião do Círculo de Kreisau. Bonhoeffer não pôde participar porque iria à Suíça na época, mas ele e Moltke teriam tempo de sobra para discutir seus pontos de vista: após perderem a última balsa do dia, decidiram jantar juntos e assistir a um filme.

Na manhã seguinte, sem notícias da balsa, eles fizeram uma longa caminhada para esclarecer o esquema para a Noruega. Von Moltke e Bonhoeffer caminharam por mais de seis quilômetros a norte ao longo da costa até as falésias calcárias de Stubbenkammer e mais seis quilômetros de volta, sem ver uma única alma viva, salvo um lenhador solitário. Após a caminhada de três horas e meia, a dupla voltou ao hotel para descobrir que ainda não havia novidades sobre a balsa. Decidiram então almoçar. Von Moltke tinha um ano a menos que Bonhoeffer, mas era casado há uma década. Numa carta para Freya, sua esposa, escreveu: "Estávamos sentados à mesa, e de repente a balsa apareceu na janela, em meio ao nevoeiro. Maravilhoso, de verdade. Corremos para o porto, onde nos disseram que o barco partiria dali a duas horas, então deveríamos nos apressar".[1]

Eles pegaram a balsa, mas ela ficou presa no gelo por duas horas, o que ocasionou a perda do último trem de Malmö a Oslo. Os dois pernoitaram em Malmö e prosseguiram para Oslo na manhã seguinte. A experiência de Bonhoeffer na luta da igreja alemã lhe concedia autoridade especial entre os líderes eclesiásticos noruegueses. Seu posicionamento era o mesmo dos anos anteriores na Alemanha, mas dessa vez o seu conselho foi atendido. Bonhoeffer disse a eles que aquela era a oportunidade de mostrar ao mundo — e a todos na Noruega — quão brutais eram os nazistas. Eles não deviam recuar. De acordo com o que Berggrav disse anos mais tarde, Bonhoeffer "insistiu na resistência implacável — mesmo no que dizia respeito ao martírio".[2] Bonhoeffer e Moltke não foram capazes de encontrá-lo em sua cela de prisão, mas receberam uma mensagem dele, e a missão de persuadir o governo norueguês a libertá-lo foi bem-sucedida. No dia em que partiram de Estocolmo, Berrgrav foi liberado.

Bonhoeffer e Moltke retornaram a Berlim e relataram a missão a Dohnanyi. Eles desfrutaram a companhia um do outro, mas poucas semanas depois, quando o Círculo de Kreisau se reunisse pela primeira vez, Bonhoeffer estaria em sua terceira jornada à Suíça pela Abwehr.

A terceira viagem a Genebra

Ao chegar a Genebra, Bonhoeffer ficou desapontado por Visser't Hooft não estar lá, sobretudo porque desejava conversar sobre a viagem recente à Noruega. Ele soube que Hooft estava viajando pela Espanha e Inglaterra, onde apresentou a um grupo chamado Objetivos da Paz o memorando elaborado por Bonhoeffer em setembro, ainda que àquela altura o texto tenha se tornado um pouco datado devido à mudança das circunstâncias. O principal motivo para a sua estada na Inglaterra era o encontro com *sir* Stafford Cripps, dono de uma posição de destaque no gabinete de guerra de Churchill. Hooft entregou a Cripps um memorando escrito por Adam von Trott zu Solz, que trabalhava

[1] *Conspiracy and Imprisonment: 1940-1945*, vol. 16, *Dietrich Bonhoeffer Works*, p. 267; Helmut von Moltke a sua esposa, 15 de abril de 1942.

[2] Eberhard BETHGE, *Dietrich Bonhoeffer: A Biography*, p. 754.

no Ministério das Relações Exteriores e se revelaria uma figura fundamental no Círculo de Kreisau.[3] O memorando deveria ser encaminhado por Cripps às mãos de Churchill. Bonhoeffer pouco sabia sobre o documento de Trott ou sobre a ligação de Cripps com Visser't Hooft, já que a trama dizia respeito ao Círculo de Kreisau, e não aos esforços conspiratórios da Abwehr. A falta de comunicação entre os dois grupos não era intencional, mas típica do mundo secreto das inteligências militares e conspirações em tempos de guerra.

Em Genebra, Bonhoeffer visitou Erwin Sutz novamente. Passou também um tempo com Adolf Freudenberg, o segundo pastor na St. George, em Londres, onde ajudava Rieger e Hildebrandt com os refugiados alemães. Certa noite, na casa dos Freudenberg, Bonhoeffer conheceu a sra. Visser't Hooft e outros no movimento ecumênico. Mas houve tempo para coisas menos importantes. Ele passou uma tarde de compras agradabilíssima com a sra. Freudenberg. Adolf Freudenberg relembra que sua ideia de visitar determinado restaurante de condições pouco precárias não contou com a aprovação de Bonhoeffer:

> Nós conhecíamos uma taverna pitoresca mas bastante emporcalhada situada acima das águas murmurantes do rio Arve, local de grande sucesso entre todos os nossos convidados. Mas não com Dietrich: a garçonete, o modo como ela serviu a refeição, os animais inoportunos, um gato, um cão, um pato velho, um turco seminu mendigando comida e atazanando os clientes — tudo isso ofendeu seu senso de beleza e dignidade, e logo fomos embora.[4]

A viagem para a Suécia

Durante sua visita sem maiores objetivos por Genebra, Bonhoeffer soube de algo que o levaria no dia 23 de maio a seu maior êxito no novo campo da política externa: o bispo Bell estaria na Suécia por três semanas. Em época de guerra, uma informação dessa dificilmente chegaria aos ouvidos alemães. Coordenar os planos com alguém feito Bell era impossível. O fato de o bispo inglês estar na neutra Suécia, onde Bonhoeffer poderia revê-lo, era bom

[3] Trott era descendente de John Jay, o primeiro chefe de Justiça da Suprema Corte dos EUA.

[4] Wolf-Dieter ZIMMERMANN e Ronald G. SMITH, eds., *I Knew Dietrich Bonhoeffer*, p. 169-170.

demais para ser desperdiçado, pois apresentava a possibilidade de se iniciar um diálogo sobre a conspiração com o governo britânico. Já que Bell possuía conexões diretas com o governo de Churchill, Bonhoeffer tinha de fazer tudo que lhe fosse possível para alcançá-lo antes que ele deixasse a Suécia.

Era preciso partir de Genebra imediatamente. A Abwehr teria de realizar a intermediação, o que sempre podia ser complicado, para não dizer perigoso. Bonhoeffer apressou-se de volta para Berlim a fim de falar com Dohnanyi e Oster. Canaris lhe conseguiu um passaporte especial com o Ministério das Relações Exteriores, e no dia 30 de maio ele entrou num avião rumo a Estocolmo.

No emaranhado sigiloso das missões secretas da inteligência militar, um agente nem sempre sabia o que o outro estava fazendo. E ninguém tinha certeza de quem era confiável ou não. Um adversário momentâneo de Bonhoeffer chamado Hans Schönfeld estava na Suécia e se encontrara com o bispo Bell no dia 24. Schönfeld e Bonhoeffer tiveram uma série de conflitos ao longo dos anos. Schönfeld não era ligado à Igreja Confessante e, na esfera ecumênica, estivera em conluio com o pérfido bispo Heckel. Ele esteve em Fanø quando Bonhoeffer apresentou seu discurso de paz e, na espera de ouvir algo pró-alemão, ficou bastante irritado. Para ele, Bonhoeffer deveria ter aproveitado a oportunidade para defender a teologia racista do *Volk*, adotada por muitos alemães. Por saber que agir desse modo seria propagar o antissemitismo em vestes clericais, Bonhoeffer não se referiu a nada do tipo. No entanto, Bonhoeffer e Schönfeld se viram no mesmo lado da conspiração contra Hitler.

Quando Bell e Schönfeld se encontraram, o bispo inglês teve cautela, pois sabia da ligação do alemão com o governo da Igreja do Reich. A atitude usual de Schönfeld tinha um pouco daquilo que Churchill cinicamente associava aos alemães "sondadores da paz". Eles queriam que os britânicos facilitassem para a Alemanha quando a guerra acabasse, mas não queriam devolver os territórios que haviam conquistado utilizando-se de métodos bárbaros. Existia pouca humildade ou vergonha por aquilo que seu governo estava cometendo. Por essa razão, Churchill não seria simpático aos alemães, mesmo àqueles que alegassem representar uma conspiração contra Hitler. Schönfeld não era exatamente um deles, mas, como Bell não o conhecia, foi cordial, embora um tanto frio e evasivo.

Mas agora Bonhoeffer estava à sua procura. No Domingo de Pentecoste, 31 de maio, ele chegou a Estocolmo, onde lhe informaram que Bell estava em Sigtuna, no Instituto Ecumênico Nórdico. Bonhoeffer correu até lá, surpreendendo o velho amigo. Eles não se viam desde a primavera de 1939, pouco antes de Bonhoeffer partir para Nova York. A impressão era de que diversas vidas se passaram para ambos, e ainda assim ali estavam eles, como se tivessem se visto um dia antes.

Bell trouxe a Bonhoeffer boas notícias sobre Sabine e Gert. A família de Bonhoeffer ansiara por informações sobre os Leibholz e vice-versa; há três anos não existia comunicação entre eles. Bell lhe disse que, pelo que soubera, ele havia se tornado um soldado rumo à guerra na Noruega! Um amigo em comum soube que Bonhoeffer estivera na Suécia e deduziu que ele se dirigia para o combate na Noruega. Afinal, o que mais um alemão poderia estar fazendo na Suécia? Depois que os dois velhos amigos se informaram sobre as novidades pessoais, mudaram o assunto para o tema da conspiração.[5]

Bonhoeffer descobriu que Schönfeld também estava em Sigtuna. Apesar da confusão inicial, a notícia revelou-se fortuita. Afinal, de um ponto de vista ligeiramente diferente, Bonhoeffer pôde corroborar a maior parte do que Schönfeld dissera. E pôde também adicionar algumas coisas, como apresentar a Bell o nome dos conspiradores que Schönfeld não conhecia. Graças a Oster e Schlabrendorff, Bonhoeffer sabia que os dois generais que iniciariam o golpe eram os marechais de campo Von Boch e Von Kluge. Tais detalhes tornaram evidente para Bell — e tornaria evidente para seus contatos em Londres — a existência real e compromissada de conspiradores na Alemanha. Mas desconhece-se o motivo pelo qual Schönfeld e Bonhoeffer se encontraram simultaneamente com Bell em nome da conspiração.

Apesar de suas diferenças, Bonhoeffer percebeu que Schönfeld mudara em alguns aspectos e era fundamentalmente de confiança.[6] De fato, por estar ali, falando secretamente ao representante de uma nação inimiga sobre um complô para assassinar Hitler, Schönfeld estava arriscando a vida. Ao que parece, sua ligação com a conspiração devia-se ao Círculo de Kreisau, já que ele falou de um futuro governo pós-nazista em moldes socialistas. Bonhoeffer sugeria possibilidades mais conservadoras, inclusive um retorno à monarquia Hohenzollern com o príncipe prussiano, Louis Ferdinand, a quem estava ligado através de seu irmão Klaus.[7]

[5] *Conspiracy and Imprisonment*, p. 327.

[6] Idem, p. 322.

[7] Ferdinand fizera amizade com Henry Ford e trabalhou por um tempo numa fabrica da Ford em Detroit. Também tinha relações amigáveis com o presidente Franklin Delano Roosevelt.

No geral, Bonhoeffer e Schönfeld divergiam. O segundo apresentava uma postura de vigor alemão e buscava a paz em termos favoráveis. Insinuou, por exemplo, que os britânicos não conseguiriam vencer a guerra; o melhor a se fazer era estabelecer um acordo com os conspiradores. Bonhoeffer, por outro lado, veio com uma posição de fraqueza deliberada, na esperança de apelar a um senso de justiça e misericórdia dos britânicos. Expressou profunda humildade e vergonha sobre os pecados da Alemanha; ele e cada alemão deviam estar dispostos a sofrer por esses pecados. Era preciso demonstrar ao mundo que eles estavam seriamente arrependidos. O mundo precisava conhecer a sinceridade de seu pesar e o espírito de solidariedade daqueles que sofreram e ainda sofriam. Ele não tinha desejo algum de minimizar os males cometidos em nome da Alemanha: "Os cristãos não pretendem escapar do arrependimento, ou do caos, se é da vontade de Deus trazê-los sobre nós. Devemos assumir este julgamento como cristãos". Cristãos devem ser como Jesus em sua disposição pelo sofrimento dos outros, e a Alemanha tem de fazê-lo agora diante do mundo. Os pormenores cabem a Deus, que é confiável para isso. Os cristãos são obrigados, como Cristo, a pagar o preço pelo pecado de outros. Ele sabia que a Alemanha nunca iria recuperar-se, a menos que os alemães adotassem uma atitude de arrependimento. Era seu papel, e da igreja, num panorama mais amplo, exortá-los quanto a isso.[8]

Bell não mediu palavras para explicar aos dois alemães que eles não deveriam depositar suas esperanças na resposta de Churchill a respeito de suas propostas.[9] As probabilidades haviam se tornado cada vez mais remotas. No entanto, eles discutiram as menores especificidades dos complôs, como códigos e localizações, caso os britânicos tivessem interesse em se comunicar. A ideia inicial era usar a Suécia como base de operação, mas o bispo Björquist, que era o responsável pelo Instituto Ecumênico Nórdico, acreditou que não seria possível por causa da neutralidade do país. A Suíça teria de ser o ponto de encontro para os representantes britânicos e da conspiração alemã. Bethge declarou que a atitude de Björquist pode ter se originado de um mal-estar com Bonhoeffer, em consequência de sua viagem de dez dias à Suécia em 1936

[8] *Conspiracy and Imprisonment*, p. 300; bispo Bell, anotações do encontro com Bonhoeffer em Sigtuna, data de entrada.

[9] BETHGE, *Dietrich Bonhoeffer: A Biography*, p. 761.

com os ordenandos finkenwaldianos. Björquist era íntimo da Igreja do Reich e do bispo Heckel, e ele próprio era um defensor da teologia *Volkskirche*. Como muitos luteranos ortodoxos de então, Björquist considerava Bonhoeffer um bispo episcopal que, hoje em dia, seria visto como um evangélico, e partilhar da mesma opinião de alguém assim lhe parecia um pouco assustador.

Em território neutro, Bonhoeffer escreveu a Sabine e Gert. A carta foi escrita em inglês, possivelmente para evitar maiores suspeitas caso caísse em mãos erradas:

> 1º de junho, 1942
> Meus queridos,
> Que alegria indescritível ter ouvido falar de vocês por George! Ainda me parece um milagre [...]. Vocês já ouviram falar, é claro, como nós ouvimos aqui na Suécia, que todas as pessoas de ascendência não ariana que estão fora da Alemanha foram, em geral, expatriadas. Pelo que posso dizer em relação ao futuro de sua terra natal, esta é uma boa notícia para vocês e que irá somente facilitar o seu retorno no dia pelo qual todos nós estamos aguardando. Portanto, não se preocupem com isso.
>
> Meu coração está repleto de gratidão pelos últimos dias. George é uma das maiores personalidades que conheci na minha vida. Por favor, deem meu amor às meninas [...]. Charles e sua esposa irão para o campo, no norte, ficar com amigos meus durante várias semanas. Isso lhes fará bem.
>
> Com muito amor,
>
> Dietrich[10]

"Charles e sua esposa" era um dos nomes codificados que a família usou durante a guerra. Refere-se aos pais: Charles é o cognato inglês para Karl. Eles estavam indo à Pomerânia como convidados de Ruth von Kleist-Retzow em sua propriedade em Klein-Krössin. Bonhoeffer nem sequer sonhava que em uma semana ele também estaria lá, e, por esse motivo, sua vida mudaria para sempre.

No mesmo dia, escreveu ao bispo Bell, também em inglês:

[10] *Conspiracy and Imprisonment*, p. 312-313.

> 1º de junho, 1942
> Meu lorde bispo,
> Permita-me expressar a minha profunda e sincera gratidão pelas horas que tem gasto comigo. Ainda parece-me um sonho tê-lo visto, ter conversado com você, ter ouvido sua voz. Creio que esses dias permanecerão em minha memória como alguns dos maiores de minha vida. Esse espírito de comunhão e fraternidade cristã irá me carregar nas horas mais sombrias, e, mesmo se as coisas derem pior do que esperamos, a luz desses poucos dias jamais se extinguirá em meu coração. As impressões desses dias foram tão avassaladoras que eu não posso expressá-las em palavras. Envergonho-me ao pensar em toda a sua bondade e, no momento, sinto-me cheio de esperança pelo futuro.
>
> Deus esteja com você em seu caminho para casa, no seu trabalho e sempre. Pensarei em você na quarta-feira. Por favor, ore por nós. Nós precisamos.
>
> Com a maior gratidão,
>
> Dietrich[11]

O bispo Bell conhecia bem o nível do cinismo de Churchill quanto a propostas alemãs, mas o encontro com Bonhoeffer reforçara sua determinação. O fato de Visser't Hooft ter estado em Londres para apresentar o memorando de Trott também o encorajou. No dia 18 de junho, Bell enviou uma carta concernente aos encontros de Sigtuna para o ministro das Relações Exteriores Anthony Eden e solicitou uma reunião:

> Caro sr. Eden.
> Eu acabei de voltar da Suécia com o que me parece ser uma informação confidencial importante sobre as propostas de um grande movimento de oposição na Alemanha. Dois pastores germânicos, ambos bem conhecidos por mim há doze anos ou mais (um deles é um amigo íntimo), vieram expressamente de Berlim para me ver em Estocolmo. O movimento é apoiado pelos líderes católicos e protestantes. Eles me concederam indicações muito completas, e os nomes de pessoas de liderança na administração civil, no movimento operário e no Exército, todas envolvidas. As credenciais desses pastores é tamanha que eu estou convencido da integridade deles e dos riscos que tiveram de correr.[12]

[11] Idem, p. 311-312.
[12] Idem, p. 318.

Bell se reuniu com Eden no dia 30 de junho e lhe entregou um extenso memorando com os detalhes de suas discussões com Schönfeld e Bonhoeffer. Duas semanas depois, sem obter resposta alguma, ele esbarrou no *sir* Stafford Cripps. Cripps lhe contou notícias animadoras sobre um encontro particular com Visser't Hooft e sobre a recepção geral do memorando de Adam von Trott. Disse ainda que ele, Cripps, iria ter uma boa conversa com Eden. Mas, quatro dias depois, a resposta do ministro foi bastante negativa: "Sem desprezar a boa-fé de seus informantes, estou convencido de que não seria do interesse nacional que qualquer resposta seja dada a eles. Compreendo que esta decisão possa lhe causar algum desapontamento, mas, em vista da delicadeza das questões envolvidas, sinto que devo lhe pedir para aceitá-la".[13]

Não há dúvida de que a amarga recusa britânica a ajudar os alemães na luta contra Hitler tinha muito a ver com o desejo de Churchill de acalmar Stalin, com quem o governo inglês assinara em maio um tratado de aliança. Bethge disse que "Londres evitava cuidadosamente qualquer coisa que pudesse se assemelhar à falta de lealdade com a aliança".[14] Ironicamente, o futuro criador do termo Cortina de Ferro estava sendo sensível a seu futuro arquiteto.

Mas Bell não desistiu. Ele escreveu a Eden no dia 25 de julho, ainda o pressionando:

> Encontrei diversas evidências em vários lados na Suécia, além de minhas informações obtidas pelos dois pastores, da existência de uma nítida distinção entre os nazistas e um corpo muito grande de outros alemães. A percepção mais enfática desta distinção (com suas consequências) por parte de nosso governo é ansiosamente aguardada pela oposição [...].
>
> O sr. Churchill disse, em seu primeiro discurso como primeiro-ministro na Câmara dos Comuns, em 13 de maio de 1940, que a nossa política era "guerrear contra uma tirania monstruosa sem precedente no sombrio e lamentável catálogo dos crimes humanos", e que nosso objetivo era a "vitória a todo custo". Se há homens dentro da Alemanha dispostos a declarar guerra contra a tirania monstruosa dos nazistas, é correto desestimulá-los ou ignorá-los? Será que podemos nos dar ao luxo de rejeitar a ajuda deles na realização de

[13] BETHGE, *Dietrich Bonhoeffer: A Biography*, p. 764.

[14] Idem.

> nosso objetivo? Com nosso silêncio, permitiremos que eles acreditem que não há esperança para a Alemanha, quer hitlerista quer anti-hitlerista, o que é, de fato, o que já estamos fazendo.[15]

Gerhard Leibholz manteve-se em contato estreito com Bell e sabia o que eles vinham enfrentando. Numa carta a Sutz sobre os esforços de Bell, escreveu que "infelizmente, muitos dos amigos dele e nossos não possuem sua amplitude de julgamento e terão dificuldade em libertar-se de preconceitos errôneos".[16] Como judeu, Leibholz tinha plena consciência do antissemitismo na Inglaterra, o que explicava certa indiferença à condição do judaísmo europeu; como alemão, ele tinha plena consciência das atitudes antialemãs, de motivos não menos racistas. Segundo o jornalista Joachim Fest, "havia a convicção na Inglaterra, de forma alguma confinada aos leitores da imprensa sensacionalista, de que os alemães eram maus por natureza, ou ao menos inclinados a serem assim, devido a seu patrimônio histórico e cultural".[17]

Leibholz instou Bell a levar o memorando ao embaixador americano na Inglaterra, John Gilbert Winant. Bell assim agiu em 30 de julho, e Winant foi mais encorajador. Ele prometeu repassar as informações a Roosevelt, mas Bell nunca obteve qualquer resposta. Roosevelt rejeitara sem rodeios as propostas ligadas à conspiração alemã.

No dia 4 de agosto, Eden enviou sua obtusa resposta:

> Meu caro lorde bispo,
> Muito obrigado por sua carta do dia 25 a respeito do problema alemão.
>
> Estou muito consciente da importância do que você diz sobre não desencorajar quaisquer elementos de oposição ao regime nazista na Alemanha. Creio que se recordará que, em meu discurso em Edimburgo no dia 8 de maio, dediquei um longo trecho sobre a Alemanha e concluí dizendo que, se qualquer grupo do povo alemão realmente desejasse ver o retorno a um Estado nacional baseado no respeito pela lei e os direitos do indivíduo, eles precisariam entender que ninguém acreditará

[15] *Conspiracy and Imprisonment*, p. 347-348.
[16] BETHGE, *Dietrich Bonhoeffer: A Biography*, p. 763.
[17] Joachim FEST, *Plotting Hitler's Death: The German Resistance to Hitler, 1933-1945*, p. 78-79.

neles até que tivessem tomado medidas ativas para se livrar do atual regime.

No momento, não acredito que seria aconselhável para mim uma declaração pública. Tenho noção dos perigos e das dificuldades a que a oposição na Alemanha está exposta, mas eles têm até agora oferecido tão pouca evidência de sua existência; até que se mostrem dispostos a seguir o exemplo dos povos oprimidos da Europa, correndo riscos e tomando medidas ativas para se opor e derrubar o domínio nazista de terror, não vejo como podemos expandir de forma útil as declarações que já foram feitas por membros do governo sobre a Alemanha. Creio que essas declarações já esclareceram que não pretendemos negar à Alemanha um lugar na Europa do futuro. Mas, quanto mais o povo alemão tolerar o regime nazista, maior se torna a sua responsabilidade pelos crimes que o regime está cometendo em nome deles.

Atenciosamente,

Anthony Eden[18]

O decoro diplomático impediu Eden de expressar seus sentimentos verdadeiros, mas ele os anotou para a posteridade na margem da carta de Bell: "Não vejo razão alguma para incentivar esse padre pestilento!".

O lado positivo das coisas: Heydrich estava morto. No fim de maio, o rato albino fora emboscado por combatentes da resistência checa enquanto dirigia seu Mercedes conversível. Oito dias depois, o arquiteto da Solução Final caiu nas mãos do Deus de Abraão, Isaque e Jacó.

[18] *Conspiracy and Imprisonment*, p. 349.

CAPÍTULO 26

BONHOEFFER APAIXONADO

Por que de repente estou tão alegre esses dias? [...]. É algo incrível, ele realmente quer se casar comigo. Ainda não consigo acreditar que seja verdade.

MARIA VON WEDEMEYER

LOGO APÓS A VIAGEM À SUÉCIA, Bonhoeffer foi a Klein-Krössin para visitar a sua querida amiga Ruth von Kleist-Retzow em 8 de junho de 1942. Aconteceu de Maria, a neta de Ruth, estar por lá. Ela acabara de se formar no colégio e, antes de iniciar um ano de serviço militar, decidiu passar algum tempo visitando a família. "A primeira dessas visitas", recorda ela...

> ... seria à casa de minha avó, a quem eu sempre fora bem próxima. O sentimento era mútuo, já que, a seu ver, eu me assemelhava a ela quando jovem. Estava há uma semana ali quando o célebre pastor Bonhoeffer chegou. Fiquei um pouco irritada no começo, para ser honesta, mas logo aconteceu de nós três nos darmos muito bem juntos. O modo com que os dois conversavam não me parecia apenas compreensível, mas também encorajador, de uma forma cordial, como se me convidassem para participar. E foi o que eu fiz.
>
> Temo que tenha usado um tom meio convencido com minha avó, algo que a divertia, e que eu mantive mesmo com Dietrich por perto. Conversamos sobre os planos futuros. Vovó comentou meu plano de estudar matemática como um capricho bobo, mas Dietrich, talvez pela mesma razão, levou o assunto a sério.

> Fizemos um passeio pelo jardim. Ele disse que estivera na América, e notamos com surpresa que eu nunca conhecera alguém que tivesse estado lá.[1]

Maria partiu na manhã seguinte. Eles não passaram muito tempo juntos, mas Bonhoeffer ficou encantado. Como sempre, ele precisava de tempo para processar o que estava sentindo e pensando. Surpreendeu-lhe quão afetado ele ficara com o curto período gasto com essa jovem bela, inteligente e confiante. Maria tinha dezoito anos.

Até aquele mês de junho, Bonhoeffer pensava em Maria como a menina de doze anos nova demais para ser crismada em 1936, quando ele concordou em dar aulas para seus primos e irmãos mais velhos. Ele a vira poucas vezes desde então em Klein-Krössin e Kieckow, mas talvez não a tenha realmente visto de verdade. Ela era uma moça formosa e vivaz, com vontade de estudar matemática. Bonhoeffer tinha profunda admiração pela classe aristocrática pomeraniana, mas ficou surpreso ao encontrar tamanha ambição entre as mulheres dali. Em Grunewald, seria algo comum, mas aquilo era uma revelação.

Bonhoeffer conhecia bem a família de Maria. Além de sua duradoura amizade com a avó, ele passara bastante tempo com seu irmão Max, dois anos mais velho que ela. Maria o adorava. Na época, Max era tenente a serviço da linha de frente oriental. Bonhoeffer também conhecia seus pais, Hans e Ruth von Wedemeyer; não existia um casal mais religioso — e antinazista.

Hans von Wedemeyer fora amigo de Franz von Papen, o chanceler do Reich anterior a Hitler. Von Papen foi uma das principais figuras iludidas a acreditar que poderia de alguma forma controlar Hitler. Hans von Wedemeyer não tinha tais ilusões. Sua esposa recorda a reação dele na noite em que Hitler se tornou chanceler: "Nunca o havia visto num espírito de tamanho desespero, nem o veria novamente".[2] Von Papen se tornou vice-chanceler de Hitler, e Von Wedemeyer permaneceu em seu setor, mas, após três meses, ele já não conseguia mais fazer parte daquilo e se afastou. Um ano depois, durante a Noite dos Longos Punhais, seu sucessor foi assassinado na mesa que lhe pertencera.

[1] Ruth-Alice VON BISMARCK e Ulrich KABITZ, eds. *Love Letters from Cell 92: The Correspondence Between Dietrich Bonhoeffer and Maria von Wedemeyer, 1943-45*, p. 330.
[2] Idem, p. 291.

Em 1936, os nazistas perseguiram Wedemeyer por sua rígida postura antinazista. Uma campanha de imprensa contra ele foi instaurada, e tentaram impedi-lo legalmente de gerir as suas propriedades rurais em Pätzig. No desfecho dos processos judiciais, o juiz nazista o forçou a ouvi-lo vociferar durante 45 minutos, citando sua "atitude censurável e caráter degradante".[3] A maioria de seus amigos o aconselhou a não recorrer da sentença. Ele recorreu, contudo. Com a ajuda de seu primo Fabian von Schlabrendorff, que se revelaria um personagem central no complô contra Hitler, Wedemeyer preparou-se para o processo por um ano inteiro. No fim, acabou inocentado de todas as acusações.

Ele e sua mulher também eram líderes do movimento evangélico Berneuchen, que visava insuflar vida nas sóbrias igrejas luteranas. Eles organizavam um encontro em Pätzig todo ano.

Hans era agora o líder de um batalhão de infantaria próximo a Stalingrado. Tal como muitos de sua época, ele se dividia entre o ódio a Hitler e o amor ao país. A classe militar prussiana não fugiu do dever, mas, assim como acontecia com tantos outros, perturbava Hans o fato de que o homem a comandar os exércitos alemães fosse tão substancialmente indigno de sua posição e tão intrinsecamente oposto a tudo o que ele sabia ser correto e verdadeiro.

Naquela semana, nos arredores encantados de Klein-Krössin, Bonhoeffer trabalhou em seu livro. Não sabemos se ele e Ruth conversaram sobre o potencial de Maria como esposa. É provável que o pensamento tenha passado por sua mente, pois ela foi a mais ardente defensora da união assim que o casal decidiu discutir o casamento em público. Ruth era uma mulher franca e de temperamento forte; não se deve descartar a possibilidade de ela ter sugerido a ideia a Bonhoeffer.

Com 36 anos, Bonhoeffer sabia que Maria era provavelmente muito jovem, e ele, velho demais. Há muito ele decidira não se casar. Ao fim de seu relacionamento com Elizabeth Zinn seis anos antes, ele classificou o casamento como incompatível com a vida à qual se sentia chamado.

Duas semanas após deixar Klein-Krössin, Bonhoeffer escreveu a um dos antigos ordenandos de Finkenwalde, Gustav Seydel, que havia anunciado

[3] Idem, p. 291-292.

recentemente seu próprio noivado. A resposta de Bonhoeffer nos oferece um vislumbre de seus pensamentos a respeito do assunto:

> Gostaria de dizer quão alegre estou por você. O que sempre me encanta em notícias como esta é a visão de autoconfiança no futuro, de que existe uma razão para aguardar o dia seguinte ou o ano seguinte, a jubilosa captação da felicidade que Deus ainda tem a nos presentear. Este é — não me entenda mal — um protesto contra todo o apocalipticismo falso, inautêntico, tão difundido hoje em dia, e eu o saúdo como um sinal de fé autêntica e saudável. Como seres humanos terrenos, precisamos ter em conta um futuro terrestre. Por causa desse futuro, temos de assumir tarefas, responsabilidades, e alegrias e tristezas. Não temos de desprezar a felicidade somente porque há tanta infelicidade. Não devemos afastar com arrogância a mão carinhosa de Deus somente porque a mão de Deus também pode ser severa. Creio que é mais importante lembrar-se disso do que de muitas outras coisas, e eu recebi com gratidão o anúncio de seu casamento como um excelente testemunho disso [...]. Que Deus possa prepará-lo através dessa bondade divina para suportar novamente, se necessário, as dificuldades divinas que se apresentem.[4,5]

Sabemos que esses pensamentos não surgiram simplesmente por causa do encontro com Maria, pois Bonhoeffer escreveu algo similar a Erwin Sutz em setembro do ano anterior:

> Ao longo dos anos, escrevi muitas cartas para casamentos de meus irmãos e preguei muitos sermões matrimoniais. A principal característica de tais ocasiões reside essencialmente no fato de que, em face dos "últimos" tempos (não pretendo soar apocalíptico), alguém se atreva a dar um passo de tamanha afirmação sobre a terra e seu futuro. Sempre foi bastante claro para mim que um indivíduo só poderia dar esse passo verdadeiramente como um cristão mediante uma fé muito grande e baseado na graça. Pois, em meio à destruição final de todas as coisas, há o desejo de construir; em meio a uma existência vivida de hora em hora, de dia em dia, há o desejo de um futuro; em meio à expulsão da terra,

[4] Seydel foi morto em combate na Ucrânia em outubro de 1943.

[5] *Conspiracy and Imprisonment: 1940-1945*, vol. 16, *Dietrich Bonhoeffer Works*, p. 328.

> há o desejo de um pouco de espaço; em meio à miséria generalizada, há o desejo de alguma felicidade. E o mais impressionante é que Deus diz sim a esse estranho desejo, Deus consente com nossa vontade, ainda que usualmente se imagine o contrário.[6]

Semanas depois, Bonhoeffer falou a Eberhard Bethge sobre Maria. Como sempre, ele ansiava por descobrir o que Deus tinha a lhe dizer. Em 25 de junho, escreveu ao amigo:

> Não escrevi a Maria. Realmente ainda não é tempo para isso. Se não houver novos encontros, o agradável pensamento de uns poucos minutos altamente custosos eventualmente se dissolverá no reino das fantasias não cumpridas, um reino que, de qualquer modo, já se encontra bem preenchido. Por outro lado, não vejo como um encontro poderia ser realizado com discrição e sem causar sofrimento a ela. Mesmo a sra. Von Kleist não é capaz de manter as expectativas, ao menos inicialmente; pois, de fato, ainda não estou nada certo e decidido a esse respeito.[7]

No dia 27, Bonhoeffer voou a Veneza com Dohnanyi a negócios da Abwehr. Esteve em Roma uma semana depois e, em 10 de julho, voltou a Berlim. Sua intenção era retornar a Klein-Krössin em dez dias, mas não pôde fazê-lo até 18 de agosto. Desde então, não teve contato algum com Maria. Mas então, quando estava enfim de volta a Klein-Krössin, uma tragédia aconteceu. O pai de Maria foi morto em Stalingrado. Ele tinha 54 anos.

Hans von Wedemeyer comandava um regimento que, assim como a maioria na época, estava fatigado e empobrecido. Na noite de 21 de agosto, os russos empreenderam um bombardeio, e ele foi atingido. Em Hanover, Maria soube da morte do pai e viajou imediatamente a Pätzig. Após ouvir a notícia, Max escreveu à mãe: "Quando penso na senhora, mãe, eu não fico preocupado. É quando eu penso na querida Maria, com seu temperamento passional e extrema sensibilidade, que me pergunto como ela vai reagir".[8]

Bonhoeffer permaneceu com Ruth von Kleist-Retzow até 26 de agosto. No dia 21, escreveu a Max:

[6] Idem, p. 220-221.

[7] Idem, p. 329-330.

[8] BISMARCK e KABITZ, *Love Letters from Cell 92*, p. 298.

Caro Max,
Você perdeu seu pai. Creio que eu possa sentir o que isso significa e tenho pensado muito a seu respeito. Sei que ainda é muito jovem para ficar sem um pai. Mas você aprendeu com ele a honrar a vontade de Deus em tudo que Deus nos concede e em tudo que Deus nos toma. Você aprendeu com ele que a força de uma pessoa provém unicamente de sua união com a vontade de Deus. Você sabe que Deus amava o seu pai e que Deus o ama e que era desejo e oração de seu pai que você continuasse a amar a Deus, não importa o que Deus lhe exija. Querido Max, por mais pesado que seu coração esteja agora, permita que aquilo que seu pai plantou em você pela bondade de Deus possa agora crescer com solidez. Ore a Deus de todo o coração para ajudá-lo a preservar e revelar o que lhe tem sido dado. A seu lado estão a sua mãe, sua avó, seus irmãos, que irão ajudá-lo; mas ajude-os também. Eles precisarão muito de sua ajuda. Em tais momentos, é árdua a luta a ser travada por conta própria. Será necessário aprender a aceitar as tribulações por si só diante de Deus. É quase sempre muito difícil, mas estes são os momentos mais importantes da vida.[9]

No dia seguinte, escreveu à sra. Von Wedemeyer:

Minha cara senhora,
Em torno de sete anos atrás, seu esposo sentou-se em meu quarto em Finkenwalde para conversar sobre a instrução do crisma de Max. Nunca me esqueci daquele encontro. A lembrança me acompanhou durante todo o período de instrução. Eu sabia que Max já havia recebido e continuaria a receber da casa de seus pais o que era determinante. Igualmente claro me foi a importância para um menino de hoje da presença de um pai temente a Deus. Ao longo dos anos, quando vim a conhecer quase todos os seus filhos, fiquei frequentemente impressionado com o poder da bênção que emana de um pai que crê em Cristo. Esta é essencialmente a impressão singular que se tornou tão importante para mim em meus encontros com sua extensa família [...]. Essa bênção é, sem dúvida, algo não puramente espiritual, mas que produz frutos na vida terrena. Sob a bênção direta, a vida se torna saudável, segura, esperançosa, ativa, precisamente porque ela sobrevive da fonte da vida, da força,

[9] *Conspiracy and Imprisonment*, p. 350-351.

> da alegria, dos afazeres [...]. Se os seres humanos repassam aos entes queridos e a outros a bênção que têm recebido, então eles certamente cumpriram a coisa mais importante na vida; então eles certamente se tornaram pessoas felizes em Deus e tornam outros felizes em Deus também.[10]

Bonhoeffer retornou a Klein-Krössin em 1º de setembro para ficar dois dias, e depois outros dois dias em 22 de setembro. Não viu Maria em nenhuma das vezes. Mas a reencontrou em Berlim no dia 2 de outubro. Foi o primeiro encontro deles desde o início de junho.

Ruth von Kleist-Retzow estava em Berlim para uma operação oftalmológica no Hospital Franciscano e pediu a Maria para acompanhá-la. No leito de Ruth, Bonhoeffer e Maria se esbarraram novamente. Os pensamentos dela em relação a ele não se encaminhavam para o mesmo lugar dos pensamentos dele em relação a ela, e nem ele permitiu que seus pensamentos fossem muito longe. De qualquer modo, ele estava no hospital no papel de pastor, e Maria acabara de perder o pai.

Anos depois, Maria recordou: "As frequentes visitas de Dietrich ao hospital me surpreenderam, e fiquei impressionada com sua dedicação. Tivemos muitas longas conversas nesse período. Foi um reencontro sob circunstâncias diferentes das de junho. Ainda profundamente afetada pela morte de meu pai, eu precisava da ajuda de Dietrich".[11] Eles passaram mais tempo juntos do que teria sido possível em outras ocasiões. Como um berlinense nativo, Bonhoeffer desempenhou o papel de anfitrião. Um dia ele convidou Maria para almoçar, sugerindo um pequeno restaurante perto do hospital. Ele disse que, devido ao proprietário, aquele era o lugar mais seguro onde pudessem conversar livremente. O restaurante pertencia ao irmão de Hitler.

Em 15 de outubro, Dietrich convidou Maria a uma reunião da família Bonhoeffer na casa de sua irmã Ursula. Era uma celebração de despedida para seu sobrinho Hans-Walter Schleicher, que partiria para a guerra no dia seguinte. Poucos dias antes, Bonhoeffer escrevera a Hans-Walter. É natural que, por saber o que acontecia na guerra de Hitler, ele sentisse o ímpeto de prote-

[10] Idem, p. 351-352.

[11] Idem, p. 331.

ger o sobrinho. A carta oferece um relance de sua atitude quanto àqueles com os quais em breve se misturaria na prisão:

> Hans-Walter,
> Não há dúvida de que esteja entrando na vida de soldado de uma maneira diferente da maioria de seus contemporâneos. Você tem um alicerce de valores, e recebeu certos conceitos fundamentais da vida. Você sabe — em parte ainda inconscientemente, o que não importa aqui — quão preciosa é uma boa vida em família, bons pais, o correto e a verdade, a humanidade e a educação, e a tradição. Há anos que tem feito música e recentemente tem lido muitos livros, que não foram simplesmente jogados em cima de você sem provocar algum efeito. Enfim, você também sabe o que são a Bíblia, a Oração do Senhor e a música de igreja. Além disso, porém, você recebeu uma imagem da Alemanha que nunca lhe será inteiramente perdida, que irá acompanhá-lo na guerra, e para a qual você resistirá onde quer que esteja, não importa quem possa confrontá-lo. Talvez, como soldado, você seja mais livre que os outros. Mas está claro, e sabe disso muito bem, que por esse motivo terá de enfrentar os conflitos, não somente contra aqueles que são grosseiros por natureza, cujo poder irá chocá-lo nas semanas seguintes, mas simplesmente porque você, justamente por vir de uma família desse tipo, é diferente da maior parte das pessoas, diferente mesmo nos menores detalhes. O importante é, portanto, conceber os caminhos que o levam a ter vantagem sobre os outros (e você definitivamente tem!) não como uma dívida, mas como um dom, e que o colocam por completo à disposição de outros e verdadeiramente como eles, apesar do jeito deles diferente de ser.[12]

Maria encontrou-se com os pais e irmãos de Bonhoeffer naquela noite. É bem provável que Bethge também estivesse presente. Após voltar para a casa de sua tia, onde estava hospedada, ela escreveu em seu diário:

> Tive uma conversa muito interessante com o pastor Bonhoeffer. Ele disse que era uma tradição entre nós que os jovens se alistassem voluntariamente no serviço militar e entregassem a vida por uma causa que eles talvez não aprovassem de verdade. Mas também deveria haver pessoas dispostas a lutar por convicção própria. Se as causas da guerra

[12] Idem, p. 365.

> eram aprovadas, muito bem. Caso contrário, seria mais útil servir à pátria atuando internamente, talvez até mesmo trabalhando contra o regime. A tarefa dos jovens, portanto, seria evitar o serviço nas forças armadas pelo maior tempo possível — e se, sob determinadas circunstâncias, não fosse possível reconciliar-se com sua própria consciência, deveriam se tornar opositores conscientes.
>
> Oh, é tudo tão logicamente claro e óbvio. Mas não é algo terrível, quando penso em meu pai?[13]

As anotações seguintes de seu diário mostram que Bonhoeffer não se intimidava em compartilhar assuntos referentes a seu papel na conspiração. Naturalmente, o tio de Maria, Henning von Tresckow, era um dos principais conspiradores, e ela possuía parentescos com muitos outros, inclusive Von Schlabrendorff.

> 16 de outubro. Agora eu sei que um homem como Dietrich, que realmente acredita ter em si a missão de ajudar o país e é uma personalidade capaz de formar uma opinião objetiva, tem o direto de ser útil à Alemanha de uma maneira diferente e de evitar o serviço militar enquanto for possível. E é de muita responsabilidade a sua procura pelo rumo correto de ação. É tão fácil se tornar um resmungão, alguém que, por princípios, condena e vê um motivo oculto por trás de tudo.[14]

Dois dias depois, num domingo, Bonhoeffer esteve no hospital para visitar Ruth von Kleist-Retzow. Lá ele realizou devocionais matinais, usando Efésios 5:15-21 como texto. Maria recorda:

> 18 de outubro. "Aproveitem ao máximo cada oportunidade!". O pastor Bonhoeffer fez um culto de manhã hoje. "O tempo pertence à morte, ou, ainda mais, ao diabo. Temos de tomá-lo dele e devolvê-lo a Deus, a quem realmente pertence." — "Se inquirirmos a vontade de Deus, livre de toda dúvida e desconfiança, iremos descobri-la." — "Deem graças constantemente por todas as coisas." — "Quando não agradecemos por tudo, reprovamos a Deus."[15]

[13] BISMARCK e KABITZ, *Love Letters from Cell 92*, p. 331-332.
[14] Idem, p. 332.
[15] Idem, p. 332-333.

O sentimento de decoro característico de Bonhoeffer e o desejo de ser um conforto pastoral para Maria provavelmente o ajudaram a não pensar demais sobre um possível futuro com ela. Ao que parece, nenhuma palavra que insinuasse algo além de um pastor da família ministrando a uma senhora idosa e sua jovem neta que acabara de perder o pai foi pronunciada. E, ainda assim, eles apreciavam a companhia um do outro; talvez as restrições da situação tenham facilitado o relaxamento de ambos.

Então, em 26 de outubro, outra tragédia causou impacto. Max, o irmão de Maria, foi morto. No dia 31, Bonhoeffer escreveu a ela:

> Querida senhorita Von Wedemeyer,
> Se me fosse permitido lhe dizer somente isto, eu acredito que tenho um pressentimento do que a morte de Max representa para você.
>
> Dificilmente será de alguma ajuda lhe dizer que eu compartilho o sofrimento.
>
> Em tais momentos, a única ajuda é nos prostrarmos sobre o coração de Deus, não com palavras, mas de verdade e por completo. Isso requer muitas horas difíceis, dia e noite, mas quando nos deixamos ir inteiramente a Deus — ou melhor, quando Deus nos recebe —, então somos ajudados. "O choro pode persistir uma noite, mas de manhã irrompe a alegria" (Sl 30:5). Há realmente alegria com Deus, com Cristo! Creia nisso.
>
> Mas cada pessoa deve trilhar sozinha este caminho — ou devo dizer, Deus convoca cada pessoa individualmente. Somente as orações e o incentivo dos outros podem nos acompanhar pelo caminho.[16]

Se alguma vez houve um momento para se pôr de lado os pensamentos de um relacionamento romântico, foi aquele. Com exceção das conversas com Bethge, é de se duvidar que Bonhoeffer tenha mencionado seus sentimentos a alguém. Maria não possuía tais sentimentos, e ela não deve tê-lo visto como algo mais que um pastor simpático e devoto. Nesse contexto, Bonhoeffer viajou à Pomerânia para a cerimônia fúnebre de Max.

De algum modo, porém, a avó de Maria, que observara os dois em seu leito hospitalar por semanas — e sem dúvida notara a química entre eles em junho — tinha outras ideias. Ela as mencionou para sua filha. A mãe de Maria então enviou uma carta a Bonhoeffer lhe pedindo para não comparecer ao funeral.

[16] *Conspiracy and Imprisonment*, p. 366-367.

Ele ficou atônito. Para a sra. Von Wedemeyer, a filha era jovem demais para se compromissar com o pastor Bonhoeffer, e qualquer discussão do tipo seria inadequada num momento como aquele. Que o assunto estivesse em discussão quando ele próprio não o discutira com ninguém foi um choque. No dia 11, após receber a carta da mãe de Maria, Bonhoeffer, por saber que ela havia iniciado a confusão, convocou Ruth von Kleist-Retzow imediatamente.

Maria foi pega de surpresa pela história toda. Ela escreveu uma carta a Bonhoeffer dizendo que soubera que a mãe "lhe pedira para não comparecer ao cerimonial, só por causa de algumas estúpidas fofocas familiares que a vovó tem incentivado". Para Maria, não havia nada demais, exceto o fato de se sentir constrangida.

Bonhoeffer respondeu:

> 13 de novembro, 1942
> Cara srta. Von Wedemeyer
> Sua carta produziu uma clareza salutar numa situação desnecessariamente confusa. Com todo o meu coração, agradeço-lhe por isso, bem como pela coragem em discuti-la de maneira aberta. Certamente entenderá que eu fui incapaz de considerar o pedido de sua mãe inteiramente compreensível; o que eu entendi prontamente — por ser algo que corresponda a meus sentimentos — foi a simples vontade dela de não ser incomodada e sobrecarregada por algo mais nos dias e semanas dificultosas que se seguem. Seja lá o que tenha impulsionado o pedido, a carta não revela; e eu não tenho o direito de indagar [...].
>
> Tanto quanto ou talvez ainda mais que eu, você irá perceber como um doloroso fardo interior que coisas não apropriadas para discussão foram trazidas à tona. Permita-me lhe dizer abertamente que eu não posso aceitar o comportamento de sua avó com facilidade; disse a ela vezes incontáveis que não pretendia discutir tais coisas, pelo fato de que isso seria ofensivo a todas as partes envolvidas. Creio que, em consequência de sua doença e idade, ela não pôde apreciar em silêncio em seu coração o que ela supunha estar presenciando. Por vezes, houve dificuldade em manter conversa com a sua avó; ela não atendeu ao meu pedido. Eu então interpretei sua partida prematura de Berlim sob esse contexto e afligi-me por isso [...]. Devemos fazer um grande esforço para tolerá-la sem ressentimentos.[17]

[17] Idem, p. 369-370.

Por outro lado, na mesma carta, gentil como sempre, Bonhoeffer aproveitou a oportunidade desse esclarecimento da história para, ainda que de forma não intencional, criar indícios do que viria a seguir:

> [...] somente de um coração em paz, livre e curado, pode-se realizar algo bom e correto; em minha vivência, tive experiências de todo tipo e oro (perdoe-me por falar assim) que Deus possa nos conceder isso em breve, muito em breve.
>
> Consegue compreender tudo isso? Pode também experimentá-lo? Espero que sim e, de fato, não posso imaginar nada melhor. Mas quão complicado isso também é para você!
>
> [...] Por favor, perdoe-me por esta carta, que diz de modo tão desajeitado o que eu estou sentindo. Percebo que as palavras destinadas a dizer coisas pessoais me aparecem com uma dificuldade tremenda; este é um grande fardo para os que me rodeiam. Muitas vezes sua avó reprovou-me severamente por meu distanciamento; ela própria é o oposto total disso, mas é claro que as pessoas têm de aceitar e suportar as outras como elas são [...]. Escreverei sucintamente a sua avó, incitando-a ao silêncio e à paciência. Escreverei a sua mãe amanhã, que ela não se aborreça com o que sua avó venha a escrever; arrepio-me só de pensar.[18]

Não se sabe o que Maria realmente pensou após ler a carta, mas é possível que tenha sido sua primeira percepção sobre os sentimentos que ele possuía por ela. Dietrich lhe escreveu outra vez dois dias depois, em 15 de novembro. Somando o que acontecia na família Wedemeyer e em todo o resto do mundo em torno deles, tinha-se uma época tumultuada e confusa. Bonhoeffer menciona o suicídio de um compositor proeminente de música sacra, Hugo Distler, em desespero pela deportação de amigos judeus: "Soube que ele tirou a própria vida em seu escritório na catedral, a Bíblia e a cruz nas mãos [...]. Ele tinha trinta anos. Estou bastante abalado com a notícia. Por que ninguém foi capaz de ajudá-lo?".[19]

A sra. Von Wedemeyer estava descontente com a enxurrada de cartas e deve ter tido discussões desagradáveis com a mãe e a filha. No dia 19, ligou para Bonhoeffer na casa de seus pais. Disse a ele que Maria não desejava mais

[18] Idem, p. 370-371.

[19] Idem, p. 373.

receber cartas, embora seja mais provável que a sra. Von Wedemeyer tenha se decidido em nome da filha. Bonhoeffer escreveu a Maria pouco tempo depois naquele mesmo dia:

> Cara srta. Von Wedemeyer,
> Sua mãe ligou-me esta manhã e contou-me sobre seu desejo. O telefone é um meio de comunicação muito inadequado, até porque eu não pude estar sozinho durante a conversa. Peço a você que me perdoe se eu a sobrecarreguei com minhas cartas. Não desejara nada além de sua paz de espírito. No momento, ao que parece — assim fui obrigado a entender por sua mãe — estamos proibidos de conceder isso um ao outro. Assim, peço a Deus por você e por nós e aguardarei até que Deus nos mostre nosso caminho. Somente em paz com Deus, com os outros e com nós mesmos iremos ouvir e realizar a vontade divina. Nisto podemos confiar, e não precisamos ter impaciência ou agir de modo precipitado.
>
> Não pense que eu não compreendo que você não queira e não possa responder e, ainda mais provável, que não desejasse receber esta carta. Mas se há a possibilidade de eu retornar a Klein-Krössin em algum momento num futuro não muito distante, seus desejos não impediriam isso? É isto o que eu entendo, de qualquer forma.
>
> Por favor, esqueça cada palavra que a machucou e a sobrecarregou ainda mais do que aquilo que já lhe foi colocado por Deus.
>
> Escrevi a sua mãe que eu precisava lhe escrever brevemente mais uma vez.
>
> Que Deus proteja você e todos nós.
>
> Sinceras considerações,
>
> Dietrich Bonhoeffer[20]

A proposta de Bonhoeffer

O que aconteceu em seguida é uma incógnita, mas a indiscrição bem-intencionada da avó liberara o pássaro de sua gaiola. Não era para acontecer dessa maneira; de repente, tudo estava em aberto. Em 24 de novembro, Bonhoeffer viajou a Pätzig para visitar a sra. Von Wedemeyer. Por algum motivo, num

[20] Idem, p. 373-374.

relampejar, Bonhoeffer decidira que queria se casar com Maria von Wedemeyer. Ele iria pedir a permissão da proposta à mãe dela.

Bonhoeffer respeitava a sra. Von Wedemeyer, mas temia que ela pudesse ser religiosa em demasia. Ele escreveu a Bethge três dias depois: "Ao contrário de meus receios de que o lar possuísse um acento espiritual excessivo, seu estilo me causou uma impressão bem agradável". A sra. Von Wedemeyer foi "calma, cordial, e não exagerada, como eu temera". Ela não se opôs de modo irreconciliável à ideia, mas "devido à enormidade da decisão", propôs uma separação de um ano. Bonhoeffer respondeu que "nos dias de hoje, um ano poderia muito bem se tornar cinco ou dez e, portanto, representaria uma postergação para o indefinível". Ainda assim, disse a sra. Von Wedemeyer que "compreendia e reconhecia sua autoridade maternal sobre a filha".[21] Ele não acreditava que seria preciso aguardar um ano todo, mas não quis forçar a questão, principalmente porque a sra. Von Wedemeyer tinha-se enviuvado recentemente.

Quando concluíram a conversa, a sra. Von Wedemeyer lhe pediu para falar com a mãe dela, a fim de informá-la sobre a situação. A avó de Maria prontamente se agitou ao saber que sua filha tomara uma posição tão severa, e Bonhoeffer percebeu que a briguenta Ruth causaria mais problemas. Bonhoeffer não viu Maria durante a visita, mas descobriu por sua mãe que ela era em geral submissa à separação, embora obviamente tivesse voz mínima no assunto.

Na mesma época, Bethge propôs casamento à sobrinha de dezesseis anos de Bonhoeffer, Renate Schleicher. Os pais dela, Ursula e Rüdiger, estavam preocupados com a proposta por motivos semelhantes. Bethge tinha 33 anos. Bonhoeffer escreveu a ele contando os detalhes de sua visita a Klein-Krössin e depois cuidou da situação do amigo. Os Schleicher também sugeriram uma prolongada separação. "Se isto começa a lhe parecer execrável", disse Bonhoeffer, "[...] hei de dizer algo sobre minha própria situação; assim, eles considerarão sua situação não apenas do ponto de vista de Renate, mas também do seu. Por enquanto, porém, manterei a harmonia".[22]

Três anotações em três dias diferentes no diário de Maria, num espaço de seis semanas, demonstram a evolução dos sentimentos dela:

> 27 de novembro. Por que de repente estou tão alegre esses dias? Sinto-me segura, por um lado, porque agora eu posso adiar as minhas

[21] Idem, p. 374-375.

[22] Idem, p. 375.

reflexões, decisões e preocupações. Mas o arquivamento delas certamente não é o responsável por esta sensação de alívio. Desde que minha mãe me contou ao telefone sobre seu encontro com Dietrich, sinto que posso respirar novamente. Ele causou uma impressão considerável sobre mamãe, é óbvio — ele não poderia deixar de fazê-lo.

É algo incrível, ele realmente quer se casar comigo. Ainda não consigo acreditar que seja verdade.[23]

19 de dezembro. Pätzig. Pensei que voltar para casa pudesse ser a única coisa capaz de abalar a minha decisão. Ainda acreditava estar sob a influência da avó, ou melhor, de sua ideia exagerada e irrealista, mas não é verdade. A realidade mais íntima permanece, embora eu não o ame. Mas eu sei que vou amá-lo.

Oh, há tantos argumentos superficiais contrários. Ele é velho e sábio para sua idade — um acadêmico completo, suponho. Como poderei eu, com meu amor pela dança, passeios, esporte, lazer, renunciar a todas essas coisas? [...]. Mamãe diz que ele é um idealista e não pensou cuidadosamente a respeito disso. Não acredito nela.[24]

10 de janeiro, 1943. No caminho para cá, tive uma conversa com mamãe, algo que eu há muito ansiava, mas tanto temia. Causou-me lágrimas — quentes e pesadas lágrimas — "e, ainda assim, que felicidade ser amada [...]". Foi algo bom e produtivo? Oro para que sim, porque sinto que era, e é, algo crucial para minha vida. Oro também para que eu não tenha apenas feito rodeios, mas a tenha convencido — de que ela não está apenas me presenteando, mas que possa encarar isso como o caminho correto.[25]

"Hoje eu posso lhe dizer sim"

Maria não havia se comunicado com Dietrich desde novembro, mas em 10 de janeiro ela conversou com a mãe e o tio, Hans Jürgen von Kleist-Retzow, que era seu tutor, e os persuadiu a deixá-la escrever para ele. Três dias depois, a carta foi enviada:

[23] Bismarck e Kabitz, *Love Letters from Cell 92*, p. 336.
[24] Idem, p. 337.
[25] Idem.

Caro pastor Bonhoeffer,
Eu soube, desde que aqui cheguei, que deveria lhe escrever, e assim procurei fazê-lo.

Falei recentemente com minha mãe e meu tio de Kieckow. Agora eu posso lhe escrever e lhe pedir para responder a esta carta.

Para mim, é tão complicado pôr por escrito algo que é difícil de dizer até mesmo pessoalmente. Gostaria de refutar cada palavra dita aqui, porque palavras são tão desajeitadas e contundentes com coisas que queríamos expressar com gentileza. Mas, pela experiência que tenho, sei que me compreende bem, e agora tenho a coragem de lhe escrever, embora na verdade eu não tenha direito algum de responder a uma pergunta que você nem sequer me fez. Hoje eu posso lhe dizer sim com todo o meu alegre coração.

Por favor, entenda a relutância de minha mãe em renunciar à espera que nos foi imposta. Ela ainda não consegue acreditar, por experiências passadas, que a nossa decisão será válida. E eu mesma estou sempre triste ao pensar que minha avó lhe disse somente coisas boas a meu respeito, de modo a formar uma falsa imagem de mim. Talvez eu devesse dizer um monte de coisas ruins sobre mim, porque me deixa infeliz pensar que poderia me amar por algo que eu não sou.

Mas não posso acreditar que alguém possa gostar muito de mim pelo que eu realmente sou. Eu certamente não tenho o desejo de feri-lo, mas devo dizer isso de qualquer modo:

Caso já tenha percebido que eu não sou boa o suficiente, ou que não queira mais vir até mim, imploro-lhe que me diga. Ainda posso lhe pedir isso; e quão infinitamente mais difícil será se eu for obrigada a reconhecê-lo mais tarde. Eu mesma estou bastante convencida de que preciso de mais tempo para testar minha decisão, e, por saber que meu período na Cruz Vermelha será árduo, isso é algo essencial para mim.

Este é um problema nosso, não é? Não é problema de mais ninguém. Estou com tanto medo do que as outras pessoas dizem, até de minha avó. Pode conceder este pedido?

Obrigada do fundo de meu coração por tudo o que tem feito por mim recentemente. Só posso imaginar quão complicado deve ter sido, pois eu mesma tenho achado difícil de suportar.

Maria[26]

[26] Idem, p. 338-339.

Bonhoeffer escreveu uma resposta imediata. Pela primeira vez, dirigiu-se a ela por seu nome cristão, e no início do segundo parágrafo, na frase "querida Maria, agradeço por sua palavra", utilizou o informal *du*:

> Querida Maria,
> A carta esteve a caminho por quatro dias antes de — uma hora atrás — chegar aqui! Em uma hora o correio passará novamente, então ao menos uma saudação inicial e os agradecimentos devem acompanhá-la — mesmo se as palavras que eu gostaria de dizer agora não tenham ainda surgido. Posso simplesmente dizer o que está em meu coração? Tenho a sensação e sou subjugado pela noção de que um presente sem igual me foi dado — após toda a confusão das últimas semanas, eu já não me atrevera a ter esperanças — e a coisa inimaginavelmente grandiosa e abençoada está aqui, e meu coração se abre e se torna bastante amplo e transborda de gratidão e vergonha e ainda não pode compreendê-la — desse "sim", tão decisivo para nossa vida inteira. Se pudéssemos nos falar pessoalmente agora, haveria infinitas coisas — ainda que basicamente somente uma única e mesma coisa — a dizer! Será possível nos encontrarmos em breve? E onde? Sem medo do que os outros dirão? Ou por algum motivo isso não vai acontecer? Eu acho que tem de acontecer.
>
> E agora não posso mais falar de forma diferente do que já costumava fazer em meu próprio coração — eu quero falar com você como um homem fala para a garota com quem quer passar toda a vida e que deu a ele o seu "sim" — querida Maria, agradeço por sua palavra, por tudo que você suportou por minha causa e por tudo o que você é e será para mim. Seja qual for o tempo e a tranquilidade que você precisar para se recompor, como escreveu, você terá, do jeito que lhe for melhor. Só você pode saber o que é necessário. Com seu "sim", posso agora esperar em paz; sem o "sim", seria difícil e teria se tornado cada vez mais difícil; agora é fácil, pois eu sei que você quer e precisa disso. Não desejo de modo algum pressioná-la ou assustá-la. Quero cuidar de você e permitir que o alegre amanhecer de nossa vida a torne leve e feliz. Compreendo bem a sua vontade de ficar inteiramente sozinha por um tempo — eu estive sozinho por tempo suficiente em minha vida para conhecer a bênção (embora, com certeza, também os perigos) da solidão. Eu entendo e entendi também ao longo das últimas semanas — não totalmente sem dor — que para você não foi fácil dizer "sim" para mim, e nunca me esquecerei disso. E é somente isso, o seu "sim", que pode me ceder a

coragem para não mais dizer "não" a mim mesmo. Não diga mais nada sobre a "falsa imagem" que eu poderia ter de você. Não quero "imagem" nenhuma, eu quero você, assim como imploro de todo o coração que não tenha uma imagem minha, mas a mim mesmo; e você deve saber que são duas coisas diferentes. Mas não nos detenhamos agora sobre o mal que se esconde e exerce poder em cada pessoa, mas vamos encontrar um ao outro no amor e no livre e grandioso perdão, vamos nos entregar um ao outro como somos — com gratidão e confiança ilimitada em Deus, que nos guiou a este ponto e agora nos ama.

Tenho de concluir a carta imediatamente para que você possa recebê-la amanhã. Deus proteja você e nós dois.

Seu fiel Dietrich[27]

Assim, Dietrich Bonhoeffer ficou comprometido. Olhando para trás, definiram o dia 17 de janeiro como a data oficial. Seria um compromisso como poucos no mundo. Obviamente, caso soubessem o que viria pela frente, teriam arranjado as coisas de outra forma. Ninguém conhecia o futuro, porém, nem poderia. Mas Bonhoeffer entregara suas preocupações e expectativas aos céus. Ele sabia que seu compromisso com Maria estava nas mãos de Deus.

Eles ainda eram obrigados a esperar. Mas agora era um tipo diferente de espera. Em certo sentido, ambos já pertenciam um ao outro e poderiam desfrutar a sensação de pertencimento, mesmo quando separados. Bonhoeffer tinha muito a ocupá-lo. Embora não tivesse certeza disso, a Gestapo estava em seu encalço, e a conspiração acelerava mais um plano para matar Hitler.

Quando se passaram seis dias sem resposta, Bonhoeffer voltou a escrever, mesmo que fosse apenas para dizer a Maria que estava tudo bem e que ela não deveria sentir-se apressada. "No momento", disse, "parece-me como se estivéssemos de fato aguardando até que Deus nos mostre o caminho".[28]

No dia seguinte, um domingo, ele recebeu a carta de Maria. Ela lhe perguntou se eles poderiam esperar seis meses antes de se corresponder. Não se sabe se a mãe a persuadira a pedir isso, e Bonhoeffer deve ter ficado surpreso, mas ele estava feliz demais para ficar incomodado. Ele estava apaixonado.

[27] *Conspiracy and Imprisonment*, p. 383-384.
[28] Idem, p. 386.

> Minha querida Maria,
> Agora que a carta está aqui, sua amável carta, eu agradeço por ela e agradeço de novo a cada vez que a leio; na verdade é quase como se eu estivesse vivenciando pela primeira vez em minha vida o que significa ser grato a outra pessoa, quão profundamente poderosa e gratificante pode ser esta palavra — falo do "sim" — tão difícil e tão maravilhosa, que aparece tão raramente entre os mortais, de onde nasce tudo isso. Queira Deus, de quem cada "sim" é concedido, que possamos sempre falar este "sim" deste modo e sempre mais e mais um ao outro durante toda a nossa vida.
>
> Em cada palavra de sua carta, notei com alegre convicção que a distância será boa para nós. A vida em comunhão, em direção à qual esperamos atravessar pela bondade de Deus, é como uma árvore que deve crescer, de raízes profundas e silenciosas, livre e fortemente.[29]

Ele também pediu que Maria informasse a avó da nova situação do casal para evitar assim qualquer mal-entendido com essa senhora tão temperamental.

No dia seguinte ao 37º sétimo aniversário de Bonhoeffer, ele recebeu uma carta de Ruth von Kleist-Retzow. Maria contara a ela as novidades.

> Não preciso em absoluto dizer quanto desejo recebê-lo plenamente como filho quando a hora chegar. Que isso ainda demore tanto é provavelmente decisão da mãe dela e de Hans Jürgen, *presumo*. Talvez seja a coisa certa para M., que permanece bastante esclarecida. E, se aparenta ser muito tempo para ela e para você, então haverá meios de encurtá-lo. O que significa o tempo hoje em dia, afinal? [...] Oh, eu estou feliz.
>
> Avó[30]

[29] Idem, p. 387.
[30] Idem, p. 390.

CAPÍTULO 27

ASSASSINANDO ADOLF HITLER

Devo atirar? Posso entrar no quartel-general de Hitler com o meu revólver. Sei quando e onde acontecem as conferências. Eu consigo o acesso.

WERNER VON HAEFTEN A DIETRICH BONHOEFFER

A PREOCUPAÇÃO DA SRA. VON WEDEMEYER quanto a Bonhoeffer não era referente apenas a sua idade, mas também a seu trabalho pela Abwehr. É provável que ela soubesse de seu envolvimento na conspiração. Seja lá o que ele estivesse fazendo, era incerto e perigoso. Atrair uma menina de dezoito anos a um relacionamento cujo futuro era tão indefinido lhe parecia egoísmo. A qualquer momento ele poderia ser preso ou algo pior. A sra. Von Wedemeyer acabara de perder o marido e o filho, o que apenas ressaltava a incerteza das coisas. Ela concordou com o compromisso, mas estipulou que, por determinado período, a notícia não se tornasse pública. Bonhoeffer contou a seus pais em fevereiro. Além deles e de Bethge, porém, o compromisso permaneceu em segredo.

A irmã de Maria, Ruth-Alice von Bismarck, era quatro anos mais velha. Ela e o marido tinham preocupações semelhantes em relação ao trabalho de Bonhoeffer e ao egoísmo aparente de sua proposta.[1] Será que ele não percebia quanto ela poderia sofrer se ele fosse detido, aprisionado ou morto? Esperar não era a coisa mais decente a se fazer, como tantos outros faziam durante essa fase tumultuosa? E de fato, em consequência de sua participação na Operação 7, a Gestapo já havia atravessado o caminho de Bonhoeffer no último outubro.

[1] Ruth-Alice VON BISMARCK, entrevista com o autor, Hamburgo, Alemanha, março de 2008.

Em última análise, pode-se dizer que a Operação 7 foi bem-sucedida, mas um de seus muitos pormenores chamou a atenção da Gestapo. Um procurador da alfândega em Praga descobriu uma irregularidade monetária relacionada a Wilhelm Schmidhuber. Membro da Abwehr, Schmidhuber visitou Bonhoeffer em Ettal em dezembro de 1940. Não demorou muito para a Gestapo encontrá-lo. Ele foi interrogado sobre o contrabando de divisas no exterior, crime grave em período de guerra, mesmo que realizado sob a égide da Abwehr. Schmidhuber, por sua vez, levou a polícia nazista ao encalço do amigo católico de Bonhoeffer, Joseph Müller. Uma complicação e tanto, especialmente quando transferiram Schmidhuber para a infame prisão da Gestapo na Prinz-Albrecht-Strasse, em Berlim. Sob pressão, ele entregou informações relacionadas a Dohnanyi, Oster e Bonhoeffer. Iniciava-se agora uma corrida contra o tempo. O complô contra Hitler e seu regime deveria ser empreendido antes da Gestapo se mover e aprisionar os odiosos rivais da Abwehr.

"Culpa e liberdade"

Bonhoeffer sabia que poderia ser preso e até morto, mas aprendera a aceitar essa realidade. Como demonstram suas cartas a Seydel e Sutz, ele também não desistira da ideia de casamento, mesmo sob tais circunstâncias. A seus olhos, caminhar em liberdade e não se encolher diante das eventualidades futuras era um ato de fé em Deus.

Essa maneira de pensar também afetou o seu envolvimento na conspiração. Em dezembro de 1942, falou com um colega da igreja, Oskar Hammelsbeck:

> Bonhoeffer confidenciou-me que estava ativa e responsavelmente envolvido na resistência alemã contra Hitler, de acordo com sua convicção moral de que "a estrutura da ação responsável inclui a disponibilidade para aceitar a culpa e a liberdade" (*Ética*, p. 209). "Se um homem tenta fugir da culpa na responsabilidade, ele se desloca da realidade definitiva da existência humana, e mais, ele se isola do mistério redentor da culpa sem pecado suportada por Cristo, e não possui participação alguma na justificação divina que reside sobre este evento" (*Ética*, p. 210).[2]

[2] Wolf-Dieter ZIMMERMANN e Ronald G. SMITH, eds., *I Knew Dietrich Bonhoeffer*, p. 182.

Bonhoeffer sabia que viver com medo de incorrer em "culpa" já era pecaminoso em si. Deus quer seus filhos amados operando com liberdade e alegria de fazer o que é certo e bom, não com medo de cometer um erro. Viver em medo e culpa é ser "religioso" no sentido pejorativo sobre o qual Bonhoeffer tantas vezes falou e pregou. Ele sabia que o agir em liberdade poderia inadvertidamente levar ao equívoco e a incorrer em culpa. De fato, ele sentia que viver desse modo exprime a impossibilidade de se evitar incorrer em culpa, mas, se o indivíduo deseja viver de maneira responsável e plena, estaria disposto para assim fazê-lo.

Wolf-Dieter Zimmermann, um de seus alunos, relembra uma noite extraordinária em novembro de 1942. Bonhoeffer visitava a pequena casa dele e de sua esposa nos arredores de Berlim. Werner von Haeften, o irmão mais jovem de Hans-Bernd von Haeften, que estivera nas aulas de crisma de Bonhoeffer em Grunewald duas décadas antes, também esteve presente. Bonhoeffer visitou Hans-Bernd em Copenhagen em seu caminho a Fanø, e Hans-Bernd se integrou à conspiração por intermédio do Círculo de Kreisau. Mas Werner tinha um envolvimento mais profundo: ele era ajudante de campo de Stauffenberg, que lideraria o complô de 20 de julho de 1944. Na casa de Zimmermann, Werner instigou Bonhoeffer sobre a permissividade do assassinato de Hitler. O ex-aluno recorda a conversa:

> Werner von Haeften, um velho amigo da família, era então tenente da equipe de Alto Comando do Exército. No início, ficou um pouco em silêncio, e não perguntamos a ele detalhes de suas funções. Subitamente ele se volta para Bonhoeffer e diz: "Devo atirar? Posso entrar no quartel-general de Hitler com o meu revólver. Sei quando e onde acontecem as conferências. Eu consigo o acesso". As palavras assustaram a todos nós. Elas tiveram tamanho efeito explosivo que no começo procuramos acalmar uns aos outros. A discussão durou muitas horas. Bonhoeffer explicou que o disparo por si só nada significava: algo tinha de ser ganho com aquilo, uma alteração das circunstâncias, do governo. A liquidação de Hitler em si não tinha utilidade; as coisas talvez até piorassem. Segundo ele, era isso que tornava o trabalho da resistência tão difícil: a preparação cuidadosa do "em seguida". Von Haeften, que vinha de uma família de antigos oficiais, era um sujeito gentil, entusiasta, idealista, mas também um homem de convicções cristãs que acreditava nas tradições herdadas. Ele foi um dos crismandos de Niemöller. Mas de repente ele

passou a desenvolver uma energia enorme e não se contentava com reflexões "teóricas". Continuou a fazer perguntas, a ir cada vez mais fundo. Ele viu a oportunidade surgir e quis saber se deveria aproveitá-la. Reiterou que talvez ele fosse um dos poucos capazes de agir, de intervir. Ele não dava grande importância à própria vida. Bonhoeffer, por outro lado, exortou-o repetidas vezes a ser discreto, a planejar com clareza para enxergar todas as complicações imprevistas no caminho. Nada deveria ser deixado ao acaso. Por fim, as questões de Von Haeften ficaram mais diretas: "Devo...? Posso...?". Bonhoeffer respondeu que não poderia decidir por ele. O risco tinha de ser tomado por conta própria. Se o próprio Bonhoeffer falou da culpa em não fazer uso de uma oportunidade, não havia dúvida quanto à culpa no tratamento despreocupado da situação. Ninguém poderia sair sem culpa da situação em que ele se encontrava. Mas esta seria uma culpa sempre carregada de sofrimento.

Os dois homens conversaram por horas. Nós fazíamos apenas alguns comentários marginais. Nenhuma decisão foi tomada. Werner von Haeften retornou a suas funções sem receber qualquer direcionamento. Ele tinha de decidir por si mesmo. E, tempos depois, ele decidiu. Como ajudante de campo de Stauffenberg, ele foi um dos envolvidos no atentado frustrado contra a vida de Hitler. Foi também um dos que, na noite de 20 de julho de 1944, foram fuzilados no pátio do Alto Comando do Exército na Bendlerstrasse. Testemunhas oculares dizem que ele encarou a morte com serenidade e coragem.[3]

Operação Relâmpago

Em janeiro e fevereiro de 1943, enquanto a Gestapo coletava informações sobre Bonhoeffer e Dohnanyi, preparativos para uma tentativa de golpe de Estado em março se achavam em andamento. O laço da Gestapo estava cada vez mais apertado, mas, se o golpe tivesse êxito, os problemas de todos estariam resolvidos. Esse novo intento recebeu o codinome Operação Relâmpago, devido, sem dúvida, a seu ápice literalmente radioso, que envolvia a detonação de um explosivo a bordo do avião de Hitler durante a escolta de seus passageiros na região de Minsk.

Os protagonistas eram o general Friedrich Olbricht, o general Henning von Tresckow, e o primo e ajudante de campo de Tresckow, Fabian von

[3] Idem, p. 190-192.

Schlabrendorff, que era casado com a prima de Maria von Wedemeyer, Luitgard von Bismarck. Schlabrendorff também teve atuação destacada na trama de 20 de julho como ajudante de campo de Stauffenberg. Von Tresckow era tio de Maria, e Olbricht fora de grande utilidade na obtenção de isenções militares para muitos pastores da Igreja Confessante.

A ideia era que Schlabrendorff plantasse uma bomba no avião de Hitler em Smolensk, onde ele estaria no dia 13 de março para uma rápida visita às tropas na frente oriental. Anos depois, Schlabrendorff explicou que "a aparência de um acidente evitaria os inconvenientes de um assassinato político. Naqueles dias Hitler ainda tinha muitos seguidores que, após um acontecimento desse, instaurariam uma forte resistência contra a nossa rebelião". Tão logo se confirmasse que os destroços de Hitler estavam devidamente espalhados por Minsk, os generais empreenderiam o golpe. Schlabrendorff e Tresckow realizaram experiências com inúmeras bombas, mas no final a honra de explodir o mito e o homem Adolf Hitler recaiu sobre uma bomba inglesa. Os mecanismos e os fusíveis das bombas alemãs eram barulhentos demais para passar despercebidas. Mas Schlabrendorff e Tresckow encontraram uma bomba inglesa; era um explosivo de plástico do tamanho de um livro, sem relógio ou fusível. Sem chiados ou tique-taques, portanto. Quando Schlabrendorff pressionasse determinado botão, uma cápsula contendo um corrosivo químico seria quebrada. A substância química liberada iria corroer o fio mantenedor da mola que, uma vez suspensa, atingiria a tampa do detonador, explodindo a bomba e então: *fecham-se as cortinas*.[4]

O singular explosivo estava disponível apenas para a Abwehr, por isso Dohnanyi teria de transportá-lo de Berlim a Smolensk, na frente russa, via trem. Na época Dohnanyi havia recrutado Bethge para trabalhar pela Abwehr a fim de que ele também pudesse evitar o serviço militar, especialmente por estar prestes a se casar com a sobrinha de Dohnanyi, Renate Schleicher. Bethge então foi obrigado a pedir o Mercedes de Karl Bonhoeffer emprestado com o intuito de conduzir Dohnanyi ao trem noturno que iria levá-lo à Rússia. O dr. Bonhoeffer não fazia ideia de que seu carro médico oficial seria usado para transportar explosivos destinados a matar Hitler, tampouco Bethge imaginava que era o motorista de algo dessa proporção. Ele deixou Dohnanyi e a bomba na estação, e Dohnanyi e a bomba se encaminharam para Smolensk.

[4] Gero V. S. GAEVERNITZ, *They Almost Killed Hitler: Based on the Personal Account of Fabian von Schlabrendorff*, p. 54.

No dia 13, Tresckow e Schlabrendorff, de posse da bomba, estiveram duas vezes tão próximos de Hitler que se sentiram tentados a explodi-la antes da hora. Como em ambos os casos, porém, os generais que deveriam liderar o golpe estavam presentes, eles aderiram ao plano original de introduzir a bomba no avião nazista. Mas como? Nesse ínterim, almoçaram com o Führer. Anos depois, o bem-educado Schlabrendorff relembrou o triste espetáculo de Hitler à mesa: "Assistir a Hitler comer foi uma visão repugnante. Ele ficava com a mão esquerda sobre a coxa, enquanto com a mão direita colocava a comida, que consistia em todo tipo de vegetais, na boca. Ao fazê-lo, ele não levantava a mão até a boca, mas mantinha o braço direito repousado sobre a mesa e trazia a boca até a comida".[5]

Enquanto o famoso líder vegetariano do Reich mastigava indecorosamente seu mingau sem carne, os horrorizados generais aristocráticos em torno dele mantinham uma polida conversa. Durante o que certamente deve ter sido uma refeição tensa, visto que alguns ali sabiam que aquela seria a última refeição de quem embarcasse no avião do Führer, o general Tresckow pediu casualmente um favor a seu companheiro de mesa, o tenente-coronel Heinz Brandt. Brandt estava na comitiva de Hitler, e Tresckow lhe perguntou se ele se importaria em levar um conhaque de presente a Rastenberg para entregar a um velho amigo, o general Stieff. Tresckow insinuou que o conhaque era o pagamento de uma aposta cavalheiresca. Brandt concordou, e um pouco mais tarde, assim que se dirigiram para o aeroporto, Schlabrendorff lhe entregou o pacote. Minutos antes ele pressionou o botão mágico e pronto, o plano foi posto em movimento. Em cerca de meia hora, em algum lugar acima da terra, a sirene final soaria por sobre o Terceiro Reich.

Se Hitler tardasse em entrar no avião, a situação seria no mínimo constrangedora. Mas ele embarcou, junto com sua comitiva e Brandt. A caixa falsificada de conhaque com o explosivo dentro foi colocada em segurança debaixo de todos eles, no compartimento de carga, e o avião finalmente decolou. Eles seriam os primeiros a obter informações da morte surpreendente do Führer. Tudo o que restava agora era a agonia da espera.

A extensão dos cuidados de Hitler ao planejar seus movimentos e atividades para evitar atentados era impressionante. Todas as suas refeições eram preparadas por um cozinheiro que o acompanhava aonde quer que fosse, e,

[5] Idem, p. 57.

como alguns déspotas antigos, ele se certificava de que seu médico pessoal, dr. Theodor Morrel, provasse cada prato colocado a sua frente. Ele usava também um fabuloso e pesado capacete. Às escondidas, Schlabrendorff mediu esse fantástico quepe enquanto os generais se reuniam nos quartéis de Kluge. Era "pesado como uma bala de canhão", forrado com quase dois quilos de aço. Quanto ao avião de Hitler, dividia-se em vários compartimentos. Sua cabine pessoal, segundo Schlabrendorff, "era blindada e possuía um artifício para fuga, de paraquedas. De acordo com nossos cálculos, no entanto, a carga explosiva das bombas era suficiente para explodir o avião inteiro, incluindo a cabine blindada. Mesmo que isso não acontecesse, as partes essenciais do avião seriam despedaçadas, e a cabine estaria forçada a se espatifar".[6]

Os conspiradores não obtiveram qualquer informação durante duas horas. Veio então a notícia improvável: Hitler aterrissara em segurança na Prússia Oriental. O atentado falhara. O medo que sentiram era tanto que não havia tempo para se deprimir com o desenlace. Na mente deles, a bomba fora descoberta. Mas o general Tresckow manteve-se calmo e telefonou friamente ao quartel-general de Hitler, pedindo para falar com Brandt. Quando ele atendeu, Tresckow perguntou se o conhaque havia sido entregue a Stieff. Não havia. Tresckow explicou que entregara a caixa errada a Brandt. Será que ele se importaria se no dia seguinte Schlabrendorff passasse para trocá-la pelo pacote correto? Como se pôde ver, assim era seu método de ação em negócios oficiais.

Com coragem admirável, já que nem sequer suspeitava do que o aguardaria quando chegasse, Schlabrendorff pegou um trem e se encaminhou para a temível recepção. Ninguém aparentava saber que o motivo de ele estar ali era a recuperação de uma bomba que não explodira. Tudo correu bem até Brandt lhe entregar a bomba. Brandt deu um empurrão de forma tão descuidada na caixa que quase provocou um ataque cardíaco em Schlabrendorff, à espera de um tardio e indesejado *ka-boom*. Mas nada aconteceu. Trocaram amigavelmente os pacotes: Schlabrendorff entregou a Brandt uma caixa contendo o conhaque verdadeiro, e Brandt entregou a Schlabrendorff a caixa substituída.

No trem para Berlim, Schlabrendorff trancou a porta de seu vagão-leito e abriu o pacote para ver o que dera errado. Tudo funcionara perfeitamente: o tubo fora quebrado; o líquido corrosivo dissolvera o fio; o fio liberara a mola;

[6] Idem, p. 56-58.

a mola fora suspensa; e a tampa do detonador tinha sido atingida. Mas a tampa do detonador não acendera o explosivo. Ou aconteceu uma falha rara ao extremo, ou o frio no compartimento de carga foi o culpado. Em todo caso, o misteriosamente durável Führer escapara da morte mais uma vez.

Todos estavam arrasados com o fracasso, mas esse sentimento foi compensado em parte pelo alívio da não descoberta da bomba. A situação poderia ter acabado ainda pior. Na manhã de 15 de março, Schlabrendorff mostrou a Dohnanyi e Oster a bomba que não detonara. Mas por que chorar sobre o leite derramado? Era simples: eles teriam de tentar novamente. Hitler estaria em Berlim no dia 21, acompanhado de Himmler e Göring. A oportunidade para enviar o trio profano para o outro mundo era boa demais para ser verdade. Os três raramente eram vistos juntos em público, mas a participação deles na cerimônia do *Heldengedenktag* (Dia em Memória dos Heróis) na Unter den Linden estava programada. Na sequência, eles iriam examinar uma exposição de armamentos soviéticos apreendidos. Os conspiradores voltaram ao trabalho.

As bombas no casaco

Mas havia complicações. Para começar, aquela seria uma missão suicida. Todavia, o valente major Rudolf-Christoph von Gersdorff, da equipe de Kluge, voluntariou-se para tamanha honra. Ele se encontraria com Hitler e sua comitiva após a cerimônia e os guiaria pela exposição do armamento capturado. Em seu casaco, haveria duas bombas do mesmo tipo da que falhara no avião nazista, mas os fusíveis seriam menores. Eles queriam aparelhá-las com detonadores ainda mais velozes, mas se decidiram por detonadores que gastariam pelo menos dez minutos para ativar a explosão. Supunha-se que Hitler permanecesse no local por meia hora. Assim que os detonadores fossem acionados e as cápsulas quebradas, seriam necessários dez intermináveis minutos para o fio ser dissolvido, liberando a explosão. Enquanto Gersdorff falasse sobre o armamento ao Führer, ele saberia que, minuto após minuto, aproximava-se a sua própria morte. Na noite anterior, Gersdorff se encontrou com Schlabrendorff em seu quarto no Hotel Eden e recebeu as bombas. Estava tudo preparado.

No dia seguinte, um domingo, a maioria do clã Bonhoeffer se encontrava reunido na casa de Schleicher na Marienburgerallee nº 41. Eles ensaiavam para a *performance* musical do 75º aniversário de Karl Bonhoeffer, dez dias depois. Para a apresentação, foi selecionada a cantata de Walcha, "Lobe den Herrn"

("Louvado seja o Senhor"). Bonhoeffer tocaria piano, Rüdiger Schleicher tocaria violino, e Hans von Dohnanyi integraria o coral. Era um tremendo ato de autodisciplina manter a mente na música, já que os três e Christine estavam cientes do que se desenrolava a quase dez quilômetros de distância, em Zeughaus. Poderia acontecer a qualquer momento, se já não tivesse acontecido.

Os olhos se mantinham colados ao relógio; os ouvidos ávidos pelo toque do telefone, à espera da chamada que modificaria tudo e que eles celebrariam pelo resto da vida. O carro de Dohnanyi ficou estacionado à porta da frente, pronto para levá-lo aonde precisassem dele. O fim do pesadelo chamado Terceiro Reich era iminente. Assim que o telefone tocar, a espionagem da Gestapo, tão crescente nos últimos meses, findará, e todos voltarão seus grandes talentos e energias para o longo e árduo mas bem-vindo trabalho de restaurar a amada Alemanha a um país de que um dia eles poderão sentir orgulho outra vez.

O numeroso grupo prosseguia o ensaio, sem saber que a cerimônia em Zeughaus fora adiada em uma hora. Por que o telefone não tocava? Como planejado, Gersdorff aguardava, as bombas em seu casaco militar. Enfim Hitler chegou, fez um rápido discurso, e se encaminhou para a exposição com suas rêmoras Göring, Himmler, general Keitel, e o chefe da Marinha, almirante Karl Dönitz.

Quando Hitler se aproximou, Gersdorff pôs as mãos dentro do casaco e pressionou os botões. Agora iria acontecer. As cápsulas foram quebradas, e o ácido começou a devorar os fios lentamente. Gersdorff cumprimentou o ditador e, com extraordinária bravura e disciplina, iniciou a ação em prol de milhares de vidas, fingindo preocupação com o armamento russo e explicando os procedimentos do maquinário ao Führer. Mas Hitler subitamente decidiu encerrar a visita. Em instantes ele saiu por uma porta lateral em direção à Unter den Linden e foi embora. O que era para durar meia hora não passou de alguns poucos minutos. Gersdorff ainda usava o casaco carregado de bombas prestes a explodir. Não havia um botão de "desligar". O ácido realizava seu trabalho corrosivo, dissolvendo ainda mais o fio metálico a cada segundo. No momento em que Hitler partiu, Gersdorff correu para um banheiro e arrancou os detonadores das duas bombas. Em vez de morrer naquela tarde como previsto, o valente sujeito viveu até 1980. Mas Hitler escapara novamente.[7]

[7] Joachim Fest, *Plotting Hitler's Death: The German Resistance to Hitler, 1933-1945*, p. 196.

A família Bonhoeffer não recebeu nenhum telefonema feliz naquele dia. E crescia o cerco da Gestapo.

Dez dias depois, o aniversário de 75 anos de Karl Bonhoeffer foi celebrado com grandiosidade. Apesar de nenhum deles saber disso na época, aquela seria a última e magnífica *performance* executada pela família Bonhoeffer. De certa forma, foi um momento conveniente e de coroação para a extraordinária família, para quem tais *performances* haviam sido uma tradição ao longo dos anos. Em cinco dias, a vida se modificaria de forma dramática. Nunca haveria uma reunião daquela novamente.

Mas ali estavam eles, cantando "Louvado seja o Senhor". Todo mundo estava presente naquele dia, incluindo a antiga governanta Maria Czeppan e Bethge, que se tornaria um membro oficial da família em um mês. Os únicos ausentes foram os Leibholz, ainda na Inglaterra. Até mesmo eles, porém, conseguiram fazer uma espécie de aparição, enviando um telegrama de congratulações por intermédio de Erwin Sutz.

Com requintada ironia, Hitler também esteve representado. Em virtude de uma vida inteira a serviço da Alemanha, um funcionário do Ministério da Cultura do Reich apareceu na celebração e atribuiu a Karl Bonhoeffer a cobiçada Medalha Goethe. Ela lhe foi presenteada na frente do aglomerado familiar, juntamente com um certificado especial: "Em nome do povo alemão, eu concedo ao professor emérito Bonhoeffer a Medalha Goethe para a arte e ciência, instituída pelo falecido presidente do Reich Hindenburg. O Führer, Adolf Hitler".[8]

Em cinco dias, outros representantes do governo de Hitler apareceriam na casa de nº 43 da Marienburgerallee. Eles não viriam para saudar alguém, e a chegada deles não seria aguardada.

[8] Eberhard BETHGE, *Dietrich Bonhoeffer: A Biography*, p. 785.

CAPÍTULO 28

CELA 92 NA PRISÃO DE TEGEL

Não posso continuar assim. Tenho de saber — você está realmente em perigo?

MARIA VON WEDEMEYER

Quem permanece firme? Somente o homem cujo critério final não é a própria razão, os princípios, a consciência, a liberdade, ou a virtude, mas aquele que estiver disposto a sacrificar tudo isso ao ser chamado para a ação responsável e obediente, na fé e na submissão exclusiva a Deus — o homem responsável, que pretende transformar a sua vida inteira numa resposta à pergunta e ao chamado de Deus.

DIETRICH BONHOEFFER

O uso isolado e tradicional do famoso termo "cristianismo sem religião" fez de Bonhoeffer o campeão de um modernismo não dialético superficial que obscurece tudo o que ele queria nos dizer sobre o Deus vivo.

EBERHARD BETHGE

NO DIA 5 DE ABRIL, BONHOEFFER estava em sua casa. Em torno do meio-dia, ligou para os Dohnanyi. O telefone foi atendido por uma voz desconhecida. Bonhoeffer desligou. Ele sabia o que estava acontecendo: a Gestapo finalmente se movera. Eles estavam revistando a casa dos Dohnanyi. Bonhoeffer dirigiu-se com calma para a casa ao lado a fim de encontrar Ursula e dizer a ela o que tinha acontecido e o que provavelmente aconteceria em seguida: a Gestapo se encaminharia para lá e iria prendê-lo também. Ela lhe preparou uma generosa refeição, e ele então voltou para casa com o intuito de colocar seus documentos em ordem, já que a Gestapo faria uma boa vasculhada no local, como de hábito. Há tempos que ele se preparara para esse momento. Algumas anotações foram deixadas propositadamente no local para auxiliar os oficiais nazistas.

Pouco depois, Bonhoeffer voltou à casa dos Schleicher e aguardou. Às quatro horas, seu pai apareceu e disse que dois homens queriam falar com ele. Eles o esperavam em seu quarto. Lá estavam o juiz-advogado Manfred Roeder e um oficial da Gestapo chamado Sonderegger. Bonhoeffer se encontrou com eles e, com a Bíblia na mão, foi escoltado até um Mercedes preto e levado embora. Ele nunca mais retornaria.

O compromisso com Maria

Nos três meses entre seu noivado e a prisão, Bonhoeffer estivera em meio a uma moratória na comunicação com Maria. O acordo era esperar um ano antes do casamento. Maria havia pedido que eles não escrevessem um ao outro por seis meses; supõe-se que a partir do final de janeiro, após o noivado. Um longo tempo de espera, mas Bonhoeffer estava disposto a encará-lo com alegria, como disse numa carta. Maria tinha outra maneira de lidar com a situação. Ela escreveria a Dietrich, mas não enviaria as cartas. Ela as escrevia em seu diário. Talvez a ideia fosse que Dietrich pudesse lê-las assim que o tempo de separação terminasse.

E assim, em fevereiro e março, enquanto a Gestapo fechava o cerco a Bonhoeffer e Dohnanyi, Maria lhe escreveu no diário algumas vezes. Ela costumava se mostrar preocupada quanto ao que ele poderia obter dela. Para Maria, sua juventude e personalidade livre a tornavam uma pessoa de algum modo indigna de Dietrich. Ele teve imenso trabalho para assegurar que ela estava enganada. Todavia, numa "carta" de 3 de fevereiro, em Pätzig, ela escreveu:

> Se estivesse aqui, penso que existiriam momentos em que você não daria a mínima para mim. Quando eu cavalgo feito uma maníaca e falo em gírias com os peões, por exemplo. Às vezes tenho um estalo e penso que você se arrependeria se me visse assim. Quando eu ligo o gramofone e

> salto por toda a sala num pé só, arrastando-me numa meia com um furo enorme, eu desabo na cama horrorizada com o pensamento de você me ver agindo assim. Faço também coisas bem piores. Eu fumo um charuto simplesmente porque quero saber como é e, depois, me sinto tão mal que não consigo nem almoçar ou jantar. Ou então eu acordo à noite, visto um vestido longo e danço freneticamente na sala de estar, ou saio para um passeio com Harro [o cão] e durmo toda a manhã seguinte.
>
> Posso entender se achar isso terrível, e certamente tentarei não fazer coisas do tipo quando você estiver aqui, mas elas acontecem às vezes, e eu tenho que desabafar de alguma forma. Estou certa, porém, que a Cruz Vermelha[1] vai melhorar um pouco meu comportamento e lhe poupar o trabalho.[2]

Maria parecia desconhecer os perigos enfrentados pelo noivo nos meses anteriores à prisão — até que a avó tagarela deu a ela motivos para se preocupar numa carta em 16 de fevereiro. A carta insinuava tamanhos riscos que Maria ficou significativamente perturbada. Ela "escreveu" a Dietrich outra vez no diário:

> Não posso continuar assim. Tenho de saber — você está realmente em perigo? O que estou fazendo, Dietrich? Perdoe minha fraqueza. Eu devo ligar para você. Preciso ouvir de seus lábios o que está acontecendo. Por que você não me mantém informada? Não entendo você. Talvez não perceba o que vem fazendo comigo. O pensamento de que algo possa acontecer com você é insuportável, não percebe? Não percebe que, desde que o conheci, eu não tenho sido capaz de afastar meus temores por sua segurança?
>
> Eu disse que poderia me ligar ou escrever! Diga-me que está tudo bem, Dietrich, e que você não está nervoso, pois tudo que eu ouvi veio de minha avó, não de você. Oh, Dietrich, me diga, eu imploro.[3]

Por três semanas ela manteve suas preocupações restritas ao diário, mas, em 9 de março, Maria quebrou as regras do noivado e telefonou para Dietrich

[1] Ela esperava iniciar em breve um trabalho de enfermagem em Hanover.

[2] Ruth-Alice von Bismarck e Ulrich Kabitz, eds. *Love Letters from Cell 92: The Correspondence Between Dietrich Bonhoeffer and Maria von Wedemeyer, 1943-45*, p. 342-343.

[3] Idem, p. 343.

em Berlim. Não sabemos se sua mãe soube do telefonema. No dia seguinte, Maria enviou a ele uma carta de verdade:

> Eu falei com você e ouvi sua voz. Dietrich, querido, ainda pode se lembrar de cada palavra que trocamos? "Ei", você disse, "qual é o problema?". E, oh, como as lágrimas rolaram pela minha face, embora eu tentasse tanto não chorar, e certamente não o tivesse feito desde a pausa para o almoço. E no início você não compreendeu aonde eu queria chegar. Eu me expressei tão estupidamente, não é? Mas então você riu. Foi tão lindo aquele riso. E pensar que você pudesse rir daquele jeito! Sinto-me grata por tudo. Quando você riu e me disse para não ficar preocupada, eu soube que não era verdade o que a minha avó dissera, que toda a minha preocupação e pranto haviam sido desnecessários e que você estava bem e feliz por eu ter ligado. Foi por isso que você sorriu, não foi? Porque você estava feliz. Depois disso, eu ri também.[4]

No mesmo dia, Bonhoeffer escreveu para Maria. Desconhece-se o que eles decidiram a respeito da proibição das cartas, mas parece que ambos se cansaram da falta de comunicação. Apaixonados como estavam, eles queriam estar juntos e, se não pudessem estar juntos, tinham de ao menos escrever um para o outro.

> Querida Maria,
> Ainda posso ouvir meu coração batendo, e tudo dentro de mim tem sofrido uma espécie de transformação — da alegria à surpresa, mas também ao desalento por sua preocupação. Sempre faço coisas tolas do tipo. Se estivesse aqui e nós pudéssemos conversar, eu lhe diria o que falei para a sua avó. Não, você não precisa ter um instante de preocupação — eu tampouco estou preocupado. É claro, você sabe, pelo pouco que dissemos um ao outro, que o perigo existe não somente do lado de lá [nos campos de batalha], mas aqui também, às vezes menos, às vezes mais. Que homem hoje tem o direito de se esconder e evitar o perigo? E que mulher hoje não deveria compartilhar isso, ainda que o homem, de bom grado, a aliviasse desse fardo? E quão indescritível seria a felicidade do homem cuja mulher que ele ama o apoia com coragem, paciência e, acima de tudo — com oração. Querida e boa Maria, não estou

[4] Idem, p. 343-344.

> fantasiando — algo para o qual tenho pouca tendência — quando lhe digo que a sua presença de espírito tem sido um auxílio manifesto nas últimas semanas. Entristece-me muito, no entanto, que eu lhe tenha causado angústias. Portanto, por favor, fique calma e confiante e feliz novamente, e pense em mim como fez até aqui, assim como eu tenho pensado constantemente em você.[5]

Duas semanas depois, Bonhoeffer voltou a escrever. Falou de sua visita à avó de Maria no hospital. A velha senhora não parecia bem, e Bonhoeffer sabia que ela continuava incomodada pelas "memórias das dificuldades do inverno passado — as quais, é claro, nos distanciaram".[6] A seu ver, uma carta de Maria a aliviaria. De fato, ela vinha planejando visitar a avó e falou sobre isso com Dietrich no dia 26 de março. Maria também tinha boas notícias. Ela fora "dispensada temporariamente" do *Reicharbeitsdienst*, um programa nacional que colocava moças solteiras numa espécie de serviço militar. Maria temera essa possibilidade e ficou feliz com a opção de trabalhar como enfermeira. Um ano depois, quando a ameaça reapareceu, o pai de Bonhoeffer a contratou como sua secretária na casa da família. O casamento de Renate com Bethge foi acelerado para que ela também pudesse evitar o odioso serviço militar.

Apenas dez dias após a carta, Maria sentiu que algo andava errado. Em seu diário no dia 5 de abril, escreveu a Dietrich novamente. "Aconteceu alguma coisa ruim?", perguntou. "Temo que seja algo muito ruim".[7] Ela não fazia ideia de que ele havia sido preso naquele dia, mas sentiu um mau presságio intenso e o registrou no diário. Nesse período ela não tinha comunicação alguma com Bonhoeffer ou a família dele.

No dia 18 de abril, Maria estava em Pätzig para o crisma de seu irmão Hans-Werner. Na época seus sentimentos a respeito da situação efervesciam, e ela decidira então desafiar a insistência da mãe em proibir seus encontros com Bonhoeffer. Disse muitas coisas a seu cunhado Klaus von Bismarck naquele dia. Mas pouco tempo após a conversa, ela e os Bismarck retornaram à mansão, onde falaram com o tio Hans-Jürgen von Kleist. Ele sabia da prisão de Bonhoeffer e lhes contou a respeito. Foi a primeira vez que Maria tomou conhecimento do fato.

[5] Idem, p. 344-345.
[6] Idem, p. 345-346.
[7] Idem, p. 347.

Agora era tarde demais para revê-lo. Pelo resto da vida, Maria lamentaria não ter desafiado antes as vontades de sua mãe. A sra. Von Wedemeyer veio a se arrepender de suas ações e reprovou a si mesma, e Maria teve o cuidado de perdoá-la.

Primeiros dias em Tegel

A Gestapo estivera coletando informações sobre seus rivais na Abwehr durante um longo tempo. Para ela, nada mais importava além de arrastar essa organização de patifes pelo calcanhar. Mas Canaris foi tão sagaz, e Oster e Dohnanyi foram tão cuidadosos, que era quase impossível desvendar a fundo os seus propósitos. Ainda assim, a Gestapo tinha a sensação de que a Abwehr era um bastião de intrigas e talvez até mesmo de conspiração contra o Reich e, à sua maneira, descobriu o possível até possuir informações suficientes para realizar as prisões. E então viria o golpe definitivo.

No dia em que Bonhoeffer foi detido, a Gestapo também prendeu Dohnanyi e Joseph Müller, levados para a prisão de Wehrmacht na Lehrterstrasse por oficiais superiores. A irmã de Bonhoeffer, Christine, também foi presa, bem como a mulher de Müller. Ambas foram encaminhadas para a prisão feminina de Charlottenburg. Apenas Bonhoeffer foi levado para a prisão militar de Tegel. Meses depois, Bonhoeffer escreveu um relato de seus primeiros dias ali:

> As formalidades de admissão foram efetuadas corretamente. Para a primeira noite, fui encerrado numa cela de admissão. Os cobertores sobre o leito tinham um cheiro tão fétido que, apesar do frio, era impossível usá-los. Na manhã seguinte, atiraram um pedaço de pão dentro da cela; tive de ajuntar os farelos no chão. Um quarto do café era composto de pó. O som dos abusos vis que os funcionários da prisão cometiam contra os prisioneiros detidos para investigação penetrara em minha cela pela primeira vez; desde então, ouço-o todos os dias, da manhã até a noite. Ao ser obrigado a me apresentar junto com os outros novos detentos, fomos tachados por um dos carcereiros como "vagabundos" etc. Foi perguntado a cada um o motivo da detenção, e, quando eu disse que não sabia, o carcereiro respondeu com um riso sarcástico: "Você vai descobrir em breve". Passaram-se seis meses até eu receber um mandado de prisão. Ao percorrer os diversos escritórios, alguns suboficiais que souberam de minha profissão queriam trocar algumas poucas palavras

> comigo [...]. Fui levado à cela mais isolada do último andar; um aviso que proibia o acesso sem permissão especial foi afixado. Disseram-me que minha correspondência estaria suspensa até segunda ordem e que, ao contrário dos outros prisioneiros, não me seria permitido ficar ao ar livre por meia hora, embora, de acordo com o regulamento da prisão, eu tivesse o direito. Não recebi jornais nem qualquer coisa para fumar. Após quarenta e oito horas, minha Bíblia foi devolvida; examinaram-na para ver se eu havia contrabandeado serras, lâminas de barbear, ou coisas do tipo para dentro da prisão. Pelos doze dias seguintes, a porta da cela foi aberta somente para a comida e para retirarem o balde. Nenhuma palavra me foi dita. Nada me disseram sobre a razão da minha detenção, ou quanto tempo ela duraria. Deduzi pelos diversos comentários — o que se confirmou mais tarde — que eu tinha sido alojado na seção para os casos mais graves, onde estavam os prisioneiros condenados.[8]

Nos doze primeiros dias, Bonhoeffer foi tratado como um criminoso. As celas em torno dele mantinham homens condenados à morte, um dos quais chorou durante toda a primeira noite de Bonhoeffer em Tegel, impossibilitando o sono. Na parede da cela, lia-se a pichação retorcida de um ocupante anterior: "Em cem anos tudo estará acabado".[9] Mas, a partir desse início desalentador, a situação melhoraria no decorrer das semanas e meses. Comparado aos primeiros dias, a maior parte dos dezoito meses que Bonhoeffer passaria em Tegel não eram tão ruins.

Mas existia determinado ponto em que os dias eram idênticos. Do início ao fim, Bonhoeffer conservou a disciplina diária na oração e meditação bíblica que ele vinha praticando há mais de uma década. A cada manhã ele meditava por pelo menos meia hora num versículo das Escrituras. E ele intercedia pelos amigos e parentes, bem como pelos irmãos da Igreja Confessante nas linhas de frente ou nos campos de concentração. Após recuperar a Bíblia, horas do dia foram dedicadas à leitura. Em novembro ele havia completado o Antigo Testamento duas vezes e meia. Da oração dos Salmos, extraía a força necessária, assim como fizera em Zingst, Finkenwalde, Schlawe, Sigurdshof, e em

[8] Mary BOSANQUET, *The Life and Death of Dietrich Bonhoeffer*, p. 247-248.

[9] Eberhard BETHGE, *Dietrich Bonhoeffer: Man of Vision, Man of Courage*, p. 734. Citações são da edição Augsburg.

tantos outros lugares. Bonhoeffer disse certa vez a Bethge, que estava prestes a embarcar numa viagem, que era ainda mais importante praticar as disciplinas diárias quando distante, a fim de se obter uma sensação de solidez, continuidade e clareza. E agora, arrastado rudemente para uma atmosfera de intensa diferença da casa dos pais, ele manteve as mesmas disciplinas.

No início, Bonhoeffer ficou no último andar da prisão, o quarto, mas logo foi removido para o terceiro, "numa cela com visão para o sul, uma vista extensa desde o pátio da prisão até a floresta de pinheiros".[10] A cela, de número 92, foi imortalizada no livro *Love Letters from Cell 92*.[11] Era composta de uma cama assoalhada por tábuas, um banco preso à parede, um assento, um balde, uma porta de madeira com uma minúscula janela através da qual os guardas podiam observá-lo, e uma janela não tão pequena acima de sua cabeça que providenciava luz e ar fresco. Poderia ser pior. A família Bonhoeffer vivia a dez quilômetros ao sul e o visitava com frequência, trazendo comida, roupas, livros e outras coisas. No pós-escrito de sua primeira carta para casa, nove dias após chegar, Bonhoeffer pediu "chinelos, cadarços (pretos, compridos), graxa de sapato, papel de carta e envelopes, tinta, cartão de fumante, creme de barbear, bem como material de costura e uma muda de terno".[12]

Bonhoeffer vivera na simplicidade antes. Por três meses em Ettal, habitou no cubículo de um monge e mal se fixou em algum lugar ao longo dos últimos anos. Mesmo seu quarto na Marienburgerallee nº 43 era mobiliado num formato espartano.

E sua situação teria melhorias em vários aspectos. No início, teve de aderir à rigorosa regra de uma carta a cada dez dias, e essas cartas não podiam ultrapassar uma página. Isso o irritou bastante. Bem depressa, porém, vários guardas simpatizaram-se com ele e puderam repassar sorrateiramente outras cartas. A consequência feliz foi uma torrente de movimentação epistolar muito além das poucas cartas "oficiais" que ele podia escrever no ciclo de dez dias. Entre novembro de 1943 e agosto de 1944, Bonhoeffer escreveu duas

[10] Wolf-Dieter ZIMMERMANN e Ronald G. SMITH, eds., *I Knew Dietrich Bonhoeffer*, p. 222.

[11] O editor dessas cartas extraordinárias é a irmã de Maria, Ruth-Alice von Bismarck. Antes da morte prematura por câncer em 1997, Maria cedeu à irmã a permissão para publicar as cartas, que contam a história de seu relacionamento com Dietrich Bonhoeffer e oferecem contextos e conjunturas não encontrados em outros lugares.

[12] *Letters and Papers from Prison*, vol. 8, *Dietrich Bonhoeffer Works*, p. 21.

centenas de páginas completas somente para seu amigo Eberhard Bethge. Não havia o piano, mas com o tempo ele teria muitos livros e jornais. Os pais enviariam pequenos presentes de todos os tipos, inclusive flores para seu aniversário, como queria Maria. Ela chegou a presenteá-lo com uma enorme árvore de Natal em dezembro, embora grande demais para caber na cela; foi colocada na sala dos guardas. Para substituir a árvore, Maria lhe trouxe uma coroa do Advento. Ele preencheria o lugar com as obras de arte favoritas, e teria seu tabaco.

Mas as perspectivas de Bonhoeffer não dependiam dessas amenidades. Sua primeira carta para a família desenha um retrato de sua atitude:

> Queridos pais! Antes de mais nada, quero que saibam e acreditem de verdade que eu estou indo bem. Lamentavelmente, não tive permissão para escrever antes, mas estive bem durante os dez primeiros dias. É estranho, mas os desconfortos geralmente associados à vida na prisão, as privações físicas, não me incomodam tanto assim. É possível satisfazer-se com o pão seco pela manhã (há uma variedade de extras também). A dura cama da prisão já não me preocupa tanto, e é possível dormir à vontade das oito da noite até as seis da manhã. O que me deixou particularmente surpreso foi que eu quase não senti vontade de fumar desde que vim para cá. Creio que nisso tudo o fator psíquico desempenha um papel decisivo. Um transtorno mental violento como esse que é provocado por uma detenção súbita traz consigo a necessidade de se criar pontos mentais de referências e conformar-se com uma situação inteiramente nova — tudo isso faz que o lado físico passe para segundo plano e perca sua importância, e é algo que sinto como um verdadeiro enriquecimento de minha experiência. Não estou tão desacostumado a ficar sozinho como outras pessoas. É certamente uma bela sauna espiritual. A única coisa que me incomoda ou me incomodaria é o pensamento de que vocês estejam atormentados pela angústia a meu respeito, e não estejam dormindo ou comendo direito. Perdoem-me por lhes causar tanta preocupação, mas acho que um destino hostil é mais culpado do que eu. Para compensar isso, é bom ler e decorar os hinos de Paul Gerhardt, como tenho feito. Aliás, tenho comigo a minha Bíblia e algum material de leitura da biblioteca daqui, além de papel suficiente para escrever.
>
> Vocês podem imaginar que eu estou mais particularmente aflito em relação a minha noiva. É muita coisa para ela suportar, ainda mais após

ter perdido recentemente o pai e o irmão. Como filha de um oficial, talvez seja difícil para ela a assimilação de meu aprisionamento. Se eu pudesse lhe falar algumas poucas palavras! Agora cabe a vocês fazerem isso. Talvez ela vá visitá-los em Berlim, o que seria bom.

As celebrações do septuagésimo quinto aniversário completaram catorze dias hoje. Foi um dia esplêndido. Ainda posso ouvir o coral que nós cantamos de manhã e à noite, com as vozes e os instrumentos: "Louvado seja o Senhor, o Todo-poderoso, o Rei da Criação [...]. Ele te abriga sob as asas, sim, e delicadamente te sustentará". É verdade, e é nisso que devemos sempre confiar.

A primavera se aproxima. Terão muito a fazer no jardim; espero que os preparativos para o casamento de Renate estejam indo bem. Aqui no pátio da prisão há um sabiá que canta belamente pela manhã e agora também no entardecer. Fica-se grato por poucas coisas, o que é positivo, com certeza. Até logo, por enquanto.

Penso em vocês e no resto da família e em meus amigos com gratidão e amor.

Dietrich[13]

A criação de Bonhoeffer lhe assegurou o distanciamento da autopiedade, algo que lhe causava repulsa nos outros e que ele não toleraria em si mesmo. Seus pais sabiam que ele seria resistente e corajoso; todos os filhos eram assim, e assim seriam até o fim. Pode-se visualizar isso na última carta de Walter em 1918,[14] em que procurou minimizar o sofrimento e expressar preocupação com os companheiros soldados. A intenção dos escritos de Bonhoeffer era tranquilizá-los. A carta anterior e muitas das outras que ele escreveu foram lidas por Manfred Roeder, o promotor responsável pelos interrogatórios. Bonhoeffer escrevia em dois níveis: um para os pais, outro para o conjunto hostil de olhos a perscrutá-lo em busca de provas incriminadoras. Mas o segundo nível não pretendia apenas evitar que algo incriminador fosse dito: ele usou essa e outras cartas para retratar um quadro específico para Roeder. O seu intento era conceder a Roeder um âmbito geral na interpretação das coisas ditas por ele nos interrogatórios. Mesmo numa carta inócua e verdadeira como essa, Bonhoeffer empenhava-se simultaneamente numa tática de enganação.

[13] Idem, p. 21-22.
[14] V. p. 39.

Qual era o motivo exato de sua detenção? Bonhoeffer acabaria executado pelo envolvimento no complô contra Hitler, mas não foi preso por isso. Em abril de 1943, os nazistas não tinham nenhuma suspeita da ligação de Bonhoeffer com a conspiração, ou de que houvesse uma conspiração, afinal. A conspiração permaneceria oculta até um ano depois do fracassado atentado a bomba de Stauffenberg. Pelos quinze meses seguintes, os motivos de sua detenção e de Dohnanyi eram mais inofensivos. Havia, por exemplo, o esquema de lavagem de dinheiro da Operação 7. A Gestapo não compreendia que a maior preocupação de Bonhoeffer e os outros era concernente ao destino dos judeus. Outro motivo: as tentativas da Abwehr em obter isenções militares para os pastores da Igreja Confessante. Bonhoeffer foi aprisionado por motivos relativamente menores, portanto. De certa forma, ele foi detido devido a sua relação com Dohnanyi, mais que qualquer outra coisa.

Por saber da ignorância dos nazistas em relação aos planos conspiradores, Bonhoeffer e os outros prosseguiram o jogo em níveis múltiplos de enganação. A conspiração mantinha-se em curso enquanto eles estavam atrás das grades. A qualquer momento Hitler seria assassinado, e eles seriam libertados. Assim, deveriam fazer tudo a seu alcance para impedir a descoberta da conspiração. Nada podia ser insinuado além daquilo que a Gestapo já sabia, o que não era muito. Eles fingiriam inocência das acusações e que não havia nada mais de valor a ser investigado. E conseguiriam.

Estratégia

Como parte do estratagema mais amplo, Dohnanyi e Bonhoeffer queriam preservar a ficção de que Bonhoeffer era um pastor inocente que pouco ou nada sabia sobre os assuntos de maior estatura. Dessa forma, todo o foco estaria em Dohnanyi, cuja brilhante mente jurídica e o maior conhecimento de detalhes intrincados poderiam ajudá-lo a se esquivar dos ataques de Roeder. Para tanto, Dohnanyi escreveu uma carta a Bonhoeffer na Páscoa — e não para a família, como seria de se esperar. Roeder leria a carta, e Dohnanyi queria moldar as coisas aos olhos dele. Escrita na Sexta-Feira Santa, 23 de abril, a carta diz:

> Meu caro Dietrich, não sei se me será permitido enviar-lhe esta saudação, mas hei de tentar. Os sinos estão tocando lá fora. É hora do culto [...]. Nem se pode imaginar quão infeliz estou por você, Christel, as

> crianças, e os meus pais, tendo que sofrer assim, e também por você e minha querida esposa terem a liberdade tomada. *Socios habuisse malorum*[15] pode ser um conforto, mas o *habere*[16] é um fardo tão pesado [...]. Se me fosse dado saber que todos — e você em particular — não me veem com severidade, eu me sentiria tão aliviado. O que eu não faria para saber que todos estão livres de novo; o que eu não assumiria por conta própria se você pudesse ser poupado dessa aflição.[17]

Um motivo para a família Bonhoeffer poder agir tal qual um viveiro de sedição era a inteligência formidável e a habilidade de se comunicar confortavelmente em diversos níveis de uma única vez, confiantes que eram na compreensão mútua. Bonhoeffer podia agora escrever cartas para a família, e Dohnanyi podia escrever cartas para Bonhoeffer, na certeza de que elas seriam lidas e compreendidas em dois níveis. Havia a confiança de que os pais pudessem distinguir quais partes das cartas se destinavam a eles — e quais partes tinham a pretensão de ludibriar Roeder. É possível dizer que eles tenham atuado assim durante anos, já que qualquer coisa dita no Terceiro Reich podia ser captada pela facção errada, mas a tática seria aprimorada para uma agudeza que lhes permitiria atuar avante de seus oponentes.

Antes das prisões, a família já havia desenvolvido métodos de comunicação para ocasiões como essa. Inserir mensagens codificadas nos livros que os presos estavam autorizados a receber era uma das alternativas. Bonhoeffer recebeu muitos livros dos pais e os devolvia após concluí-los. Para indicar a existência de uma mensagem codificada, eles sublinhavam o nome do proprietário do livro numa página em branco ou na contracapa. Se *D. Bonhoeffer* estivesse sublinhado, o receptor saberia da existência de uma mensagem. A mensagem em si era comunicada através de uma série de marcas minúsculas de lápis nas páginas dos livros. A cada três ou a cada dez páginas — o número parece variar —, um ponto a lápis pouco visível estaria colocado sob uma letra. Dez páginas depois, outra letra seria anotada com um ponto. As marcas iniciavam-se nas costas do livro e prosseguiam até as primeiras páginas. Num livro de trezentas páginas, por exemplo, havia espaço para um comunicado de

[15] "Ter um companheiro em infortúnio", do aforismo "A miséria adora companhia".

[16] "Ter (companhia)".

[17] Eberhard BETHGE, *Dietrich Bonhoeffer: A Biography*, p. 800-801.

trinta letras. Usualmente eram mensagens de extrema importância e perigo, tais como as informações que Dohnanyi dera ao interrogador, de modo que Bonhoeffer pudesse corroborá-las e não cometesse deslizes ou contradissesse algo que o companheiro dissera. Uma das mensagens era "O. reconhece oficialmente os códigos de Roma". Neste caso, "O." referia-se a Oster. Roeder, o promotor, via a linguagem codificada como um crime grave, mas descobriu-se depois que aquele era o padrão de sigilo da Abwehr para propósitos oficiais. Outra mensagem codificada em livro: "Não estou certo de que a carta com as correções de Hans foi encontrada, mas penso que sim". Apesar do exotismo aparente, os Bonhoeffer estavam a par de tudo.[18]

Renate Bethge recorda[19] que ela e os demais jovens tinham a tarefa de verificar as marcas de lápis pouco visíveis; os olhos juvenis eram mais aptos para enxergá-los. Eles utilizavam uma borracha para conferir a veracidade das marcas de lápis ou se eram apenas pequenas irregularidades na impressão original do livro. Christopher von Dohnanyi relembra outra maneira de repassar mensagens: "Você podia levar um vidro de geleia ou marmelada [...] em que houvesse uma tampa dupla. A tampa possuía uma dobra de papelão. Entre o papelão e o metal, minha mãe e o resto de nós cortávamos pequenos círculos, e ali escrevíamos as coisas mais perigosas!".[20] Hans von Dohnanyi escreveu cartas inteiras em grafia minúscula com a ajuda dessa papelaria secreta.

Ao longo dos dezoito meses em Tegel, a postura de Bonhoeffer como um pastor simples e idealista despreocupado com questões políticas funcionou bem. Ele representou com perfeição o papel de alienado, tanto nos interrogatórios quanto nas cartas muitas vezes extensas que escrevia para Roeder: "Sou a última pessoa a negar que eu possa ter cometido erros num trabalho tão estranho, tão novo e tão complicado como a Abwehr. Tenho dificuldade frequente em acompanhar a velocidade de suas perguntas, provavelmente por não estar acostumada a elas". Ele incorporou o arquetípico pastor luterano da

[18] BETHGE, *Man of Vision*, p. 716.

[19] Renate BETHGE, entrevista por Martin Doblmeier, *Bonhoeffer: Pastor, Pacifist, Nazi Resister. A documentary film by Martin Doblmeier*, Universidade de Princeton. Cenas não utilizadas citadas aqui com a permissão do diretor.

[20] Christopher VON DOHNANYI, entrevista por Martin Doblmeier, *Bonhoeffer: Pastor, Pacifist, Nazi Resister. A documentary film by Martin Doblmeier*, Universidade de Princeton. Cenas não utilizadas citadas aqui com a permissão do diretor.

época, um eclesiástico ingênuo deslocado do mundo que pouco sabia das intrigas de alto nível; o sofisticado supergênio jurisprudencial Dohnanyi é quem sabia das coisas importantes: "Foi meu cunhado quem sugeriu a ideia, devido a minhas conexões na igreja, de eu entrar no serviço da Abwehr. Apesar de escrúpulos interiores consideráveis, aproveitei a oferta dele porque ela me proporcionaria uma atuação na guerra que eu desejava desde o início das hostilidades, mesmo que fazendo uso de minha capacidade como teólogo".[21]

Fingindo que trabalhar pela Abwehr amenizava a mágoa por causa das acusações da Gestapo, que o haviam levado a ser proibido de pregar e de escrever, Bonhoeffer rodopiava sobre um abismo:

> Isso significava um imenso alívio interior, pois eu vi a oportunidade propícia para reabilitar-me aos olhos das autoridades estatais. Eu estava ansioso por retrucar a acusação ofensiva e, a meu ver, completamente injustificada contra mim. A possibilidade de ser utilizado por um departamento militar foi, para a minha pessoa, de importância imensa. Fiz um sacrifício enorme por essa chance de reabilitação e pelo meu trabalho a serviço do Reich, ou seja, a entrega de todos os meus contatos ecumênicos para uso militar.[22]

Ele fingia todo o tempo a atitude luterana característica em relação a autoridades estatais, originada numa compreensão simplista de Romanos 13. Bonhoeffer simulava descrença e ressentimento com a própria insinuação de que pudesse questionar o Estado:

> Não consigo acreditar nas acusações que são feitas contra mim. Se fossem verdades, teria eu me voltado para uma família de velhos oficiais, na qual todos os pais e filhos têm combatido nos campos desde o início da guerra, muitos deles ganhando as mais altas condecorações e realizando os maiores sacrifícios da vida, para encontrar minha futura esposa, que perdera tanto o pai quanto o irmão na linha de frente? Se fossem verdades, teria eu abandonado todos os compromissos que eu havia empreendido na América e retornado para a Alemanha antes da eclosão da guerra, onde naturalmente me restaria apenas esperar a

[21] BETHGE, *Dietrich Bonhoeffer: A Biography*, p. 813-814.

[22] Idem, p. 814-815.

convocação? Se fossem verdades, teria eu me voluntariado como capelão do Exército, logo após a guerra explodir?[23]

Poucos desses nazistas teologicamente ignorantes sabiam que o homem com quem lidavam elaborara uma defesa teológica da enganação contra tipos como eles. Em determinados aspectos, Bonhoeffer era o pior pesadelo de seus perseguidores. Ele não era um pastor "mundano" ou "comprometido", mas um pastor cuja própria devoção a Deus dependia da enganação dos poderes malignos ordenados contra ele. Ele servia a Deus ao guiá-los a um longo percurso ilusório.

"Dez anos depois"

Bonhoeffer escrevera um ensaio poucos meses antes de sua prisão, intitulado "Dez anos depois: uma prestação de contas na virada do ano 1943". No Natal de 1942, entregou cópias a Bethge, Dohnanyi e Hans Oster, e escondeu uma quarta cópia no teto de seu quarto no sótão. O ensaio é uma avaliação do que eles atravessaram e aprenderam nas experiências incomuns dos dez anos desde a ascensão de Hitler, e nos ajuda a visualizar um pouco mais o modo de pensar que os encaminhou para as medidas extraordinárias que eles executaram e continuavam a executar contra o regime nazista. E confirma o papel crucial de Bonhoeffer na conspiração, um norteador moral e teológico. Ele os auxiliara a enxergar precisamente por que eles tinham de fazer o que faziam; não porque era conveniente, mas correto; porque era a vontade de Deus.

O texto começa com um enquadramento das circunstâncias:

> É de perguntar se jamais houve na história humana pessoas com tão pouco chão abaixo dos pés — para as quais toda alternativa possível do presente parecesse igualmente intolerável, repugnante e fútil, que buscaram, além das alternativas existentes, a fonte de sua força tão dedicadamente no passado e no futuro, e que no entanto, sem serem fantasistas, foram capazes de aguardar o êxito de sua causa com tamanha tranquilidade e confiança [...].
>
> O grande baile de máscaras do mal estabeleceu o caos em todos os nossos conceitos éticos. Que o mal possa tomar a forma da luz, da caridade, da necessidade histórica, da justiça social, é de desconcertar

[23] BETHGE, *Man of Vision*, p. 720.

> todo aquele que foi criado sobre os conceitos éticos tradicionais. Para o cristão que baseia sua vida na Bíblia, é somente a confirmação da iniquidade fundamental do Maligno.[24]

Na sequência ele descarta as respostas padronizadas às motivações do conflito e demonstra por que cada uma delas iria falhar. "Quem permanece firme?", questiona. "Somente o homem cujo critério final não é a própria razão, os princípios, a consciência, a liberdade, a virtude, mas aquele que estiver disposto a sacrificar tudo isso ao ser chamado para a ação responsável e obediente, na fé e na submissão exclusiva a Deus — o homem responsável, que pretende transformar a sua vida inteira numa resposta à pergunta e ao chamado de Deus".[25]

Esse era o modo com que Bonhoeffer visualizava suas ações. Ele redefinira teologicamente a vida cristã como algo ativo, não reativo. Não tinha nada a ver com evitar o pecado ou com a mera conversação ou ensino ou crença em noções ou princípios ou regras ou dogmas teológicos. Tinha tudo a ver com viver uma existência completa em obediência ao chamado de Deus por meio da ação, uma dedicação que envolvia não só a mente, mas também o corpo. É o chamado de Deus para a plenitude humana: viver como seres humanos obedientes àquele que nos criou, o cumprimento de nosso destino. Não uma existência acanhada, compromissada, circunspecta, mas uma existência vivida numa espécie de liberdade natural, alegre e integral — isso era obedecer a Deus. É de se duvidar que Dohnanyi ou Oster tenham compreendido o ensaio como Bethge, mas eram homens brilhantes que seguramente compreendiam o suficiente para solicitar o conselho e a participação de Bonhoeffer naquilo que eles estavam realizando.

Bonhoeffer falou sobre como a tendência alemã para o autossacrifício e submissão à autoridade fora usada para fins malignos pelos nazistas; somente uma compreensão profunda e o compromisso com o Deus da Bíblia poderiam suportar tamanha iniquidade. "Tal conceito se baseia num Deus que exige o livre risco de fé de uma ação responsável", escreveu, "e que promete perdão e consolo a quem se torna pecador nesse empreendimento".[26]

Aqui reside a complicação: é preciso ser mais zeloso ao agradar a Deus do que ao evitar o pecado. É preciso sacrificar a si mesmo por completo aos pro-

[24] *Letters and Papers from Prison*, p. 3-4.

[25] Idem, p. 5.

[26] Idem, p. 14.

pósitos de Deus, até mesmo a ponto de, eventualmente, cometer erros morais. A obediência a Deus deve ir avante, zelosa e livre, e ser um mero moralista ou pietista impossibilitaria a vivência humana:

> Se quisermos ser cristãos, temos de partilhar da grandeza de coração de Cristo ao agir com responsabilidade e em liberdade no momento de perigo, e ao demonstrar compaixão autêntica que brota não do medo, mas do amor libertador e redentor de Cristo por todo aquele que sofre. A espera e a observância passiva não são comportamentos cristãos. O cristão é chamado para a compaixão e a ação, não pelos próprios sofrimentos, mas pelo sofrimento dos irmãos, pelos quais Cristo sofreu.[27]

Bonhoeffer também fala da morte:

> Nos últimos anos, o pensar na morte tornou-se cada vez mais familiar para nós. Surpreendemo-nos pela serenidade com que ouvimos falar da morte de um de nossos contemporâneos. Não nos é possível odiar a morte, pois descobrimos algo positivo nela e quase já aceitamos suas condições. Basicamente, já sentimos que somos pertencentes a ela e que cada novo dia é um milagre. Não seria correto dizer que a morte é bem-vinda (embora todos conheçamos o cansaço que devemos evitar como a peste); somos curiosos a seu respeito — ou, para expressá-lo com maior seriedade, nós gostaríamos de ver algo mais sobre o significado dos fragmentos mutilados de nossa vida [...]. Ainda amamos a vida, mas não creio que a morte possa nos surpreender. Após as atribulações da guerra, quase não ousamos admitir que desejamos a vinda da morte não de forma repentina e acidental, mas na plenitude da vida e na totalidade de nossa causa. Seremos nós mesmos, não as circunstâncias externas, que transformaremos a morte naquilo que ela pode ser: uma morte livre e voluntariamente consentida.[28]

A vida em Tegel

Como chefe da Abwehr, o almirante Canaris fez tudo a seu alcance para providenciar cobertura a Dohnanyi e Bonhoeffer. Isso iria mudar em fevereiro

[27] Idem.

[28] Idem, p. 24.

de 1944, quando ele finalmente foi vencido e destituído por Himmler e a Gestapo. Nos dez primeiros meses em Tegel, porém, Bonhoeffer e Dohnanyi possuíam confiança na proteção de Canaris.

Bonhoeffer tinha uma vantagem adicional e bem significativa. Seu tio Paul von Hase era o comandante militar em exercício de Berlim e, portanto, principal superior da prisão militar de Tegel. Quando os guardas tomaram conhecimento do fato, a situação mudou por completo. Mal se podia acreditar: o sobrinho de Von Hase, um prisioneiro! Era como se uma celebridade se encontrasse entre eles. E não apenas por causa do tio, mas pelo grande mistério relacionado à prisão de Bonhoeffer. Ele era um pastor e, sem sombra de dúvidas, um inimigo do Estado nazista. Muitos ali eram igualmente contrários ao nazismo, e um fascínio inegável cresceu em torno de Bonhoeffer. E após o conhecerem, consideraram-no, mesmo os guardas que os próprios colegas desprezavam, genuinamente amável e generoso — algo surpreendente para muitos. Ele era um homem bom de verdade, uma repreensão viva às forças que os oprimiam e contra as quais eles tinham tão pouco poder.

Na prisão foram concedidos privilégios a Bonhoeffer, por vezes devido ao nome do tio, mas com mais frequência porque os indivíduos naquele ambiente desagradável o viam como uma fonte de conforto e o queriam ali. Eles tinham o desejo de falar com ele, contar-lhe seus problemas, confessar-se a ele, e simplesmente tê-lo por perto. Ele aconselhou alguns prisioneiros condenados e também alguns guardas. Um deles, Knoblauch, ficou tão cativado por Bonhoeffer que veio a despender esforços imensos para ajudá-lo a fugir, como veremos em breve. Permitiram também que recebesse visitas isoladas na cela, ao contrário das ordens explícitas. E lhe foi permitido passar um tempo na enfermaria, onde atuou mais como um pastor na prisão do que como um prisioneiro. Em geral, Bonhoeffer empregou boa porção de seu tempo em Tegel em atividades pastorais, tanto que vez ou outra ele se sentia negligenciando o período que supostamente deveria destinar à escrita e à leitura.

O único Natal que passou em Tegel foi o de 1943. Harald Poelchau, um dos pastores oficiais da prisão, pediu-lhe para colaborar na elaboração de uma folha a ser distribuída aos detentos. Nela, Bonhoeffer escreveu uma série de orações, incluindo a seguinte:

> Ó Deus,
> Cedo de manhã, clamo a ti.
> Auxilie-me a orar,

> E a pensar somente em ti.
> Sozinho, não posso fazê-lo.
> Em mim há escuridão,
> Mas em ti há luz.
> Eu estou só, mas tu não me abandonas.
> Eu estou frágil de coração, mas tu não me deixas.
> Eu estou inquieto, mas em ti há paz.
> Em mim há amargura, mas em ti há paciência;
> Teus caminhos são incompreensíveis,
> Mas tu conheces o caminho para mim.[29]

Poelchau relembra a elegância de Bonhoeffer, mesmo na prisão:

> Um dia ele me pediu para acompanhá-lo num café [...] Contou-me de seu vizinho na cela ao lado, um oficial inglês que nos "convidara" a correr o risco de trocá-lo de cela. Nós o deslocamos num momento propício e fizemos uma pequena festa, com um fogão primário escorado nas sacas de areia que ficavam no canto de cada cela para uso em caso de ataques aéreos. Tomamos café, pão branco guardado para a ocasião, e conversamos, assuntos sérios e assuntos divertidos, o que nos ajudava a esquecer a guerra.[30]

A generosidade e a postura nobre de Bonhoeffer foram perceptíveis até seu último dia. Em Tegel, usou o próprio dinheiro para pagar a assistência jurídica a um jovem prisioneiro que não dispunha de condições; em outro momento, impôs a seu advogado de defesa a condução do caso de um companheiro aprisionado.

No verão de 1943, ao oferecerem uma cela mais fresca no segundo andar da prisão, ele recusou, por saber que a sua cela atual seria destinada a outra pessoa. E sabia ainda que grande parte de seu tratamento diferenciado ocorria em virtude da envergadura do tio. Ele escreveu que, após a descoberta de quem era seu tio por parte das autoridades penitenciárias, "foi constrangedor ver quanto as coisas mudaram". Porções maiores de comida passaram a ser oferecidas, mas recusadas. A sua melhor alimentação teria custado a de outros

[29] Zimmermann e Smith, *I Knew Dietrich Bonhoeffer*, p. 224-225.
[30] Idem, p. 223.

presos, e ele sabia disso. Bonhoeffer era às vezes grato pelas pequenas compaixões do tratamento preferencial e, às vezes, sentia-se enojado. Alguns dos funcionários da prisão chegaram a ponto de pedir desculpas após descobrirem quem era o tio dele. "Foi doloroso", escreveu.[31]

Bonhoeffer ficou indignado pela injustiça presente, e o modo com que vários dos guardas superiores abusavam dos presos o enfurecia. Ele usou sua posição para se pronunciar a favor dos sem condições. Em determinado momento, escreveu um relatório sobre a vida presidiária, com a intenção de atrair os olhos das autoridades para situações que precisavam de melhorias. Ciente de que o parentesco com Von Hase traria alguma atenção para esses problemas, ele apresentou capítulo e versículo das injustiças ali observadas, atuando como a voz dos que não têm voz, um comportamento que sempre incitara os cristãos a exercer.

Maria von Wedemeyer

O relacionamento de Bonhoeffer com Maria era um manancial de energia e esperança. Quando soube da prisão, a futura sogra de Dietrich sentiu-se movida a permitir que o noivado se tornasse público. Ele ficou muito grato pela gentileza. A expectativa real de um futuro em comum a vir em breve preencheu o casal. Os dois imaginavam que teriam de se manter calados a respeito da união até a conclusão do "ano" oficial, perto de novembro. Todos estavam convencidos de que Bonhoeffer estaria solto em pouco tempo, tão logo Roeder obtivesse respostas para suas perguntas e a situação em geral se esclarecesse, e assim o casamento também não demoraria a acontecer. Bonhoeffer não pôde escrever a Maria durante os dois primeiros meses em Tegel, mas repassou a ela as partes mais salientes de suas cartas por intermédio dos pais.

Nesse ínterim, em 23 de maio, ela visitou os pais dele em Berlim, onde foi recebida como a noiva de Dietrich. Maria passou um longo tempo sozinha no quarto do noivo, e em Hanover, no dia seguinte, escreveu-lhe uma carta:

> Meu querido, querido Dietrich,
> Pensou em mim ontem, não foi? Sinto-me como se você estivesse constantemente a meu lado, como se andasse a meu lado através de

[31] *Letters and Papers from Prison*, p. 248.

todas essas salas desconhecidas para encontrar todas essas pessoas, e como de repente tudo parecia tão familiar, acolhedor e muito afetuoso. Estou tão feliz pelo dia que passei em Berlim, Dietrich — tão inexprimivelmente feliz e grato a você e a seus pais. Penso que minha felicidade é tão profunda, tão firmemente enraizada, que a tristeza simplesmente não pode alcançá-la, por mais imensa que ela possa parecer às vezes.

Eu gosto de seus pais. No momento em que sua mãe me cumprimentou, soube que eu não iria me desapontar, e que você tem me dado infinitamente mais do que eu sempre sonhei. Oh, eu me apaixonei por tudo. A casa, o jardim e — mais que tudo — seu quarto. Não sei o que faria para poder me sentar lá outra vez, nem que fosse apenas para rever os borrões de tinta em sua escrivaninha. As coisas se tornaram tão reais e claras para mim, pois eu encontrei você na casa de seus pais ontem. A mesa onde escreveu seus livros e suas cartas para mim, sua poltrona e cinzeiro, seus sapatos no armário, seus quadros prediletos [...]. Nunca pensei que poderia sentir ainda mais saudade, mas senti, duas vezes mais desde ontem.

[...] Meu queridíssimo Dietrich, a cada manhã, às seis, quando nós dois dobramos nossos joelhos em oração, sabemos que podemos possuir uma grande fé, não só um no outro, mas muito, muito acima e além disso. E então não é mais possível se entristecer, não é? Escreverei em breve novamente.

Não importa o que eu pense ou faça, serei sempre sua.

Maria[32]

Na carta seguinte, em 30 de maio, ela se admirou com o fato de um ano ter se passado desde o fatídico encontro em Klein-Krössin. "Então já faz realmente um ano. Imagine só, acho quase incompreensível que você seja o cavalheiro que eu conheci na época, e com quem discuti nomes de pessoas, *Lili-Marlen*,[33] margaridas e outros assuntos. Minha avó me disse que você se lembrava do dia, e eu enrubesci com horror retrospectivo das coisas tolas que eu disse".

No início de junho, Roeder concedeu a Bonhoeffer a permissão para escrever a Maria. Depois da primeira carta dele, ela escreveu:

[32] Bismarck e Kabitz, *Love Letters from Cell 92*, p. 26-27.

[33] Canção popular da época, especialmente entre as tropas, que encerrava a transmissão da estação de rádio militar alemã toda noite.

9 de junho, 1943
Queridíssimo Dietrich,
Que carta linda você escreveu [...]. O fato de poder esperar outra carta como aquela em dez dias me coloca num estado de espírito tão incrivelmente bom. Mas, quando a leio, sinto-me tão feliz, e penso subitamente que terei de despertar deste sonho e perceber que nada disso é real, e rir de mim mesma por ter me atrevido a presumir tamanha felicidade. Veja só, minha felicidade ainda é muito maior que a minha tristeza — você tem de acreditar nisso de verdade. Não demorará muito até nos vermos de novo, tenho certeza, e digo isso a você e a mim, noite e dia [...].

Você disse que quer ouvir alguns planos para o casamento? Eu os tenho de sobra. Precisamos nos tornar noivos de forma oficial assim que ficarmos juntos outra vez. Pouquíssima gente na minha família sabe de nosso compromisso [...]. Você não vai livrar-se de uma festa de noivado, mas nos vamos casar logo depois disso. Gostaria que fosse no verão, quando Pätzig está mais bonita. Sempre tive vontade de lhe mostrar Pätzig em agosto. O que você viu da cidade até agora não conta. Eu planejei cada detalhe desse agosto. O modo em que eu iria encontrá-lo na estação, como eu iria passear com você e mostrar-lhe todos os meus lugares favoritos, as paisagens, as árvores, os animais, e como você iria adorá-los também, e então nós teríamos uma casa simples ali. Não fique deprimido e infeliz. Pense em quão felizes nós seremos mais tarde, e diga a si mesmo que talvez tudo isso tivesse de acontecer para que pudéssemos perceber quão linda a nossa vida vai ser e quão gratos por ela devemos ficar [...]. Você tem de começar a escolher os hinos e os textos imediatamente. Eu gostaria de "Sollt ich meinem Gott nicht singen"[34] e o salmo 103 [...]. Por favor, encaixe-os entre os outros. Quanto ao resto, estou aberta à persuasão e sugestão. Ah, a igreja de Pätzig, é claro [...].

Nós vamos ter uma lua de mel também! Onde? E depois? E depois o que mais importa é que sejamos felizes, nós dois. Nada mais tem muito valor, não é?

Já requisitei uma transferência para o Hospital Augusta em Berlim e agora estou esperando para tomar posse, o que pode acontecer nos próximos dias. Estar perto de você seria bem melhor, e eu espero poder visitar seus pais mais vezes. Pense em como será maravilhoso quando estiver livre novamente.

[34] "Não hei eu de louvar ao meu Deus?"

Meu querido Dietrich, se eu pudesse ao menos aliviar um pouco seu fardo. Não há nada que eu não daria por uma chance de fazê-lo. Estou com você a cada momento, ainda que tão distante, e eu anseio há muito tempo, de um jeito inexprimível, estar com você de verdade. Já sabe que sou sempre sua, não é?

Maria[35]

Maria obteve uma permissão de visita para o dia 24 de junho, embora Dietrich não soubesse disso. Seria a primeira de dezessete visitas. Dezesseis delas ocorreram entre essa data e 27 de junho do ano seguinte, 1944. A última visita aconteceu em 23 de agosto de 1944, um mês após o atentado de 20 de julho.[36] Mas naquele dia de junho de 1943, quando Maria veio revê-lo pela primeira vez, a esperança deles por um julgamento antecipado e a eventual soltura se achava bastante viva, e os dois pensavam constantemente no casamento vindouro.

As visitas eram sempre um tanto incômodas, pois eles nunca ficavam a sós. Roeder atuava como, digamos, uma dama de companhia. E de fato, no primeiro encontro dos dois em 24 de junho, Roeder surpreendeu Bonhoeffer ao trazer Maria para a sala. Bonhoeffer ficou perplexo. O que significava a presença dela ali? Uma tática desprezível, sem dúvida. "Eu me vi sendo usada como uma ferramenta pelo promotor Roeder", escreveu Maria anos depois. "Fui levada à sala sem praticamente aviso prévio nenhum, e Dietrich ficou visivelmente agitado. Ele reagiu com silêncio no começo, mas depois prosseguiu numa conversa normal; suas emoções só foram demonstradas na maneira tensa com a qual segurou minha mão".[37]

Quando o horário da visita terminou, Roeder conduziu Maria a uma direção, enquanto Bonhoeffer teve de sair por outra porta. Eles não se viam desde novembro. E agora, presenteados com momentos preciosos juntos, o reencontro terminava subitamente. Mas, assim que Maria estava prestes a sair da sala, ela manifestou o espírito independente e a força de vontade pela

[35] Bismarck e Kabitz, *Love Letters from Cell 92*, p. 33-34.

[36] Em 1943, Maria visitou Bonhoeffer nos dias 24 de junho, 30 de julho, 26 de agosto, 7 de outubro, 10 de novembro e 26 e 10 de dezembro. Em 1944, as visitas aconteceram em 1º e 24 de janeiro, 4 de fevereiro (dia do aniversário dele), 30 de março, 18 e 25 de abril, 22 de maio, 27 de junho e 23 de agosto.

[37] Bismarck e Kabitz, *Love Letters from Cell 92*, p. 27.

qual ficaria conhecida: ao olhar para trás e ver seu amado Dietrich atravessar a porta do outro lado da sala, ela, com impetuosidade, e obviamente contra a vontade de Roeder, correu de volta para a sala e abraçou seu noivo uma última vez.

Ao retornar para a cela, Bonhoeffer continuou a carta que escrevia a seus pais:

> Acabei de rever Maria — surpresa e alegria indescritíveis! Soube da visita poucos minutos antes. Ainda me parece um sonho — realmente, uma situação quase inimaginável — como iremos recordá-la um dia? O que se pode dizer num momento desse é tão trivial, mas não é isso o mais importante. Ela foi muito corajosa em vir; eu jamais lhe ousaria sugerir algo do tipo. É muito mais difícil para ela do que para mim. Sei onde estou, mas para ela é tudo inimaginável, misterioso, assustador. Pensem em como serão as coisas quando o pesadelo tiver acabado![38]

As primeiras cartas de Maria são repletas de ideias e planos para o casamento. Ela escreveu que havia iniciado a confecção do enxoval e, numa carta, anexou o desenho que fizera de toda a mobília em seu quarto, de modo que eles pudessem descobrir juntos como organizar os móveis na nova casa. Contou-lhe também que a avó decidira presenteá-los com o "sofá azul de Stettin, mais a mesa e as poltronas". Maria perguntava qual pastor deveria realizar o casamento e confessou a Dietrich que em setembro, antes de saberem o que aconteceria nos meses seguintes, e ainda pensando nele como um pastor, ela escrevera em seu diário que gostaria que ele realizasse seu casamento. "Que pena que isto seja impossível!", disse ela.[39]

Maria manteve a ideia fantasiosa de escrever para Bonhoeffer em seu diário. Após o segundo encontro, em 30 de julho, escreveu:

> Estava sentada no luxuoso sofá vermelho quando você entrou. Ao vê-lo daquele jeito, quase o chamei de "*Sie*".[40] Terno escuro bem ajustado, uma reverência formal ao *Oberstgerichtsrat*[41] [...] pouco reconhecível.

[38] *Letters and Papers from Prison*, p. 71-72.

[39] BISMARCK e KABITZ, *Love Letters from Cell 92*, p. 40-41, 44, 52.

[40] Em alemão, *Sie* é a maneira formal e educada de se dirigir a alguém, e *du* é a maneira informal, reservada para amigos íntimos e familiares.

[41] Juiz-advogado no posto de coronel; no caso, Roeder.

> Mas, quando olhei em seus olhos, vi aquela luz escura e afetuosa, e, quando você me beijou, eu soube que o tinha encontrado outra vez — encontrei-o de um jeito mais completo do que eu já o possuía antes.
>
> Foi tudo tão diferente da primeira vez. Você estava mais calmo e relaxado. E mais confiante também. Percebi isso mais que tudo, e foi isso que se apossou de meu coração triste e cabisbaixo e o tornou animado e feliz. Cada coisa que se fala nessas horas! [...] carros, o clima, a família.[42] Contudo, significam tanto e compensam o mês de solidão. Você me segurou em determinado momento. Embora eu estivesse tão calma por dentro, estava tremendo. Senti-me tão bem, sua mão tão calorosa, que eu queria que você a mantivesse ali, apesar de ela transmitir uma corrente que me preenchia e não deixava espaço para os pensamentos.[43]

Por volta desse período, os privilégios de escrita de Bonhoeffer foram estendidos a uma carta a cada quatro dias em vez dos dez anteriores. As cartas seriam alternadas entre Maria e os pais. Como eram remetidas antes ao censor, as mensagens levavam às vezes dez dias para alcançar o destinatário, ainda que, no caso de seus pais, a carta tivesse de se locomover pouco menos de doze quilômetros de sua cela até a casa deles. Bonhoeffer e Maria costumavam se escrever logo após uma visita. Eles não queriam escrever muito perto de uma visita agendada, pois correriam o risco de se encontrarem antes da carta chegar.

Depois dessa segunda visita, em 30 de julho, Maria escreveu a Bonhoeffer que, no trem de volta a Pätzig, ela esbarrara em seu tio Gerhard Tresckow. Ele era irmão de Henning von Tresckow, personagem central nas duas principais tentativas de assassinato de Hitler. Maria disse a Dietrich que, apesar do tio "não ter conhecimento" do noivado, ele se lembrava dela aos doze anos, e o convidou para o casamento, e ele respondeu que estava "determinado a não perder isso".[44]

Ela continuou a planejar o futuro dos dois, dizendo que o sofá azul da avó "ficará melhor em seu quarto", já que cairia bem no meio dos debates teológicos, das estantes de livros e da fumaça de cigarro. E o piano de cauda

[42] A maior parte das conversas eram supervisionadas por Roeder, que se sentava perto dos dois.

[43] Bismarck e Kabitz, *Love Letters from Cell 92*, p. 55.

[44] Idem, p. 58.

"ficará na sala de estar". As cartas entre eles eram divertidas e repletas de declarações de amor. Naquele agosto, Bonhoeffer escreveu: "Não há como imaginar o que significa para mim, em minha atual situação, ter você. Estou sob orientação especial de Deus. Tenho certeza. A meu ver, a maneira com que nos encontramos tão pouco tempo antes de minha prisão parece um indício definitivo disso. Uma vez mais, as coisas caminham 'hominum confusione et dei providential'".[45,46]

Na carta seguinte, Bonhoeffer escreveu o famoso trecho sobre o casamento ser um "'sim' ao mundo de Deus". O próprio noivado era um modo de viver aquilo em que ele acreditava. Tudo o que ele fazia, incluindo o compromisso com Maria, era "para Deus". Não era um cálculo, mas um ato de fé:

> Ao considerar o estado do mundo, a obscuridade total a amortalhar nosso destino pessoal, e meu atual aprisionamento, a nossa união — se não for frivolidade, o que certamente não é — só pode ser um sinal da graça e bondade de Deus, que nos exorta a crer nele. Quando Jeremias disse, no momento de necessidade mais extrema de seu povo, que "casas, campos e vinhas tornarão a ser comprados nesta terra",[47] foi um sinal de confiança no futuro, o que requer fé, e que Deus nos possa concedê-la diariamente. Não me refiro à fé que foge do mundo, mas a fé que perdura no mundo e ama e permanece fiel a este mundo, apesar de todas as vicissitudes trazidas a nós. Nosso casamento deve ser um 'sim' ao mundo de Deus. Tem de fortalecer nossa resolução de realizar e concluir algo na terra. Temo que aquele que se aventura a manter-se no mundo sob uma única perna permanecerá numa única perna também no paraíso.[48]

Um sermão de casamento de uma cela de prisão

Bonhoeffer não era o único membro da família compromissado. Renate, sua sobrinha de dezesseis anos, estava às vésperas de se casar com o melhor amigo dele, Eberhard. Caso não se casassem logo, ela seria convocada para servir

[45] "Segundo a confusão do homem e a providência divina".

[46] Bismarck e Kabitz, *Love Letters from Cell 92*, p. 58, 63.

[47] Jeremias 32:15

[48] Bismarck e Kabitz, *Love Letters from Cell 92*, p. 63-64.

no *Reichbarbeitsdienst*. A ideia do alistamento militar sob o regime de Hitler era um tanto mais odiosa para os Schleicher do que a filha se casar com seu amado Eberhard em um ou dois anos. A data foi marcada para o dia 15 de maio. Bonhoeffer tinha esperanças de pregar no casamento, mas mesmo as mais precoces expectativas de soltura não eram breves o bastante. Um sermão foi escrito, todavia. Não houve tempo de concluí-lo a tempo do casamento, mas, assim como tanto do que ele escreveu, o sermão encontrou uma audiência ainda maior que a esperada. Tornou-se um pequeno clássico, lido por diversas pessoas em aniversários.

Como em sua carta a Maria, na qual descreve o matrimônio como um "'sim' ao mundo de Deus", ele afirmou o papel de Deus no casamento vindouro de Bethge ao afirmar o próprio papel do casal na união. Para celebrar a Deus retamente, deve-se compreender e celebrar a humanidade em si. Bonhoeffer buscava constantemente corrigir a ideia de uma falsa escolha entre Deus e a humanidade, ou entre o céu e a terra. Deus quis redimir a humanidade e redimir este mundo, não aboli-los. Com a intenção característica de ser o mais claro possível, ele quase exagera seu ponto:

> Não devemos ter pressa demasiada aqui ao falar piedosamente da vontade e orientação divinas. É óbvia e impassível de ser ignorada a própria vontade humana de vocês a atuar aqui, e que aqui celebra o seu triunfo; o caminho que estão trilhando desde o ponto de partida é o caminho escolhido por vocês mesmos; o que fizeram e estão fazendo não é, em primeiro lugar, algo religioso, mas algo consideravelmente mundano [...]. A menos que possam dizer hoje, com ousadia: "Esta é a *nossa* resolução, *nosso* amor, *nosso* caminho", a união de vocês não passará de um refúgio na falsa piedade. "Ferro e aço poderão desaparecer, mas nosso amor durará para sempre". Este desejo pela bem-aventurança terrena que vocês querem encontrar um com o outro, e na qual, citando a canção medieval, um seja o conforto do outro, na alma e no corpo — esse desejo é justificado diante de Deus e do homem.[49]

Bonhoeffer procurava reivindicar todas as coisas para Deus, justamente como vinha fazendo há vinte anos. Ele diz que não apenas uma parte "religiosa" do matrimônio é importante, mas o conjunto inteiro. A liberdade para

[49] *Letters and Papers from Prison*, p. 41-42.

escolher um parceiro é uma dádiva de Deus, que nos criou à imagem dele. E o "desejo pela bem-aventurança terrena" não é algo que furtamos às escondidas de Deus, mas algo que ele quis que desejássemos. Não devemos separar essa parte da vida e do casamento de Deus, seja pela tentativa de escondê-la dele como pertencente unicamente a nós, seja pela tentativa de destruí-la em completo por meio de uma falsa piedade que nega a sua existência.

A bem-aventurança terrena e a humanidade pertencem a Deus, não num sentido "religioso" restrito, mas num sentido plenamente humano. Bonhoeffer era um defensor da ideia divina de humanidade, uma humanidade inventada por Deus, e que, ao participar dela através da encarnação, ele a redimiu. Mas, tão logo Bonhoeffer cravou seu ponto "plenamente humano" numa direção, ele retrocedeu para também cravar, num outro caminho, o ponto "plenamente divino":

> Vocês mesmos sabem que ninguém pode criar ou assumir tal vida por força própria; o que é dado a um é retido a outro, e isso é o que chamamos de orientação de Deus. Hoje, portanto, por maior que seja o júbilo da meta cumprida, maior será a gratidão pela vontade e o caminho de Deus os terem trazido até aqui, e, na confiança com que aceitam a responsabilidade pelo ato de hoje, vocês podem e irão colocá-lo hoje com igual confiança nas mãos de Deus.[50]

Assim são ambos, mas para vê-los com nitidez é necessário antes uni-los:

> Ao acrescentar o "sim" dele ao "sim" de vocês, ao confirmar a vontade dele com a sua vontade, e ao permitir e aprovar o seu triunfo e regozijo e orgulho, Deus os transforma ao mesmo tempo em instrumentos da vontade e do propósito dele tanto para vocês mesmos quanto para os outros. Em sua condescendência insondável, Deus acrescenta o "sim" dele; mas, ao fazê-lo, ele cria, do amor de vocês, algo novo — o bem sagrado do matrimônio.[51]

Bonhoeffer tentava com todos os recursos expressar o paradoxo quase inefável de uma relação apropriada com Deus. Ele tinha uma visão muito elevada

[50] Idem, p. 42.

[51] Idem.

do casamento: é "mais do que o amor mútuo" e "possui força e dignidades superiores, pois é ordenança sagrada de Deus, por meio da qual ele quer perpetuar a raça humana até o fim dos tempos". Talvez a frase mais memorável do sermão seja a seguinte: "Não é o amor de vocês que sustenta o casamento, mas de agora em diante é o casamento que sustenta o amor de vocês".[52]

Leitura

Bonhoeffer nunca imaginou ficar preso por muito tempo. No início, a intenção era ceder o tanto de informação possível ao promotor, na esperança de conseguir uma data para o julgamento. As acusações eram relativamente menores, e Dohnanyi e ele poderiam apresentar uma boa defesa e tinham a esperança de vencer. Mas Canaris e Sack, que trabalhavam nos bastidores em favor dos dois aprisionados, achavam melhor arrastar a situação. Eles queriam evitar a confrontação de um julgamento, especialmente porque os planos para assassinar Hitler estavam em andamento. Após o êxito do atentado, o julgamento seria irrelevante. Assim, passaram-se meses, e a batalha jurídica prosseguiu. Em outubro, Bonhoeffer completou seis meses, em Tegel. Aquilo durara muito mais do que ele havia pensado.

No intervalo de tempo entre as visitas da família e de Maria e as leituras e escritos e outras atividades, ele fez o melhor proveito. Karl e Paula Bonhoeffer o visitaram em 12 de outubro e lhe trouxeram dálias do jardim. No dia seguinte, escreveu a eles, dizendo que um verso de "Octoberlied", do poeta Theodor Storm,[53] não saía de sua cabeça:

Und geht es draussen noch so toll,
unchristlich oder christlich
ist doch die Welt, die schöne Welt
so gänzlich unverwüstlich.[54]

Para recordar-se disso, bastam algumas poucas flores joviais de outono, um olhar para fora da janela da cela, e meia hora de "exercícios" no

[52] Idem, p. 43.

[53] Poeta alemão dinamarquês, 1817-1888.

[54] Embora lá fora tudo se enfureça,/ de modo anticristão ou cristão,/ o mundo em si, o mundo da glória,/ é por inteiro imune à destruição.

> pátio da prisão, onde há, de fato, algumas belas castanheiras e tílias. Em última análise, porém, o "mundo" consiste em poucas pessoas que eu gostaria de ver e estar com elas. As aparições ocasionais de vocês e de Maria, por uma curta hora, como se vindos de uma grande distância, são realmente algo pelo qual e do qual eu vivo, na maior parte. Se, além disso, eu pudesse uma ou outra vez ouvir um bom sermão aos domingos — às vezes ouço fragmentos dos corais carregados pela brisa — seria ainda melhor [...].
>
> Tenho feito avanços positivos em meus escritos nos últimos tempos e, com o trabalho a que me propus fazer, os dias têm ficado bem curtos, de maneira que costumo ter, o que é bem cômico, a sensação de me "faltar tempo" aqui para essa ou aquela questão menos importante! Pela manhã, em torno das sete horas, após o café da manhã, leio um pouco de teologia e depois escrevo até o meio do dia; à tarde, dedico-me à leitura: um capítulo da história universal de Delbrück, um pouco de gramática inglesa, sobre a qual posso ainda aprender muita coisa, e por fim, dependendo de meu humor, escrevo ou leio de novo. À noite, portanto, estou cansado o suficiente para ficar feliz por me deitar, o que não significa dormir de imediato.[55]

O montante de leitura e escrita que Bonhoeffer produziu nos dezoitos meses em Tegel é definitivamente impressionante. Numa carta a Eberhard Bethge em dezembro, escreveu:

> De forma bem casual, estive lendo recentemente uma história da Scotland Yard, uma história da prostituição, concluí o Delbrück — considerei-o um tanto desinteressante em seus questionamentos —, os sonetos de Reinhold Schneider — bem variáveis em qualidade, alguns muitos bons; no conjunto, as novas produções me parecem carecer de *hilaritas* — "alegria" — a qual se supõe ser encontrada em qualquer realização intelectual livre e grandiosa. Tem-se a impressão constante de uma produção algo tensa e torturante em vez da criatividade livre [...]. No momento, leio um romance inglês gigantesco que vai de 1500 até os nossos dias, de Hugh Walpole, escrito em 1909. Dilthey também tem me interessado bastante, e, durante uma hora por dia, estudo o manual da equipe médica, para qualquer eventualidade.[56]

[55] *Letters and Papers from Prison*, p. 119.

[56] Idem, p. 189.

Era apenas a ponta do *iceberg*. Meses antes, ele queria ler o épico medieval *Witiko*, de Adalbert Stifter, e insistira por uma cópia aos pais, mas eles não a encontraram. Para seu espanto, uma cópia foi encontrada na biblioteca da prisão. Ele ficou comovido. Os expurgos liderados por Goebbels de toda literatura "não alemã" nas bibliotecas do país não atingira tanto o século 19. Numa série de cartas aos pais, Bonhoeffer comentou suas leituras:

> Leio algo de Stifter quase todo dia. Nesta atmosfera, há algo confortante no mundo resguardado e isolado de seus personagens — ele é antiquado o bastante para retratar somente pessoas simpáticas — e concentra os pensamentos nos conteúdos de real importância na vida. Aqui, numa cela de prisão, eu me reverto, externa e interiormente, aos aspectos mais simples da vida; Rilke, por exemplo, me causa indiferença.[57]
> A maioria das pessoas consideraria suas mil páginas, que não podem ser lidas à toa, mas sim com rigor, excessivas em demasia; não estou certo se devo recomendá-lo a vocês. A meu ver, é um dos melhores livros que conheço. A pureza do estilo e a descrição dos personagens proporcionam um sentimento raro e peculiar de felicidade [...] é *sui generis* [...]. Até o momento, os únicos romances históricos que me causaram uma impressão comparável são *Dom Quixote* e *Berner Geist*, de Gotthelf.[58]
> Em minhas leituras, tenho vivido inteiramente no século 19. Nesses meses, li Gotthelf, Stifter, Immermann, Fontane e Keller com admiração renovada. Um período em que se escrevia um alemão tão claro e simples deve ter tido um cerne bastante saudável. Os temas mais delicados são tratados sem sentimentalismo, os mais graves, sem leviandade, e a expressão de convicções não é patética; não há simplificação ou complicação exagerada de uma linguagem ou assunto. Em suma, tudo muito a meu gosto, e me parece muito sólido. Mas é certo que há uma enormidade de trabalho árduo para se expressar em bom alemão, e, portanto, uma profusão de oportunidade para calar.[59]

Os padrões culturais de Bonhoeffer eram obviamente altos. Numa carta a Bethge, ele diz que a geração de sua noiva...

[57] Bismarck e Kabitz, *Love Letters from Cell 92*, p. 32.
[58] *Letters and Papers from Prison*, p. 125.
[59] Idem, p. 77-78.

> ... cresceu com uma literatura contemporânea muito ruim e encontra maior dificuldade do que nós para abordar os escritos mais antigos. Quanto mais conhecemos as coisas realmente boas, mais insípida a limonada franzina da literatura recente se torna, às vezes a ponto de nos fazer mal. Conhece uma obra literária escrita nos últimos, digamos, quinze anos que você creia possuir alguma qualidade duradoura? Eu não conheço. É em parte tagarelice, em parte propaganda, em parte sentimentalismo autocompassivo, mas não há percepção, ideias, clareza, nenhuma substância, e quase sempre a linguagem é ruim e limitada. Neste assunto, sou muito conscientemente um *laudator temporis acti*.[60,61]

Bonhoeffer pôde contrabandear cartas a Bethge a partir de novembro de 1943. Aberta essa possibilidade, ele derramou uma torrente de escritos ao único amigo que possuía a categoria teológica, musical e literária necessária para acompanhá-lo. "Não consigo ler um livro ou escrever um parágrafo", disse a Bethge, "sem conversar sobre o assunto com você, ou ao menos perguntar a mim mesmo o que você diria a respeito".[62]

Os pensamentos mais íntimos de Bonhoeffer

As cartas a Bethge revelam mais do que oportunidades para se discutir cultura, algo que ele poderia fazer — e fez — com os pais. Com Bethge, porém, havia a possibilidade de se discutir assuntos que ele não discutia com mais ninguém. Bethge era a única alma sobre a terra a quem Bonhoeffer podia mostrar suas fraquezas, com quem podia explorar seus pensamentos mais íntimos e em quem podia confiar sem ser mal compreendido. Com os outros, Bonhoeffer parecia sentir a obrigação de desempenhar o papel de pastor, de ser forte. Mas Bethge era a única pessoa de quem Bonhoeffer podia receber o ministério. Bethge atuara como seu confessor e pastor desde Finkenwalde, e o lado mais sombrio de Bonhoeffer não era estranho para ele.

Na primeira carta a Bethge, Bonhoeffer lhe confidenciou que a depressão a atormentá-lo às vezes não constituía um problema. Ele temia que Bethge pudesse se preocupar com ele a esse respeito:

[60] "Elogiador dos tempos passados", citação da *Ars Poetica* de Horácio.

[61] BETHGE, *Dietrich Bonhoeffer: A Biography*, p. 844.

[62] *Letters and Papers from Prison*, p. 223.

> 18 de novembro de 1943
> [...] após longos meses sem adoração, penitências e eucaristia, e sem *consolatio fratrum* — seja mais uma vez meu pastor, como já tem sido tantas vezes no passado, e me escute. Há uma infinidade de coisas a relatar, coisas que eu gostaria de contar, mas hoje só direi o essencial, e por isso esta carta é somente para você [...]. Durante esse tempo, fui preservado de toda tribulação espiritual severa. Você é a única pessoa que sabe quão frequentemente a *accidie*, a *tristitia*, com suas consequências ameaçadoras, permanecem a me espreitar; e eu temia na época que você tivesse se preocupado comigo em vista disso. Mas eu disse a mim mesmo desde o início que não forçaria nem o homem nem o diabo de maneira parecida — eles podem fazer o que lhes agrade por conta própria; e eu espero sempre me manter firme nessa posição.
>
> No começo, indaguei-me diversas vezes se a causa de Cristo era o motivo real da aflição tamanha que venho provocando em vocês todos; mas logo descartei essa pergunta de minha cabeça como uma tentação, na certeza de que o dever para suportar esta situação limítrofe com todas as suas atribulações reside em mim. Fiquei bem contente com isso, e assim permaneço desde então (1Pe 2:20; 3:14).[63,64]

Bonhoeffer disse que Salmos e Apocalipse lhe foram de grande conforto nesse período, bem como os hinos de Paul Gerhardt, muito dos quais ele sabia de cor. A força e a coragem não eram, portanto, "naturais" para ele. Sua equanimidade era resultado da autodisciplina, de se voltar deliberadamente para Deus. Duas semanas depois, contou a Bethge sobre os bombardeios aéreos: "Há agora algo que eu devo contar a você de forma pessoal: os pesados ataques aéreos, em especial o último, quando as vidraças da enfermaria foram despedaçadas pela explosão de uma mina, e os frascos e suprimentos médicos caíram dos armários e prateleiras, e eu me deitei no chão em meio à escuridão, com esperança mínima de sobreviver ao ataque, levaram-me de volta à oração e a Bíblia".[65]

[63] "Pois, que vantagem há em suportar açoites recebidos por terem cometido o mal? Mas se vocês suportam o sofrimento por terem feito o bem, isso é louvável diante de Deus". "Todavia, mesmo que venham a sofrer porque praticam a justiça, vocês serão felizes. 'Não temam aquilo que eles temem, não fiquem amedrontados'".

[64] *Letters and Papers from Prison*, p. 131-132.

[65] Idem, p. 131, 149.

Vez após vez, em diversos relatos, as pessoas descrevem quão forte foi Bonhoeffer durante os ataques aéreos e como ele foi um conforto e fortaleza para aqueles ao seu redor, quando todos acreditavam na proximidade da morte. Mas a sua energia era emprestada de Deus, e ele a repassava aos outros. Por não ter medo de partilhar suas fraquezas e medos com Bethge, a coragem expressa por Bonhoeffer pode ser vista como verdadeira. Ele parece genuinamente confiante em Deus e, portanto, não possuía pesares ou temores reais:

> 23 de janeiro, 1944
> ... quando toda possibilidade de cooperar em algo é subitamente cortada, existe então, atrás da ansiedade, a consciência de que a vida está agora em mãos melhores e mais fortes. Para você, e para nós, a grande tarefa das semanas e talvez dos meses seguintes seja confiar-se mutuamente a essas mãos [...]. Seja qual for a fraqueza, o erro de cálculo e a culpa naquilo que precede os fatos, Deus está nos fatos em si. Se sobrevivermos durante as próximas semanas e meses, seremos capazes de enxergar claramente que tudo se deu da melhor maneira. A ideia de que poderíamos evitar muitas das dificuldades da vida caso tivéssemos mais cautela é demasiada tola para ser levada a sério. Ao olhar para seu passado, convenço-me de que tudo o que aconteceu até o momento esteve correto; o que acontece agora é igualmente correto. Renunciar uma vida plena e as alegrias autênticas a fim de evitar o sofrimento não é cristão nem humano.[66]

> 9 de março, 1944
> Quando me sugerem em cartas [...] que estou sofrendo aqui, rejeito a ideia. Parece-me uma profanação. Essas coisas não devem ser dramatizadas. Duvido muito que esteja "sofrendo" mais que você ou a maioria das pessoas hoje em dia. Naturalmente, há muito horror por aqui, mas onde não há? Talvez tenhamos superestimado a questão do sofrimento, e fomos solenes demais a seu respeito [...]. Não, sofrimento tem de ser algo bem diferente e possuir uma dimensão diferente daquilo que eu experimentei até agora.[67]

[66] Idem.
[67] Idem, p. 231-232.

> 11 de abril, 1944
> Ouvi alguém dizer aqui ontem que os últimos anos foram um desperdício para ele. Fico muito contente por nunca ter sentido algo parecido, nem por um instante sequer. Nunca me arrependi também de minha decisão no verão de 1939, pois tenho a firme convicção — por mais estranho que pareça — de que a minha vida segue um percurso contínuo e sem rupturas, ao menos em minha conduta exterior. Tem sido um enriquecimento ininterrupto de experiência, pela qual só posso ser grato. Se eu fosse finalizar minha vida aqui nestas condições, isso teria um significado que eu poderia compreender, penso eu; por outro lado, tudo talvez possa ser uma preparação integral para um recomeço e uma nova tarefa para quando a paz chegar.[68]

Bonhoeffer se resignara com a ausência no casamento de Eberhard e Renate em maio. Mas, ao saber que eles esperavam uma criança, acometeu-lhe a certeza de que seria solto a tempo de pregar no batismo. A criança recebeu seu nome, e ele era o padrinho. Com o aproximar da data, no entanto, percebeu que tampouco estaria livre para mais essa ocasião:

> 9 de maio, 1944
> É doloroso para mim, esteja certo, que o improvável tenha acontecido, e que eu não possa celebrar o dia com vocês; mas já me conformei. Creio que nada que aconteça seja desprovido de sentido, e que é bom para todos nós que assim seja, mesmo quando contrário a nossa própria vontade. A meu ver, estou aqui por algum propósito, e espero somente que eu possa realizá-lo. À luz do propósito maior, todas as nossas privações e decepções são triviais. Nada seria mais indigno e errado que transformar uma das raras ocasiões de alegria, tal como a que você está vivenciando agora, numa calamidade devido a minha situação atual. Isso iria totalmente contra a corrente e prejudicaria meu otimismo em relação a meu caso. Por mais gratos que possamos ser aos nossos prazeres pessoais, não devemos perder de vista por um único instante as grandes coisas pelas quais estamos vivendo, e elas devem espalhar luz, e não escuridão, em sua alegria.[69]

[68] Idem, p. 272.
[69] Idem, p. 289-290.

Uma semana depois, ele lhes enviou as "Reflexões para o batismo de Dietrich Wilhelm Rüdiger Bethge". Como o sermão para o casamento, é uma pequena obra-prima. "Por favor, não nutram pesares a meu respeito. Para Martin [Niemöller], já são quase sete anos; e este é um assunto muito diferente.[70]

"Cristianismo sem religião"

Em algum momento no mês de abril de 1944, Bonhoeffer experimentou um surto renovador no modo de pensar teológico, mas, devido a sua situação, as cartas contrabandeadas a Bethge eram a única maneira de comunicar suas reflexões. Não existiria tempo para escrever outro livro, embora ele fosse tentar. Há a impressão de que ele trabalhava num livro até o momento em que o levaram para a prisão da Gestapo em outubro, mas o manuscrito nunca foi encontrado. Os pensamentos por vezes rudimentares nas cartas a Bethge são tudo o que temos, e eles têm emaranhado o seu legado. Muitos conhecem Bonhoeffer apenas como o responsável pelo conceito dúbio do *cristianismo sem religião*. E, ironicamente, muitos no movimento "Deus está morto" consideraram-no uma espécie de profeta.

Bonhoeffer sentia-se livre para compartilhar os pensamentos mais profundos com Eberhard Bethge, mas, ao contrário do amigo, ele era um indivíduo vigiado, e é quase certo que, caso soubesse que suas reflexões teológicas particulares e mal expressas viriam a encontrar o caminho das discussões de seminários no futuro, ele teria ficado não apenas constrangido, mas inquietamente perturbado. Quando Bethge lhe pediu autorização para repassar as cartas a alguns dos irmãos de Finkenwalde — "Será que você permitiria, pergunto-me, que esses trechos sejam presenteados a pessoas como Albrecht Schönherr, Winfried Maechler e Dieter Zimmermann?" —, Bonhoeffer hesitou. "Eu ainda não faria isso a mim mesmo", escreveu, "porque você é a única pessoa com quem me atrevo a pensar em voz alta, na esperança de clarificar meus pensamentos". Depois, na mesma carta, escreveu: "A propósito, seria muito bom se não lançasse fora as minhas cartas teológicas, mas as enviasse de tempo em tempo a Renate, pois com certeza representam um fardo para você. Talvez eu queira relê-las mais tarde para meu trabalho. É possível escrever certas coisas de uma maneira mais natural e vívida numa carta que num livro, e nas cartas eu costumo ter ideias melhores que quando escrevo para mim".[71]

[70] Idem, p. 293.

[71] BETHGE, *Dietrich Bonhoeffer: A Biography*, p. 861.

Baseado nisso, Bethge sentiu-se livre para partilhar algumas dessas cartas com outros teólogos após a morte de Bonhoeffer. O estranho clima teológico posterior à Segunda Guerra Mundial e o interesse no martirizado Bonhoeffer eram tanto que os poucos fragmentos ósseos nessas cartas privadas foram atacados por papagaios esfomeados e outros pássaros não tão nobres, cujos descendentes ainda estão a roê-los. Tudo isso conduziu a uma terrível compreensão equívoca da teologia de Bonhoeffer e que lamentavelmente suplanta suas reflexões e escritos anteriores. Diversos modismos teológicos tentaram em seguida conclamá-lo a suas rodas[72] e ignoraram grande parte de sua obra para isso. De modo geral, alguns teólogos têm utilizado esses curtos fragmentos esqueléticos como um homem de Piltdown teológico, um embuste desastrado, mas crível com sinceridade por alguns.

As interpretações mais torturadas fixam-se na sua referência ao "cristianismo sem religião". Numa palestra de 1967 na Catedral de Coventry, Inglaterra, Eberhard Bethge disse que "o uso isolado e tradicional do famoso termo 'cristianismo sem religião' fez de Bonhoeffer o campeão de um modernismo não dialético superficial que obscurece tudo o que ele queria nos dizer sobre o Deus vivo".[73] A principal passagem é esta, da carta de Bonhoeffer a Bethge em 30 de abril de 1944:

> O que me vem incomodando sem cessar é a questão: o que o cristianismo realmente é, ou, na verdade, quem Cristo realmente é para nós hoje em dia. É findado o tempo em que todas as coisas podiam ser ditas por meio de palavras, quer teológicas quer piedosas, e assim é o tempo da introspecção e da consciência — e, portanto, o tempo da religião em geral. Movemo-nos em direção a um tempo sem religião; hoje, da forma que são, as pessoas são simplesmente incapazes de ser religiosas. Mesmo os que se descrevem como "religiosos" não agem em conformidade com isso, e é de presumir, portanto, que a "religião" à qual se referem é algo bem diferente.[74]

Em síntese, ele avistava um panorama tão desolador, sob qualquer critério histórico, que começou a repensar temas básicos e a indagar se o homem moderno

[72] Parece provável que alguém eventualmente afirmará que o relacionamento de Bonhoeffer com Bethge partilhava mais que *philos* e *storge*.
[73] BOSANQUET, *Life and Death of Bonhoeffer*, p. 279.
[74] *Letters and Papers from Prison*, p. 279.

tinha ido além da religião. O que Bonhoeffer quis dizer com "religião" não era o cristianismo verdadeiro, mas o cristianismo imitativo e abreviado contra o qual passou a vida lutando. Esse cristianismo "religioso" falhara na Alemanha e no Ocidente durante o grande momento de crise, e ele pergunta se não era finalmente a hora para a soberania de Jesus Cristo ir além das igrejas e dos cultos dominicais e ingressar em todo o mundo. Um conceito, porém, que somente estendia a sua teologia prévia, centrada com dedicação na Bíblia e em Cristo.

Bonhoeffer jamais teve tempo para exercitar seu novo modo de pensar. Mas, utilizando-se desses poucos tijolos esparsos, teólogos ávidos construíram zigurates em miniatura. Escreveu ainda: "Em que sentido nós na igreja somos [...] os que são convocados, não para nos considerarmos especialmente favorecidos de um ponto de vista religioso, mas sim como pertencentes de modo completo ao mundo? Nesse caso, Cristo não é mais um objeto de religião, mas algo bastante diferente: de fato, o Senhor do mundo. Mas o que isso significa?".[75]

Ele vinha pensando numa nova direção para as reflexões e afirmações que fizera nas últimas duas décadas: Deus era maior do que todos imaginavam e queria mais de seus seguidores e mais do mundo do que o que lhe era dado. Bonhoeffer reconhecia que o formato padronizado da "religião", tendo domínio apenas nas coisas que não podemos explicar, diminuíra Deus. O Deus "religioso" era meramente o "Deus das lacunas", o Deus que se preocupa com nossos "pecados secretos" e pensamentos escondidos. Mas Bonhoeffer rejeita esse Deus abreviado. O Deus da Bíblia é Senhor sobre todas as coisas, sobre cada descoberta científica. Ele é Senhor não somente daquilo que não conhecemos, mas daquilo que sabemos e descobrimos através da ciência. Bonhoeffer questiona se não era o momento de trazer Deus para o mundo e parar de fingir que ele deseja apenas viver nos remotos cantos religiosos que lhe reservamos:

> Parece-me sempre que estamos tentando ansiosamente reservar algum espaço para Deus; gostaria de falar de Deus não em margens, mas no centro, não em fraquezas, mas na força; e, por conseguinte, não em morte e culpa, mas na vida e bondade do homem [...]. A igreja não se

[75] Idem, p. 279-281.

> encontra nas margens, onde atuam os poderes humanos, mas no meio da vila. É assim no Antigo Testamento, e, nesse sentido, continuamos a ler muito pouco o Novo Testamento à luz do Antigo. Qual a aparência desse cristianismo sem religião, qual forma possui, é algo no qual muito tenho pensado e estarei lhe escrevendo a respeito em breve.[76]

A teologia de Bonhoeffer sempre tendera para a perspectiva encarnacional, que não rejeita "o mundo", mas o vê como uma criação boa de Deus a ser desfrutada e celebrada, não apenas transcendida. Segundo essa visão, Deus redimira a humanidade através de Jesus Cristo, recriando-nos como "bons". A nossa humanidade não nos é negada, portanto, como algo "não espiritual". Como Bonhoeffer dissera antes, Deus quer que o nosso "sim" para ele seja um "sim" para o mundo que ele criou. Isso não é o pseudo-humanismo ralo dos teólogos "Deus está morto" liberais, que clamariam para si o manto de Bonhoeffer nas décadas por vir, nem o anti-humanismo dos teólogos piedosos e "religiosos" que abdicariam da teologia de Bonhoeffer para os liberais. É algo inteiramente diferente: é o humanismo de Deus, redimido em Jesus Cristo.

A *magnum opus* de Bonhoeffer

Bonhoeffer pensava na *Ética* como a sua maior obra. É o livro que nunca concluiu de fato. Ele trabalhara nela por anos, em Ettal, em Klein-Krössin, em Friedrichsbrunn e em seu quarto no sótão em Berlim. E agora prosseguia o trabalho na cela em Tegel. Em 1943, disse a Bethge: "Sinto às vezes como se minha vida estivesse mais ou menos terminada, como se tudo o que eu tivesse a fazer fosse finalizar minha *Ética*". Embora nunca finalizada, a obra pode ser vista, junto com *Discipulado* e *Vida em comunhão*, como essencialmente completa,[77] e de importância indiscutível na formação de uma compreensão plena de Dietrich Bonhoeffer.

O livro é aberto com as seguintes linhas: "Aquele que deseja se focar no problema de uma ética cristã é confrontado com uma exigência ultrajante — desde o ponto de partida, é preciso abrir mão, como impróprias para este tópico, de exatas duas questões que o levam a lidar com o problema ético:

[76] Idem, p. 282.

[77] Eberhard Bethge editou o manuscrito sobrevivente.

'Como posso ser bom?' e 'Como posso fazer algo bom'. Em vez disso, deve-se fazer a pergunta contrária, totalmente diversa: 'Qual é a vontade de Deus?'".

Para Bonhoeffer, não há realidade ou bondade alguma à parte de Deus. Toda pretensão nesse efeito configura a noção pejorativa de religião feita por Barth, uma esquema para subverter a Deus por completo e criar um trajeto humanístico caído em direção ao céu. É a torre de Babel de Barth e é a folha de figueira que tenta iludir a Deus, mas falha.

"As coisas todas aparecem como num espelho distorcido", escreveu, "caso não sejam vistas e reconhecidas em Deus". Assim, Deus não é somente um conceito religioso ou uma realidade religiosa. Deus é quem inventou a realidade, e a realidade só pode ser vista realmente como existente em Deus. Nada que exista está fora do domínio dele. Não há, portanto, éticas separadas da vontade de Deus, e Deus — ou seja, Jesus Cristo — é o dado inegociável na equação das éticas humanas:

> Em Jesus Cristo, a realidade de Deus entrou na realidade deste mundo. O lugar onde as questões sobre a realidade de Deus e sobre a realidade do mundo são respondidas ao mesmo tempo é caracterizado unicamente pelo nome: Jesus Cristo. Deus e o mundo estão incluídos nesse nome [...] não podemos falar corretamente de Deus ou do mundo sem falar de Jesus Cristo. Todos os conceitos de realidade que ignoram Jesus Cristo são abstrações.[78]
>
> Contanto que Cristo e o mundo sejam concebidos como dois reinos colidindo e repelindo um ao outro, restam-nos apenas as seguintes alternativas. Desistir da realidade como um todo, ou com nos colocarmos em um dos dois reinos, com Cristo sem o mundo ou com o mundo sem Cristo — e, em ambos os casos, enganamos a nós mesmos [...]. Não há duas realidades, mas apenas uma, que é a realidade de Deus revelada em Cristo na realidade do mundo. Ao comparticipar em Cristo, permanecemos, ao mesmo tempo, na realidade de Deus e na realidade do mundo. A realidade de Cristo compreende a realidade do mundo em si. O mundo não tem uma realidade própria independente da revelação em Cristo [...]. O tema dos dois reinos, que tem dominado a história da igreja mais uma vez, é estranha ao Novo Testamento.[79]

[78] *Ethics*, vol. 6, *Dietrich Bonhoeffer Works*, p. 54.

[79] Idem, p. 58.

Bonhoeffer acreditava que, historicamente falando, aquele era o momento para que todos enxergassem essas coisas. A maldade dos nazistas não poderia ser derrotada por "éticas", "regras" e "princípios" antiquados. Somente Deus poderia combatê-la. Sob circunstâncias "normais", disse ele, as pessoas se preocupam com ideias de certo e errado. Elas tentam fazer o certo, do modo pelo qual veem o certo, e tentam evitar o errado. Isso jamais seria suficiente, mas na época do nazismo, o fracasso de tal abordagem "religiosa" mostrara-se mais evidente. "Personagens de Shakespeare estão entre nós", escreveu. "O vilão e o santo pouco ou nada tem a fazer com os programas de ética". Hitler tornara a realidade verdadeira das condições humanas menos evitáveis; o mal havia pisado no centro do palco mundial e removido sua máscara.

No livro, Bonhoeffer examina e rejeita uma série de abordagens ao se lidar com o mal. "Pessoas razoáveis", disse ele, pensam que "com um pouco de razão, é possível retroceder uma estrutura que se afastou das articulações". Há então os "fanáticos" éticos, "crentes de que possam encarar o poder do mal com a pureza de sua vontade e seus princípios". Homens de "consciência" ficam sobrecarregados porque os "inumeráveis, respeitáveis e sedutores disfarces e máscaras com que o mal se aproxima provocam ansiedade e insegurança na consciência deles, até que, por fim, esses homens contentam-se com uma consciência aliviada em vez de uma consciência boa". Eles "enganam sua própria consciência a fim de não se desesperar". Finalmente, há alguns que se retiram para uma "virtuosidade particular". Acrescenta:

> Tais pessoas não roubam, não matam, não cometem adultério, mas realizam o bem de acordo com suas capacidades. Mas [...] lhes é preciso fechar os olhos e ouvidos para a injustiça em torno delas. Somente a custo do autoengano elas conseguem manter sua inculpabilidade privada limpa das manchas da ação responsável no mundo. Em tudo o que façam, o que falham em fazer não irá deixá-las sossegar. Elas serão ou destruídas pelo desassossego, ou hão de se tornar os mais hipócritas de todos os fariseus.[80]

Bonhoeffer falava tanto de si quanto de qualquer outro. Em face dos eventos decorrentes na Alemanha, toda a gente estava encerrada numa situação de

[80] Idem, p. 80.

impossibilidades éticas. Em face dos males monstruosos cometidos ao redor, o que se poderia e o que se deveria fazer? Nas cartas de seus ordenandos, lemos a respeito da tortura causada pelas dúvidas sobre quando protestar ou quando aderir, quando ir para a guerra, mesmo sabendo que era uma guerra injusta, e quando tomar uma posição. Um deles escreveu para Bonhoeffer sobre a obrigação de executar prisioneiros, algo que o despedaçava; mas era evidente: caso recusasse, ele próprio seria executado. Esse tipo de coisa havia se tornado banal. Quem teria imaginado os horrores dos campos de concentração, onde judeus, na esperança de preservar a própria vida, eram forçados a cometer coisas indizíveis a outros judeus? A perversidade absoluta mostrava-se de forma clara e denunciava a falência das chamadas tentativas éticas de lidar com o mal. O problema do mal é demais para nós. Estamos contaminados por ele e não podemos escapar de sua contaminação.

Mas Bonhoeffer não utilizava um tom moralista. Ele colocou a si mesmo entre os perplexos pelo problema do mal e comparou todos nós à figura de Dom Quixote. A seu ver, Dom Quixote era uma importante representação da condição humana. Na *Ética*, Bonhoeffer escreve que nós, em nosso esforço para fazer o bem, somos como o "cavaleiro de semblante triste" arremetendo golpes de lança contra moinhos de vento. Pensamos que estamos fazendo o bem e enfrentando o mal, mas estamos, na verdade, vivendo numa ilusão. Não há condenação moral no que Bonhoeffer diz, contudo. "Somente o mesquinho pode ler o destino de Dom Quixote", escreveu, "sem partilhar e se enternecer com ele".[81] Esse é o nosso predicamento universal como seres humanos.

A solução é fazer a vontade de Deus; fazê-la de maneira radical, corajosa e alegre. Tentar explicar o "certo" e o "errado" — falar sobre ética — fora de Deus e da obediência à vontade dele é impossível: "Princípios são apenas ferramentas nas mãos de Deus; eles logo serão arremessados longe quando já não forem mais úteis". Devemos buscar somente a Deus, e nele reconciliamo-nos com nossa situação no mundo. Se buscarmos somente os princípios e as regras, estamos num reino caído onde nossa realidade é apartada de Deus:

> "Sejam prudentes como as serpentes e simples como as pombas" é um dizer de Jesus (Mt 10:16). Como em todos os seus dizeres, é ele mesmo quem o interpreta. Não se pode contemplar a Deus e a realidade do

[81] Idem.

> mundo com o olhar não dividido, uma vez que Deus e o mundo estão separados. Apesar de todos os esforços para prevenir isso, os olhos ainda vagam de um para o outro. Somente por haver um único lugar onde Deus e a realidade do mundo estão reconciliados entre si, no qual Deus e a humanidade se tornaram uno, é possível ali, e somente ali, fixar os olhos em Deus e no mundo juntos, ao mesmo tempo. Este lugar não se encontra num espaço além da realidade no reino das ideias. Encontra-se no meio da História como um milagre divino. Encontra-se em Jesus Cristo, o reconciliador do mundo.[82]

Bonhoeffer diz que, à parte de Jesus Cristo, não podemos saber o que é certo ou errado. Temos de buscá-lo a cada situação. Somente nele o insondável mal do mundo pode ser golpeado mortalmente. Àqueles cujas poucas palavras de Bonhoeffer sobre o cristianismo sem religião constituem a condição *sine qua non* de tudo o que ele disse, esse cristocentrismo intransigente seria difícil de aturar, assim como seus pronunciamentos na *Ética* sobre diversos outros temas, como o aborto:

> A destruição do embrião no útero da mãe é uma violação do direito a viver que Deus concedeu a essa vida nascente. Procurar saber se a nossa preocupação é referente ou não a um ser humano é meramente confundir o tema. O fato simples é que Deus certamente pretendia criar um ser humano e que esse ser humano nascente foi deliberadamente privado de sua vida. E isso nada mais é que assassinato.[83]

Mas ele via ambos os lados de tais temas. A graça de Deus não deve ser removida do quadro:

> Uma enormidade de motivos diferentes pode levar a uma ação do tipo; de fato, em casos nos quais é um ato de desespero, realizado em circunstâncias de extrema indigência e miséria humana ou econômica, a culpa pode residir mais na comunidade que no indivíduo. Precisamente nessa conexão, o dinheiro pode dissimular muitos atos devassos, enquanto o lapso mais relutante do pobre pode ser mais facilmente descoberto. Todas estas considerações devem, sem dúvida, exercer influência decisiva

[82] Idem, p. 82.
[83] Idem, p. 206.

em nossa atitude pessoal e pastoral em relação ao indivíduo referido, mas não podem, de forma alguma, alterar o fato do assassinato.[84]

Visitantes em Tegel

No âmago da teologia de Bonhoeffer, encontra-se o mistério da encarnação. Numa carta circular, escreveu: "Nenhum sacerdote ou teólogo esteve no berço em Belém. E, ainda assim, toda a teologia cristã tem sua origem na maravilha de todas as maravilhas: Deus se fez homem. Junto ao esplendor da noite santa, arde o fogo do mistério insondável da teologia cristã".[85] Foi por isso que ele adotou a humanidade de Jesus Cristo de uma maneira não possível para os pietistas religiosos, e foi por isso que ele se sentia justificado ao aderir às boas coisas do mundo como dádivas das mãos de Deus, em vez de tentações a serem evitadas. Assim, mesmo na prisão, o regozijo de Bonhoeffer pelas pessoas e a existência era bastante vivo.

Os momentos favoritos dele nos dezoito meses em Tegel ocorreram nos dias em que pôde entreter seus visitantes, mesmo sob o atento olhar de Roeder, ainda que, ao passar dos meses, os guardas lhe permitissem ficar a sós com os visitantes vez ou outra.

Em 26 de novembro de 1943, concederam a Bonhoeffer o deleite único de uma visita das quatro pessoas no mundo que ele mais amava: Maria, seus pais, e Eberhard Bethge. Eles vieram juntos, e, quando ele retornou à cela, ficou fora de si:

> Estará comigo por um longo tempo — a memória de ter as quatro pessoas mais próximas e queridas comigo por um breve momento. Ao voltar para minha cela, andei de um lado para o outro durante uma hora inteira, enquanto meu jantar permanecia ali, esfriando, de modo que não pude evitar rir de mim mesmo quando me vi repetindo várias e várias vezes: "Isso foi realmente magnífico!". Sempre hesito em usar a palavra "indescritível" a respeito de qualquer coisa, porque, se você tem dificuldade para tornar algo claro, creio que há pouquíssimas coisas que sejam "indescritíveis" de fato — mas, no momento, é justamente assim que aquela manhã me parece ser.[86]

[84] Idem, p. 206-207

[85] Dietrich BONHOEFFER, *A Testament to Freedom: The Essential Writings of Dietrich Bonhoeffer*, p. 448.

[86] *Letters and Papers from Prison*, p. 144-145.

O bom ânimo dos familiares de Bonhoeffer sob tais circunstâncias pode ser visto no modo como eles transformavam até mesmo visitas a um presídio em pequenas celebrações. Dessa vez, trouxeram uma série de presentes, incluindo um charuto de Karl Barth. Maria lhe fizera uma coroa de Advento, e Bethge o agraciou com diversos ovos cozidos notadamente grandes.[87] Naquele Natal, Maria o presenteou com o relógio que seu pai usava quando foi morto. Os pais também lhe deram uma relíquia de família: "a taça de meu bisavô, de 1845, a qual está agora sobre minha mesa com folhagem de pinheiro". Pouco mais de um mês depois, em seu aniversário, a mãe de Bonhoeffer o presenteou com outra relíquia da família, o Herzliebschränken, um requintado armarinho entalhado em jacarandá, outrora pertencente a Goethe, que o presenteara a seu amigo Minna Herzlieb. Assim como a taça, o armarinho chegara à família por meio de seu bisavô, Karl August von Hase.[88]

Em seu aniversário de 38 anos, Bonhoeffer recebeu uma visita de Maria, que involuntariamente trouxe más notícias. Um dos livros que ela lhe passou no dia continha uma mensagem cifrada de seus pais: o almirante Canaris fora demitido do cargo. A Gestapo e a RSHA haviam conseguido o que sempre desejaram. A renegada Abwehr foi posta sob a jurisdição deles. Canaris atuou de forma efetiva por mais um curto período de tempo, mas o acontecimento mais importante oriundo desse turno áspero de eventos foi positivo. A liderança da conspiração para assassinar Hitler não morreu, mas foi substituída por mãos revigoradas. Um novo grupo de conspiradores emergiria, chefiado pelo coronel Claus von Stauffenberg. E esse grupo teria sucesso onde outros falharam vez após vez.

[87] Algumas fontes os confundem com ovos de avestruz, pois Bonhoeffer referiu-se jocosamente a eles dessa maneira numa carta a Bethge.

[88] *Letters and Papers from Prison*, p. 179.

CAPÍTULO 29

STAUFFENBERG E A OPERAÇÃO VALQUÍRIA

É tempo de se fazer algo. Quem tem a coragem de agir deve saber que provavelmente vai passar para a história alemã como um traidor. Mas, se não agir, vai ser um traidor perante a própria consciência.

CLAUS SCHENK VON STAUFFENBERG

Eu quero que você espere comigo e seja paciente; e quanto mais paciência, maior o tempo de espera. E agora, não fique triste. Diga-me o que pensa e aja como deve. Mas esteja certa sempre de que eu a amo muito e a mantenho sempre perto de mim.

DIETRICH BONHOEFFER A MARIA VON WEDEMEYER

EM 30 DE JUNHO DE 1944, Paul von Hase, o comandante militar em Berlim, entrou pelos portões da prisão de Tegel. Seu propósito? O prisioneiro na cela 92, Dietrich Bonhoeffer. Era quase como se Hitler tivesse aparecido de repente para o almoço. Bonhoeffer escreveu a Bethge que "o mais cômico é o modo como todo mundo anda por aí batendo as asas e — com poucas e notáveis exceções — tenta superar os outros em falta de dignidade. É triste, mas alguns deles se encontram em tal estado que não conseguem evitar". A aparição deve ter sido um pouco assustadora, em especial para o chefe da Tegel, Maetz, que já tratava Bonhoeffer com uma deferência servil. E agora o motivo pelo qual

Bonhoeffer recebia o tratamento diferenciado surgira. Por incrível que pareça, Von Hase permaneceu por mais de cinco horas. Bonhoeffer disse que o tio "trouxera quatro garrafas de *Sekt* [champanhe alemão] — um evento único nos registros deste lugar". Na opinião de Bonhoeffer, o tio decidira custear a visita para demonstrar que estava ao lado do sobrinho e também para esclarecer "o que ele espera do medroso e pedante Maetz". Algo "notabilíssimo", pensou Bonhoeffer sobre o atrevimento do tio ao tomar partido, por assim dizer, contra a acusação nazista em cima do sobrinho.[1]

A aparição arrojada do tio sugeria a iminência do golpe. Hitler estaria morto em breve, e a vida poderia ser recomeçada. Bonhoeffer sabia do andar dos movimentos conspiratórios, e a visita do tio confirmou vivamente suas impressões. Von Hase não estava apenas ciente do golpe; ele constituía parte integrante. Os planos para o complô, de codinome Valquíria, existiam há mais de um ano, mas os acontecimentos nunca foram favoráveis para sua execução. Até agora.

Preparações para o golpe

Na verdade, a situação ainda se encontrava longe da ideal. Mas o nível de desespero aumentara. Os conspiradores abandonaram o modo de pensar prudente e passaram à vontade simples de agir. Há tempos que eles queriam matar Hitler e assim obter melhores condições de paz dos Aliados, mas, com a frieza de Churchill flertando com o zero absoluto, a cada dia o objetivo se via mais distante. O furor da guerra prosseguia, e, junto às mortes inocentes de judeus e outros nos danos causados pelo conflito, uniam-se vítimas frescas dos Aliados. Não havia esperança de buscar auxílio estrangeiro. Para os conspiradores, no entanto, isso não importava mais. O momento de simplesmente fazer a coisa certa chegara, independentemente do que acontecesse. Stauffenberg disse: "É tempo de se fazer algo. Quem tem a coragem de agir deve saber que provavelmente vai passar para a história alemã como um traidor. Mas, se não agir, vai ser um traidor perante a própria consciência".[2]

O tio de Maria, Henning von Tresckow, disse algo similar: "O assassinato tem de ser tentado, *coute que coute* [a qualquer custo]. Ainda que falhe, nós devemos

[1] *Letters and Papers from Prison*, vol. 8, *Dietrich Bonhoeffer Works*, p. 340-421

[2] Joachim Fest, *Plotting Hitler's Death: The German Resistance to Hitler, 1933-1945*, p. 240-241.

agir em Berlim. Os efeitos práticos não importam mais; o que importa agora é que o movimento da resistência alemã tem de assumir os riscos diante dos olhos do mundo e da História. Comparado a isso, nada mais importa".[3]

A famosa e definitiva trama de 20 de julho seria liderada por Stauffenberg, um católico devoto de uma família aristocrática. Sua aversão a Hitler atingiu níveis estratosféricos após presenciar o tratamento reservado aos prisioneiros de guerra poloneses pela SS em 1939. A experiência, somada ao assassinato dos judeus, o ajudou na decisão de se empenhar o máximo possível para acabar com o reinado de Hitler. No fim de 1943, Stauffenberg disse ao companheiro conspirador Axel von dem Bussche: "Vamos ao centro da questão: estou cometendo alta traição com todo o meu poder e energia".

Stauffenberg proporcionou a energia e a concentração tão necessárias para a tarefa; ele foi também o escolhido para realizar o ato em si. A visita de Von Hase explicitou para Bonhoeffer a iminência da ação. Explodir Hitler, juntamente com dois ou três de seus paladinos escamosos: o ideal permanecia o mesmo.

Assim, uma data foi definida. Em 11 de julho, Stauffenberg visitou Hitler em Obersalzberg. Em sua maleta, uma bomba. Mas, quando chegou ao local, Stauffenberg percebeu que Himmler não se achava presente. O general Stieff se opôs rigidamente à sequência do plano. "Meu Deus", disse Stauffenberg a Stieff, "não deveríamos seguir em frente?". Em Berlim, todos à espera, esperançosos. Mas Stieff prevaleceu. Ao ser informado da desistência, Goerdeler ficou furioso: "Eles nunca vão concluí-lo!", disse.[4]

Mas Stieff e Fellgiebel sabiam que haveria uma profusão de oportunidades. Determinado, Stauffenberg foi convocado à sede de Hitler na Prússia Oriental quatro dias depois. Mais uma vez, ele apareceu com a bomba na maleta e, mais uma vez, Himmler estava ausente, e, mais uma vez, Stieff insistiu em que esperassem. Dessa vez, Stieff recebeu o apoio de Fellgiebel. Stauffenberg ficou desconcertado, mas, a menos que Fellgiebel e Stieff estivessem com ele, suas mãos estariam atadas. Esforços enormes foram empreendidos para cooptar Fellgiebel, e seu papel no plano mestre era crucial. E, mais uma vez, Stauffenberg retornou a Berlim.

[3] Idem, p. 236.

[4] Idem, p. 243.

Ainda assim, todos sabiam que um atentado era iminente. No dia 16, Bonhoeffer escreveu a Bethge: "Quem sabe — talvez isso não seja mais tão frequente, e iremos ver um ao outro muito antes do que esperamos [...]. Em breve, teremos de pensar com maior cuidado sobre a nossa viagem no verão de 1940 e em meus últimos sermões".[5] Bonhoeffer escrevia em linguagem cifrada. Os últimos sermões eram as pregações nos pastorados coletivos na Prússia Oriental, um modo oblíquo de se referir ao quartel-general de Hitler em Wolfsschanze. E ali foi precisamente o local onde a bomba explodiu.

20 de julho de 1944

O nome Adolf é uma contração do germanismo primitivo *Adelwolf*, que significa "lobo nobre". Hitler tinha ciência dessa etimologia e, a seu modo místico e misterioso, adotou para si o símbolo teutônico e totêmico do lobo. O instinto carnívoro e a crueldade darwiniana da fera lhe eram atraentes, e ele se identificara com a associação desde cedo. Nos anos 1920, às vezes se registrava em hotéis como Herr Wolf; a casa em Obersalzberg foi comprada com esse nome; e os filhos de Wagner o chamavam de "Onken Wolf".[6] Durante a batalha francesa, nomeou os quartéis militares de *Wolfsschlucht* (Garganta do Lobo), e o posto de comando na frente oriental, *Werwolf* (Lobisomem). Mas o mais famoso de seus covis lupinos era o quartel-general na Prússia Oriental, *Wolfsschanze* (Toca do Lobo).[7]

Em 19 de julho, a presença de Stauffenberg em Wolfsschanze para uma reunião no dia seguinte foi requisitada. A chance que ele esperara pacientemente surgira. Na manhã seguinte, 20 de julho, Stauffenberg se levantou às cinco e, antes de partir, disse a seu irmão Berthold: "Nós atravessamos o Rubicão". Dirigiu até o aeroporto com seu ajudante, Werner von Haeften, que havia falado por horas com Bonhoeffer sobre matar o Führer. Agora ele estava prestes a fazê-lo. Com eles, a maleta de Stauffenberg, contendo documentos

[5] Dietrich Bonhoeffer a Eberhard Bethge, Tegel, 16 de julho de 1944.

[6] Hitler adorava o compositor Richard Wagner (1813-1883). Ele conheceu Cosima, a esposa do músico, em 1923, e nos anos seguintes passou um bom tempo com os filhos e netos de Wagner na casa deles em Bayreuth.

[7] Pierre Galante e Eugene Silianoff, *Operation Valkyrie: The German Generals' Plot Against Hitler*, p. 2-3.

importantes e, enrolada numa camisa, outra das ardilosas bombas de plástico que atormentaram os conspiradores repetidamente. Mas dessa vez, como nos diz a história, ela não falhou em explodir. No fim, sua explosão causaria a morte de milhares, mas não da forma prevista.

Eles pararam numa capela católica, onde Stauffenberg realizou suas preces. O padre Wehrle permitiu sua entrada, uma vez que a capela não estava aberta naquele horário. Dez dias antes, Stauffenberg lhe fizera a pergunta que não saía de sua mente: "É possível a Igreja conceder absolvição ao assassino que deu fim à vida de um tirano?". O padre Werhle disse que somente o papa poderia conceder a absolvição num caso desse, mas atentaria com mais cuidado para o assunto. Haeften abordara a mesma questão com Bonhoeffer dezoito meses antes.[8]

No aeroporto, Stauffenberg disse: "Isto é mais que nós ousávamos esperar [...]. O destino nos ofereceu esta oportunidade, e eu não a recusaria por nada no mundo. Eu sondei a minha consciência, perante Deus e perante mim mesmo. Este homem é o mal encarnado".[9]

A viagem de três horas de avião desembarcou-os em Rastenberg por volta das dez da manhã. Eles foram recepcionados por um carro oficial que os conduziu às sombrias florestas do leste da Prússia, em torno da sede de Hitler. Atravessaram as fortificações da casamata, os campos minados, as cercas de arame eletrificadas — e, enfim, os guardas servilmente dedicados à SS que patrulhavam a área. Stauffenberg se encontrava agora na zona "segura", onde o Führer, por sua vez, estava desprotegido. Restava apenas acionar a bomba, colocá-la próxima a ele, escapulir da sala antes da explosão, ludibriar os guardas da SS, que àquela altura estariam num frenesi de alarmismo, atravessar a cerca eletrificada e os campos minados e as fortificações da casamata. E ele faria tudo isso.[10]

Mas havia ainda três horas antes da reunião. Primeiro, tomariam o café da manhã. Depois, Stauffenberg se encontraria com Fellgiebel, que iria informar os conspiradores em Berlim quando a bomba explodisse. Além disso, como chefe de sinais na OKW, ele era capaz de isolar Wolfsschanze do mundo ao cortar a comunicação — telefone, rádio e telégrafo — durante o tempo ne-

[8] V. p. 459-460.

[9] GALANTE, *Operation Valkyrie*, p. 6.

[10] William L. SHIRER, *The Rise and Fall of the Third Reich: A History of Nazi Germany*, p. 1048.

cessário para a Operação Valquíria ser posta em marcha. Depois de estruturar os movimentos com Fellbiegel, Stauffenberg encaminhou-se ao escritório do general Keitel, o chefe da OKW. Mas o desagradável Keitel apareceu com notícias graves: Mussolini estava a caminho! *Il Duce* era aguardado às duas e meia. A conferência de Stauffenberg com Hitler fora antecipada para o meio-dia e meia. Além disso, Keitel disse que Hitler teria pressa, portanto Stauffenberg não devia demorar-se. Stauffenberg indagou a si mesmo se a reunião não seria sucinta demais para o detonador. Mas teve uma ideia: o dispositivo seria acionado antes de ele chegar à reunião. Keitel então transmitiu outra surpresa. Por causa do calor, o encontro não se realizaria no esconderijo subterrâneo, mas nas casernas de conferência, acima do solo. Como as paredes do esconderijo subterrâneo teriam confinado a explosão, multiplicando seu efeito, essa foi uma péssima notícia. A bomba possuía poder suficiente, todavia.

Pouco antes do meio-dia e meia, Keitel avisou que a hora havia chegado. Eles deveriam partir imediatamente. Mas, antes de deixarem o escritório de Keitel, Stauffenberg perguntou se poderia tomar um banho rápido; ele pretendia armar a bomba no banheiro. Quando viu que o banheiro não era o local adequado, pediu ao assessor de Keitel um lugar onde pudesse trocar a camisa. O assessor de Keitel levou Stauffenberg a outra sala, onde o conspirador fechou a porta, abriu rapidamente a maleta, desembrulhou a bomba, vestiu a camisa na qual ela estava enrolada, e quebrou a cápsula. A bomba explodiria em dez minutos. Stauffenberg correu apressadamente para o carro de Keitel, e num instante eles chegaram à conferência.

No momento em que Keitel e Stauffenberg entraram na sala onde Hitler se encontrava, quatro dos dez minutos tinham passado. Hitler reconheceu Stauffenberg superficialmente e continuou a ouvir a conferência do general Heusinger. Stauffenberg olhou em torno da sala e viu mais problemas: Himmler e Goebbels não se achavam presentes. Contudo, ele sentou-se perto de Hitler, colocando a mala sob a mesa, a menos de dois metros de distância dos pés do Führer, que — a menos que ele se movesse — estariam separados do restante do corpo em cinco minutos.

Mas algo chamado peanha ficaria literalmente no caminho e mudaria o vetor da explosão histórica para longe do alvo pretendido. Uma peanha é um bloco maciço usado como suporte. No caso da imensa mesa de carvalho nessa sala de mapas, havia duas delas, uma em cada extremidade. A mesa tinha aproximadamente cinco metros e meio por um metro e meio, e cada uma das duas monstruosas peanhas eram quase tão largas quanto a mesa. Essa mesa bizarra e sem pernas desempenharia um papel trágico nos assassinatos de Dietrich Bonhoeffer, seu irmão Klaus e seus dois cunhados, além de Stauffenberg, Haeften e centenas de outros conspiradores, sem mencionar os milhões de inocentes sofrendo naquele período em desespero miserável nos campos de extermínio. É um fato e um mistério que o curso da história esteja articulado a uma peculiaridade do *design* mobiliário.

Stauffenberg sabia que restavam três minutos antes que a bomba detonasse. Era hora de partir. Pediu licença repentinamente, resmungando algo sobre a necessidade de obter um conjunto final de dados para apresentar em sua conferência. Sair de uma sala na presença de Adolf Hitler era bastante incomum, mas Stauffenberg tinha razões urgentes. Ele caminhou para fora do prédio, lutando contra a poderosa tentação de correr em disparada. Atrás dele, na sala, Heusinger continuava a zumbir até que uma de suas frases foi prematuramente interrompida por uma explosão tão potente que Stauffenberg, já a duzentos metros de distância, avistou as chamas amarelo-azuladas trespassando pelas janelas, acompanhadas por alguns dos homens do alto escalão que visualizavam os mapas, com enfado, poucos milissegundos antes.

A mesa de carvalho ficou em pedaços. Cabeças estavam em chamas. O teto caíra no chão. Vários homens jaziam mortos. Mas, ao contrário do que Stauffenberg acreditava ao se apressar na direção do aeroporto, nenhum dos mortos era o "mal encarnado". Lá estava Hitler, fino e elegante, embora caricaturalmente despenteado. A secretária do ditador, Gertraud Junge, relembra: "O Führer parecia muito estranho. Seu cabelo estava em pé nas extremidades, como os espinhos de um ouriço, e suas roupas estavam em frangalhos. Mas, a despeito de tudo, ele estava em êxtase — afinal, ele não havia sobrevivido?".[11]

"Foi a Providência que me poupou", declarou Hitler. "Isso prova que estou no caminho certo. Sinto que esta é a confirmação de todo o meu trabalho". A sobrevivência extraordinária em meio à fumaça e a morte foi a prova concreta de que ele se sobressaía ao próprio espírito da época. Contudo, suas nádegas ficaram gravemente machucadas, e o estouro havia destroçado suas calças, que agora se assemelhavam a uma saia havaiana em farrapos. Sempre romântico, enviou os trapos a Eva Braun em Berchtesgaden, como uma recordação

[11] GALANTE, *Operation Valkyrie*, p. 15.

da estranha durabilidade de seu amado Führer, com um bilhete: "Enviei a você o uniforme daquele dia infeliz. Prova de que a Providência me protege e que não precisamos mais temer os nossos inimigos".[12]

Mas, após enviar as calças à figurante Eva, Hitler voltou-se a seus protagonistas, o *Volk* alemão. Ele tinha de assegurar que tudo estava bem. Um microfone de rádio foi equipado por volta da meia-noite, e toda a Alemanha ouviu a voz do Führer:

> Se me dirijo hoje a vocês, faço-o por dois motivos especiais. Em primeiro lugar, para que possam ouvir minha voz e saber que estou ileso e em boas condições; e, em segundo, para que possam também ouvir as informações sobre um crime sem precedentes na história alemã. Uma facção extremamente pequena de oficiais ambiciosos, sem escrúpulos, criminosos e estúpidos, forjou um plano para me eliminar e, comigo, exterminar a equipe de oficiais no atual comando da *Wehrmacht* alemã. A bomba, que foi plantada pelo coronel conde Von Stauffenberg, explodiu a dois metros de meu lado direito. Ela feriu vários de meus colegas; um deles morreu. Quanto a mim, estou totalmente ileso [...]. A facção dos usurpadores é [...] um bando extremamente pequeno de elementos criminosos que serão exterminados sem piedade [...]. Desta vez, uma prestação de contas será realizada de um modo que nós, os nacionais-socialistas, não estamos acostumados a realizar [...]. Gostaria especialmente de saudá-los, meus velhos camaradas na luta, pois mais uma vez me foi concedido escapar de um destino que não me impõe terror em particular, mas que teria trazido terror sobre a cabeça do povo alemão. Vejo nisso outro sinal da Providência de que eu devo e, portanto, irei prosseguir o meu trabalho.[13]

Após o discurso, houve música marcial, e Göring começou a falar:

> Camaradas da *Luftwaffe*! Uma tentativa inconcebível de assassinar o nosso Führer foi feita hoje pelo coronel conde Von Stauffenberg, às ordens de uma facção miserável de ex-generais que, por causa de sua conduta desprezível e covarde na guerra, foram afastados de seus postos. O

[12] Idem.

[13] SHIRER, *The Rise and Fall of the Third Reich*, p. 1069.

> Führer foi salvo como num milagre [...] longa vida ao nosso Führer, a quem o Deus todo-poderoso abençoou tão visivelmente neste dia![14]

Depois, outra marcha militar, seguida pelo chefe da Marinha, Dönitz:

> Homens da Marinha! Ira santa e fúria imensurável enchem nosso coração pela agressão criminosa que pretendia tirar a vida de nosso amado Führer. A Providência tinha outros propósitos; a Providência guardou e protegeu o Führer; portanto, a Providência não abandonou nossa pátria alemã em seu momento predestinado. Uma pequena facção insana de generais [...].[15]

A verdade era árdua demais para ser suportada: uma vasta conspiração das elites da Alemanha, que existira há mais tempo e fora mais longe do que eles jamais haviam sonhado. O impacto de tais notícias para o ego de Hitler deve ter sido aterrador, e, como sempre acontecia em situações do tipo, ele não toleraria isso. Ele caçaria cada vestígio de oposição e torturaria qualquer fonte imaginável em busca de informações. As esposas, crianças e os familiares e amigos dos que mantinham ligações com a conspiração seriam perseguidos, presos e enviados para campos de concentração. O fim da conspiração começara.

Havia apenas um jornal "da igreja" ainda operando no Terceiro Reich. Poucos dias após o golpe, o periódico ofereceu um coroa de flores propagandista:

> O dia temível. Enquanto nossos bravos exércitos, corajosos até a morte, estão lutando virilmente para proteger o país e alcançar a vitória final, um punhado de oficiais infames, impulsionados pela própria ambição, se aventurou num crime terrível e realizou um atentado contra o Führer. O Führer se salvou, e o desastre indescritível afastou-se de nosso povo. Por isso, damos graças a Deus com todo o nosso coração e oramos, com todas as nossas congregações

[14] Hans B. GISEVIUS, *To the Bitter End: An Insider's Account of the Plot to Kill Hitler 1933-1944*, p. 574-575.
[15] Idem, p. 575.

> da igreja, pela assistência de Deus e ajuda nas tarefas graves que o Führer tem de executar nos momentos mais difíceis.[16]

Mas um outro jornal reproduziu um tom igualmente reprovável em relação aos conspiradores. O *New York Times* declarou que aqueles que haviam tentado "sequestrar ou matar o chefe de Estado alemão e comandante em chefe do Exército" realizaram algo que "normalmente não se espera dentro de um corpo de oficiais de um governo civilizado".[17] E Winston Churchill, que fizera seu melhor para desfalecer a conspiração, agora pisava sobre o cadáver, definindo a tentativa de golpe como "as mais altas personalidades do Reich alemão matando umas às outras".[18]

Bonhoeffer é informado do fracasso no complô

Ouvindo o rádio na enfermaria da prisão em 21 de julho, Bonhoeffer soube da tentativa frustrada de assassinato. Ele conhecia as implicações. Mas não se permitiria fragilidades emocionais por causa das circunstâncias. Sua serenidade em meio ao fiasco é evidenciada na carta a Bethge escrita naquele dia:

> Tudo o que eu quero hoje é enviar-lhe uma breve saudação. Espero que você esteja aqui conosco em seus pensamentos e esteja sempre alegre por qualquer sinal de vida, mesmo que a discussão teológica se interrompa por um instante. As reflexões teológicas estão, na verdade, sempre ocupando minha mente; mas há momentos em que, para sorrir, me basta viver a vida da fé sem me preocupar com os problemas dela. Nesses momentos, eu simplesmente obtenho prazer nas leituras diárias — em particular, as de ontem e de hoje; e estou sempre feliz por retornar aos belos hinos de Paul Gerhardt.[19]

As leituras, ou os *Losungen*, para o dia 20 de julho eram: "Alguns confiam em carros e outros em cavalos, mas nós confiamos no nome do Senhor nosso

[16] Eberhard BETHGE, *Dietrich Bonhoeffer: Man of Vision, Man of Courage*, p. 730. Citações são da edição Augsburg.
[17] FEST, *Plotting Hitler's Death*, p. 165.
[18] Edwin ROBERTSON, *The Shame and the Sacrifice: The Life and Martyrdom of Dietrich Bonhoeffer*, p. 262.
[19] *Letters and Papers from Prison*, p. 369.

Deus" (Sl 20:7) e "Se Deus é por nós, quem será contra nós?" (Rm 8:31). No dia seguinte: "O Senhor é meu pastor; de nada terei falta" (Sl 23:1) e "Eu sou o bom pastor; conheço as minhas ovelhas; e elas me conhecem" (Jo 10:14).

Não se pode duvidar que ele tenha obtido conforto verdadeiro nesses versículos, nem que os tenha apreendido como as palavras particulares de Deus para ele naquelas horas de escuridão. Ele expressou mais pensamentos teológicos:

> Durante o último ano ou menos, vim a conhecer e compreender mais e mais a profundeza da mundanidade presente no cristianismo. O cristão não é um *homo religiosus*, mas sim um homem, como Jesus era um homem [...]. Não me refiro à mundanidade banal e superficial dos esclarecidos, dos ocupados, dos confortáveis ou dos lascivos, mas à profundeza dessa mundanidade, caracterizada pela disciplina e o constante reconhecimento da morte e ressurreição.[20]

Bonhoeffer disse que podia "enxergar os perigos" de seu próprio livro *Discipulado*, "embora ainda sustente o que eu escrevi". O que ele quis dizer é que, com a vida cristã que defende no livro, existe sempre a tentação de se tornar religioso no sentido pejorativo de Barth, de usar a fé cristã mais como um meio de escapar da vida do que como um meio de vivê-la mais plenamente. Prossegue:

> Descobri mais tarde, e ainda venho descobrindo, que é somente ao se viver por completo neste mundo que se aprende a ter fé [...]. É preciso abandonar por completo qualquer tentativa de transformar a si mesmo em algo, seja um santo, seja um pecador convertido, seja um eclesiástico (um tipo chamado sacerdotal!), um homem justo ou injusto, um homem doente ou um saudável. Por essa mundanidade, refiro-me a viver incondicionalmente nos deveres, problemas, êxitos e fracassos, experiências e perplexidades da vida. Desse modo, lançamo-nos por completo nos braços de Deus, levando a sério não o nosso próprio sofrimento, mas os sofrimentos de Deus no mundo — vigiando com Cristo no Getsêmani. Isto, penso eu, é a fé; é a *metanoia*;[21] e é como o indivíduo se torna um

[20] Idem, p. 369.

[21] A palavra grega do Novo Testamento para "arrependimento".

homem e um cristão (cf. Jr. 45!). Como pode o sucesso nos tornar arrogantes, ou o fracasso nos desviar do caminho, quando partilhamos dos sofrimentos de Deus através de uma vida assim?

Creio que entende o que quero dizer, apesar da exposição tão breve. Estou alegre por ter sido capaz de aprender isso e sei que fui capaz de aprendê-lo somente ao longo da estrada que trilhei. Assim, estou grato pelo passado e pelo presente, e contente com ambos [...].

Que Deus possa, em sua misericórdia, nos guiar através desta época; mas, acima de tudo, que ele possa nos guiar até a presença dele [...].

Adeus. Mantenha-se bem e não perca a esperança de que nos reencontraremos brevemente. Sempre penso em você com fidelidade e gratidão.

Dietrich[22]

Na carta, Bonhoeffer inclui um poema. Ele diz: "Escrevi estas linhas em poucas horas à noite. São bastante rudes [...] Posso ver pela manhã que terei de revisá-las completamente. Ainda assim, envio-lhe os versos como estão, em estado bruto. Certamente não sou um poeta!". Mas ele era, e o poema é uma destilação de sua teologia na época:

ESTAÇÕES NO CAMINHO PARA A LIBERDADE

Disciplina
Se tens proposto buscar a liberdade, aprende, acima de todas as coisas,
A reger a alma e os sentidos, pelo temor de que as paixões e os desejos
Te afastem do caminho a ser seguido.
Castos sejam tua mente e teu corpo, e ambos em sujeição,
Na obediência e constância, buscando o objetivo já definido;
Somente através da disciplina pode um homem aprender a ser livre.

Ação
Ousar agir como é direito, não agir como pressupõe o delírio,
Agarrar-se, valoroso, ao real, não deter-se, covarde, na dúvida —
A liberdade dos atos vem, mas não do divagar das ideias.
O medo não te faça vacilar, mas vai à tempestade e à ação,
Na confiança em Deus, cujo mandamento fielmente hás de seguir;
Liberdade, com júbilo e exultante, a teu espírito acolherás.

[22] *Letters and Papers from Prison*, p. 369-370.

Sofrimento
A mudança vem, de fato; tuas mãos, fortes e ativas, atadas estão;
Em desamparo, vês agora o encerramento de tua ação;
Suspiras em alívio: pois, em mãos mais fortes,
Confias a tua causa; enfim repousas, satisfeito.
Por somente um abençoado instante, estiveste próximo de tocar a liberdade;
E, para o aperfeiçoamento na glória, entregaste-a a Deus.

Morte
Vem tu, maior das festas na jornada para a liberdade eterna;
Morte, destrói as correntes onerosas, as muralhas do corpo temporal,
As muralhas de nossa alma que vagueia cega,
A fim de que vejamos o que aqui nos é negado ver.
Liberdade, há quanto te buscamos em disciplina, ação e sofrimento;
Morrendo, agora te contemplamos, revelada na face do Senhor.[23]

No fim de julho, ele enviou a Bethge algumas "anotações diversas": "Peço desculpas por estes '*pensées*' bastante pretensiosos. São fragmentos de conversas que nunca aconteceram, e, portanto, pertencem a você. Aquele que, como eu, é forçado a viver inteiramente por meio de pensamentos, tem a mais tola das ideias — registrar por escrito seus pensamentos ímpares!".[24]

Muito apropriadamente, uma das anotações diz: "A seriedade absoluta nunca carece de uma dose de humor". Outra delas reitera o tema da existência cristã, mais sobre agir ativamente e com coragem pela vontade de Deus, e menos sobre evitar com cautela a prática do pecado: "A essência da castidade não é a supressão da luxúria, mas a orientação total da vida para um objetivo. Sem tal objetivo, a castidade cai forçosamente no ridículo. A castidade é a condição *sine qua non* da lucidez e concentração". E a conclusão parece reprisar seu poema: "No caminho para a liberdade, a morte é o festival supremo".

Consequências

Dois dias depois, Bonhoeffer soube que Canaris havia sido preso. Logo ele ouviria mais informações a respeito do plano fracassado. Werner von Haeften

[23] Idem, p. 370-372.

[24] Idem, p. 376.

morrera com bravura, saltando à frente de uma saraivada de balas destinadas a Stauffenberg. Este, por sua vez, também morrera corajosamente, momentos depois. Pouco antes da execução, gritou: "Viva a sagrada Alemanha!".[25]

Henning von Tresckow e outros mais tiraram a própria vida, a maioria por medo de revelar sob tortura o nome dos companheiros. Antes do suicídio, Tresckow conversou com Schlabrendorff, que relembra suas palavras:

> O mundo inteiro nos difamará agora, mas ainda estou totalmente convencido de que fizemos a coisa certa. Hitler é o arqui-inimigo não só da Alemanha, mas do mundo. Quando, em poucas horas, eu me encontrar com Deus para prestar contas do que fiz e deixei de fazer, sei que serei capaz de justificar em boa consciência o que fiz na luta contra Hitler. Deus prometeu a Abraão que não destruiria Sodoma se restassem ao menos dez homens justos na cidade, e, por isso, espero que, por nossa causa, Deus não destruirá a Alemanha. Nenhum de nós pode lamentar a própria morte; os que consentiram em participar de nosso círculo vestiram a túnica de Nesso.[26] A integridade moral do ser humano começa quando ele está preparado para sacrificar a vida por suas convicções.[27]

Todos remotamente envolvidos na conspiração foram presos e interrogados. A maioria foi torturada. Em 7 e 8 de agosto, o primeiro dos conspiradores foi submetido ao *Volksgerichtshof* (Tribunal Popular), presidido por Ronald Freisler, a quem William Shirer chama de "maníaco vil e injurioso" e "talvez o nazista mais sinistro e sanguinário no Terceiro Reich depois de Heydrich".[28] Freisler tinha grande admiração pelos espetáculos encenados nos julgamentos de Moscou na década de 1930 e quis emulá-los; ele era um homem segundo o coração de Hitler. Quanto ao Tribunal Popular, foi criado por Hitler para solucionar "casos de traição" em 1934, quando o resultado do julgamento do

[25] FEST, *Plotting Hitler's Death*, p. 278.

[26] Nesso é um centauro da mitologia grega que, após tentar violentar Dejanira, foi morto a flechadas pelo marido dela, Héracles. Antes de morrer, porém, Nesso disse a Dejanira que seu sangue poderia provocar o amor eterno de Héracles por ela. Sem saber que o sangue de Nesso consistia num veneno irrefreável, Dejanira o verteu numa túnica do marido, que de imediato sentiu os efeitos do veneno em sua carne e veio a falecer. (N. do T.)

[27] FEST, *Plotting Hitler's Death*, p. 289-290.

[28] SHIRER, *The Rise and Fall of the Third Reich*, p. 1070, 1023.

incêndio no Reichstag perante a Suprema Corte Alemã não produziu o efeito desejado.

Em 8 de agosto, o tio de Bonhoeffer, general Paul von Hase, foi sentenciado à morte por Freisler e enforcado no mesmo dia na prisão de Plötzensee. Ele tinha 59 anos de idade. A esposa dele foi presa, bem como os cônjuges e parentes de muitos na conspiração. Em 22 de agosto, Hans von Dohnanyi foi levado ao campo de concentração Sachsenhausen. Em 20 de setembro, os arquivos da Crônica da Vergonha (dali em diante conhecidos como os arquivos Zossen) foram descobertos em Zossen. Para Bonhoeffer e Dohnanyi, esse foi o desastre dos desastres. Dohnanyi mantinha os arquivos desde 1938, documentando os horrores criminais dos nazistas. A descoberta traria à luz todos os segredos, e eles sabiam disso. A pretensão havia terminado.

Mas a bravura dos homens que se posicionaram contra o regime do mal também viria à tona. Muitos desses indivíduos agredidos e discriminados produziram declarações para a posteridade durante os julgamentos, informações que devem ter estremecido Freisler e outros nazistas devotos. Ewald von Kleist-Schmenzin disse que cometer traição contra o regime de Hitler era "uma ordem de Deus". Hans-Bernd von Haeften disse que Hitler entraria nos registros históricos como o "grande perpetrador do mal". Von der Schulenberg disse à corte: "Nós resolvemos realizar essa ação por conta própria com o intuito de salvar a Alemanha da miséria indescritível. Compreendo que serei enforcado por minha participação, mas não me arrependo do que fiz e espero somente que outros tenham sucesso em melhores circunstâncias". E muitos outros fizeram declarações similares. Logo, Hitler proibiria reportagens dos julgamentos.[29]

Maria perde a esperança

Nos meses anteriores ao atentado de 20 de julho, Maria já emitia sinais de que a espera e o estresse lhe cobravam uma taxa. As cartas a Bonhoeffer se tornavam cada vez mais esparsas, e ela começou a sofrer dores de cabeça, insônia e desmaios eventuais. De acordo com a irmã, Ruth-Alice, existiam "diversos indícios de que ela passava por uma crise emocional". Os parentes notavam que, a cada retorno de Tegel, mais "desesperada" ela parecia, como se amadurecesse nela a percepção de que a situação com Dietrich não alcançava melhora

[29] FEST, *Plotting Hitler's Death*, p. 301, 295.

alguma. Em junho, escreveu ao noivo sobre a condição dos dois. A carta de Maria não sobreviveu, mas a resposta de Dietrich no dia 27 de junho nos oferece um vislumbre do que ela sentia na época:

> Minha queridíssima e amada Maria,
> Muito obrigado por sua carta. Ela não me deprimiu de maneira alguma; deixou-me feliz, infinitamente feliz, pois eu sei que não poderíamos falar de tal maneira um com o outro a não ser se nos amássemos tanto — muito mais do que percebemos hoje [...]. Nada do que você escreveu me surpreendeu ou me desanimou. Era tudo mais ou menos como eu pensava. Que direito tinha eu de acreditar, quando nos vemos tão poucas vezes, que você poderia me amar, e como eu pude deixar de me alegrar com o menor sinal de seu amor? [...]
>
> Atormenta-lhe às vezes pensar em mim? Minha querida, minha mais querida Maria, não é o bastante saber que você me faz contente e feliz — mais do que eu jamais imaginara estar em toda a minha vida? Não é o bastante, caso você venha a duvidar de seu amor por mim, que eu a ame como você é, e que eu não quero nada — nenhum sacrifício, nada; apenas você? A única coisa que eu não quero é que esteja ou se torne infeliz por sentir falta de algo — pois eu falho em providenciar o que você busca em mim. Na Segunda-Feira do Espírito Santo,[30] você sentia que "não podia continuar". Diga-me, então, você pode continuar sem mim? E, se sente que sim, pode continuar mesmo sabendo que eu não posso continuar sem você? Não, é quase impossível. Não se atormente, querida Maria. Sei como se sente, e é algo absolutamente inevitável. Fingir o contrário seria falso e insincero. Mas, sendo como somos, nós devemos estar juntos e permanecer juntos, e eu não a deixarei partir; vou abraçá-la com firmeza, para que saiba que pertencemos um ao outro e devemos ficar juntos [...].
>
> Estou especialmente grato pelo que você escreveu sobre os anos que eu lhe contei.[31] Após tanto tempo sem resposta, tive medo de que estivesse consternada, mas não acreditei realmente nisso. E eu detectei no que me disse uma repetição do "sim" escrito por você no dia 13 de janeiro de 1943, e é naquele "sim" que me agarro sempre que tenho de esperar por uma carta, seja qual for o tempo de espera. Quando ouço mais uma vez aquele "sim, sim, sim!", fico feliz e sobrecarregado com o som dele.

[30] Feriado celebrado após o Domingo de Pentecoste.

[31] V. p. 82, carta sobre o relacionamento dele com Elizabeth Zinn.

Portanto você não virá novamente por um tempo. Querida Maria, se considera isso muito cansativo, nem é preciso dizer que tem razão em não vir. Por outro lado, há algo nesta fase de nossa vida que seja mais importante que nos vermos de novo e de novo? Talvez não estejamos erigindo forçadamente uma barreira entre nós, caso renunciemos os encontros de forma deliberada? [...]

Permita-me ser franco. Não sabemos, na época em que vivemos, quantas vezes voltaremos a nos ver nesta vida, e me deprime muito pensar que mais tarde possamos nos censurar por algo irremediável. É claro que existem obstáculos externos, como doença ou proibições de viagens, que são inevitáveis, mas os obstáculos internos, não importa quão insuperáveis pareçam no momento, não podem nunca absolver-nos da autorrecriminação posterior [...].

Casais comprometidos caminham juntos, e ainda mais quando um deles se encontra numa circunstância semelhante a minha. Ninguém sabe melhor do que eu, querida Maria, que eu submeto você a sacrifícios, privações e esforços sem iguais, e ninguém estaria mais disposto a poupá-la disso tudo. Como eu renunciaria de bom grado o prazer que uma visita sua traz a minha solidão, mas sinto firmemente que não posso fazê-lo por nossa causa e de nosso futuro casamento. Eu tenho de exigir esse sacrifício — sem poder recompensá-la — em prol de nosso amor. Nem preciso dizer para não vir caso esteja doente ou se sinta oprimida fisicamente, mas temos de superar as dificuldades espirituais juntos! [...]

Já disse francamente como me sinto. Estou despreocupado por tudo que passou, mas somente nós somos responsáveis pelo futuro. Portanto, as coisas devem ser claras, objetivas e irrestritas, não é? Acima de tudo, precisamos submeter nossa vida a uma única análise — que nós devemos permanecer juntos — e agir de acordo.

Não é fácil discutir tais assuntos por carta, mas Deus quis que assim fosse. Não devemos de modo algum perder a paciência. A vontade de Deus e a nossa sujeição a ela estão fora de questão. Sou tão avesso à lamentação quanto você, mas eu quero que você espere comigo e seja paciente, e quanto mais paciência, maior o tempo de espera. E agora, não fique triste. Diga-me o que pensa e aja como deve. Mas esteja certa sempre de que eu a amo muito e a mantenho sempre perto de mim.

Dietrich[32]

[32] Ruth-Alice VON BISMARCK e Ulrich KABITZ, eds. *Love Letters from Cell 92: The Correspondence Between Dietrich Bonhoeffer and Maria von Wedemeyer, 1943-45*, p. 254-257.

Maria o visitou em 27 de junho. Não se sabe, portanto, se ela recebeu a carta antes ou depois da visita. De qualquer modo, Bonhoeffer voltou a escrever no dia 13 de agosto:

> Minha querida Maria,
> As nossas cartas têm demorado tanto para alcançar seu destino nos últimos dias. Culpa dos ataques aéreos, provavelmente [...]. Recebi apenas uma carta sua em quase seis semanas, e temo que as notícias de meus pais sobre você sejam iguais às da última vez que eles me visitaram. Você sabe, porém, que cartas são um símbolo frágil de nosso pertencimento mútuo, e nossos pensamentos e orações são forçadas a expressá-lo da melhor maneira. E assim é, com cartas ou sem cartas, não concorda? Você começou a trabalhar em Berlim agora.[33] Há séculos o trabalho árduo tem sido exaltado como o melhor remédio para dificuldades e preocupações. Muitos consideram o aspecto mais benéfico do trabalho a sua tendência para entorpecer a psique. A meu ver, o que realmente importa é que o tipo correto de trabalho torna o indivíduo altruísta, e o indivíduo cujo coração está cheio de interesses e preocupações pessoais desenvolve um desejo por tal altruísmo a serviço dos outros. Assim, espero eu, do fundo de meu coração, querida Maria, que seu novo emprego lhe conceda essa bênção, e quanto maior as dificuldades, maior será seu senso de libertação espiritual. Estou convicto de que, dada a sua vitalidade natural, para não dizer a sua mania pelo trabalho árduo, você não vai considerar tão excessivo um emprego desse. Você não tem ideia de quão liberto eu me sentiria se pudesse voltar a trabalhar pelos outros em vez de unicamente para mim. No entanto, fico grato a cada novo dia por ser capaz de mergulhar nos livros e aprender tanta coisa inédita, e de anotar uma ou duas ideias e referências necessárias para meu trabalho. Recentemente, e com grande prazer, reli as memórias de Gabriele von Bülow von Humboldt.[34] Ela esteve separada do noivo por três anos inteiros, logo após o noivado! Que paciência e abstenção imensa tinham naqueles dias, e que enorme "resistência à ruptura"! Passavam-se mais de seis semanas para cada carta alcançar o destinatário. Eles aprenderam a fazer o que a tecnologia nos tem privado, ou seja, recomendar

[33] Ao que parece, Maria ia iniciar um trabalho com a Cruz Vermelha.
[34] Uma nobre alemã do século 19.

um ao outro a Deus diariamente e confiar nele. É o que temos aprendido agora, e devemos ser gratos, por mais difícil que seja.

Minha amada Maria, não vamos perder a fé no que acontece conosco; tudo nos é agraciado por mãos boas e carinhosas. Pensarei muito em você no dia 22.[35] Seu pai vive com Deus. Ele está somente um ou dois passos à nossa frente. Vamos pensar nele e em Max com alegria no coração e orar para que sua mãe continue a encontrar a consolação que a tem guiado no decorrer dos últimos dois anos. Adeus por enquanto, amada Maria, e que Deus preserve a todos nós.

Com todo o meu fiel coração,

Dietrich[36]

Após a carta, os pais de Dietrich informaram-no que Maria se decidira morar com eles e ajudá-los na casa da família em Berlim. Aparentemente ela executaria a função de secretária do dr. Bonhoeffer, no escritório do primeiro andar da casa. Dietrich lhe escreveu:

Minha tão amada Maria,
Portanto, inteiramente por vontade própria, e sem que eu repetisse meu pedido, você tomou a grande decisão de vir para cá ajudar meus pais. Não consigo dizer quão feliz estou. Não pude acreditar no começo, quando meus pais me contaram, e ainda quase não consigo compreender como isso aconteceu ou o que o tornou possível [...]. Eu mal começara a me reconciliar com a ideia de que você seria convocada de volta para a Cruz Vermelha, e que não nos veríamos novamente por séculos. Tudo agora mudou por completo. É uma bênção de Deus, a meu ver. Haverá a preocupação pelos ataques aéreos, é verdade, mas eu saberei que você está perto de mim a cada hora de cada dia. Que maravilhoso! Que decisão maravilhosa a sua! Sou muito grato a você!

[...] Posso pedir um grandíssimo favor? Ajude mamãe a lidar com as preocupações recorrentes e, por favor, seja paciente com ela. É o melhor que pode fazer por mim. Talvez o bom Senhor a tenha enviado precisamente por ela precisar de uma nora atuante neste momento, e quanto mais conhecer mamãe, mais perceberá que ela não quer nada para si (*bem* pouco, talvez!), e que todos os desejos, ações e pensamentos

[35] Aniversário da morte do pai de Maria.

[36] BISMARCK e KABITZ, *Love Letters from Cell 92*, p. 259-261.

> dela são centrados nos outros. Vamos orar a Deus para que você seja bem-sucedida. E logo — eu a verei novamente! Queridíssima Maria, temos de reunir toda a nossa força mais uma vez e ter paciência. Não vamos desanimar. Deus tem visto que o coração humano é mais forte que qualquer poder sobre a terra. Adeus por enquanto, querida Maria, e obrigado por tudo, tudo!
>
> Beijos e abraços ternos.
>
> Dietrich[37]

Maria voltou a visitar Bonhoeffer em 23 de agosto. Foi a última vez que eles se viram. Bonhoeffer escreveu a Bethge no dia: "Maria esteve aqui hoje, tão doce e, ao mesmo tempo, tão resoluta e tranquila, de um modo que eu raramente vi".[38]

Bonhoeffer planeja sua fuga

Em setembro, Bonhoeffer decidiu fugir de Tegel. Em sua vida, a liberdade de se locomover fora extraordinária, e a fuga sempre constituiu uma opção real. Por várias razões, porém, ele nunca tentara escapar. Agora, as avenidas da esperança que valorizavam a sua estada na prisão foram fechadas. Quase todo mundo que trabalhava para a conspiração havia sido preso. Nada restara. Os nazistas possuíam evidências sólidas dos complôs e, nos interrogatórios brutais, obteriam ainda mais informações. O único motivo para Hitler não ordenar uma execução geral era o desejo de reunir o máximo de informação possível. Ele queria cada nome e cada detalhe da maldade monstruosa que haviam cometido às escondidas nesses anos todos. Se existiu um momento propício para fugir, era aquele. Não restava dúvida de que a guerra acabaria em breve. Mesmo se os alemães não tivessem êxito em matar Hitler, os Aliados fariam o serviço em pouco tempo.

Amigo mais íntimo de Bonhoeffer dentre os guardas, o cabo Knoblauch se ofereceu para ajudar. O plano consistia em: a família devia procurar um uniforme de mecânico no tamanho de Dietrich e entregá-lo na casa de Knoblauch, a seis quilômetros a leste de Tegel. Eles também tinham de conseguir

[37] Idem, p. 261-262.

[38] *Letters and Papers from Prison*, p. 393-394.

cupons alimentares e dinheiro. Knoblauch esconderia tudo numa das pequenas casas de verão que os alemães mantinham (e ainda mantêm) nos arredores da cidade. Ele e Bonhoeffer iriam para lá depois de fugir. Quanto à fuga em si, Bonhoeffer vestiria o uniforme de mecânico e sairia normalmente da prisão com Knoblauch no fim de seu expediente. O obstáculo maior era manter Bonhoeffer escondido até que pudesse deixar o país sem ser capturado.

Em 24 de setembro, um domingo, a irmã de Dietrich, Ursula, o marido dela, Rüdiger, e a filha do casal, Renate, foram à casa de Knoblauch e entregaram o pacote contendo o uniforme de mecânico, os cupons e o dinheiro. Com os planos para a fuga acertados, restavam os detalhes da deportação de Bonhoeffer. O motivo de Bonhoeffer não prosseguir com a fuga naquela semana é incerto, mas é provável que a falta de planos concretos a respeito da saída da Alemanha o tenha detido.

No fim de semana seguinte, outro evento o levou a esquecer por completo a tentativa de fuga. No sábado, dia 30, Klaus Bonhoeffer avistou um carro estacionado perto de sua casa. A suspeita o fez contornar a rua imediatamente e dirigir para longe da rua. A esposa de Klaus, Emmi, estava distante, em Schleswig-Holstein, visitando os filhos, enviados para lá em vista dos bombardeios aliados. Klaus tinha certeza de que aquele era um carro da Gestapo, e, se tivesse ido para casa, teria sido preso e carregado. Por isso, dirigiu até a casa de Ursula na Marienburgerallee, onde passou a noite. Durante o sofrível episódio, Ursula se empenhou em desestimular a ideia do suicídio na mente do irmão, algo que, após Klaus ser detido, torturado e condenado à morte, ela viria a lastimar.

O laço se tornava mais apertado a cada dia. No mesmo sábado em que Klaus apareceu procurando refúgio, a prima deles, esposa do comandante Paul von Hase, foi solta da prisão e também apareceu na porta da casa. Von Hase fora executado pelo Tribunal Popular, e ela não tinha para onde ir. Devido ao papel do marido na conspiração, nenhum dos parentes a aceitava, com exceção de Ursula e Rüdiger Schleicher.

Quase ao mesmo tempo, o cabo Knoblauch chegou para discutir os detalhes do voo de Dietrich; os Schleicher obtiveram um passaporte falso e arranjaram um voo para a Suécia. Mas Ursula e Rüdiger explicaram que o plano fora previamente descartado. Klaus estava prestes a ser preso. A fuga de Dietrich criaria maior especulação sobre a culpa das pessoas relacionadas a ele.

Na manhã seguinte, um domingo, a Gestapo apareceu e levou Klaus. Na segunda-feira, Knoblauch retornou à casa dos Schleicher e informou-lhes que Dietrich se decidira contra a fuga. Para ele, as coisas só piorariam para todos, em especial para Klaus, e a Gestapo não sentiria remorso nenhum em ir atrás de seus pais ou de Maria, algo que não veio a ocorrer, mas, na quarta-feira, a Gestapo voltou à Marienburgerallee e prendeu Rüdiger. Agora, dois irmãos e dois cunhados da família Bonhoeffer se achavam detidos.

E no domingo, 8 de outubro de 1944, os dezoito meses em Tegel chegaram ao fim. Bonhoeffer foi transferido secretamente para a prisão da Gestapo em Prinz-Albrecht-Strasse. Ele se encontrava agora sob a custódia do Estado.

A prisão da Gestapo

Os quatro meses de Bonhoeffer no presídio da Gestapo se diferenciam nitidamente de seu tempo em Tegel. As celas eram subterrâneas. A de Bonhoeffer media dois metros e meio por um, e não havia a possibilidade de ver a luz do dia. Não existia pátio para caminhar, nenhum sabiá para se ouvir cantar, e nenhum guarda amigável. O almirante Canaris lhe disse: "Aqui é o inferno". Achavam-se ali Carl Goerdeler, Joseph Müller, general Oster e o juiz Sack. O primo de Maria, Fabian von Schlabrendorff, também estava no lugar. Havia a impressão de que todos na conspiração se encontravam atrás das grades. Até mesmo Eberhard Bethge fora preso, embora não num lugar tão horrível.

Quando Bonhoeffer foi interrogado pela primeira vez, ameaçaram-no com tortura. Disseram a ele que o destino de seus pais, dos outros membros de sua família e de sua noiva dependia de sua confissão. Ele teve contatos com Von Schlabrendorff e caracterizou os interrogatórios como "francamente repugnantes".[39] Nada nos leva a crer que ele nunca tenha sido torturado, mas seu irmão Klaus e a maioria dos outros foram.[40] No livro *They Almost Killed Hitler* [Eles quase mataram Hitler], Schlabrendorff relata o que ele próprio sofreu. Quando Schlabrendorff pensou que seria liberto, Bonhoeffer lhe pediu que visitasse seu pai e sugerisse que ele tentasse um encontro pessoal com Himmler. Schlabrendorff, porém, não foi solto na época.

[39] Eberhard BETHGE, *Dietrich Bonhoeffer: A Biography*, p. 900.

[40] BETHGE, *Man of Vision*, p. 804-805.

Quanto a Dohnanyi, a história é bem diferente. A saúde dele sofreu de maneira aguda. Durante um bombardeio aliado, um derrame o atingiu, causando cegueira e paralisia parcial. Ainda assim, os nazistas não lhe concederam piedade, pois sabiam que ele era um dos líderes da conspiração e fariam qualquer coisa para obter informações. O sofrimento era tamanho que ele persuadiu a esposa, Christine, a contrabandear o bacilo da difteria na prisão. Se conseguisse se infectar, ele estaria inapto para os interrogatórios.

Numa carta a Maria, Bonhoeffer escrevera:

> Stifter disse certa vez: "O sofrimento é um anjo sagrado a revelar aos homens tesouros destinados a manterem-se eternamente ocultos; os homens se tornam maiores por meio do sofrimento do que por meio de toda a alegria do mundo". Assim deve ser e digo isso a mim mesmo na minha presente posição, vez após vez — o sofrimento do anseio, que pode ser sentido até fisicamente, deve estar ali, e não iremos nem devemos ignorá-lo. Mas é preciso superá-lo a cada vez, e há um anjo ainda mais sagrado que o anjo do sofrimento: o anjo da alegria em Deus.[41]

No entanto, Bonhoeffer já não podia mais escrever a Maria. Diversas vezes ela realizou a jornada até a prisão, à espera de autorização para visitá-lo. A permissão foi negada sempre. Por mais ásperas que fossem, as condições presidiárias não eram tão ruins quanto poderiam ser. Himmler e a SS tinham ciência do refreamento na guerra — e não a favor da Alemanha — e passaram a agir feito "sondadores da paz", com o intuito de usar os prisioneiros como moedas de barganha. Assim, permitiram que Bonhoeffer escrevesse a Maria no Natal.

> 19 de dezembro de 1944
> Minha querida Maria,
> Estou tão feliz por poder lhe escrever uma carta de Natal e por ser capaz de, por seu intermédio, transmitir meu amor a meus pais, irmãos e irmãs e agradecer-lhes por tudo. Nossos lares estarão bem silenciosos desta vez. Mas tenho notado que, quanto mais silencioso o ambiente, mais vividamente sinto minha conexão com vocês todos. É como se, na solidão, a alma revelasse órgãos cuja existência mal notamos na vida cotidiana. Portanto, nem por um instante eu me senti sozinho ou desamparado. Você, meus pais — todos vocês, incluindo meus amigos e

[41] BISMARCK e KABITZ, *Love Letters from Cell 92*, p. 118.

estudantes em serviço ativo — são minhas companhias constantes. As suas orações e pensamentos gentis, as passagens da Bíblia, as conversas há muito esquecidas, trechos musicais, livros — todos envoltos na vida e a realidade, como nunca antes. Vivo num reino grandioso e invisível, cuja existência real eu não duvido. A canção das crianças de antigamente sobre os anjos diz: "Dois para me cobrir, dois para me acordar". Hoje, nós, os adultos, precisamos, dia e noite, da manutenção dos poderes gentis e invisíveis, tanto quanto as crianças. Assim, não pensem que sou infeliz. Enfim, o que significa a felicidade e a infelicidade? Elas dependem tão pouco das circunstâncias e muito mais daquilo que se passa dentro de nós. Sou grato a cada dia por ter você — você e todos vocês — e isso me deixa feliz e animado.

Superficialmente, há pouca diferença entre aqui e Tegel. A rotina diária é a mesma, a refeição do meio-dia é consideravelmente melhor, o café da manhã e a janta são um pouco mais pobres. Agradeço por tudo que me trouxeram. Tenho sido bem tratado, conforme manda o regulamento. O local é bem aquecido. Mobilidade é o que falta, então faço exercícios e ando de um lugar para o outro na cela com a janela aberta [...]. Fico alegre por poder fumar! Obrigado por pensarem em mim e fazer tudo o que podem por minha causa. De meu ponto de vista, nada é mais importante que saber disso.

Estamos à espera um do outro há quase dois anos, querida Maria. Não desanime! Estou contente por você estar com meus pais. Entregue meu mais afeiçoado amor a nossa mãe e à família inteira. Aqui estão outros versos que me ocorreram nas últimas noites. São meus cumprimentos de Natal para você, meus pais, e meus irmãos e irmãs [...].

Com imenso amor e gratidão, eu a abraço.

Dietrich[42]

O seguinte poema — com o qual Bonhoeffer encerra a carta — tornou-se famoso por toda a Alemanha e é incluído em muitos livros escolares. Também é cantado em igrejas na forma de hino:

Bons poderes

Cercam-me bons poderes, sinto-me guiado,
O mal não temo, inspirado e consolado,

[42] Idem, p. 268-270.

Convosco os meus dias desejo eu passar,
E o ano vindouro enfim celebrar.
Nosso coração o velho ano tortura,
Nos dias maus nos pesa a amargura;
Pai, concede às almas a tua correção,
A cura prometida, a tua salvação.
Estende-nos, Senhor, o cálice do pesar,
E até as gotas da dor havemos de tomar,
Com gratidão, sem nenhum temor,
De tuas mãos, toda bondade e amor.
Que a vida resplandecente e a liberdade
Sejam, mais uma vez, a tua vontade.
Que a tristeza passada possa nos ensinar
A nossa vida inteira a ti dedicar.
Faze as velas chamejar a saudação radiante
E, em nossa escuridão, guia-nos avante,
Ilumina-nos à noite, ao encontro ansiado,
O momento gracioso, felizes ao teu lado.
Ao se aprofundar o silêncio, atentemos
Na escuridão, em torno nada vemos,
Concede-nos ouvir o coro infantil a se erguer,
O hino universal a louvar teu precioso ser.
Com bons poderes a nos assistir
Com audácia aguardamos o que há de vir.
Deus conosco está, no entardecer ou amanhecer,
E, oh, com certeza, a cada dia que nascer.[43]

A partir daqui, as informações a respeito de Bonhoeffer se tornam escassas. A maior parte do que sabemos sobre ele durante o período de quatro meses vem de Schlabrendorff. Segue seu relato, incluído no livro *I Knew Dietrich Bonhoeffer* [Eu conheci Dietrich Bonhoeffer]:

> Tenho de admitir que fiquei bastante alarmado ao avistar Dietrich Bonhoeffer. Mas, quando vi sua figura ereta e seu olhar impertur-

[43] Tradução livre baseada nas obras *Resistência e submissão: cartas e anotações escritas na prisão*, p. 556-557; e *Por que passamos por desertos*, p. 40-41 (Poema em *Letters and Papers from Prison*, p. 400-401.).

bável, senti-me confortado, e notei que ele me reconhecera sem perder a compostura [...]. Na manhã seguinte, pude trocar algumas palavras com ele no banheiro, que possuía instalações para diversas pessoas, embora a regra proibisse a conversa entre prisioneiros, normalmente vigiados com rigor. Nós nos conhecêramos um pouco antes da guerra começar, e nosso relacionamento aumentara devido ao noivado de Dietrich Bonhoeffer com minha prima Maria von Wedemeyer. Dietrich não tardou a me avisar que estava determinado a resistir a todos os esforços da Gestapo. Nada do que custara o destino de nossos amigos seria revelado. Poucos dias depois, ele foi transferido para a cela 24. Isso fez dele meu vizinho, e nos proporcionou a chance de nos comunicarmos e mantermos curtas conversas todos os dias. Na parte da manhã, apressávamo-nos a um compartimento do banheiro onde pudéssemos tomar uma ducha e aguardávamos com avidez essa oportunidade, embora a água fosse fria, pois, dessa maneira, podíamos escapar da supervisão dos guardas e exercer uma breve troca de pensamentos. À noite, isso se repetia, e as portas de nossas celas permaneciam abertas até que todos os prisioneiros de nosso corredor houvessem retornado. Nesse período, falávamos com ansiedade um com o outro através das fendas nas dobradiças da porta a nos separar. Por fim, víamo-nos durante os alertas de ataque aéreo, que aconteciam todo dia e toda noite, em que aproveitávamos cada oportunidade para nos informar de nossas reflexões e experiências. Somente quem esteve em confinamento solitário rigoroso por um longo período é capaz de entender o que a oportunidade de conversar significava para nós naqueles longos meses. Dietrich Bonhoeffer falou-me de seus interrogatórios [...]. A sua alma nobre e pura deve ter sofrido profundamente. Mas não deixava transparecer. Ele estava sempre bem-humorado, sempre com a mesma benevolência e polidez, seja com quem fosse, de modo que, para minha surpresa, num curto espaço de tempo, ele conquistara os carcereiros, nem sempre gentilmente dispostos. Algo significativo em nossa relação: ele era o esperançoso, enquanto eu sofria, às vezes, de depressão. Ele sempre me animava e me confortava, e nunca se cansava de repetir que a única luta que se perde é aquela em que desistimos. Muitos pequenos bilhetes me eram repassados por ele, nos quais havia escrito palavras bíblicas de conforto e esperança. A sua própria situação também era encarada com otimismo. Dizia-me repetidas vezes que a Gestapo não dispunha de indício nenhum de suas atividades reais. Para ele, a amizade que possuía com Goerdeler era algo trivial. As conexões com Perels, judiciário da Igreja Confessante, não tinham importância suficiente para servir como acusação. E quanto às viagens e reuniões no exterior com dignitários eclesiásticos da Inglaterra, a Gestapo não compreendia os seus propósitos. Se as investigações se mantivessem no ritmo atual, anos se passariam até alcançarem alguma conclusão. Ele estava cheio de esperanças, a ponto de presumir que seria solto sem julgamento, caso alguém influente tivesse a coragem de interceder a seu favor à Gestapo. Ele considerava ainda que havia representado sua relação com o cunhado, *Reichsgerichtsrat* von Dohnanyi, de forma plausível a seus interlocutores, o que não constituía, portanto, uma acusação pesada contra ele. Quando Dohnanyi foi encaminhado para a prisão de Prinz-Albrecht-Strasse, Dietrich realizou a façanha de também entrar em contato com ele. Após retornarmos de um alerta de ataque aéreo em nosso abrigo de cimento, o cunhado dele encontrava-se deitado sobre uma maca em sua cela, paralisado em ambas as pernas. Com uma vivacidade incrível, Dietrich Bonhoeffer invadiu a cela destrancada de Dohnanyi. Parece um milagre que nenhum dos carcereiros tenha visto sua intrusão. Mas Dietrich teve êxito também na parte mais complexa de seu empreendimento, saindo despercebido da cela de Dohnanyi e entremeando-se na fila de prisioneiros que se apresentavam no corredor. Na mesma noite, contou-me que combinara com Dohnanyi todos os pontos essenciais dos depoimentos futuros. Apenas uma vez ele imaginou que a situação pudesse tomar um rumo pior. Ele fora ameaçado com a prisão da noiva, dos pais idosos e das irmãs, a menos que suas declarações se tornassem mais abrangentes. Ele julgou então que o tempo de se declarar francamente um inimigo do nacional-socialismo havia chegado. Sua atitude, como declarara, estava enraizada em suas convicções cristãs. Nas conversas comigo, Bonhoeffer mantinha a opinião de que evidência alguma que justificasse a acusação de alta traição poderia ser produzida. Como vizinhos nas celas de prisão, nós partilhávamos também alegrias e tristezas de nossa vida particular e humana. As poucas coisas que possuíamos e que nos permitiram aceitar de nossos parentes e amigos nós trocávamos de acordo com nossa necessidade. Com olhos brilhantes, falou-me das cartas da noiva e dos pais, cujo amor ele sentia próximo de si até mesmo na prisão da Gestapo. Toda quarta-feira ele recebia seu embrulho da lavanderia, que continha também charutos, maçãs ou pão, e nunca se omitia em partilhá-los comigo na mesma noite, caso não nos vigiassem; agradava-lhe que, mesmo na prisão, fosse possível auxiliar e partilhar o que se tinha com os vizinhos.

Na manhã do dia 3 de fevereiro de 1945, um ataque aéreo transformou a cidade de Berlim numa pilha de entulhos; os edifícios da sede da Gestapo foram queimados. Espremidos, encontrávamo-nos em nosso abrigo antiaéreo quando uma bomba atingiu-nos com uma explosão enorme. Por um segundo, houve a impressão de que o abrigo estava se rompendo e o teto desabaria sobre nós. Tremulou como um navio em meio à tormenta, mas resistiu. Naquele momento, Dietrich Bonhoeffer mostrou seu fervor. Ele permaneceu calmíssimo, sem mover um músculo, imóvel e relaxado, como se nada tivesse acontecido.

Na manhã de 7 de fevereiro de 1945, falei com ele pela última vez. Em torno do meio-dia, convocaram-no pelo número da cela, dentre outros mais. Os prisioneiros foram divididos em dois grupos. Bonhoeffer foi transportado para Buchenwald, o campo de concentração próximo a Weimar.[44]

"O canalha está morto!"

Os primeiros dias de fevereiro de 1945 foram no mínimo movimentados. A guerra diminuía gradualmente, mas a injustiça cruel de Hitler prosseguia. Em 2 de fevereiro, o famigerado Ronald Freisler, do Tribunal Popular, condenou Klaus Bonhoeffer e Rüdiger Schleicher à morte. Em 3 de fevereiro, Schlabrendorff estava prestes a ser igualmente sentenciado à morte por Freisler. Mas, naquele dia, a Oitava Força Aérea Americana lançou quase mil aviões bombardeiros B-17 Flying Fortress sobre o céu de Berlim. Num curto período de tempo, três mil toneladas de bombas caíram na cidade. "Por duas horas", escreveu Bethge, "esquadrão após esquadrão sobrevoou Berlim no límpido céu azul de inverno, transformando a área leste da penitenciária num deserto de

[44] Wolf-Dieter Zimmermann e Ronald G. Smith, eds., *I Knew Dietrich Bonhoeffer*, p. 226-230.

fumaça e cinzas".[45] As bombas americanas atingiram a prisão da Gestapo onde Bonhoeffer estava encerrado. Os danos foram tão severos que a maioria dos outros prisioneiros teria de ser transferida.

O Tribunal Popular foi gravemente atingido. Freisler se preparava para sentenciar Schlabrendorff quando ocorreu o impacto das bombas americanas. Num desses momentos para o qual a palavra *schadenfreude*[46] parece ter sido inventada, o perverso Freisler teve o cérebro golpeado por uma viga do teto e foi enviado a um tribunal de justiça deveras diferente, com o qual ele certamente não tinha a mesma familiaridade. Devido à aparição imprevista de Freisler na outra corte, a despedida de Schlabrendorff deste mundo foi adiada por décadas.[47] Mas as coisas ficariam ainda mais estranhas naquele dia.

Enquanto choviam bombas americanas sobre o Tribunal Popular, o irmão de Rüdiger Schleicher, dr. Rolf Schleicher, encontrava-se na estação de metrô de Berlim. Médico sênior em Stuttgart, ele viera a Berlim para recorrer da sentença de morte proferida por Freisler contra o irmão. Mas ninguém tinha a permissão de deixar a segurança da estação até o cessar das bombas. Quando o permitiram ir à superfície, o dr. Schleicher se encaminhou ao Tribunal Popular em que Freisler condenara seu irmão um dia antes. Ele viu o prédio estraçalhado e em chamas por causa do bombardeio. Alguém notou seu uniforme de médico e o puxou até o pátio para ajudar um dos feridos. Uma pessoa importante precisava de cuidados. O dr. Schleicher dirigiu-se ao sujeito caído e viu que não havia mais nada a se fazer: o homem já estava morto. Para seu espanto, o morto era Ronald Freisler, cuja voz mordaz zombara de seu irmão Rüdiger no dia anterior, antes de pronunciar maliciosamente a sentença de morte para ele.

Pressionaram o dr. Schleicher a escrever uma certidão de óbito, mas ele se recusou até que pudesse se reunir com Otto Thierack, o ministro da Justiça. Thierack ficou "bastante chocado" pela assombrosa "coincidência" e disse a Schleicher que a execução de seu irmão Rüdiger seria prorrogada até a apresentação oficial de uma "súplica por misericórdia". Mais tarde, quando chegou à casa do irmão na Marienburgerallee, o dr. Schleicher pôde enfim pronunciar as palavras triunfantes: "O canalha está morto!".

[45] BETHGE, *Dietrich Bonhoeffer: A Biography*, p. 914.

[46] Algo como "satisfação malévola". (N. do T.)

[47] Schlabrendorff viveu até 1980.

Bonhoeffer deixa Berlim

No início da tarde de 7 de fevereiro, Bonhoeffer e uma série de prisioneiros proeminentes foram retirados de suas celas e postos à espera de dois furgões que os conduziriam até o campo de concentração de Buchenwald e Flossenbürg. Havia vinte homens, todos eles figuras centrais na conspiração. Dificilmente se pode imaginar uma disposição mais impressionante de personagens.

Entre eles, o ex-chanceler da Áustria, dr. Kurt von Schuschnigg, cujo tratamento pela Gestapo constitui uma das marcas mais negras nas páginas do Terceiro Reich. Também ali, o dr. Hjalmar Schacht, antigo diretor do *Reichsbank*, que habilitara a ascensão de Hitler ao poder e mais tarde lutou em vão contra o monstro que ajudara a criar. Schacht se pronunciara contra o tratamento dos judeus desde o início e integrou a trama de 1938. Como tantos outros, foi preso após o fracasso do atentado de Stauffenberg. E ali estavam o almirante Canaris, o general Oster e o juiz Sack. Bonhoeffer iria se unir aos três em Flossenbürg dali a dois meses. O general Halder, o general Thomas e o colega de Oster, Theodor Strünck, também se achavam presentes. Todos eles subiram no furgão para Flossenbürg.

À frente do outro furgão, havia um segundo grupo. Incluía o general Von Falkenhausen, que fora governador da Bélgica durante a ocupação alemã na Primeira Guerra; comandante Franz Liedig, capitão de corveta da Marinha, subordinado de Canaris; Ludwig Gehre, oficial da Abwehr também subordinado a Canaris; conde Gottfried von Bismarck, neto de Otto von Bismarck; e o conde Werner von Alvensleben, que se recusara, em 1934, a prestar o infame juramento de lealdade a Hitler, e se tornara desde então *persona non grata* entre os nazistas. O dr. Hermann Pünder se achava ali também; ele era um político católico que fora secretário de Estado pouco antes de Hitler. Igualmente presente, o dr. Joseph Müller. Müller havia sido maltratado de forma cruel pela Gestapo durante anos, mas não entregou a eles nenhuma das informações tão violentamente procuradas. Payne Best descreveu Müller como "um dos homens mais valentes e determinados que se possa imaginar".

E, entre eles, encontrava-se Dietrich Bonhoeffer, que acabara de celebrar seu 39º aniversário numa cela da Gestapo e agora via a luz do dia pela primeira vez em quatro meses. Para a maioria, o tempo na prisão fora ainda maior. Fosse qual fosse o destino deles, estar ao ar livre em companhias tão extraordinárias animou o espírito de cada um. Era evidente que a guerra se aproximava do fim, e Hitler estava acabado. Se alguém dentre eles viveria para ver isso acontecer é uma história à parte.

Na hora de embarcar no furgão, Bonhoeffer e Müller foram algemados. Bonhoeffer protestou em vão. Müller, que sofrera castigos mil vezes piores, ofereceu uma palavra de encorajamento ao amigo e fiel companheiro. "Vamos com calma para a forca, como cristãos", disse.[48] Bonhoeffer era um mensageiro acorrentado. Agora ele teria uma longa viagem, mais de trezentos quilômetros ao sul, em Buchenwald.

[48] BETHGE, *Dietrich Bonhoeffer: A Biography*, p. 918.

CAPÍTULO 30

BUCHENWALD

A alma dele resplandecia no desespero negro de nossa prisão [...]. Bonhoeffer sempre temera não ter força suficiente para suportar tamanho teste, mas agora ele sabia que não havia nada na vida a temer.

PAYNE BEST, EM CARTA A SABINE

BUCHENWALD FOI UM DOS CENTROS de morte nazistas.[1] Mas não era meramente um lugar onde pessoas morriam; era um lugar onde a morte era celebrada e adorada. Tal como a comunidade de Bodelschwingh em Betel constituíra uma personificação viva do evangelho, onde os fracos eram cuidados e amados, Buchenwald e seus equivalentes por todo o Terceiro Reich constituíam encarnações vivas da visão satânica de mundo da SS, onde a fraqueza era depredada e esmagada. Havia casos de seres humanos assassinados por causa da pele, usada para artigos de suvenir, como carteiras e estojos de facas para membros da SS. A cabeça de alguns prisioneiros era empalhada e oferecida como presente. Bonhoeffer ouvira falar dessas práticas abomináveis por intermédio de Dohnanyi, mas poucos alemães tinham conhecimento delas nessa época. Quando Emmi Bonhoeffer teve a audácia de contar aos vizinhos que em alguns campos usava-se a gordura do corpo humano para produzir sabão,

[1] O nome "Buchenwald" significa "Floresta de faia". Embora não fosse propriamente um campo de extermínio, 56.545 pessoas foram mortas ali, através de trabalho forçado, fuzilamento, enforcamento ou experimentos médicos, antes da libertação pelos Aliados em abril de 1945.

recusaram-se a acreditar, convencidos de que tais histórias eram propaganda antialemã.

Bonhoeffer passou sete semanas em Buchenwald. Não o puseram no complexo principal, mas fora, na adega fria improvisada em presídio de um prédio amarelado com aparência de cortiço, construído para abrigar os funcionários de Buchenwald. Possuía cinco ou seis andares, e a adega úmida já havia sido usada antes como cadeia militar para a SS. Ela conteria agora mais prisioneiros ilustres, dezessete deles em doze celas.[2]

O elenco de Buchenwald

Não temos cartas de Bonhoeffer durante o período, mas um dos homens que ele encontrou em Buchenwald, o capitão S. Payne Best, oficial da inteligência britânica, escreveu um relato de seus anos no cativeiro alemão intitulado *The Venlo Incident* [O Incidente Venlo]. Com base em seu livro, obtemos a maioria das informações a respeito dos dois últimos meses de Bonhoeffer. Best chegou a Buchenwald em 24 de fevereiro, com mais três prisioneiros. Um deles era outro oficial britânico, Hugh Falconer; o segundo, Vassily Kokorin, era oficial da Força Aérea Soviética e sobrinho do protegido de Stalin, Molotov; o terceiro era o general Friedrich von Rabenau, que se juntou a Bonhoeffer em sua pequena cela.

Rabenau, com sessenta anos de idade, era um cristão cuja fé o levara a se opor a Hitler desde o início. Em 1937, esteve entre os signatários da Declaração dos Noventa e Seis Líderes Evangélicos contra a Teologia de Alfred Rosenberg, que denunciava e rebatia o anticristão Rosenberg, filósofo pró-nazista. Em 1942, emitiram sua aposentadoria precoce, e ele passou os dois anos seguintes em busca do doutorado em teologia na Universidade de Berlim, como Bonhoeffer havia feito. Ele teve ainda participação ativa na resistência, servindo como elo entre Beck e Goerdeler. Rabenau era também autor de

[2] As celas 1, 2, 3, 4, 6, 7 e 8 — todas no mesmo lado da adega — eram bastante pequenas. A cela 5, naquele mesmo lado, tinha o dobro de tamanho das outras. No lado oposto, encontravam-se as celas 9, 10, 11 e 12, também duas vezes maiores que as demais. Entre as duas fileiras de celas, havia duas paredes de tijolos com uma abertura no meio, de forma que cada uma das duas fileiras de celas se abria para um corredor, e havia um corredor central entre elas, que conduzia à entrada da adega.

uma longa e conceituada biografia do líder militar alemão Hans von Seeckt, livro que Bonhoeffer lera. Graças a Pünder, que ocupava a pequena cela ao lado, sabemos que Rabenau continuou a trabalhar em sua autobiografia em Buchenwald, e parece provável que Bonhoeffer também escrevesse, embora nada tenha sobrevivido. Nós sabemos ainda, também por intermédio de Pünder, que Rabenau e Bonhoeffer passavam horas discutindo teologia. Pünder apreciava escutar as discussões. Rabenau e Bonhoeffer jogavam xadrez num tabuleiro presenteado por Payne Best.

Best era uma das principais figuras no desastre de 1940 que veio a ser conhecido como Incidente Venlo, de onde vem o título de seu livro. Apesar de o livro ser uma obra de não ficção, Best retrata a si mesmo como parte Nicholson de *A ponte do rio Kwai*, parte Terry Thomas e parte barão de Munchausen. Best tinha consciência da vida um tanto impressionante que levava, mas podia igualmente zombar de si mesmo. No livro, ele cita uma descrição de si próprio retirada das memórias de outra pessoa:

> Particularmente notável, deve-se mencionar o sr. Best, o agente do serviço secreto que foi "roubado" da Holanda em 1940; de fato, um modelo para a figura da conhecida caricatura internacional do inglês. Muito alto, muito magro, um pouco macilento, na verdade, com bochechas ocas e coriáceas, dentes salientes, um monóculo, calças de flanela, um casaco xadrez, e um cigarro. Sempre a demonstrar os dentes cavalares num sorriso complacente e a exibir aquela discrição fidedigna que suscita a confiança mais profunda.[3]

Best comenta a descrição em seguida: "Concordo, incluindo os comentários sobre meus dentes, e na verdade estou lisonjeado pelo quadro de palavras, em especial porque os dentes não eram meus, mas uma construção do dentista de Sachsenhausen, que possivelmente usara sua arte para consertar minha aparência de acordo com a noção dele de um inglês".[4]

Visualizar os últimos dias de Bonhoeffer através do monóculo galhofeiro da excêntrica personalidade do capitão Best pode ser estranho, mas seu bom humor, por vezes infatigável, ilumina o espetáculo sombrio. Em sua defesa,

[3] S. Payne BEST, *The Venlo Incident*, p. 194.

[4] Idem.

digamos que os seis anos de Best no campo de concentração de Sachsenhausen aguçaram seu pendor para o humor negro.

Presentes na adega, estavam também o ex-embaixador alemão na Espanha, dr. Erich Heberlein, e a esposa, Margot. Best descreveu o casal: "Sobre os Heberlein, a égua grisalha era sem dúvida o melhor cavalo. A mistura de sangue irlandês e espanhol não poderia deixar de produzir algo vívido e fora do comum [...]. Ela era uma provação tão grande para seus captores quanto dois prisioneiros britânicos, o que é dizer muito. O marido? Um sujeito charmoso, um diplomata da velha escola, com maneiras impecáveis e a digestão deficiente de sua classe".[5]

De acordo com Best, o companheiro de cela de Müller, capitão Gehre, era um "homem reservado, moreno, de boa aparência, com cerca de trinta anos".[6] Na verdade, Gehre tinha cinquenta. Após o desastre de Stauffenberg, a Gestapo o caçou. Ele e a esposa decidiram fugir pela via do suicídio. Ele disparou contra a mulher, depois voltou a arma contra si, mas conseguiu somente atingir um dos olhos. Capturado pela Gestapo, foi torturado e interrogado. Em 9 de abril, morreria com Bonhoeffer, Canaris, Oster e Sack em Flossenbürg.

Na cela 4, achavam-se o conde Von Alvensleben com o coronel Von Petersdorff. Ferido seis vezes na Primeira Guerra, Petersdorff é descrito por Best como "um companheiro selvagem, aventureiro", que se opusera a Hitler desde sempre. Ele esteve na prisão de Lehrterstrasse em 3 de fevereiro quando as bombas americanas o enterraram em sua cela. Apesar dos pulmões e os rins feridos, Petersdorff não recebera nenhum tratamento e estava bastante doente. A situação de Alvensleben, colega de cela, era típica de tantos outros detidos após o complô de 20 de julho; nada fizera além de possuir relações amigáveis com alguns dos conspiradores. Milhares foram detidos pelo mesmo motivo. Qualquer um com ligações consanguíneas era culpado por *Sippenhaft* (responsabilidade de parentesco), pelo qual os parentes dos acusados eram presos e punidos: esposas, pais e até os filhos. Algumas crianças pequenas foram afastadas dos pais, que nunca mais voltariam a vê-las.

Outro dos dezessete presos, dr. Hoepner, irmão do general Erich Hoepner, exercera papel central no complô de 20 de julho. Ele foi um dos primeiros enforcados em Plötzensee, num espetáculo pavoroso que Hitler filmara para

[5] Idem, p. 181.

[6] Idem, p. 180.

seu prazer sádico. Best descreve o companheiro de prisão como "o único sujeito que conheci durante o meu encarceramento que era um covarde abjeto". Detido numa cela próxima a Hoepner, Best mantinha discussões inacreditáveis com os guardas. Com o tempo, após seis anos de companhia, ele se especializara em lidar com os guardas do campo de concentração e parecia sentir orgulho de discordar deles. Mas, ao ouvir as discussões, Hoepner "entrou em tal estado de nervos que desabou no chão da cela". Por duas vezes os médicos tiveram que atendê-lo por causa desses ataques nervosos.[7]

Em justiça a Hoepner, há de se dizer que a situação era brutal. Mesmo o valente supremo Best pensava de tal maneira: "Que mês infernal tem sido este. Exigiu mais de mim que todo o meu tempo de aprisionamento anterior. Duvido muito que possa retornar para casa. É provável que seja liquidado por uma bala de pistola se as nossas tropas se aproximarem muito. Os alemães dizem que pretendemos destroçá-los e não enxergam motivos para poupar aqueles de nós que estão em seu poder — que exaustivo!".[8]

Na cela 5, uma das maiores, encontrava-se o general Von Falkenhausen. Best o considerava "um dos melhores homens que já conheci". Na Primeira Guerra, agraciaram-no com a *Pour le Mérite*.[9] De acordo com Schuschnigg, Falkenhausen trajava o uniforme completo, "com revestimento vermelho brilhante", e a *Pour le Mérite* pendurada no pescoço. Na cela ao lado, estava o líder do esquadrão britânico Hugh Falconer, e na cela seguinte, Kokorin. Müller e Gehre dividiam a cela número 8. Os últimos dois detentos no pequeno presídio eram bastante distintos dos outros. Conhecemos a primeira somente pelo nome "Heidl". Isa Vermehren a descreve: "Uma indefinível e desagradável jovem senhora de quem ninguém pôde descobrir o nome verdadeiro, a nacionalidade ou língua — rotulavam-na de espiã, e a única dúvida era saber se ela espionara apenas para a Gestapo ou se fora esperta o suficiente para exercer sua nobre profissão em duas frentes distintas ao mesmo tempo".[10]

Best a descreve como "uma menina pequena, de pele clara, atarracada, em seus vinte e poucos anos, e que, por sua estatura, talvez pudesse ser descrita

[7] Idem, p. 189.
[8] Idem, p. 190.
[9] A mais alta condecoração alemã por bravura.
[10] BEST, *The Venlo Incident*, p. 184, 197.

como um modelo da juventude germânica", mas que "sempre foi um de nossos problemas". Ela havia frequentado o bordel de Sachsenhausen e "adquirira a linguagem e os costumes de suas anfitriãs". Kokorin nutria certa afeição por ela, mas era um caso único nesse quesito.[11]

A anos-luz de estranheza dentre todos que compartilharam os dois últimos meses da vida de Bonhoeffer, havia dois dos personagens mais malvados do Terceiro Reich, dr. Waldemar Hoven e dr. Sigmund Rascher. Na época da vinda de Bonhoeffer, Hoven ainda era prisioneiro, mas em três semanas, devido à escassez de médicos, foi libertado. No papel de médico-chefe em Buchenwald, Hoven supervisionara a matança de vários internos, alguns doentes, outros saudáveis. Ele tinha ainda a distinção de ser amante de Ilse Koch, famosa pela crueldade e esposa do comandante de campo Karl Koch. Uma testemunha nos julgamentos de Nuremberg, detento de Buchenwald que havia trabalhado com Hoven, testemunhou:

> O dr. Hoven estava certa vez comigo na janela da seção patológica e apontou para um prisioneiro, desconhecido por mim, que cruzava o local onde se realizavam as chamadas de presença. Dr. Hoven me disse: "Eu quero ver a caveira deste prisioneiro na minha mesa amanhã à noite". Após o médico anotar o número dele, o prisioneiro recebeu ordens de se apresentar na seção médica. O cadáver foi entregue no mesmo dia na sala de dissecação. O exame *post mortem* revelou que o prisioneiro tinha sido morto por injeções. O esqueleto foi preparado e entregue como encomenda ao dr. Hoven.[12]

Rascher, de 36 anos, substituiu Hoven em 28 de fevereiro. Best encontrou-o no banheiro determinada manhã, "um homem pequenino com bigode ruivo", um "sujeito esquisito; possivelmente o sujeito mais esquisito que já apareceu em meu caminho". Rascher disse a Best que ele havia "planejado e supervisionado a construção de câmaras de gás e era responsável pela utilização de prisioneiros como cobaias em pesquisas médicas".[13] Best disse:

[11] Idem, p. 196.

[12] Josef Ackermann, testemunho no Tribunal Militar de Nuremberg, *http://www.mazal.org/archive/nmt/02/NMT02–T0003.htm*.

[13] Best, *The Venlo Incident*, p. 186.

> Obviamente, ele não via nada de errado nisso e considerava uma questão de conveniência. Quanto às câmaras de gás, disse que Himmler, um homem de bom coração, ansiava por uma maneira de exterminar os prisioneiros sem causar tanta aflição e sofrimento, e a dificuldade maior fora projetar uma câmara de morte tão camuflada que seu propósito não fosse aparente, além de regular o fluxo de gás letal de maneira que o paciente pudesse adormecer sem reconhecer que jamais voltaria a acordar. Infelizmente, disse Rascher, eles nunca resolveram de forma satisfatória o problema por causa da resistência variável de pessoas diferentes aos efeitos dos gases venenosos, e sempre havia uns poucos que viviam mais que os outros e reconheciam o que estava acontecendo. Segundo Rascher, a principal dificuldade era a quantidade absurda de pessoas a serem mortas, o que impossibilitava a prevenção da sobrecarga das câmaras de gás, impedindo qualquer tentativa de assegurar uma taxa de morte regular e simultânea.[14]

O motivo da prisão de Rascher é incerto. Ele estivera na equipe pessoal de Himmler e foi diretor da "administração médica" em Dachau. Credita-se sua má fama aos "experimentos" em seres humanos. As experiências se iniciaram após ele perceber que ninguém sabia o que ocorria quando aviadores eram submetidos a altitudes elevadas. Ele escreveu a Himmler com uma proposta:

> Estimado *Reichsführer*!
> Meus sinceros agradecimentos pelas flores e pelos votos cordiais por ocasião do nascimento de meu segundo filho. Mais uma vez um menino forte, embora tenha vindo com três semanas de antecedência. Permitir-me-ei enviá-lo uma fotografia das duas crianças num momento oportuno.
>
> Por ora, fui atribuído ao *Luftgaukommando VII*, Munique, para um curso de medicina. Durante o curso, onde as pesquisas sobre voos de altitude elevada desempenham um papel destacado (determinado pelo alcance um pouco maior dos aviões de combate ingleses), expressou-se considerável arrependimento pelo fato de que nenhum teste com material humano tenha até o momento nos sido possível, uma vez que tais experimentos são bem perigosos e não há voluntários. Apresento, portanto, a séria questão: é possível disponibilizar dois ou três criminosos profissionais para esses experimentos? [...] Os experimentos, nos quais

[14] Idem.

> os indivíduos podem, naturalmente, vir a falecer, seriam realizados com minha cooperação. Eles são essenciais para pesquisas em voos de altitude elevada, e não é possível efetuá-los, como já tentado, com macacos, que oferecem condições de teste inteiramente diferentes. Tive uma conversa bastante confidencial com um representante dos cirurgiões da Força Aérea que realiza esses experimentos. Ele também é da opinião de que a questão só pode ser resolvida por meio de experimentos em seres humanos (débeis mentais podem igualmente ser usados como material de teste).
>
> Espero, com sinceridade, estimadíssimo *Reichsführer*, que, a despeito da imensa carga de trabalho que carrega, esteja no melhor da saúde.
>
> Com meus mais calorosos votos e grata devoção, *Heil Hitler*.
>
> Sigmund Rascher[15]

A permissão foi concedida de "bom grado". Um detento austríaco descreve um dos experimentos:

> Vi pessoalmente, pela janela de observação da câmara de descompressão, um prisioneiro suportando o vácuo até que seus pulmões arrebentaram-se [...]. Os prisioneiros enlouqueciam e arrancavam os cabelos num esforço para aliviar a pressão. Eles se esmurravam e arranhavam o rosto com os dedos e as unhas numa tentativa de automutilação em sua loucura. Eles espancavam as paredes com as mãos e a cabeça, como que procurando livrar-se da pressão nos ouvidos. Em geral, esses casos terminavam com a morte do indivíduo.[16]

Cerca de duzentos prisioneiros foram submetidos a esses horrores antes da conclusão das "experiências". Quase metade morreu; os que sobreviveram foram assassinados, supõe-se que para prevenir eventuais testemunhos sobre os experimentos. Rascher foi altamente elogiado pelas descobertas, e logo teve outra ideia. Qual a temperatura fria extrema a que os aviadores podem ser submetidos? Um relato dos julgamentos de Nuremberg nos conta a história:

[15] Sigmund RASCHER a Heinrich Himmler, 15 de maio de 1941, <*http:// nuremberg.law.harvard.edu/NurTranscript/Archive/full_transcript_6_days.html*>.

[16] William L. SHIRER, *The Rise and Fall of the Third Reich: A History of Nazi Germany*, p. 985.

> Um prisioneiro foi colocado nu sobre uma maca fora das barracas à noite. Cobriram-no com um lençol e, de hora em hora, derramavam um balde de água fria sobre ele. O indivíduo testado permaneceu assim, a céu aberto, até o amanhecer. Tomaram-lhe a temperatura. Mais tarde, o dr. Rascher disse que havia sido um erro cobrir o indivíduo com um lençol e encharcá-lo com água [...]. No futuro, os indivíduos testados não deveriam ficar cobertos.[17]

Rascher esperava usar Auschwitz, e não Dachau, para os experimentos, devido ao maior frio de lá, e a "maior extensão do terreno causa menor celeuma no campo. (Os indivíduos testados berram ao congelar)". No entanto, forçaram-no a permanecer em Dachau. Rascher escreveu a Himmler: "Graças a Deus, tivemos outra onda de frio intenso em Dachau. Algumas pessoas permaneceram ao ar livre por catorze horas, a -6°C, atingindo a temperatura interior de 25°C, com ulcerações externas causadas pelo frio".[18]

Outro método consistia em colocar os "indivíduos testados" em tanques de água congelada. Nos julgamentos de Nuremberg, um prisioneiro de Dachau, que tivera a infelicidade de servir como "assistente" de Rascher, disse que, à medida que as vítimas congelavam até a morte, a temperatura, os batimentos cardíacos e a respiração delas eram regularmente registrados. No início, Rascher se furtou a usar anestesia; mas os "indivíduos testados causam tamanha algazarra que ficou impossível" prosseguir sem a sedação.[19]

Ao descobrirem as experiências, alguns médicos da Luftwaffe contestaram-nas em fundamentos religiosos. Himmler sentiu-se afrontado pelas objeções. Decidiu então contorná-las transferindo Rascher para a SS, onde escrúpulos cristãos não constituíam um problema. Esta é a sua carta ao marechal de campo da Luftwaffe, Erhard Milch:[20]

[17] Idem, p. 988.

[18] Idem.

[19] Idem.

[20] O pai de Milch era judeu. Ao surgirem rumores a esse respeito em 1935, a Gestapo iniciou uma investigação, o que levou Göring a intervir e zelar para que Milch obtivesse um álibi adequado (a mãe deveria testificar falsamente que o pai judeu de Milch não foi seu pai verdadeiro, e sim o tio ariano). Milch recebeu ainda um *Deutschblütigkeitserklarung* oficial (Certificado de Sangue Alemão). Injuriado pelas ações da Gestapo na época, Göring fez sua famosa declaração: "Wer Jude ist, bestimme ich!" ("Eu decido quem é judeu!").

Caro camarada Milch:
Deve se lembrar que, por intermédio do general Wolff, eu lhe recomendei que considerasse o trabalho de determinado Führer da SS, o dr. Rascher, médico da Luftwaffe, atualmente em licença. As pesquisas, que lidam com o comportamento do organismo humano em grandes altitudes, bem como com manifestações causadas pelo congelamento prolongado do corpo humano na água fria, e problemas similares que são de vital importância para a Força Aérea em particular, podem ser realizadas por nós com especial eficiência, pois, para esses experimentos, eu assumi, pessoalmente, a responsabilidade pelo fornecimento de criminosos e indivíduos insociáveis dos campos de concentração, que nada merecem além da morte.[21]

Infelizmente, você não teve tempo nas últimas semanas para conferir o relatório do dr. Rascher sobre as experiências no Ministério da Aviação. Eu possuía grande esperança nesse relatório, porque acreditava que, dessa forma, as dificuldades baseadas principalmente em objeções religiosas, opostas aos experimentos do dr. Rascher — pelos quais eu assumi a responsabilidade — poderiam ser eliminadas.

As dificuldades ainda são as mesmas de antes. Nesses "círculos médicos cristãos", analisa-se a questão de uma perspectiva que ignora o fato de um jovem aviador alemão correr risco de vida, enquanto a vida de um criminoso — que não é convocado para o serviço militar — é sagrada demais para esse propósito. Não querem macular-se com a culpa [...].

Nós dois não nos devemos irritar com essas dificuldades. Demorarão pelo menos uns dez anos até afastarmos tamanha estreiteza do pensamento de nosso povo. Mas isso não deve afetar os trabalhos de pesquisa que são necessários para nossos jovens e esplêndidos soldados e aviadores.

Peço-lhe para liberar o dr. Rascher, oficial médico da em reserva, de sua função da Luftwaffe e transferi-lo para mim na *Waffen-SS*. Em seguida, eu assumirei total responsabilidade pela realização dos experimentos e colocarei os resultados, que nós na SS precisamos somente de uma parte para os danos causados pela geada no leste, inteiramente à disposição da Força Aérea. Todavia, neste contexto, sugiro que, com a conexão entre você e Wolff, um médico "não cristão" seja acusado [...].

[21] Muitos dentre esses "criminosos profissionais" eram assim rotulados pelo "crime" de *Rassenschande*, a "poluição racial", ou seja, a prática de relações sexuais consentidas com uma mulher alemã.

> Ficaria muito grato caso você ordenasse a recolocação da câmara de baixa pressão a nosso dispor, juntamente com as bombas de reforço, pois os experimentos devem se estender a altitudes ainda mais elevadas.
> Saudações cordiais e *Heil Hitler*
>
> SS *Reichsführer* Himmler[22]

Rascher conduziu quatrocentos desses experimentos de "congelamento" em três centenas de pessoas. Um terço congelou até a morte. Os outros foram asfixiados por gás ou fuzilados posteriormente.

Em Buchenwald, os carcereiros tinham o dever de manter os prisioneiros em condições adequadas para os interrogatórios. Na metade do dia, os internos recebiam sopa e, à noite, "pão, gordura e marmelada".[23] Eles conseguiram permissão para realizar exercícios diários: subir e descer o corredor central durante meia hora. Os dezessete presos não deveriam manter contato com ninguém, e o exercício se realizava isoladamente ou com um companheiro de cela. Mas a logística de trancar e destrancar as celas e manter o tempo de exercício de cada prisioneiro revelou-se cansativo para os guardas, que preferiam permanecer em seus quartos aquecidos com responsabilidades mínimas. Eventualmente, permitiam que os prisioneiros saíssem em grupos de seis ou mais, proporcionando a eles um pouco de contato.

> No início, cada interno ou cada dupla, nos casos onde as celas eram ocupadas por duas pessoas, devia limitar o passeio a passagens separadas, mas em breve [disse Best], nós nos juntamos e conversávamos uns com os outros livremente. Ao alterar meu horário de saída dia após dia, obtive gradualmente a possibilidade de conhecer e conversar com meus colegas prisioneiros. Na parte da manhã, as celas eram destrancadas ao mesmo tempo, em geral entre as seis e oito horas, e nós, os homens, juntávamo-nos no banheiro enquanto os internos de confiança limpavam as celas e arrumavam as nossas camas.[24]

[22] Heinrich HIMMLER ao general marechal de campo Milch, 13 de novembro de 1942, <*http://www.ess.uwe.ac.uk/genocide/rascher3.htm*>.
[23] Eberhard BETHGE, *Dietrich Bonhoeffer: A Biography*, p. 919.
[24] BEST, *The Venlo Incident*, p. 176.

Podemos presumir que, no decorrer de seus dois meses ali, Bonhoeffer teve contato com a maioria dos prisioneiros.

Best explica que Rascher considerava seriamente que as experiências conduzidas por ele eram "plenamente justificadas pelo imenso valor dos resultados científicos obtidos". Acrescenta ainda:

> Ele obviamente não enxergava nada de errado em expor algumas dezenas de pessoas ao frio intenso, na água ou no ar, e depois tentar reanimá-los. De fato, Rascher sentia orgulho por ter descoberto uma técnica que, segundo ele, salvaria a vida de milhares que teriam morrido devido à exposição e disse que estava aprisionado por haver tentado publicar os resultados de sua pesquisa numa revista médica suíça, o que talvez beneficiasse os marinheiros britânicos que, após o resgate no mar quando seus navios eram torpedeados, morriam frequentemente sem recuperar a consciência.[25]

A relação de Best com Rascher é um enigma:

> Na época, não fiquei tão chocado com as histórias dele, bem como nossos companheiros de prisão, quando o conheceram, também não ficaram. O ambiente ao nosso redor, onde a morte súbita era a ordem do dia, há muito nos endurecera. A qualquer momento, uma ordem superior poderia surgir, e alguns ou todos nós iríamos para a câmara de gás, para o fuzilamento, para a forca, e subconscientemente estávamos tão empenhados na luta pela sobrevivência que ninguém dispunha de energia para gastar em comiseração pelos sofrimentos de desconhecidos e anônimos que, afinal, já estavam mortos; além disso, Rascher era um bom camarada conosco. Este é o lugar onde a contradição esquisita em seu caráter se revela, pois, ao longo da nossa associação com ele, Rascher se distinguiu por sua bravura, abnegação e lealdade. Nos dias difíceis por vir, ele constituía a vida e a alma de nossa facção e, embora conhecesse bem o risco, ele nunca hesitou em enfrentar o conjunto brutal de guardas que nos mantinha sob controle.[26]

É impossível imaginar que Bonhoeffer compartilhasse da mesma perspectiva. E o contraste entre Rascher e Bonhoeffer não poderia ser mais gritante.

[25] Idem, p. 186.
[26] Idem, p. 187.

Best descreve Bonhoeffer como "pura humildade e doçura; ele parecia sempre difundir uma atmosfera de felicidade, de alegria, em cada pequeno evento na vida, e de profunda gratidão pelo mero fato de estar vivo [...]. Um dos poucos homens que conheci cuja presença de Deus em sua vida era real e íntima".[27]

Best escreveu a Sabine em 1951, descrevendo seu irmão como "diferente; bastante calmo e normal, aparentemente à vontade [...] a alma dele resplandecia no desespero negro de nossa prisão". Best diz que Bonhoeffer "sempre temera não ter força suficiente para suportar tamanho teste, mas agora ele sabia que não havia nada na vida a temer". Ele era "alegre, sempre disposto a retrucar um gracejo".[28]

Falconer diz sobre Bonhoeffer e Rabenau: "Penso que eles eram o único par de prisioneiros a dividir uma cela que realmente se deram bem juntos e apreciavam a companhia um do outro".[29] Tanto Falconer quanto Best comentam as desconfianças e contendas entre os outros alemães. Best escreveu:

> Quando fiz os primeiros contatos com os outros prisioneiros, impressionei-me com a intensa desconfiança mútua entre os alemães; quase todos eles avisaram-me para tomar cuidado com algum outro, supostamente um espião da Gestapo [...]. A atmosfera de suspeita era típica na Alemanha nazista, embora me parecesse estranho que pessoas aprisionadas pela Gestapo tivessem tão pouca inclinação para se ajuntar e formar uma frente comum.[30]

Best tinha certeza de que, se eles compusessem um grupo, uma fuga seria facilitada. Os guardas estavam aterrorizados com o que aconteceria a eles caso os Aliados se aproximassem, e Best não tinha dúvida de que eles poderiam ser persuadidos a fugir com os prisioneiros. Começou a se tornar evidente os enormes avanços americanos no oeste, enquanto os russos pressionavam na linha de frente oriental. A debilidade da Alemanha não parava de crescer. Em pouco tempo, eles estariam libertos. Um dos guardas, Sippach, disse que fugiria do campo antes da chegada dos americanos. Mas um outro, Dittman, disse que lutaria até o último momento e reservaria duas balas: uma para Best, a

[27] Idem, p. 180.
[28] Mary BOSANQUET, *The Life and Death of Dietrich Bonhoeffer*, p. 271.
[29] BETHGE, *Dietrich Bonhoeffer: A Biography*, p. 919.
[30] BEST, *The Venlo Incident*, p. 179.

quem desprezava, e outra para si mesmo. "Você nunca sairá vivo deste lugar!", disse a Best, que passou um longo tempo testando sua impetuosidade com os guardas, tanto que Rascher o advertira certa vez para "ser mais cuidadoso, pois Buchenwald era bem diferente de Sachsenhausen".[31]

Bonhoeffer e os demais viviam suspensos no frio e na fome, sabendo que a qualquer momento poderiam ser libertados ou mortos. Em determinado momento, obtiveram notícias sobre o progresso da guerra: os americanos se encontravam realmente próximos. De tão nervosos, os guardas permitiram que o general Von Falkenhausen ouvisse os boletins diários da guerra no rádio da sala de controle da prisão, a fim de que ele, com sua extraordinária mente militar, pudesse explicar-lhes quão pertos da derrota a Alemanha estava.

O dia 30 de março foi uma Sexta-Feira Santa. Podemos supor que Bonhoeffer tenha mantido suas meditações, orações e cânticos de hinos diários, mesmo que de forma discreta ou apenas em sua cabeça. Em 1º de abril, na Páscoa, o trovejar das armas pôde ser ouvido a distância. Os americanos se encontravam em algum lugar no outro lado do rio Werra. Em breve, tudo estaria terminado. Parece adequado que, no dia em que Bonhoeffer e toda a cristandade ocidental celebravam a ressurreição do Cristo reerguido, a esperança tenha chegado.

Em algum momento naquele dia, Sippach, o chefe dos guardas, disse aos prisioneiros para se prepararem. Eles iriam partir. Para onde? Ninguém sabia. Poucos tinham pertences a transportar. Best, porém, possuía uma máquina de escrever, uma mala e três caixas grandes. Nenhuma outra informação no restante do dia, mas na manhã seguinte, Dittman, o outro guarda, instruiu a todos a que se aprontassem para sair da prisão a pé. Best ficou enfurecido por ter de abandonar alguns de seus pertences. Mas a situação era crítica. A comida e os veículos eram escassos, e, ainda que pudessem adquirir um veículo, não havia como conseguir combustível. Ninguém se surpreendeu com a necessidade de caminhar, mesmo com alguns deles em péssimas condições de saúde.[32] Gehre, Müller e Von Petersdorff estavam nas piores situações, mas todos os demais enfraqueceram devido à falta de comida e o frio constante. O dia terminou, no entanto, e eles não receberam mais notícia nenhuma.

[31] Idem, p. 189.

[32] Com a aproximação dos Aliados, os nazistas começaram a evacuar desesperadamente os campos de concentração na Alemanha, forçando os fracos prisioneiros a marchar longas distâncias, além de disparar contra milhares deles durante o caminho.

Na tarde de terça-feira, 3 de abril, Sippach anunciou que eles partiriam dentro de uma hora. No entanto, horas se passaram. Às dez da noite, veio a informação. Eles não precisariam mais viajar a pé, mas o furgão que os levaria fora projetado para acomodar oito pessoas sem bagagem. Eles eram dezesseis e com bagagens. O veículo era abastecido com madeira, armazenada num gerador, de forma que a maior parte da seção dianteira do furgão ficou carregada com troncos de árvore. Uma vez em curso, a área de passageiros seria preenchida pela sufocante fumaça de madeira. Todavia, lá estavam eles, deixando Buchenwald para trás.

CAPÍTULO 31

NA ESTRADA PARA A LIBERDADE

Durante todo o tempo em que convivemos, Bonhoeffer esteve muito feliz e realizou grandes esforços para manter alguns dos irmãos mais fracos longe da depressão e ansiedade.

HUGH FALCONER EM CARTA A GERHARD LEIBHOLZ, OUTUBRO DE 1945

Este é o fim [...]. Para mim, o início da vida.

DIETRICH BONHOEFFER

Não há quem tenha crido em Deus e no reino de Deus, não há quem tenha ouvido falar do reino do ressuscitado e não sinta, a partir daí, imensa saudade do lar, a espera jubilosa pela libertação da existência corporal [...]. Se a nossa fé não a transformar, a morte é o inferno, é a noite e o frio. Mas justamente isto que é maravilhoso, o fato de podermos transformar a morte.

DIETRICH BONHOEFFER, EM SERMÃO PREGADO EM LONDRES, NOVEMBRO DE 1933

OS DEZESSEIS PRISIONEIROS — UMA TRIPULAÇÃO excêntrica sob qualquer critério — abarrotaram-se dentro do furgão com suas bagagens.[1] Muitos deles eram literalmente incapazes de se mover um único centímetro. Praticamente uma assembleia: aristocráticos e condecorados generais do Exército, um comandante naval, um diplomata e a esposa, um oficial deprimido da Força Aérea

[1] O relato de Payne Best afirma dezesseis, embora não se saiba quem esteja faltando entre os dezessete presos originais.

Russa, um advogado católico, um teólogo, uma mulher de moral duvidosa e um "doutor" de campo de concentração. Mas, assim que entraram no veículo e a porta foi trancada, soou o alerta de ataque aéreo. Os guardas abandonaram o furgão trancado e debandaram para um local seguro, o mais distante da adega e dos estoques de munição que suas pernas podiam levá-los. Os prisioneiros aguardaram na traseira do furgão, na escuridão, sem saber se seriam atingidos por uma bomba. Por fim, houve silêncio, e os militares retornaram e ligaram o motor. O furgão se moveu cerca de cem metros e parou. O motor a lenha continuou inativo, e em instantes o furgão encheu-se de fumaça, que eles inalaram, induzindo o homem que ajudara a projetar as câmaras de gás a gritar: "Meu Deus, este é um furgão mortífero; estamos sendo asfixiados por gás!".[2]

Rascher tinha ciência do que dizia. Os alemães usavam furgões de gás, desde 1940, para matar deficientes mentais e outros nos programas de eutanásia. Mais tarde, usaram-nos para matar judeus. Havia tantas pessoas nos furgões que mal se podia respirar. Ao se ligar o motor, o escapamento era bombeado diretamente no interior do veículo, de modo que, no momento em que o furgão alcançasse seu destino, os passageiros tinham se transformado em cadáveres e eram descarregados de imediato nos fornos crematórios.

Payne Best notou uma luz a surgir através do que parecia ser um orifício e perguntou ao perito residente entre eles se tal respiradouro deveria ser encontrado nos furgões de gás. Rascher disse que não; caso morressem daquela forma, as mortes seriam provavelmente não intencionais. No fim, o furgão voltou a se mover, e os vapores amainaram-se o bastante para tornar a respiração possível, mas Rabenau e as duas mulheres, Margot Heberlein e Heidl, desmaiaram.

Eles tinham partido pouco depois das dez e viajaram a noite toda, movendo-se aos solavancos numa velocidade de 25 quilômetros por hora, mas cobrindo não mais de quinze quilômetros a cada hora, pois eles paravam constantemente para limpar os condutos e reabastecer o gerador com madeira. A cada vez que ocorria esse procedimento, os passageiros tinham de esperar no desconforto da escuridão, e a cada vez o motor apresentava dificuldades para reiniciar-se. Ao menos quinze minutos eram necessários até que o motor dispusesse da energia necessária para movimentar o veículo novamente. E, quando inativo, o interior do furgão voltava a se encher de gases de exaustão. Best resumiu: "Uma viagem dos infernos".[3] Ele recorda os detalhes:

[2] S. Payne BEST, *The Venlo Incident*, p. 190.

[3] Idem.

> Não havia luz, não tínhamos nada para comer ou beber, mas tínhamos, graças à generosidade de Bonnhöfer [sic], que, apesar de fumante, guardara sua escassa ração de tabaco e insistia em contribuir para o bem comum, algo para fumar. Um homem bom e santificado. Literalmente, não nos podíamos mover um centímetro sequer, pois nossas pernas estavam embutidas na bagagem e nossos braços imobilizados; tínhamos ainda, atrás de nós, pequenos itens da bagagem amontoados nos assentos, de maneira que nosso traseiro repousava sobre as extremidades afiadas dos bancos de madeira, que logo se tornaram o assento das dores nevrálgicas. Aos solavancos, atravessamos a noite em viagem, andando uma hora e parando uma hora, tesos, cansados, famintos, sedentos, até uma leve suspeita de luz aparecer no ventilador. Existiam momentos em que a natureza, mesmo após uma noite não dormida, fazia algumas exigências, e não tardavam a surgir lamentações em todo canto: "Não posso esperar mais, eles têm de parar para que eu possa sair", e começávamos a martelar contra as laterais do furgão até ocorrer uma parada repentina, a porta ser aberta e uma voz chamar: "Para que isso tudo?". Nossas necessidades eram explicadas com a delicadeza requerida pela presença de duas senhoras, que o indagador, por sua vez, detalhava grosseiramente e em voz alta aos seus companheiros.[4]

Os três guardas discutiram sobre o pedido. Por fim, as portas do furgão se abriram, e todos saíram. Não era o melhor lugar para se ter parado, por falta de flora ou ondulações no terreno necessárias para a situação delicada. A distância, havia um pequeno bosque ao qual as duas mulheres, acompanhadas por um dos guardas, recorreram com entusiasmo. Os outros dois guardas treinaram suas metralhadoras nos quinze homens que estavam livres para deixar a natureza seguir seu curso. "As senhoras foram mais pontuais que nós", escreveu Best, "e embora estivéssemos de costas para eles, tínhamos consciência do excesso de exposição".[5]

Veio a luz do dia. Por sete ou oito horas eles estiveram na estrada e, aos trancos e barrancos, viajaram cerca de 160 quilômetros. Os prisioneiros ainda não tinham ideia para onde se dirigiam. Boa parte da madeira fora consumida, e, "graças ao exercício de um grande talento", Hugh Falconer reorganizara as

[4] Idem, p. 191.
[5] Idem.

coisas para que restasse mais espaço que antes. Duas pessoas podiam sentar-se próximas à porta do furgão, alternadamente. Os guardas deram a eles dois pedaços de pão e uma salsicha, que dividiram entre si. Havia ainda algo para beber.

Em certo momento, alguém reconheceu uma aldeia pela janela, e concluíram que viajavam para o sul, provavelmente, portanto a caminho de Flossenbürg. Mas, como Flossenbürg era conhecida por ser um campo de extermínio, a conclusão não foi positiva. Na metade do dia, após treze horas de viagem, eles chegaram a Weiden, uma pequena cidade de aproximadamente trinta mil habitantes no norte da Baviera. A dezesseis quilômetros a leste, encontrava-se Flossenbürg.

Em Weiden, pararam na delegacia de polícia, e os guardas entraram. Ao retornarem, o mais amistoso dos três disse aos cativos: "Vocês terão de ir mais longe. Eles não podem mantê-los aqui. Cheio demais".[6] Mas o que isso significava? Havia no furgão um instruído em campos de concentração. Na opinião do dr. Rascher, era improvável que estivessem todos marcados para morrer. Flossenbürg, disse ele, nunca estava tão lotado que não pudesse quebrar as regras para acolher de bom grado outra carga de cadáveres. Ou futuros cadáveres. "Cheio demais" apenas para prisioneiros vivos, respirando. Caso estivessem marcados para morrer, eles seriam alegremente alojados. Boas notícias, portanto. Ao que parece, não seriam mortos naquele dia.

O tempo todo eles se dirigiram para Flossenbürg, mas não como indivíduos destinados à morte e à cremação; e Flossenbürg os dispensara. Aonde iriam agora? Os guardas retornaram e seguiram rumo ao sul. Ao alcançar a fronteira da cidade, um carro passou e acenou para que encostassem. Dois policiais desceram do carro, e um deles abriu a porta do furgão. Não se sabe ao certo o que aconteceu em seguida, mas parece que talvez existisse espaço em Flossenbürg para três prisioneiros, afinal. Os nomes de Liedig e Müller foram vociferados. Eles reuniram seus pertences e saíram. Talvez tenham chamado o nome de Bonhoeffer também, mas ele estava no fundo do furgão. Por alguma razão, Gehre saiu em seu lugar. Bethge disse que Bonhoeffer inclinou-se para trás deliberadamente para evitar ser visto, o que sugere que ele também fora convocado a sair. O relato de Payne Best nos diz que Gehre foi chamado junto com Liedig e Müller. É possível que Gehre quisesse permanecer perto de

[6] Idem, p. 192.

Müller, com quem ele dividira a cela e se tornara íntimo, e havia ambiguidade suficiente para agir dessa maneira. Talvez os policiais presumissem que ele fosse Bonhoeffer. Em qualquer caso, Gehre, Liedig e Müller despediram-se de seus companheiros e acompanharam os policiais. Era uma tarde de quarta-feira, 4 de abril. Best escreveu:

> Após partimos de Weiden, houve uma mudança significativa no modo de agir dos três guardas da SS. Eles tinham evidentemente deixado Buchenwald com ordens para nos levar a Flossenbürg, e por um longo tempo eles se sentiram inibidos pela sensação de uma autoridade a guiá-los. Quando Flossenbürg recusou nos receber, eles aparentemente receberam instruções vagas para prosseguir rumo ao sul, até encontrarem algum local onde nos pudessem depositar, e assim, em certa medida, compartilhavam a nossa sorte e, da mesma forma que nós, navegavam no desconhecido, sem destino certo.[7]

O furgão, com Bonhoeffer e treze acompanhantes, continuou a sibilante e ruidosa jornada ao sul em direção a nenhum lugar específico. Eles se assemelhavam a trupe de atores do *Sétimo Selo*, de Bergman, itinerantes bem-dispostos, mas sombreados no caminho pela figura negra e encapuzada da Morte. Até Heidl tinha de algum modo se transmutado de uma Mata Hari de poucos recursos para uma *mädl*[8] revigorada. Que diferença do horror da longa noite no negrume enfumaçado e apertado. Agora, quando o furgão interrompia a viagem para que se pudesse recarregar o gerador e limpar os condutos, os guardas abriam as portas do furgão e perguntavam aos prisioneiros se eles gostariam de sair para esticar as pernas. E assim fizeram, de hora em hora. Alguém, de forma semiafetuosa, apelidou o furgão de *Grüne Minna* (Camburão).

Em algum momento naquela tarde, o furgão parou na frente de uma fazenda. Os moradores permitiram que Heidl e a sra. Heberlein se banhassem na casa, e os homens se revezaram na bomba d'água do lado de fora. Quão estranha e agradável cena deve ter sido aquela, essas figuras dignas, fatigadas pela fome e a falta de dormir, sob a claridade do sol ao redor da bomba: Best, Pünder, Von Alvensleben, Von Petersdorff, Falconer, Kokorin, Hoepner e Von Rabenau. E ali estavam Sigmund Rascher e Dietrich Bonhoeffer. Esses dois

[7] Idem.

[8] Abreviação de *mädchen*, "menina" em alemão. (N. do T.).

últimos ainda partilhariam o mesmo destino duas semanas depois. Mas ninguém desconfiava disso. No momento, importava apenas a luminosidade, a liberdade, o ar fresco. Estar ao ar livre sob o sol da tarde em frente a uma casa de fazenda da Baviera após dois meses em Buchenwald não era pouca coisa.

A esposa do fazendeiro apareceu com vários pães de centeio e um jarro de leite. Best diz que era "um verdadeiro e delicioso pão de centeio como nenhum de nós provara havia anos".[9] Em seguida, retornaram ao furgão, ainda mais espaçoso agora. Alguns deles puderam cochilar. "A janela acima da porta foi deixada aberta", conta-nos Best, "e, como aquele era um dia lindo, tudo parecia brilhante em nossa gaiola". E assim vagaram, cidade após cidade, atravessando o sul pelo vale do Naab. Muitos deles quase se tinham esquecido que a Alemanha, com sua beleza natural e as aldeias agrícolas, era um lugar real no presente, não apenas uma lembrança.

Após cerca de seis horas, eles haviam se deslocado mais de oitenta quilômetros e, com o minguar da luz do dia, acharam-se próximos à cidade de Regensburg. Regensburg é um município medieval onde os rios Danúbio e Regen se cruzam. O furgão perambulou pela cidade, parando várias vezes enquanto os guardas tentavam encontrar um local para seus passageiros passarem a noite. Falharam, outra vez, voltaram ao furgão e seguiram em frente.

Depois de escurecer, acabaram na entrada principal da prisão estadual. Dessa vez, os guardas abriram as portas do furgão e mandaram todos saírem. Quando subiam as escadas do edifício, um dos carcereiros da prisão começou a orientá-los de forma não civilizada, levando um dos próprios guardas a interrompê-lo, explicando que aqueles não eram prisioneiros comuns, mas especiais, que deviam ser tratados com cortesia. "Oh!", disse um guarda de Regensburg. "Mais aristocratas! Bem, coloque-os com o outro lote no segundo andar".[10]

Eles arrastaram suas bagagens pela íngreme escada de ferro até o segundo andar e foram recebidos por "um carcereiro idoso muito decente", que lhes permitiu escolher os companheiros de cela. Como parecia ser o caso em todo lugar, as coisas eram bastante apertadas. Os homens dormiam em grupo de cinco numa cela, com três colchões de palha cobrindo o chão. Bonhoeffer dividiu sua cela com Pünder, Von Rabenau, Von Falkenhausen e Hoepner.

[9] BEST, *The Venlo Incident*, p. 192-193.

[10] Idem.

Mas todos estavam famintos. Os guardas disseram que era impossível obter qualquer tipo de alimento naquele instante, pois a cozinha estava fechada. A reclamação era tanta, porém, que os guardas perceberam que deviam pensar em algo. Até os outros "aristocratas" nas demais celas do segundo andar acrescentaram ruidosamente suas solicitações ao estrondo geral. Os guardas retornaram então com "uma enorme tigela de sopa de legumes bastante aceitável, um naco de pão e um copo de café".

Pela manhã, abriram-se as portas das celas e autorizaram os detentos a descer o corredor até o banheiro. E que visão eles contemplaram: apinhando-se por entre o corredor, homens, mulheres e crianças, todos familiares dos indivíduos executados e aprisionados no complô de Stauffenberg. De fato, diversos membros da família de Stauffenberg estavam ali.[11] Igualmente presentes, o industrial de 73 anos de idade, Fritz Thyssen, e a esposa. Thyssen fora um dos que apoiaram Hitler e o ajudaram a ascender ao poder, somente para se horrorizar mais tarde com o que ele havia feito. Os eventos da *Kristallnacht* em 1938 fizeram que ele renunciasse seu cargo no governo. Quando a guerra eclodiu, Thyssen enviou um telegrama a Göring, informando-lhe de sua oposição, e emigrou com a esposa para a Suíça. Acabaram detidos pelos nazistas, porém, e passaram a maior parte da guerra em Sachsenhausen e Dachau. A mulher do general Fritz Halder também estava ali, bem como a filha do general Ulrich von Hassel, que havia sido executado. Seus filhos, de dois e quatro anos, foram tirados dela, e Best escreveu que ela estava "perturbada com o medo de que jamais pudesse reencontrá-los".[12] A atriz e cantora de cabaré Isa Vermehren também se encontrava presente. Ela era a irmã de Erich Vermehren, outra figura da resistência. Falkenhausen e Petersdorff aparentavam conhecer muitos dos que ali se ajuntavam, assim como Bonhoeffer.

Best se viu sendo apresentado a esse e aquele, no que mais parecia ser uma recepção festiva que uma fila para usar o banheiro numa prisão. Os aristocratas alemães pareciam conhecer ou ter parentesco entre si. Os Vermehren possuíam ligações com Franz von Papen, que tivera planos de comparecer ao casamento de Dietrich com Maria.

[11] A condessa Nina von Stauffenberg, grávida do quinto filho, fora presa imediatamente após a morte do marido em 20 de julho. As quatro crianças foram levadas a um orfanato e receberam nomes diferentes. A mãe deu à luz o quinto filho enquanto aprisionada.
[12] Best, *The Venlo Incident*, p. 194.

Havia a impressão de que os internos tomaram o controle do presídio. Eles queriam continuar a conversar uns com os outros e não retornar mais a suas celas. Por fim, os guardas só conseguiram atraí-los de volta ao colocar o café da manhã dentro das celas. Bonhoeffer, porém, passou a maior parte do tempo conversando através de uma pequena abertura na porta com a viúva de Carl Goerdeler, contando a ela tudo que podia sobre os últimos dias do marido na prisão da Gestapo. Goerdeler fora executado no dia 2 de fevereiro.

Em pouco tempo, a sirene de ataque aéreo soou, as portas tiveram de ser abertas mais uma vez, e todos foram encaminhados ao subsolo da prisão. Best diz que "a diversão recomeçou", com toda a gente conversando e recuperando o atraso, juntando pedaços de seu quebra-cabeça individual. Havia um pátio ferroviário perto da prisão que já tinha sido bombardeado para o esquecimento. Não parecia restar muito para destruir. Após passar o perigo, a multidão subiu de volta ao corredor do segundo andar e resistiu novamente aos esforços dos carcereiros em colocá-los nas celas. Dessa vez, tiveram sucesso.

Em torno das cinco da tarde, um dos guardas que dirigira o furgão apareceu e declarou que chegara a hora de partir. Os catorze prisioneiros de Buchenwald amontoaram seus pertences, despediram-se e desceram ao furgão. Com o espírito renovado, encaminharam-se novamente ao sudeste de Regensburg, ao longo do Danúbio.

Mas nem bem se afastaram alguns poucos quilômetros da cidade e o furgão cambaleou violentamente — e empacou de vez. Hugh Falconer era engenheiro, e os guardas solicitaram sua opinião. A direção estava quebrada. Irreparável, segundo Falconer. Regensburg ficara a vários quilômetros para trás; não havia nada entre o furgão e a cidade ou à frente deles. Encontravam-se num trecho abandonado e profundamente desanimador da estrada, destroçado entre crateras de granadas no lado onde corriam os trilhos de trem. Aqui e ali, esqueletos queimados dos carros que foram pegos em meio ao fogo aliado. Quando uma bicicleta solitária se aproximou vinda da direção oposta, os guardas detiveram o ciclista e pediram-lhe para comunicar a situação à polícia em Regensburg e enviarem outro furgão. O ciclista concordou e pedalou em direção à cidade. No meio-tempo, eles se sentaram e esperaram. Não tinham comida ou bebida. Nos céus, a escuridão. Esfriava. Ninguém apareceu. Começou então a chover. Horas se passaram. Best disse que os guardas ficaram bastante infelizes e pareciam assustados, comportando-se mais como "camaradas em apuros". A chuva aumentou, e a noite avançava. Ninguém jamais apareceu.

Veio o alvorecer, finalmente. Os guardas abriram as portas do furgão para que todo mundo pudesse sair. Ainda agora, no entanto, mesmo com o avançar da manhã, nem um carro sequer foi visto. Enfim apareceu uma motocicleta. Para não correrem riscos, os guardas pararam a moto, um deles subiu na garupa, e partiram até Regensburg. Era a manhã do dia 6 de abril, uma sexta-feira após a Páscoa.

Na metade do período da manhã, o guarda retornou com notícias. O ciclista havia, de fato, feito o prometido e informara a situação à polícia. Os policiais enviaram um motorista. Mas, por motivos desconhecidos, o motorista parou duzentos metros aquém de onde eles estavam, voltou e disse que não os tinha encontrado.

Era onze horas antes de o socorro chegar. À frente deles, surgiu enfim um ônibus gigantesco, com enormes janelas de vidro liso e confortáveis poltronas estofadas. O bando ajuntou as bagagens e embarcou. Antes, porém, despediu-se dos três guardas de Buchenwald, que permaneceram com o ferro velho. Vale dizer que o ônibus veio com um detalhe adicional: a presença de dez homens da SD com metralhadoras em punho.[13]

O ônibus conduziu-os ao longo da margem sul do Danúbio com o dobro da velocidade do veículo anterior, sem precisar interromper a viagem. Após cerca de uma hora, acharam-se em Straubing. Nenhum dos prisioneiros sabia aonde iam, mas o contingente da SD obviamente pretendia atravessar o rio. Mas os Aliados tinham bombardeado a ponte. Eles se dirigiram até a próxima ponte, que também fora bombardeada; e, em seguida, até a próxima e a próxima. Por fim, chegaram a uma ponte de pontões e atravessaram, rumando agora em direção nordeste, no interior da Baviera.

A paisagem se tornava mais montanhosa e arborizada, e as estradas, sinuosas e estreitas. Eles se encaminhavam para Schönberg, ainda que Bonhoeffer e seus companheiros não soubessem disso. Nada sabiam, na verdade, exceto que sentiam exaustão e fome, embora a situação não fosse tão confortável há tempos. Os prisioneiros não tinham como saber se rumavam para a morte ou para a liberdade. Como um sonho estranho, o ônibus atravessou as florestas bávaras numa tarde do início de abril.

[13] A SD era um braço independente da SS.

No caminho, algumas moças da aldeia sinalizaram e pediram carona. Elas entraram no ônibus e se perguntaram quem eram aquelas pessoas. Ali estavam dez jovens da SD com metralhadoras Thompson calibre 45 e um bando de aristocratas desgrenhados. Mas, quando indagaram a identidade daqueles sujeitos, os guardas responderam às garotas que aquela era uma companhia de cinema, a caminho de filmar uma propaganda. Distinguir a verdade e a mentira naquela altura não era fácil. Ninguém sabia onde passariam a noite ou se iriam viajar madrugada adentro. Eles se dirigiam ao leste, além do mosteiro Mettin. Há mais de 24 horas que não se alimentavam. Best avistou uma alternativa:

> A área rural parecia possuir uma forte avicultura, e tantas galinhas tentavam atravessar a estrada que nosso motorista teve bastante trabalho para esquivar-se, apesar da esperança de que uma delas pudesse ser atingida num acidente — todos nós teríamos apreciado um bom frango assado. Sugeri a um dos guardas que parássemos e pedíssemos alguns ovos em uma das fazendas, e a ideia recebeu aprovação imediata, mas, quando o guarda retornou com uma chapelada de ovos, não ganhamos nada e, forçados a resistir à fome, ficamos à espera da refeição seguinte.[14]

No princípio da tarde, o ônibus chegou à pequena aldeia bávara de Schönberg e estacionou na frente da escola do vilarejo, um edifício quadricular branco de quatro andares. Eles alcançaram seu destino. A população de Schönberg fora de setecentos habitantes, mas nos últimos meses, com o avanço do Exército Vermelho, mais refugiados fugiram do leste. Muitos vieram a Schönberg e ficaram. Na época, havia 1.300 moradores. A comida, portanto, era escassa ao extremo — e agora, mais presos políticos haviam chegado. O numeroso grupo de aristocratas que eles haviam deixado para trás em Regensburg já se encontrava ali. Assim, a quantidade de presos políticos era de 150.

Bonhoeffer e seus colegas prisioneiros foram encaminhados para a escola e apresentados numa sala ampla no primeiro andar. Aquela seria a cela comum. A sala tinha sido uma enfermaria feminina e estava configurada em camas enfileiradas. Bastante animador. Os cobertores tinham cores vivas, e havia ainda colchões de pluma brancos. Best disse que, apesar da "fadiga e fome, estávamos

[14] Best, *The Venlo Incident*, p. 195-196.

no maior dos ânimos, nervosos, excitados e quase histéricos em nosso gargalhar".[15] Em três lados da sala, havia grandes janelas. Todos podiam contemplar o mundo lá fora e absorver o cenário verdejante do vale.

Cada um escolheu sua cama, e os Heberlein retiraram Heidl de uma das arriscadas extremidades da sala e a puseram entre eles. Bonhoeffer ficou com a cama ao lado de Kokorin. No vertiginoso espírito do momento, todos eles escreveram seu nome acima da cama, "com comentários bem-humorados de Rascher".[16]

Bonhoeffer expunha-se ao sol numa das janelas, orando e pensando. Ora com Pünder, ora com Kokorin, ele passava o tempo conversando. Trocaram endereços entre si. Bonhoeffer guardara alguns poucos livros consigo: um volume de Goethe, uma Bíblia, e *As vidas de Plutarco*.

Após o estabelecimento inicial, eles tomaram consciência da fome e bateram na porta da sala até um guarda aparecer. Ele apareceu, coçou a cabeça depois de ouvir a solicitação geral por comida, e partiu em busca do tenente Bader. Best chama Bader de um "bandido durão" que era "membro da quadrilha principal de execução da Gestapo, que passou a vida viajando de um campo de concentração para outro, como uma peste oficial engajada no extermínio de ratos".[17] A presença dele não era animadora, mas Bader tratou-os cordialmente. Ainda assim, não existia comida nenhuma na cidade. Os 1.300 refugiados apareceram feito gafanhotos, e não restara uma única folha de grama. Havia comida em Passau, mas Passau se achava a quarenta quilômetros de distância, e, para uma viagem dessa, precisariam de combustível. Eles não tinham. Também não havia telefones. Simplesmente não restava nada a fazer.

Mas a engenhosa Margot Heberlein produziu algo do nada. Ela pediu a um guarda para usar o banheiro e, no caminho, esbarrou com a governanta, uma gentil senhora idosa. Trinta minutos depois, a velha reapareceu com batatas e jarras de café quente. Todos ficaram agradecidos e devoraram cada migalha, mas, ainda assim, a fome continuava. Nada restava a fazer senão dormir. Após meses nos leitos de tábua em Buchenwald, a promessa de uma noite naquelas camas talvez tenha sido melhor que a comida. O ponto alto insano da noite ocorreu quando o biombo colocado entre o homem e as duas mulheres caiu. Best escreveu:

[15] Idem, p. 196.
[16] Idem, p. 13.
[17] Idem, p. 199.

> É claro que "Heidl", muito desastradamente, derrubou o biombo no exato momento em que o vestuário da sra. Heberlein atingira um estágio, digamos, encurtado [...]. No final, voltamos para a cama, a luz foi apagada, e houve clamores sinceros de boa noite de todos os lados. Minha cama era tão suave que eu parecia flutuar no ar e logo adormeci; de fato, o primeiro sono saudável em quase uma semana.[18]

Quando acordaram no dia seguinte, não tiveram café da manhã. Mas Best possuía um barbeador elétrico entre seus pertences, e, como havia uma tomada funcionando, usaram-no alternadamente. Em algum momento, uma alma caridosa da aldeia que ouvira falar dos "presos especiais" e de sua situação desfavorável, enviou salada de batata e dois largos pedaços de pão. Agradeceram mais uma vez, mas aquele foi o único alimento do dia, e é provável que tenha sido a última refeição de Bonhoeffer. Era um sábado, dia 7 de abril.

Hugh Falconer escreveu a Gerhard Leibholz em Oxford naquele outono:

> Durante todo o tempo em que convivemos, Bonhoeffer esteve muito feliz e realizou grandes esforços para manter alguns dos irmãos mais fracos longe da depressão e ansiedade. Ele passou um bom tempo com Wasily Wasiliew Kokorin, sobrinho de Molotov, um jovem agradável, embora ateu. Acho que seu cunhado separou o tempo com Kokorin ensinando os fundamentos do cristianismo e aprendendo língua russa.[19]

Último dia de Bonhoeffer

O dia seguinte, 8 de abril, foi o primeiro domingo após a Páscoa. Na Alemanha, a data é chamada de Domingo de Quasímodo.[20] Dr. Pünder pediu a Bonhoeffer a realização de um culto. Pünder era católico, bem como vários

[18] Idem, p. 198.

[19] Sabine Leibholz-Bonhoeffer, *The Bonhoeffers: Portrait of a Family*, p. 198-199.

[20] O termo *Domingo de Quasímodo* tem origem em duas palavras latinas (*quasi* significando "como em" e *modo* significando "à maneira de") que iniciam o introito da missa católica romana para a data. Elas são tiradas de 1Pedro 2:2 ("como crianças recém-nascidas...") e significam literalmente "como no estilo de" ou "como na maneira de". O corcunda de Notre-Dame homônimo de Victor Hugo recebeu o nome Quasímodo por ter supostamente nascido no domingo após a Páscoa.

dos demais. Isso, aliado ao fato de que Kokorin era ateu, levou Bonhoeffer a hesitar. Ele não queria impor. Mas o próprio Kokorin insistiu.

Assim, menos de 24 horas antes de partir deste mundo, Bonhoeffer desempenhou os ofícios de um pastor. Na iluminada sala da escola em Schönberg que lhes servia de cela, um pequeno culto foi realizado. Ele orou e leu os versículos para o dia: Isaías 53:5 ("Pelas suas feridas fomos curados") e 1Pedro 1:3 ("Bendito seja o Deus e Pai de nosso Senhor Jesus Cristo! Conforme a sua grande misericórdia, ele nos regenerou para uma esperança viva, por meio da ressurreição de Jesus Cristo dentre os mortos"). Em seguida, explicou os versículos. Best recorda que Bonhoeffer "falou conosco de uma forma que atingiu o coração de todos, encontrando as palavras corretas para expressar o estado de espírito de nossa prisão e os pensamentos e resoluções que dele se originavam".[21]

Os demais prisioneiros no prédio escolar esperavam que Bonhoeffer pudesse também realizar um culto para eles. Mas não haveria tempo. Best descreve o que aconteceu:

> Ele mal terminara a última oração quando a porta se abriu e dois sujeitos mal-encarados em trajes civis apareceram e disseram:
>
> "Prisioneiro Bonhoeffer. Prepare-se para vir conosco". "Vir conosco" — tais palavras, para os prisioneiros, significavam apenas uma coisa — o cadafalso.
>
> Despedimo-nos dele — ele me puxou de lado. "Este é o fim", disse ele. "Para mim, o início da vida."[22]

Bonhoeffer pediu a Best que o lembrasse ao bispo Bell. Seis meses depois, numa carta a família Bonhoeffer, Best recordou o que escrevera sobre Dietrich em seu livro, no qual dissera que ele era "um homem bom e santificado". Na carta, no entanto, ele foi além: "Na verdade, meus sentimentos são mais fortes do que aquelas palavras implicam. Ele era, sem exceção, o melhor e mais adorável homem que já conheci".[23]

A família de Bonhoeffer não tivera notícias dele desde a partida da prisão da Gestapo dois meses antes. Para deixar alguma pista de seu paradeiro, ele

[21] BEST, *The Venlo Incident*, p. 200.

[22] Idem.

[23] Eberhard BETHGE, *Dietrich Bonhoeffer: A Biography*, p. 920.

escreveu, com um lápis sem ponta, seu nome e endereço na capa, no meio, e nas costas do volume de Plutarco — presente da família pelo seu aniversário há dois meses — e o abandonou ali. Um dos filhos de Carl Goerdeler que estava no prédio escolar encontrou o livro e o entregou aos Bonhoeffer anos depois. Bonhoeffer estivera com Goerdeler nos últimos dias antes da execução dele em Berlim e agora, ao descer com pressa as escadas do prédio para entrar no furgão que o levaria à própria execução, esbarrou na viúva de Goerdeler, que lhe ofertou um adeus amigável e definitivo.

E, afinal, Bonhoeffer encaminhou-se para Flossenbürg. A jornada naquela tarde de domingo consistia em cerca de cento e sessenta quilômetros em direção norte-noroeste. Com ele, o volume de Goethe. E ele parecia saber aonde ia naquela tarde.

É quase certo que a sentença de morte de Bonhoeffer tenha sido decretada pelo próprio Hitler, assim como foram as condenações de Oster e Dohnanyi. Até Hitler devia saber que tudo estava perdido para ele e para a Alemanha, e que não existia sentido em continuar matando, mas, mesquinho em cada átomo de seu corpo, ele se acostumara a desviar reservas preciosas de tempo, pessoal e gasolina para os propósitos de sua vingança particular.

As engrenagens para a execução de Bonhoeffer foram postas em movimento no dia 4 de abril, quando trechos consideráveis do diário de Canaris apareceram por acaso em Zossen, onde os arquivos de Dohnanyi haviam sido escondidos. No dia seguinte, o material incriminador se encontrava nas mãos de Hitler em Berlim. O que o maníaco leu naquelas páginas o catapultou para muito além das fronteiras da razão. Ali, a seu ver, estava a coisa em si — a punhalada manchada de sangue que fora dada nas costas do Terceiro Reich, que sabotara o regime desde o início. Ali estava o motivo do fracasso de seu triunfo predestinado e profetizado. Não fossem tais traidores malignos, liderados por Canaris, ele poderia estar, naquele momento, galgando como um deus as grandes avenidas que iria construir, e não ali, num esconderijo subterrâneo, deslocando-se feito um rato sob os escombros da cidade que deveria ter sido a coroa de seu reinado de mil anos. Assim, três semanas antes de dar fim à própria vida numa de suas explosões finais, Hitler blasfemou contra os inimigos e deu instruções a Rattenhuber, o comandante da SS nomeado por ele: "Destrua os conspiradores!". Desse modo, o destino de Canaris, Oster, Sack e Bonhoeffer foi selado.

Mas, no momento derradeiro, Hitler preservaria a ficção da legalidade no Estado alemão. O cadáver da jurisprudência alemã teria de ser exumado para criar a imagem de licitude. Assim, Huppenkothen, procurador da SS, teve de examinar os casos e viajar com os documentos — incluindo o diário incriminador de Canaris — até Flossenbürg para organizar uma "corte marcial sumária". Ele viajou para lá no dia 7 de abril. Também presente na farsa, o dr. Otto Thorbeck, um juiz da SS. E então, naquela noite de sábado, Canaris, Oster, dr. Sack, Strünck, Gehre e Bonhoeffer seriam julgados e executados pela manhã.

Entretanto, Bonhoeffer não estava em Flossenbürg no sábado. Ele não fora enviado para lá de Buchenwald? Fabian Schlabrendorff estava em Flossenbürg, e duas vezes um oficial gritou com ele, insistindo que ele tinha de ser Bonhoeffer. Mas Schlabrendorff não era Bonhoeffer. Joseph Müller, velho amigo de Bonhoeffer, também se encontrava em Flossenbürg, e os guardas gritaram igualmente com ele, insistindo que ele era Bonhoeffer. Liedig também foi acusado de ser Bonhoeffer. Não era, obviamente. Onde estava Bonhoeffer?

Finalmente, alguém descobriu o que havia acontecido: cometera-se um erro em Weiden, quatro dias antes, quando Liedig, Müller e Gehre saltaram do furgão e Bonhoeffer permaneceu no lado de dentro. Ele só poderia, portanto, estar com o grupo na escola em Schönberg. Dois homens foram despachados para viajar cento e sessenta quilômetros a fim de buscá-lo e trazê-lo de volta a Flossenbürg. Eles chegaram pouco depois de Bonhoeffer ter concluído a realização do culto de domingo.

O início da vida

Bonhoeffer chegou a Flossenbürg com algum atraso no domingo. Bethge escreveu:

> A corte sumária, com Thorbeck na presidência, Huppenkothen como promotor, e o comandante de campo Kögl como assistente, declarou que a sessão duraria um bom tempo. Cada prisioneiro — alegaram mais tarde os oficiais — foi examinado individualmente e confrontado uns com os outros: Canaris e Oster, Sack, Strünck e Gehre, e enfim, Dietrich Bonhoeffer. Depois da meia-noite, Canaris retornou a sua cela após um

> tempo de ausência e sinalizou ao homem na cela ao lado, o coronel dinamarquês Lunding, por meio de batidas na parede, que estava tudo acertado.[24]

Se Bonhoeffer pôde ou não dormir, não sabemos dizer. Havia poucas horas entre o fim da "corte sumária" e o amanhecer que traria sua execução. Vale observar que Flossenbürg, tão intimamente associado a Bonhoeffer, é um lugar onde ele passou talvez doze horas.

Conhecemos o conceito de Bonhoeffer da morte como a última estação na estrada para a liberdade, como dito em seu poema "Estações no caminho para a liberdade".[25] Ainda que milhões tenham considerado a morte de Bonhoeffer como trágica, como o encerramento prematuro de uma vida, podemos ter a certeza de que ele definitivamente não enxergava desse modo. Num sermão pregado enquanto pastor em Londres, ele disse:

> Não há quem tenha crido em Deus e no reino de Deus, não há quem tenha ouvido falar do reino do ressuscitado que não sinta, a partir daí, imensa saudade do lar, a espera jubilosa pela libertação da existência corporal.
>
> Se somos jovens ou velhos, pouco importa. O que são vinte ou trinta anos aos olhos de Deus? E qual de nós sabe quão perto se possa estar do alvo? A vida só começa realmente quando termina aqui na terra, tudo que está aqui é somente o prelúdio antes de a cortina se fechar — isso serve tanto para jovens quanto para velhos. Por que temos tanto medo de pensar na morte? [...] A morte só é assustadora para quem vive assustado e com medo dela. A morte não é selvagem e terrível, desde que nos mantenhamos calmos e nos agarraremos à Palavra de Deus. A morte não é amarga, caso não nos tornemos amargos. A morte é graça, a maior dádiva da graça que Deus presenteia às pessoas que creem nele. A morte é suave, a morte é doce e branda; a morte nos acena com poder celestial, desde que percebamos que ela é o portão de nossa terra natal, o tabernáculo da alegria, o reino eterno da paz.
>
> Como sabemos que morrer é algo tão terrível? Quem sabe se, em nosso medo e angústia humana, estamos apenas estremecendo diante do acontecimento mais glorioso, celestial e abençoado do mundo?

[24] Idem, p. 927.
[25] V. p. 523-524.

> Se a nossa fé não a transformar, a morte é o inferno, é a noite e o frio. Mas justamente isto que é maravilhoso, o fato de podermos transformar a morte".[26]

O médico do campo de Flossenbürg era H. Fischer-Hüllstrung. Ele não tinha ideia do que presenciava na época, mas, anos depois, apresentou o seguinte relato dos últimos minutos de vida de Bonhoeffer:

> Na manhã daquele dia, entre cinco e seis horas, os prisioneiros, entre eles o almirante Canaris, general Oster, general Thomas e *Reichgeritsrat* Sack, foram retirados das celas, e os veredictos da corte marcial foram lidos. Pela porta semiaberta, numa das cabanas, avistei o pastor Bonhoeffer, antes de tirar o uniforme da prisão, ajoelhado no chão, orando fervorosamente a seu Deus. Fiquei deveras comovido pelo modo com que esse amável homem orava, tão devoto e tão confiante de que Deus ouvia sua oração. No local da execução, ele realizou outra oração curta e depois subiu os degraus até a forca, com coragem e compostura. A morte dele foi verificada após poucos segundos. Nos quase cinquenta anos que trabalhei como médico, raramente vi um homem morrer tão inteiramente submisso à vontade de Deus.[27]

Para Bonhoeffer, este era o dever manifesto do cristão — e o privilégio e a honra — sofrer com os que sofreram. Ele sabia que era um privilégio ser autorizado por Deus a compartilhar os sofrimentos dos judeus que morreram naquele local antes dele. Segundo Schlabrendorff, o crematório em Flossenbürg não estava funcionando. Os corpos dos enforcados naquela manhã, portanto, foram queimados em pilhas, e até nisso ele teve a honra de se juntar aos milhões de vítimas do Terceiro Reich.

O príncipe Philip de Hesse fora um prisioneiro em Flossenbürg por anos e estava presente naquele abril. Na sala dos guardas, na manhã de segunda, encontrou alguns livros, inclusive o volume de Goethe pertencente a Bonhoeffer. Posteriormente, os livros foram tomados dele e também queimados.

[26] *London: 1933-1935*, vol. 13, *Dietrich Bonhoeffer Works*, p. 331.
[27] BETHGE, *Dietrich Bonhoeffer: A Biography*, p. 927-928.

Duas semanas depois, em 23 de abril, os Aliados marcharam sobre Flossenbürg. Na semana seguinte, Hitler cometeu suicídio, e a guerra terminou. Àquela altura, nem Maria nem ninguém na família Bonhoeffer tinham ciência do que acontecera com ele. Sabine não teve notícias da morte do irmão até o dia 31 de maio:

> O pastor [Julius] Rieger nos telefonou de Londres e perguntou se estávamos em casa porque ele tinha algo a nos dizer. A resposta de Gerhard ao telefone: "Ficaríamos muito contentes em vê-lo".
>
> Em pouco tempo, da janela, avistei nosso amigo chegar a casa. No momento em que abri a porta para ele, senti medo. A expressão de seu rosto era tão pálida e indecisa que soube que algo grave tinha acontecido. Entramos rapidamente na sala onde Gerhard estava, e então o pastor Rieger disse com profunda tristeza. "É sobre Dietrich. Ele já não está mais entre nós — e Klaus também não...".
>
> "Oh, não, não!", lamentou Gerhard, nas profundezas de seu espírito.
>
> Rieger colocou o telegrama diante de nós na mesa. Depois, puxou seu Novo Testamento no bolso de seu casaco e começou a ler o capítulo 10 de Mateus. Até hoje não sei como sobrevivi àqueles momentos, exceto pelo apego a cada palavra: "... Eu os estou enviando como ovelhas entre lobos [...]. Pois os homens os entregarão aos tribunais e os açoitarão nas sinagogas deles [...]. Mas quando os prenderem, não se preocupem quanto ao que dizer, ou como dizer. Naquela hora lhes será dado o que dizer, pois não serão vocês que estarão falando, mas o Espírito do Pai de vocês falará por intermédio de vocês [...]. Não há nada escondido que não venha a ser revelado, nem oculto que não venha a se tornar conhecido [...].
>
> "Quem, pois, me confessar diante dos homens, eu também o confessarei diante do meu Pai que está nos céus. Mas aquele que me negar diante dos homens, eu também o negarei diante do meu Pai que está nos céus [...]. E quem não toma a sua cruz e não me segue, não é digno de mim. Quem acha a sua vida a perderá, e quem perde a sua vida por minha causa a encontrará".
>
> O pastor Rieger leu mais alguns versículos do capítulo 10 e relembrou-nos do fato de que Dietrich apresentara uma exposição particularmente bela daqueles trechos em *O custo do discipulado*.
>
> Fora isso, já não mais recordo o que aconteceu no restante do dia, mas não me esqueci do rosto de Gert transbordando em lágrimas ou do soluçar das crianças.

> [...] De alguma forma, eu tinha vivido por inteiro à espera do momento em que me pudesse unir a Dietrich novamente numa Alemanha melhor e renovada; o momento em que contaríamos um ao outro as nossas aventuras e trocaríamos notícias sobre tudo o que se passara nestes difíceis anos.
>
> [...] Eu sempre tivera esperança de que as tropas aliadas dispusessem de planos sólidos de enviar tropas de paraquedistas para tomar posse dos campos de concentração e liberar os detentos antes que as tropas terrestres se aproximassem. Muitos ingleses uniram-se conosco nesse modo de pensar e acreditar — embora, talvez, nos dissessem isso para tentar aliviar nossos anseios. Em qualquer caso, não permaneceu como nada mais que um sonho. Se pertencia ou não ao reino do impossível, sou incapaz, é verdade, de julgar. Mas não pude livrar-me da suspeita de que o sonho não aconteceu porque a conduta da guerra se tornara amargurada em demasia, um fato que é ilustrado também pela desastrosa política em relação à oposição alemã. O bispo de Chichester nos escrevera que, na época, Churchill se dedicava apenas "à luta, à exclusão de todo o resto".[28]

Em julho, depois que souberam da morte de seu filho Klaus e do genro Rüdiger Schleicher, Karl e Paula Bonhoeffer escreveram a Sabine e Gert. A comunicação entre Berlim e o mundo exterior se tornara quase impossível. Eles ouviram falar da morte de Dietrich, mas não tinham ainda nenhuma confirmação do fato.

> 23 de julho de 1945
> Meus queridos filhos,
> Informaram-nos há pouco que nos surgiu uma oportunidade para enviar-lhes nossas saudações e notícias. Completam-se três anos, creio eu, desde que recebemos as últimas cartas de vocês. Agora, acabamos de saber que Gert enviou um telegrama para a Suíça a fim de obter informações do destino de nosso querido Dietrich. Com base nisso, concluímos que vocês ainda estão vivos, e isso é uma grande consolação para nós em nosso imenso pesar pelo destino de nossos queridos Klaus, Dietrich e Rüdiger.

[28] LEIBHOLZ-BONHOEFFER, *The Bonhoeffers*, p. 184-186.

Dietrich passou dezoito meses na prisão militar de Tegel. Outubro passado, entregaram-no à Gestapo e transferiram-no para a prisão da SS em Prinz-Albrechtstrasse. Durante os primeiros dias de fevereiro, ele foi levado de lá para vários campos de concentração, tais como Buchenwald e Flossenbürg, perto de Weiden. Não sabemos onde ele estava.

A noiva dele, Maria von Wedemeyer, que vivia conosco na época, tentou descobrir por conta própria onde ele se achava. Sem êxito, porém. Após a vitória dos Aliados, ouvimos dizer que Dietrich ainda estava vivo. Entretanto, recebemos notícias de que ele havia sido executado pela Gestapo um pouco antes de os americanos chegarem.[29]

Enquanto isso, após consultar Gerhard e Sabine Leibholz, os pastores Rieger e Hildebrandt e o bispo Bell organizaram um serviço memorial por Dietrich e Klaus Bonhoeffer, a ser realizado no dia 27 de julho na Igreja da Santíssima Trindade, em Brompton Road, Londres. O bispo Bell pedira a permissão do casal para transmitir a cerimônia também na Alemanha, e eles concordaram. E foi desse modo que Karl e Paula Bonhoeffer ouviram em sua casa as notícias da confirmação da morte de Dietrich. Dois dias antes do serviço, o bispo Bell escreveu a Sabine e Gert:

O Palácio, Chichester, 25 de julho de 1945
Minha cara Sabine (se assim posso chamá-la), estou imensamente grato por sua carta. Tudo o que diz me é um grande conforto, tão imerecido: e estou muito feliz pela fotografia de Dietrich. Você sabe algo, tenho certeza, do que a amizade e o amor dele significaram para mim. Meu coração se vê repleto de tristeza por vocês, pois, infelizmente, é bem verdade que a lacuna deixada por ele e Klaus jamais poderá ser preenchida. Oro para que Deus possa conceder paz e força aos seus pais, e a todos que choram, e que possa abençoá-los.

Estou enormemente ansioso para vê-los na sexta-feira. Não sei se suas filhas estarão presentes; mas meu telegrama enviado inclui, naturalmente, as meninas [...].

Muito atenciosamente, George Cicestr[30]

[29] Idem, p. 190.
[30] Idem, p. 187-188.

Culto memorial na Igreja da Santíssima Trindade de Brompton

A cerimônia memorial na Igreja da Santíssima Trindade de Brompton no dia 27 de julho, a qual os pais de Bonhoeffer escutaram na casa nº 43 na Marienburgerallee, iniciou-se com o conhecido hino inglês "For All The Saints":

For all the saints who from their labours rest,
Who thee by faith before the world confest,
Thy name, O Jesus, be forever blest.
Alleluya![31]

A congregação cantou as sete estrofes do hino, e, em seguida, o bispo Bell realizou a oração de súplica e a oração de agradecimento. Outro hino, "Hark, a Herald Voice Is Calling", foi cantado em inglês e alemão. Depois, a lição do evangelho foi lida. De maneira um tanto apropriada, o trecho veio do Sermão do Monte, em Mateus 10:17-42:

> Tenham cuidado, pois os homens os entregarão aos tribunais e os açoitarão nas sinagogas deles. Por minha causa vocês serão levados à presença de governadores e reis como testemunhas a eles e aos gentios. Mas quando os prenderem, não se preocupem quanto ao que dizer, ou como dizer. Naquela hora lhes será dado o que dizer, pois não serão vocês que estarão falando, mas o Espírito do Pai de vocês falará por intermédio de vocês. O irmão entregará à morte o seu irmão, e o pai o seu filho; filhos se rebelarão contra seus pais e os matarão. Todos odiarão vocês por minha causa, mas aquele que perseverar até o fim será salvo. Quando forem perseguidos num lugar, fujam para outro. Eu lhes garanto que vocês não terão percorrido todas as cidades de Israel antes que venha o Filho do homem. O discípulo não está acima do seu mestre, nem o servo acima do seu senhor. Basta ao discípulo ser como o seu mestre, e ao servo, como o seu senhor. Se o dono da casa foi chamado Belzebu, quanto mais os membros da sua família! Portanto, não tenham medo deles. Não há nada escondido que não venha a ser revelado, nem oculto que não venha a se tornar conhecido. O que eu lhes digo na escuridão, fazem à luz do dia; o que é sussurrado em seus ouvidos,

[31] "Por todos os santos, que de seu labor descansam,/ Que a ti, pela fé, perante o mundo confessaram,/ Teu nome, ó Jesus, seja eternamente bendito./ Aleluia!" (N. do T.)

proclamem dos telhados. Não tenham medo dos que matam o corpo, mas não podem matar a alma. Antes, tenham medo daquele que pode destruir tanto a alma como o corpo no inferno. Não se vendem dois pardais por uma moedinha? Contudo, nenhum deles cai no chão sem o consentimento do Pai de vocês. Até os cabelos da cabeça de vocês estão todos contados. Portanto, não tenham medo; vocês valem mais do que muitos pardais! Quem, pois, me confessar diante dos homens, eu também o confessarei diante do meu Pai que está nos céus. Mas aquele que me negar diante dos homens, eu também o negarei diante do meu Pai que está nos céus. Não pensem que vim trazer paz à terra; não vim trazer paz, mas espada. Pois vim para fazer que o homem fique contra seu pai, a filha contra sua mãe, a nora contra sua sogra; os inimigos do homem serão os da sua própria família. Quem ama seu pai ou sua mãe mais do que a mim não é digno de mim; quem ama seu filho ou sua filha mais do que a mim não é digno de mim; e quem não toma a sua cruz e não me segue, não é digno de mim. Quem acha a sua vida a perderá, e quem perde a sua vida por minha causa a encontrará. Quem recebe vocês, recebe a mim; e quem me recebe, recebe aquele que me enviou. Quem recebe um profeta, porque ele é profeta, receberá a recompensa de profeta, e quem recebe um justo, porque ele é justo, receberá a recompensa de justo. E se alguém der mesmo que seja apenas um copo de água fria a um destes pequeninos, porque ele é meu discípulo, eu lhes asseguro que não perderá a sua recompensa.

Em suas memórias do culto, Sabine disse:

O coral da comunidade à qual Dietrich ministrara anteriormente realizou uma belíssima apresentação de *Wer nur den lieben Gott lässt walten* (Quem faz da vontade de Deus a sua única norma), e depois cantamos todos juntos o hino cujos arranjos Dietrich criara para ser cantado na última vez que ele pregou em Londres: *Mir nach, spricht Christus, unser Held* (Siga-me, diz Cristo, nosso herói).[32]

Após as apresentações, o bispo Bell pregou:

Ele possuía bastante clareza em suas convicções e, em virtude de sua juventude e modéstia, ele viu a verdade e expressou-a sem temor e com

[32] LEIBHOLZ-BONHOEFFER, *The Bonhoeffers*, p. 188.

absoluta liberdade. Quando ele me apareceu de forma inesperada em 1942, em Estocolmo, como emissário da resistência a Hitler, ele foi, como sempre, absolutamente aberto e um tanto imperturbável a respeito de sua própria pessoa, sua segurança. Aonde quer que fosse e com quem quer que conversasse — jovem ou velho —, ele era destemido, despreocupado consigo mesmo e, aliado a isso tudo, devoto de coração e alma aos pais, aos amigos, ao país segundo a vontade de Deus, à Igreja e a seu Mestre.[33]

Bell concluiu o sermão com as palavras: "O sangue dos mártires é a semente da Igreja". Julius Rieger e Franz Hildebrandt também se pronunciaram. Em seguida, o sermão de Franz Hildebrandt:

Não sabemos o que fazer, mas os nossos olhos se voltam para ti.

2Crônicas 20:12

Em maio de 1932, poucos meses antes da ascensão de Hitler ao poder, Dietrich Bonhoeffer se encontrava no púlpito da *Dreifaltigkeitskirche* em Berlim e pregou com base neste texto. Ele era então capelão dos estudantes da *Technische Hochschule* [Escola Técnica], juntamente com seu *Privatdozentur* [leitorado] na Universidade. Esse trecho esteve em sua mente por muito tempo antes e por um longo tempo desde então; hoje, podemos usá-lo como uma espécie de inscrição à vida que recordamos. Entrar em detalhes biográficos, nesta ocasião, seria um desserviço ao nosso amigo e irmão; mas deixemos que as reminiscências pessoais sirvam como ilustração da palavra que foi o centro de seu pensamento e em cujo serviço ele foi consumido.

Ele veio de um lar acadêmico e parecia destinado à vida acadêmica. Ele não sentia vergonha das tradições escolares de seus antepassados, a cultura de sua família; ele nunca compartilhou a moda teológica de menosprezo pelas humanidades. Ele conhecia os clássicos na arte, música e literatura antes de criticá-los; ele sabia como ler e ouvir antes de expressar sua opinião. E quando ele se expressou publicamente pela primeira vez, nas teses *Sanctorum Communio* e *Ser e agir*, ele o fez com um grau de maturidade e um poder de concentração que tornavam quase impossível imaginar que o autor tivesse apenas 21 ou 24 anos de idade.

[33] Idem, p. 188-189.

Eles podem certamente ter orgulho dele em sua casa na Wangenheimstrasse, orgulho dele assim como de seus irmãos mais velhos, um dos quais partilhou sua sina, um foi morto jovem na Primeira Guerra Mundial, e apenas um sobreviveu, neste momento ainda sem saber do destino de Dietrich [...].

"Não sabemos o que fazer." O jovem teólogo enfrentou o problema da vida e ação cristã. Ele não se contentaria com respostas provisórias e convencionais. Com meticulosidade socrática, ele prosseguiria questionando onde outros se detiveram; e seus questionamentos seriam retomados por seus alunos. Logo se evidenciou que ele nascera para educar. A sua classe de crisma no norte de Berlim, onde conviveu por três meses na mais íntima proximidade, constituiu o prelúdio para os planos posteriores realizados no seminário de Finkenwalde. O período intermediário poderia ter aberto para ele uma carreira acadêmica brilhante e segura — caso ele tivesse se importado em escolhê-la.

Em vez disso, porém, ele foi a Londres. Este não foi seu primeiro posto no exterior; ele atuara como pároco auxiliar em Barcelona e como aluno de intercâmbio e professor no Union Seminary em Nova York. Importantes contatos ecumênicos foram feitos. Mas a partida de Berlim em outubro de 1933 teve um significado programático especial. Ela marca a sua nítida ruptura com a Igreja do Terceiro Reich. Quando se recusou a dissimular seu posicionamento nas relações com a congregação de Londres, um dos novos sabichões berlinenses comentou: "Que tipo complicado de homem você é!". Ele pouco conhecia Dietrich Bonhoeffer. A sua complexidade não era suscetível a permitir qualquer dúvida entre o certo e o errado. A sondagem do problema da ética não consistia em saciar-se no jogo da teologia "dialética". A pesquisa tinha de guiar à meta, a busca exigia uma resposta.

Por fim, os dezoito meses em Londres clarificam sua conduta. Outros terão de falar de seu trabalho como pastor em St. Paul, Aldgate e em Sydenham; seus paroquianos presentes aqui hoje conhecem o impacto de seu breve ministério na história deles próprios, e nenhum de nós que residiu como seu convidado em Forest Hill se esquecerá daquele tempo. Relembro-me vividamente de seu sermão no Domingo da Lembrança em 1933: o trecho usado (Sabedoria de Salomão 3:4, sobre os justos), era "mas agora eles estão em paz", e ele relatou a história de um paciente, desenganado pelos médicos, perdendo a consciência, suspenso entre a vida e a morte, aparentando, por assim dizer, atravessar a margem e exclamando: "Meu Deus, isto é lindo!". Em muitas conversas da época, ele comentou que alcançar a idade de 36 ou 37 anos era o suficiente para um cristão.

Entretanto, restavam-lhe ainda dez anos. E ele ainda sentia o peso da palavra: "Não sabemos o que fazer". "Sempre me lembrarei dele", escreveu a proprietária da pensão ao lado de seu presbitério, "andando para cima e para baixo em nosso salão, tentando se decidir se permanecia conosco ou abria mão da igreja daqui e retornava para a igreja perseguida na Alemanha; ansiando visitar Gandhi na Índia e tendo o pressentimento: se não aproveitasse aquele momento, ele nunca mais iria. Sei como, sendo quem era, ele acabou tendo de se decidir". A decisão se repetiu quando, pouco antes da eclosão da Segunda Guerra, amigos americanos o convidaram e tentaram convencê-lo a permanecer naquele país. Uma visita fugaz terminou com seu retorno definitivo para a Alemanha. Seu lugar era ao lado dos irmãos em dificuldade, dos discípulos no ministério e com a própria família, que vinha sendo cada vez mais arrastada para a batalha entre Cristo e o Anticristo.

"Não sabemos o que fazer, mas os nossos olhos se voltam para ti." A inquietação da busca conclui-se no discipulado de Cristo, o tema de seu último livro, agora colocado em prática em sua própria vida. A Lei e o Evangelho, o mandamento e a promessa, apontam para o único caminho que ele buscara: "Somente o crente é obediente, e somente o que obedece crê". Por meio da "vida em comunhão", assunto tratado em seu folheto e manifestado na irmandade de seu seminário, torna-se evidente por que o trecho se encontra no plural: "Não sabemos [...] nossos olhos...". Pois somente no interior da comunhão da igreja pode o apelo ao Senhor ser ouvido e seguido. Mas falamos, naturalmente, da Igreja una, santa, católica; e a lealdade à sua própria confissão nunca tornou Dietrich Bonhoeffer acrítico às falhas na Igreja Confessante, nunca desatento ao que aprendera e recebera de outras tradições e testemunhou em seus escritos.

Ele se mantém ecumênico, portanto, em seu modo de agir e mais ainda, talvez, do que qualquer outro teólogo alemão de sua geração; ele se recusa, portanto, a entrar na Segunda Guerra Mundial como um combatente ativo e renova o vínculo com os irmãos britânicos, mesmo após o fechamento das fronteiras, e as viagens a países neutros se tornarem mais perigosas do que nunca. Ele vê o dilema crescente dos Cristãos Alemães em seu isolamento; como na história de Sansão, a mão de um homem ameaça derrubar a casa inteira; e não há, além de raríssimas exceções, nenhuma voz de compreensão e nenhuma mão de auxílio externa. A ação política se revela inevitável. "Ora", disse Dietrich em sua última visita aqui, "por que as revoluções sempre têm de ser criadas por pessoas más?".

Ele arriscou tudo nesta batalha, da mesma forma que seu irmão, seus cunhados, seus amigos. O resultado foi, no mínimo, duvidoso, não somente pelos homens, mas pela causa. O bispo Bell falou sobre as conotações apocalípticas da última conversa com ele em Estocolmo; a desgraça iminente da Alemanha, e mesmo da Europa, parecia ter se tornado indubitável em sua mente. Mas ali, e precisamente ali, a palavra mantinha a força: "Não sabemos o que fazer, mas os nossos olhos se voltam para ti". Até mesmo os dois últimos anos na prisão, com suas oportunidades pastorais inesperadas, e os dois últimos meses, após ele e Klaus terem sido sentenciados à morte, constituíram para ele um estágio novo e mais elevado do discipulado. Ele havia escrito sobre a graça do martírio. E o texto de seu primeiro sermão fora: "Assim também vocês, quando tiverem feito tudo o que lhes for ordenado, devem dizer: 'Somos servos inúteis; apenas cumprimos o nosso dever'".

Talvez seja significativo que tenhamos poucas imagens de qualidade dele; ele era avesso aos fotógrafos; as melhores fotos o apresentam no círculo familiar, junto àqueles com quem ele possuiu maior intimidade e que o acompanharam até o fim: os pais, ao julgamento; os irmãos, aos campos de concentração; e um irmão, à morte. Um dos lares mais felizes, independentes e corajosos na Alemanha fora destituído de seus filhos — revelam-se aí as verdadeiras vítimas da guerra. Discursos e esperanças são falhos; não sabemos o que fazer. Não nos vamos deter aqui, porém, mas sigamos o texto: os nossos olhos se voltam para ti. Na transição da busca agonizante para o discipulado confiante reside o segredo de Dietrich Bonhoeffer e seu legado para nós. É possível estudá-lo a partir do desenvolvimento de seu estilo; desde as primeiras análises abstratas até as últimas páginas de *O custo do discipulado*, o segredo se revela cada vez mais simples e aliviado. Um resenhista de *Criação e Queda* escreve: "há mais nestas centenas de páginas do que em muito tomo teológico; cada palavra é ponderada e cada frase se encaixa". Não era diferente com sua vida. O julgo que ele tomou era suave, e o fardo de seu Mestre, leve; a visão clareou-se ao olhar para Jesus, longe de si mesmo, e o que ele escrevera anos atrás sobre a esperança cristã agora se cumpria: "Ele se torna o que era — ou melhor, nunca foi — uma criança".

> Não sabemos o que fazer. Após estas semanas de ansiedade e incerteza pelas quais vivemos com vocês, queridos Sabine e Gert, e com seus pais, sabemos ainda menos do que antes como seguir em frente sem o conselho de nosso irmão em quem nos podíamos apoiar e que seria tão desesperadamente necessário à Igreja neste momento. Hoje entendemos o que Harnack disse quando Holl morreu: "com ele, vai-se um pedaço de minha própria vida para o túmulo". Entretanto: os nossos olhos se voltam para ti. Cremos na comunhão dos santos, na remissão dos pecados, na ressurreição do corpo e na vida eterna. Damos graças a Deus pela vida, pelo sofrimento, pelo testemunho de nosso irmão de quem tivemos o privilégio de ser amigos. Oramos a Deus para nos guiar, também, através de seu discipulado, deste mundo para o reino celestial; para cumprir em nós aquele outro trecho com que Dietrich concluiu o obituário de Harnack: *"non potest non laetari qui sperat in Dominum"* — "Enquanto em Deus confiar, nada posso além de me regozijar".[34]

Quando o culto terminou, Karl e Paula Bonhoeffer desligaram o rádio.

[34] Amos Cresswell e Maxwell Tow, *Dr. Franz Hildebrandt: Mr. Valiant for Truth*, p. 223-227.

BIBLIOGRAFIA

ARENDT, Hannah. *Eichmann in Jerusalem: A Report on the Banality of Evil*. New York: Viking, 1963 [publicado no Brasil pela Companhia das Letras sob o título *Eichmann em Jerusalém: Um relato sobre a banalidade do mal*].

BAYLEY, J. M. e GILBERT, Douglas. *The Steps of Bonhoeffer: A Pictorial Album*. Philadelphia: Pilgrim Press, 1969.

BARNETT, Victoria. *For the Soul of the People: Protestant Protest against Hitler*. New York: Oxford University Press, 1992.

BASSET, Richard. *Hitler's Spy Chief: The Wilhelm Canaris Mistery*. London: Cassel, 2005 [publicado no Brasil pela Nova Fronteira sob o título *Almirante Canaris: o espião de Hitler*].

BENTLEY, James. *Martin Niemoller 1892-1984*. New York: Free Press, 1984.

BERGEN, Doris L. *Twisted Cross: The German Christian Movement in the Third Reich*. Chapel Hill: University of North Carolina Press, 1996.

BEST, S. Payne. *The Venlo Incident*. Watford, Herts: Hutchinson & Co., 1950.

BETHGE, Eberhard. *Dietrich Bonhoeffer: A Biography*. Minneapolis: Fortress Press, 1967.

———. *Dietrich Bonhoeffer: Man of Vision, Man of Courage*. Ed. Edwin Robertson. New York: Harper and Row, 1970.

———. *Friendship and Resistance: Essays on Dietrich Bonhoeffer*. Chicago: World Council of Churches, 1995.

———. *Friendship and Resistance: Essays on Dietrich Bonhoeffer*. Grand Rapids: Eerdmans, 1995.

BETHGE, Renate e GREMMELS, Christian, eds. *Dietrich Bonhoeffer: A Life in Pictures*. Edição centenária. Trad. Brian McNeil. Minneapolis: Fortress Press, 2006.

BIRD, Eugene K. *Prisoner #7: Rudolf Hess: The Thirty Years in Jail of Hitler's Deputy Fuhrer*. New York: Viking Press, 1974.

BONHOEFFER, Dietrich. *A Testament to Freedom: The Essential Writings of Dietrich Bonhoeffer*. rev. ed. Ed. Geffrey B. Kelly e F. Burton Nelson. New York: Harper One, 1995.

———. *Christ the Center*. Trad. Edwin H. Robertson. New York: Harper San Francisco, 1978.

———. *Collected Works of Dietrich Bonhoeffer*. Ed. Edwin H. Robertson. 3 vols. New York: Harper and Row, 1965–1973.

———. *Creation and Fall: A Theological Exposition of Genesis 1—3*. Ed. John W. De Gruchy. Trad. Douglas S. Bax. New York: Fortress Press, 1997.

———. *Dietrich Bonhoeffer Works Series*. Ed. Victoria J. Barnett e Barbara Wojhoski. 16 vols. Minneapolis: Augsburg Fortress, 1995–2010.

———. *Resistência e submissão: cartas e anotações escritas na prisão*. São Leopoldo, RS: Sinodal, 2003.

BOSANQUET, Mary. *The Life and Death of Dietrich Bonhoeffer*. New York: Harper and Row, 1968.

CRESSWELL, Amos e TOW, Maxwell. *Dr. Franz Hildebrandt: Mr. Valiant for Truth*. Grand Rapids: Smyth and Helwys, 2000.

CUNHA, Gladston. *Porque passamos por desertos?* (Disponível em: <*http://pt.scribd.com/doc/34065554/Por-Que-Passamos-Por-Desertos*>, acesso em 26/04/2011).

DE GRUCHY, John W. *Daring, Trusting Spirit: Bonhoeffer's Friend Eberhard Bethge*. Minneapolis: Augsburg Fortress, 2005.

DE GRUCHY, John W., ed. *The Cambridge Companion to Dietrich Bonhoeffer*. New York: Cambridge University Press, 1999.

FEST, Joachim C. *Plotting Hitler's Death: The German Resistance to Hitler, 1933–1945*. Trad. Bruce Little. New York: Metropolitan Books, 1996.

GAEVERNITZ, Gero V. S., ed. *They Almost Killed Hitler*. New York: Macmillan, 1947.

GALANTE, Pierre e SILIANOFF, Eugene. *Operation Valkyrie: The German Generals' Plot against Hitler*. Trad. Mark Howson e Cary Ryan. New York: Harper and Row, 1981.

GEORGE, Victor. *Hitler: The Pathology of Evil*. Dulles, VA: Brassey's, 1998.

GILL, Theodore A. *Memo for a Movie: A Short Life of Dietrich Bonhoeffer*. New York: Macmillan, 1971.

GISEVIUS, Hans B. *To the Bitter End: An Insider's Account of the Plot to Kill Hitler, 1933–1944*. Trad. Richard Winston e Clara Winston. New York: Da Capo Press, 1998.

GODDARD, Donald. *The Last Days of Dietrich Bonhoeffer*. New York: Harper and Row, 1976.

HAYNES, Stephen R. *The Bonhoeffer Phenomenon: Post-Holocaust Perspectives*. New York: Fortress Press, 2004.

HEINE, Heinrich. *Religion and Philosophy in Germany: A Fragment*. London: Trübner and Co., 1882 [publicado no Brasil pela Editora Iluminuras sob o título *Contribuição à história da religião e filosofia na Alemanha*].

HUNTEMANN, Georg. *The Other Bonhoeffer: An Evangelical Reassessment of Dietrich Bonhoeffer*. Trad. Todd Huizinga. Grand Rapids: Baker, 1993.

KELLY, Geffrey B., NELSON, F. Burton e BETHGE, Renate. *The Cost of Moral Leadership: The Spirituality of Dietrich Bonhoeffer*. Boston: Eerdmans, 2002.

KLEINHANS, Theodore J. *Till the Night Be Past: The Life and Times of Dietrich Bonhoeffer*. New York: Concordia House, 2002.

KUHNS, William. *In Pursuit of Dietrich Bonhoeffer*. Dayton: Pflaum Press, 1967.

LEAN, Garth. *On the Tail of a Comet: The Life of Frank Buchman*. New York: Helmers and Howard, 1988.

LEIBHOLZ-BONHOEFFER, Sabine. *The Bonhoeffers: Portrait of a Family*. New York: St. Martin's, 1971.

LOCHNER, Louis P., ed. *The Goebbels Diaries 1942–1943*. Garden City, NY: Doubleday, 1948.

MACHTAN, Lothar. *Hidden Hitler*. Trad. John Brownjohn e Susanne Ehlert. New York: Basic Books, 2001 [publicado no Brasil pela Editora Objetiva sob o título *O segredo de Hitler*].

MARTY, Martin E., ed. *The Place of Bonhoeffer: Problems and Possibilities in His Thought*. New York: Association Press, 1962.

NIETZSCHE, Friedrich, *The Complete Works of Friedrich Nietzsche*, ed. Oscar Levy, trad. Thomas Common (New York: Macmillan, 1911).

PATTEN, Thomas E. *The Twisted Cross and Dietrich Bonhoeffer*. Lima, OH: Fairway Press, 1992.

RASMUSSEN, Larry L. *Dietrich Bonhoeffer: Reality and Resistance*. Studies in Christian Ethics Series. Nashville: Abingdon Press, 1972.

RAUM, Elizabeth. *Dietrich Bonhoeffer: Called by God*. London: Burns and Oates, 2002.

RITTER, Gerhard. *The German Resistance: Carl Goerdeler's Struggle against Tyranny*. Trad. R. T. Clark. New York: Frederick A. Praeger, 1958.

ROBERTSON, Edwin H. *The Shame and the Sacrifice: The Life and Martyrdom of Dietrich Bonhoeffer*. New York: Macmillan, 1988.

SHIRER, William L. *The Rise and Fall of the Third Reich: A History of Nazi Germany*. New York: Simon and Schuster, 1960 [publicado no Brasil pelas editoras Civilização Brasileira e Agir sob o título *A ascensão e queda do Terceiro Reich*].

SKLAR, Dusty. *The Nazis and the Occult*. New York: Dorset Press, 1977.

SLANE, Craig J. *Bonhoeffer as Martyr: Social Responsibility and Modern Christian Commitment*. New York: Brazos Press, 2004 [publicado no Brasil pela Editora Vida sob o título *Bonhoeffer, o mártir. Responsabilidade social e compromisso cristão moderno*].

SPEER, Albert. *Inside the Third Reich: Memoirs by Albert Speer*. Trad. Richard Winston e Clara Winston. New York: Macmillan, 1970 [publicado no Brasil pela editora Círculo do Livro sob o título *Por dentro do III Reich*].

STEIGMANN-GALL, Richard. *The Holy Reich: Nazi Conceptions of Christianity, 1919–1945*. Cambridge: Cambridge University Press, 2003 [publicado no Brasil pela Imago sob o título *O Santo Reich. Concepções nazistas do cristianismo 1919-1945*].

VON BISMARCK, Ruth-Alice e KABITZ, Ulrich, eds. *Love Letters from Cell 92: The Correspondence Between Dietrich Bonhoeffer and Maria von Wedemeyer, 1943–45*. Trad. John Brownjohn. New York: Abingdon Press, 1995.

VON HILDEBRAND, Alice. *The Soul of a Lion: Dietrich von Hildebrand: a Biography*. São Francisco: Ignatius Press, 2000.

WIND, Renate. *Dietrich Bonhoeffer: A Spoke in the Wheel*. Trad. John Bowden. Grand Rapids: Eerdmans, 2002.

WUSTENBERG, Ralf K. *A Theology of Life: Dietrich Bonhoeffer's Religionless Christianity*. Trad. Douglas Stott. Grand Rapids: Eerdmans, 1998.

ZIMMERMANN, Wolf-Dieter e SMITH, Ronald G., eds. *I Knew Dietrich Bonhoeffer*. Trad. Käthe G. Smith. New York: Harper and Row, 1966.

SOBRE O AUTOR

ERIC METAXAS NASCEU NA CIDADE de Nova York em 1963, no dia do aniversário de 36 anos de seu pai. Cresceu em Danbury, Connecticut, frequentando escolas públicas de lá, e se graduou pela Universidade de Yale. Em Yale, causou um estouro literário como editor da *Yale Record*, a mais antiga revista universitária de humor do país, e um subsequente estouro *literal* quando, após a 99ª partida da famosa disputa entre Yale e Harvard, ele comandou um bem-sucedido esforço para arremessar a trave de Harvard dentro do rio Charles. Na graduação, Eric recebeu dois notórios prêmios por sua ficção universitária. Ele foi ainda "Orador do Dia da Classe", coescrevendo e coapresentando "A História da Classe", um discurso satírico que é uma tradição no dia de formatura em Yale, ofuscando no processo o orador seguinte, o apresentador de televisão Dick Cavett. Eles ficariam sem se falar por quase duas décadas.

O humor escrito de Metaxas foi publicado pela primeira vez na *Atlantic Monthly* e apareceu também no *The New York Times*. Woody Allen chamou esses fragmentos humorísticos de "muito engraçados". Suas resenhas de livros e filmes, ensaios e poesias apareceram no *The New York Times*, *The Washington Post*, *Christianity Today*, *National Review Online*, *Beliefnet* e *First Things*. Ele foi premiado com bolsas de estudo em Yaddo e em MacDowell Colony por seus contos. O clássico *cult Don't You Believe It!* — sua volumosa paródia dos livros "Acredite se quiser!" de Robert Ripley — levaram o novelista Mark Helprin a apelidar Metaxas de "o verdadeiro sucessor do *Far Side* de Gary Larson".

De 1988 a 1992, Metaxas foi diretor editorial e escritor principal da Rabbit Ears Productions, escrevendo mais de vinte livros e vídeos infantis narrados por atores como Mel Gibson, Robin Williams, *sir* John Gielgud, Danny Glover, Sigourney Weaver, John Candy, Michael Caine, Michael Keaton, Geena Davis, Jodie Foster, Emma Thompson e Raul Julia. Seus vídeos da Rabbit Ears venceram diversos Parent's Choice Awards e receberam três indicações ao Grammy para Melhor Gravação Infantil; todos eles foram transmitidos na *Showtime*, bem como nos populares programas de áudio na NPR's *Rabbit Ears Radio*, apresentados por Mel Gibson e Meg Ryan, cujos roteiros de rádio também foram escritos por Eric. A revista *Parenting*, dentre outras, chamou Metaxas de "o herói anônimo" da Rabbit Ears e um "autor infantil incomparável".

The Birthday ABC, do sr. Metaxas, foi escolhido como "Seleção da Lista" de 1995 pela American Bookseller's Association. Analistas disseram que a poesia leve do livro "cintilava" e "sibilava", comparando-a com Odgen Nash, Edward Lear e Lewis Carrol.

Os muitos outros livros infantis de Eric incluem o vencedor do Angel Award, *Prince of Egypt A to Z*, associado ao filme da Dreamworks; e o aclamado *Uncle Mugsy & the Terrible Twins of Christmas*. Seu livro *Squanto and the Miracle of Thanksgiving* foi premiado com um Amazon.com "Number One Bestseller" Award em 1999.

O livro infantil de Eric, *It's Time to Sleep, My Love*, ilustrado por Nancy Tillman, teve um tiragem inicial de 175 mil exemplares e estreou no Top 100 de livros da Barnes&Noble.com em outubro de 2008, onde foi saudado como o "*Boa noite, Lua* do século 21". Sally Taylor, a filha de James Taylor e Carly Simon, escreveu uma canção de ninar para as palavras de Eric e a canta no CD de áudio do livro.

Metaxas atuou por dois anos como escritor e editor para *Breakpoint* de Chuck Colson, um programa de rádio nacional transmitido diariamente em mais de quatrocentas estações e com audiência semanal de cinco milhões de ouvintes. Em seguida, trabalhou como escritor para a Veggie Tales, onde co-escreveu *Lyle the Kindly Viking* [no Brasil, *Lilo, o Viking Bondoso*], e forneceu a voz do narrador em *Esther*. Em *3-2-1 Penguins!*, forneceu a voz do "Presidente Espere-a-sua-vez" e "Vácuo nº 10". Os livros infantis de Eric para a Veggie Tales incluem o *best-seller God Made You Special!* [*Deus fez você especial!*] (tiragem superior a 600 mil cópias), bem como *Even Fish Slappers Deserve a Second-Chance* e *The Pirates Who (Usually) Don't Do Anything*, ambos também *best-sellers*.

Metaxas atua com frequência como comentarista cultural na *CNN* e *no Fox News Channel*; e aparece na *C-Span's Book TV* e *Hannity & Colmes*. Ele tem se destacado em muitos programas de rádio, incluindo o *Morning Edition* e o *Talk of the Nation* da NPR, *Hugh Hewitt*, *Monica Crowley*, e *The Alan Colmes Show*.

Ele é fundador e apresentador do *Socrates in the City: Conversations on the Examined Life*, um evento mensal de entretenimento e debates instigantes sobre a "vida, Deus, e outros tópicos menores", com a participação de oradores como dr. Francis Collins, *sir* John Polkinghorne, baronesa Caroline Cox, rabino *sir* Jonathan Sacks, e Os Guiness.

Eric tem debatido na Oxford Union, a mais antiga sociedade de debates do mundo, e fala amplamente sobre uma variedade de tópicos. Suas apresentações francas e abertas de figuras como o senador americano Joseph Lieberman, o ex-procurador geral John Ashcroft e Rick Warren o tornaram muito requisitado como mestre de cerimônias e moderador. Ele moderou debates com o bispo Spong e o antigo pastor do presidente Obama, reverendo Jeremiah Wright; e discursou na Casa Branca, no Capitólio, em West Point, Yale, Cornell, Princeton, e em muitos outros locais, e foi o apresentador do Café da Manhã de Oração do Governador da Lousiana, em Baton Rouge. Em 2007, tornou-se membro honorário do prestigiado British-American Project, a única pessoa a quem este privilégio foi concedido.

A aclamada biografia escrita por Eric, *Amazing Grace: William Wilbeforce and the Heroic Campaign to End Slavery*, foi publicada pela HarperSanFrancisco, e é o "livro de companhia oficial" para o filme, também intitulado *Amazing Grace*. O livro alcançou o 23º lugar na lista dos mais vendidos do *New York Times*, e recebeu elogios de Stanley Crouch ("... esplêndida história sobre a campanha britânica contra a escravidão"), o ex-deputado americano Floyd Flake ("magnífico [...] se tornará um marco de referência..."), John Wilson ("uma fogueira crepitante da verdade e clareza'"), Rudy Giuliani ("melhor que o filme!"), e muitos outros.

O livro de Eric *Everything You Always Wanted To Know About God (but were afraid to ask)* saiu em 2008, e foi elogiado por Ann B. Davis, a Alice de *The Brady Bunch* [*A Família Sol-Lá-Si-Dó*] ("Estou absolutamente encantada com este livro!"), Tim Keller, da Igreja Presbiteriana Redeemer ("O difícil é não transbordar de entusiasmo"). A sequência, intitulada *Everything ELSE You Always Wanted to Know About God (but were afraid to ask)*, foi publicada em 2007. O livro final da trilogia — intitulado *Everything You Always Wanted To Know About God (The Jesus Edition)* — foi publicado pela Regal em janeiro de 2010.

Eric frequenta a Igreja Episcopal Calvary/St. George, e vive em Manhattan, Nova York, com sua esposa e filha.

Para mais informação visite:
www.mundocristão.com.br/bonhoeffer.

AGRADECIMENTOS

Foi no verão de 1988 — aquela gloriosa estação de minha natividade espiritual — que eu ouvi falar pela primeira vez em Dietrich Bonhoeffer. Por isso, agradeço a meu querido amigo Ed Tuttle, que auxiliou o Médico dos médicos em meu feliz renascimento, sobretudo ao me presentear com um exemplar de *O custo do discipulado* e partilhar comigo a história fascinante do homem que, por causa de sua fé cristã, posicionou-se contra os nazistas e, por fim, entregou sua vida. Como filho e neto de alemães que sofreram durante o período, fiquei profundamente comovido, emocionado e orgulhoso ao ouvir a história e comecei de imediato a contá-la para os outros. Entre eles, outro amigo querido, Gilbert von der Schulenberg Ahrens, que, como eu, perdera um avô na guerra, e me contou que seu avô e tio estavam entre os nobres alemães que deram a vida na conspiração para assassinar Hitler. Estou em dívida com Gil por ter me ajudado, no decorrer dos anos, a manter viva minha esperança de contar a história de Bonhoeffer a uma audiência mais ampla, e com Mickey Maudlin, meu editor na HarperOne, por tornar isso possível ao sugerir que eu talvez pudesse escrever biografias quando me convidou para escrever um livro sobre William Wilberforce.

Devo um agradecimento especial a meu grande amigo Joel Tucciarone, que, ao estilo de Isaac Milner, avistou-me num lamaçal de desalento e, com impetuosidade, removeu-me dali, escoltando-me a um restaurante no Brooklin para encontrar seu amigo Arthur Samuelson, que pensava, de modo presciente, que a Thomas Nelson pudesse ser a editora certa e, de uma cabine, discou para David Moberg, que contatou meu editor Joel Miller, e aos três sou também imensamente grato. Fico devendo essa.

Sinto profunda gratidão também por Martin Doblmeier, diretor do espetacular documentário sobre Bonhoeffer, pela generosidade de me disponibilizar as filmagens das entrevistas que não entraram na edição final do filme, bem como por me ajudar a fazer contato com dois desses entrevistados, Ruth-Alice von Bismarck, a irmã mais velha da noiva de Bonhoeffer, e Renate Bethge, a viúva de Eberhard Bethge e sobrinha de Dietrich Bonhoeffer. Sou grato, por sua vez, a cada uma destas santas encantadoras de Deus por nos acolherem, a minha esposa e eu, em suas casas em Hamburgo e Villiprot, respectivamente, nas tardes consecutivas no início da primavera de 2008, e por tratar-nos com a hospitalidade alemã ao nos deliciar com *kaffe und kuchen* e emocionar-nos com histórias de suas memórias da vida de Dietrich Bonhoeffer nos anos 1930 e 1940. Ter repartido o pão com as que partiram o pão com o sujeito deste livro foi uma honra imerecida que eu conservarei na lembrança por toda a minha vida.

Por último, quero agradecer a todos os escritores e editoras de livros anteriores sobre Dietrich Bonhoeffer, em cujos ombros este livro e eu gratamente nos colocamos. Aos editores e editoras das obras de Dietrich Bonhoeffer na Augsburg Fortress, todos os estudiosos de Bonhoeffer e eu somos particularmente gratos, bem como a Ruth-Alice von Bismarck, que editou *Love Letters from Cell 92*, o livro de correspondências da irmã com Bonhoeffer. Por fim, e com a maior profundidade, agradeço a Eberhard Bethge, cuja vida inteira e cuja biografia monumental formam o grande alicerce sobre o qual cada sílaba escrita ou falada desde então a respeito de seu melhor amigo Dietrich Bonhoeffer repousa, com toda a gratidão.

Louvado seja o Senhor.

Eric Metaxas
Nova York
Fevereiro de 2010

ÍNDICE REMISSIVO

C

D

E

H

I

M

N

O

P

W

Y

Z

Compartilhe suas impressões de leitura escrevendo para:
opiniao-do-leitor@mundocristao.com.br
Acesse nosso *blog*: <www.mundocristao.com.br/blog>

Diagramação: Triall Composição Editorial Ltda
Revisão: Josemar de Souza Pinto
Fonte: Weiss
Papel: Cream paper 80 g/m² (miolo)